Nicola Vollkommer

Neue Andachten mit Nicola Vollkommer

Das Andachtsbuch zum Podcast

podcast

Neue Andachten

mit Nicola Vollkommer

Das Andachtsbuch zum Podcast

Falls nicht anders angegeben, sind die Bibelstellen zitiert nach der Revidierten Elberfelder Übersetzung 2006.

Weitere verwendete Bibelübersetzungen:
LÜ: Die Bibel nach Martin Luthers Übersetzung, revidiert 2017, © 2016 Deutsche Bibelgesellschaft, Stuttgart
Hfa: Hoffnung für alle Copyright © 1983, 1996, 2002, 2015 by Biblica, Inc.
SCH2000: Bibeltext der Schlachter Copyright © 2000 Genfer Bibelgesellschaft

Vollkommer, Nicola
NEUE ANDACHTEN MIT NICOLA VOLLKOMMER
Das Andachtsbuch zum Podcast

ISBN 978-3-95790-089-0

Layout: Tamara Stein, Karlsruhe
Satz: jensweigel.de, Marburg
Cover: rigatio
Druck: FINIDR

INHALT

ÜBER DEN PODCAST „START IN DEN TAG"

Als wir unsere Autorin Nicola Vollkommer im Sommer 2020 fragten, ob sie sich vorstellen könne, an einem täglichen Podcast mitzuwirken, fing sie gleich Feuer. Ideen sprudelten aus ihr heraus, welche Themen man ansprechen, welche Zielgruppen man erreichen sollte. Eine Sache war ihr ganz wichtig: Menschen sollen an die Bibel herangeführt sowie fröhlich und unverkrampft im Glauben gefördert werden. Das war und ist auch unser Anliegen.
Wir machten einen Besuch zu Probeaufnahmen in Reutlingen, Sohn Stefan komponierte die Musik fürs Intro und Outro, schnell war ein passender Name gefunden, und am 4. Januar 2021 war zum ersten Mal ein erfrischendes „Einen wunderschönen guten Morgen, liebe Zuhörerinnen, hier ist Nicola Vollkommer" zu hören.
Seitdem erfreut sich der Podcast zunehmender Beliebtheit. Regelmäßige Unterstützung bekommt Nicola von Tochter Jessica und Schwiegertochter Johanna, die jeden Monat selbst einige Andachten schreiben und einsprechen. Auch Ehemann Helmut ist hin und wieder zu hören, sowie Geschwister aus der Reutlinger Gemeinde.
Im Herbst 2022 erschien eine Sammlung der täglichen Episoden als „Start in den Tag" mit Nicola Vollkommer, das Andachtsbuch zum Podcast. Jetzt freuen wir uns, dass mit „Neue Andachten mit Nicola Vollkommer" das zweite Andachtsbuch vorliegt.
Allen Leserinnern und Lesern wünschen wir, dass sie damit gut in den Tag starten und Anregungen zur Vertiefung ihres Glaubens und zur Nachfolge Jesu im Alltag bekommen!

Der Verlag
Sommer 2024

GEBET – PFLICHTÜBUNG ODER ERFÜLLTES LEBEN

Grundlegend für eine lebendige Beziehung zu Gott ist das Gebet. „Schon wieder etwas, wovon ich mehr machen soll, und nie genug mache", denke ich sofort, wenn das Wort Gebet fällt. Ist Beten wirklich so schwierig und kompliziert? Etwas für die geistlichen Leistungsträger, die Hauptamtlichen in der Gemeinde, die Theologen? Ich hoffe, dass wir miteinander entdecken werden, dass das Wort ‚Gebet' eine tiefe Freude und Dankbarkeit gerade in uns normalen, durchschnittlichen Christen auslösen kann und soll! Gott sei Dank dafür, denn die wichtigste Arbeit im Reich Gottes geschieht auf den Knien, so viel steht fest. Der Weg nach oben führt zuerst nach unten.

1. Januar

GEBET – DIE GROSSE HÜRDE

„Im Gebet haltet an" (Röm 12,12)

Gebet – Pflichtübung oder erfülltes Leben – unser neues Thema! *„Im Gebet haltet an"*, schreibt Paulus an seine Freunde in Rom (Röm 12,12). Klingt das nicht nach Arbeit? Hat Paulus in einem Höhenflug von geistlichem Eifer vergessen, wie mein Alltag aussieht? E-Mails schreiben, Unterricht vorbereiten, Telefonanrufe tätigen, Pflanzen gießen und Andachten zum Thema Gebet schreiben? Pech gehabt. Dieses Thema ist bei Paulus kein einmaliger Höhenflug von geistlichem Eifer, der ihn überrollt, sondern immer wieder taucht es auf. *„Haltet fest am Gebet"* (Kol 4,2), *„Betet zu jeder Zeit"* (Eph 6,18), *„Betet unablässig!"* (1Thes 5,17). Er wird es wohl ernst gemeint haben. Und vermutlich wusste er sehr wohl um den stressigen Alltag der damaligen Leser seiner Briefe, die keinen Komfort hatten, der ihnen den Alltag erleichterte. Wir sollen also die ganze Zeit beten. Seltsame Bilder treiben mir durch den Kopf. Ich sehe mich beim Einkaufen mit zugekniffenen Augen und Lippen, die sich energisch bewegen, während ich die Preise der Milchpackungen vergleiche. Oder mit dem abwesenden Blick gen Himmel gerichtet, während ich versuche, zappeligen Viertklässlern im Englischunterricht beizubringen, wie die britische Währung funktioniert. Natürlich hat Paulus es nicht so gemeint. Und gerade hier stoßen wir auf die Hauptquelle von jenem Stress, den viele Christen mit Gebet verbinden. Für viele ist es ein weiterer lästiger Punkt auf der To-do-Liste. Ein Termin unter vielen im Kalender, meistens die letzte Position. Die Aktivität, die übrig bleibt, nachdem ich alles andere schon abgehakt habe. Das immerzu schlechte Gewissen, weil ich nie genug davon mache. Die Angst, ehrlich zuzugeben, dass da eindeutig Raum für Verbesserung ist. Mehr zu beten, ist kein *gefühltes* Bedürfnis. Alles andere fühlt sich halt viel dringender an. Zumindest in den Zeiten, in denen es auch ohne Gebet gut läuft. Ich habe in den schlechten, nicht in den guten Zeiten, beten gelernt. Die Gebetstreffen in einer durchschnittlichen Gemeinde sind in der Regel die Veranstaltungen, die am schlechtesten besucht werden. Weil sie von uns etwas fordern. Gebet ist per Definition interaktiv, auch gemeinsames Gebet. Ich muss mich outen. Andere bekommen mit, wie ich mit Gott rede. Und auch wenn ich schweige.

Vielleicht findest du dich in diesen Beobachtungen wieder. Und wenn du schon eine eifrige Beterin oder ein eifriger Beter bist, dann bekommst du vielleicht Impulse, mit denen du andere mitziehen, inspirieren, ermutigen kannst. Ab Morgen versuchen wir, dort, wo es nötig ist, ein wenig umzudenken – in der Hoffnung, am Ende richtige Freude am Beten zu finden!

2. Januar

GEBET – MUSS ES SEIN?

„Bleibt in mir, und ich in euch!" (Joh 15,4)

Wer die Not verspürt, mehr zu beten, hat die Wichtigkeit von Gebet bereits erfasst. Das Gefühl: „Hm, ich müsste mir viel mehr Zeit dafür nehmen", ist ein erstes positives Zeichen, dass wir uns auf dem richtigen Weg befinden. *„Bleibt in mir, und ich in euch!"* (Joh 15,4), mahnt Jesus in seinem Gleichnis vom Weinstock. Wenn Jesus der Weinstock ist und wir die Reben sind, dann ist Gebet das Mittel, um den Kanal offenzuhalten, durch den Wasser und Nährstoffe fließen. Wer Gebet nur als religiösen Ablauf versteht, wertet es auf das Niveau von Schulaufgaben ab: notwendig, aber lästig. Man ist froh, wenn man es hinter sich gebracht hat und sich mit gutem Gewissen den eigentlichen Dingen des Lebens widmen kann. Wer Gebet dagegen als Nahrungsstelle, als gedeckten Tisch, als Wasserquelle sieht, der wird beten. Es ist auch in anderen Lebensbereichen nicht anders. Wenn ich das Kümmern um meine Kinder als Pflichtübung empfinde, von der ich mich immer wieder erholen muss, dann bin ich eine gestresste, unglückliche Mutter. Wenn meine Kinder dagegen – bei aller Arbeit, die sie mir machen! – für mich eine Freude, eine Nahrungsquelle und Teil meiner Erholung sind, dann bin ich weniger geneigt, sie als Last zu empfinden. Sie gehören zum Refugium dazu, das ich mein Zuhause nenne – dort, wo ich aufatme und ich selbst sein kann. Dieser Vergleich hilft mir, Gebet genauso zu sehen, und von meiner To-do-Liste zu streichen, bzw. es auf die Liste der Dinge zu setzen, mit denen ich mich für erledigte Pflichten belohne. Gebet als Boxenstopp mitten im Rennen, als kurze Unterhaltung mit einem guten Freund, in der ich mich über Erfolge des Tages freue, Misserfolge bedauere und über sie reflektiere. Mich wenn nötig ausheule. Das gemütliche Wohnzimmer, in dem ich die Schuhe ausziehe, in meinen Lieblingssessel zurücksinke und mit Gott zusammen Ereignisse und Gedanken Revue passieren lasse. Alles, was ich dazu brauche, ist: ein Verlangen nach Gott. Ein Bewusstsein, wie sehr ich auf ihn angewiesen bin. Für die Dinge, die uns wichtig sind, finden wir immer irgendwie Zeit und Wege, oder? Die Frage ist weniger: „Wie lerne ich beten?", sondern eher: „Wie sehr sehne ich mich nach Gott?" Ist es mir wichtig, was er über die Dinge denkt, die mich beschäftigen? Suche ich seine Nähe mit allen Risiken und Nebenwirkungen? Denn die Chancen stehen gut, dass ich tatsächlich herausfinde, was er denkt. Will ich das wirklich? Alle Mechanismen, die praktischen Tipps fürs Beten oder unterschiedlichen Arten von Gebet bringen nichts, wenn dieses Verlangen nach Gott nicht vorhanden ist! Wenn du es nicht spürst, dann bitte ihn heute darum! Das ist ein Gebet, das er gerne erhört.

3. Januar

KRAFT FÜR EIN LEBEN IM DIENST FÜR GOTT

„Und er berief zwölf, damit sie bei ihm seien" (Mk 3,14)

Ich werde meine erste Andacht im Jugendkreis nie vergessen. Mit meinen 14 Jahren hatte ich mir das Thema ausgesucht „Vom Pantoffelhelden zum Glaubenshelden". Wie kann mein Leben Dynamik und Sprengkraft gewinnen, wie es zur Zeit der Urgemeinde war oder wie die Jünger es hatten? Wie kann ich die Welt *verändern*, statt sie lediglich als Übergangsort zu *benutzen?*

C. T. Studd (1860-1931) war ein begnadeter Evangelist, durch dessen Predigten zahlreiche Menschen zum Glauben kamen. Er antwortete auf die Frage, wie er zu seinen vollmächtigen Botschaften komme: *„Geh nicht in dein Arbeitszimmer, um eine Predigt vorzubereiten. Das ist Unsinn. Geh in dein*

Arbeitszimmer, um in Gottes Gegenwart so feurig zu werden, dass deine Zunge wie eine brennende Kohle ist und du nicht anders kannst, als zu reden.”

Gott gießt seine Vollmacht nicht wahllos aus. Er gibt sie auch nicht nur den besonders Berufenen. Ganz im Sinne Studds heißt ein englisches Sprichwort: „Gott sucht Verfügbarkeit, nicht Begabung." Wir können die teuersten Laufschuhe kaufen, doch werden sie uns nichts nützen, ehe wir mit ihnen loslaufen und sie den Zweck erfüllen, für den sie gemacht wurden. So wurden wir laut 1. Mose 1 geschaffen, um in beständiger Gemeinschaft mit unserem Schöpfer zu leben. Diese Gemeinschaft richtet uns aus und rüstet uns zu. Vollmacht kommt von wahrer Vertrautheit mit Gott, niemals aus eigener Fähigkeit oder Entschlossenheit.

In Markus 3 wählt Jesus seine 12 Jünger aus, *„[...] sie sollten ständig bei ihm bleiben und von ihm lernen"* (Mk 3,14 Hfa). Bevor er sie aussendet, will er Gemeinschaft mit ihnen. Und aus dieser Gemeinschaft erwachsen Auftrag und Vollmacht für ihren Dienst (Mk 6,7.13).

Mit allem nötigen geistlichen „Equipment" ausgestattet, kommt es keine drei Kapitel später dann aber dennoch zu einer Patt-Situation: Die Jünger schaffen es nicht, einen jungen Mann von einem bösen Geist zu befreien (vgl. Mk 9,17-18) und rufen Jesus. Der erklärt ihnen später: *„... solche Geister können nur mit Gebet ausgetrieben werden"* (Mk 9,29).

Offensichtlich fehlte den Jüngern Gebet. Es ist der Schlüssel zu einem vollmächtigen Leben, weil es mich in der Gemeinschaft mit Gott hält. Immer wieder wird in den Evangelien erwähnt, wie sich Jesus zurückzieht, um Zeit mit seinem Vater zu verbringen. Nur so konnte er wissen, was der Wille des Vaters war. Das Fehlen dieser Gemeinschaft war das Problem der Jünger. Wie unser natürlicher Magen nach Nahrung verlangt, muss auch unser geistlicher Magen kontinuierlich gefüllt werden.

Der entscheidende Unterschied zwischen dem Pantoffelhelden und dem Glaubenshelden ist die beständige Abhängigkeit von Gott. Lasst uns in diesem Sinne danach streben, wirkliche Glaubenshelden Gottes zu werden, und lasst uns die echte, tiefe Gemeinschaft mit Gott suchen!

Jessica

4. Januar

DAS ABC DES BETENS

„Unser Vater …" (Mt 6,9)

Wir haben gestern gesehen, dass Gemeinschaft mit Gott – nicht irgendwelche Rituale – der Schlüssel für ein Leben mit Vollmacht ist. Das Vaterunser ist vermutlich das berühmteste Gebet aller Zeiten. Es wurde uns allerdings nicht als ein religiöser Glücksbringer überliefert, den wir in der Hoffnung aufsagen, dass diese magischen Worte Böses von uns fernhalten. Aberglaube ist keine geistliche Tugend. Das Vaterunser ist vielmehr ein Mustergebet, das uns die Haltung zeigt, in der wir die Gemeinschaft mit Gott suchen sollen.

Wir finden die berühmten Worte in Matthäus 6: *„Unser Vater"* (V. 9). Es fängt mit ihm an. Nicht: „Hier bin *ich* wieder", sondern: „Hier ist *er* wieder." *Unser* Vater, nicht mein Vater. Die Wichtigkeit der geistlichen Familie wird zu Beginn betont. Mein Leben ist kein Solo-Akt. Ich bin Teil von etwas Größerem. *„geheiligt werde dein Name"* – wir kommen in Ehrfurcht und Ehrerbietung. *„dein Reich komme; dein Wille geschehe"* (V. 10) – wir erinnern uns daran, dass er das Sagen hat, nicht wir. Und trotzdem dürfen wir, sollen wir, um seine Versorgung für persönliche Bedürfnisse bitten (*„unser tägliches Brot gib uns heute"* [V. 11]), für die das tägliche Brot stellvertretend steht. Teil dieser Versorgung ist die Vergebung unserer Sünden – *„und vergib uns unsere Schulden"* (V. 12) – wie auch die Erinnerung, dass wir diese Vergebung nur bekommen, wenn wir anderen vergeben. Die Aufforderung, anderen zu vergeben, ist im Neuen Testament ganz zentral. Erst danach kommt die Bitte, dass wir vor dem Bösen bewahrt bleiben. Und am Ende des Gebets kommt die Wiederholung dessen, was am Anfang stand: Ihm gehört das Reich, die Kraft und die Herrlichkeit.

Das Gebet beginnt mit ihm und endet mit ihm. Es enthält einige wichtige Elemente, die wir uns auch in den kommenden Tagen anschauen wollen und an denen wir unsere eigene Haltung zu Gott prüfen können. Es ist wie ein Navi, das uns die Richtung zeigt, in die wir gehen sollen. Es ist eine Vorlage für unsere eigenen Gebete. Jesus bringt uns eine Gebetssprache bei. Nichts, was ich bete, toppt jedoch das Original aus dem Mund Jesu. Ich liebe diese alten Worte, ich bete sie mit Ehrfurcht, manchmal

tief bewegt. Der Gedanke, dass Menschen aller Völker und Nationen seit der Zeit Jesu diese Worte gebetet und in ihnen Halt gefunden haben, füllt mich mit Respekt.
An einem dunklen und tränenreichen Abend vor vielen Jahren ging ich zu einem Gebetstreffen an der christlichen Schule, an der ich unterrichte – nur um aus dem Haus und auf andere Gedanken zu kommen. Wir fingen mit dem Vaterunser an. Die vertrauten Worte Jesu, die ich so gut kannte, brachten mein aufgewühltes Herz zur Ruhe, erinnerten mich an die Fundamente meines Glaubens und vor allem daran, dass Gott „im Regiment" sitzt. So einfach kann Beten sein. Wie wäre es, diese Verse aus Matthäus 6,9-13 heute laut und langsam zu beten und bei jedem Satz anzuhalten und kurz nachzudenken: „Was bedeutet das für mich?"

5. Januar

EIN HOCH AUF EINFACHE GEBETE

„Gott, sei mir, dem Sünder, gnädig! (Lk 18,13)

Ich vermute stark, dass Gott mehr Lust hat, mit uns zu reden als wir mit ihm! Ihn muss man nicht aus der Reserve locken, überreden oder ihm gut zureden, damit er sich endlich zu Wort meldet. Wenn es eine Funkstörung zwischen uns gibt, dann bin ich das Problem, nicht Gott. Er ist immer da, wartet mit ausgestreckten Händen: *„Ich war zu erfragen für die, die nicht nach mir fragten; ich war zu finden für die, die mich nicht suchten. Ich sprach: Hier bin ich, hier bin ich … ich habe den ganzen Tag meine Hände ausgebreitet"* (Jes 65,1-2). Gebet ist keine Kunstform mit verschiedenen Leistungsebenen. Es ist ganz einfach unsere Antwort auf die Initiative Gottes. *„Du würdest rufen und ich würde dir antworten …"*, sagt Hiob (Hi 14,15), nicht ahnend, dass Gott eigentlich die ganze Zeit schon ruft.
Gebet ist, wenn das Kind in die Arme des Vaters läuft. Wenn der Sünder um Gnade fleht. Jesus ließ sich von Höhenflügen religiöser Rhetorik nie beeindrucken. Der reumütige Sünder mit seinem „Sei mir gnädig" hatte bei ihm viel bessere Karten als der gebildete Theologe mit seinen vielen

Erkenntnissen und klugen Phrasen, die er so gerne getarnt als Gebet zum Besten gab (Lk 18,9-14). Ein Hoch auf einfache Gebete, auf Einzeiler. Auf den Sünder, dessen Gebet schlicht lautet: „Hilf mir!", während der Pharisäer mit seinen Gebeten andere belehren und zeigen will, wie geistlich er ist. Der Gott und seinen Zuhörern sagen will, wie Dinge zu beurteilen sind. Es würde uns manchmal guttun, uns ein Beispiel an der griffigen, schlichten, biblischen Sprache der Bauern, Hirten, Fischer und Handwerker zu nehmen. Gebet ist eine Beziehung. Gebet ist der Abschied von Pflichtübungen. Und dennoch gibt es einen Widersacher, der alles dransetzt, uns von dieser Beziehung zu Gott fernzuhalten. Fallen auch dir alle möglichen Dinge ein, die erledigt werden müssen, sobald du dich hinsetzt, um zu beten oder in der Bibel zu lesen? Diesen Widersacher gilt es zu überlisten. Auch unsere eigene Trägheit müssen wir überwinden. Deshalb brauchen wir Erinnerungshilfen, Mechanismen, die unsere Seele wachrütteln und auf Gott ausrichten. Die uns helfen, durch den Nebel zu schauen und die Dringlichkeit des Gebets als Not zu empfinden.
In den kommenden Tagen schauen wir uns praktische Ideen an, wie wir Gebet auf ganz natürliche Weise in unser Leben integrieren können. Schreib heute ein paar deiner eigenen Ideen auf, vielleicht sind manche die gleichen wie meine!

6. Januar

BETEN UND BÜGELN

„Betet zu jeder Zeit" (Eph 6,18)

Irgendwann entdeckte ich als junge Mutter, dass es sogar im Mamaalltag Hilfsmittel für das Gebet gibt. Etwa beim Bügeln und Zusammenlegen der Wäsche. Zum Beispiel bei Debbies T-Shirt: „Herr, schütze ihr Herz vor Angst. Hilf ihr, ihre Schüchternheit zu überwinden und fest und stark in dir zu werden." Bei Stefans Strümpfen: „Hilf ihm, richtige Wege zu gehen. Diese Füße haben ihm schon manch einen Ärger eingebrockt." Bei Danis Jogginghose: „Halte ihn bitte gesund. Heile ihn von der Migräne, die ihn in viel zu jungen Jahren plagt." Bei Jessicas Schlafanzug: „Sie schläft gerade unruhig und träumt schlecht. Fülle ihre Seele mit deinem Frieden." Oder bei Helmuts Sonntagshemd – eins der wenigen Stücke, die gründlich gebügelt werden. Ich bete etwas halbherzig für die Gemeindeglieder, die auf so Dinge immer einen scharfen Blick werfen. Zurück zum Hemd und dessen Träger: „Hilf ihm bei der Predigtvorbereitung, Herr." Bei einer Tischdecke: „Segne alle Menschen, die um diesen Tisch sitzen und hier ein und aus gehen." Bei meiner Schürze – Seufz, sie steht für so viele chaotische Momente, Ungeduld, Selbstzweifel, Trägheit: „Hilf mir, Herr, mich besser in den Griff zu bekommen." Beim Geschirrtuch mit dem *Tower of London* drauf: „Segne die Verwandten in England, und wenn ich schon dabei bin, alle Verwandten überall." Bei den Topflappen, die Marianne trotz ihrer Arthritis gehäkelt hat: „Herr, schenk ihr Kraft und Ausdauer, bewahre sie vor Schmerzen." Bei einem Geschirrtuch mit einer Landkarte vom Toten Meer drauf: „Schenk Frieden in Israel." Das bringt mich auf andere Länder der Welt, in denen es Armut und Krieg gibt. Ich bete all die Missionare durch, die wir als Gemeinde unterstützen. Eine ganze Weltreise wegen zwei Geschirrtüchern. Last but not least: die unvermeidliche Solosocke, die immer unten in jedem Wäschekorb lauert und keinen Partner hat. Unweigerlich denke ich an all meine Bekannten, die einsam sind und sich einen Ehepartner wünschen. Die Geschiedenen, die sich verlassen fühlen. Die Verheirateten, die sich auch in der Ehe einsam fühlen. Ich lege ein Taschentuch neben die Socke und bitte den Herrn, dass er bei all diesen lieben Menschen das tut, wofür er bekannt ist: Tränen abzuwischen.

Inzwischen bin ich Oma, aber Bügelgebete gehören immer noch zu meinem Alltag. Und so kann es mitten im Alltag sein, dass mein Blick sich abwendet vom lästigen Geschmiere auf dem Esstisch oder vom übervollen gelben Sack. Ich finde mich schließlich in meinen Gedanken bei den Opfern im Ukraine-Krieg wieder oder bei der Frage, wie der heutige Tag für gefangene Christen in Nordkorea wohl begonnen hat. Ganz ungezwungen bin ich von meinen Gedanken auf Gottes Gedanken umgestiegen, hinein in die Fürbitte. Gott hat das Thema gewechselt. Das ist Gebet.

In welchen Lebensbereichen könntest du heute Gebete einbauen?

7. Januar

DER DRAHT ZUM HIMMEL

Betet unablässig! (1Thes 5,17)

Mein Tag fängt in der Regel früh an. Damit ich zur ersten Stunde in der Schule bin, vorher noch Arbeitsblätter kopieren und einen Blick auf das Material für kurzfristig verordnete Vertretungsstunden werfen kann, muss ich das Haus um 6.30 Uhr verlassen. Spätestens! Für Christen, die mehr Disziplin als ich haben und weniger Schlaf brauchen, mag es selbstverständlich sein, eine Gebetszeit davor einzuplanen – aber ich kriege es einfach nicht hin. Morgenstund mag zwar Gold im Mund haben, aber auch ganz schön viel Stress. Zu sehr kreisen meine Gedanken schon beim Klingeln des Weckers um alles, was an diesem Tag zu erledigen ist. Ich löse das Problem dadurch, dass ich Gott in diese chaotischen und auch ängstlichen Gedanken hineinlasse. Die 20-minütige Autofahrt zur Arbeit ist eine Hilfe. Jede Art von Landschaft, jedes Naturschauspiel ist eine direkte Einladung in die Gegenwart Gottes, ohne dass wir viel dafür tun müssen, außer die Augen zu öffnen. Die Himmel – auch die bewölkten, regnerischen Himmel – verkünden in der Tat die Herrlichkeit Gottes (vgl. Ps 19,2). Einfache Gebete sind meine Morgenspeise: „Wow, und wieder ist die Welt so schön!“, „Danke, dass du da bist“, „Schenk Mut für diesen Tag“, „Wenn du was sagen oder mich vor irgendeiner Dummheit bewahren willst, dann bitte laut und deutlich – du weißt, dass ich oft impulsiv, unweise, schwerhörig bin.“ Es geht so weiter durch den Tag: die verzweifelte Bitte um Geduld für die Klasse, die meine Nerven gerade ganz schön strapaziert, bei der Fülle von Kleinigkeiten, die für die nächsten Veranstaltungen zu erledigen sind.

Ich bin auf die Menschen neidisch, die einen geregelten Tagesablauf haben, in den sie eine feste, disziplinierte Gebetszeit einbauen können. Ich möchte es auch so versuchen. Bis mein Leben auch so aussieht, löse ich das Problem dadurch, dass ich Gott bewusst in all das einklinke, was sowieso lebensbedingt durch meine turbulente Seele treibt. Ich beteilige ihn an meinem inneren Kopfkino. So bekommen meine Gebete Emotionen, sie „geschehen“ einfach. Schmerz und Mangel werden in Gebete verwandelt. Sorge um Menschen, die mir wichtig sind und gerade in

Schwierigkeiten stecken. Die Freundin, die schwer krank ist. Der Jugendliche, der gerade Liebeskummer hat oder sein Abitur schreibt. Die Mitarbeiterin, die sich übernommen hat, unter Burnout leidet und jetzt keine Lust mehr auf Gemeinde hat. Mein Ehemann, meine Kinder, Enkelkinder, Verwandten. Aus der Fülle des Herzens spricht der Mund, weint das Auge. Das ist Gebet. Eine Voraussetzung ist allerdings wichtig: Um in einen Dialog mit meinem Gegenüber, mit Gott, zu treten, muss ich ihn kennen. Wissen, wie er denkt und fühlt. Damit ich auch weiß, was er antworten würde, könnte. Mehr dazu morgen!

8. Januar

DIE SPRACHE GOTTES

„Was bist du so aufgelöst, meine Seele ... Harre auf Gott!" (Ps 42,6)

Um mit dem Himmel zu reden, ob beim Autofahren, beim Bügeln oder beim Einkaufen, muss ich die Sprache des Himmels kennen. Um Gott als Gegenüber in meiner Gedankenwelt zu erleben, muss ich wissen, wie er spricht. Hier spielt Disziplin sehr wohl eine Rolle, hier bin ich auf viele Hilfsmittel angewiesen. Es führt kein Weg daran vorbei: Ich muss ein Mann, eine Frau des Wortes sein. Ich muss meine Bibel kennen, denn sie ist Gottes Sprachschule. Wer Klavier spielen will, muss Fingerübungen machen, Läufe, Arpeggios. Einen Takt manchmal zig-Mal üben, bis er sitzt. Wer eine Fremdsprache lernen will, muss Verbformen pauken, lernen, wie die Mehrzahl funktioniert, wie eine Bedingungsform zusammengesetzt wird. Manchmal ist es mühsame Denk- und Lernarbeit. Die Sprache des Himmels zu lernen ist – Gott sei Dank – nicht so schwierig.

Wenn ich müde bin, keine Lust habe zu beten, weil Gott sich so fern anfühlt, dann greife ich zu den Psalmen. Diese Texte waren das Gebets- und Liederbuch der Juden und später der ersten Christen. Sie sind vorformulierte Gebete, die mir eine Sprache verleihen, wenn meine Sprache ausgeht. Mustergebete, ähnlich dem Vaterunser, die mir zeigen, wie ich mit Gott reden kann, und auch, wie er antwortet. Die gesamte Bandbreite menschlicher Emotionen finden wir in ihnen. Zorn, Verzweiflung, Trauer, Trauma, bis hin zu friedlicher Wertschätzung, Dankbarkeit, übersprudelnder Freude. Ich darf mich in der Gegenwart Gottes ausheulen, meine bittersten Klagen und „Warum"-Fragen lüften, vor lauter Frust mit den Fäusten auf den Boden schlagen.

Es gibt aber die alles entscheidenden Wendepunkte, die wir in vielen Psalmen finden. Wo eine aufgebrachte Seele zur Ruhe kommt und auf die Gedanken Gottes stößt, auf die andere Geschichte, die hier läuft. Plötzlich haben wir das größere Bild vor Augen. *„Was bist du so aufgelöst, meine Seele ... Harre auf Gott! – denn ich werde ihn noch preisen für das Heil seines Angesichts"* (Ps 42,6). Das ist nur ein Beispiel aus vielen. Wer oft genug über die Psalmen nachdenkt, wird irgendwann anfangen, eigene Psalmen zu dichten. So wie Mirjam und Hanna im Alten Testament, wie Maria im Neuen Testament. Das Wort Gottes erfüllte diese Frauen so sehr, dass sie in extrem emotionsgeladenen Situationen spontan ein eigenes Lied dichten konnten. Das wäre doch eine Aufgabe für diese Woche, oder? Einige Psalmen durchlesen, die eigenen Anliegen und Lasten vor Gott bringen, und dazu einen eigenen Psalm schreiben! Aber auch überlegen: Was würde Gott antworten?

9. Januar

BETEND BIBELLESEN

„Wo zwei oder drei versammelt sind ..." (Mt 18,20)

Wer schon einmal im Jerusalemer Stadtteil Measchearim war, hat garantiert ultraorthodoxe Juden beim Meditieren gesehen: Sie halten ihre Bibel in der Hand, bleiben an einer Straßenecke stehen und murmeln vor sich hin, was sie gerade gelesen haben. Dann gehen sie weiter. Für uns vielleicht ein skurriles Bild, aber Gott fordert in 5. Mose 6 tatsächlich dazu auf, permanent von seinem Wort zu reden und es unseren Kindern einzuprägen, egal wo wir sind. Wenn wir Gottes Wort vom flüchtigen Bibellesen und der Sonntagspredigt, die vielleicht nur mit einem Ohr gehört wurde, nicht wirklich kennen und einsickern lassen, wie sollen wir davon reden?

Deshalb treffe ich mich montagabends mit einer Gruppe Frauen aus meiner Gemeinde zum Gebet. Dabei nehmen wir uns entweder ein paar Verse oder sogar einige Kapitel der Bibel vor, auf deren Grundlage wir beten.
Das sieht dann so aus: Erst lesen wir den ganzen Abschnitt oder das ganze Kapitel. Dann lesen wir Vers für Vers oder Sinnabschnitt für Sinnabschnitt laut vor, und im Anschluss betet jeder, der etwas auf dem Herzen dazu hat. So kommen wir über die Jahre hinweg fast durch die ganze Bibel!
Zwei Punkte bestechen bei dieser Gebetsform:

- Zum einen „käuen" wir dabei das Wort Gottes wieder – wie eine Kuh auf einer saftigen Weide, die in aller Seelenruhe auf demselben Gras kaut. Während meine persönliche Bibellese manchmal eher eine Katzenwäsche ist – Hauptsache meine Kapitelanzahl geschafft, abgehakt und weiter geht es –, ist das Gebet mit dem Wort eher ein „Wiederkäuen". Die Verse ergreifen einen, machen stutzig, man entdeckt Details und Zusammenhänge, die man so noch nie gesehen hat. Man stolpert oder bleibt hängen und tauscht sich dabei aus, man lernt durch das Gebet von anderen Geschwistern, was man noch alles in dem Vers hätte entdecken können usw.
- Zum anderen betet man Neues und bleibt nicht in der eigenen Gebetsmühle stecken. Ich weiß nicht, ob ihr euch selbst auch dabei ertappt, aber jeder hat doch so seine Spezialthemen, die einem auf dem Herzen brennen – die Kinder- und Jugendarbeit der Gemeinde, die Politik, Israel, Erweckung, Heilung ... Beim Gebet mit dem Wort Gottes beten wir nicht unsere Lieblingsthemen, sondern alles, was auch auf Gottes Herzen ist, weil wir sein Wort beten. Das Unangenehme wird dabei nicht ausgelassen, und die Schwerpunkte und Herzensanliegen Gottes kommen automatisch zum Vorschein.

Falls ihr bisher noch keine Erfahrungen mit dieser Gebetsform gemacht habt, will ich euch ermutigen, es auszuprobieren. Am besten mit ein oder zwei anderen Personen, dann ist es lebendiger. Aber auch mit Gott allein ist das betende Bibellesen eine riesige Bereicherung. Wir wollen uns gegenseitig ermutigen, wirkliche Wiederkäuer des Wortes Gottes zu sein und aus dem Katzenwäsche-Modus herauszukommen!

Jessica

10. Januar

WARUM DAS GEMEINSAME GEBET SO WICHTIG IST

„... indem wir unser Zusammenkommen nicht versäumen" (Hebr 10,25)

Mir persönlich fiel es schon immer eher schwer, mich allein im „stillen Kämmerlein" für eine Gebetsstunde hinzusetzen und konzentriert mit Gott zu sprechen. Wie schnell schweifen die Gedanken ab: „Was steht für heute auf meiner To-do-Liste? Schläft mein Baby nächste Nacht vielleicht endlich besser? Ist meine Einkaufsliste vollständig?" Jeder kennt so ein Gedankenkarussell. Mir hat dabei das Gebet in Gemeinschaft geholfen. Auch wenn das private Gebet, die Zweisamkeit mit Gott, unglaublich wichtig ist, sollen wir uns genauso Zeit nehmen, um mit anderen gemeinsam zu beten. Mir hilft dabei ein fester Termin, um den herum ich meinen Alltag plane. Damit bekommt das Beten Priorität. Zu dem morgendlichen Gebetstreffen kann ich sogar meine kleine Tochter mitnehmen, die nebenher spielt, während wir Erwachsene beten. „Pray and play" hat das meine liebe Schwägerin Jessica einmal genannt.
Herausfordernd, aber auch gewinnbringend, finde ich vor allem das Beten in kleinen Gruppen. Da ist jeder gefordert mitzubeten, damit nicht eine schweigende Runde beieinandersitzt. Das Gebet vor anderen fällt der einen oder anderen vielleicht noch schwer. Ich kenne das Gefühl von Schüchternheit und Unsicherheit im Gebetstreffen: „Finde ich die richtigen Worte? Oh, hoffentlich bete ich nichts Falsches." So müssen wir aber nicht denken. Solange wir nach Gottes Anliegen fragen und so beten, wie wir es in seinem Wort lesen, gibt es kein „falsches Beten". Es sollen auch keine unendlich langen, geistlich hochtrabenden Gebete mit möglichst vielen Fremdwörtern sein. Das kann andere verunsichern, die sich nicht so gut ausdrücken können, die vielleicht noch neu im Glauben sind und sich deshalb zurückhalten, um sich nicht zu blamieren. Lasst uns kurz und knackig beten und einfache Worte verwenden. Manchmal hatte ich den Eindruck, dass Menschen das Gebetstreffen als ihre persönliche Bühne verwenden. Entweder, um sich in ihrer Geistlichkeit darzustellen, oder einfach, um sich etwas von der Seele zu reden. Beides ist nicht besonders auferbauend. Vielleicht fragt ihr euch auch: Was soll ich denn eine ganze Stunde lang mit den anderen beten? Irgendwann ist

doch alles gesagt. Mir kam das am Anfang auch wirklich lange vor. Die Zeit beim Gebet geht für mich aber besonders schnell vorbei, wenn ich nicht in erster Linie für eigene Anliegen bete, sondern mir Gottes Anliegen zu eigen mache. Ein wunderbarer Leitfaden fürs Gebet ist auch die Bibel. Jessica hat euch schon von unserem „Gebet mit dem Wort" erzählt. Da lesen wir betend einen Bibeltext, manchmal Vers für Vers, manchmal abschnittsweise und sprechen vor dem Hintergrund dieser Verse mit Gott. So haben wir nicht nur Psalmen gebetet, sondern z.B. auch das Buch Hosea – eine ganz schöne Herausforderung, aber dadurch haben wir viel über Gott und sein Wesen gelernt. Ihr seht also, es gibt viele Möglichkeiten, miteinander Zeit im Gebet zu verbringen. Lasst uns diesen Treffen gerade in unserem vollen und manchmal stressigen Alltag eine Priorität einräumen!

Johanna

11. Januar

WAS BRINGT ES MIR?

„Täglich verharrten sie einmütig im Tempel" (Apg 2,46)

Es gibt ein Treffen in der Woche, auf das ich ungerne verzichte, und das seit sage und schreibe 37 Jahren. Es ist das Gemeinde-Gebetstreffen vor dem Sonntagsgottesdienst. Es dauert eine Dreiviertelstunde, und die Zusammensetzung ist jede Woche anders, bis auf den treuen Kern, der immer da ist. Es gibt etliche andere Gebetstreffen, Sondergebetstage am Beginn jedes Jahres oder in Zeiten besonderer Not, bei denen ich auch sehr gerne dabei bin. Aber eine regelmäßige Gebetszeit mit anderen zusammen ist für mich unverzichtbar. Für mich ist wichtig, dass ich im gemeinsamen Gebet die Disziplin des Gebets lerne, die ich auch für meine persönlichen Gebetszeiten brauche. Konzentration, Zuhören, Geduld, wenn es langweilig oder langatmig wird. Das Netz weit auswerfen, d.h. nicht nur für den eigenen Gottesdienst beten, sondern auch für Gottesdienste landesweit, für unsere verfolgten Geschwister, für die jeder

Gang in ihre Kirche Lebensgefahr mit sich bringt. Für die Jugend und die Kinder in unserem Land, für neue Aufbrüche im Leib Christi, für die Kranken in unserer Mitte. Ein Rundumschlag! Dort lerne ich, nicht meine Meinung zu beten, sondern mich nach Gottes Meinung auszustrecken. Raum zu lassen für diejenigen, die ruhig und schüchtern sind, dass auch ihre Gebete zum Zuge kommen. Beten war in der Bibel viel mehr als ein Soloakt oder eine Einkaufsliste, die man runterbetet! Die Urgemeinde trifft sich täglich im Tempel (Apg 2,46). Als Petrus aus dem Gefängnis befreit wird, findet er die Gemeinde beim Gebet (Apg 12,12). Paulus und Silas liegen in Ketten im feuchten, stinkenden, von Ratten und Fäulnis starrenden Kerker ... und singen Lobpreislieder (Apg 16,25). Als Paulus die Gläubigen auffordert zu beten, redet er sie in der Mehrzahl an: „*Betet unablässig*“ (1Thes 5,17).

Einmal hatte ich einen Vortrag, vor dem ich sehr nervös war, und einige Freundinnen aus der Gemeinde kamen dazu, um mitzubeten und zu unterstützen. Ein Besucher kommentierte: „Das finde ich toll an euch – ihr seid immer in Gruppen unterwegs!“ Diese zwei oder drei, die in seinem Namen versammelt sind, haben es in sich (Mt 18,20). Da ist der Herr besonders nahe. Eigentlich sollte das Gebetstreffen einer Gemeinde die Veranstaltung sein, bei der die Türen eingerannt werden. Vielleicht kommen Zeiten tiefer Verzweiflung und Not, wo wir gemeinsam zum Herrn flehen. Im Moment wollen wir lieber unterhalten werden, konsumieren. In einem Gottesdienst fällt man nicht so auf, bei einem Gebetstreffen eher. „Wenn eine Gemeinde nicht betet, ist sie tot. Das gemeinsame Gebet sollte nicht an letzter Stelle stehen, es sollte das Wichtigste sein. Eine Gemeinde steht und fällt mit ihrer Gebetsmacht“ (C. H. Spurgeon).

Wie steht es mit dir und dem gemeinsamen Gebet? Vielleicht hast du Lust, ein Gebetstreffen selbst zu initiieren oder zu einem bestehenden regelmäßig zu gehen ... Es könnte eine lebensverändernde Erfahrung sein.

12. Januar

DIE TRÄGHEIT ÜBERLISTEN

„Herr, lehre uns beten!" (Lk 11,1)

„Herr, lehre uns beten!", sagen die Jünger einmal zu Jesus. Ja, Gebet kann, muss, gelernt werden. Wir dürfen nicht warten, bis tiefe, geistliche Gedanken von ganz allein aus unserem Mund fließen. Das wird nie passieren. Sogar die Männer, die tagein tagaus drei Jahre lang mit Jesus zusammen sind und nach seiner Himmelfahrt die Welt auf den Kopf stellen, haben beten lernen müssen. Jesus betet ihnen einfach vor, und hilft ihnen auf die Sprünge mit dem Text, den wir das „Vaterunser" nennen, den sie und wir als Vorlage verwenden können. Es gibt endlose weitere Möglichkeiten, beten zu lernen, und der Kreativität sind keine Grenzen gesetzt.
Psalmen aufsagen – das mache ich sehr gerne – oder singen, wenn es ein Lied mit dem Psalmtext gibt. In unserer Kinderstunde haben wir einmal Fürbitte geübt, indem kleine Zettel mit Anliegen in Luftballons versteckt wurden. Die Kinder haben die Luftballons einander zugeworfen, und wenn „Stopp!" gerufen wurde, brachte man seinen Ballon zum Platzen. Dann holte man den Zettel raus und betete für das Anliegen. Es ist so wichtig, unseren Kindern das Beten beizubringen und wenn möglich interessant zu machen. In manch einer Kinderrunde haben wir Stups-Gebete gemacht. Jedes Kind betet, dann stupst es das Nachbarkind an, das auch betet. Für eine schweigsame Erwachsenenrunde auch eine gute Idee! Eine Kollegin von mir übte das Beten mit ihrer sechsten Klasse. Ein Wecker wurde gestellt und klingelte alle 10 Minuten. Sofort wurde der Unterricht gestoppt, alle falteten ihre Hände, neigten den Kopf und beteten eine Minute lang. Dann ging der Unterricht weiter. Eine andere Kollegin schreibt eigene Mini-Liturgien für Morgenandachten. Früh morgens ist man nicht immer so wach für freies Beten, und ihr Faltblatt mit einer kurzen Zusammenstellung vorformulierter Gebete, einem Psalm und einem Lied, sind eine echte Hilfe.
Als ich der deutschen Sprache noch nicht mächtig war und mich nicht traute, in einer Gebetsrunde laut zu beten, schrieb ich Gebete vorher auf Deutsch auf und lernte sie auswendig. Das fühlte sich zwar dermaßen trocken und mühsam an, wie eine Pflichtübung, aber ich „lernte" dadurch

beten. So kam ich nicht in die Verlegenheit, Sprachfehler zu machen, die mich nur ablenken würden und mir peinlich wären. Von meinem Bügelgebet als junge Mutter habe ich schon erzählt. Auch Gartenarbeit bietet sich ideal fürs Beten an. Dort kreisen meine Gebete um Heiligung und Charakterbildung für mein eigenes Leben. Unkraut jäten (Sünde raus), Äste beschneiden (Sonne reinlassen, Ballast wegschneiden lassen), Erde auflockern und düngen (bildhaft für Gottes Wort), Pflanzen bewässern (Baum gepflanzt an Wasserbächen). Die Bildersprache der Bibel ist an keinem Ort deutlicher als in einem Garten. Hast du weitere Ideen?

13. Januar

MIT GOTT FEILSCHEN

„Der Herr möge doch nicht zürnen, dass ich noch einmal rede!" (1Mo 18,30)

Listen mit Anliegen durchzubeten, ist ein guter Einstieg ins Gebet. Interessant wird Gebet, wenn wir aufhören, heimlich auf die Uhr zu schauen, weil uns das Anliegen richtig berührt und bewegt. Die Bibel wäre kein so dickes Buch, wenn nicht viele Diener Gottes mit ihm endlos diskutieren würden. Unglaublich, was Gott alles mit sich machen lässt. Adam macht es als Erster: *„Die Frau, die du mir zur Seite gegeben hast ..."* (1Mo 3,12). Danach sein Sohn Kain: *„Bin ich meines Bruders Hüter?"* (1Mo 4,9). Die Tradition geht weiter. Abraham, Mose, Gideon, reihenweise Propheten (am auffälligsten Jona) wie auch Könige, die Jünger Jesu ...

Ist euch mal aufgefallen, wie sensationell das eigentlich ist? Allein in dieser Hinsicht sticht der Gott der Bibel heraus. Mit den babylonischen, kanaanitischen, römischen, griechischen, hinduistischen Göttern gab und gibt es keine Diskussionen. Mit Allah schon gar nicht. Alles im Wirken der betreffenden Gottheit ist Willkür, je nach Tageslaune. Der Grund ist klar: Götter, die nach dem Bild der Menschen erschaffen wurden, verhalten sich auch wie Menschen. Nicht so Jahwe, der Gott der Bibel. Es gibt allerdings verschiedene Arten des Diskutierens. Nicht jede kommt bei Gott gut an. Kain ist verbittert, aufgebracht, trotzt Gott ins Gesicht und wird bestraft (1Mo 4,16). Als Abraham mit dem Schicksal von Sodom und Gomorra hadert, lässt sich Gott auf einen Deal ein. Wenn nur zehn gerechte Menschen in den Städten gefunden werden, werden sie verschont (1Mo 18,32). Abraham kämpft nicht für die eigenen Interessen, sondern um die Rettung anderer – das ist der entscheidende Unterschied zu Kain. Auch Mose. Er fleht um das Überleben seines Volkes und bittet Gott, lieber ihn zu strafen und das Volk zu schonen (2Mo 32,32). Paulus macht das Gleiche im Neuen Testament (Röm 9,3). Der Prophet Daniel ringt ebenso um die Umkehr seiner Blutsbrüder (Dan 9). Diese Art von Gebet scheint bei Gott auf offene Ohren zu stoßen, diese Männer schreiben Geschichte. Wenn es so etwas wie effektive Fürbitte gibt, dann finden wir hier den Schlüssel dazu. Diese Männer beten nicht mehr nur: *„Gib uns heute unser tägliches Brot“*, sondern sie sind beim Gebet: *„Dein Reich komme“* angekommen. Jesus bittet Gott: *„Wenn es möglich ist, so gehe dieser Kelch an mir vorüber ...“* (Mt 26,39). Aber er bleibt dabei nicht stehen. Die Qualen seiner angsterfüllten Seele ringen sich auch bei ihm zum alles entscheidenden Schlusssatz hindurch: *„Doch nicht wie ich will, sondern wie du willst“* (V. 39).

14. Januar

WENN GOTT AUF SICH WARTEN LÄSST

„... nicht mein Wille, sondern der deine geschehe!“ (Lk 22,42)

Wir haben inzwischen schon viel über das Beten gehört und die unterschiedlichsten Aspekte beleuchtet. Über eine Frage, die mich schon mein ganzes Christenleben immer wieder beschäftigt und manchmal auch plagt, möchte ich heute gemeinsam mit euch nachdenken.

Es ist die Frage: Was machen wir, wenn Gott nach unserem Gebet auf sich warten lässt oder nicht die Antwort gibt, die wir erbeten haben? Ist das dann vielleicht mein Fehler? Habe ich nicht genug gebetet oder gefastet? Die „Name it and claim it“-Theologie („Nenne es, bekomme es!“) sagt uns, dass wir Gebetserhörungen nur aussprechen und in Anspruch nehmen müssen. Dann werden wir alles bekommen, was wir uns wünschen. Geht ein Gebet nicht in Erfüllung, tritt eine Heilung nicht ein oder erfahren wir nicht den finanziellen Segen, den wir uns erbeten haben, hatten wir eben nicht genug Glauben. Gerne wird zur biblischen Untermauerung dieser Lehre auf Psalm 37,4 verwiesen: *„(...) habe deine Lust am Herrn, so wird er dir geben, was dein Herz begehrt."*

Wenn ich mich in meiner Umgebung umschaue oder auch mein eigenes Leben betrachte, kann ich aber nicht sagen, dass Gott jeden Wunsch erfüllt, und vor allem nicht sofort die Antwort gibt, die wir uns wünschen. Das erlebe ich in den kleinen und großen Anliegen des Lebens. Mein Baby soll endlich wieder durchschlafen – aber dann zieht sich der Entwicklungsschub doch noch vier Wochen hin, und langsam werden die Nerven schwach. Oder eine Freundin, für die ich schon seit mehr als zehn Jahren bete, hat immer noch keine Entscheidung für ein Leben mit Jesus getroffen. Dass ich einfach nicht genug Glauben habe – daran liegt es nicht. Nach Matthäus 17,20 reicht sogar Glaube wie ein Senfkorn. An einer anderen Stelle fleht ein Vater um Heilung für seinen Sohn, der von einem bösen Geist besessen ist, und bittet Jesus: *„Hilf meinem Unglauben!"* (Mk 9,24). Ein schwacher Glaube hindert Gott also nicht das zu tun, was in seinem Willen ist.

Manchmal hat Gott einfach einen anderen Zeitplan als wir. Während ich denke „Jetzt sofort!", sagt Gott „Warte noch". Ich habe in diesen Wartephasen mehr als sonst Gottes Nähe gesucht. Mir wurde auch neu bewusst, dass ich das Wichtigste schon habe: Erlösung von meiner Sünde, eine Ewigkeit bei Gott und schon hier auf der Erde meine Identität in Jesus. Nichts, was noch kommen könnte, kann das toppen! Wenn Gott auf Gebete mit „Nein" antwortet, tut das oft weh. Dann dürfen wir auch verzweifelt und traurig zum Herrn schreien. Das sehen wir regelmäßig in den Psalmen. An dieser Stelle sollen wir aber nicht stehen bleiben, sondern die Tränen abwischen und weiter Tag für Tag in Gottes Reich mitarbeiten. So werden Gottes Anliegen immer mehr zu unseren, und wir können von uns wegsehen. Dann plagen uns auch die unerfüllten Gebete nicht mehr so sehr und wir blicken zuversichtlich in die Zukunft. Und genau das wünsche ich euch für den heutigen Tag!

Johanna

15. Januar

NOT, DIE UNERTRÄGLICH WIRD

„Und die Frau ... hatte nicht mehr ein so trauriges Gesicht“ (1Sam 1,18)

Gebete, die scheinbar auf taube Ohren stoßen: Gott scheint zu schweigen, oder lässt auf sich warten, oder sagt sogar „Nein“ – dazu hat Johanna gestern einige Gedanken weitergegeben. Die alttestamentliche kinderlose Hanna erlebte so etwas. Das ultimative Glück einer Frau war es damals, einen Sohn auf die Welt zu bringen. Das war wie ein Lottogewinn, das Qualitätssiegel auf ihrem Leben. Mit der Geburt eines männlichen Erben konnte sich die Ehefrau zurücklehnen und der Gewissheit frönen: „Gott hat an mir Gefallen.“ Kinderlosigkeit galt dagegen als Fluch. Mit den häufigen Berichten über unfruchtbare und kinderlose Frauen in der Bibel setzt Gott allerdings ein klares Zeichen gegen diesen Irrtum. Sarai, Rebekka, Rahel, Simsons Eltern, Elisabeth: Das langjährige Warten dieser Frauen auf ein Kind ist ein wichtiger Teil ihrer Geschichte mit Gott und mit den Söhnen, die sie schließlich auf die Welt bringen.

In der Geschichte von Hanna, der Mutter des Propheten Samuel, bekommen wir besonders stark den Schmerz zu spüren, den Kinderlosigkeit im Leben einer Frau damals auslöste. Beim alljährlichen Fest des Herrn in Silo ist sie umgeben von fröhlich plaudernden Jungmuttis, unter ihnen Peninna, die zweite Frau ihres Mannes, die keinen Hehl aus ihrer Überlegenheit gegenüber Hanna macht. Irgendwann brennt die letzte Sicherung durch, Hanna flüchtet zur Stiftshütte und schüttet ihr Leid vor dem Herrn aus (1Sam 1) – wohl so leidenschaftlich, dass der Priester Eli sie für betrunken hält. Vermutlich wollte Gott Hanna sowieso einen Sohn schenken – aber viel mehr als das. Er wollte in Hanna selbst etwas bewirken. Sie tritt in die Gegenwart Gottes, außer sich vor Schmerz. Als sie wieder rauskommt, spielt ein Lächeln um ihren Mund. Sie hat wieder Appetit (1Sam 1,18). Da ist eine Leichtigkeit in der Atmosphäre. Ihr Dankesgebet nach der Geburt von Samuel zeigt, wie eng diese Frau am Herzen Gottes lebt, wie tief ihr Vertrauen ist. Gott hat sich wahrhaftig genau die richtige Frau als Mutter für einen mächtigen Propheten ausgesucht. Eine Frau des Gebets.

Hannas Geschichte hat mit einem unerfüllten Wunsch begonnen, der das Leben dieser Frau zu einer Qual machte. Sie flieht mit ihrem Anliegen in die Arme Gottes, ohne zu ahnen, dass auch Gott ein Anliegen hat. Sie braucht einen Sohn. Gott braucht einen Propheten. Im Gebet verschmilzt ihr Wollen auf wundersame Weise mit Gottes Wollen. Deshalb möchte ich dich ermutigen: Zögere nicht, deine Not ehrlich und ausführlich vor dem Herrn auszubreiten! Aber stelle dich auf eine Überraschung ein. Irgendeine Antwort wird kommen – vielleicht eine andere, eine viel größere, als du erwartet hast!

16. Januar

WENN DIE WELLEN HOCHSCHLAGEN

„Du hast meine Stimme gehört" (Kla 3,56)

Das berühmte britische *Stiff upper lip!* („Halte die Ohren steif!") hat etwas Gutes. Aus Rücksicht auf unsere Umgebung ist es im Allgemeinen eine gute Idee, ausufernde Gefühle lieber für sich zu behalten. Neulich war ich auf einem Gebetstreffen, wo ein junges Mädchen minutenlang ihrem Ärger über andere in der Jugendgruppe vor aller Ohren Luft machte. Sie betete unter Tränen, dass mehr Barmherzigkeit und Gnade herrschen, dass die Mädchen über ihre Zickigkeit Buße tun, dass Gott diejenigen straft, die andere mit ihren teuren Designerklamotten neidisch machen und dass der Leiter endlich besser leitet. Das Problem war, wir hatten uns versammelt, um für die verfolgte Kirche zu beten. Es war ein bisschen peinlich.

Ist es denn falsch, die Lasten der eigenen Seele im Gebet auszuschütten? Ganz und gar nicht. Das haben wir gestern bei Hanna gesehen. Wichtig ist, diese Gebete an die richtige Adresse zu richten. Bei meinen Mitmenschen muss ich aufpassen, was ich sage, damit ich nicht missverstanden werde, sie mit den Regungen meiner chaotischen Seele überfordere oder manipuliere. Bei Gott muss ich nicht aufpassen. Ihm kann ich alles ungefiltert sagen, jedes Gefühl, das in meiner Seele aufsteigt. Er hält es aus. Das Auto ist ein guter Ort, um so zu beten. Oder beim Spazierengehen. Zum Beispiel für die „Warum"-Fragen: „Muss das auch noch sein, Herr?

Warum tust du nichts? Wie kannst du da nur still zuschauen – du könntest doch ... Bist du nicht ein guter Vater, der Brot gibt, und keinen Skorpion? Ich habe nur *eine* Seele, und die ist gerade voll mit Skorpionen. Ich kann nicht mehr, Herr."

Jeremia wird mit gutem Grund als der „weinende Prophet" bezeichnet. Immer wieder gerät er zwischen die Fronten eines rebellischen Volkes und seinen Gott und hält es manchmal kaum mehr aus. *„Darüber muss ich weinen, mein Auge, mein Auge zerfließt von Wasser. Denn ein Tröster, der meine Seele erquicken könnte, ist fern von mir ... Sieh, Herr, wie mir angst ist! Mein Inneres glüht, mein Herz dreht sich mir im Leibe um ... man hört, wie ich seufze, doch habe ich keinen Tröster. Alle meine Feinde haben mein Unglück gehört, haben sich gefreut ... zahlreich sind meine Seufzer, und mein Herz ist krank"* (aus Kla 1). Mitten in Passagen von herzzerreißender Trauer sind kleine Lichtblicke gestreut. *„Du hast meine Stimme gehört. Du nahtest an dem Tag, als ich dich anrief, du sprachst: Fürchte dich nicht!"* (Kla 3,57). Der Schrecken seiner Situation bleibt unverändert, wie auch immer wieder in unserem Leben. Aber manchmal reicht dieser kleine Zuspruch – *„du hast meine Stimme gehört."* Traue dich, deine Klage vor Gott auszubreiten, auch heute!

17. Januar

WIE TRAUER IN FÜRBITTE VERWANDELT WIRD

„In Tränen vergehen meine Augen ... wegen des Zusammenbruchs der Tochter meines Volkes" (Kla 2,11)

Jessica und Johanna haben schon über ihre Entdeckung von Gebet entlang an Bibeltexten erzählt. Ich mache das Gleiche, allerdings für mich privat. Meine Bibellese hilft mir, starke Emotionen in die richtigen Bahnen zu lenken. Wenn wir einen genaueren Blick auf die Gebete von Jeremia in den Klageliedern oder im Buch Jeremia werfen, sehen wir, dass der persönliche Schmerz des Propheten mit seiner Sorge um die Zukunft seines Volkes tief verflochten ist. Dieses Phänomen finden wir fast überall in den zum Teil zermürbenden Gebeten, die in der Bibel festgehalten sind.

Ohne ihren von Gott gegebenen Auftrag hätten alle diese Diener Gottes ein ziemlich gemütliches Leben führen können. Mose fleht Gott an, sein Volk zu verschonen, als er es vernichten will (2Mo 32,11-14). Elia ist nicht in erster Linie um seinetwillen so verzweifelt oder wegen des gefühlten Scheiterns seines Auftrags, sondern er ist tief besorgt um den geistlichen Zustand seines Volkes (1Kö 19,10). Daniel identifiziert sich so intensiv mit dem geistlichen Kampf, der um den Heilsplan Gottes tobt, dass er krank wird (Dan 8,27). Bei David und bei Jeremia ist es ähnlich. Tiefe Gefühle, tiefe Abgründe, aufwühlende Hilfeschreie mitten in der Finsternis einer gottverlassenen Welt.

Wenn ich mich mit diesen Geschichten ernsthaft beschäftige, dann geschieht etwas Heilsames in meiner eigenen Seele. Kummer, den ich um meinetwillen empfinde – weil eine Veranstaltung nicht so gut war, wie gehofft, weil mich jemand enttäuscht oder verletzt hat, weil eine Fahrt anstrengend war –, löst sich irgendwie in einem viel größeren Kummer auf: in dem Kummer Gottes um diese Welt. Biblische Texte ziehen mich in die große Geschichte zurück, um die es eigentlich geht. Gottes Ringen um verlorene Menschen färbt auf mich ab, da gibt es bald keinen Raum mehr für Selbstmitleid. Ich trauere mit seiner Trauer, nicht mehr mit meiner. So etwas wie Heiligung geschieht, Gott korrigiert meine störrische Seele. Jeremias Tränen sind Gottes Tränen.

Die energischen Fürbitten eines Moses und eines Daniels spiegeln Gottes eigenen Drang zu Rettung und Gnade wider. Damit haben wir den Kern von Fürbitte getroffen. Unser Mitleid mit uns selbst wird in Mitleid für andere verwandelt. Nicht mehr unsere Not steht im Mittelpunkt, sondern Gottes Anliegen: „*Die Ernte zwar ist groß, die Arbeiter aber sind wenige. Bittet nun den Herrn der Ernte, dass er Arbeiter aussende in seine Ernte! Geht hin!*“ (Lk 10,2). Es besteht natürlich ein erhebliches Risiko, dass wir selbst diese Mitarbeiter sind, die ausgesandt werden, und selbst ein Teil jener Lösung werden, für die wir gebetet haben. Das ist das Beste, was uns passieren kann.

18. Januar

CONFITEOR

„Erforsche mich, Gott, und erkenne mein Herz" (Ps 139,23)

Den Christen in früheren Zeiten gingen die Worte „Kyrie Eleison" – „Herr, erbarme dich" viel schneller über die Lippen als uns heute. In einer Welt, die weit gefährlicher war als die unsere, in der Leid und Tod ständige Begleiter waren, musste man nicht daran erinnert werden, dass es mit dem Leben jederzeit aus sein kann und dass diese Welt nicht viel zu bieten hat. Der Anreiz, mit Gott reinen Tisch zu machen und für die Ewigkeit vorbereitet zu sein, war dadurch um einiges stärker als heute. Das Flehen um Erbarmen basierte auf einer echten, gefühlten Not, mit Gott in Blickkontakt zu stehen.

In dem kirchlichen Internat, in dem ich sechs Jahre meiner Jugend verbrachte, beteten wir jeden Sonntag das *Confiteor*, hier aus der englischen Liturgie übersetzt: *„Allmächtiger Gott und Vater unseres Herrn Jesus Christus, Schöpfer aller Dinge, Richter aller Menschen. Wir bekennen unsere vielen und schweren Sünden und Missetaten, die wir immer wieder gegen deine göttliche Majestät in Gedanken, Worte und Werken begangen haben. Deinen gerechten Zorn gegen uns haben wir verdient …"*

Wer so ein Gebet aufrichtig sprach, erlebte dadurch einen regelmäßigen Seelencheck im Sinne von König David: *„Erforsche mich, Gott, und erkenne mein Herz. Prüfe mich und erkenne meine Gedanken! Und sieh, ob ein Weg der Mühsal bei mir ist"* (Ps 139,23-24).

Es gab eine Zeit in unserem Gemeindeleben, in der wir solchen Gebeten keine große Beachtung schenkten. Sie galten als uncool und nicht zeitgemäß. Als wir eine Zurüstung für die Gemeindearbeit in der charismatischen Bewegung suchten, wurde uns gesagt, dass Christen kein Schuldbewusstsein mehr haben sollen, sondern erhobenen Hauptes als befreite und siegreiche Kinder Gottes durchs Leben schreiten. Klingt toll, und stimmt ja auch zum Teil – aber eben nur zum Teil. Wer nicht weiß, wovon er befreit ist, kann nicht befreit und siegreich durchs Leben gehen. Sondern er geht selbstbewusst, ehrgeizig und arrogant durchs Leben.

Wir mussten zu unserem Leidwesen erleben, dass es unmöglich ist, eine Gemeinde mit Menschen zu bauen, die Schuldbewusstsein als uncool abtun. Nach zehn Jahren mussten wir mehr oder weniger von vorne anfangen, gedemütigt, geläutert, völlig abhängig von der Gnade Gottes. Die Zuversicht, die ein Kind Gottes hat, ist in einer tiefen Demut verankert. Denn den Demütigen schenkt er Gnade, den Stolzen widersteht er (vgl. Jak 4,6). Ich möchte dich ermutigen – wenn du noch nicht erlebt hast, wie befreiend es ist –, Sünde zu bekennen und Gott um Gnade zu bitten. Mach es zu einer Gewohnheit!

19. Januar

DER LIEBLINGSORT DER HELDEN GOTTES

„Wenn du aber betest, so geh in deine Kammer" (Mt 6,6)

Das Wort Gottes ist hier klar: Das wichtigste Merkmal eines Menschen, der wirklich etwas mit Gott erlebt hat, ist eine tiefe Bescheidenheit, ein Bewusstsein der Heiligkeit Gottes, der eigenen Unwürdigkeit und somit auch der Gnade Gottes. Wer viel betet, hat keine Lust mehr zu sündigen.

Jesus widerstand den Verführungen des Feindes mit den klaren Worten: *„Es steht geschrieben"* (Mt 4,4.6.7), nachdem er viele Tage gefastet, über das Wort Gottes nachgedacht und gebetet hatte. Josef widerstand den Nachstellungen der Frau Potiphars, weil er in der Furcht des Herrn und vor dem Angesicht des Herrn lebte. Betende Christen sind widerstandsfähige Christen. Sie erkennen die Schliche des Widersachers schnell und handeln, bringen sich selbst rechtzeitig außer Gefahr, verlieren ihren Appetit auf die Befriedigungen dieser Welt. Der eindeutige Beweis dafür, dass wir Zeit in der Gegenwart Gottes verbracht haben, ist nicht, dass wir uns bei anderen Menschen mit unseren geistlichen Höhenflügen Eindruck verschaffen, sondern dass unser Leben demütiger, dienstbereiter und heiliger wird.

Wie in vielen Lebensbereichen ist der Teil unseres geistlichen Lebens am wichtigsten, den man nicht sieht und mit dem man niemandem imponieren kann. Josuas Vorbereitung für den Einzug der Israeliten ins verheißene Land mit seinen militärischen Feldzügen findet nicht auf den Waffenübungsplätzen einer Militärakademie statt, sondern im Zelt der

Begegnung, wo er sich stundenlang in der Gegenwart Gottes aufhält. *„(Moses) Diener Josua aber, der Sohn des Nun, ein junger Mann, wich nicht aus dem Innern des Zeltes“* (2Mo 33,11). Die Zeit, die er mit Gott verbringt, ist entscheidend. Später, mitten in der Hitze des Gefechts, ist diese Beziehung die Kraft, die ihn befähigt, auszuharren (Jos 1,2-8; 7,6-10). So viel Reden und Eingreifen Gottes wie im Buch Josua erleben wir sonst selten in der Bibel.
Egal, was unsere Lebensaufgaben sind: ob zu Hause als Mutter und Hausfrau, ob in einer Firma, in der Schule, in der Pflege, als Topmanager oder Bürofachkraft ... Unser Schicksal wird an einem Ort entschieden: Im „stillen Kämmerlein“ (Mt 6,5-15), auf den Knien vor dem Herrn. Martin Luther beschrieb seine Gebetsgewohnheiten wie folgt: „So nehme ich mein Psälterlein, laufe in die Kammer oder, wenn es der Tag und die Zeit ist, in die Kirche unter die Menschen und hebe an, die Zehn Gebote, das Glaubensbekenntnis und, wenn ich noch Zeit habe, etliche Sprüche Christi, Pauli oder Psalmen mündlich bei mir selbst zu sprechen, gerade so, wie die Kinder tun.“

20. Januar

FREIWILLIGE KAPITULATION

„Lasst uns nun mit Freimütigkeit hinzutreten ...“ (Hebr 4,16)

„Schwach werden, damit Gott stark wird“, schrieb ich einmal in mein Tagebuch. Gebet ist per Definition ein Akt der freiwilligen Kapitulation. Deshalb war das Gebet des reumütigen Sünders viel effektiver als die Selbstdarstellung des frommen Profi-Beters (Lk 18,13). Nicht die Worte, die wir sagen, sind entscheidend, sondern die Herzenshaltung, mit der wir vor Gott treten. Das war vermutlich auch der Unterschied zwischen dem Opfer Kains und seines Bruders Abel. Für die Qualität der Kohlköpfe oder des Lammfleisches hat sich Gott weniger interessiert als für die angemessene Herzenshaltung. Der Trotz und die Arroganz von Kain in seinem Umgang mit Gott sind haarsträubend (1Mo 4,5-6).
Mit jeder Art von Gebet gebe ich Gott das Recht, das letzte Wort zu haben, Gott sein zu dürfen, über mein Schicksal und das meiner Mitmenschen

zu bestimmen. Gebet ist ein Vertrauensvotum. Ich traue meinem Gott zu, besser als ich zu wissen, wie mein Leben laufen soll. *„Lasst uns nun mit Freimütigkeit hinzutreten zum Thron der Gnade, damit wir Barmherzigkeit empfangen und Gnade finden zur rechtzeitigen Hilfe!“* (Hebr 4,16). In seiner Gegenwart darf ich sein, wie ich bin – im Bewusstsein jedoch, dass dies nur möglich ist, weil Jesus durch seinen Tod am Kreuz den trennenden Vorhang zwischen mir und meinem Schöpfer zerrissen hat. Deshalb darf ich mit Kühnheit vor den Thron der Gnade treten, ich bringe ihm meine Not, ich schütte mein Herz vor ihm aus, aber am Ende muss es immer heißen: *„Doch nicht mein Wille geschehe, sondern der deine geschehe!“* (Lk 22,42).

„Wahres Gebet ist ein Inventar unserer Mängel, ein Katalog unserer Nöte, eine Enthüllung unserer verborgenen Armut. Während das Gebet sich an Gottes Reichtümer wendet, bekennt es gleichzeitig die menschliche Nichtigkeit. Das ist der einzige gesunde Zustand des Christen, dass er in sich selbst immer leer und beständig auf den Herrn angewiesen ist, dass er ihm gebe, was er in sich selbst nicht hat, dass er in sich selbst arm und allein in Jesus reich ist. Darum ist Gebet so heilsam: Indem es Gott bewundert, erniedrigt es das Geschöpf dahin, wo es hingehört: In den Staub. So ist das Gebet – schon abgesehen von der Erhörung – ein großer Segen für den Christen“ (C. H. Spurgeon).

21. Januar

DER NAME, DEN JEDES KIND NENNEN KANN

„Abba, Vater“ (Gal 4,6)

Der Name, den jedes Kind nennen kann! Wir haben in den vergangenen Tagen einige ernsthafte Aspekte des Gebets angeschaut. Diese Aspekte könnten uns in eine falsche, angsterfüllte Ehrfurcht versetzen, wenn Jesus uns nicht beigebracht hätte, Gott mit dem Wort „Abba“ anzureden. Paulus erklärt das Wort so: *„Denn ihr habt nicht einen Geist der Knechtschaft empfangen, wieder zur Furcht, sondern einen Geist der Sohnschaft habt ihr empfangen, in dem wir rufen: Abba, Vater! Der Geist selbst bezeugt zusammen mit* *unserem Geist, dass wir Kinder Gottes sind*" (Röm 8,15-16). Unsere Beziehung zu Gott als liebendem, fürsorglichem Vater, dessen Nähe unser wahres Zuhause ist, das ist die Grundlage für jede Art von Gebet, angefangen mit Lobpreis und Dank bis hin zu Bitte, Flehen und tiefer, anhaltender Fürbitte. Wenn ich mit der Liebe meines Lebens zusammen bin, kommt es mir nicht einmal in den Sinn, ungeduldig auf die Uhr zu blicken oder träge zu gähnen und einen sehnsüchtigen Blick Richtung Tür zu werfen. Wer einen guten irdischen Vater hat, kann sich ein Bild davon machen, wie Gott ist. Wer keinen guten irdischen Vater hat, kann sich ein Bild davon machen, wie ein Vater nicht zu sein hat.

„Er kommt, er kommt!", schrien wir drei Kinder aufgeregt, als wir das Knirschen von Autoreifen auf der Kieszufahrt schon aus der Ferne hörten. Sofort stürzten wir aus der Tür und hüpften fahrlässig um das Auto herum, noch bevor es zum Stillstand kam. Es war unser Vater, der von einer Geschäftsreise zurückkehrte. Wir hielten schon Stunden vor seiner Ankunft am Fenster oder an der Haustür Wache. Als er aus dem Auto stieg, warfen wir uns auf ihn. Zu dritt. Hingen an seinem Hals, kletterten auf seinen Rücken, klammerten uns an seine Beine, bedeckten ihn mit Küssen. So eine Szene kann man sich bei dem Wort „Abba" vorstellen. Mit Respektlosigkeit hat das gar nichts zu tun. Im Gegenteil. Ein reifer, erfahrener Beter ist einer, der seine kindliche Bewunderung für den Vater nie verloren hat, der immer tiefer in das Vertrauen eines Kindes zu seinem Papa hineingewachsen ist. Herr Jesus, der du die Liebe unseres Lebens bist, schenk uns auch heute dieses kindliche Vertrauen.

22. Januar

DAMIT WIR NICHT MÜDE WERDEN ...

„Der Herr aber richte eure Herzen auf die Liebe Gottes und auf das Ausharren des Christus!" (2Thes 3,5)

Wenn ich alle Impulse und Teilaspekte des Gebets kurz Revue passieren lasse, mit denen wir uns in den vergangenen Tagen beschäftigt haben, dann kann ich nur staunen über das Vorrecht, das wir als Christen haben, den Gott der Bibel kennen zu dürfen, uns von ihm geliebt und getragen zu wissen, in seinem Dienst zu stehen. Dieser Gott muss nicht krampfhaft gesucht, besänftigt, bei Laune gehalten werden. Egal wie eifrig wir seine Nähe suchen, wir können sicher sein, dass seine Suche nach unserer Nähe noch eifriger ist. Das ist wirklich verblüffend. Was sieht er in mir, dass er mich überhaupt beachtet? Was bringe ich ihm überhaupt? Und genau das ist der Punkt. Er liebt das, was nicht liebenswert ist. Gibt sein Leben hin für Menschen, die nicht einmal ein „Danke" über die Lippen bringen können. Die einzige angemessene Antwort auf diese Liebe ist, ihn von ganzem Herzen zurückzulieben.

Ohne eine anhaltende Leidenschaft für Gott bleibt das Leben als Christ eine mühsame Angelegenheit. Jesus sagte der Gemeinde in Laodizea, dass sie entweder kalt oder heiß sein soll. Es gibt keine größere Misere für einen Christen, als ein Leben zwischen kalt und heiß zu führen. Dann bin ich vielleicht von klaren christlichen Werten geprägt, habe aber nicht das Feuer einer innigen Beziehung zum Herrn. Dann bin ich Teil einer christlichen Gemeinschaft mit Ansprüchen und Erwartungen, denen ich gar nicht gerecht werden kann. Dann mache ich einen dynamischen Anfang im Glauben, werde aber nach und nach müde und enttäuscht, dass Gott nicht eindeutiger handelt, meine Gebete nicht erhört und Probleme nicht löst.

Ich stelle fest: Etwas anzufangen, ist viel einfacher, als etwas durchzuziehen und zu einem erfolgreichen Ende zu bringen. Wie können wir das Feuer für Jesus am Brennen halten, damit wir im Laufe der Jahre leidenschaftlicher, und nicht langweilig und lau werden? Damit die Turbulenzen des Lebens uns näher ans Herz Gottes bringen, anstatt uns in Verbitterung versinken zu lassen? Wir haben es in den vergangenen Tagen gesehen: Die Nähe zu Gott, die Pflege meiner Beziehung zu ihm, hält das Feuer am Brennen. Nur so wird der Glaube in mir nicht etwas Totes und Kaltes, sondern bleibt brennend, lodernd und ansteckend. Ich wünsche uns, dass das unsere Beziehung zu Gott beschreibt!

LEBENSRETTEND, UNBEQUEM, AKTUELL – DIE BOTSCHAFT DER PROPHETEN

Wer will Menschen eine Nachricht bringen, die sie absolut nicht hören wollen? Genau das war der Job der Propheten in der Bibel. Die Menschen bauten sich gerade eine gemütliche Existenz auf und wollten nicht daran erinnert werden, dass dieses Leben jederzeit zu Ende sein kann. Dass ihre schönen Häuser Ruinen, ihre teuren Autos Rosthaufen, ihre gestylten Körper Skelette sein werden. Eigentlich nichts Sensationelles. Die Botschaft der Propheten geht aber noch weiter: Es kommt ein Danach. Unsere wichtigste Aufgabe ist es, uns auf dieses Danach vorzubereiten. Die Predigten, Warnungen und Ermutigungen dieser Männer sind in unserer Zeit aktueller denn je!

23. Januar

GUTE NERVEN ERWÜNSCHT

„Jerusalem, Jerusalem, das da tötet die Propheten ..." (Lk 13,34)

Die Pädagogen unter uns wissen es: Es gibt neugierige Schüler, die sich von allein für den Wasserkreislauf, für Osmose in Blättern, die Planetenbahnen interessieren, und die es kaum erwarten können, lateinische Verben zu konjugieren und Brüche zu multiplizieren. Solche Schüler sind eher selten. Manchmal finde ich es als Lehrerin mühsam, Schülern Wissen schmackhaft zu machen, das sie kein Bisschen interessiert, aber wichtig für das Leben ist. In einer ganz anderen Liga war die Aufgabe eines Propheten in der Bibel. Hier ging es nicht um fachliche Inhalte, die junge Menschen lebensfähig machen sollten, sondern um dringende Nachrichten, die lebensrettend waren. Es waren Nachrichten, die niemand hören wollte. Die Menschen zogen es vor, mit offenen Augen in einen dunklen Abgrund zu marschieren und andere mitzuziehen, statt umzudrehen, Sünde zu bekennen und Gott die Kontrolle über das eigene Leben zu überlassen. Jesus brachte es auf den Punkt, als er klagte: *„Jerusalem, Jerusalem, das da tötet die Propheten und steinigt, die zu ihm gesandt sind!"* (Lk 13,34). Eine gottlose Welt duldet alles – nur nicht die Wahrheit. Nur nicht die Autorität eines Schöpfers, dessen Anweisungen fürs Leben mit den unbequemen Worten „Ihr sollt nicht ..." beginnen. Wer die Botschaft hasst, wird auch den Botschafter hassen, das macht Jesus auch klar. *„Wenn die Welt euch hasst, so wisst, dass sie mich vor euch gehasst hat"* (Joh 15,18).
In einer Frauenrunde diese Woche ging es um die Geschichte vom verlorenen Sohn in Lukas 15. Als ich mich bei der Leiterin der Bibelarbeit für ihre guten Impulse bedankte, rätselten wir darüber, wie die Geschichte weitergegangen wäre, wenn es eine Fortsetzung gegeben hätte. Es kam uns ein makaberer Gedanke: Wenn Jesus mit der griesgrämigen Verbitterung des älteren Bruders die Pharisäer im Visier hatte, und dieser ältere Sohn keine Buße getan hätte, dann hätte er in der nächsten Folge vermutlich seinen Vater umgebracht oder seinen Bruder oder beide. So erging es zumindest Jesus, dessen Wirken ja die Vorlage für seine Gleichnisse war. Beim Thema Propheten müssen wir uns warm anziehen. Das Evangelium ist nichts für

Feiglinge. Aber lebensrettend, gerade in schweren Zeiten, ist es allemal – und genau das werden wir in den Aussagen der Propheten entdecken.

24. Januar

SKANDALFREI UND MUTIG

„Da teilte ihm Samuel all die Worte mit und verschwieg ihm nichts" (1Sam 3,18)

Ein Mann Gottes, der gut anfängt ... und gut endet, das ist ein seltenes Phänomen, sowohl in der Bibel als auch, wie es scheint, in unserer Welt heute! Samuel war in vielerlei Hinsicht eine Ausnahmeerscheinung. Sein Wirken in Israel begann um das Jahr 1102 v. Chr. Er ist die Verbindung zwischen zwei Epochen in der Geschichte Israels: Er bringt die Zeit der Richter zum Abschluss und leitet die Ära der Könige ein. Sein Leben umspannt mehr als 90 Jahre. Fast genauso lang ist er als Prophet, Richter und Priester tätig, und erweist sich als starke Führungspersönlichkeit in einer Zeit des Aufruhrs. Er wird als „Seher" bezeichnet (1Chr 9,22). Genau das ist ein Prophet. Einer, der in die geistliche Welt hinein „sieht", Realitäten wahrnimmt, die mit dem natürlichen Auge nicht zu erkennen sind.
Samuels Geburt ist die sensationelle Erhörung der Gebete seiner Mutter Hanna. In ihrer verzweifelten Not der Kinderlosigkeit legt sie eine beeindruckende Gottesfurcht an den Tag. Nicht nur die tiefe Frömmigkeit seiner Mutter prägt Samuels Gottesbeziehung schon in frühen Jahren, sondern auch die Lebensschule unter der Obhut des müde gewordenen Priesters Eli, dem Hanna ihren kleinen Sohn anvertraut. So bekommt Samuel am abschreckenden Beispiel Elis und seiner in Ausschweifung lebenden Söhne schon als Kind hautnah mit, wie desaströs sich die Trägheit geistlicher Leiter auf das Schicksal eines ganzen Volkes auswirkt. Gott mutet ihm als jungem Kerl zu, Eli eine ernüchternde Botschaft zu überbringen. *„Siehe, ich will etwas tun in Israel, dass jedem, der es hört, beide Ohren gellen sollen. An jenem Tage werde ich über Eli alles kommen lassen, was ich gegen sein Haus geredet habe: Ich will es anfangen und vollenden. Denn ich*

habe ihm mitgeteilt, dass ich sein Haus für ewig richten will um der Schuld willen, denn er hat erkannt, dass seine Söhne sich den Fluch zuzogen, aber er hat ihnen nicht gewehrt. Und darum habe ich dem Haus Elis geschworen: Wenn jemals die Schuld des Hauses Elis gesühnt werden soll durch Schlachtopfer oder durch Speisopfer, ewig!" (1Sam 3,11-14). Das war Samuels frühzeitige Einführung in den Dienst eines Propheten.
Die Lektion muss tief gesessen haben. Denn zu keinem Zeitpunkt in seinem Leben schreckt Samuel davor zurück, ins Gewissen einflussreicher Führer des Volkes zu reden, Königen die Stirn zu bieten und Gottes Gedanken zu verkündigen, auch wenn ihn das seinen Ruf und sogar sein Leben kosten könnte. Und wir? Nicht jeder von uns hat die Berufung eines Samuels – aber haben wir die Gesinnung eines Samuels? Hat Gottes Wort mehr das Sagen als die Worte von Menschen? Eine kleine Herausforderung für heute!

25. Januar

EINE GESELLSCHAFT, DIE AUS DEN FUGEN GERÄT

„Und das Wort des HERRN war selten in jenen Tagen; Visionen gab es nicht häufig" (1Sam 3,1)

Was für ein trauriger Vers! Man kann es die „Dekadenz der späten Stunde" nennen. Männer Gottes kommen in die Jahre, verlieren an Schärfe, haben keine Kraft mehr für die Auseinandersetzung mit Sünde, vor allem nicht bei den eigenen Kindern, in der eigenen Gemeinde. Sie wollen nicht als engstirnig gelten oder familiäre Beziehungen belasten (3,13). Anstatt dem Volk Gottes als Vorbilder und Leiter vorzustehen, verwandeln die Söhne Elis das Heiligtum Gottes in ein Bordell, stopfen ihre Bäuche mit Fleisch voll, das dem Herrn geopfert werden sollte, und missbrauchen die Bundeslade Gottes als Glücksbringer, um die anrückenden Feinde zu vertreiben (1Sam 4). Ganz schön gravierende Sachen! Die Fahrlässigkeit und die Dreistigkeit dieser Männer sind atemberaubend. Und Eli schüttelt nur milde den Kopf und bringt nichts hervor als eine halbherzige Ermahnung.

Irgendwann sagt auch Gott – bekannt für seine Langatmigkeit und Geduld –: Es reicht!

Die Streitkräfte Israels werden von den Philistern geschlagen, die Bundeslade als Trophäe mitgenommen, die Söhne Elis sterben im Kampf und Eli selbst erliegt einem Herzversagen, als ihn diese Reihe von Hiobsbotschaften erreicht. Es muss erst zu dieser Katastrophe kommen, bevor das Volk unter der Anleitung von Samuel einen Neuanfang mit Gott startet. Samuel ist vorbereitet. In 1. Samuel 2,26 lesen wir: *„Der Junge Samuel aber nahm immer mehr zu an Alter und Gunst bei dem HERRN und bei den Menschen."* Jetzt ist seine Zeit gekommen. *„Da sprach Samuel zu dem ganzen Haus Israel: ‚Wenn ihr mit eurem ganzen Herzen zu dem HERRN umkehren wollt, dann tut die fremden Götter und die Astarot aus eurer Mitte weg! Und richtet euer Herz auf den HERRN und dient ihm allein! So wird er euch aus der Hand der Philister retten.' Und die Söhne Israel taten die Baalim und die Astarot weg und dienten dem HERRN allein"* (1Sam 7,3-4).

Wie muss Samuel mit Entsetzen zugeschaut haben, als er Zeuge des Untergangs einer priesterlichen Dynastie wurde! Geht es uns nicht manchmal auch so? Aber Gott wartet, und irgendwann kommt der Augenblick, in dem er seine Stimme erhebt … und Menschen vorfindet, die bereit sind zu hören! Es lohnt sich, in turbulenten Zeiten die Ruhe zu bewahren, auf den Herrn zu warten, zu beten und zu wachen, und auf Gottes Eingreifen zur rechten Zeit zu setzen!

26. Januar

ZUM LEIDEN BERUFEN

„Und Samuel hörte all die Worte des Volkes und sagte sie vor den Ohren des HERRN" (1Sam 8,21)

Der Anfang von Samuels Laufbahn als Diener Gottes ist der dramatischste Teil. Nicht immer greift Gottes Gericht auf so spektakuläre Weise ein wie bei Eli und seinen Söhnen. Jetzt ist Samuel an der Reihe, als Richter über Israel das Volk zurück auf die Wege Gottes zu führen.

Bei aller Gunst, die Samuel durch seine Gottesfurcht und seine Integrität erlangt hat, schielen die Israeliten immer wieder auf die heidnischen Nachbarländer mit ihren prunkvollen Königspalästen, militärischen Paraden und den Herrschern in glänzenden Rüstungen hoch zu Ross, die sie anführen. Ein alter Priester an der Spitze des Volkes? Ein religiöses Zelt als Gottes Wohnung auf Erden? Wie uncool ist das? „Wir wollen einen König!“, schreien sie (vgl. 1Sam 8,5). „Passt auf, worum ihr bittet“, ist Samuels Antwort (vgl. 1Sam 8,11-18). Manchmal frage ich mich, wie es diesen Dienern Gottes ergangen sein muss. Samuel wird einfach zur Seite geschoben, lässt es mit sich machen und begnügt sich damit, zweite Geige zu spielen. Er widmet sich der Aufgabe, dem frisch gekürten König Saul als Mentor und Unterstützer zur Seite zu stehen. Eigentlich könnte er ganz schön beleidigt sein, aber er gibt die Dinge an Gott ab, wie wir im Tagesvers lesen. Das Qualitätssiegel auf dem Dienst jedes Christen ist seine Sorge um das Wohlergehen des Volkes Gottes, nicht um die eigene Amtswürde.
Die Serie der Demütigungen hört hier nicht auf. König Saul, perfekt geeignet für die Königswürde, geliebt vom Volk, gesegnet von Gott, unterstützt vom Propheten, enttäuscht auf ganzer Linie. Er ist unberechenbar, launisch, besorgter um sein eigenes Ansehen als um das Wohl seiner mutigen Kämpfer und seiner dankbaren Bevölkerung. Er verpatzt Chance um Chance, Gott zu beweisen, dass er sein Vertrauen auf ihn setzt und nicht auf die eigene Begabung und Popularität (z.B. 1Sam 15). Er ist wahnsinnig vor Eifersucht als David zum König in spe ernannt wird und kämpft gegen seine eigenen Leute anstatt gegen den Feind. Wie kann ein so gesegneter Mann so viel falsch machen? Samuel konfrontiert ihn, warnt ihn, aber vergebens. Spätestens als er den jungen David zum nächsten König salbt, ist auch sein Leben in permanenter Gefahr.
Samuel bekommt wenig Dank für die Jahre der Mühe im Dienst Gottes, für die Ruhe und Stabilität, die er dem Land schenkte, für die selbstlose Furchtlosigkeit, mit der er geleitet hat. Lasst uns für unsere Gemeinden beten, dass Gott ihnen Leiter schenkt, die wie Samuel gegen den Strom schwimmen. Wenn du welche kennst, ermutige sie, zeig deine Unterstützung – zoll ihnen Dank dafür!

27. Januar

LEBEN IN EINER GOTTLOSEN ZEIT

„Denn Gott hat uns nicht einen Geist der Furchtsamkeit gegeben, sondern der Kraft und der Liebe und der Besonnenheit" (2Tim 1,7)

Werteverfall, politische Verwirrung, Götzendienst, wenig Gottesfurcht und viel geistliche Dürre – die so beschriebene Gesellschaft dürfte uns nicht unbekannt sein. Heute geht es um den Propheten Elisa und darum, wie wir in einer düsteren Zeit leben können.

Ich frage mich ziemlich oft, mit welchem Weltbild meine Kinder aufwachsen werden. Mann und Frau, richtig und falsch, Gut und Böse, konservativ und liberal – das sind alles Begriffe, die selbst schon in meinem kurzen Leben einen großen Wandel erfahren haben. Was gestern noch grenzwertig war, ist heute okay. Wenn ich mir die Abtreibungszahlen ansehe oder mich durch einen bis hin zur Unkenntlichkeit mit Sternchen und „-innen" übersäten Text kämpfe, dann frage ich mich: Wo will unsere Gesellschaft ohne Gott noch hin? Zugegeben, mich überrollt immer wieder die Angst bei der Frage, wie wir es schaffen können, unsere Gemeinde als Bollwerk gegen die aggressiven Einflüsse des Zeitgeistes zu erhalten und unseren Kindern biblische Werte mitzugeben.

Den Propheten Elisa würde die Kurzdarstellung unserer gegenwärtigen Gesellschaft nicht aus den Socken hauen. Er selbst wirkte in einer der dunkelsten Zeiten der Bibel. König Ahab hatte sich *„verkauft ... zu tun, was böse [war] mehr als alle, die vor ihm gewesen waren"* (1Kön 21,25). Er wirft sich vor Baal nieder, verführt das Volk zum Götzendienst und steht selbst unter der Knute seiner gottlosen, hinterhältigen und mordlustigen Frau Isebel. Ganz ehrlich: In dieser Gesellschaft hätte ich nicht leben wollen. Wie viele Mamas und Papas haben sich auch damals die Fragen gestellt: Wie kann ich meine Kinder in dieser Zeit erziehen? Sieht Gott uns?

Interessanterweise geschahen gerade durch Elisa einige der außergewöhnlichsten Wunder Gottes: Tote wurden lebendig, vergiftete Wasserquellen genießbar, ein Aussätziger geheilt, Öl vermehrt. Wolfgang Bühne schreibt in seinem sehr alltagspraktischen Buch über Elisa: „Das sollte uns Mut machen, in unserer geistlich armen und auch moralisch verlotterten Christenheit ebenso mit dem gnädigen Eingreifen Gottes zu rechnen“ (S. 9). Gott hat seine Leute in den Startpositionen und ruft sie zu seiner Zeit ins Geschehen, um mit ihnen seinen Heilsplan auszuführen. Er hat die Kontrolle, auch wenn sein Handeln manchmal sehr schwer für uns zu verstehen ist. Er sieht und überblickt unsere gegenwärtige Situation und wird seinen Plan zu seiner Zeit zu Ende bringen. Wie wunderbar erleichternd ist das Wissen für uns, dass er alles in seiner Hand hält und kein Unrecht übersieht.

Wenn sorgenvolle Gedanken uns überrollen, dürfen wir uns an Gottes Wort erinnern: *„Der Herr ist mein Helfer, und ich will mich nicht fürchten; was wird mir ein Mensch tun?“* (Hebr 13,6), oder: *„Denn Gott hat uns nicht einen Geist der Furchtsamkeit gegeben, sondern der Kraft und der Liebe und der Besonnenheit“* (2Tim 1,7).

Jessica

28. Januar

WENN GOTT RUFT – SIND WIR WIRKLICH BEREIT!?

„... und er machte sich auf und folgte Elia nach und diente ihm“ (1Kö 19,21)

Eine Ansprache aus einem brennenden Busch, eine klare Vision in einem Traum, ein lockeres, aber klares: „Komm und folge mir nach“ – Gott beruft auf ganz unterschiedliche Weise. Elisas Berufung in seinen Dienst ist wirklich eine markante Stelle in der Bibel und sehr besonders. *„Und [Elia] ging von dort weg und fand Elisa, den Sohn Saphats, der gerade mit zwölf Rindern vor sich her pflügte, [...]; Und Elia ging zu ihm hin und warf seinen Mantel über ihn. Und er verließ die Rinder und lief Elia nach: Lass mich doch meinen Vater und meine Mutter küssen, so will ich dir nachfolgen. [...] Und er kehrte von ihm zurück und nahm das Joch Rinder und schlachtete es, und mit dem Geschirr der Rinder kochte er ihr Fleisch und gab es den Leuten, und sie aßen; und er machte sich auf und folgte Elia nach und diente ihm“* (1Kö 19,19-21).

Zwei Eigenschaften Elisas, die aus dieser kurzen Szene ablesbar sind, beeindrucken mich insbesondere an diesem Propheten, der oft im Schatten seines mächtigen Vorgängers Elia steht.

1. Elisa hatte seine Hausaufgaben gemacht. Er war *ready* für diese Goliath-Aufgabe in seinem Leben. Die kurze Schilderung aus 1. Könige 19 lässt erahnen, dass Elisa vorbereitet war, als ihm während der Arbeit ein Mantel übergeworfen wurde. Er begreift sofort die Tragweite dieser Handlung Elias: Er ist bereit, seine Arbeit hinter sich zu lassen und sich auf Nimmer-Wiedersehn von seinen Eltern zu verabschieden. Kein Zögern, kein: „Du, ich muss noch mein Haus abzahlen", oder: „Lass mich mal noch kurz diesen Acker fertig pflügen, am Ende des Quartals könnte ich …" Er erkennt Elia offensichtlich sofort, weiß um die symbolische Handlung mit dem Mantel und ist sofort willig, auf ein abgesichertes Leben zu verzichten. Diese Bereitschaft kommt nicht von ungefähr, sondern ihr geht eine harte, fleißige Arbeit und eine innige Beziehung zum Herrn voraus. „Als er seine Rinder verließ, um Elia nachzulaufen, hatte er in dieser wichtigen Entscheidungsstunde seines Lebens die richtige Wahl getroffen", schreibt Wolfgang Bühne über Elisa in seinem gleichnamigen Buch.

2. Er war *radikal*. Das Abschiedsessen mit Freunden und Familie zeigt uns, wie ernst Elisa seine Berufung nimmt. Er macht mit dem Geschirr der Rinder das Feuer und kocht darauf das Fleisch seiner wertvollen Tiere. Ein konsequenter Schlussstrich wird hier unter die Vergangenheit als Bauernsohn gezogen und eine Zäsur für Neues gesetzt.

Fest steht, nicht jeder von uns hat eine so große Berufung wie Elisa auf seinem Leben. Nicht jeder wird aus seinem momentanen Job gerufen oder muss alles aufgeben. Gott beruft unterschiedliche Menschen auf unterschiedliche Art. Die Frage ist: Sind wir bereit, in den entscheidenden Stunden unseres Lebens die richtige Wahl zu treffen? Können wir entschlossen und radikal reagieren wie Elisa, wenn Begegnungen mit Menschen, eindeutige Umstände oder Gottes Wort uns aufwühlen und herausfordern? Haben wir unsere Hausaufgaben dafür gemacht?

Jessica

29. Januar

EIN PROPHET WIDER WILLEN

„Aber Jona machte sich auf ... weg vom Angesicht des HERRN" (Jon 1,3)

Samuel und Elisa. Männer mit Format, gradlinig und gottesfürchtig, ungeachtet der Nachteile für das eigene Leben und der Risiken, die sie eingingen. Zwei geistliche Leiter, denen man vertrauen konnte, weil sie unbestechlich und furchtlos waren, für keine Propaganda der Reichen und Machthungrigen dieser Welt zu haben.

Der Prophet Jona ist anders. Er hat wohl seine besten Jahre schon hinter sich, hat in seinem Dienst als „Hof"-Prophet für den gottlosen Jerobeam II. von Israel (793-753 v. Chr.) nicht gerade Aufsehen erregt. Das heißt, bis zu jenem Tag, als Gott ihn beauftragt, einen evangelistischen Einsatz ausgerechnet in Ninive zu machen, der Hauptstadt des Erzfeindes Israels. „Soll das ein Scherz sein, Gott?", so ähnlich muss Jona gedacht haben. Er meldet sich für eine Schifffahrt nach einem Ort namens Tarsis. Ninive lag etwa 800 Kilometer östlich von Israel, Tarsis vermutlich etwa 3.200 km westlich von Israel an der Südküste des heutigen Spaniens. Jona macht sich also in die genau entgegengesetzte Richtung auf, so weit wie möglich vom eigentlichen Ziel entfernt.

Der Rest der Geschichte bietet seit eh und je reichlich Stoff für Malbücher, Kinderstunden, Theaterstücke und Bastelaktionen. Gott holt Jona mit einem gewaltigen Sturm auf hoher See ein, und die heidnischen Seeleute tippen sofort auf Gottes Beteiligung an der Naturkatastrophe – schneller als der Prophet Gottes. Jona outet sich als die Zielscheibe von Gottes Aktion, lässt sich über Bord werfen, um den Rest der Mannschaft zu retten, und wird von einem großen Fisch wieder Richtung Ninive transportiert, wo Gott ihn hinschicken wollte. Der widerwilligste Diener Gottes führt die erfolgreichste Evangelisation aller Zeiten durch, die ganze Stadt bekehrt sich. Ein Erfolg, der bei jedem normalen Prediger Luftsprünge auslösen würde, erweckt bei Jona eine andere Reaktion: *„Und er betete zum HERRN und sagte: Ach, HERR! War das nicht meine Rede, als ich noch in meinem Land war? Deshalb floh ich schnell nach Tarsis! Denn ich wusste, dass du ein gnädiger und barmherziger Gott bist, langsam zum Zorn und groß an Güte, und einer, der sich das Unheil gereuen lässt"* (Jon 4,2).

Unglaublich – Jona schmollt wie ein Kleinkind. Was können wir aus dieser seltsamen Episode lernen? Eigentlich genug für eine ganze Serie von Bibelarbeiten! Sie ist ein Meisterstück der Souveränität Gottes, eine tröstliche Erinnerung daran, dass er und nicht der Mensch Regie in dieser Welt führt. Dass sein Herz für die schlägt, die ihn nicht kennen – ob uns diese Menschen nun sympathisch sind oder nicht. Dass er sich manchmal ziemlich ungeeignete Typen aussucht, um seine Aufträge auszuführen, weil er auch liebevoll und geduldig mit einzelnen Dickköpfen wie Jona Geschichte schreibt, auch sie im Blick hat. Vielleicht gibt es jemanden, der gerade das heute lesen soll und dadurch ermutigt wird!

30. Januar

EINE LIEBESGESCHICHTE MIT EINEM HAKEN

„Und ich will dich mir verloben in Ewigkeit ..." (Hos 2,21)

Der Prophet Hosea bekam von Gott einen ungewöhnlichen Auftrag: Er sollte eine untreue Frau heiraten. Das klingt nach einer recht extremen Maßnahme, nur um eine bestimmte Botschaft zu vermitteln. Wenn man sich aber die Verhältnisse zu Hoseas Zeit anschaut, wird deutlich, warum das notwendig war. Gott setzte Hosea als Prophet hauptsächlich im Nordreich Israel ein. Dort herrschte Jerobeam der Zweite.
König Jerobeam ließ das Volk weiterhin den Götzen nachlaufen, sodass die Israeliten zwar noch nach jüdischen Sitten lebten, gleichzeitig aber Baal und Astarte dienten und sich hemmungslos allen Sünden hingaben. Mit anderen Worten: Sie waren Gott in jeder Hinsicht untreu. Dass Hosea eine Prostituierte als Ehefrau auswählen sollte, die ihm nicht die Treue halten würde, ist deshalb ein kräftiges Bild für das Verhältnis zwischen Gott und seinem auserwählten Volk. *„Geh, nimm dir eine hurerische Frau und zeuge hurerische Kinder!"* (Hos 1,2). Genau wie Hosea die Untreue seiner Ehefrau von Anfang an bekannt war, wusste auch Gott schon immer, dass sein Volk den Bund mit ihm nicht halten würde. Hosea hat am eigenen

Leib erfahren, was es heißt, betrogen zu werden, und konnte zumindest erahnen, wie es Gott mit Israel ergehen musste.
Wenn ich das Buch Hosea lese, sticht mir vor allem ins Auge, wie ungleich die Paare sind. Hosea und seine Frau Gomer – ein treuer Ehemann mit einer Ehefrau, die sich prostituiert. Dann der heilige, allmächtige Gott und das treulose Volk Israel, das seinen Götzen nachläuft und ein ums andere Mal Gottes Gebote missachtet. Die Gegensätze könnten nicht größer sein. Für das Verhalten der treulosen Partner gäbe es eigentlich nur eine richtige Konsequenz: Hosea müsste seine Frau Gomer verstoßen. Gott ist berechtigterweise zornig auf sein Volk und wäre absolut im Recht, wenn er sich für immer von ihm abwendete. Entsprechend sind auch die Namen der drei Kinder, die Gomer bekommt (Hos 1,3-9): „Jesreel" bedeutet „Gott wird säen oder zerstreuen"; „Lo-Ruhama" heißt „Nicht-Erbarmen". Das letzte Kind heißt „Lo-Ammi", was „Nicht-mein-Volk" bedeutet. Es ist die logische Konsequenz davon, dass Israel immer wieder anderen Göttern nachjagt. Schnell schütteln wir den Kopf über das Volk Israel, und vergessen dabei: Wir waren Gott genauso untreu und hätten es verdient, dass er sich von uns abwendet.
Die Geschichte nimmt aber eine wunderbare Wendung: Hosea heiratet Gomer trotz ihres Betrugs. Das ganze Kapitel 2 von Hosea ist Gottes Auslegung dieses lebendigen Gleichnisses, sein Ringen um das Herz seines geliebten Volkes. *„Und ich will dich mir verloben in Ewigkeit, und ich will dich mir verloben in Gerechtigkeit und in Recht und in Gnade und in Erbarmen, ja in Treue"* (Hos 2,21).
Durch Jesu Tod am Kreuz haben auch wir die Chance für einen Neuanfang: *„Den, der Sünde nicht kannte, hat er für uns zur Sünde gemacht, damit wir Gottes Gerechtigkeit würden in ihm"* (2Kor 5,21). Hoffentlich werde ich nie aufhören, mich darüber zu wundern und dafür zu danken.

Johanna

31. Januar

ZEITEN, DIE UNS VERTRAUT VORKOMMEN

„Ich will ihre Abtrünnigkeit heilen, gerne will ich sie lieben; denn mein Zorn hat sich von ihnen abgewandt" (Hos 14,5)

Hoseas Prophetendienst hat ca. 755 v. Chr. begonnen. Das ist ziemlich lange her. Was hat das also mit mir zu tun? Immerhin leben wir fast 3.000 Jahre später. Wer sich die damaligen Zustände anschaut, dem wird aber schnell klar, worin die Gemeinsamkeiten bestehen. In Hosea 4,1+2 lesen wir: *„... es (gibt) keine Wahrheit, keine Liebe und keine Gotteserkenntnis im Land (...). Fluchen und Lügen, Morden, Stehlen und Ehebrechen hat überhandgenommen, und Blutschuld reiht sich an Blutschuld."* Kommt uns das nicht allzu bekannt vor, wenn wir uns in der Gesellschaft umschauen oder auch in unserem eigenen Herzen? Die Menschen machen Gott entweder zu einem Geist in der Flasche, der Wünsche erfüllen soll, oder sie ignorieren ihn vollständig.

Die *eine* Wahrheit gibt es nicht mehr, sondern jeder darf sich seine eigene Realität zusammenschustern. Das persönliche Empfinden entscheidet über Richtig und Falsch oder sogar die Geschlechtswahl. Jede dritte Ehe wird geschieden, wenn sich Leute überhaupt noch trauen lassen. Deutschland lädt, wie auch viele andere Länder, seit Jahrzehnten eine ganz besondere Blutschuld auf sich: Mehrere hundert Babys werden jeden Tag im Mutterleib umgebracht – in den meisten Fällen nur deshalb, weil sie zur falschen Zeit am falschen Ort waren. In allen diesen Bereichen wird deutlich: Erkennen die Menschen Gottes Autorität nicht mehr an, entsteht ein moralisches Vakuum, in dem jeder seine eigenen Regeln macht. Die Zustände sind heute also mindestens genauso schlimm, wie Hosea sie für die Bewohner Israels beschreibt.

Aber dann passiert das Unglaubliche: Gott will Israel trotz der vielen Schuld vergeben. Er fordert sein Volk auf: *„Kehre um, o Israel, zu dem Herrn, deinem Gott!"* (Hos 14,2). Gott sagt: *„Ich will ihre Abtrünnigkeit heilen, gerne will ich sie lieben; denn mein Zorn hat sich von ihnen abgewandt"* (Hos 14,5). Was für eine Erleichterung ist es auch für uns, dass Gott nicht zornig bleibt, sondern uns für schuldlos erklärt, weil Jesus unsere Schuld auf sich genommen hat. Jetzt haben wir den Auftrag, Menschen zur Versöhnung mit ihrem Schöpfer aufzurufen (2Kor 5,20). Dabei dürfen wir nicht verschweigen, dass Sünde zur Trennung von Gott führt. Dann kommt aber das unglaubliche Rettungsangebot: *„Wenn wir aber unsre Sünden bekennen, so ist er treu und gerecht, dass er uns die Sünden vergibt und reinigt uns von aller Ungerechtigkeit“* (1Jo 1,9). Ich bin so dankbar, dass ich nicht den Lohn für meine Sünde bezahlen muss, sondern als neue Kreatur, als neuer Mensch in Beziehung mit Gott leben darf (2Kor 5,17)!

1. Februar

EIN TRAGISCHER TODESFALL

„Wehe mir, denn ich bin verloren“ (Jes 6,5)

Das Wirken des Propheten Jesaja in einem kurzen Text zusammenzufassen, ist ein Ding der Unmöglichkeit! Jesaja wirkte fast 60 Jahre als Prophet, von ca. 740 v. Chr. bis 680 v. Chr., und diente während der Regierungszeit von fünf Königen. Am engsten verbunden war er mit dem ersten aus dieser Reihe, dem König Usija, dessen enger Freund und Berater er war. Jesaja selbst gehörte zur Oberschicht des damaligen Reiches Juda. Sein Buch zählt zu den längsten der Bibel und wird von manchen Auslegern „die Bibel in Miniaturform“ genannt – nicht nur weil hier die Heilsbotschaft im Kurzformat dargestellt wird, sondern weil sich die 66 Kapitel des Buches im Verhältnis ähnlich aufteilen wie die 66 Bücher der Bibel im Alten und Neuen Testament: Der erste Teil (39 Kapitel) spricht im Schwerpunkt von Gottes Gericht, der zweite Teil (27 Kapitel) von dem rettenden Trost Gottes. Das Buch Jesaja ist mit so klaren Hinweisen auf das Kommen des Messias übersät, wie wir sie in anderen alttestamentlichen Büchern nicht finden.
Wir schauen uns heute nur *einen* Vers dieses gewaltigen Schriftwerkes an. *„Im Todesjahr des Königs Usija, da sah ich den Herrn“* (Jes 6,1). Dieser kurze Satz gibt nicht nur den Ton für den Rest des Buches an, sondern in ihm steckt eine vielschichtige Trauer. Trauer um den Verlust eines guten Freundes. Trauer um einen König, der so konsequent auf den Wegen des Herrn

begonnen hatte, aber ein so trauriges Ende nahm (2Chr 26,16). Sorge um die Zukunft des Volkes Gottes an dieser Schnittstelle seiner Geschichte. König Jotam, der Nachfolger Usijas, ließ nicht auf bessere Zeiten hoffen. Aber mitten in einem von Sorgen geplagten Alltag sieht Jesaja den Herrn. Der Fokus dieser Begegnung liegt hundertprozentig auf Jesaja selbst. Nicht die turbulenten politischen Verhältnisse im Land, sondern die Geschichte in seinem Herzen. Jede Geschichte Gottes fängt so an. Buße, Reinigung, Umkehr – zuerst in uns. Hier finden wir keinen kumpelhaften Umgang mit dem heiligen Gott Israels. Zuerst kommt die glühende Kohle, die sündhafte Lippen reinigt. Bevor der Prophet sagen konnte: *„Hier bin ich, sende mich“* (Jes 6,8), musste er zuerst bekennen: *„Wehe mir, denn ich bin verloren“* (Jes 6,5).

Die glühende Kohle bleibt nicht ohne Auswirkung! Von Jesaja kommen tröstliche Zusprüche Gottes, die pure Gänsehaut sind (siehe Jes 43–44). Der Weg vom Thronsaal Gottes in Kapitel 6 führt direkt in die Stube Marias in Nazareth (Kap. 7,14), an den qualvollen Schreien der Gefolterten auf dem Berg Golgatha vorbei (Kap. 53) zur Einladung zur Errettung (Kap. 55) bis hin zum Friedensreich Jesu (Kap. 65). Was für eine Botschaft!

2. Februar

MICHAS WORTE – WIE FÜR UNS HEUTE GESCHRIEBEN

„Ich hingegen, ich bin mit Kraft erfüllt ... um Jakob zu verkünden sein Verbrechen und Israel seine Sünde“ (Mi 3,8)

Vorne in der Bibel, die ich als Teenager von meinen Eltern bekam, steht in der sauberen Schrift meines Vaters der Vers aus dem Propheten Micha: *„Er hat dir mitgeteilt, Mensch, was gut ist. Und was fordert der HERR von dir, als Recht zu üben und Güte zu lieben und einsichtig zu gehen mit deinem Gott?“* (Mi 6,8). Das Wort „einsichtig“ könnte man auch mit „demütig“ übersetzen. Wann immer zu viele Fragen, Ansprüche, Forderungen sich in meinem Leben häufen und

mich niederdrücken, kehre ich zu diesem Vers zurück. Mehr will der Herr nicht von mir als Gehorsam ihm gegenüber, Güte meinen Mitmenschen gegenüber und Demut mir selbst gegenüber. Nie auf den Gedanken kommen, ich käme nur eine Minute ohne meinen Gott aus.
Der nicht so bekannte Prophet Micha war ein Kollege von Hosea und Jesaja. Wie sie hatte auch er die undankbare Aufgabe, das bevorstehende Gericht Gottes einem Volk zu verkündigen, das nahe am Abgrund stand und nichts davon wissen wollte. Auch seine Botschaft fängt mit dem Thronsaal Gottes im Tempel an, so wie bei Jesaja, allerdings nicht mit der persönlichen Offenbarung, die Jesaja hatte, sondern mit dem Auszug Gottes aus dem Tempel, um Gericht zu vollziehen: *„Denn siehe, der HERR geht aus von seiner Stätte, er steigt herab und schreitet auf den Höhen der Erde. Und die Berge zerschmelzen unter ihm, und die Täler spalten sich, wie das Wachs vor dem Feuer, wie Wasser, ausgegossen am Abhang. Wegen des Verbrechens Jakobs geschieht das alles und wegen der Sünden des Hauses Israel“* (Mi 1,3-5).
Michas Zuhörer sind von seinen dringlichen Appellen, den Herrn zu fürchten, nicht beeindruckt. Sie versuchen, ihm ein Mundverbot zu erteilen: Er soll bitte schön nur das predigen, was die Leute hören wollen, einfach nett sein: *„'Weissagt nicht!', weissagen sie. In der Art weissagt man nicht!“* (2,6). Micha bleibt trotzig: *„Ist es nicht an euch, das Recht zu kennen, die ihr das Gute hasst und das Böse liebt ... ?“* (3,1-2). *„Ich hingegen, ich bin mit Kraft erfüllt durch den Geist des HERRN, und mit Recht und Stärke, um Jakob zu verkünden sein Verbrechen und Israel seine Sünde“* (3,8). Er bedauert, dass *„verloren gegangen ist der Getreue aus dem Land, und da ist kein Rechtschaffener unter den Menschen“* (7,2). Das Buch ist alles andere als eine entspannte Urlaubslektüre mit Seelenmassage. Es ist ein Weckruf, umzukehren und den Herrn zu suchen, bevor es zu spät ist. Micha beschreibt einen geistlichen Zustand im Volk, der unserer Zeit auf erschreckende Weise ähnlich ist. Er hilft auch uns, die Zeichen der Zeit durch Gottes Augen zu erkennen und zu beurteilen, damit wir wachen und beten – und dort, wo es Möglichkeiten gibt, unseren Mund auftun, um unsere Mitmenschen auf den Herrn hinzuweisen. Morgen sehen wir uns die Hoffnungsschimmer an, die immer wieder in den Versen Michas zu finden sind. Sie machen auch uns Mut, wenn wir das Gefühl haben, dass unsere Welt am Abgrund steht. Wir wären nicht die ersten, die dieses Gefühl hätten!

3. Februar

KRAFT, UM IN EINER GOTTLOSEN KULTUR ZU BESTEHEN

„Ich aber, ich will nach dem HERRN ausschauen, will warten auf den Gott meines Heils; mein Gott wird mich erhören" (Mi 7,7)

Heute werfen wir einen zweiten Blick auf den Propheten Micha. Gottes Gerichtsankündigungen sind nie eine Sackgasse. Auch wenn es schon zu spät zu sein scheint, ist es doch nicht zu spät.

„Verloren gegangen ist der Getreue aus dem Land, und da ist kein Rechtschaffener unter den Menschen!", klagt Micha. *„Sie alle lauern auf Bluttaten, sie jagen jeder seinen Bruder mit dem Netz"* (Mi 7,2).

So der Zustand Israels zur Zeit Michas. Aber es gibt immer Schlupflöcher für die, die an Gott festhängen. Auch wenn die Krise nicht mehr abgewendet werden kann – die Ehe gerettet, die Gemeindespaltung verhindert, die Krankheit behandelt –, gibt es immer einen Weg durch die Krise. Eine ausgestreckte Hand Gottes mitten in den tobenden Wellen. Einen Stab und einen Stecken im dunklen Tal. Boten Gottes, die ausgesandt werden, um gerechte Menschen aus Sodom und Gomorra herauszuzerren, gerade noch rechtzeitig. Hier ein paar Beispiele aus dem Buch Micha:

„Jetzt musst du aus der Stadt hinausziehen und auf freiem Feld wohnen und bis nach Babel kommen. Dort wirst du gerettet werden, dort wird der HERR dich aus der Hand deiner Feinde erlösen" (Mi 4,10).

„Ich aber, ich will nach dem HERRN ausschauen, will warten auf den Gott meines Heils; mein Gott wird mich erhören" (Mi 7,7).

„Freue dich nicht über mich, meine Feindin! Denn bin ich gefallen, stehe ich wieder auf; wenn ich auch in Finsternis sitze, ist der HERR doch mein Licht" (Mi 7,8).

„Wer ist ein Gott wie du, der Schuld vergibt und Vergehen verzeiht dem Rest seines Erbteils! Nicht für immer behält er seinen Zorn, denn er hat Gefallen an Gnade. Er wird sich wieder über uns erbarmen, wird unsere Schuld niedertreten. Und du wirst alle ihre Sünden in die Tiefen des Meeres werfen. Du wirst an Jakob Treue erweisen, an Abraham Gnade, die du unsern Vätern geschworen hast von den Tagen der Vorzeit her" (Mi 7,18-20).

Herrliche Verheißungen, hoffnungsvolle Vorschau auf das herrliche Ende der Geschichte! In diesem Spannungsfeld zwischen der zukünftigen Herrlichkeit und dem Ist-Zustand erinnert uns der Prophet daran, wie wir durch dieses Spannungsfeld navigieren sollen. Dass Führung Gottes ein Lebensstil ist, nicht eine Liste von Mechanismen. Wenn wir recht leben, bleiben wir geschützt von ihm. Wir werden irgendwie durchkommen. Denn: *„Er hat dir mitgeteilt, Mensch, was gut ist. Und was fordert der HERR von dir, als Recht zu üben und Güte zu lieben und einsichtig zu gehen mit deinem Gott?“* (Mi 6,8).

4. Februar

DER WEINENDE PROPHET

„Über dem Zusammenbruch der Tochter meines Volkes bin ich zerbrochen ...“ (Jer 8,21)

Wenn ich einen Lieblingspropheten auswählen müsste, würde ich Jeremia nehmen. Sein Buch ist eins der längsten Bücher der Propheten. Schon als Jugendlicher wird er zum Propheten berufen, sein Dienst dauert über fünf Jahrzehnte, erstreckt sich über die Regierungszeit von vier Königen, mündet in das Ende des Südreichs und die siebzigjährige Gefangenschaft. Ihn trifft das harte Los, die Generation prophetisch zu begleiten, in der das seit langem angekündigte Gericht Gottes über sein Volk tatsächlich vollzogen wird. Vielleicht ist das der Grund, warum er als einer von wenigen einen ganz besonderen Zuspruch vom Herrn am Anfang seines Dienstes bekommt: *„Ehe ich dich im Mutterleib bildete, habe ich dich erkannt, und ehe du aus dem Mutterschoß hervorkamst, habe ich dich geheiligt, zum Propheten für die Nationen habe ich dich eingesetzt“* (Jer 1,5).

Am Buch Jeremia ist so besonders, dass wir hier mehr als in allen anderen prophetischen Schriften einen Einblick in die seelischen Achterbahnen des Mannes Gottes bekommen, während er versucht, Orientierung mitten im Chaos des Untergangs zu geben und auch selbst zu finden.

„Über dem Zusammenbruch der Tochter meines Volkes bin ich zerbrochen; ich trauere, Entsetzen hat mich ergriffen. Ist denn kein Balsam in Gilead, oder kein Arzt dort? Ja, warum ist die Genesung der Tochter meines Volkes ausgeblieben?" (Jer 8,21-22).

Ich heule manchmal mit, ich leide, wenn ich diese und viele andere Worte Jeremias lese. Seine Klage, dass er das Licht der Welt erblickte (Jer 15,10), ist so menschlich, authentisch und verständlich. Bei verschiedenen Ausrufen Jeremias muss ich plötzlich besonders aufmerken, zum Beispiel bei diesem:

„Meine Eingeweide, meine Eingeweide! Ich muss mich winden! Die Wände meines Herzens! Es tobt in mir mein Herz. Ich kann nicht schweigen ... Zusammenbruch über Zusammenbruch wird ausgerufen. Denn das ganze Land ist überwältigt. ... Denn mein Volk ist närrisch, mich kennen sie nicht. Törichte Kinder sind sie und unverständig" (Jer 4,19-22).

Das ist nicht mehr Jeremia, der stöhnt und dessen Gesicht nass ist von Tränen. Das ist Gott selbst. Jeremias gebrochenes Herz spiegelt das gebrochene Herz Gottes wider. Jeremias Tränen sind Gottes Tränen. Dieser Mann hat gelernt, was wahre Fürbitte ist. Wenn uns nicht mehr egal ist, was um uns herum passiert, ist das eins der wichtigsten Kennzeichen eines wahren Propheten.

5. Februar

WARUM, WIESO UND WIE LANGE NOCH?

„Ich aber, ich will in dem HERRN jubeln, will jauchzen über den Gott meines Heils ..." (Hab 3,18)

Habakuk war ein Zeitgenosse Jeremias, aber nicht so bekannt wie er. Sein Prophetendienst fiel in die Regierungszeit Jojakims von Juda (609-598 v. Chr.), als der große geistliche Niedergang im Volk einsetzte, der zum Einmarsch der Chaldäer im Jahr 605 führt. Habakuks Botschaft ist ähnlich wie die von Jeremia, nur viel kürzer. Seine Klagen beginnen mit zwei Fragen, die Eckpfeiler vieler prophetischer Schriften sind: „Wie lange?", und:

„Warum?" Wer von uns, der die rasant steigende Gottlosigkeit in unserer Gesellschaft empfindet, fühlt bei der folgenden Klage Habakuks nicht mit? *„Wie lange, Herr, rufe ich schon um Hilfe, und du hörst nicht! Wie lange schreie ich zu dir: Gewalttat! – doch du rettest nicht? Warum lässt du mich Unrecht sehen und schaust dem Verderben zu, so dass Verwüstung und Gewalttat vor mir sind, Streit entsteht und Zank sich erhebt?"* (Hab 1,2-3).

Aber Habakuk bleibt nicht bei der Klage stehen. Gegen die Depression, die ihn überkommt, setzt er ein klares „ich will": *„Auf meinen Posten will ich treten und auf den Wall mich stellen und will spähen, um zu sehen, was er mit mir reden wird und was für eine Antwort ich auf meine Klage erhalte"* (Hab 2,1).

Die Antwort lässt nicht lange auf sich warten. Habakuk soll ein paar Gedanken von Gott aufschreiben. Wie so oft in der Bibel erinnert Gott an das große Bild. Der müde Prophet wird aufgefordert, vom Ende her zu denken: *„Denn die Vision gilt erst für die festgesetzte Zeit, und sie strebt auf das Ende hin und lügt nicht. Wenn sie sich verzögert, warte darauf, denn kommen wird sie, sie wird nicht ausbleiben ... Der Gerechte aber wird durch seinen Glauben leben"* (Hab 2,2-4). Da denkt man an die Worte aus dem Hebräerbrief: *„Der Glaube aber ist eine Wirklichkeit dessen, was man hofft, ein Überführtsein von Dingen, die man nicht sieht"* (Hebr 11,1). Was Habakuk „sieht", lässt ihn nicht schlecht staunen: *„Die Erde wird davon erfüllt sein, die Herrlichkeit des Herrn zu erkennen, wie das Wasser den Meeresgrund bedeckt"* (Hab 2,14).

Mit einem weiteren, sehr beflügelten und fröhlichen *„ich will"* schließt Habakuk seine Schrift ab: *„Ich aber, ich will in dem HERRN jubeln, will jauchzen über den Gott meines Heils. Der HERR, der Herr, ist meine Kraft. Den Hirschen gleich macht er meine Füße, und über meine Höhen lässt er mich einherschreiten"* (Hab 3,18-19).

Durch Tränen hindurch auf den Herrn schauen, sein Angesicht suchen, Worte der Ermutigung aus seinem Mund hören, und dann wieder jubeln und danken. Das wünsche ich uns heute!

6. Februar

WAGE ES, EIN DANIEL ZU SEIN!

„Aber das Volk, das seinen Gott kennt, wird sich stark erweisen und entsprechend handeln" (Dan 11,32)

„Dare to be a Daniel" sangen wir als Kinder mit einem bekannten Kinderlied voller Inbrunst – „Wag es, ein Daniel zu sein"! Jeremia und Habakuk sind so was wie geistliche Begleiter mitten im tragischen Fall einer einst gesegneten Kultur. Sie wittern Überlebensmöglichkeiten mitten in den Trümmern, erinnern das Volk Gottes daran, dass es nie zu spät ist, die Verbindung zu Gott zu suchen, nach seiner helfenden Hand zu greifen auch mitten im selbstverschuldeten göttlichen Gericht.

Daniel und seine drei Freunde Hananja, Mischael und Asarja sind Protagonisten im Drama um das Exil des Volkes Gottes. Sie gehören zu der Gruppe Israeliten, die im Zuge der ersten babylonischen Invasion im Jahre 605 v. Chr. in die Gefangenschaft geführt werden. Sie müssen zu dieser Zeit Teenager gewesen sein. In der neuen heidnischen Umgebung, in der sie sich befinden, sticht vor allem Daniel heraus. Der König wird auf ihn und seine Freunde aufmerksam, sie sind *„von schönem Aussehen und verständig in aller Weisheit, gebildet und von guter Auffassungsgabe"* (Dan 1,4). *„Der Geist der heiligen Götter"* ist in ihm, wird später gemunkelt (Dan 4,6). Die Verschleppung aus der Heimat, der Verlust der Kindheit, Krieg und Gefangenschaft – Daniel hat in seinem jungen Leben schon einiges erlebt. Er besitzt eine Reife, die für sein Alter ungewöhnlich ist, strahlt eine zuversichtliche Gelassenheit aus. Er kann gut mit Menschen umgehen, zeigt Führungskompetenzen, kann andere inspirieren. Darauf folgt ein raketenartiger Aufstieg bis in den innersten Kreis des Königs von Babylon. Sein Erfolg steigt ihm aber nicht zu Kopf. Seine erste Loyalität gilt seinem himmlischen Herrn. Als er aufgefordert wird, unreines Essen am Tisch des Königs zu sich zu nehmen, zögert er keinen Augenblick mit seinem eindeutigen „Nein, danke!" (vgl. Dan 1,8). Als er seinen Gang in die Löwengrube dadurch verhindern könnte, dass er seine Gebetsstunden aufgibt, betet er weiterhin am offenen Fenster (vgl. Dan 6,11). Kein Wunder, dass Gott gerade ihm die tiefsten Geheimnisse der geistlichen Welt anvertraut – prophetische Blicke in die Zukunft, apokalyptische

Visionen der Endzeit, die nicht nur mit Israel zu tun haben, sondern mit der ganzen Welt – auch mit uns. Manches von dem, was Daniel im Geist gesehen hat, entfaltet sich heute vor unseren Augen. Es überrascht nicht, dass gerade Daniel, traumatisiert durch seine Blicke hinter die himmlischen Kulissen, dreimal die Worte Gottes hört: *„du Vielgeliebter“* (Dan 9,23; 10,11; 10,19).
Die wichtigste Lehre aus dem Leben Daniels bleibt aber die Zuversicht, die auch wir haben dürfen, dass Gott das Ruder auch in chaotischen und ungewissen Zeiten in der Hand hat. Sein Auge bleibt auf die gerichtet, die ihn fürchten, wo auch immer das Schicksal sie hintreibt. Er lässt sie zum Segen werden, gebraucht sie, um seine Ziele zu erreichen. Die, die den Herrn kennen, werden stark bleiben (Dan 11,32), versichert er uns.

7. Februar

EINE RÜCKKEHR ZU RICHTIGEN PRIORITÄTEN

„Richtet euer Herz auf eure Wege!“ (Hag 1,5)

Wenn wir Menschen sagen würden, sie sollten sich weniger um ihre eigenen Häuser kümmern und stattdessen in die Mission gehen oder Gemeindebau betreiben, dann würden wir uns nicht sehr beliebt machen. Aber der Prophet Haggai hat genau das getan. Warum?
Haggai wirkt in der Zeit, als die ersten Weggeführten nach Jerusalem zurückgekehrt sind. Gott ermahnt sein Volk durch seinen Propheten, weil sie zuerst ihre eigenen Häuser bauen und das Haus Gottes in Trümmern liegen lassen (Hag 1,3-4). Sie hatten einmal angefangen, das Fundament des Tempels neu zu legen, ihre Arbeit aber wieder eingestellt. Jetzt fordert Gott sie auf, Bilanz zu ziehen: Sie haben viel in ihre eigenen Häuser investiert, aber im Vergleich dazu wenig Frucht in allen Bereichen ihres Lebens geerntet (V. 5-6.9-11). Gott selbst hat ihnen den verheißenen Segen vorenthalten.
Wie sieht es in unserem Leben aus? Ist es Zeit, auch „unser Herz auf unsere Wege zu richten“ (vgl. Hag 1,5.7) und Inventur zu machen? Die Juden

nahmen sich Gottes Aufforderung zu Herzen. Sie hörten auf sein Reden und fürchteten sich vor dem Herrn (V. 12). Sie fassten den Entschluss, ihn wieder an die erste Stelle zu setzen und als Herrn und Gott ihr Leben bestimmen zu lassen. Dann krempelten sie die Ärmel hoch und machten *„sich an die Arbeit am Haus des HERRN der Heerscharen, ihres Gottes“* (V. 14).
Hören *wir* auf die Stimme Gottes? Konkret: Lesen wir sein Wort? Lassen wir den Herrn durch die Predigt zu uns reden? Tun wir Buße, wie die Menschen damals, d. h., denken wir um und gehorchen auch dem Gehörten?
Als das Volk auf Gottes Wort hört und sich fürchtet, kommt die ermutigende Zusage des Herrn: *„Ich bin mit euch!“* (V. 13). Das ist die Folge davon, wenn wir zu Jesus umkehren und ihm hingegeben leben. Der Herr erweckt den Geist der Leiter und des ganzen Volkes, gibt neue Willigkeit und schenkt das Vollbringen.
Nur 23 Tage nachdem das Wort des Herrn an die Juden ergangen ist, arbeiten sie schon zur Ehre Gottes am Tempel. Wenn wir aufrichtig zum Herrn umkehren, auf seine Stimme hören und anfangen, uns mit seinen Dingen zu beschäftigen, sind wir schnell in der richtigen Spur.
Lasst uns zuerst nach Gottes Reich trachten (vgl. Mt 6,33), d.h. für seine Sache leben und seine Ehre in allen Tätigkeiten des Alltags suchen!

Helmut

8. Februar

DAS PROPHETENAMT – REINE MÄNNERDOMÄNE?

„Und Debora, eine Prophetin, die Frau des Lappidot, war Richterin in Israel zu jener Zeit“ (Ri 4,4)

Eine heikle Frage begegnet mir überall, wohin ich reise. Deshalb machen wir heute einen Abstecher auf einen Nebenschauplatz. Wie ist es mit den Frauen? Gibt es Prophetinnen? Verkündigerinnen? Was darf „frau“ in der Welt Gottes, was darf sie nicht?
Ja, es gibt Prophetinnen. Debora (Ri 4–5), Miriam (2Mo 15,20), Hulda (2Kö 22,14), die Frau von Jesaja (Jes 8,3). Diese werden konkret als Prophetinnen

bezeichnet. Im Neuen Testament finden wir die vier Töchter des Philippus, die weissagten (Apg 21,9) und ihre Erkenntnisse bestimmt nicht den Blumen und Bäumen auf der Wiese mitgeteilt haben, sondern in irgendeiner Form der Gemeinde. Auch Frauen spielen eine wichtige Rolle in Gottes Heilsplan – denken wir an Sara, Hanna, Abigajil, Rahab, Rut und Ester, Maria und Elisabet. Wir lernen von dem, was sie sagen und tun. Auch in der frühen Gemeinde im Neuen Testament spielen sie eine Rolle – denken wir an Priscilla, Phöbe, Evodia und Syntyche. Dennoch ist eindeutig, dass die Hauptlast der Verantwortung, Verkündigung und Leiterschaft in der Bibel von Männern getragen wird. Fast alle Richter und Propheten, wie auch die Könige Israels waren Männer. Die Jünger Jesu ebenso. Das Neue Testament sieht eindeutig die Ältestenrolle als eine männliche Rolle (1Tim 2,12). Aber in diesem Rahmen finden wir auch Frauen, die aktiv mitwirken, mitreden, mithandeln.
Schwierig wird es, wenn wir einzelne Bibelverse aus dem Kontext reißen und sie überstrapazieren, um die eine oder andere Position zu zementieren und Regelkataloge aufzustellen. Wenn die Frage „Wo genau darf Frau etwas sagen?“ zu sehr im Mittelpunkt steht, dann garantiere ich, werden die Frauen in einer beklemmenden Weise lahmgelegt, werden die jungen Frauen jegliche Motivation zur Mitarbeit verlieren. Es ist wichtig, das Gesamtbild der Heiligen Schrift anzuschauen, egal bei welchem Thema. Bibeltreu zu sein, heißt auch, die Gewichtung eines Themas biblisch zu sehen. Bei uns in der Gemeinde liegt die Leitung und Lehre fest in den Händen von vier Männern, und keiner von uns würde es anders haben wollen. Aber die Frauen bringen sich mit der Ermutigung dieser Ältesten aktiv ein. Evangelistisch, in Dienstbereichen in der Gemeinde, in der Äußerung von Meinungen – auch kritischen Meinungen. Frauen sehen manchmal Dinge, die Männer übersehen. Egal, wie die eine oder andere Gemeinde es handhabt mit der Rolle der Frau, auch Frauen dürfen mit Zuversicht, so wie unsere Vorbilder im Wort Gottes, das sagen, was sie gesehen und gehört haben (Apg 4,20).

9. Februar

DER AUFTRITT, AUF DEN ALLES ZULÄUFT

„Einen Propheten wie mich wird dir der HERR, dein Gott, aus deiner Mitte, aus deinen Brüdern, erstehen lassen" (5Mo 18,15)

All die Propheten, die wir bisher angesehen haben, finden wir im Alten Testament. Wie ging es nach dem Kommen des Messias' weiter? Als Ehepaar waren wir früher in der charismatischen Bewegung aktiv. Ein Ziel vieler Gruppen in dieser Strömung ist es bis heute, die Rollen der biblischen Propheten und Apostel wiederherzustellen. Die Berechtigung dazu sehen sie in Paulus' Worten: *„Und er hat die einen als Apostel gegeben und andere als Propheten, andere als Evangelisten, andere als Hirten und Lehrer, zur Ausrüstung der Heiligen für das Werk des Dienstes, für die Erbauung des Leibes Christi, bis wir alle hingelangen zur Einheit des Glaubens und der Erkenntnis des Sohnes Gottes, zur vollen Mannesreife, zum Maß der vollen Reife der Fülle Christi"* (Eph 4,11-13). Das Argument klang für uns logisch: Da wir bis jetzt weder zur Einheit des Glaubens noch zur vollen Mannesreife hingelangt sind, brauchen wir nach wie vor Apostel und Propheten. Nur fiel uns immer mehr auf, dass diese selbsternannten Apostel und Propheten nichts von der Demut und Opferbereitschaft eines Paulus hatten. Viele haben ganz schön Geld daran verdient, die Heiligen *„zur vollen Mannesreife"* zu führen. Andere missbrauchten das Vertrauen, das Gemeinden in sie setzten, und stellten Ansprüche, die an einen Personenkult erinnerten. Lächerliche Weissagungen, sogenannte „Worte vom Herrn" und Eindrücke dienten eher zum Fremdschämen als dem Bau der Gemeinde. Keine Weissagung, die eindeutig Unfug war (und das kam öfter vor), wurde gemäß biblischer Anweisung (1Kor 14,29) beurteilt und wenn nötig zurückgewiesen. Wir beschlossen als Ehepaar, einen frischen Blick in das Wort Gottes zu werfen.
Propheten vom Format der alttestamentlichen Propheten gibt es eher nur vereinzelt im Neuen Testament – Agabus ist zum Beispiel einer von ihnen (Apg 11,27f.; 21,10f.). Aber *einen* entscheidenden Propheten gibt es, der eben nicht selbsternannt, sondern sofort von vielen anerkannt war. Gerade das ist das Merkmal eines wahren Propheten.
„Die Volksmengen aber sagten: Dieser ist Jesus, der Prophet, der von Nazareth in Galiläa" (Mt 21,11). Und auch die Emmausjünger reden von: *„Jesus, dem*

Nazarener, der ein Prophet war, mächtig im Werk und Wort vor Gott und dem ganzen Volk“ (Lk 24,19).
Mose hat ihn schon kommen sehen: „*Einen Propheten wie mich wird dir der HERR, dein Gott, aus deiner Mitte, aus deinen Brüdern, erstehen lassen. Auf ihn sollt ihr hören*“ (5Mo 18,15).
Hier haben wir *den* Propheten, in dessen Leben sich alles erfüllt, was bisherige Propheten vorausgesagt haben. Damit war unsere Frage nach heutigen Propheten und Aposteln beantwortet.

10. Februar

EIN AUFTRAG FÜR ALLE

„Bestünde doch das ganze Volk des Herrn aus Propheten“ (4Mo 11,29)

Am Anfang dieser Reihe habe ich einen Propheten als jemanden beschrieben, der in die geistliche Welt „sehen“ kann. Auch wir werden zu „Sehenden“, wenn wir die Nähe Gottes suchen und in seinem Wort beständig forschen. Durch die lebendige Beziehung zu Christus, durch die Wiedergeburt und die Kraft des Heiligen Geistes im Leben aller Gläubigen hat sich der alttestamentliche Schwerpunkt verlagert. Das, was Einzelne von Gott empfangen haben, wird zu einem kollektiven Vorrecht. Moses Wunsch erfüllt sich: „*Bestünde doch das ganze Volk des HERRN aus Propheten, weil der HERR seinen Geist auf sie gelegt hat*“ (4Mo 11,29).
Der Prophet Joel weissagt: „*Und danach wird es geschehen, dass ich meinen Geist ausgießen werde über alles Fleisch. Und eure Söhne und eure Töchter werden weissagen, eure Greise werden Träume haben, eure jungen Männer werden Visionen sehen. Und selbst über die Knechte und über die Mägde werde ich in jenen Tagen meinen Geist ausgießen*“ (Joe 3,1-2).
In der Vollmacht der ersten Apostel sehen wir diese Kraft des Geistes am Werk. Wir, die Gemeinde, sind alle auf verschiedenen Ebenen zu „Sehern“ geworden. Da gibt es nichts, was komisch, gespenstisch oder hoch-theologisch wäre. Da sagt niemand mit einer gesalbten, unheimlich-heiligen Stimme: „So spricht der Herr“. Sondern: „*Wenn ihr zusammenkommt, so hat*

jeder einen Psalm, hat eine Lehre, hat eine Offenbarung, hat eine Sprachenrede, hat eine Auslegung; alles geschehe zur Erbauung" (1Kor 14,26).
„*Wer aber weissagt, redet zu den Menschen zur Erbauung und Ermahnung und Tröstung*" (1Kor 14,3). Das klingt nach Alltagsroutine im Volk Gottes, oder? Erbauung, Ermahnung, Tröstung. Wenn solche Impulse kommen, soll gemeinsam geprüft werden, ob sie mit dem geschriebenen Wort Gottes übereinstimmen.
Gibt es im neuen Bund denn keine kraftvollen, wegweisenden Aussprüche von einzelnen Gesalbten wie im Alten Testament? Doch, auf jeden Fall: Verkündiger, die besondere Dynamik, Reife, richtungsweisende Vollmacht haben. Solche Diener Gottes sollen ermutigt und mit voller Kraft unterstützt, aber nie angehimmelt werden. Wenn ein Diener Gottes zu beliebt wird, ist es eher ein schlechtes Zeichen. Gut ist es, wenn er uns anspornt, ausrüstet und herausfordert, durch das Lesen im Wort Gottes in die geistliche Welt zu schauen, von ihr geprägt zu werden und das weiterzugeben, was wir dort sehen. Wir wollen Gottes Werkzeuge sein, in alle Welt gehen und das Evangelium verkündigen.

CHRISTSEIN MIT STEHVERMÖGEN

Immer wieder treffe ich auf Christen aller Altersgruppen, die ihre erste Liebe zu Jesus verloren haben. Und ich stelle fest: Etwas Neues anzufangen, fällt uns oft viel leichter, als etwas über einen längeren Zeitraum durchzuhalten und zu einem guten Abschluss zu bringen. Wie können wir denen helfen, die keine Freude mehr an ihrem Christsein oder Gemeindeleben haben? Wie können wir in uns das Feuer für Jesus am Brennen halten? In den kommenden Tagen wollen wir miteinander Beispiele aus der Bibel von Dienern und Dienerinnen Gottes ansehen, die den Lauf erfolgreich vollendet haben, und uns mit den Hindernissen befassen, die uns in den Weg gestellt werden.

11. Februar

„HAST DU DICH SCHON ENTKEHRT?"

„Weil die Gesetzlosigkeit überhand nimmt, wird die Liebe der meisten erkalten" (Mt 24,12)

Ich war zu einem 50. Geburtstag in unserem Bekanntenkreis eingeladen. Es waren Gäste versammelt, die sich zum Teil seit ihrer Jugend kannten, ein Wiedersehen von Ehemaligen aus Schülerbibelkreis, Studentenmission und Teestubenarbeit. Einige hatten sich seit Jahren nicht mehr gesehen. Man begrüßte sich mit Standardnettigkeiten wie: „Mann, du siehst keinen Deut älter aus!", „Hey, der Glatzkopf steht dir aber!", „Dich habe ich sofort an der Stimme erkannt!" Gespräche kreisten um Kinder, Beruf, Hausbau, schwächelnde Eltern. Alte Witze wurden abgestaubt, längst vergessene Anekdoten wachgerufen.
Irgendwann kam das Thema zu Sprache, das uns in unseren Jugendjahren miteinander verband: Glaube und Gemeinde. Die Mienen wurden ernst, die Stimmen nachdenklich, hier und da war ein Hauch von Schmerz in den Augen zu erkennen. Einige erzählten in der Vergangenheitsform über früheres dies und jenes. Ein ehemaliger Jugendleiter, ein ehemaliger Kirchengemeinderat. Eine frühere Missionarin, eine Kindermitarbeiterin im vorzeitigen Ruhestand. Ein ausgestiegener Pastor, der jetzt als LKW-Fahrer jobbte. Die Worte „Burn-out", „Gemeindekrise", „Überforderung" fielen. Zwei hatten eine Scheidung hinter sich. Manche hatten Kinder, die von Gemeinde nichts wissen wollten. Einer hatte besonders viel zu erzählen: Missionarssohn, Zaungast vom Fach, rhetorisch begabt. Er wusste, wo der Hase im frommen Pfeffer läuft, was die Christen falsch machen. Er war inzwischen aufgeklärt, hatte sich von seinen frommen Zwängen befreit, sah die Bibel kritisch, wollte ein Buch darüber schreiben, einen Blog anfangen, einen Podcast. Er hatte genug geistlichen Jargon auf Lager, um eine Lachnummer aus seiner christlichen Vergangenheit zu machen.
Inzwischen haben all diese Prozesse einen Namen: Dekonstruktion. Entkehrung. Dass ein Mensch sich vom Glauben seiner Kindheit verabschiedet, ist nichts Neues. Neu ist, dass es zu einem öffentlichen Trend geworden ist, als Tugend angesehen wird. Während man sich früher leise aus Glaubenskreisen zurückzog, feiert man heute die Abkehr vom Glauben

im großen Stil und versucht, andere mit aller Kraft mitzuziehen. Wer die Bibel kennt, darf nicht überrascht sein. *„Weil die Gesetzlosigkeit überhand nimmt, wird die Liebe der meisten erkalten"*, mahnte Jesus, kurz bevor er ans Kreuz ging (Mt 24,12). *„Wer aber ausharrt bis ans Ende, der wird gerettet werden"*, heißt es weiter.

12. Februar

„FRÜHER HABE ICH ES AUCH SO GEGLAUBT"

„Wenn ihr mich liebt, so werdet ihr meine Gebote halten" (Joh 14,15)

Mit missionarischem Eifer erzählte meine Bekannte von ihrer Lebenswende. Eine Kindheit voller Zwänge und Verbote, dann die Befreiung. Den einengenden Regelkatalog ihrer Eltern warf sie irgendwann in den Papierkorb und lebt seitdem frei nach den Regungen ihres eigenen Herzens. Sie wollte für mich beten, dass auch ich aus meiner „Enge" herauskomme und die gleiche „Freiheit" finde wie sie.

Das Unheimliche dabei: Es klang so ähnlich wie eine klassische christliche Bekehrungsgeschichte, nur umgekehrt. Eine „Entkehrung", sozusagen. Solche Geschichten laufen immer nach einem ähnlichen Muster ab: Kindheit in einer christlichen Familie, der Gang in eine bibeltreue Gemeinde - Kinderstunde, auswendig gelernte Bibelverse, Jugendkreis, klare Vorgaben für das Leben als Christ. Danach die Erleuchtung, dass dies alles nur Stress und Druck ist. Und der Schritt in die sogenannte Freiheit. Ein gewisses Märtyrertum schwingt mit – man wird abgelehnt, verliert Freunde. Es ist keine Abkehr von Gott, beteuern sie, sondern die Entdeckung, dass Gott nett ist und Sünde okay. Dass Gott so ist, wie ich ihn mir vorstelle, und die Bibel einem aufgeklärten Zeitalter angepasst werden muss. Manche „Entkehrte" haben ganze Organisationen auf diesen Thesen aufgebaut. Ihre Kundschaft: andere Entkehrte. Ihre Mission: Gegen die unaufgeklärten, Noch-nicht-Entkehrten wettern und diese lächerlich machen. Wenn „Entkehrte" ihre Storys erzählen, höre ich aufmerksam zu. Auch bei der Pastorentochter, die an ihrem Elternhaus kein gutes Haar ließ.

Auf mein Nachhaken hin hörte ich heraus, dass ihre Eltern sich endlose Mühe gegeben hatten, sie zu verstehen und anzunehmen, auch als sie gegen alles aufstand, was ihre Gemeinde vertrat. Ich lausche zwischen den Zeilen bei der jungen Frau, die aufgebracht ist, weil ihr Pastor sie wegen ihres zügellosen Sexuallebens zurechtgewiesen hat. Ich sage ihr, dass jede gute Mutter – fromm hin oder her – das Gleiche getan hätte. Schließlich weicht sie aus und beklagt sich, dass sie nun all ihre Freunde verloren hat. Na ja, sage ich ihr, wenn du einer Gruppe den Rücken kehrst, dann hast du *sie* verworfen, nicht sie dich.
Meine „entkehrten" Freunde machen, ehrlich gesagt, keinen allzu befreiten Eindruck auf mich. Im Gegenteil. Sie wirken unendlich gestresst. Ihr Versuch, mir meine christliche Erziehung madig zu machen, wird nichts bewirken. Zu ergriffen bin ich von dem Gott, der sich in der Bibel in vollen Zügen offenbart und mich auffordert, *„liebet ihr mich, so haltet ihr meine Gebote"* (Joh 14,15). Ihm zu gehorchen, ist ein Liebesakt, kein Pflichtprogramm. Ich bete für meine „entkehrten" Freunde, dass sie jenseits aller vermeintlichen oder tatsächlichen Zusammenstöße mit unvollkommenen Christen Jesus begegnen. Und in Freude und Dankbarkeit ausbrechen. Denn das ist wahre Freiheit. Sie führt aus der Enge heraus.

13. Februar

ACKERBÖDEN IN VIER VARIANTEN

„Der Sämann ging hinaus zu säen ..." (Mt 13,3)

Menschen, die in einer Agrargesellschaft leben, haben sofort gewusst, wovon Jesus in seinem Klassiker über den Sämann und seinen Ackerboden spricht. Sie wussten, welche Art Boden einen lebenserhaltenden Ertrag hergeben würde und welche nicht. Bei dem Bauern in Jesu' Gleichnis (Mt 13,18-23) liegt die Erfolgsquote bei 25%. Der Sämann streut sein Saatgut großzügig und weit. Aus einem ganzen Dreiviertel des Saatgutes wird nichts. Mal landet es am Wegrand, mal in steiniger Erde, mal unter Dornen. Später im Kapitel (Mt 13,36ff) erklärt Jesus seinen Jüngern, was er mit diesem Vergleich gemeint hat, und er bereitet sie darauf vor, dass ihr Verkündigungsdienst nicht immer ein gefühlter Erfolg sein wird – obwohl eine Erfolgsquote von 25% immerhin ein Ergebnis bedeutet, das sich durchaus sehen lassen kann. Ich wäre froh, wenn ein ganzes Viertel aller Menschen, für die ich bete und denen ich von Gott erzählt habe, als gesunde Maisstängel auf Gottes Acker gedeihen würden.

Vielleicht verbirgt sich hier eine kleine Ermutigung für uns, dass das, was wir im Auftrag Gottes „aussäen", doch nicht so vergeblich ist, wie wir manchmal denken. Die Gespräche über den Glauben, die Gelegenheiten, das zu bezeugen, was der Herr für uns getan hat, die Bibelverse, die wir mit Freude zitieren, die Veranstaltungen, zu denen wir Freunde einladen, damit sie von Jesus hören, die Bücher, CDs und Youtube-Videos, die wir gerne weiterleiten. Vielleicht landet mehr davon auf fruchtbarem Boden, als wir ahnen.

Der Ackerboden steht für unser Herz, das ist schon mal klar. Die Saat für das Wort Gottes. Entscheidend ist also, in welchem Herzenszustand diese ausgestreute Saat eine Chance hat, zu keimen, zu wachsen und dauerhaft Frucht zu bringen. Wenn der Boden fest ist wie Lehm oder von Unkraut durchsetzt, steinig und hart, dann gehen die Keimlinge ein. Bevor ich meine Frühlingszwiebeln in den verwilderten Streifen Erde neben der Terrasse unserer neuen Wohnung setzte, habe ich den Boden gründlich vorbereitet: mit einem Spaten umgegraben, die Erde aufgelockert, Unkraut herausgerissen, Dünger und frische Erde hineingemischt, die Sträucher neben dem Streifen zurückgeschnitten, damit Licht und Sonne hineinkommt. Meine Belohnung: Im Frühjahr begrüßte mich wochenlang ein Farbenfest von Tulpen und Osterglocken jedes Mal, wenn ich über den Terrasseneingang die Wohnung betrat.

An den kommenden Tagen wollen wir die verschiedenen Arten von Böden anschauen, die es der Saat schwer machen, zu keimen und zu wachsen. Was sind diese Vögel, Steine und Dornen, die es auf unser Saatgut abgesehen haben? Und wie sieht die hundertfache, sechzigfache und dreißigfache Frucht aus, die aus dem guten Boden sprießt? Und – am allerwichtigsten – wir wollen darüber nachdenken, wie wir aus unserem Herzen diesen nahrhaften, weichen, gesunden Boden machen können, der zur Ehre des Herrn und zu unserer eigenen Freude eine satte Ernte abgibt.

14. Februar

DIE INFORMATIONEN VON AUSSEN

„So wird mein Wort sein, das aus meinem Mund hervorgeht. Es wird nicht leer zu mir zurückkehren, sondern es wird bewirken, was mir gefällt, und ausführen, wozu ich es gesandt habe" (Jes 55,11)

Bibelgläubigkeit ist heute „out". Eindeutig „out". Zweifeln ist „in". Wer glaubt, ist rückständig, engherzig. Wer zweifelt ist der Mutige, der Authentische, der es wagt, sich zu „outen" und Gott die Stirn zu bieten. Wer in Ehrfurcht und Respekt dem lebendigen Gott der Bibel dienen und sein Wort ernst nehmen will, kann bestenfalls mit einem mitleidigen Kopfschütteln seiner Mitmenschen rechnen. Und schlimmstenfalls – in Ländern, in denen Christen verfolgt werden – mit einer Gefängnis- oder gar Todesstrafe. Diesen Gegenwind hält nicht jeder aus. Wenn ich meinen Lauf als ernster Christ vollenden will, muss meine Sehnsucht nach Gott stärker sein als meine Angst vor dem, was Menschen über mich denken.

Mitten im Stress des Alltags vergessen wir schnell, dass ein heftiger Kampf um die Lufthoheit über unsere Seele tobt, und zwar rund um die Uhr. Es gibt Mächte, die alles daransetzen, dass der ausgestreute Same des Wortes Gottes keine Wurzeln in unseren Herzen schlägt. Scharen von „Vögeln" sind Tag und Nacht damit beschäftigt, das ausgesäte Wort sofort wegzuschnappen und unwirksam zu machen. Gerade das spricht für die Kraft und Wichtigkeit dieses Wortes! Es ist ausgesandt, um etwas auszurichten (s. Jes 55,11). Kein Wunder, dass ein aggressiver Gegner mit aller Kraft verhindern will, dass Menschen von den Informationen in diesem Buch beeinflusst und geprägt werden. Dass sie sich unbequeme Fragen stellen, wie: „Wer hat die Welt geschaffen?", „Kann ich Gott finden – wenn ja, wo?", „Was will er von mir?" Das sind Fragen, die sich jeder denkende Mensch stellen und auf die er dringend Antworten suchen müsste.

Die Vögel haben zwei Aufgaben. Einmal verhindern sie, dass Menschen überhaupt über diese Fragen nachdenken. Zweitens, falls sie anfangen nachzudenken, sorgen sie sofort für Unterbrechung und Ablenkung. Dass es eine dermaßen starke Verschwörung in der geistlichen Welt gibt, um mich von meiner Bibel fernzuhalten, sollte mich aufmerken lassen. Es sollte mich noch entschlossener machen, den Boden in meinem Herzen fleißig zu bearbeiten, damit der Same Wurzeln schlagen und zu einem festen Teil meines Denkens und Handelns werden kann. Das geschieht nicht von allein. Zu bequem ist mein sündiges Herz, das von Natur aus lieber Ausreden vorbringen will, warum es Gottes Anweisungen nicht ernst nehmen, warum es sich nicht ändern muss. Appetit auf Gottes Wort muss kultiviert und gepflegt werden. Die gute Nachricht ist: Je mehr wir das tun, desto mehr werden wir ein Bedürfnis haben, die Bibel zu lesen und uns von ihr prägen zu lassen. Der Heilige Geist in uns steht uns zur Seite, damit wir genau das tun!

15. Februar

SCHRÄGE BLICKE UND VERDREHTE AUGEN

„Ein natürlicher Mensch aber nimmt nicht an, was des Geistes Gottes ist, denn es ist ihm eine Torheit, und er kann es nicht erkennen, weil es geistlich beurteilt wird" (1Kor 2,14)

Wenn es eine Sache gibt, die meinen Glauben leicht ins Stocken bringen könnte, ist es der Spott meiner Mitmenschen. Intellektuelle Argumente gegen die Bibel haben mich schon immer kalt gelassen, einfach weil die meisten von ihnen nicht greifen. Ich muss nur einen Baum ansehen, dann weiß ich, dass es einen Schöpfer gibt. Das weiß jedes Kind. Und bis die Bibelgegner mir eine bessere Erklärung für die Entstehung und den Zustand dieser Welt liefern können, bleibe ich lieber bei der zutiefst überzeugenden Berichterstattung der Bibel.

Die Beweise für die Wahrheit der Bibel sind nicht das Problem. Aber ausgelacht werden? Das tut weh. Wobei es mich eigentlich eher ermutigen soll. Denn etwas ins Lächerliche zu ziehen, ist die Standardtaktik von Menschen, die keine Gegenargumente haben. Wenn du die Botschaft nicht entwaffnen kannst, dann greife den Boten an, erkläre ihn als unglaubwürdig, beleidige ihn! Wenn er es wagt, an die Jungfrauengeburt, die Auferstehung Jesu, einen Schöpfergott, an die Ehe zwischen Mann und Frau zu glauben, nenne ihn fundamentalistisch, biblizistisch, rechtspopulistisch, anti-wissenschaftlich, kreationistisch, ein Flache-Erde-Verschwörungstheoretiker ... und es werden sicher weitere Bezeichnungen folgen, sobald auch diese abgenutzt und erschöpft sind. Die sogenannte progressive Theologie, die eigentlich eher regressiv ist, bedient sich gerne dieser Klischees, um unangenehmen Herausforderungen und Denklücken aus dem Weg zu gehen.

Die Begebenheit im Buch Jeremia (36,23), wo der zynische König Zedekia die Schriftrolle Stück für Stück in trotziger Arroganz zerschneidet und dann ins Feuer wirft, triff exakt den Zeitgeist von heute. (Wer sich vom Hohn der heutigen Bibelkritiker leicht verunsichern lässt, darf gerne die „Start-in-den-Tag"-Serie 260-281 [Die Bibel: mehr als ein Buch] auf rigatio.de abrufen. Dort gibt es ein paar Antworten auf aktuelle Einwände gegen die Bibel.) Wir dürfen auf die Hilfe und Kraft des Heiligen Geistes setzen, der allein von Sünde überführen und Herzen verändern kann. Wir sollten nicht überrascht sein, dass viel Same von der Verkündigung des Wortes Gottes auf hartem Boden landet. Wir dürfen dem Ganzen ruhig auch mit einem Schuss Humor begegnen. Wenn ich höhnisch gefragt werde, ob ich vor lauter Bibelgläubigkeit meinen Verstand ausgeschaltet habe, antworte ich schmunzelnd: „Nein, eben nicht. Ich habe ihn eingeschaltet!"

16. Februar

GUTE ERDE IN KINDERHERZEN

„Diese Worte, die ich dir heute gebiete, sollen in deinem Herzen sein. Und du sollst sie deinen Kindern einschärfen" (5Mo 6,6-7)

Zum Abschluss der Sommerferien gab es bei uns im Kindergottesdienst immer ein Bibelquiz. Mein Ehrgeiz war sofort geweckt. Leider war es jedes Jahr so, dass meine Freundinnen viel besser wussten als ich, wie der älteste Sohn von König David hieß, wie alt Sara bei der Geburt von Isaak war, oder wie viele Tage die Arche auf dem Wasser fuhr. Pastorenkind und keine Ahnung von der Bibel. Rückblickend kann ich nur schmunzeln und meinen Eltern auf die Schulter klopfen. Auch wenn meine Mutter bis heute noch im Detailwissen über die Bibel glänzt – manchmal weiß sie sogar mehr, als drinsteht –, lag der Fokus zu Hause immer auf dem „Dahinter". Jetzt bin ich selbst Mutter und weiß: Das Erzählen von Bibelgeschichten und das Evangelium lehren sind zwei Paar Schuhe. Wir haben die große Verantwortung, unseren Kindern zu zeigen, wie die ganze Bibel auf das Evangelium hinweist. Es geht nicht darum, ihnen nur „message-to-go" oder Samen-auf-den-Weg mitzugeben, um im Gleichnis zu bleiben. Sehen wir uns zwei Beispiele an:

1) Die Geschichte von Noah: Noah war ein guter Mann, weil er Gott gehorchte und eine Arche baute. Er nahm seine Familie und ging in die Arche. Außerdem liebt Gott Tiere. Das ist die Samen-auf-den-Weg Variante. Die zentrale Botschaft der Geschichte ist aber, dass alle Menschen wegen ihrer Sünde zum Tode verurteilt waren und Gott durch Noah einen Rettungsweg öffnete, den Jesus für uns schließlich zur Vollendung bringt.
2) Die Samen-auf-den-Weg Variante von Jona wäre die: Jona gehorchte Gott nicht, nach Ninive zu gehen, und wurde daraufhin vom Schiff geschmissen. Drei Tage musste er im Bauch des Fisches sitzen, bevor er bereit war, seinen Auftrag zu erfüllen. Jona ist aber weit mehr als eine biologische Wundergeschichte über Ungehorsam. Sie zeigt, wie groß Gottes Gnade gegenüber dem Sünder ist und wie er uns trotz all unserer Feigheit benutzen will.

Bei allen Texten aus der Bibel lohnt es sich zu fragen: Was lernen wir über die Sündhaftigkeit des Menschen? Was über die Gnade Gottes? Diese Geschichten helfen, Gottes Plan mit uns Menschen zu entfalten. Und so lasst uns bleibende Samen in die Kinderherzen streuen, wenn wir ihnen diese Geschichten von Gottes Wirken vorlesen und erklären. Lasst uns den Kindern eine Liebe zu Gott und seinem Wort früh einprägen.

Jessica

17. Februar

GOTT ALS MITTELPUNKT ODER NEBENBESCHÄFTIGUNG?

„Haltet den Herrn, den Christus, in euren Herzen heilig" (1Petr 3,15)

Die drei schlechten Böden in Jesu Gleichnis sind sich in vieler Hinsicht ähnlich. Allerdings sind die Schwerpunkte unterschiedlich. Wir haben schon die Vögel gesehen, die blitzschnell jedes Samenkorn wegschnappen, das weitab des gepflügten Feldes am Wegrand liegt, sichtbar für jeden Feind, der nach Beute sucht. Der steinige Boden, auf dem weitere Körner landen, sieht zunächst verheißungsvoll aus, immerhin ist er Teil des Feldes und unterscheidet sich auf den ersten Blick nicht vom Rest. Aber der Unterschied liegt unter der Oberfläche. Dieser Boden ist nicht richtig bearbeitet worden. Auf einem meiner Samenpäckchen steht: „Bevor es an die Bodenvorbereitung geht, sollte man den Boden von Steinen, Geröll und lästigem Unkraut befreien. Auf diese Weise teilen sich die Wunschpflanzen die Nährstoffe nicht mit Unkraut und haben genug Platz zum Wachsen und sich Entwickeln."

Die steinige Erde steht für Herzen, die sich mit Freude Gott zuwenden, eine Entscheidung für Jesus treffen, beschließen, den Weg mit ihm zu gehen ... und dann plötzlich wieder weg sind. Sie sind „Menschen des Augenblicks", reagieren auf den Ruf in die Nachfolge aus Emotionen heraus in der Hoffnung, dass ihnen das Leben mit Gott etwas bringt. In diese Kategorie fallen viele aus meinem Bekanntenkreis, die den Weg mit Gott in der festen Überzeugung eingeschlagen haben, dass er ihnen Lebensqualität bringen wird – eine gute Ehe, wohlgeratene Kinder, Berufserfolg, Ansehen in der Gemeinde, Freundschaften. Sie sind Gefühlschristen und wollen was erleben. Das ist nicht verwerflich. Zu Jesus kamen viele, die ihn aus emotionaler Not oder aus Mangel heraus aufgesucht haben. Manche dieser Begegnungen sind in der Tat sehr emotional. So wie man anfängt, darf man aber nicht bleiben.

Meine Freundin Moni kam zum Glauben, weil sie sich für ihre Rheumaerkrankung Hilfe erhoffte. Irgendwann erkannte sie, dass Gott etwas

Tieferes mit ihr vorhatte. Sie musste lernen zu vergeben, ihr Leben Jesus zur Verfügung zu stellen – zu seinen Bedingungen. Aus einem wackligen Anfang im Glauben wurde eine entschlossene Hingabe an Jesus. Ohne diese Entschlossenheit holen uns alte Gewohnheiten allzu schnell wieder ein, und das Saatgut verkümmert. Rechthaberei, Materialismus, Bequemlichkeit, Bitterkeit, schlechte Gewohnheiten ... Solche oder ähnliche Namen haben die Steine, die das Wachsen der frisch gesprossten Pflanze verhindert.

18. Februar

WORAUF ES LETZTLICH ANKOMMT

„Die Vorschriften des HERRN sind richtig und erfreuen das Herz" (Ps 19,9)

Vielleicht geht es der einen oder anderen wie mir: Ich hatte bisher nicht den grünsten Daumen. Trotzdem habe ich mir vor kurzem einen Kräutergarten angelegt. Aber nach nicht einmal zwei Wochen war meine Petersilie kaputt. Die genaue Analyse zeigte: Ich hatte sie nicht tief genug eingepflanzt, sie konnte keine richtigen Wurzeln schlagen. Das arme Ding hatte von Anfang an keine Chance. Das Gleiche gilt für unseren Glauben. Auch er ist in Gefahr, wenn er keine tiefen Wurzeln hat – in Gottes Wort und einer persönlichen Beziehung zu ihm, in einer verbindlichen und engen Gemeinschaft mit anderen Christen.
Wie wir im Gleichnis vom Sämann lesen, ging die Pflanze auf dem steinigen Boden zwar schnell auf. So kann auch unser Glaube erstmal stark und standhaft aussehen. Jedenfalls solange wir oder andere ihn nicht hinterfragen. Hat unser Glaube aber keine Wurzeln, kann er genauso wie die Pflanze im Gleichnis verbrennen, wenn wir oder unser Glaube angegriffen werden. Anders als bei den meisten anderen Christen auf der Welt werden wir zwar noch nicht mit dem Leben bedroht. Der Wind wird aber rauer. Ich erlebe zum ersten Mal Anfeindungen, aus denen echter Hass spricht, weil ich Jesus nachfolge und nach seinen Geboten und Werten lebe. Seitdem mein Glaube auf diese Weise in Frage gestellt wird, setze ich mich

viel intensiver als vorher damit auseinander, worauf mein Glaube eigentlich beruht. Christsein aus Gewohnheit – das reicht nicht mehr aus. Ich möchte verstehen, warum ich als Christ bestimmte Dinge nicht tue oder warum ich auf eine bestimmte Weise lebe.
Wenn die säkulare Kultur uns genau das Gegenteil von Gottes Willen und seinen Geboten mit den buntesten Farben schmackhaft machen will, braucht es mehr als das Leben nach Regelkatalogen, vor allem für die jetzt aufwachsende Generation an Kindern. Biblisches Christsein ist schon lange nicht mehr im Trend. Es braucht deshalb eine tiefe Überzeugung des Herzens darüber, wer Gott ist, wer wir in ihm sind und was unser Auftrag ist, um Jesus auch unter Anfeindung nachfolgen zu können. Dann sehen wir Gott auch nicht als Spaßbremse, der uns mit Verboten einschränkt, sondern wir erkennen, seine Rechtsbestimmungen „*... sind Wahrheit, sie sind gerecht allesamt; sie, die begehrenswerter sind als Gold, ja viel gediegenes Gold, und süßer als Honig und Wabenhonig*" (Ps 19,10.11).
Sind dir seine Gebote auch so kostbar? Bist du verwurzelt in seinem Wort? Lasst uns nicht mit Oberflächlichkeiten zufrieden sein, sondern tief graben, damit ein starker und standhafter Glaube gedeihen kann.

Johanna

19. Februar

„ICH MACH MIR MEINEN GLAUBEN, WIE ER MIR GEFÄLLT"

„Jesus spricht zu ihm: Ich bin der Weg und die Wahrheit und das Leben. Niemand kommt zum Vater als nur durch mich" (Joh 14,6)

Ein paar andere Pflanzen mitwachsen lassen ... kann das denn so schlimm sein? Mir wäre es wirklich recht, wenn das Evangelium eine Wahrheit unter vielen wäre, wie viele meiner Bekannten auch in kirchlichen Kreisen mir weismachen möchten. Kein Streit, jeder bastelt seine eigene Religion

zusammen, biegt seine eigene Wahrheit zurecht, lässt den anderen, der es anders macht, in Ruhe. So eine friedliche Idylle – wäre das nicht schön?
Das Problem ist, so ein Glaube hätte mit Wahrheit nichts zu tun. Jesus wäre anders an die Sache herangegangen, wenn seine Botschaft eine Option unter vielen gewesen wäre. Für ein Produkt muss man Werbung machen, es attraktiv präsentieren, mit der Konkurrenz mithalten, einen Marktwert, ein Alleinstellungsmerkmal haben. Letzteres hat Jesus sehr wohl: Zum einen seine Behauptung, der einzige Weg zu Gott zu sein, und zum anderen die Aufforderung an seine Nachfolger, allen weltlichen Freuden eine Absage zu erteilen, und ihm – wenn nötig bis in den Tod – nachfolgen (Offb 12,11). Das ist das Alleinstellungsmerkmal des Evangeliums. Es fordert von uns alles oder nichts. Eiskalt oder siedend heiß. Drin oder draußen. Klingt hart ... bis wir denjenigen kennenlernen, der dies fordert. Kein willkürlicher, herrschsüchtiger Diktator, der seine Untertanen als Kanonenfutter für die eigenen Ziele missbraucht. Sondern ein fürsorglicher Vater, der sein eigenes Leben für seine Kinder geopfert hat, bevor er irgendetwas von ihnen fordert. Der weiß, dass wahres Lebensglück nur in der Beziehung zu ihm zu finden ist, und dass die Liebe, die diese Welt uns vorgaukelt, ein einziger Trugschluss ist. Wenn er sich auf billige Kompromisse einlassen würde, wäre er nicht Gott. Wenn er uns einen Baukasten in die Hand drücken würde, aus dem wir unseren eigenen Frömmigkeits-Mix zusammenstellen dürften, wäre er auch nicht Gott. Einer, der wirklich Gott ist, tritt nicht wie ein Verkäufer auf, der eine Ware vermarktet. Er tritt als Verkündiger auf, der den Menschen davor warnt, in den Abgrund zu marschieren.
Ein weichgespültes Evangelium ist kein Evangelium. Es bringt Frust, nicht Frucht. Hast du dich schon mal gefragt, warum die Gemeinden, in denen das Wort kompromisslos verkündet wird, in der Regel auch gut besucht sind? Vermutlich weil der Boden gut vorbereitet und das Unkraut entfernt ist. Wir sollen nicht davor zurückschrecken, gerade unseren Jugendlichen den ganzen Ratschluss Gottes zu vermitteln – mit großer Freude, nicht mit erhobenem Zeigefinger! Auch Jugendliche wollen Wahrheit, und nicht Unterhaltung! Ein Kennzeichen von einer gesunden Gemeinde ist, dass es Eintrittsbedingungen gibt – die aber biblisch sind! Bei Jesus gab es keine billigen Bekehrungen. Einen jungen Mann schockierte er einmal mit der Aufforderung, er solle seinen gesamten Besitz verkaufen und den

Erlös den Armen geben (Lk 12,33). Er versuchte nicht, ihn auf Biegen und Brechen für seine Agenda zu gewinnen. Der freudige Wunsch, Jesus nachzufolgen und *seine* Wege zu gehen, alles aus dem Boden zu entfernen, was dieses Wachstum hindert: Das ist gut vorbereiteter Boden!

20. Februar

ABLENKUNGEN, DIE WIR ALLE KENNEN

„Niemand, der Kriegsdienste leistet, verwickelt sich in die Beschäftigungen des Lebens, damit er dem gefalle, der ihn angeworben hat" (2Tim 2,4)

Im Gleichnis vom Sämann (Mt 13) wurde der Ackerboden unter anderem durch Dornen unbrauchbar gemacht. Das erinnert mich ein bisschen an das Volk Israel damals. In Richter 2,3 wird es gewarnt, dass die Heiden dem Volk Gottes zu einer Geißel in ihrer Seite und einem Stachel in ihrem Auge werden. Sind Dornen so schlimm, und was sind sie für mich?
Diese Dornen können viele Sachen sein. Ich erlebe es oft, dass ich mich ziemlich leicht ablenken lasse. Allein schon der normale Alltag nimmt uns sehr ein, egal ob Beruf, Familie oder Gemeindearbeit. Ich kenne das von mir selbst. Wie schnell kann ein Tag vorübergehen, an dem ich mich nur mit meinen alltäglichen Aufgaben und Herausforderungen beschäftigt habe. Dazu wälze ich in Gedanken mehr oder weniger große Probleme, sodass ich abends manchmal nicht mehr weiß, wo mir der Kopf steht. Damit mich diese alltäglichen Sorgen nicht zu sehr ablenken, versuche ich ganz bewusst, an anderes zu denken, z.B. eine Nachricht oder Karte zu schreiben oder auch jemanden einzuladen. Dann geht der Blick automatisch weg von uns und hin zu Gottes Reich. Auch was in der Welt um uns herum passiert, kann unseren Glauben ersticken: Krieg, Inflation, Krankheit ... Mich beunruhigen oft auch die gesellschaftlichen und politischen Veränderungen, die vor allem unsere Kinder treffen werden. Die Menschen scheinen immer neue Ideen zu haben, wie sie Gottes Willen und alles, was mit ihm zu tun hat, mit Füßen treten können. Es ist spürbar, wie die Liebe der meisten erkaltet (Mt 24,12). Vertiefe ich mich zu sehr darein, merke

ich, wie meine Freude und meine Zuversicht in Jesus erstickt werden, so wie es die Dornen im Gleichnis mit der sprossenden Saat machen. Das passiert vor allem dann, wenn ich mich gleichzeitig zu wenig mit Gottes Wort beschäftige. Vor kurzem habe ich deshalb eine kleine Pause eingelegt und ein paar Tage weder Soziale Medien besucht noch die Nachrichten verfolgt. Ich habe schnell gemerkt, wie meine Gedanken wieder klarer wurden und wie der Friede Gottes in mein Herz zurückgekehrt ist.
In unserer Wohlstandsgesellschaft wuchern die Dornen außerdem dort besonders heftig, wo es um Geld und unsere Anschaffungen geht. Das Gleichnis spricht vom *„Betrug des Reichtums“* (V. 22). In meiner Generation geht es oft um einen Lifestyle, der sich auf bestimmten Plattformen gut vermarkten lässt. Das Motto ist dann: Wie kann ich es mir und meiner Familie noch bequemer und luxuriöser machen? Anstatt den Lebensstil an das verfügbare Gehalt anzupassen, muss noch mehr Geld verdient werden, um alle Ausgaben decken zu können. Luxus ist nichts Besonderes mehr, sondern gehört einfach dazu. So viele Gedanken und auch viel Kraft gehen drauf, wenn wir zu viel mit unseren Anschaffungen und der Selbstoptimierung beschäftigt sind. Lasst uns doch heute mal darauf achten, wo in unserem Leben die Dornen wuchern, und mit ihnen kurzen Prozess zu machen, damit unser Leben Frucht bringen kann.

Johanna

21. Februar

DER BETRUG DES REICHTUMS

„Die Sorgen der Zeit und der Betrug des Reichtums und die Begierden nach den übrigen Dingen kommen hinein und ersticken das Wort“ (Mk 4,19)

Dornen schleichen sich einfach in ein unbearbeitetes Feld hinein, tauchen aus dem Nichts auf und saugen die Mineralien und alle Nährstoffe aus der Erde heraus, damit die Pflanzen, die dort gedeihen sollen, ersticken und eingehen.

Es fängt fast unbemerkt an, und sie werden einfach mehr. Der Reiz, Dinge zu haben, die Vergnügungen dieser Welt in vollen Zügen zu genießen, und vor allem, auf allen Seiten abgesichert zu sein, zieht uns an. Manchmal ist es wichtig, ehrlich Bilanz zu ziehen: Wie viel Zeit verbringen wir mit Einkäufen, Anschaffungen, mit der Pflege unseres Besitzes, mit Urlaubsplanung, Preisvergleichen, der Optimierung unseres Lebensstandards, der Bildung unserer Kinder? Wie Unkraut in einem Feld wuchern diese Dinge ganz von allein. Wir leben in einem Körper, der an diese Erde gebunden ist und keine andere kennt. Klar, dass er seine Freude an dieser Welt sucht. Wie stark das Motto „Hauptsache gesund" in unserer kollektiven Mentalität verankert ist, hat Corona gezeigt. Dabei macht die Bibel ganz klar, dass es Dinge gibt, die viel wichtiger sind als körperliche Gesundheit! Wie kann es sein, dass es viel mehr Spaß macht, das Auto zum Glänzen zu bringen als ins Gebetstreffen zu gehen? Naja, das Auto gibt mir halt das Gefühl, wer zu sein, es im Leben zu etwas gebracht zu haben. Das Auto ist gefühlter Erfolg. Das Gebetstreffen ganz bestimmt nicht. Jesus gibt uns einen Tipp, wie wir frei sein können von der Sklaverei des Besitzes und Geldes, um stattdessen unsere Schätze im Himmel zu sammeln (Mt 6,20-21).

Das Problem ist, dass an diesen Dingen an sich nichts auszusetzen ist. Auch in der Bibel gibt es Leute, die viele Besitztümer haben, man denke nur an Abraham, Jakob, Josef, David, Salomo & Co. Entscheidend ist, wo ich meine Sicherheit suche. Ob all diese Dinge mir gehören oder dem Herrn und von mir lediglich in seinem Auftrag verwaltet werden. Wer den Herrn sucht, hat irgendwann keine große Lust auf teure Sachen, muss nicht irgendetwas unbedingt haben, um glücklich zu sein. Leute, die mit ihren Autos oder ihren Markenklamotten angeben wollen, habe ich nie so richtig verstanden, das lässt mich kalt. Dagegen schätze ich sehr die Freunde, die mit Überzeugung bescheiden leben. Vor allem, wenn sie die Mittel hätten, es anders zu machen. Weil dieses Problem in unserer westlichen Welt so weit verbreitet ist, wollen wir morgen überlegen, wie wir den Ballast des Reichtums abschütteln … und dadurch glücklichere und befreitere Menschen sein können.

22. Februar

BALLAST ABLEGEN UND WIEDER LACHEN LERNEN

„Ich habe gelernt, mich darin zu begnügen, worin ich bin" (Phil 4,12)

Um mein Ackerfeld frei von Dornen zu halten, die meine aufkeimenden Wunschpflanzen ersticken, muss ich einiges investieren. Sich selbst überlassen, verwildert mein Feld. Neulich gingen wir in einem kleinen Park spazieren, der früher ein gepflegter Garten war. Überreste von besseren Zeiten waren überall zu erkennen – Rhododendrenblüten in einem Wald von Brennnesseln, gerade noch sichtbar. Früher haben sie wohl den Steinweg gesäumt, der unter unseren Füßen von Moos bedeckt war, in den Ritzen zwischen den Steinen wuchsen Gras und Löwenzahn. Hecken, früher eine sorgfältig geschnittene und gepflegte Zierde dieses Gartens, erstickten mitten unter wuchernden Stechpalmen. „Das wird aber eine Megaarbeit, diesen Park in seinen ursprünglichen Zustand zurückzubringen", sagte mein Mann. Wie viel bequemer, den Garten einfach sich selbst zu überlassen.

Wenn wir Unkraut nicht jäten, unser Feld nicht von Wildwuchs und Dornen freihalten, dann werden diese wuchern und unsere Ernte sabotieren. Ganz automatisch und manchmal ohne, dass es uns bewusst ist. Um diese Verwilderung zu verhindern, versuche ich, mit dem Bewusstsein in jeden neuen Tag zu starten, dass dieser Tag mein letzter sein könnte. Das hilft mir, mich nicht aufzuregen über Dinge, die wirklich nicht wichtig sind. Zu unterscheiden, was letztlich zählt und was nicht. Bescheidenheit mit Überzeugung (nicht mit zusammengebissenen Zähnen) ist unser Rezept für ein Feld frei von den Sorgen und Ablenkungen dieses Lebens. Geld weggeben. Dinge weggeben. Je weniger Zeug wir haben, desto weniger müssen wir das Zeug pflegen. Meine Sachen müssen nicht Top-Qualität haben, immer das Beste und Modernste. Mein Auto darf dreckig werden. Den zehnten Teil meiner Einkünfte immer sofort abziehen – der gehört dem Herrn – und wenn möglich, noch mehr weggeben. Keinen Wert darauf legen, wie teuer die Einrichtung unserer Wohnung ist. Manche meiner schönsten Sachen fand ich beim Sperrmüll. *„Ich habe gelernt, mich darin zu begnügen, worin ich bin"*, schreibt Paulus an die Philipper (Phil 4,12), *„sowohl erniedrigt zu sein, ... als auch Überfluss zu haben."* In

Sprüche 30,8 lesen wir: *„Armut und Reichtum gib mir nicht, lass mich das Brot, das ich brauche, genießen."*
Wenn wir die Sorgen und den Reichtum dieser Welt regelmäßig aus unserem Herzen reißen, ist dieses Herz frei, aufzublühen und dem Herrn und unseren Mitmenschen zu dienen. Ich denke, wir werden dabei zu recht fröhlichen Menschen. Ungeschützter Boden am Rande des Feldes, steiniger Boden, Dornen – Jesus macht seine Lektion für Menschen praktisch, die von der Landwirtschaft abhängig sind, bringt sie auf den Geschmack, ihr Herz genauso wie ihre Felder in Erwartung einer großen Ernte sorgfältig zu pflegen und schön zu halten. Lasst uns diese Vergleiche zu Herzen nehmen!

23. Februar

DAS GIFT, DAS ALLES VERUNREINIGT

„... achtet darauf, dass nicht irgendeine Wurzel der Bitterkeit aufsprosse und euch zur Last werde und durch sie viele verunreinigt werden" (Hebr 12,15)

Die Sorgen des Lebens, die unser Herz und unseren Geist ersticken, müssen nicht nur materielle Dinge sein. Der Schreiber des Hebräerbriefes bedient sich auch eines Vergleichs aus der Landwirtschaft. In Hebräer 12,15 lesen wir: *„... achtet darauf, dass nicht irgendeine Wurzel der Bitterkeit aufsprosse und euch zur Last werde und durch sie viele verunreinigt werden."*
Auch Mangel, Enttäuschungen, Schicksalsschläge, unerfüllte Träume können unserem Leben mit Jesus ganz schön zusetzen: „Ich habe so eifrig gebetet, aber immer noch keinen geeigneten Partner gefunden", „Wann werde ich endlich schwanger?", „Liebt mein Mann mich noch?" Verletzungen aus der Kindheit können uns nachhaltig zu schaffen machen. Das Gefühl, den an uns gestellten Erwartungen nie gewachsen zu sein, kann unsere Seele überrollen, das Wort Gottes in uns ersticken, unsere Freude rauben. Da habe ich wirklich Mitleid! Eine neue Lebensphase kostet uns vielleicht Kraft, die Aussicht, alt zu werden, Krankheit, generelle Lebensmüdigkeit. Christen in meinem Alter hängen ihren Glauben oft verbittert an den Nagel, weil ihre Kinder nicht oder nicht mehr mit dem Herrn

gehen. Oder weil eine Gemeinde ungeschickt mit ihnen verfahren ist, ihre Erwartungen nicht erfüllt hat oder andere Christen sich dumm angestellt haben. Die sogenannte „progressive“ Theologie ehemaliger Bibelgläubiger ist manchmal nichts anderes als ein Racheakt gegen die eigene Vergangenheit. Man macht aus persönlichen Verletzungen eine neue Theologie. Wenn meine Gemeinde mich enttäuscht, dann sind Gemeinden eben blöd und überflüssig. Wenn meine Tochter zu ihrem Freund zieht, dann ist Sex vor der Ehe doch in Ordnung, und alle, die es anders sehen, sind gesetzliche Frömmler. Wenn ich plötzlich Lust auf einen anderen Mann habe, ist Ehebruch in Ordnung. Mein erster Mann hat mich nicht richtig versorgt, und Gott ist doch gnädig, oder? Wenn ein besorgter Mitchrist aus konservativen Kreisen mich zurechtweist, dann sind alle Evangelikale eng, fundamentalistisch und gnadenlos. Seht ihr, wie es läuft?
Schön wär‘s, wenn biblische Dogmen wandelbar wären. Mir mit meiner Harmoniebedürftigkeit wäre das so was von recht. Immer den bequemsten Weg gehen, keinen Anstoß erregen, mein Bibelverständnis der jeweiligen Lebensphase und -situation anpassen. Was machen mit dem Dilemma? Ich kann kompromisslos zu meinen Prinzipien stehen und andere, auch Familienmitglieder, die sich von diesen Prinzipien entfernt haben, trotzdem lieben und wertschätzen und dies auch vermitteln. Biblische Richtlinien für Sexualität vertreten und trotzdem Jugendliche in der Familie, die dem Glauben den Rücken gekehrt haben und anders leben, nicht deswegen vor meine Haustür weisen. Meine christlichen Werte offen leben, und dabei demütig und gnädig bleiben. Der am meisten zitierte Grund für die Ablehnung des Glaubens ist das Verhalten der Mitchristen – Verletzungen in der Familie Gottes. Mehr dazu morgen.

24. Februar

UND WENN DIE CHRISTEN EINANDER HASSEN?

„Dies ist mein Gebot, dass ihr einander liebt, wie ich euch geliebt habe“ (Joh 12,15)

Bestimmt kennt der eine oder andere von euch das Antilopen-Gemeinde-Kurzvideo. Eine große Herde Antilopen rennt in die eine Richtung, eine kleine Babyantilope läuft abseits der Herde in die andere Richtung und bemerkt dabei nicht, dass ein großer Löwe im Gras lauert. Dazu die Bemerkung: „Wenn du denkst, du brauchst keine Gemeinde". Wenn es um Durchhaltevermögen im Glauben geht, kommen wir um die zentrale Rolle von Gemeinde und Kirche nicht herum. *Sie* sind das Bollwerk, das nicht einmal die Pforten des Totenreichs überwältigen können (Mt 16,18)! Wenn wir also auf etwas auf dieser Erde setzen können, dann auf die Gemeinde Jesu!
Und trotzdem „menschelt" es in Gemeinden gewaltig. Der Chef des Totenreichs versucht natürlich, sein Unwesen in ihnen zu treiben, um Gottes mächtigstes Zeugnis-Werkzeug zu schwächen. Es werden Fehler gemacht, Menschen verletzt, übergangen, unfair behandelt. Macht wird missbraucht, Irrlehre verbreitet u.v.m. Keine Frage, dass manche Menschen keine Gemeinde-Fans mehr sind. Und trotzdem gebietet uns Gott selbst, die Versammlung nicht zu versäumen und einander in Liebe zu ertragen (vgl. Hebr 10,25). Wo, wenn nicht in der Gemeinschaft von Gläubigen, sollen Ermutigung, Ermahnung und Heiligung geschehen, von denen so oft die Rede ist?
Die einfachste Taktik des Teufels, uns vom Weg mit Gott abzubringen ist: Menschen „gemeindegeschädigt" zu machen. Zur Veranschaulichung zwei Beispiele:

- „Ich wurde heute Morgen im Gottesdienst nicht begrüßt", „Ich werde ständig übersehen." Hinter diesen Aussagen steckt persönliche Kränkung. Die eigene Bitterkeit und der Stolz halten davon ab, Gemeinde zu bauen.
- „Ich brauch keine Gemeinde, ich lebe meinen Glauben selbst", „Nach dem, was ich in Gemeinden erlebt habe, ist es besser, ich gehe in keine". Oft kommen diese Sätze von Christen, die nie wirkliche bibeltreue Gemeinschaft erlebt haben oder viel Schlechtes in Gemeinden mitmachen mussten. Aus den Briefen des Apostels Paulus erkennen wir, dass das auch schon damals der Fall war, denn sonst würde Gott uns nicht mehrfach eindringlich gebieten, unsere Brüder und Schwestern zu lieben.

Wer mit sich selbst beschäftigt ist, wird keinen Nerv, keine Energie und kein Herz haben, sich für Gottes Sache einzusetzen, und ist damit ausgeschaltet. Lasst uns schauen, dass wir unseren Teil dazu beisteuern, uns in Liebe zu ertragen und damit durchzutragen, bis wir den Lauf in die Ewigkeit hinein beendet haben. Dazu brauchen wir alle so sehr die Gemeinschaft mit anderen Gläubigen in einer gesunden Gemeinde.

Jessica

25. Februar

DIE RAFFINIERTESTE ALLER STOLPERFALLEN: STOLZ

„Und du sagtest in deinem Herzen: Ich, und sonst gar nichts!" (Jes 47,10)

Es bricht mir das Herz, immer wieder die gleichen traurigen Geschichten zu hören. Kein Diener, keine Dienerin Gottes scheitert an Mangel an Talenten oder an körperlicher Schwäche. Der „altböse Feind" schleicht rund um die Uhr um dich – nicht um deinen Körper kaputt zu machen, sondern um deine Seele stolz zu machen. „Ich werde hier nicht genug beachtet", „Warum darf der predigen und ich nicht?", „Sie sind alle neidisch auf meine hervorragenden Begabungen", „Sie haben was gegen mich, weil ich so schlau bin". In unserer eigenen Gemeinde mussten wir hilflos zusehen, wie beleidigte Mitglieder – manchmal nach Jahren der Mitarbeit – schimpfend die Gemeinde verließen und ihre Kinder, die fröhlich integriert waren, mitnahmen. Der Grund war immer derselbe: Eitelkeiten und Ambitionen, die nicht bedient wurden. Viele von ihnen, samt Kindern, sind in keiner Gemeinde mehr. Wir schütteln den Kopf, wenn ehrgeizige Ehefrauen ihre Männer – oder umgekehrt – in ihrer Eitelkeit anfeuern, anstatt sie liebevoll zu ermahnen. Stolz kommt vor dem Fall. Immer. Und aus allen Arten von Stolz ist frommer Stolz der schlimmste und gefährlichste. *„Durch Hochmut wurde der Teufel zum Teufel"*, schreibt C. S. Lewis. *„Stolz führt zu jedem anderen Laster: es ist der vollständige Anti-Gottes-Zustand des Geistes."*

König David macht klar, dass wahre Intelligenz mit Demut zu tun hat: *„Ehe ich gedemütigt wurde, irrte ich; nun aber halte ich dein Wort … verständiger bin ich als alle meine Lehrer"* (Ps 119,67.99). Wenn der Herr nicht unser Gott

ist, setzen sich andere Götter auf den leeren Thron. Fake-Götter. Der hochmütige Mensch will, wie damals Adam, selbst Gott sein. In der heutigen Gesellschaft will er Biologie, Identität und Geschlechtlichkeit neu definieren. In der Kirche wollen manche dasselbe, sogar im Namen Gottes. Auch in der Bibel führen manche vom Glauben Abgefallenen ihre geistlichen Aktionen weiter, lange nachdem ihr Herz erkaltet ist. König Saul baute zuversichtlich dem Herrn einen Altar, obwohl er schon längst in Rebellion gegen Gott lebte (1Sam 14,35).
Halten wir uns an den Herrn und schauen wir auf ihn, der uns auffordert: *„Nehmt auf euch mein Joch, und lernt von mir! Denn ich bin sanftmütig und von Herzen demütig ...“* (Mt 11,29)!

26. Februar

HOLZ AUF DEM ALTAR

„Ein beständiges Feuer soll auf dem Altar in Brand gehalten werden, es soll nicht erlöschen“ (3Mo 6,6)

Wenn ich im Musikunterricht aus einer Klasse voller Zappelpeter einen Chor machen muss, trainiere ich die Kinder als Erstes den unbeirrten Blick auf mich als Dirigentin. „Egal was um uns herum geschieht, fixiert euren Blick auf mich“, beginne ich immer. „Egal was!“, wiederhole ich. „Auch wenn der Schulleiter einen Handstand mitten auf der Bühne macht. Auch wenn ein Elefant auf einmal durch den Saal marschiert. Auch wenn es ein Erdbeben gibt und die Decke einstürzt ...“ Natürlich lachen wir alle herzhaft, aber einmal kam mir der Gedanke, dass es da Ähnlichkeiten mit unserer Beziehung zu Gott gibt. Ich richte meinen Blick auf ihn, und schaue weder nach rechts noch nach links. Auch wenn meine beste Freundin auf einmal keine Lust mehr auf das gemeinsame Bibellesen hat. Auch wenn mein Kumpel im Hauskreis auf einmal nicht mehr kommen will. Wenn die Rechnung von den Handwerkern viel höher ist als erwartet. Wenn das Kind die ganze Nacht durchschreit. Wenn der Teenager in seinem Zimmer am PC zocken will, anstatt zu den Pfadfindern zu gehen. Wenn die Person, in die ich mich als Single verliebt habe, gar kein Verständnis für meinen Glauben hat. Gerade an solchen Schnittstellen zeigt sich der Ernst unserer Entscheidung für Jesus. „If none goes with me, still I will follow", sangen wir als Kinder – „Ob niemand mit mir geht, doch ich will folgen", aus dem Lied „Ich bin entschieden, zu folgen Jesus".

In 3. Mose 6,6 finden wir ein für mich hilfreiches Bild für diese wichtige Vorfahrtsregel meines Lebens als Christ. Dort lesen wir: *„Ein beständiges Feuer soll auf dem Altar in Brand gehalten werden, es soll nicht erlöschen."* Was auch immer sonst passiert, dieses Feuer muss am Brennen gehalten werden *„Morgen für Morgen"*. Neues Holz auf den Altar legen, war die erste Aufgabe des Priesters am frühen Morgen. Der Altar – Ort des Schlachtens und des Opfers –, Vorschau auf das Kreuz Jesu, das Opfer, das uns das Leben rettet. Vorschau auf unsere Entscheidung, täglich unser Kreuz auf uns zu nehmen und ihm nachzufolgen, komme, was wolle – auch wenn keiner mitgeht. Auch wenn liebgewonnene Weggefährten vom Weg abbiegen, und seelische Verbindungen kräftiger an unserem Herzen ziehen als der Geist Gottes in uns. Unter den gelegentlichen Weggefährten des Pilgers in John Bunyans Klassiker *Pilgerreise zur ewigen Seligkeit*, die allesamt versuchen, Christ vom Weg der Nachfolge abzubringen, gibt es einen Mann namens „Schwätzer". Über ihn wird gesagt: „Er versteht sehr wohl vom Gebet, von Buße und Glauben und von der neuen Geburt zu sprechen; aber in seinem Herzen hat er nichts davon erfahren."

Das Feuer am Brennen zu halten, bedeutet: In einer demütigen Hingabe an den Herrn zu leben. Nicht nur klug darüber reden zu können, sondern mit anderen zu gehen, die das Gleiche wollen.

27. Februar

WENN DER FAMILIENSEGEN SCHIEF HÄNGT

„Denn auch seine Brüder glaubten nicht an ihn" (Joh 7,5)

Der einsamste Glaubensweg, den es gibt, ist der Alleingang als Christ in der eigenen Familie. Wer als bekennender Christ einen Partner oder eine

Partnerin wählt, der nicht die gleichen Überzeugungen teilt, weiß vermutlich nicht, auf was er oder sie sich einlässt und welche Spannungsfelder entstehen können. So eine Heirat würde ich nicht empfehlen. Wenn Jesus wirklich der Mittelpunkt unseres Lebens ist und ich dieses Leben mit jemandem teile, der einen anderen Mittelpunkt hat, muss es irgendwann zu Spannungen führen. Oder aber zur Versuchung, den eigenen Glauben auf die lange Bank zu schieben. Immer häufiger treffe ich allerdings auf Männer und Frauen, die vor vielen Jahren meinten, einen Christen zu heiraten. Man wollte dem Herrn dienen, in die Mission gehen, Jugendarbeit machen, Kinder in den Wegen des Herrn erziehen. Aber dann kam halt das Leben dazwischen. Die Enttäuschungen, von denen in den vergangenen Tagen immer wieder die Rede war. Die Vision und die Berufung sind voller Hindernisse. Man wird müde. Ein neuer Gemeindeleiter kommt, voller Vision und Eifer und führt Personaländerungen durch. Man fühlt sich ausgeschlossen. Der Ehemann hört auf, mit in die Gemeinde zu gehen, sitzt lieber vorm Fernseher. Die Frau will nicht allein gehen. Oder umgekehrt. Ich fühle da sehr mit.

Blutsbanden sind stark, auch im Leben der stabilsten Christen. Wenn der Feind uns an keiner anderen Stelle schwächen kann, dann versucht er es garantiert an der schwächsten Stelle: der Familie. Und gerade da sollen wir uns nicht verunsichern lassen, obwohl es so schwer ist. Wir finden ermutigende Beispiele in der Bibel von Familienmitgliedern, die mit ihrem Glaubensmut ziemlich allein standen, ... aber nicht für immer! Josef, abgelehnt von seiner gesamten Bruderschar (1Mo 37,5), erlebt nach vielen Jahren und Achterbahnfahrten des Lebens eine spektakuläre, von Gott geschenkte Versöhnung (1Mo 45,15). David stand nicht gerade hoch im Kurs bei seinen Brüdern – sie unterschätzten den kleinen Bruder auf ganzer Linie und demütigten ihn sogar (s. 1Sam 17,28). Aber später in seinem Leben gehören sie zu seinem Mitarbeiterkreis. Jesus hatte auch nicht immer ein problemfreies Verhältnis zu seinen leiblichen Brüdern, aber bei der Entstehung der Urgemeinde lesen wir von *„seinen (Jesu) Brüdern"*, die mit von der Partie waren (Apg 1,14).

Eins haben diese Männer gemeinsam. Sie lassen sich durch ihre Nächsten und Liebsten nicht von ihrem Kurs abbringen. Sie nehmen Ablehnung, Spott und Demütigungen aus ihrem engsten Familienkreis in Kauf, um den Weg des Gehorsams zu gehen. Wenn es einen Weg gibt, glaubensferne

Familienmitglieder in die Nähe Gottes zu ziehen, dann dieser. Lebe selbst in dieser Nähe Gottes! Finde bei ihm deine Kraft, deinen Trost, deine Freude. Bitte den Herrn darum, deinen Glauben ansteckend zu machen. Liebe, wenn du gehasst wirst. Aber lass nicht alles mit dir machen. Weise zurecht, wenn rote Linien überschritten werden. Fordere Respekt ein auch für deine Wünsche. Durch Sich-Anbiedern wird niemand gewonnen. Sei du die- oder derjenige, der die anderen beeinflusst, nicht umgekehrt! Oder mache es dir wenigstens zum Ziel. Und sei nicht ungeduldig. In den oben genannten biblischen Geschichten dauerte es zum Teil einige Jahre.

28. Februar

WANDERNDE AUGEN UND WANDERNDE HERZEN

„Mehr als alles, was man sonst bewahrt, behüte dein Herz! Denn in ihm entspringt die Quelle des Lebens" (Spr 4,23)

Eine ganze Reihe prominenter Christen haben in den vergangenen Jahren Schlagzeilen gemacht – aus allen möglichen peinlichen Gründen. „Pennies, Power and Petticoats" oder „Greed, Glory and Girls" (Geld, Macht und Frauen) witzelt man in der englischsprachigen Welt. Das sind die drei Tricks, mit denen geistliche Leiter zu Fall gebracht werden. Oft spielen alle drei eine Rolle bei den Skandalen, die die christliche Welt vor allem in den USA immer wieder erschüttern. Mit Entsetzen verfolgte ich vor ein paar Jahren den Absturz eines meiner „Lieblings-Lobpreismusikers", der herrliche Lieder geschrieben hatte. Zuerst sagt er seinem Glauben ab. Er empfindet Gott als fiesen Spielverderber und die Gewalttaten in der Bibel als unmöglich. Liebe kann nie falsch sein, fügt er hinzu. Kurz nach diesem öffentlichen Statement gibt er seine Scheidung bekannt. Wenig später wird er knutschend mit einer hübschen jungen Dame gesichtet, die so alt ist wie seine Töchter. Ein bekannter christlicher Autor gibt auf gleiche Weise seine „De-Konstruktion" den Millionen seiner Instagram-Followern bekannt. Kurz danach seine Scheidung, dann seine Unterstützung einer Christopher-Street-Day-Parade, wo er mitläuft.

Eine gute Ehe zu führen, wenn man in einem christlichen Dienst an der Front steht, ist ein Kraftakt – genauso wie ein sauberes Leben als Single zu führen. Jemand sagte neulich: „Der schwierigste Beruf ist, geistlicher Leiter zu sein. Noch schwieriger ist es, die Frau eines geistlichen Leiters zu sein.“ Wenn du nicht gute, treue Freunde und Mitarbeiter um dich herum hast, bist du als Verantwortlicher in einer Gemeinde oder einem christlichen Werk mit deiner Familie zusammen Freiwild für jeden, der einen Sündenbock für seine Probleme oder eine Plattform für die eigene Selbstverwirklichung sucht. Du bist ein Top-Kandidat für Mobbingaktionen und Rufmord. Dass eine depressive, einsame Frau zu Hause sitzt, während ihr hauptamtlich dienender Ehemann im Auftrag Gottes jedem Angriff des Feindes ausgesetzt ist, kann für eine Ehe katastrophal sein. Kein Wunder, dass Männer und Frauen, die auf großen Bühnen stehen, in Versuchung kommen, ihren Trost in den Armen mitleidsvoller Bewunderer zu suchen. Ob in geistlicher Verantwortung oder nicht, lasst uns auf unsere Ehen und Familien gut aufpassen! Egal, was du im Leben sonst machst, es ist dein erster Dienst, darauf zu achten, dass der Partner/die Partnerin, die Gott dir zur Seite gestellt hat, gut versorgt ist. Damit nicht auch du irgendwann in Erklärungsnot kommst, warum dein Glaube dir nicht geholfen hat, deine Sexualität im Griff zu halten. Falls du dich an dieser Stelle angesprochen fühlst, suche dir einen Mentor oder eine Mentorin, rede offen über die Sache, gib Rechenschaft über deine Gedanken und Versuchungen, und suche die Hilfe Gottes.

29. Februar

DER REIZ DER OPFERROLLE

„Und Saul antwortete Samuel: Ich habe der Stimme des HERRN gehorcht ... Aber das Volk hat von der Beute genommen“ (1Sam 15,20-21)

Keine biblische Geschichte ist so tragisch wie die von König Saul. Wenn es einen Mann gibt, der jeden Grund zur Dankbarkeit und zu einem erfüllten, glücklichen und langen Leben hatte, dann er. Ausgewählt als erster König

Israels, handverlesen von Gott selbst, mit einem riesigen Vorschuss an Beliebtheit und Gunst sowie übernatürlicher Hilfe direkt aus dem Himmel. Wieso ausgerechnet er demjenigen den Rücken kehrt, der ihn über alle Maßen gesegnet hat, ist ein Rätsel. Sein Abfall vom Glauben fängt klein an: Dinge selbst in die Hand nehmen, anstatt auf Gott warten. Ausreden finden für sein Fehlverhalten. Noch mehr Ausreden. Neid auf den Konkurrenten David, der eigentlich gar kein Konkurrent ist, sondern der seinen letzten Tropfen Blut für Saul geben würde – so treu ist er. Sauls Narzissmus, wie jeder Narzissmus, nährt sich an Feindbildern. Er, der mächtigste Mann Israels, sieht sich als Opfer. Er ist ein klassisches Beispiel für jemanden, der eine Form der Gottseligkeit hat – die richtigen Worte, das Auftreten und äußere Erscheinungsbild dazu –, aber keine wirkliche Beziehung zu Gott. Er ist immerzu überzeugt, dass alle etwas gegen ihn haben. Eine Opferrolle macht süchtig – wer schon in der Falle sitzt, tut sich schwer, wieder rauszukommen, weil er grundsätzlich keine Verantwortung für sein Verhalten auf sich nimmt.

Opfersüchtige leben von Feindbildern. Ein „ehemaliger" Christ, der sich inzwischen gerne „progressiv" nennt, wetterte neulich gegen die vermeintliche Enge und Gesetzlichkeit einer christlichen Organisation, in der ich persönlich nur liebevolle, bemühte Gläubige kenne, die allerdings klare biblische Werte vertreten. Ohne die Engstirnigkeit zu verharmlosen, die in der Tat viele Christen aus ihren Gemeinden vertrieben hat – was in unserer Zeit aber eher seltener geworden ist –, dreht sich ganz schön viel Zoff unter Christen schlichtweg um persönliche Eitelkeiten. Man hat im Volk Gottes nicht das Ansehen gefunden, das man sich erhofft hat. Man hat seine Bibel nicht richtig gelesen und die häufigen Warnungen gegen exakt diese geistliche Krankheit nicht beachtet. Die Geschichten von Kain, Esau, Ahab, Judas sollen uns erschrecken. Wenn unsere Suche nach Ansehen uns wichtiger ist als Gott selbst, werden wir das Glaubensleben bis zum Schluss nicht durchhalten. Unsere Sünde holt uns irgendwann ein. Die Lösung: eine Liebe zum Herrn und zur Heiligen Schrift, die immer das letzte Wort hat – auch über unsere eigenen Wünsche und Ambitionen! Die zwei Häuser im Gleichnis von Jesus waren sich äußerlich sehr ähnlich. Erst der Sturm zeigte, welches auf dem Felsen gebaut war. Steckt in dir irgendwo ein unberechtigtes Opferverhalten? Ein Psychologe sagte neulich, dass unser Schicksal zu 90% aus dem besteht, wie wir auf unsere Umstände reagieren, nur zu 10% aus den Umständen selbst. Das, finde ich, macht Mut. Was mir passiert, habe ich nicht immer in der Hand. Wie ich reagiere, aber sehr wohl.

1. März

WAS IST WAHRE REIFE?

„... werdet verwandelt durch die Erneuerung des Sinnes" (Röm 12,2)

Je älter ich werde, desto öfter frage ich mich, wie Männer und Frauen Gottes in der Bibel alt geworden sind? Wie haben sie ihren Lauf vollendet? Zynisch, zweifelnd, grantig und schweigsam in den Dingen des Glaubens? Ich habe viele Beispiele gefunden, zwei davon bewegen mich besonders. Beide Männer lernen wir als frische Jünglinge im Dienst kennen, und treffen sie wieder als reife Väter im Glauben. Petrus: ungeduldig, impulsiv, belehrend und besserwisserisch, hat immer die bessere Idee und will immer das letzte Wort haben. Man denke an seinen aufgeregten Ausbruch als Jesus über seine bevorstehende Kreuzigung sprach (Mt 16,23), oder an die Hütten, die er auf dem Berg der Verklärung bauen will (Mt 17,4). Sehen wir in seine zwei Briefe, finden wir einen Mann Gottes, der tiefgreifende geistliche Überzeugungen weitergibt: dass wir *„zu einem unvergänglichen und unbefleckten und unverwelklichen Erbteil"* (1Petr 1,4) wiedergeboren sind. Oder inspirierende Aufforderungen: *„Umgürtet die Lenden eurer Gesinnung, seid nüchtern und hofft völlig auf die Gnade"* (1Petr 1,13-14). Er nennt seine Anvertrauten „Geliebte" und fordert sie auf: *„Seid alle gleichgesinnt, mitleidig, voll brüderlicher Liebe, barmherzig, demütig"* (1Petr 3,8), oder: *„Alle aber umkleidet euch mit Demut im Umgang miteinander! Denn Gott widersteht den Hochmütigen, den Demütigen aber gibt er Gnade"* (1Petr 5,5).
Dann gibt es Johannes, den Petrus in seiner Sturm-und-Drang-Zeit als Konkurrenten empfunden hat (Joh 21,22-23). Ja, der Johannes, den Jesus mit seinem Bruder Jakobus zusammen *„Söhne des Donners"* nannte (Mk 3,17) – wohl nicht ohne Grund, denn diese beiden wollten Feuer vom Himmel herabrufen, als Jesus von den Samaritern eine Abfuhr erhielt (Lk

9,54). Nicht gerade eine rühmliche geistliche Laufbahn. Arrogant waren sie auch – beide wollten die besten Plätze in Jesu Regierung haben (Mk 10,35-40). Zu alledem noch: Beide, Petrus *und* Johannes, werden als *„ungelehrte und ungebildete Leute"* bezeichnet (Apg 4,13).

Nach Pfingsten waren sie Säulen der Urgemeinde, nicht zu stoppen, furchtlos in ihrer Verkündigung der Auferstehung. Auch in Johannes' spätere Schriften werfe ich immer wieder einen faszinierten Blick. Der Donnersohn, der ambitionierte Aufsteiger, ist ganz der Hirte und der geistliche Vater geworden. Sein Lieblingsthema: die Liebe Gottes. *„Wer aber sein Wort hält, in dem ist wahrhaftig die Liebe Gottes vollendet"* (1Jo 2,5). *„Wer seinen Bruder nicht liebt, den er gesehen hat, kann nicht Gott lieben, den er nicht gesehen hat"* (1Jo 4,20). *„Denn dies ist die Botschaft, die ihr von Anfang an gehört habt, dass wir einander lieben sollen"* (1Jo 3,11). Ich bete für mich und auch für euch, dass wir auf den Geschmack kommen, auch solche Senioren im Reich Gottes zu werden. Furchtlos, sprudelnd mit dem Eifer Gottes, aber weise, reif, unterweisend, das Wort verkündigend *„zu gelegener und ungelegener Zeit"* (2Tim 4,2).

„I LOVE MY CHURCH" – ODER DOCH NICHT?

Ich treffe selten auf Menschen, die von ihren Gemeinden begeistert sind. Immer mehr Christen ziehen es vor, ohne Gemeinde auszukommen. Warum brauche ich eine Gemeinde, wenn sie nur noch Stress bedeutet? Der meistzitierte Grund für eine Abwehrhaltung gegenüber Gemeinde oder dem Glauben ist das Verhalten der Christen. Und doch macht das Wort Gottes klar: Solochristen finden wir in der Bibel nicht. Gerade das ist das Dilemma. Dieses Miteinander mit anderen Christen, die mir so viel Mühe machen, ist laut der Bibel genau die Sache, die ich am nötigsten brauche.

2. März

WENN BEI DEN HEILIGEN UNHEILIGE FETZEN FLIEGEN

„Daran werden alle erkennen, dass ihr meine Jünger seid, wenn ihr Liebe untereinander habt" (Joh 13,35)

Das Verhalten der Mitchristen ist der meistzitierte Grund für die Abneigung gegen Gemeinden, die sich zurzeit unter Christen breit macht - leider auch gegen Gott und den Glauben überhaupt. Selten treffe ich Menschen, die von ihren Gemeinden begeistert sind. Warum brauche ich überhaupt eine Gemeinde, wenn es nur noch Stress bedeutet? Eine Gemeindespaltung ist außerdem eine der traumatischsten Erfahrungen, die man durchmachen kann. Sie geht durch Familien hindurch, belastet Freundschaften, schreckt Außenseiter vom Glauben ab. Wir erlebten vor 27 Jahren eine dramatische Spaltung in unserer Gemeinde. Mein Mann und ich kamen mit unserer Familie schwer unter die Räder. Wir verloren Freunde, mit denen wir alt werden wollten.

Und dennoch lieben wir das Volk Gottes und sind begeisterte Gemeindefans: Gemeinde war Gottes Idee. Der Hauptteil des Neuen Testaments macht ohne Gemeinde wenig Sinn. Die Gemeinde ist das, wofür Jesus sein Leben hingegeben hat, die Familie, für die er wiederkommen wird. Seine Braut, sein kostbarster Besitz, sein Schatz. Sie ist wichtig, und Gottes Wort fordert uns dazu auf, die Gemeindestunden nicht zu versäumen (Hebr 10,25).

Außerdem ist unser Miteinander als Christen unsere Kernkompetenz, denn durch unsere Liebe soll die Welt erkennen, dass wir Jesusanhänger sind (Joh 13,35). Das klingt wie Hohn, wenn gerade unter den Heiligen die unheiligsten Fetzen fliegen. Die Tore der Hölle werden gegen die Gemeinde nicht bestehen, sagt Jesus (Mt 16,18). Aber was, wenn die Hölle mit weit offenen Toren mitten in der Gemeinde zu hocken scheint? Durch dieses Minenfeld wollen wir in den kommenden Tagen miteinander navigieren, oder zumindest einen Versuch starten.

Wie entsteht eine Gemeindekrise? Unter welchen Umständen soll/muss man sich von Mitchristen trennen? Ich staune, wie aktuell die Bibel auch in diesen Fragen ist. Es gibt kein Problem in einer Gemeinschaft, das nicht verhindert oder gelöst werden kann, wenn Transparenz, Demut und ein ständiger Blick ins Wort Gottes unseren Umgang miteinander prägen. Auch eine Gemeinde kann sich erholen oder typische Fallgruben vermeiden! Ich werde keine Situation schildern, die wir nicht selbst in der eigenen Gemeinde oder in befreundeten Gemeinden erlebt haben. Ich bete, dass diese Impulse für Verantwortungsträger in Gemeinden, aber auch für ganz normale Gemeindeglieder hilfreich sind.

3. März

DER REIZ DER ERFOLGSMECHANISMEN

„Lasst euch nicht fortreißen durch verschiedenartige und fremde Lehren! Denn es ist gut, dass das Herz durch Gnade gefestigt wird …" (Hebr 13,9)

Schlüsselwort „Gnade". Was macht eine Gemeinde liebenswert? Als sich Mitte der 80er-Jahre eine Hausgemeinde in unserem Wohnzimmer sammelte und von Woche zu Woche größer wurde, lebten wir im Rausch der ersten Kapitel der Apostelgeschichte. Es kamen wöchentlich neue Leute dazu, wir konnten schier nicht glauben, dass ein geistlicher Aufbruch sich ausgerechnet in unserem Haus in Bewegung gesetzt hatte. Aufbrüche gab es damals überall. Es war die Rede von Erweckung. Lobpreis und Anbetung wurden in neu gegründeten Gemeinden großgeschrieben. Das übernatürliche Wirken Gottes sollte neu entdeckt werden. Die charismatische Bewegung war voll in Fahrt.
Bald hatten mein Mann und ich allerdings ein ungutes Gefühl. Es gab Heilungen, die keine wirklichen waren. Geistesgaben, die nichts mit denen gemeinsam hatten, die wir in der Bibel fanden. Prediger, die mehr Interesse an Geld als am Wohlergehen von Menschen hatten. Weitere Trends trieben durch die christliche Szene. Flotte Lieder, eine Nebelmaschine und Lichteffekte, eine professionelle Bühnenshow im Gottesdienst. Mit Motivationsreden und kreativen Anspielen für die Kirchenfernen wollte man attraktiver sein. Bibelverse nur sparsam, bitte. Das Wohlstandsevangelium versprach ein Leben frei von Schmerz. Ein junger Mitarbeiter drängte meinen Mann, BWL zu studieren, damit er lernt, wie man eine

salonfähige, glattgebügelte Gemeinde präsentiert. Wir seien zu uncool, zu peinlich, meinte er. Kirche am Puls der Zeit, das war das Gebot der Stunde. Die Gemeinde spaltete sich, und unser Herz war gebrochen. Zehn Jahre harte Arbeit lagen in Scherben zu unseren Füßen. Erschöpft vom Drängen unserer Mitchristen, es doch mit diesem oder jenem Trick zu versuchen, diesen oder jenen begnadeten Prediger einzuladen, kehrten wir zu dem einzigen „Trend" zurück, mit dem wir uns wohlfühlten und mit dem eine nachhaltig erfolgreiche Gemeinde möglich ist: einem tiefen, schlichten Respekt für das Wort Gottes. Das Kreuz Jesu im Mittelpunkt. *„Denn wir sollen nicht mehr Unmündige sein, hin- und hergeworfen ... von jedem Wind der Lehre"*, mahnt Paulus in Epheser 4,14. Ein „Hoch auf Uncoolness" nannte ich scherzhaft meinen eigenen Trotz gegen die Erfolgstreiber, die uns das Leben so schwergemacht hatten.
Wie entspannt das Gemeindeleben sein kann, wenn wir nicht krampfhaft versuchen, Menschen zu beeindrucken, sondern lieber Gott beeindrucken wollen, werden wir in den kommenden Tagen sehen!

4. März

DIENER GOTTES, ODER BÜHNENPERSÖNLICHKEITEN?

„Denn ich bin der geringste der Apostel, der ich nicht würdig bin, ein Apostel genannt zu werden" (1Kor 15,9)

Ein Nachfolger Jesu ist von seinem Wesen her ein Diener. Diese Haltung muss der Grundstein von jedem christlichen Miteinander sein, die Basis, auf der wir Missstimmungen klären. Nicht meine Ansprüche dürfen das Geschehen bestimmen, sondern mein Streben, in versöhnten Beziehungen zu leben, und meine Sorge um das Wohlergehen der Gemeinde. *„Der Größte aber unter euch soll euer Diener sein"* (Mt 23.11). Meine Gemeinde soll der Ort sein, an dem ich andere glücklich machen will, und wo ich nicht erwarte, dass andere mich glücklich machen. Das ist der Grund, warum ich keinen Gottesdienst in meiner Gemeinde vermissen möchte. Nicht weil er mir immer etwas bringt, sondern weil er mir etwas abverlangt.

Wenn zu viele Mitglieder einer Gruppe eine eigene Agenda verfolgen, müssen Spannungen entstehen, nicht nur in einer Gemeinde. Ein wahrer Jünger Jesu praktiziert eine robuste Selbstzäsur und prüft immer wieder seine eigenen Motive. Ein Leiter, der sich gerne von Verehrern feiern lässt und seinen Erfolg vermarktet, ist eindeutig in Gefahr, seiner Gemeinde Schaden zuzufügen, da braucht man nur auf die kirchliche Celebrity-Kultur in den USA und ihre vielen Skandale zu blicken. Es gibt eine Sache, die für ein christliches Werk – für einen Christen überhaupt – gefährlicher ist als Misserfolg. Und das ist Erfolg, oder das Streben nach Erfolg aus fragwürdigen Motiven.

Paulus und Barnabas sind entsetzt, als die Bürger von Lystra vor ihnen niederfallen wollen (Apg 14,14). Der Prophet Elia will keine üppigen Geschenke von Naaman (2Kö 5,16). Männer Gottes biedern sich nie an, um die Gunst von Anhängern zu gewinnen. Jesus erst recht nicht. In Gottes Welt ist weniger manchmal mehr. Das hat Johannes der Täufer auch verstanden: *„Er (Christus) muss wachsen, ich aber abnehmen"* (Joh 3,30).

Beliebte Prediger, begabte Musiker, Christen überhaupt müssen sich immer wieder prüfen: Geht es um mich oder um Jesus? Lege ich zu viel Wert darauf, dass Menschen mich gut finden? Nehme ich mich selbst zu wichtig? Versteckt sich Eitelkeit hinter meiner Frömmigkeit? Wenn deine geistlichen Leiter echte Diener sind, bringe ihnen deine Wertschätzung zum Ausdruck. Und wenn du Splitter in den Augen anderer suchst, dann prüfe zuerst, ob nicht ein riesiger Balken in deinem eigenen Auge steckt und dich blind macht. Wer diese Grundhaltung hat, findet am ehesten Wege, auch Kritik konstruktiv und liebevoll zu äußern, damit der Leib des Herrn gebaut und nicht zerstört wird. Wie ist deine Haltung, wenn du Kritik übst?

5. März

WENN LEITERSCHAFT IN EINE SCHIEFLAGE GERÄT

„Hütet die Herde Gottes, die bei euch ist, … nicht aus schändlicher Gewinnsucht“ (1Petr 5,2)

Wir haben zweimal in unserem Leben mit schwerem Herzen einem Netzwerk, zu dem wir gehörten, den Rücken gekehrt. Inzwischen bereuen wir, dass wir es beide Male nicht früher getan und wertvolle Energie in Beziehungen investiert haben, die uns nur Kraft kosteten. Es waren gravierende Sachen, was sich – wie so oft – erst im Lauf der Zeit herausstellte. Die Leiter der Organisation, zu der wir vor vielen Jahren gehörten, fingen an, sich teure Autos zu kaufen, aufwändige „Glaubensprojekte“ in Angriff zu nehmen und Geld dafür einzutreiben. Es durften keine Fragen gestellt werden. Wir fühlten uns nach und nach manipuliert, fragten uns, warum nur wenige Mitarbeiter es dort länger aushielten und wir nicht erfahren durften, was aus ihnen geworden ist. Irgendwann kamen wir selbst unter die Räder. Der Hauptleiter der Organisation wollte meinen Mann durch zwei junge Männer ersetzen, die *ihn*, den Leiter, verehrten und sich durch seine Zuwendung geschmeichelt fühlten. Es folgten fünf Jahre Chaos, Verwirrung und Spaltungen. Unser Problem: Dieser Mann war ein bekannter und begnadeter Prediger, und fast keiner glaubte uns, als wir darauf hinwiesen, dass er korrupt und machtgierig geworden war, was sich später bestätigte.

Wir dachten an Jesus, der die Tische der Händler im Tempel umstürzte und darauf bestand, dass „Big Business“ in einem Gotteshaus nichts zu suchen hat. Bei aller Dankbarkeit für Spenden und finanzielle Unterstützung dürfen Finanzen nie eine zu große Rolle spielen, wir dürfen nicht bestechlich werden. Der Betrug des Reichtums (Mk 4,19) ist verlockend. Je größer eine Gemeinde oder ein christliches Werk wird, desto mehr Rechnungen, Gehälter, Immobilien müssen finanziert werden. Jakobus warnt uns eindringlich davor, in unseren Gemeinschaften reiche Leute zu bevorzugen (Jak 2,2). *„Wenn ich noch Menschen gefiele, so wäre ich Christi Knecht nicht“*, schreibt Paulus an die Galater (Gal 1,10). Der beste Schutz dagegen ist Bescheidenheit in den eigenen Reihen, Großzügigkeit nach außen und Leiter, die als Vorbilder vorangehen. Wie steht es mit deinem Verhältnis zu Geld? Als Verantwortliche, als Mitglied einer Gemeinschaft? Ist es etwas, worüber man ins Gespräch kommen soll? Seid ihr als Gemeinde, bist du als Christ großzügig und freigebig? Morgen sehen wir uns eine weitere rote Warnlampe an.

6. März

WENN KEINE FRAGEN GESTELLT WERDEN DÜRFEN

„Untadelig ... besonnen .... gastfrei ... nicht streitsüchtig" (1Tim 3,2-3)

Vielleicht ist euch beim Bibellesen aufgefallen: Jesu Jünger haben viel mit ihm diskutiert. Kadavergehorsam gehörte nicht zur Kultur des Neuen Testamentes. Fragen durften gestellt werden. Wer von ihnen wird Jesu Vize-Chef sein, wenn er König wird? Warum jetzt nach Betanien, nachdem Lazarus schon gestorben ist? Petrus hatte immer vermeintlich bessere Ideen als Jesus. „Eine Kreuzigung? Nicht doch, Jesus!", oder auf dem Berg der Verklärung: „Wir könnten hier doch Hütten bauen und gleich dableiben!" Der Umgang der Jünger mit Jesus ist furchtlos, ehrlich, voller Vertrauen, manchmal sogar unverschämt.
Anders war es in einem Netzwerk, zu dem wir eine Zeit lang Kontakt hatten. Die Gemeinden in diesem Netzwerk hatten vieles, was wir vorbildlich fanden, und unsere Ältesten dachten anfänglich über eine engere Verbindung nach, entschieden sich aber dagegen. Die rote Warnlampe: Fragen waren unerwünscht. Als ich einmal dem Leiterehepaar einen unschuldigen Vorschlag machte, bei den Leiterkonferenzen auch Treffen nur für Frauen zu haben, wurde die Luft merklich eisig. Ich wurde belehrt, warum dies nicht nötig sei, zu viel Aufwand wäre usw., und ich hatte das Gefühl, etwas Schlimmes verbrochen zu haben, anstatt in meiner Sorge um die Frauen von geistlichen Leitern unterstützt zu werden. Nach und nach kam raus, dass Loyalität gegenüber dem Hauptleiter der Loyalität gegenüber Gott gleichgestellt wurde, sogar wichtiger war. Wer viel spendete und sich viel einsetzte, wurde auf sichtbare Weise bevorzugt. Wer unbequeme Fragen stellte, galt als rebellisch und kompliziert. Bald traute

sich keiner mehr, etwas zu sagen, Mitglieder fingen an, sich zu verabschieden. Jeder Versuch, diese Atmosphäre der Kontrolle anzusprechen, stieß auf taube Ohren.
Ich wurde an König Saul erinnert, der von seinem eigenen Ansehen und seiner Macht so besessen war, dass er gegen jeden ausschlug, der diese Macht in Frage stellte, allen voran gegen David natürlich. Christen, die in sich selbst unsicher sind, pflegen Feindbilder, sehen sich gerne als Opfer. Wer ihnen widersteht, ist automatisch ein Gegner. Schwierig wird es, wenn so jemand Verantwortung für andere hat. Wie gehen wir als ganz normale Christen mit diesen oder ähnlichen Fehlentwicklungen und Mängeln in einer Gemeinde um? Was machen wir, wenn gutgemeinte Fragen – egal zu welchem Thema – nicht erwünscht sind? Wann ist die Zeit zu reden, wann zu schweigen? Das wird unser Thema morgen sein.

7. März

DIE KUNST, KONSTRUKTIV ZU KRITISIEREN

„Brüder, wenn auch ein Mensch von einem Fehltritt übereilt wird, so bringt ihr, die Geistlichen, einen solchen im Geist der Sanftmut wieder zurecht. Und dabei gib auf dich selbst Acht, dass nicht auch du versucht wirst!" (Gal 6,1)

Weise Worte aus dem Mund von Paulus! Klärende Gespräche in jeglicher Beziehung, ob in Gemeinde, Familie, oder bei der Arbeit, dürfen für uns als Christen nur ein Ziel haben: Versöhnung und die Beseitigung von Missverständnissen, besonders in unseren Beziehungen zu Autoritätspersonen. *„So viel an euch ist, lebt mit allen Menschen in Frieden …"* (Röm 12,18). Die Bibel legt großen Wert auf Respekt gegenüber Leiterschaft. Wenn ich eine Klage gegen einen Leiter habe oder ich mich verletzt fühle, dann frage ich mich zuerst: Liegt es auch an mir? Habe ich unrealistische Erwartungen? Ist die Sache wirklich wichtig oder ist es ein Mangel, mit dem ich eigentlich leben kann? Erzählen mir meine Gefühle die Wahrheit? Bin ich jemand, der ständig an Leitern herumnörgelt, um

Zuwendung zu bekommen, oder geht es mir wirklich darum, eine konkrete Sache zu klären oder zu verbessern? Den Anteil eines Problems, der an uns liegt, werden wir immer mit uns herumtragen, auch wenn wir uns aus dem Spannungsfeld zurückziehen. Wichtig ist, den direkten Weg zu gehen (Mt 18,15). Alles, was hintenrum besprochen wird, belastet Beziehungen und ist unfair den Betroffenen gegenüber. Anliegen sollen mit konkreten Punkten, nicht als Pauschalunterstellung vorgebracht werden. „Ich verstehe nicht, warum du gestern so schroff geantwortet hast", ist besser als: „Deine abweisende Art ist unmöglich!" Wenn man Kritik an Predigten vorbringt: „Ich habe das Gefühl, dass die Bibel nicht mehr so eine Rolle in deiner Verkündigung spielt. Habe ich da Recht, oder bilde ich mir das ein?", ist besser als: „Deine Predigten sind ja voll liberal und unbiblisch geworden!" Lange Listen von Unterstellungen sind keine gute Idee. Zwei oder drei Punkte reichen in einem kritischen Gespräch. Mein Gesprächspartner soll immer die Möglichkeit haben, meinen Eindruck zu korrigieren oder ihm zu widersprechen, ich soll mich auch auf Erklärungen einlassen. Wenn wir unter Mängeln in der Gemeinde leiden, dann sollen wir auch bereit sein, mit anzupacken, oder? „Ihr habt hier gar keine Sicht für Kinderarbeit", ist nicht so klug. Besser ist: „Mir fällt auf, dass die Kinderstunde oft ausfällt und es nicht genug Mitarbeiter gibt. Ich finde Kinderarbeit super-wichtig. Wie kann ich helfen?"
Irritationen und Missverständnisse gibt es in jedem Miteinander. Manchmal sind wir gereizt, überfordert, müde – auch geistliche Leiter sind nur Menschen und brauchen Geduld, um mit den vielen Forderungen klarzukommen, die an sie herangetragen werden. Auch wir sollen andere so behandeln, wie wir behandelt werden wollen. Morgen fragen wir uns, was wir machen sollen, wenn es in einer Gemeinde um eine gravierende rote Warnlampe geht, wie Geld- und Machtmissbrauch. Hast du in einer Gemeinde schon mal etwas Ähnliches erlebt? Wie bist du damit umgegangen?

8. März

WENN GENUG GENUG IST

„Und habt nichts gemein mit den unfruchtbaren Werken der Finsternis, sondern stellt sie vielmehr bloß!" (Eph 5,11)

Es entwickelte sich schleichend, wie die meisten Irrtümer in Gemeinden. Die Tochter vom Pastor beschloss, zu ihrem Freund zu ziehen. Ihr Vater hatte Angst, sie zur Rechenschaft zu ziehen oder etwas dagegen zu sagen. Er drückte ein Auge zu und half mit beim Umzug. Bald zog die Freundin der Tochter auch zu ihrem Freund. Innerhalb kurzer Zeit hatte der neue Trend von Ehe ohne Trauschein um sich gegriffen, und galt zwar nicht gerade als super, aber unvermeidlich. Sexuelle Enthaltsamkeit könne man der heutigen Jugend nicht zumuten, hieß es.

Ein befreundetes Ehepaar, das seit Jahren in dieser Gemeinde gedient, gespendet, sich eingebracht hatte, steckte echt in einem Dilemma. Sie suchten das Gespräch mit der Gemeindeleitung und äußerten ihre Sorge um die sexuelle Beliebigkeit, die in der Gemeinde inzwischen wie selbstverständlich hingenommen würde, sowie ihre Sorge um den negativen Einfluss auf ihre eigenen Kinder, die bald in der Pubertät waren. Ihr Anliegen fand kein Gehör bei der Gemeindeleitung, und so beschlossen sie schweren Herzens, aus der Gemeinde wegzugehen. Ihnen war es wichtig, für ihre Kinder eine Gemeinde zu finden, in der Jugendliche von klaren biblischen Werten geprägt werden und vor sexuellen Abenteuern geschützt sind, die ihnen nur Kummer und nachhaltigen Schaden zufügen. Das Ehepaar drückte den Ältesten der Gemeinde seinen Dank für die vielen guten Zeiten aus, die sie in der Gemeinde erlebt hatten, schilderte die Gründe für ihren Weggang und bat die Ältesten, ihre Haltung zur Sexualität noch mal zu überdenken. Ihnen war klar, dass „kein Sex vor der Ehe" keine automatische Garantie für eine spätere glückliche Ehe ist, aber sie waren überzeugt, dass Gott seine guten Gründe dafür hat.

Sie starteten keinen Aufstand in der Gemeinde, lösten weder Unruhe noch Streit aus, sondern zogen sich einfach zurück. Von der Basis einer Gemeinde aus an der Leiterschaft vorbei etwas zu verändern, ist schwierig. Bald nach ihrem Weggang erfuhren sie, dass ein Jugendreferent in dieser Gemeinde angestellt wurde, der an der Glaubwürdigkeit der Bibel zweifelte und es nicht für nötig hielt, dass Christen an die Auferstehung Jesu glauben. Ein Irrtum kommt selten allein. Gemeinden, die an einem entscheidenden Punkt Kompromisse eingehen, treffen in der Regel auch weitere Kompromisse und verlieren dabei ausgerechnet die Glieder, die ein Zeichen dagegensetzen könnten. Hat dieses Ehepaar richtig gehandelt? Darüber denken wir morgen nach.

9. März

DIE EPIDEMIE DER FREIZÜGIGKEIT

„Tut den Bösen von euch selbst hinaus!" (1Kor 5,13)

Gestern ging es um ein Ehepaar, das aus seiner Gemeinde weggegangen ist, weil das Thema Sexualität zu locker genommen wurde. Eine Epidemie von sexueller Beliebigkeit scheint durch die Gemeinden zu treiben. Heute ist es auch in Gemeinden normal, dass junge Leute unverheiratet zusammenleben. Warum ist die Bibel dagegen? Kann Liebe denn falsch sein?

Die Frage sollte eher lauten: „Ist es wirklich Liebe, wenn man das Vergnügen haben will, aber ohne die Hingabe und den Bund, der diesem Vergnügen Schutz bietet?" Die Bibel ist gegen freien Sex, weil sie gegen gebrochene Herzen ist (s. Eph 5,5-6, 1Kor 6,18; 7,2, Gal 5,19; 1Thes 4,4). „Wir wollen sowieso heiraten", heißt es immer. Dann heiratet doch. Autos kann man ausprobieren und für eine Zeit leasen, aber Menschen nicht. Eine Atmosphäre der Verfügbarkeit von Sex ist Gift für eine Gemeinde.

Oft heißt es, sexuelle Enthaltsamkeit könne man von der heutigen Jugend nicht erwarten, weil das Studium lang dauere und man noch nicht die Mittel habe, um ein Haus zu bauen ... Es wird davon ausgegangen, dass man Sex wie Essen und Trinken zum Leben braucht. Das ist allerdings eine recht neue Entwicklung, eine Frucht unserer Wohlstands- und Vergnügungsgesellschaft. Sex ohne Verantwortung. Erotik als Hobby wie Skifahren oder Fußball. Leider werden da Schleusen geöffnet, tiefe Wunden geschlagen, vor allem bei Frauen, die ein besonderes Bedürfnis nach Schutz und einem sicheren Umfeld haben, in dem sie Kinder auf die

Welt bringen können. Ich finde es grotesk, dass es oft Männer sind, die christliche Frauen von ihren sexuellen Zwängen „befreien“ wollen.
Eine wichtige Aufgabe für Gemeinden ist es da, eine starke Singlekultur zu bauen, in der man sich gegenseitig hilft, nach biblischen Normen zu leben. Singles gehören mitten ins Gemeindeleben, in Dienste, in Verantwortung. Und dann müssen wir unsere Kinder und Jugendlichen von klein auf die Schöpfungsordnung Gottes zuversichtlich lehren: ein Mann, eine Frau, ein Ring, ein Versprechen, ein Leben lang. Das ist normal, nicht fundamentalistisch oder übertrieben fromm. Viele dieser Themen haben mit gesundem Menschenverstand zu tun. Ich muss nicht mal fromm sein, um ihren Sinn zu sehen. An uns ist es, das Singlesein wie das Verheiratetsein fröhlich vorzuleben!

10. März

WENN ES IN EINER GEMEINDE UNGEMÜTLICH WIRD

„Das Wort des Christus wohne reichlich in euch“ (Kol 3,16)

Christen finden sich heute manchmal in ihren Gemeinden in Situationen wieder, die schwierig sind: unbiblische Leiterstrukturen, ungesunde mediale Überbetonungen, Fokus auf Äußerlichkeiten usw. Die Frage ist: Worauf kommt es an? Was sind die Punkte, bei denen ich ganz klar sagen würde: „Hier ist Schluss, ich muss gehen“?
Für mich spielt die überzeugende, lebendige Verkündigung des Wortes Gottes eine zentrale Rolle im Gemeindeleben. Das klingt für viele unspektakulär. In unserer Vergnügungsgesellschaft geben viele Gemeindeleiter der Versuchung nach, Gottesdienste niederschwellig zu machen. Die Motivation dabei ist nicht schlecht, man will ja den Einstieg für Besucher erleichtern. Aber wir vergessen dabei, dass die Bibel – ihre Kraft, ihre Wahrheit – unser Alleinstellungsmerkmal ist. Und die Bibel selbst ermahnt eindringlich, dass Gottes Wort reichlich in uns wohnen soll (vgl. Kol 3,16). Wenn die Unterhaltung der Gottesdienstbesucher wichtiger als die klare Verkündigung des Wortes Gottes ist, wäre das für mich

ein Ausschlusskriterium. In einer Gemeinde, die ich kenne, werden Castings für das Lobpreisteam durchgeführt – nicht, wie sehr sie den Herrn lieben, sondern wie gut sie vor der Kamera wirken. Wenn das Image zu wichtig ist, entsteht ein riesiger Aufwand an Personal und Finanzen, um die Show aufrechtzuhalten, da können Mitarbeiter schnell müde werden. Wer da nicht mittendrin im Geschehen ist oder einfach nicht die Zeit hat, die man für diesen Aufwand braucht, findet nur schwer hinein. Das Ganze wirkt auf den ersten Blick attraktiv, es wird aber schwer, langfristig Mitarbeiter zu finden. Es fehlt auch einfach das Flair einer geistlichen Familie. Weitere Ausschlusskriterien: Wenn eindeutige Sünde geduldet wird, und nichts mehr über Umkehr, das Kreuz und die Nachfolge Jesu gesagt wird. Wenn Kernaussagen der Bibel nicht mehr im Mittelpunkt stehen, dann sind wir ein religiöser Verein, keine Gemeinde mehr. Als Mutter wäre mir wichtig, dass es eine solide Kinder- und Jugendarbeit gibt und die Gemeinde einen Blick für Mission und Evangelisation hat. Fehlt beides, tendiert sie zu internem Streit und zur Fixierung auf Kleinigkeiten. Ein evangelistisches Herz ist der beste Schutz gegen Langeweile und Ziellosigkeit. Und wenn ich die Gemeinde verlassen will? Das Gespräch zu suchen, ist immer wichtig. Paulus ging immer respektvoll mit Autoritätspersonen um (Apg 23,2-5), unabhängig davon, was er von ihnen hielt. Wir sollen unsere Anliegen ehrlich vorbringen, unsere Mitarbeit an den empfindlichen Punkten anbieten und wenn es keine Übereinstimmung gibt, dann in Frieden gehen. Schlimm ist, wenn sich Christen gemeindeinterne Machtkämpfe miteinander liefern. Dann sind alle Verlierer.

11. März

WENN ES KEINE LUFT ZUM ATMEN GIBT

„Der Herr aber ist der Geist; wo aber der Geist des Herrn ist, ist Freiheit“ (2Kor 3,17)

Was ist, wenn man in einer Gemeinde ist und das Gefühl hat, gedeckelt zu werden? Zu jung, zu weiblich, zu dynamisch, zu freizügig …? Was tun, wenn vor allem junge Leute oder auch Frauen das Gefühl haben, nicht genügend Luft zum Atmen zu haben?

Da muss man zuerst schauen, ob das wirklich der Fall ist oder ob es nur so empfunden wird, weil jemand das nicht machen oder sagen durfte, was er wollte! Paulus schreibt an die Korinther (1Kor 14,26): „*Wenn ihr zusammenkommt, hat jeder etwas beizutragen: Einige singen ein Loblied, andere unterweisen die Gemeinde im Glauben … usw.*“ Es gab also eine rege Beteiligung, aber alles sollte seine Ordnung haben. Ich finde es gut, wenn gerade exotische Typen, Unangepasste Pepp reinbringen dürfen. Sie haben oft tolle, kreative Ideen, blicken über den Tellerrand, werden aber ausgegrenzt, weil sie den Status-Quo einer Gemeinde in Frage stellen und auch nervig sein können. Als Gemeindeverantwortliche müssen wir alles tun, um die Paradiesvögel am Geschehen anzudocken, und wir dürfen nicht von Abläufen, Ämtern und Regeln besessen sein: „So haben wir es immer gemacht, so bleibt es.“ Ich bin so eine, die immer Ideen hat, die ich selbst toll fand. Aber ich musste auch lernen, dass sie nicht immer realisierbar sind!

Jede Gemeinde hat ihre Rollenverteilung, Kleiderordnung und Hausordnung bezüglich dessen, wer was macht. Ist auch gut so. Da finde ich es aber auch wichtig, dass innerhalb dieses Rahmens Möglichkeiten für jeden sind, sich einzubringen und Anerkennung dafür zu finden. Wenn zum Beispiel Frauen sich nicht trauen, sich einzubringen, verliert eine Gemeinde ihre missionarische Kraft – Frauen sind i.d.R. super im Kontaktknüpfen. Jugendliche sollen so bald wie möglich Verantwortung bekommen – mit dem Risiko, dass nicht alles glatt läuft. Nicht jeder kann und muss ein Prediger, Musiker, Kindermitarbeiter sein. Aber in einer Kleingruppe zum Beispiel kann jeder etwas beitragen. In unserer Gemeinde gibt es nicht genug Möglichkeiten, jedes musikalische Talent „unterzubringen“ – die gibt es aber außerhalb der Gemeinde umso mehr. Dabei lernt man Leute kennen, kann ein Zeugnis sein! Eine Gemeinde ist nicht dazu da, ihren Gliedern eine Plattform zu bieten, sondern zu Jüngern Jesu zu machen – und das kann u.U. bedeuten, dass Leute lernen müssen sich zurückzuhalten, anderen den Vortritt zu geben. Für uns als Begleiter ist es wichtig, allen, die uns anvertraut sind, Wertschätzung entgegenzubringen. Nicht beachtet zu werden, ist für Gemeindemitarbeiter richtig deprimierend.

Menschen aufgrund von Stilfragen auszugrenzen, kann abschreckend sein. Ein junger Mann, voll mit Tätowierungen an den Armen, kam zum Glauben. Er wurde beim ersten Gottesdienstbesuch in der Gemeinde so schräg angeglotzt, dass er nie wieder kam. Das ist echt schade. Es soll meines Erachtens nicht zu viel Gewicht auf Äußerlichkeiten oder Stilfragen gelegt werden. Es ist wie in der Kindererziehung: Nur das Nötigste an äußeren Vorgaben, viel Gnade walten lassen, lieber bei den zentralen Themen bleiben. Die sind herausfordernd genug!

12. März

IDEOLOGIEN UND GESELLSCHAFTLICHE TRENDS – WAS SAGT DIE BIBEL?

„Der Himmel und die Erde werden vergehen, meine Worte aber sollen nicht vergehen" (Mt 24,35)

In den letzten Jahren haben sich einige Themen aufgetan, zu denen Gemeinden weltweit ganz unterschiedliche Standpunkte entwickelt haben – Black Lives Matter, Fridays For Future und die ganze Klimabewegung, LGBTQ, die Flüchtlingskrise. Sollten sich Gemeinden hier engagieren? Hat Gott einfach unterschiedlichen Gemeinden verschiedene Schwerpunkte aufs Herz gelegt, in denen sie sich engagieren? Oder wie kann die Reaktion des „einen" Leibes so unterschiedlich ausfallen? Wer liegt falsch?

Das ist ein großes Thema! Auf jeden Fall sollen wir Christen Salz und Licht sein und uns rege am gesellschaftlichen und kulturellen Leben unserer

Zeit beteiligen. Das Beste an Kultur, Kunst, Musik, sozialen Reformen kam in der Vergangenheit meist von Christen. Ich bin in Nigeria aufgewachsen, und da waren es christliche Missionare, die Schulen, Krankenhäuser, Waisenheime gebaut haben. Unser soziales Engagement darf nur nicht zum Selbstzweck werden. Das Problem heute ist, dass aus vielem ein Religionsersatz gemacht wird ohne Rücksichtnahme auf die Komplexität mancher dieser Themen. Aus verantwortungsbewusstem Umweltschutz wird eine Klimaideologie. Ob diese demonstrierenden Jugendlichen bereit wären, selbst auf ihre Handys und ihre Auslandsreisen zu verzichten? In den anderen Bereichen ist das ähnlich. „Black Lives Matter", natürlich, aber auch alle anderen Leben, auch ungeborenes Leben! Echten Flüchtlingen eine Heimat bieten, da sind wir als Christen natürlich dabei. Aber mit Weisheit und Umsicht. Es geht gar nicht, Homosexuelle und LGTB-Anhänger zu hassen. Aber trotzdem müssen wir den biblischen Normen bezüglich Sexualität treu sein. Unsere zentrale Aufgabe als Gemeinde bleibt die Verkündigung des Evangeliums. Unser soziales Engagement muss aber durchdacht und informiert sein. Wir dürfen nicht auf eine Ideologie aufspringen und auf andere herabschauen, die es anders sehen als wir.

Es gibt auch Gemeinden mit sehr starken Überbetonungen wie Israel, Heilung, Mission ... Wie sieht es damit aus? Überbetonungen sind immer schwierig! Biblisch zu sein, heißt unter anderem auch, die gleiche Gewichtung zu haben wie die Bibel. *„Bis der Himmel und die Erde vergehen, soll auch nicht ein Jota oder ein Strichlein von dem Gesetze vergehen, bis alles geschehen ist"*, mahnt Jesus (Mt 5,18). Kontext ist wichtig. Schwerpunkt-Christen nehmen manchmal einzelne Verse aus dem Zusammenhang und bauen ein ganzes Denksystem drauf. Das ist das Problem.

Wenn das Wort Gottes bei einem Thema unklar ist, dann dürfen wir nicht mehr draus machen als dasteht. Zum Beispiel Heilung. Heilungen sind passiert, und kaum ein Christ zweifelt an der übernatürlichen Kraft Gottes, mit der er auch heute Wunder tun kann. Aber eine Theologie der Heilung, ein „How-To" gibt es nicht. Zeichen und Wunder folgten denen, die das Wort verkündigten. Da haben wir es wieder – das Wort verkündigen ist unsere Aufgabe. Das Problem der Pharisäer war nicht, dass sie das Wort Gottes nicht ernst genommen hätten – sondern dass sie Dinge hineininterpretiert haben, die nicht dastanden, in ihrem Eifer Regelkataloge aus ihm gemacht haben, die sie als Keule gegen andere missbraucht haben. Auch wir müssen aufpassen, dass wir nicht Worte in Gottes Mund legen, die er nicht gesagt hat. Wir müssen auch demütig genug sein, zu sagen: „Wir wissen es nicht“, wenn es um Randthemen geht, die unklar sind.

13. März

STELLUNG HALTEN ODER AUCH IN DEN RUMMEL ZIEHEN?

„Denn wo zwei oder drei versammelt sind in meinem Namen, da bin ich in ihrer Mitte“ (Mt 18,20)

Viele Gemeinden – vor allem in ländlichen Gebieten – haben das Problem, dass die Jugendlichen gehen, sobald sie studieren oder eine Ausbildung machen. Es bleibt – wenn überhaupt – nur eine kleine Truppe im selben Alter zurück. Was machen: auch gehen oder besser die Stellung halten?

Es ist in unserer globalisierten Welt echt hart für Gemeinden in ländlichen Gegenden. Fakt ist trotzdem: Solange wir kirchenferne Menschen um uns herum haben, hat eine Gemeinde – egal wie klein – eine Existenzberechtigung mit oder ohne eine junge Generation. Laut Jesus reichen zwei oder drei Gottesdienstbesucher für ein erbauliches Treffen (Mt 18,20).

Es ist nachvollziehbar, dass es Jugendliche in dieser Lebensphase in die Städte zieht. Sie wollen unter ihresgleichen sein, einen Partner/eine Partnerin fürs Leben finden, eine Auswahl von Berufsmöglichkeiten haben. Trotzdem soll jede Gemeinde, ob in der Stadt oder auf dem Land, ihr Bestes tun, um eine geistliche Heimat für Jugendliche zu bieten, sie einzubinden, dafür sorgen, dass Predigten keine Gähnnummer sind, und dass bewährte, begabte Leute in der Kinder- und Jugendarbeit dienen. Dort, wo Jugendliche sich sammeln, kommen meist andere Jugendliche hinzu. Es ist erstaunlich, wie auch in abgelegenen Dörfern solche Treffpunkte entstehen können. Gleichgesinnte Gemeinden können ihre Ressourcen bündeln – bei uns zum Beispiel kommen Kinder zu unserer Pfadfinderarbeit und zur Jugend, die diese Angebote nicht haben, gehen aber sonntags in ihre eigene Gemeinde. Jugendliche, die sich mit ihrer Heimatgemeinde verbunden fühlen, aber woanders studieren wollen, kehren manchmal an den Wochenenden nach Hause und haben so das Beste aus beiden Welten. Oder sie schließen sich einer guten Gemeinde an ihrem Studienort an. Als reifer Christ kann man mit einem nicht-idealen geistlichen Umfeld gut klarkommen und das Beste geben, um einen positiven Einfluss auszuüben; man ist flexibler und selbständiger. Sobald Kinder und Jugendliche mit im Spiel sind, ist es anders. Wir würden es zu einer hohen Priorität machen, Kinder so früh wie möglich in eine gesunde geistliche Umgebung zu bringen und dazu auch wenn nötig einen Ortswechsel oder Fahrstrecken in Kauf zu nehmen. Vor allem wenn die lokale Gemeinde geistlich träg geworden ist. Heutzutage reichen jährliche Familienfreizeiten oder sporadische Events nicht. Meine Eltern waren in einer kleinen afrikanischen Gemeinde am Ort involviert, die aber keine Kinderarbeit hatte. Mein Vater scheute keine Mühe, uns in die Sonntagsschule der amerikanischen Missionare zu fahren, bevor er zu seinem Gottesdienst ging, und uns nachher wieder abzuholen. Das werden etwa 30 Kilometer extra Fahrzeit an einem Sonntag gewesen sein. Das Opfer war es ihm wert. Unsere Frage für heute: Müssen wir vielleicht an der einen oder anderen Stelle umdenken?

14. März

NETTE GESCHICHTEN, ODER GLAUBENSTRAINING FÜR KINDER?

„Alle Schrift ist von Gott eingegeben und nützlich zur Lehre, zur Überführung, zur Zurechtweisung, zur Unterweisung in der Gerechtigkeit“ (2Tim 3,16)

Wenn ich Material für den Kindergottesdienst durchsehe, um unser sonntägliches Programm zu planen, fällt mir zum Teil auf, wie oberflächlich die Lektionen sind. Den Kindern soll oft einfach eine bestimmte Bibelgeschichte erzählt werden, aus der dann ein Punkt rausgepickt wird, was die

Geschichte für unser Leben sagt. Eigentlich sollte unsere erste Frage beim Lesen der Bibel – auch mit den Kindern – aber sein, was uns ein Bibeltext über Gott sagt, was wir über sein Wesen lernen können und darüber, wie wir leben sollen als Christen.
Das klassische Beispiel ist die Geschichte von David und Goliath. Es wird vermittelt: Wie David können auch wir die Riesen in unserem Leben mit Gottes Hilfe überwinden und besiegen. Es wird kaum auf den Aspekt eingegangen, dass David ein Bild für Jesus ist, der für uns in die Schlacht gegen die Sünde dieser Welt zieht und der den Sieg davonträgt. Um Kindern optimale Chancen zu geben, auch später noch als Christen zu leben, müssen wir im Kindergottesdienst tiefer schürfen und ein festes Glaubensfundament schaffen. Die Welt arbeitet zu erbittert gegen unsere Erziehung nach biblischen Werten, als dass wir hier nachlässig sein könnten. Was vor zehn Jahren noch als selbstverständlich und wahr akzeptiert wurde, gilt heute nicht mehr. Wenn wir deshalb z.B. die Schöpfungsgeschichte erzählen und davon sprechen, dass Gott den Menschen männlich und weiblich schuf, ist das völlig entgegengesetzt zu dem, was die Welt lehrt. Die Kinder brauchen deshalb eine altersgerechte Erklärung dafür, warum die biblische Sicht auf Mann und Frau, Familie und Ehe gut für uns ist. Sie brauchen von uns eine Bestärkung darin, als Junge oder Mädchen in Gottes Ebenbild geschaffen zu sein, auch wenn sie sich im Augenblick in ihrem Körper unwohl fühlen. Um diese und auch andere schwierige Fragen beantworten zu können, müssen wir selbst die Bibel gut kennen und Gott um Weisheit bitten.
Bei den 3.- und 4.-Klässlern in meiner Kindergruppe kam vor ein paar Wochen die Frage auf, wie wir mit Leid und Krankheit umgehen, wenn Gott kein Wunder tut und die erbetene Heilung oder Hilfe ausbleibt. Das sind krasse Fragen, mit denen sich schon die 8- bis 10-Jährigen auseinandersetzen. Ich konnte ihnen dann Hoffnung machen auf die paradiesischen Zustände, die auf uns im Himmel warten (Offb 21,4), ohne zu verschweigen, dass wir hier auf der Erde Schmerz und Trauer erleben werden, dass Gott auch manchmal „Nein“ oder „Warte“ sagt, uns in allem aber nicht von der Seite weicht. Lasst uns die Kinder gemeinsam ausrüsten für die Nachfolge Jesu, die uns immer etwas kostet, aber einen Lohn bereithält, der unsere irdischen Vorstellungen weit übersteigt.

Johanna

15. März

DER DIENST AN KINDERN

„Lasst die Kinder und wehrt ihnen nicht, denn solcher ist das Reich der Himmel!" (Mt 19,14)

Ich bin dankbar, dass die Arbeit mit Kindern und Jugendlichen bei uns in der Gemeinde einen sehr hohen Stellenwert hat. Viele Mitarbeiter sind im Kindergottesdienst, bei den Pfadfindern und im Jugendkreis eingebunden und setzen sich damit für die nächsten Generationen ein. Ich selbst bin seit 18 Jahren in der Gruppe der „Königskinder" dabei, das sind die Kinder in der 3. und 4. Klasse. Wenn man einen Dienst so lange Zeit macht, kann er irgendwann zur Gewohnheit werden. Deshalb ist es wichtig, sich immer wieder zu fragen, warum man ihn macht. Gerade im Kindergottesdienst kann man mit genug Erfahrung ein bestimmtes Programm relativ einfach ablaufen lassen. Für manche ist dieser Dienst an den Kindern vielleicht auch generell zweitrangig oder weniger wert als andere Dienste – es gehört kein Bühnenauftritt dazu und ich kann mich nicht erinnern, dass sich mal ein Kind bei mir dafür bedankt hätte. Mit dieser Einstellung verkennen wir aber, dass wir im Kinderdienst Gottes Sprachrohr für die Kleinsten sind. Es ist kein lästiger Dienst, den am besten die machen, die sonst keine Gaben haben, weil sie weder singen noch predigen können. Es ist wichtig, dass eine Gemeinde gerade dort die besten Ressourcen investiert.

Im Kinderdienst braucht es im Glauben bewährte Leute, die kreativ sind, ihr Zeugnis fröhlich weitergeben möchten, treue Bibelleser und Beter, die Gott immer wieder fragen, was er den Kindern sagen möchte. Das müssen auch nicht ausschließlich Eltern sein. Auch Singles oder Paare ohne Kinder sind für diesen Dienst unverzichtbar, weil wir alle Verantwortung tragen für das geistliche Wohl der Kinder in unserer Gemeinde. Ich bin froh über das buntgemischte Team bei unseren „Königskindern", Jüngere und Ältere, Singles, Eltern und sogar Großeltern sind dabei. Was für einen Reichtum können die Kinder dadurch Sonntag für Sonntag erleben. Jeder und jede hat Jesus auf andere Weise kennengelernt. Besonders dankbar bin ich für die älteren Mitarbeiter, weil die Kinder an ihnen sehen, was es heißt, Jesus ein Leben lang nachzufolgen. Und auch wenn wir nicht immer gleich Früchte unserer Arbeit sehen – ich war schon manches Mal einen Großteil der Stunde mit Disziplinarmaßnahmen beschäftigt –, dürfen wir wissen, dass es Gott ist, der die Kinderherzen berührt und unsere Worte gebraucht, damit schon in einem jungen Alter erste Samen gesät werden. Hast du schon mal überlegt, ob dein Platz bei den Kindern in der Gemeinde sein könnte? Vielleicht kannst auch du an irgendeiner Stelle Verantwortung für diese kostbaren Kleinen übernehmen, über die Jesus in Matthäus 19,14 sagt: *„Lasst die Kinder und wehrt ihnen nicht, denn solcher ist das Reich der Himmel!“*

Johanna

16. März

WENN EINE GEMEINDE AUS DEN FALSCHEN GRÜNDEN ZU WICHTIG WIRD …

„So rühme sich denn niemand im Blick auf Menschen, denn alles ist euer“ (1Kor 3,21)

„Kann Hingabe an die eigene Gemeinde übertrieben sein?“, werde ich oft gefragt. Ja, sogar das kann eine Art Selbstzweck und Götzendienst werden: die Hingabe an die eigene Gemeinde! Wenn wir als Gemeindeglieder unser Christsein in erster Linie an der Art von Gemeinde definieren, zu der wir gehören, und nicht an dem Herrn der Gemeinde, dann werden wir selbstgefällig und arrogant. Eine Gemeinde, die meint, perfekt zu sein, wäre allein aus dem Grund alles andere als perfekt. Eine rote Warnlampe wären Christen, die sich ständig selbst feiern und auf die „uncoolen“ anderen Gemeinden mitleidsvoll herabschauen. Das ist schlichtweg nervig und manchmal peinlich. Im Extremfall wird man anfällig für Personenkult um Leiterfiguren herum. Ob wir auf unser Bühnengeschehen, unsere Technik und Lobpreisband stolz sind, auf unsere Rechtgläubigkeit, weil wir unseren Frömmigkeitsstil für den einzig richtigen oder den allerbesten halten … Wenn wir das Gefühl haben, zu einem Kreis der Erlesenen zu gehören, dann wirkt es auf andere selbstgefällig und komisch, und im Extremfall kann es auch kultisch werden. Paulus warnt vor exakt diesem Verhalten: *„Ich bin des Paulus, ich aber des Apollos, ich aber des Kephas, ich aber Christi“* (1Kor 1,12). Diese Geschwister folgten Menschen und Fraktionen, und nicht mehr wirklich dem Herrn Jesus Christus.

Jede neue Strömung oder Bewegung entstand aufgrund einer bestimmten Entdeckung, die man machte und mit der man sich von bisherigen Trends absetzte, anfangend mit Martin Luther und seinem „sola gratia, sola fide, sola scriptura“. Das ist nicht verwerflich, im Gegenteil, es ist viel Segen daraus entstanden, dass Diener Gottes immer wieder alte Wahrheiten im Wort Gottes neu entdeckt und andere damit inspiriert haben. Es darf viele Familien Gottes geben, genauso wie es im alten Volk Israel Aufteilungen in Gruppen gab, mit Vorgesetzten über 50, über 100, über Tausend. Ich darf und soll meine „Abteilung“ liebhaben, und zu ihr stehen, mit all ihren Ecken und Kanten. Aber ich soll auch andere ermutigen, zu ihrem Teil der Familie zu stehen, und nie dem Irrtum verfallen, dass meine Gemeinde den anderen überlegen ist. Genau das macht Einheit auch zwischen gleichgesinnten Gemeinden an einem Ort so schwierig: die unterschwellige Konkurrenz: „Wer ist hier der Größte?“

Wir sind und bleiben Sünder, die begnadigt worden sind, und je mehr dieses Bewusstsein sich in unserem Verhalten widerspiegelt, desto fröhlicher werden unsere Gottesdienste sein und desto unkomplizierter unser Miteinander in der Gemeinde! Es ist ziemlich stressig, immer die beste Gemeinde in der Stadt sein zu müssen … immer recht zu haben. Wie steht es mit dir? Ist deine Haltung zu deiner Gemeinde gesund und ausgeglichen?

17. März

GOTTESDIENST MIT GÄNSEHAUT – MUSS DAS SEIN?

„Der Herr ist an dieser Stätte, und ich habe es nicht erkannt!“ (1Mo 28,16)

„Fühlst du nicht die Gegenwart Gottes an diesem Ort?“, säuselte der Gottesdienstleiter am Ende der Lobpreiszeit mit einer ehrfurchtsvollen

Stimme ins Mikrofon. Seine Aussage wurde mit einem Chorus von „Amens“ aus der Versammlung belohnt. Mein Problem war, dass ich die ewigen Wiederholungen des letzten Refrains zum Gähnen langweilig fand, die quietschige Stimme einer Sängerin fast unerträglich. Mein einziges Gefühl war Erleichterung, dass die Misere endlich zu Ende war. Ich fragte mich, was bei mir wohl nicht stimmte. Ich hatte gar keine Gegenwart Gottes gespürt. Und außerdem, warum finde ich Lobpreiszeiten, die über Livestream ausgestrahlt werden, immer so schrecklich und schräg, auch bei uns in der Gemeinde?

„Das war aber eine großartige Lobpreiszeit! Ein spannendes Gebetstreffen!“ Was ist damit gemeint? Dass es musikalisch auf hohem Niveau war? Dass der Prediger eine Gänsehautstimmung heraufbeschworen hat? Muss ich etwas erleben im Gottesdienst, eine fesselnde, unvergessliche Predigt, ein tiefes Gefühl der Nähe Gottes? Natürlich gebraucht Gott all diese Elemente eines Gottesdienstes, um Herzen zu bewegen. Ich bin ein großer Fan vom Dienst begabter Leute im Gottesdienst, von Musikern, die singen können, Predigern, die predigen können, damit das Geschehen halbwegs genießbar ist – auch für Besucher und Jugendliche. Niemand wird durch einen schlampigen Gottesdienstablauf, nicht geprobte Lieder und eine eintönige Predigt gewonnen. Ja, etwas erleben, das dürfen wir, aber es darf nicht das Ziel sein. Sogenannte „Gebetserlebnisse“ scheinen jetzt gerade in Mode zu sein, und Christen, die diese Erlebnisse nicht haben (und ich gehöre dazu), haben manchmal das Gefühl, irgendwie zu kurz zu kommen. Ein Prediger erzählte lang und breit über sein Gebetserlebnis, und mir fiel auf, wie wenig es in seinem Zeugnis wirklich um Gott ging. Es ging um ihn selbst und seine Gefühle. Gebet ist aber per Definition ein Eintauchen in Gott – sich selbst vergessen und ihn großmachen.

Die beste Musik wird irgendwann Routine. Der begeisterndste Prediger hat irgendwann alles gesagt, was er zu sagen hat. Es muss etwas Tieferes sein, das mich am Ball hält. Vielleicht die Frage danach, was Gott fühlt, was er erlebt hat. Es geht nicht um mich.

In der Bibel scheint es nicht von Bedeutung zu sein, ob wir etwas von Gott fühlen. Das, wovon wir überzeugt sind, ist das Entscheidende. Wahrheit, nicht Empfindungen. Das Wort Christi soll reichlich unter uns wohnen, mahnt Paulus (Kol 3,16). Wenn es einen Schlüssel zu einem erbaulichen Gottesdiensterlebnis gibt, dann diesen. Diese Entdeckung war für mich echt befreiend und eine immense Erleichterung, vor allem nach Gottesdiensten, in denen alle anderen etwas „gefühlt" haben, aber ich nicht.

18. März

ABSCHIED VON DER PERFEKTION

„Deshalb nehmt einander auf, wie auch der Christus euch aufgenommen hat, zu Gottes Herrlichkeit!" (Röm 15,7)

Begabte Menschen auf der Bühne und der Kanzel sind eine großartige Sache, haben wir gestern gesehen. Aber ein Schaulaufen der Talente muss nicht sein. Nicht jede Gemeinde hat so viele Talente. „Euer Gottesdienst ist peinlich", sagte uns einmal ein neuer Besucher, der auf der Suche nach einer Gemeinde war. Er machte klar, dass er kein zweites Mal kommen würde. Das Zeugnis einer jungen Frau hatte ihn gestört, die sich ein Mikro genommen und unter Tränen erzählt hatte, dass Gott sie liebt, sie hätte das diese Woche ganz neu entdeckt. So was Triviales und Banales, meinte der Besucher. Das würde nicht in einen Sonntagsgottesdienst gehören.

Eigentlich hatte er recht. Der Auftritt war emotional, nicht eingeplant, stand nicht im Programm. Die Erkenntnis der Frau war weder tiefschürfend noch strukturiert noch richtig verständlich. Wer die schwierige Vergangenheit der Frau kannte, war allerdings bewegt. Zu erkennen, dass Gott sie liebt, mag zwar für einen Außenseiter befremdlich gewesen sein, war aber das befreiende Aha-Erlebnis, das diese junge Frau gerade brauchte, um ihr Leben wieder auf die Spur zu bringen.

Was ist ein Gottesdienst? Ein Familientreffen, in dem Salonfähigkeit nicht als erstes Ziel verfolgt wird? Oder ein durchgetaktetes Programm, das bei niemandem Anstoß erregen darf?

Meinem Mann macht es nichts mehr aus zu hören, wie uncool die Gemeinde ist. Die Zeit, in der wir versuchten, cool zu sein und allen Erwartungen gerecht zu werden, war die stressigste unseres Lebens. Lieber klein und fein und lebendig bleiben, das wurde unsere Überlebensstrategie. Wir sind keine Firma, kein Betrieb mit bezahlten Angestellten. Es ist wie in einer natürlichen Familie: Wo Annahme, Liebe, Lachen und ein ungezwungenes Miteinander herrschen, blühen auch Talente und Begabungen auf. Dort engagieren sich Menschen gerne. Diese Reihenfolge ist wichtig.

Ein junger Mann kehrte seiner Gemeinde den Rücken, nachdem er eines sonntags am Mischpult einen Fehler gemacht und von einem eingeschnappten Mischpultvorgesetzten dafür runderneuert worden war. Der junge Mitarbeiter war nach einer anstrengenden Woche auf der Arbeit erschöpft, seine Kinder waren krank, und seine Frau mit einer Migräne zu Hause. Das interessierte aber niemanden. Seine Gemeinde war eine GmbH geworden, keine Familie mehr.

Lasst uns für den Herrn unser Bestes geben in allem, was wir in seinem Auftrag tun, aber nicht vergessen, dass wir in erster Linie eine Familie sind.

19. März

WAS IST EIN BIBLISCHER GOTTESDIENST?

„Denn ich nahm mir vor, nichts anderes unter euch zu wissen als nur Jesus Christus, und ihn als gekreuzigt" (1Kor 2,2)

Die Bibel gibt uns nur wenig Aufschluss darüber, wie ein Gottesdienst ablaufen soll. Das ist schon mal interessant. Laut dem Korintherbrief gab es eine lebhafte Beteiligung der Gläubigen in damaligen Gemeindeveranstaltungen (1Kor 14,26 ff.), manchmal zu lebhaft. Berufspastoren, -priester oder -geistliche gab es nicht. Funktionen und Gaben sehr wohl, die als Teil eines Teams funktionierten. Der Rechenschaftsfaktor war großgeschrieben. Paulus macht es nichts aus, streitende Gemeindeglieder öffentlich zu rügen, wenn es sein muss. Die Verehrung von Starpredigern ist verpönt. Singen, loben, danken scheinen eine große Rolle gespielt zu haben (Eph 5,19; Phil 4,4), wie auch das gemeinsame Feiern und das Abendmahl (Apg 2,46-47). Gebet war wichtig, wie auch die Lehre des Wortes. Die

neutestamentlichen Schriften sind durchsetzt mit Warnungen vor jeglicher Abweichung von der Lehre und Praxis der Apostel, die diese ja direkt aus dem Mund Jesu überliefert bekamen (2Tim 3,16). Für Jesus selbst war entscheidend, in welcher Haltung man in die Zusammenkünfte gekommen ist (Mt 5,24). Wenn es einen festen liturgischen Bestandteil eines Gottesdienstes gibt, dann die Überprüfung des eigenen Herzens, ob irgendwelche Restbestände von Bitterkeit oder Ärger gegen einen Bruder dort lauern. Sündenerkenntnis und Sündenbekenntnis, die Hygiene des Herzens, sind die Grundlage des Miteinanders unter der Herrschaft Jesu.
Weil gerade diese Dinge unbequem sind und es Mut kostet, auf ihnen zu beharren, ist es für jede wie auch immer geartete christliche Gruppe eine große Versuchung, auf kurz oder lang in eine von Mechanismen getriebene Kultur hineinzuschlittern, in der Menschen *„nach ihren eigenen Begierden sich selbst Lehrer aufhäufen, weil es ihnen in den Ohren kitzelt"* (2Tim 4,3). Wenn die Notwendigkeit des Erlösungswerks Christi nicht mehr im Mittelpunkt steht, füllen andere „Erlösungswerke" das Vakuum, das entsteht, andere „Erlösungen".
In einer Gemeinde, die wir kennen, gilt der als geistlich, der eine großartige Selbst- oder Gemeindedarstellung auf Instagram hervorzaubert. In einer anderen nehmen Hackordnungen und das Streben nach Leiterschaft viel Raum ein: Wer ist hier wichtig? Wer hat Einfluss? In einer anderen Gemeinde ist der geistlich, der die Nazivergangenheit seiner Vorfahren durch wiederholte Befreiungsaktionen und Exorzismen abschüttelt. Oder der, der dieses oder jenes Seminar besucht hat. Eine Frau sagte meinem Mann, dass wir nie in die Freiheit des Geistes kommen würden, wenn wir nicht die verschiedenen Thronsäle Gottes entdecken würden und so zu einer Erkenntnis gelangen. Schlüssel, Schritte, Tricks, besondere Persönlichkeiten, die diese liefern ... Eine erste Generation von Pionieren wird durch eine zweite Generation von Unterhaltungskünstlern und frommen Diplomaten, Therapeuten und Unternehmern ersetzt. Das soll uns misstrauisch machen. Paulus kannte nur Christus und ihn als gekreuzigt: *„Denn ich nahm mir vor, nichts anderes unter euch zu wissen als nur Jesus Christus, und ihn als gekreuzigt"* (1Kor 2,2). Einen anderen Erfolg brauchen wir nicht.

20. März

WENN DER GLAUBENSWEG EIN EINSAMER IST

„Denn der ungläubige Mann ist durch die Frau geheiligt, und die ungläubige Frau ist durch den Bruder geheiligt" (1Kor 7,14)

„Ich gehe in keine Gemeinde, weil mein Mann es nicht will", höre ich immer wieder bei Frauentreffen. Da fühle ich von Herzen mit allen Christen, die im engsten Beziehungs- und Familienkreis mit ihrem Glauben auf Gleichgültigkeit oder Widerstand stoßen. Wenn es der eigene Partner ist, ist es natürlich besonders hart, vor allem für Frauen oder Männer, die in dem Verständnis geheiratet haben, dass sie gemeinsam als Paar dem Herrn dienen wollten – aber jetzt will einer nicht mehr. „If none goes with me, still I will follow" („Ob niemand mit mir geht, doch will ich folgen"), sangen wir früher als Kinder. Fakt bleibt: Der beste Weg, andere mitzuziehen – egal wohin und in welchem Lebensbereich –, ist das eigene mutige Vorangehen. Für einen ernsthaften Christen ist Gemeinschaft in welcher Form auch immer ein „Muss". Eine Frau in unserer Gemeinde wurde von ihrem Mann aktiv gehindert, in den Gottesdienst zu gehen – bis seine Kinder drauf bestanden, hingefahren zu werden, als die Mutter Sonntagsschicht in ihrem Beruf hatte und nicht kommen konnte. Der Mann kam daraufhin zum Glauben und die ganze Familie dient seitdem treu in der Gemeinde.

Eine andere Frau machte einen Deal mit ihrem kirchenfernen Ehemann. Sie wies ihn darauf hin, dass er bestimmt nichts dagegen haben würde, wenn sie sich einem Tennisverein anschließen würde, warum diese Abwehrhaltung gegenüber einer Gemeinde? Sie sicherte ihm zu, dass sie es mit dem Gang in die Gemeinde nicht auf seine Kosten übertreiben würde, und so arrangierte sich das Ehepaar ganz geschickt. Sie sorgte dafür, dass er gefühlt von ihrem Glaubensleben profitieren würde. Aus ihrem Anteil des Geldes durfte sie die Arbeit der Gemeinde wie auch die Mission unterstützen. Auf diese Weise hat manch ein gläubiger Vater oder eine Mutter auch die Kinder der Familie in ein christliches Umfeld hineinbringen können auch ohne den Partner oder die Partnerin. Eine kluge Gemeindeleitung sorgt dafür, dass sie wenn möglich auch zu gemeindefernen Verwandten einen Draht hat, sodass diese sich jederzeit willkommen fühlen.

Der standhafte Glaube eines Ehepartners kann nur Segen auch für den ungläubigen Partner bringen, meint Paulus (1Kor 7,14).
Christen, die Kompromisse in ihrem Glauben eingehen, um Stress in einer Partnerschaft oder Freundschaft zu vermeiden, scheinen nie gut damit zu fahren. Jesus macht klar: zuerst Gott, dann seine Leute. Seine Mutter und Brüder sind alle die, die den Willen des Vaters tun, und diese Beziehungen müssen eine hohe Stellung in unserem Leben haben (Mt 12,50).
Es gibt Christen, die aus welchen Gründen auch immer nicht in einen Gottesdienst gehen können – Krankheit, verhindernde Umstände, die nicht zu ändern sind. Für solche Geschwister sind online-Möglichkeiten ein echter Bonus, Gemeinschaft am Telefon oder über Skype und Facetime, vielleicht sogar als digitale Kleingruppe – Bibelkurse und gute Podcasts sind für so etwas ideal.

21. März

ABSCHIED VON DER KONSUMMENTALITÄT

„Eisen wird durch Eisen geschärft, und ein Mann schärft das Angesicht seines Nächsten" (Spr 27,17)

Das christliche Leben gibt es nicht im Alleingang, das haben wir im Laufe dieser Beiträge festgestellt. Christsein ist per Definition ein Lebensweg, der mit anderen geteilt wird. Gott offenbarte sich einem Mann, Abraham, dann einer Familie, dann einem Volk, und mit diesem Volk schreibt er Geschichte: im Alten Testament mit dem Volk Israel, im Neuen Testament mit dem in die Heilsgeschichte „eingepfropften" Volk des neuen Bundes.
Warum ist Gemeinschaft so wichtig für Christen? „Es ist erstaunlich, welche blöden Dinge man denkt, wenn man allein denkt", hängt als Spruch über meinem Schreibtisch. Wir wurden für Gemeinschaft geschaffen. *„Lasst uns Menschen machen in unserem Bild"*, hieß es ganz am Anfang (1Mo 1,26). Die Dreieinheit ist eine Gemeinschaft, und die Menschen, die sie nach ihrem Bild geschaffen hat, gedeihen nur in Gemeinschaft. Abgesehen vom offensichtlichen Grund, dass kein Mensch einsam

durchs Leben gehen will, hat enge Lebensgemeinschaft mit anderen ganz praktische Auswirkungen, besonders in einer Gemeinschaft von Christen.
Mit biblischen Wahrheiten im Gepäck, die absolut in ihrem Anspruch sind, aber ohne jede Korrektur durch unsere Mitchristen, würden wir schnell zu ungenießbaren Frömmlern werden, zu Pharisäern. Gemeinschaft hält uns demütig. Im regelmäßigen Hauskreistreffen haben wir zum Beispiel einen Resonanzboden, wie wir auf andere wirken. Wenn wir schlau sind, bemerken wir es schnell, wenn niemand unsere dummen Witze lustig findet, wenn wir zu viel Zeit für unsere Meinungen und Sichtweise der Dinge in Anspruch nehmen, oder ganz schweigsam bleiben, oder wenn wir die Leitung des Abends immer wieder an uns reißen, während die anderen ein Gähnen unterdrücken. Ist euch schon so was passiert? Wir lernen, wenn wir so wollen, erträglich zu werden für unsere Umgebung.
Der Sinn jeder Gemeinschaft muss sein, aus uns nette, verantwortungsbewusste Erdenbürger zu machen, die die unangenehme, aber lebensrettende Entdeckung gemacht haben, dass sie nicht im Mittelpunkt des Universums stehen. Diese Erkenntnis kommt nie von allein weder bei Kindern noch bei Erwachsenen. Welcher Ort ist besser dazu geeignet als die örtliche Gemeinde, in der die Kraft Gottes uns zugesprochen wird, die uns beflügelt und ermutigt, und die Aufforderung, mit an seinem Reich auf Erden zu bauen. Dieser Ort - die Gemeinde - gibt uns einen Grund, an uns zu arbeiten, uns zu verändern, ein Segen für die Welt zu sein!
Die beste Therapie gegen Selbstmitleid und eine krankhafte Ich-Bezogenheit ist der Gang in den Gottesdienst, die Entdeckung, dass die Not der anderen größer ist als meine, dass es eine verfolgte Kirche gibt, die Gebet und Spenden braucht, dass ich hier eine unverzichtbare Rolle zu spielen habe und gebraucht werde. *„Mach mich wie einen deiner Tagelöhner“* (Lk 15,19), bat der reumütige Rückkehrer: Lass mich dienen. Diese Aussage war das Zeichen dafür, die Korken knallen zu lassen, und Freude brach aus! Wo könntest du heute dienen?

22. März

GEBROCHENE MENSCHEN IN EINER GEBROCHENEN WELT

„Wir wissen, dass wir aus dem Tod in das Leben hinübergegangen sind, weil wir die Brüder lieben; wer nicht liebt, bleibt im Tod" (1Jo 3,14)

Das ist nur eine der unbequemen Stellen, durch die Johannes klar macht, dass Liebe zu den Geschwistern untrennbar verbunden ist mit Liebe zu Gott. Leichter gesagt als getan. Eine lebendige christliche Gemeinschaft ist vom Wesen her ein fragiles Konstrukt. Das, was von Gott im besten Fall als Heimat für gestrandete Seelen gedacht war, kann so schnell zu einer Abladefläche für Frust und gebrochene Träume werden und zu einem Ventil für Möchte-gern-Influencer: Das Konfliktpotential ist enorm und für jede Lieblingstheologie findet sich in Sekundenschnelle natürlich ein geeigneter Bibelvers.

Meine Liebe zur Gemeinde fing nach Zeiten der Verzweiflung immer dann wieder Feuer, wenn ich die Bibelgeschichten, die ich von Kindesbeinen an so gut kannte, noch einmal las. Oft war es, als ob ich das Buch zum ersten Mal aufschlug – weit weg von dem Erfolgsdruck, der uns als Gemeindeverantwortliche immer wieder beinahe in den Abgrund getrieben hatte. In der Bibel sprangen mir Gescheiterte, angefochtene, müde, für tot erklärte Existenzen ins Auge, wo ich nur hinschaute. Defizite, Schuld, Unzulänglichkeit, Konflikte, die zu vermeiden gewesen wären, wenn man nur rechtzeitig eingegriffen hätte – wie bei uns. Plan B, C, D – weil Plan A schon wieder im Eimer war, weil man nachher immer schlauer ist. Überall genau jene Phänomene, mit denen wir es zu tun hatten. Ich schrieb vor vielen Jahren, mitten in einer Gemeindekrise, folgende Worte in mein Tagebuch: „Gebrochene Menschen in einer gebrochenen Welt: Gott wartet nicht, bis die Böden geschrubbt, die Fenster geputzt, die Bassgitarren gestimmt und die Flyer im Vierfarbdruck erstellt sind. Tränen scheinen sein Betriebskapital zu sein. Er nimmt Jakob und Lea – nicht Esau und Rahel. Holt die Zweitbesten von der Ersatzbank, nicht die Flotten vom Laufsteg. Fängt mit Mose an, lange nachdem Mose Jugend, Ruf und Berufsaussichten vermasselt und sich selbst aufgegeben hat. Taucht auf, nachdem

Lazarus schon im Grab liegt. Sammelt Elias zertrümmerte Seele unter einem Ginsterbusch auf und schickt ihn in den ultimativen Showdown mit dem niederträchtigen Ahab. Begegnet Hiob in der pechschwarzen Nacht einer zerbrochenen Existenz und stellt ihn vor den Augen seiner schadenfrohen Peiniger wieder her. Hagar, Josef, Naomi, Ruth, Hanna, die Samariterin, Zachäus, Bartimäus: Auf einsamen Landstrichen, stolpernd durch Wüstensand, kriechend auf allen Vieren im Staub am Wegrand, versteckt in einem Baum, heulend auf einem Bett, einsam an einem Brunnen. Dort finden wir die Leute, die Gott in sein Team holt. Dort finde ich auch meine Geschichte. Wir sind Gerettete, die es nicht verdient haben. Und das ist und bleibt die einzige Grundlage, auf der eine Gemeinde funktionieren kann!
Diese Gemeinde hat ihn sein Blut gekostet. Wer bin ich, sie aufzugeben? Ich soll auf die Knie gehen, und in seinem Auftrag und nach seinem Vorbild die Füße der Heiligen waschen (Joh 13,1-17)?

23. März

BIS ZUM ENDE AUSHARREN

„Sie haben ihr Leben nicht geliebt bis zum Tod!" (Offb 12,11)

Wir nähern uns dem Ende unserer Impulse zum Thema Gemeinde. Natürlich haben wir längst nicht alles ausgeschöpft, es gibt so viel, was man sagen könnte, und oft, wie ihr gemerkt habt, gibt es keine ideale Lösung oder Antwort. Aber ich hoffe, dass der eine oder andere Impuls zum Nachdenken angeregt hat oder eine Hilfe war.
Mal wieder wurde uns vorgeworfen, dass in der Gemeinde „nicht genug los" sei. Nicht genug spürbares Wirken Gottes. Nur magere und seltene Erfolgsstorys. „Wie können wir die Welt gewinnen", hieß es, „wenn es uns als Christen nicht sichtbar besser geht als den Menschen in der Welt?" Kraftwirkungen des Heiligen Geistes wurden wieder gefordert, mehr Action, mehr Professionalität im Gottesdienst. Der Einfluss einer Zeichen-und-Wunder-Bewegung aus Amerika wurde immer wieder

als wünschenswert eingefordert. Da hatte der Prediger so viel Salbung Gottes, dass er verlorengegangene Laptops im Geist aufspüren und ihren Besitzern zurückgeben konnte. Unter großem Beifall hatte er selbst diese Story in einer großen Gemeinde in unserer Nähe erzählt. Wir sollten ihn auch einladen, hieß es.

Irgendwann ging bei uns eine Sicherung durch. Die Worte meines Mannes in einer seiner Predigten zu der Zeit blieben bei mir hängen: „Wenn es nicht funktioniert für die Pastoren in den Gefängnissen in Nordkorea, dann ist es kein Evangelium!“, verkündete er klar und deutlich. Eine Reihe Leute spazierten empört aus der Gemeinde heraus. Was würden Pastoren in nordkoreanischen Gefängnissen mit billigen Laptop-Wundern anfangen, fragte ich mich. Oder mit der Forderung, dass die Bühne professioneller ausgestattet werden soll? Ich dachte an afrikanische Freunde, die alles geben würden, ungezwungen in einen Gottesdienst zu gehen, der nur eine kurze Autofahrt von zu Hause kostet. Manche haben einen 3-stündigen Fußmarsch hinter sich, bevor das erste Lied erklingt. Andere wieder wissen nicht, ob sie den Sonntag überleben werden. Erst letzte Woche endete ein Gottesdienst in Nigeria in einem Blutbad. *„Sie haben ihr Leben nicht geliebt bis zum Tod!“* (Offb 12,11), beschrieb Johannes die Heiligen, die nach ihren vielen Bedrängnissen siegreich vor dem Thron Gottes erscheinen werden.

Hat mein Glaube, hat mein Gemeindeleben, eine Beständigkeit, die auch in Zeiten der Verfolgung bestehen würde? Und wenn ich wieder mal enttäuscht bin, frustriert, verletzt, dann denke ich an die Pastoren in Nordkorea oder an die Gläubigen in Nigeria und in vielen anderen Orten dieser Welt und bete für sie und ich danke dem Herrn für das Leben, auch das Gemeindeleben, das ich genießen darf.

HIOB UND SEINE BOTSCHAFTEN

Hiob hatte sehr viel mit Ängsten zu kämpfen und mehr als genug Anlässe dazu. Das Wort „Hiobsbotschaft" ist sogar in den Volksmund eingegangen und bezeichnet eine Schreckensnachricht. Umso erstaunlicher, dass gerade dieses Buch tiefe Blicke in den Ratschluss Gottes gibt. Wir werden entdecken, dass die eigentlichen Hiobsbotschaften gar nicht negativ sind. Viele Erkenntnisse aus diesem alten Buch lassen sich auf faszinierende Weise mit Stellen aus dem Neuen Testament und aus anderen Teilen der Bibel verknüpfen.

24. März

HIOB – KEINE ENTSPANNENDE BETTLEKTÜRE

„Siehe, auch wenn er mich umbringt, warte ich auf ihn; fürwahr, ich will meine Wege vor ihm verantworten" (Hi 13,15)

Wer als Bibelanfänger erwartet, dass Bibellesen entspannend und wohltuend ist, wird schnell enttäuscht. Herausfordernd, inspirierend, anstrengend, anspruchsvoll ist die Lektüre dieses Buches, schonungslos seine Schilderung menschlichen Leids, rau und anspruchsvoll im Stil, eine Auseinandersetzung mit den Abgründen menschlicher Verlorenheit, aber auch mit der rettenden Gnade eines liebenden Schöpfers. Das Buch Hiob konnte ich früher nur ertragen, wenn ich gerade einen guten Tag hatte, und auch dann habe ich es so schnell wie möglich überflogen. Zu grausam erschien mir, was Gott diesem Mann zumutete, zu gemein die Unterstellungen seiner Freunde und die Ablehnung seiner eigenen Ehefrau in der Stunde der Not, zu groß die Angst, was Gott auch mir alles antun könnte. So habe ich früher gedacht!

Gerade das ist die zentrale Frage der Geschichte Hiobs. Warum diene ich Gott eigentlich? Um etwas von ihm zu bekommen? Um mit seiner Hilfe auf ein krisenfreies Leben zu hoffen? Oder um seinetwillen? Weil es einfach richtig ist, weil er Gott ist? Manchmal weiß ich selbst nicht, was meine wahren Motive sind, und Hiob drängt mir in 42 zermürbenden Kapiteln diese unbequemste aller Lebensfragen regelrecht auf. Die Krisen auch in meinem Leben sind dazu da, um mir zu zeigen, was wirklich in meinem Herzen ist. Ob die geistlichen Sprüche, die ich wie einst Hiobs Freunde immer wieder so gerne klopfe, wirklich der Lebensrealität meines Herzens entsprechen. Definiere ich mich letztlich doch über die Launenhaftigkeit meines Schicksals oder über eine tiefe Ehrfurcht vor Gott, in guten wie auch in schweren Zeiten? Ist meine wankelmütige Liebe zu ihm das, was mich treibt, oder ein tiefes Vertrauen auf seine treue Liebe zu mir? Geht es mir um mein Glück in meinen Lebensumständen, oder um seine Heiligkeit in meiner Seele? Die Auseinandersetzung mit diesen Fragen kommt nie von allein. Sie geschieht immer dann, wenn mir die Dinge, nach denen ich mich sehne, vorenthalten werden. Wenn mir vermeintliche Sicherheiten, an die ich mich klammere, entzogen werden und ich gezwungen bin, mich auf Gottes Gnade zu werfen.

„Siehe, auch wenn er mich umbringt, warte ich auf ihn; fürwahr, ich will meine Wege vor ihm verantworten“ (Hi 13,15). Das ist eine gewaltige Aussage! Was gehört alles dazu, so ein Vertrauen in die Wege Gottes zu haben, dass man so etwas sagt?! Das wollen wir miteinander herausfinden.

25. März

HIOB – FAKT ODER FIKTION?

„Es war ein Mann im Lande Uz, sein Name war Hiob“ (Hi 1,1a)

Bevor wir die Person und die Leidensgeschichte Hiobs anschauen, die im Mittelpunkt der Geschichte stehen, wollen wir einen kurzen Blick auf die Hintergründe dieses Buches werfen.
Die Ereignisse um Hiob lassen sich zeitlich gut einordnen. Hiob erwähnt nur Adam in Kapitel 31,33, aber keine späteren Glaubensväter wie Mose oder Abraham. Hiob scheint auch noch nichts über die Verheißungen Gottes für sein Volk zu wissen. Damit lässt sich Hiob in die Urgeschichte einordnen. Auch die Opfervorschriften für das Volk Israel galten wohl noch nicht. Im ersten Kapitel lesen wir, dass Hiob selbst als Priester Brandopfer für seine Söhne und Töchter darbrachte für den Fall, dass sie bei ihren Feiern gegen Gott gesündigt hatten (Hi 1,5). Gott schickt die drei Freunde in Kapitel 42,8 als Buße für ihr Fehlverhalten und ihre Unwahrheiten mit einem Brandopfer zu Hiob. Wären die neuen Opfervorschriften schon bekannt gewesen, hätten die Freunde hier wohl ein Sündopfer nach 3. Mose 4 darbringen müssen. Das war für unwissend begangene Sünden erforderlich und die drei Freunde haben es ja nur gut mit ihren Ratschlägen gemeint. Einer der Freunde, Elifas, spielt auf die Sintflut an (Hi 22,16). Er spricht von den *„Männern des Unheils“*, denen ein Strom ihr Fundament weggerissen hat. Die Ereignisse um Noah müssen also noch präsent gewesen sein. Interessant ist auch die Wortwahl. In der früheren Zeit wurde Gott *El Schaddai* genannt und diese Bezeichnung Gottes kommt im Buch Hiob 31-mal vor.
Alle diese Aspekte und historischen Details sprechen für die Glaubwürdigkeit der Bibel und das kann uns im Glauben bestärken. Die Bibel besteht

aus 66 Büchern, die von ca. 40 Autoren niedergeschrieben wurden. Wenn wir dann Parallelen zwischen den einzelnen Büchern finden und die Erzählungen stimmig sind, ist das eine Bestätigung für die Glaubwürdigkeit der Bibel. Das Buch Hiob zeigt, dass es mit einem oberflächlichen Bibellesen nicht getan ist. Wir brauchen auch das intensive Bibelstudium, bei dem wir in die Tiefe gehen, uns länger mit einzelnen Versen beschäftigen, Parallelstellen aufschlagen und vielleicht in einem Kommentar nachlesen. Nur so fallen uns diese zusätzlichen Informationen auf. Außerdem ist der historische Kontext wichtig, um eine Bibelstelle richtig einordnen und verstehen zu können. Das kann auch entscheidend für die Frage sein, was eine Bibelstelle für unser Leben heute sagen möchte.
Das Buch Hiob geht also weit über seine Leidensgeschichte hinaus. Ganz nebenher bürgt es für die Glaubwürdigkeit der ersten Mosebücher, die heutzutage so angefochten wird. Wie ermutigend, dass Gott in seinem Wort keine Fehler macht. Das darf uns herausfordern, in der Bibellese tief zu schürfen und so die Schätze in Gottes Wort zu entdecken.

Johanna

26. März

EIN UNGEWÖHNLICHER MENSCH

„Und dieser Mann war rechtschaffen und redlich und gottesfürchtig und mied das Böse“ (Hi 1,1b)

Hiob war auch für seine Zeit ein Phänomen. Zwischen den Zeilen der Dialoge bekommen wir ganz schön viel davon mit, was für ein Mann er war. Dass er die erste Adresse in seinem Umfeld war, ist klar, so was wie ein Bürgermeister. Auf jeden Fall war er im Stadtrat. *„Ging ich durch das Tor in die Stadt hinauf“*, beschreibt er einmal die gute alte Zeit, *„stellte ich meinen Sitz auf dem öffentlichen Platz auf. Sahen mich dann die jungen Männer, so verbargen sie sich, und die Greise erhoben sich, blieben stehen. Die Obersten hielten die Worte zurück und legten die Hand auf ihren Mund. Die Stimme der führenden Männer verstummte, und ihre Zunge klebte an ihrem Gaumen. Hörte mich*

ein Ohr, so pries es mich glücklich, und sah mich ein Auge, so legte es Zeugnis für mich ab“ (Hi 29,7-11). Also, „Hut ab“, kann man nur sagen!
Hiob ist rund um gesegnet. Die Tierherden und das Kapital, das er besaß (Hi 1), würden ihn heute zu einem mehrfachen Millionär machen. Was allerdings wirklich auffällt, ist sein innerer Reichtum (Hi 29). Für einen Mann seines gesellschaftlichen und wirtschaftlichen Standes lebt er nach außergewöhnlich hohen ethischen Maßstäben – ungewöhnlich für einen Mann von seinem Format. Sexuelle Reinheit (31,1) steht bei ihm hoch im Kurs, seine Großzügigkeit ist legendär, er ist auch um das geistliche Wohl seiner Kinder besorgt. Er scheint keine Starallüren zu besitzen. Wir finden nicht, dass er prahlt. Wir finden hier nicht die geringste Spur von Arroganz oder Selbstgefälligkeit. Keine Ansprüche, kein Stolz auf seine großen Leistungen. *„Denn ich befreite den Elenden, der um Hilfe rief, und die Waise, die keinen Helfer hatte. Der Segenswunsch des Mutlosen kam auf mich, und das Herz der Witwe ließ ich jauchzen. Ich kleidete mich in Gerechtigkeit, mich bekleidete wie ein Oberkleid und Kopfbund mein Recht. Auge wurde ich dem Blinden, und Fuß dem Lahmen war ich! Ein Vater war ich für die Armen, und den Rechtsstreit dessen, den ich nicht kannte, untersuchte ich. Und ich zerschmetterte die Kinnladen des Übeltäters, und seinen Zähnen entriss ich die Beute“* (Hi 29,12-17).
Je mehr ich in meinem Umfeld beobachte, was weltlicher Erfolg mit einer menschlichen Seele anstellen kann – auch bei Christen –, desto mehr staune ich über Hiob, über seine Prioritäten, seine Aufrichtigkeit, sein Bemühen, Lebenserfolg nicht als Recht zu sehen, sondern als Verantwortung vor allem gegenüber den Armen und Benachteiligten der Gesellschaft. Seine dienende Leiterschaft: Niemand ist unter seiner Würde. Seine Sprache ist nicht die Sprache der Prominenz, der großen Bühne, der abschätzigen Blicke, die vermitteln: „Seht ihr nicht, wie wichtig ich bin – zu wichtig, um mit euch gemeinen Menschen zu tun zu haben ... wisst ihr nicht, wer ich bin?“ Wie steht es mit unserer Haltung?
Kein Wunder, dass dieser Mann für Gespräch gesorgt hat. Kein Wunder, dass er dem Widersacher Gottes Kopfschmerzen bereitet hat. Welche weitreichenden Folgen das hatte, sehen wir an den nächsten Tagen.

27. März

INTEGRITÄT MIT FOLGEN

„... es gibt keinen wie ihn auf Erden, ein Mann so rechtschaffen und redlich" (Hi 1,8)

Wenn ich ehrlich bin, weiß ich nicht, ob ich so richtig Lust hätte, wie Hiob aufzufallen und herauszustechen. Will ich Gott wirklich Anlass geben, über mich zu schwärmen in der Anwesenheit des Feindes, der mich zerstören will?
„Hast du Acht gehabt auf meinen Knecht Hiob? Denn es gibt keinen wie ihn auf Erden, ein Mann so rechtschaffen und redlich ..." (Hi 1,8).
So nett das göttliche Kompliment ist, würde ich es aus dem Mund Gottes hören wollen? Es ist eine Begegnung mit Konsequenzen. Gott muss gewusst haben, als er das Thema auf den Tisch brachte, welche Folgen dieser kurze Austausch mit seinem Gegner für Hiob mit sich bringen wird. Ziemlich gemein, oder? Es sei denn, dass Gott eine viel größere Absicht mit diesen Geschehnissen hat, als nur einen Treuetest für einen besonderen Anhänger zu genehmigen oder aus dem Schicksal eines Pechvogels und seinem mutigen Durchhalten ein Exempel zu statuieren. Gott kennt Hiob. Er weiß, diesem Mann kann er was zumuten. Er will durch Hiobs Vertrauen ein Zeichen setzen, das auch Jahrhunderte später für die Heilsgeschichte insgesamt steht. Er denkt dabei an niemand Geringeren als an dich und mich. Er denkt an alle vom Schicksal Geschlagenen, die diese gebrochene Welt noch hervorbringen wird. An jede Krebsdiagnose, jede Scheidung, jedes gebrochene Herz, jeden Krieg, jeden Verrat, an die Wucht jahrhundertelangen Leids, das die Welt auch nach Hiob heimsuchen wird.
Hiobs Geschichte wird zu deiner und meiner Geschichte, auch wenn es unwahrscheinlich ist, dass irgendjemand von uns so tief sinken wird, wie Hiob sinken musste. Aber noch wichtiger: Hiobs Geschichte wird zu einer Vorschau auf das größte Ereignis der Weltgeschichte. Eine Generalprobe für den tiefsten Sturz aller Zeiten: den Sturz von Gott selbst. Gott führt seine Nachfolger nie irgendeinen Weg, den er selbst nicht gegangen ist. Dass die Protagonisten dieser biblischen Geschichten keine Ahnung haben, welche ewige, geistliche Reichweite ihre Erlebnisse haben werden,

spricht für die Glaubwürdigkeit der Begebenheiten. Beiläufige Aussagen aus ihrem Mund enthalten eine Symbolik, die ihnen selbst verborgen bleibt, die uns aber auf den Geschmack bringt für die Entfaltung der größten Liebesgeschichte aller Zeiten.

„Gott wird sich das Schaf zum Brandopfer ausersehen, mein Sohn" (1Mo 22,8), sagt Abraham, nicht ahnend, was er damit eigentlich sagt.

„Gepriesen sei der HERR, der es dir heute nicht an einem Löser hat fehlen lassen! Sein Name werde gerühmt in Israel! Und er wird dir ein Erquicker der Seele sein und ein Versorger deines Alters!" (Rt 4,14-15a). Diese lieben Damen haben keine Ahnungen von den Anspielungen auf das Kommen des Messias, die in ihren Worten enthalten sind.

Ähnliche Aussagen aus dem Mund Hiobs werden wir in den kommenden Tagen anschauen. Vielleicht fallen dir schon jetzt einige davon ein, über die du dir heute Gedanken machen möchtest!

28. März

EIN STURZ AN ALLEN FRONTEN

„Es ist furchtbar, in die Hände des lebendigen Gottes zu fallen!" (Hebr 10,31)

Das erste Kapitel von Hiob ist eine echt zermürbende Lektüre. Vier Schicksalsschläge folgen unmittelbar aufeinander. Aufgrund dieser Unglücksserie, die dem Diener Gottes alles nimmt, was er in den Jahren seines Berufslebens aufgebaut hat, entstand der Begriff „Hiobsbotschaften". Nur einer dieser Schläge würde reichen, um mich oder dich ein Leben lang völlig umzuhauen und lahm zu legen. Es beginnt mit einem Überfall der feindlichen Sabäer, bei dem Hiob Knechte, Rinder und Esel verliert (Hi 1,15). Kaum hat ihn diese schlechte Nachricht erreicht, trifft der nächste Bote ein, der ihm erzählt, wie Feuer Gottes vom Himmel sein Kleinvieh und weitere Knechte verzehrt hat (V. 16), danach der Überfall einer Milizgruppe der Chaldäer (V. 17), dem seine Kamele und weitere Knechte zum Opfer fallen. Zu guter Letzt folgt der Einsturz des Hauses, in dem seine Kinder ein Fest feiern (V. 19). Es muss ein heftiger Orkan gewesen sein,

der das Gebäude samt allen, die darin waren, dem Erdboden gleich macht. Alexander vom Stein beschreibt es in seinem Buch so: *„Das exakte Timing – kaum hat ein Bote ausgeredet, trifft der nächste Bote ein – macht Hiob sofort klar, dass er es nicht mit einem unglücklichen Zusammentreffen von Schicksalsschlägen zu tun hat, sondern dass Gott ihn ‚als Zielscheibe aufgestellt hat' (Hi 7,20; 16,12; Kla 3,12)"* (Alexander vom Stein, *Hiobs Botschaft*, Daniel-Verlag, S. 16). Gott lässt uns in dieser schauerlichen Schilderung den Ekel der Verlorenheit und der Sünde richtig fühlen, den Schrecken des Sündenfalls und was er mit der Menschheit angerichtet hat. In unserem natürlichen, gefallenen Zustand hat Gott alles Recht, uns als Zielscheibe seines Zorns und Gerichts zu betrachten. *„Es ist furchtbar, in die Hände des lebendigen Gottes zu fallen!"* (Hebr 10,31).
In diesem Teil von Hiobs Geschichte müssen wir uns warm anziehen und uns darauf einstellen, einiges auszuhalten. Diese vier Schläge sind nur der Anfang von Hiobs Problemen, und es geht immer weiter. Aber es ist so wichtig, dass wir uns diesen Schlag-auf-Schlag-Hürdenlauf zumuten und aushalten. In unserem Leben gibt es auch Zeiten, in denen wir den anhaltenden Sturm einfach aushalten müssen, ohne die leiseste Ahnung, was Gott mit uns anstellt, ohne zu wissen, warum das alles geschieht, und wie lang die Qual anhalten wird. Kennst du das auch? Hiobs erste Reaktion ist aber bezeichnend: Er klagt nicht über die Angriffe Satans, sondern erkennt sofort die Hand Gottes im ganzen Geschehen. Nichts geschieht, ohne dass Gott es zulässt. Morgen sehen wir seine erste erstaunliche Reaktion näher an. Kennst du eine Situation in deinem Leben, in der du dachtest: „Das halte ich nicht mehr aus?" Und du bist doch irgendwie durchgekommen? Was hat dir dabei geholfen?

29. März

WAS ANBETUNG WIRKLICH IST (HIOB 06)

„Da stand Hiob auf und zerriss sein Obergewand und schor sein Haupt; und er fiel auf die Erde und betete an" (Hi 1,20)

Gestern haben wir gesehen, wie Hiob sein ganzes Hab und Gut in einer Reihe von Katastrophen verloren hat, auch wertvolle Mitarbeiter, und zu guter Letzt seine ganze Familie. Alexander vom Stein wieder dazu: *„Hiob verliert nicht einen, sondern sieben Söhne – und drei Töchter, alle seine Kinder. Zehn zerschmetterte Körper zog man aus den Trümmern des Hauses, in dem sie gerade noch zusammen gefeiert hatten"* (Aus: *Hiobs Botschaft*, Daniel-Verlag, S. 16).
Das müssen wir kurz auf uns einwirken lassen. Der Schmerz, der ihn und seine Frau überwältigt, ist für mich unvorstellbar. Während ich diese Worte schreibe, stehen wir noch unter dem Schock einer Nachricht vom Tod eines jungen Mädchens in einer Familie, die wir sehr liebhaben.
Die Reaktion von Hiob lasse ich bei jeder Lektüre dieses Buches eine Weile auf mich einwirken.
„Da stand Hiob auf und zerriss sein Obergewand und schor sein Haupt; und er fiel auf die Erde und betete an. Und er sagte: Nackt bin ich aus meiner Mutter Leib gekommen, und nackt kehre ich dahin zurück. Der HERR hat gegeben, und der HERR hat genommen, der Name des HERRN sei gepriesen! Bei alldem sündigte Hiob nicht und legte Gott nichts Anstößiges zur Last" (Hi 1,20-22).
Um solche Worte mitten in so einer dunkeln, grauenhaften Stunde hervorzubringen, muss Hiob wirklich gottesfürchtig gelebt haben. Wir dürfen nicht vergessen: Das ist seine erste, *spontane* Reaktion. Er muss sich nicht dazu durchringen. Er erkennt: Nichts von alledem, was er im Leben erreicht, erworben, geleistet hat, ist sein Eigentum. Er kam hilflos und nackt in die Welt, er wird genauso wieder gehen, alles dazwischen ist Gnade, ausgeliehen vom Herrn, Gottes Besitz. Logisch – Gott hat dann auch das Recht, es jederzeit wieder wegzunehmen. Sogar seine Familie.
Mit diesem Akt der Demütigung – dem zerrissenen Obergewand, dem geschorenen Kopf, dem auf dem Boden hingestreckten Körper – gibt Hiob alles, was seinem Leben Sinn gegeben hat, in die Hände Gottes zurück, wo es rechtmäßig hingehört. Tue ich das auch, wenn Träume platzen, wenn mein Glück zerbricht, wenn Sicherheiten bröckeln, Hoffnungen brach

liegen? Sag ich nicht nur: „Der Herr hat gegeben und wieder genommen", sondern auch den zweiten Teil des Satzes: „der Name des Herrn sei gepriesen"? Sprich: Gott, du bekommst die Ehre auch in den Trümmern dieser Katastrophe? Du bist trotzdem mein Herr und Gott, und erst recht die Quelle meiner Hoffnung und meines Glücks, in Zeiten, in denen mir diese Welt kein Glück mehr zu bieten hat? Auch wenn ich es nur mit zusammengebissenen Zähnen schaffe, ohne dabei das geringste Glück in Gott zu *fühlen*, sondern nur Verwirrung und Zerbruch – ich versuche, dieses Gebet zu meinem zu machen. Ich habe es am Grab gebetet, als der Körper eines geliebten Menschen in die Erde gelegt wurde. Heulend am Laptop, als eine bisher geschätzte Freundschaft sich als doch keine Freundschaft entpuppte. Mitten in der Migräne, während ich mich frage, wie ich in aller Welt durch diesen Tag kommen soll. In den kommenden Tagen sehen wir, was Gott Hiob sonst noch zumutet – und wir halten durch und schöpfen daraus Hoffnung für unsere eigenen schweren Zeiten aber auch für die schweren Zeiten von Menschen um uns herum, die vielleicht durch diese Geschichte ermutigt werden.

30. März

VERTRAUEN MITTEN IN SCHMERZEN

„... nicht wie ich will, sondern wie du willst" (Mt 26,39)

Es gibt diese Zeiten, in denen du denkst: „Schlimmer kann es nicht werden" – und es wird schlimmer.

An Gottes Stelle hätte ich nach diesen ersten Schlägen im Leben von Hiob das Stoppschild aufgestellt – vor allem nach der gottesfürchtigen Reaktion Hiobs, die wir uns gestern angeschaut haben, und die ihren Weg bis heute in die klassische Begräbnisliturgie gefunden hat. Jetzt reicht es doch. Hiob hat genug gelitten, er hat sich voll auf die Gnade Gottes geworfen, Gott nichts Anstößiges zu Last gelegt – was willst du eigentlich mehr, Gott?

Satan ärgert sich, legt nach und tut alles, um Hiob auch noch körperlich zu ruinieren und an die Grenze des Todes zu bringen. Alexander vom Stein fasst alle Hinweise auf Hiobs körperlichen Zustand in seinem Buch „Hiobs Botschaft“ in einer beeindruckenden Liste zusammen (S. 17). Es könnte Lepra oder eine Art Pest gewesen sein, meint vom Stein. Es gibt kaum ein körperliches Leiden, das hier *nicht* auftaucht. Geschwüre am ganzen Körper (Hi 2,7), Würmer (Hi 7,5), zerfallende Haut, Zahnausfall, Mundgeruch, Gewichtsverlust, Appetitlosigkeit, Schlaflosigkeit, hohes Fieber und einiges mehr!

Eine beeindruckende Liste. Hiob ist aufs Übelste zugerichtet. Kein Wunder, dass seine Freunde ihn nicht wiedererkennen, als sie ihn sehen (Hi 2,12). Und kein Wunder, dass er keine Lust mehr hat weiterzuleben (Hi 6,9): „Wenn du schon dabei bist, Gott, dann zerstöre mich doch ganz.“

Wie hältst du, Gott, es aus, deinen geliebten Diener so leiden zu sehen und nichts dagegen zu unternehmen? Wenn eines meiner Kinder Schmerzen hat, heult, seelische Leiden zu tragen hat, dann setze ich als Mutter doch alles dran, das Leid zu lindern, mitzutragen, zu trösten, mich dazwischenzuwerfen. Es ist das vermeintliche Schweigen Gottes, das mir hier so weh tut.

Aber auch das muss ich aushalten, genauso wie Hiob es aushalten muss. Auch das gehört zur Herrschaft Gottes in Hiobs Leben – auch in deinem und meinem: dass Gott sich zurückhält, die Dinge laufen lässt, sich Zeit nimmt – ja, und mich manchmal leiden lässt. Gottes Wille in meinem Leben bedeutet manchmal, dass ich meinen Willen ganz schön zurückstellen muss, dass meine Wünsche und Vorstellungen sterben müssen. Hiob erkennt, auch mitten in dieser anhaltenden Qual, dass Gott zuverlässig ist: *„Siehe, auch wenn er mich umbringt, warte ich auf ihn“* (Hi 13,15).

Vielleicht liest heute jemand die Andacht, der schwere körperliche Schmerzen zu erleiden hat. Ich schlage vor, dass alle, die heute diese Andacht lesen, für solche beten: dass sie Kraft haben, um auszuharren, den Blick auf Gott zu richten – auch in den Tränen und Schmerzen – und das Vertrauen auf ihn zu setzen, wie Hiob es gemacht hat. Warum Gott sich nicht dazwischenwirft, zwischen mich und den Abgrund? Später werden wir sehen: Er hat sich dazwischengeworfen! Und wie!

31. März

DIE QUAL DER EINSAMKEIT

„... ich habe auf Mitleid gewartet – aber <da war> keins; und auf Tröster, aber ich habe keine gefunden" (Ps 69,21)

Schicksalsschläge, körperliche Qualen – das ist alles schlimm genug. Man kann fast alles im Leben aushalten, wenn man Menschen an seiner Seite hat, die diese Lasten mittragen. Den Ehepartner, die Freunde, die Gemeinde. Auch hier geht Hiobs Pechsträhne weiter. Seine Frau bricht zusammen (wer kann es ihr verdenken?) und hat keinen Trost zu bieten. Seine Freunde fühlen anfänglich stark mit ihm, aber je länger ihre guten Wünsche und Gebete für Hiob nicht zu fruchten scheinen, desto frustrierter werden sie, desto mehr suchen sie verzweifelt nach Erklärungen für Hiobs Leid, und kommen nach und nach zum Ergebnis, dass Hiob selbst daran schuld ist. Eine andere Erklärung gibt es nicht.

„Und er nahm eine Tonscherbe, um sich damit zu schaben, während er mitten in der Asche saß" (Hi 2,8). Es stellt sich nebenher auch die Frage, warum Hiob *„mitten in der Asche"* sitzt. Das muss wohl die Müllhalde gewesen sein, auf der außerhalb damaliger Städte Tierexkremente regelmäßig verbrannt wurden, daher die Asche. In der Tat ein tiefer Sturz für einen Mann, der so etwas wie Stadtoberster oder Bürgermeister war. Gibt es hier keine medizinische Versorgung für Kranke? Erst recht für einen, der in der Gesellschaft so hoch angesehen war wie Hiob? Es sieht aus, als ob niemand mehr etwas mit ihm zu tun haben will.

Schlimmer als alles andere, was Hiob zu tragen hat, muss die emotionale und seelische Vereinsamung sein. Er steht mutterseelenallein auf seinem Trümmerhaufen. Weggeworfen wie ein Stück Müll. Der, der so vielen anderen in ihrer Not beigestanden war (Hi 29), wird in seiner Not komplett im Stich gelassen.

Aber – so komisch es klingt – auf das ganze Buch gesehen, kann gerade diese Einsamkeit Hiobs Rettung gewesen sein. Der gebeutelte Mann muss um sein Überleben ringen. Schwimmen oder ertrinken. Die Auseinandersetzung mit den kritischen Freunden lehrt ihn das Kämpfen. Hilft ihm, sich nicht gehen zu lassen, nicht zu resignieren, nicht aufzugeben. Er

bleibt seelisch und gedanklich scharf, wach, in Bewegung. Er bittet um einen Stift, hat vermutlich Tagebuch geschrieben.
Dazu helfen uns manchmal unsere Feinde mehr als unsere Freunde. Leid in jeder Form schärft unser Denken und Fühlen, ordnet unsere Prioritäten, schält von unserem Leben alles ab, was keine Ewigkeitsrelevanz besitzt.
Von meiner Mutter habe ich ein altes Buch geerbt, voll mit Schriftstücken von NS-Gefangenen, die kurz vor ihrer Hinrichtung standen. Letzte Briefe an Ehefrauen, Verlobte, Kinder. Eine erschütternde Lektüre. Gedanken über Gott, die Welt und die Ewigkeit – messerscharf formuliert. Dort finde ich das Leben reduziert auf das, was wichtig und auch für die Ewigkeit entscheidend ist: Meine Beziehung zu meinen Mitmenschen, meine Beziehung zu Gott.
Hast du auch so etwas erlebt? Haben deine Leidenszeiten dir geholfen, dein Leben, dein Denken neu zu ordnen?

1. April

KÄMPFEN IN DER DUNKELHEIT

„Vom Ausharren Hiobs habt ihr gehört" (Jak 5,11)

Mein Onkel John (oder „Jack", wie wir ihn nannten) Sperry wusste, was Ausharren bedeutet. Er lebte und wirkte 20 Jahre lang bei den Inuit während der 50er Jahre in den nördlichsten Siedlungen der Arktis. Bei Temperaturen von minus 60 Grad bot er Schnee, Wind und Wetter die Stirn, um auch die abgelegensten Iglu-Dörfer mit dem Evangelium zu erreichen. Seine Schilderungen mancher dieser damaligen Reisen erinnern mich an das Ausharren, das wir von Hiob lernen können. Hier ist eine davon:
„Ein Treck bei diesen schonungslosen Winterwinden bringt einen an die Grenze des Menschenmöglichen. Die Lippen werden spröde und bluten vor Kälte. Treibende Eispartikel stechen und schneiden ins Gesicht, dringen in die Nähte und Risse der Kleidung ein. Der Atem gefriert und blockiert Mund und Nasenlöcher, die Augenbrauen frieren fest. Man muss oft husten, weil die schneidende Luft die Lungen regelrecht quält. ... Wegen

der Anstrengung steigt das Durstgefühlt. Und gerade dann muss man aufpassen und der quälenden Versuchung widerstehen, an einem Stück Eis zu lutschen oder, wie die Hunde, eine Handvoll Schnee zu schlucken. Einen solchen Eisschock würde der Körper nicht verkraften. Deshalb trägt der erfahrene Arktisreisende eine Wasserflasche am Körper, die er jeden Morgen mit Eisbrocken füllt und nach hinten zwischen seine Schulterblätter hängt. So bleibt das Wasser auf Körpertemperatur und kann jederzeit getrunken werden. Das ist wichtig, denn wenn dem Körper nicht genug Flüssigkeit zugeführt wird, wird das Blut dickflüssig und die Kräfte schwinden. ... Ich war über alle Maßen erschöpft und immer wieder den Tränen nahe. Alex (Jacks Mitarbeiter) sorgte dafür, dass ich in Bewegung blieb und ja nicht anhielt. Manch ein Reisender ist von einer gut gemeinten Ruhepause mitten im Schneesturm nicht wieder auf die Beine gekommen. Ich dachte immer wieder: Ich kann nicht mehr, ich werde diese Reise nicht überleben. Aber wenn es hart auf hart ging, zauberte ich immer wieder irgendwo Reserven hervor, von denen ich nicht wusste, dass ich sie hatte, und staunte gleichzeitig, was man dem Körper bei diesen Reisen zumutet. Man muss sich selbst ständig überlisten, um nicht aufzugeben. Nur an die nächste kurze Etappe der Reise denken, ja nicht an die ganze Wegstrecke, die noch vor einem liegt“ (Nicola Vollkommer, *Am Rande der gefrorenen Welt*, SCM).
Nur noch an die nächste Etappe denken. Vielleicht ist das ein Wort der Ermutigung für jemanden, der für heute Kraft braucht.

2. April

KRISENMANAGEMENT AUS BIBLISCHER SICHT

„Alle eure Sorge werft auf ihn; denn er sorgt für euch!“ (1Petr 5,7)

Egal, ob man sich *in* einer Lebenskrise befindet, frisch *aus* einer Krise herauskommt, oder kurz *vor* einer Krise steht: Die Beschäftigung mit dem Thema Krisenmanagement aus biblischer Sicht lohnt sich allemal. Nie werde ich den Moment vergessen, als wir uns in der Jugendstunde darüber austauschten, was unsere momentanen Lebenskrisen so sind. Während ich in meinem Kopf die richtigen Worte für meine persönlichen Top-3-Krisen suchte, meldete sich ein junger Mann aus der Runde etwas verständnislos zu Wort: Er habe keine Krisen und könne diese Frage daher auch nicht beantworten. Er wüsste auch keine aus der Vergangenheit, die er jetzt erzählen könnte.

Hat er das Wort „Krise" einfach anders verstanden als wir? Es gibt ja Leute, die aus allem ein Drama machen. Unser Empfinden darüber, was eine Krise bedeutet, kann sehr auseinander gehen. Was der eine als Drama empfindet, ist für den anderen eine Nebensächlichkeit.

Hätte Hiob das auch so gesehen? Er hätte auf jeden Fall von einer sehr großen Krise erzählen können. Gesundheit, Familie, Ansehen, Ruf, Hab und Gut – auf einen Schlag alles verloren. Ihn trifft ungefähr jede Lebenskrise, von denen allein eine einzige mir schon den Boden unter den Füßen wegziehen würde. Und dennoch bleibt er an Gott hängen. Gestern war ich auf der Beerdigung einer 19-Jährigen, und dort ging es mir genau wie beim Lesen vom Buch Hiob: Die eigenen Probleme werden in Relation gesetzt, und mein Selbstmitleid über so manches Miniproblem wird kleiner. Aber wie hat Hiob es geschafft, mit intaktem Glauben durch diese Katastrophen hindurchzukommen? Das zeigt Hiob uns deutlich. Egal, ob gefühlte Katastrophe oder reelle: Für beide gilt dasselbe: *„Alle eure Sorge werft auf ihn; denn er sorgt für euch!"* (1Petr 5,7 SCH2000). Könnte dieser Vers dir vielleicht helfen, die Dinge in deinem Leben gelassener zu sehen, die keine wirkliche Krise sind? Was hast du bisher über Hiobs Verhalten in seinen Krisen gelernt? Vielleicht wäre heute ein guter Tag, kurz Bilanz zu ziehen!

Jessica

3. April

STURMPOTENTIAL UND WIE WIR ES NUTZEN KÖNNEN

„Lehrer, kümmert es dich nicht, dass wir umkommen?" (Mk 4,38)

Hiob muss sich gefühlt haben wie die Jünger in Markus 4,38, die ihrem Meister, der inmitten eines Seesturmes schläft, zuschreien: *„Lehrer, kümmert es dich nicht, dass wir umkommen?"* Inmitten einer zutiefst herausfordernden Situation, eines schlimmen Vorfalls, einer Lebenskrise, fühlt es sich an, als würde das Lebensboot gerade bedrohlich schwanken und bald unter der Last der Ladung sowie der Wellen zusammenbrechen. Und Jesus? Er schläft.

Bröckelnde Beziehungen, Versagen, Ablehnung, Jobverlust, Perspektivlosigkeit, Krankheiten und vieles mehr bergen „Sturm-Potenzial" in unserem Leben. Auch junge Menschen können jederzeit von solchen Stürmen überrollt werden, und unsere Wohlfühl-Gesellschaft der letzten Jahrzehnte hat unsere Generation nicht allzu krisenfest gemacht. Wir haben nicht gelernt, Leid auszuhalten. Manchmal leiden wir als Konsequenz von dummen Entscheidungen oder Sünde in unserem Leben. Für Hiob ist besonders schwer, dass es nicht menschliches Fehlverhalten oder falsche Entscheidungen waren, die ihn in die Krise führten.

Und doch hat er sein Gottvertrauen nicht aufgegeben. Kein noch so großer Schicksalsschlag konnte sein Gottesbild erschüttern. Den Schlüssel dazu haben wir schon in seiner ersten Reaktion angeschaut, als er die vielen Verluste verkraften musste, von denen ihm die Boten berichteten: *„Da stand Hiob auf und zerriss sein Obergewand und schor sein Haupt; und er fiel auf die Erde und betete an. Und er sagte: Nackt bin ich aus meiner Mutter Leib gekommen, und nackt kehre ich dahin zurück. Der Herr hat gegeben, und der Herr hat genommen, der Name des Herrn sei gepriesen. Bei alldem sündigte Hiob nicht und legte Gott nichts Anstößiges zur Last"* (Hi 1,20-22). Hiobs Beziehung zu Gott lebt offensichtlich nicht davon, was er ihm alles geschenkt und im Leben ermöglicht hat, sondern ist gegründet auf einer tiefen Erkenntnis über Gott selbst. Satans Vorhersage, Hiob würde Gott absagen, trifft ganz und gar nicht ein. Im Gegenteil: Hiobs Reaktion verdeutlicht den

unübertrefflichen Wert, den er in seinem Gott gefunden hat. Ein unübersehbarer Sieg Gottes!
Wie sehen im Vergleich dazu unsere Reaktionen auf Stürme aus? Darf Gott das Sturm-Potenzial unseres Lebens nutzen, um sich selbst zu verherrlichen und seinen unübertrefflichen Wert für alle sichtbar zu machen? Lebe ich mit einem Gottesbild, das Krisen beinhaltet? Wüssten wir überhaupt, wie wir Gott anbeten sollten, wenn uns ein Schicksalsschlag trifft?

4. April

DIE HILFLOSIGKEIT DER MITBETROFFENEN

„Und sie saßen bei ihm auf der Erde sieben Tage und sieben Nächte lang. Und keiner redete ein Wort zu ihm, denn sie sahen, dass der Schmerz sehr groß war" (Hi 2,13)

Der Umgang mit Leid ist herausfordernd, auch für Mitbetroffene. Die richtigen Worte finden, Anteilnahme zeigen, ohne in eines der vielen möglichen Fettnäpfchen zu treten – das ist schwierig. Fangen wir an bei Hiobs Frau. Mit ihrer heftigen Reaktion ist sie keine Hilfe für Hiob in seiner Situation. Sie hinterfragt, dass Hiob nach wie vor an Gott festhält. *„Sage dich los von Gott und stirb!"* (Hi 2,9 SLT). Für sie ist ganz klar: Alles Unglück ist Gott zuzuschreiben, und ein solcher Gott verdient Hiobs Treue nicht mehr. Ich höre auch immer wieder, wie Menschen Gott für alles Schlechte in ihrem Leben verantwortlich machen, obwohl sie bis dahin kein einziges Mal nach ihm gefragt haben und alles Gute kommentarlos entgegengenommen haben. Hiobs Reaktion ist erstaunlich. Er bleibt Gott treu und bezeichnet seine Frau als töricht. Er sagt: *„Das Gute nehmen wir von Gott an, da sollten wir das Böse nicht auch annehmen?"* (Hi 2,10). Vor dieser Reaktion ziehe ich meinen Hut. Es ist unvorstellbar, was Hiob erleiden musste, und trotzdem weist er seine Frau so entschieden zurecht.
In den nächsten mehr als 30 Kapiteln suchen Hiobs drei Freunde nach einer Erklärung für Hiobs Leid. Richtig zufriedenstellend sind die

Erklärungsversuche aber nicht. Man muss ihnen zugutehalten, dass sie sich große Mühe geben. Aber überzeugen können sie Hiob nicht mit ihren unterschiedlichen Gründen, warum Hiob diese Verluste und sein körperliches Leid durchleben muss. Der eine interpretiert es als Züchtigung und Zurechtweisung Gottes. Ein anderer fordert ihn zur Umkehr und Buße auf, um das Unglück von sich abzuwenden. Es müsse Sünde in seinem Leben geben, wenn ihm diese schlimmen Dinge widerfahren. Es ist menschlich, nach Antworten zu suchen, wenn wir mit unaussprechlichem Leid konfrontiert werden. Kontrollverlust macht uns wahnsinnig, und wenn wir einen Grund für Leid finden, kann das dieses Gefühl abmildern. Wir sollten deshalb Gnade haben mit Hiobs Frau und seinen Freunden.
Was können wir für unseren Umgang mit trauernden Menschen daraus lernen? Auf jeden Fall, dass fromme Floskeln nicht helfen! Durch das Rätselraten von Hiobs Freunden wird deutlich, wie wenig wir Menschen von Gottes Plänen verstehen können. Im Vergleich zu Gottes Weitsicht und seinem Blick auf unser Leben sehen wir nicht einmal einen Meter weit. Es ist in Ordnung zuzugeben, dass wir etwas nicht wissen oder verstehen. Und manchmal gilt es einfach, zu schweigen und zu vermitteln: „Wir sind bei euch." Wir können Essen vorbeibringen, im Haushalt und bei den Kindern helfen, einfach da sein für das, was in der Situation gebraucht wird.

Johanna

5. April

HIOB FÄNGT AN ZU TRÄUMEN

„Wasche mich völlig von meiner Schuld,
und reinige mich von meiner Sünde!" (Ps 51,4)

Die meisten Begegnungen mit Gott – in der Bibel, wie auch in unserem Leben – fangen mit irgendeinem Mangel an: Defizite, Nöte, unerfüllte Wünsche – wenn Gott einen Weg hat, uns in seine Nähe zu ziehen, dann in solchen Situationen. Er lässt uns spüren, dass diese Welt uns nicht sättigen kann, und lenkt unseren Blick nach oben, auf die Stadt, die Fundamente hat, deren Baumeister und Schöpfer er selbst ist (vgl. Hebr 11,10). So darf es nicht überraschen, dass auch Hiob anfängt zu träumen – von einer Sättigung, die nicht in dieser Welt zu finden ist, von einer Eins-zu-eins-Begegnung mit seinem Schöpfer. Von einer Brücke zwischen ihm als sündigem Menschen, der getrennt ist von Gott, und einem heiligen Gott, der den Anblick von Sünde nicht ertragen kann, der aber die einzige Hoffnung für die Rettung des Sünders ist.

„Du würdest rufen, und ich würde dir antworten, nach dem Werk deiner Hände würdest du dich sehnen. Denn dann würdest du zwar meine Schritte zählen, aber gäbest nicht acht auf meine Sünde! Mein Verbrechen wäre versiegelt in einem Bündel, und du würdest meine Schuld zudecken“ (Hi 14,15-17).

Die Sprache klingt neutestamentlich. In einem der ältesten Bücher der Bibel hat der Protagonist der Geschichte erkannt, dass sein eigentliches Bedürfnis nicht die Wiederherstellung seines Reichtums, seiner Gesundheit, seines gesellschaftlichen Status‘ ist, sondern die Versöhnung mit Gott. Die späteren Warnungen von Jesus selbst klingen hier schon an: *„Und fürchtet euch nicht vor denen, die den Leib töten, die Seele aber nicht zu töten vermögen; fürchtet aber vielmehr den, der sowohl Seele als auch Leib zu verderben vermag in der Hölle!“* (Mt 10,28).

Unglaublich, diese Aussage: Es gibt ein schlimmeres Problem als den Verlust all dessen, was in dieser Welt als erfolgreich gilt – kein ewiges Heil zu haben, das nur in Gott zu finden ist. Es geht um die Lösung des Schuldproblems. Mitten in seinem unvorstellbaren Leid fängt Hiob an, sich in den Kern von Gottes Heilsplan vorzutasten. Er verlangt nicht nach seinen Kamelen, seinen Immobilien, dem Beifall seiner Anhänger – er verlangt nach Reinigung, Vergebung, nach der Stimme Gottes, nach einer Freundschaft mit Gott. Er sieht sich als Täter, der Vergebung sucht, nicht als Opfer, das Mitleid braucht. Seine Wiederherstellung kann beginnen.

6. April

HIOB BEGINNT ZU SEHEN

„Auch jetzt noch – siehe, im Himmel ist mein Zeuge und mein Fürsprecher in der Höhe" (Hi 16,19)

Wir haben gesehen, wie Hiob beginnt, in seiner festgefahrenen Situation, in der pechschwarzen Dunkelheit, die andere Geschichte zu erahnen, die hier läuft. Der Mensch, der durch seine Sünde von Gott getrennt ist, spürt die Notwendigkeit der Versöhnung zwischen einem heiligen Gott und einem todgeweihten Menschen. Er hat Sehnsucht danach, die Stimme Gottes zu hören.

Auf sein Gebet in Hiob 14,15 („*du würdest rufen, ich würde dir antworten*") folgen Stationen einer Offenbarung, die Hunderte von Jahren vor dem Kommen Jesu direkt ins Herz des neuen Bundes hineinblicken lassen. Es ist faszinierend zu beobachten, wie Hiobs Sprache sich nach und nach ändert, je tiefer er in diese prophetischen Geheimnisse Gottes hineinschaut. „*Auch jetzt noch – siehe, im Himmel ist mein Zeuge und mein Fürsprecher in der Höhe*" (Hi 16,19). Achtet auf den veränderten Ton hier. Nicht mehr: „Schön wäre es, wenn ich etwas von ihm hören würde"! Nicht mehr der Konjunktiv: „Wenn nur ...", sondern eine klare Aussage über eine Tatsache. Aus einer Sehnsucht ist eine Feststellung, ein Statement, geworden. Es *gibt* den Vermittler zwischen ihm und Gott, nach dem sein leidendes Herz geschrien hat. Die Schuld *ist* zugedeckt, das Vergehen sehr wohl in einem Sack versiegelt (Hi 14,17). Ich denke zurück an den trotzigen, verzweifelten Schrei: „*Was tat ich dir an, du Wächter der Menschen? Warum hast du mich dir zur Zielscheibe gesetzt, und warum werde ich mir zur Last? Warum vergibst du mir nicht mein Verbrechen und lässt meine Schuld nicht vorübergehen?*" (7,20-21).

Hier in Kapitel 16 beginnt Hiob, die Antwort Gottes zu ahnen. Der von Schuld behaftete Mensch wird in Handschellen in den Gerichtssaal geführt, symbolisch gesprochen. Ein Todesurteil hängt über seinem Kopf. Er hat aber einen Anwalt dabei. Er ist den Folgen seines Verbrechens nicht schutzlos ausgeliefert. Der Richter hat sich etwas ausgedacht. Was genau, begreift Hiob noch nicht. Er beschließt, einfach zu vertrauen. Morgen dürfen wir mit Hiob zusammen über weitere Überraschungen staunen, die der gebeutelte Diener Gottes in der Finsternis entdeckt.

7. April

AUS DEM FÜRSPRECHER WIRD DER ERLÖSER

„Doch ich weiß: Mein Erlöser lebt; und als der Letzte wird er über dem Staub stehen" (Hi 19,25)

Keine Studie über Hiob wäre vollständig, ohne dass wir kurz bei den bekanntesten Versen aus dem Buch verweilen und diese Worte auf uns wirken lassen: *„Doch ich weiß: Mein Erlöser lebt; und als der Letzte wird er über dem Staub stehen. Und nachdem man meine Haut so zerschunden hat, werde ich doch aus meinem Fleisch Gott schauen. Ja, ich werde ihn für mich schauen; dann sehen ihn meine Augen, aber nicht als Fremden"* (Hi 19,25-27).

Der Ton von Hiobs Reden hat sich weiter verändert. Nicht mehr: „Schön wär's", nicht einmal: „Mein Fürsprecher ist in der Höhe", immer noch etwas distanziert, sondern Hiob hat einen Sprung in seinen Grübeleien gemacht. Jetzt heißt es: „Ich weiß". Es geht nicht mehr um einen Anwalt, sondern um einen Erlöser. Nicht mehr um einen, der ihn mit verbalem Geschick rechtfertigt und verteidigt, sondern einen Retter, der teures Geld für ihn bezahlt, der ihn buchstäblich kauft. Man merke: Hiobs Situation hat sich keinen Deut geändert. Seine verfaulende Haut hängt immer noch an brüchigen Knochen, die seinen abgemagerten Körper kaum noch tragen können. Er hat, realistisch gesehen, nicht mehr lange zu leben, so wie es klingt. Aber die Hoffnung, die seine Seele füllt, hat sogar den unmittelbar drohenden Tod irrelevant gemacht, so tief ergriffen ist er. Ich werde doch aus meinem Fleisch Gott schauen, kündigt er zuversichtlich an, weil dieser Erlöser „über dem Staub steht". Der Tod kann diesem Retter nichts anhaben. Und folglich steht auch über dem Staub, wer von ihm erlöst wurde. Der Tod wird nicht das letzte Wort haben.

„Dann sehen ihn meine Augen, aber nicht als Fremden." Vielleicht ist dieser kleine Satz der ergreifendste der ganzen Passage. Es gibt keine Distanz mehr. Der Gott, mit dem er viele Kapitel lang gehadert hat, von dem er sich gequält, als Zielscheibe aufgestellt fühlt, ist sein Freund geworden. Er sitzt auf der Anklagebank, erwartet die verdiente Strafe und stellt fest: Er sitzt da nicht allein. Der Richter sitzt direkt neben ihm, legt seinen Arm um ihn, trauert, leidet mit ihm und nimmt die angekündigte Strafe auf

sich. So stelle ich mir die Szene vor. Gott ist nicht so schnell mit seinem Notfallprogramm, wie Hiob es sich wünschen würde – genauso wenig wie bei uns, wenn wir alles geben würden, um Erleichterung zu finden, das Problem loszuwerden. Gott hat aber etwas Besseres zu bieten als die schnelle Hilfe. Seine eigene Nähe, seine Gegenwart, seine Begleitung. Und gerade darin liegt auch die Lösung für alle Probleme. Morgen werden wir sehen, warum.

8. April

GOLGATHA LÄSST GRÜSSEN

„Mein Gott, ich rufe bei Tage, und du antwortest nicht; und bei Nacht, und mir wird keine Ruhe" (Ps 22,3)

Es schlägt mir manchmal richtig auf den Magen, wenn ich die Geschichte von Hiob in einem Zug durchlese. Wie kann einem einzelnen Mann so viel Leid zugemutet werden? Es gibt einen Mann in der Bibel, der noch tiefer gestürzt ist als Hiob, dem noch mehr Leid zugemutet wird. Und das ist Gott selbst, der in Christus Mensch geworden ist. Die Parallelen sind nicht zu übersehen. Auch Jesus landet auf einer „Mülldeponie" außerhalb der Stadt: Golgatha. Sozial ausgegrenzt, von seinen Freunden im Stich gelassen. Die ihn anschauen, schütteln den Kopf und schnalzen mit der Zunge, so abstoßend ist er zugerichtet, dass er nicht mehr als Mensch zu erkennen ist. Die Schilderung von Leid, die einer Kreuzigung am nächsten kommt, finden wir in Davids Psalm 22. Diese Verse spiegeln viele der Aussagen von Hiob über seinen Zustand wider: *„Mein Gott, ich rufe bei Tage, und du antwortest nicht; und bei Nacht, und mir wird keine Ruhe"* (Ps 22,3). *„Wie Wachs ist mein Herz geworden, zerschmolzen in meinem Inneren"* (Ps 22,15). *„Meine Kraft ist vertrocknet wie gebrannter Ton, und meine Zunge klebt an meinem Gaumen; und in den Staub des Todes legst du mich"* (Ps 22,16).

Eine Steigerung gibt es noch. Hiob fühlt sich von Gott verlassen, Jesus wird tatsächlich von Gott verlassen. *„Eli, Eli, lama sabachtani!"* (Mt 27,46).

Hiob kommt dem Tode nahe. Jesus geht den ganzen Weg und stirbt tatsächlich. Hiob stolpert nichts ahnend in seine Krise hinein und versteht Gott und die Welt nicht mehr. Jesus *„richtete sein Angesicht fest darauf, nach Jerusalem zu gehen"* (Lk 9,51), als Golgatha seinen Schatten auf ihn warf. Absichtlich, bewusst – und wohl wissend, dass er jederzeit auf den roten Knopf drücken könnte, und Heerscharen von Engeln würden herbeieilen, um ihn aus diesem teuflischen Sumpf herauszuholen (Mt 26,53).
Hiob weiß es noch nicht. Aber während er gegen Gott klagt und stöhnt, inszeniert er die Generalprobe für das schlimmste Leid aller Zeiten: das Leid Gottes selbst. *„Den, der Sünde nicht kannte, hat er für uns zur Sünde gemacht, damit wir Gottes Gerechtigkeit würden in ihm"* (2Kor 5,21).
Die Passionsgeschichte wird in den vier Evangelien recht nüchtern erzählt. Im Buch Hiob wie auch in den Psalmen bekommen wir es richtig zu spüren, wie verheerend dieses Leid war, wie weit Gott ging, um uns aus unserer Sünde und unserem Tod zu retten. Diese Schilderungen können uns nicht kalt lassen. Sie müssen uns tief erschüttern, aber auch mit einem inbrünstigen, nachhaltigen Lobpreis und Dank erfüllen. Ich hoffe, dass auch du davon berührt wirst, während wir uns mit Hiob beschäftigen.

9. April

HIOB FÄNGT AN ZU STAUNEN

„Mit dem Allmächtigen will der Tadler rechten?" (Hi 40,2)

Hiob ärgert sich zwar maßlos über die besserwisserischen Sprüche seiner Freunde, aber auf den Rat von einem von ihnen achtet er aufmerksam und folgt diesem Rat auch. In Hiob 37,14 sagt Elihu, der vernünftigste und gleichzeitig jüngste der Freunde: *„Nimm dieses zu Ohren, Hiob! Steh still und achte auf die Wundertaten Gottes! Erkennst du es, wenn Gott ihnen Auftrag gibt und leuchten lässt das Licht seines Gewölks?"* Diese Worte sind wie ein Startschuss für eine der erstaunlichsten Offenbarungen der Kraft und Herrlichkeit Gottes, die wir in der Bibel finden: *„Da antwortete der Herr dem Hiob aus dem Sturm und sprach ..."* (Hi 38,1).

Elihu hat Hiob aufgefordert, seinen Blick mitten im Sturm auf den Herrn zu richten, nicht zu warten, bis der Sturm vorbei ist. Mit offenem Mund, mit großen Augen, mit hellwachem Herzen und gespitzten Ohren schaut Hiob direkt in das Heiligtum Gottes. Was sieht er? Zuallererst ein Jauchzen und Jubeln in der Himmelswelt (Hi 38,7). Danach einen Schöpfer, der dem Sturmwind eine Grenze setzt (auch deinem Sturm, lieber Hiob): „... *bis hierher kommst du und nicht weiter, und hier soll aufhören der Stolz seiner Wellen*" (V. 11). Einen Gott der Gerechtigkeit, denn „*den Gottlosen wird ihr Licht entzogen*" (V. 15). Einen Gott, der Leben in der Wüste hervorbringen kann, „*um regnen zu lassen auf ein Land ohne Menschen, auf die Wüste, in der kein Mensch ist, um zu sättigen die Öde und Verödung und um hervorsprießen zu lassen die Triebe des frischen Grases*" (V. 26-27). Gott macht Hiob klar, dass er, nicht Gott, in Erklärungsnot stehen müsste – „*Mit dem Allmächtigen will der Tadler rechten?*" (Hi 40,2), oder: „*Wer ist es, der vor mir bestehen könnte?*" (Hi 41,2).

Es folgen Details über den Körperbau und die Lebensweise von Tieren der Urzeit – dem Behemot und dem Leviatan (Hi 40) – da verweise ich wieder auf das Buch von Alexander vom Stein, in dem er faszinierende Erkenntnisse zu diesen Tieren wie auch zu den von Hiob beschriebenen Naturphänomenen weitergibt.

In dem allen finden wir keinen direkten Bezug zu Hiobs Lebenssituation. Das ist auch nicht nötig. Ein Blick auf die Macht und Herrlichkeit Gottes: Das ist der einzige Bezug, der nötig ist. Hiob ist sprachlos. Seine Fragen sind nicht beantwortet, immer noch nicht, aber sie sind nicht mehr relevant. Ich bete heute für alle, die sich wie Hiob in ausweglosen Lebenssituationen befinden. Ich bete, dass Gott auch euch diesen Blick auf seine Herrlichkeit heute schenkt.

10. April

SCHOCKSTARRE IM HEILIGTUM GOTTES

„Siehe, zu gering bin ich! Was kann ich dir erwidern? Ich lege meine Hand auf meinen Mund" (Hi 40,4)

Manchmal stöhne ich leicht, wenn ich bei Kapitel 38 im Buch Hiob ankomme. Warum hast du diese herrliche Show nicht gleich zeigen können, Gott? Warum erst nach so vielen Kapiteln? Wenn du früher aufgetaucht wärest, hätten wir uns die ganze Mühe sparen können, Hiobs Leid so hautnah mitzuerleben. Warum macht Gott keine Abkürzungen?

Gott lässt sich Zeit, bevor er sich offenbart. Vielleicht, weil Herzensprozesse manchmal reifen müssen. Umbrüche müssen verarbeitet werden. Die Seele muss eine Weile arbeiten, bevor sie einen Schock verarbeitet und anfängt, sich nach Gottes Hilfe auszustrecken und mit ihm zu ringen. Manchmal müssen auch alle anderen Optionen ausgeschöpft, die Suche nach Hilfe von Menschen gescheitert, andere Lösungswege versperrt sein. Ich muss mich von den hartnäckigen Abhängigkeiten des Lebens und meiner Beschäftigung damit lösen, meinen Drang nach Sicherheit und Berechenbarkeit an den Nagel hängen, und mich fragen, wie Gott die Sache wohl sehen könnte. Das geht nicht von heute auf morgen. Das Problem liegt gewiss nicht darin, dass Gott sich nicht offenbaren kann oder will. Das Problem liegt darin, dass in den Routinegeschäften eines vollen Lebens unsere Augen oft zu träge sind, geistliche Realitäten zu erkennen, unsere Ohren zu taub, um Gottes Stimme zu hören.

Alles, was bisher war, ist Hiob auf einmal peinlich. *„Zu gering bin ich"*, stöhnt er. *„Ich lege meine Hand auf meinen Mund"* (Hi 40,4).

Es ist einer dieser kostbaren Momente in der Bibel, in dem der Himmel die Erde berührt, und der Mensch, der dazwischensteht, sprachlos, überwältigt ist – vor Schreck, vor Staunen, vor Fassungslosigkeit. Um solche Momente für mich zu bitten, finde ich anmaßend. Würde ich so eine Begegnung überhaupt verkraften? Aber mich von ihnen inspirieren lassen, das mache ich gerne. Über die Schulter eines Hiob zu blicken und mit ihm zu staunen. Dazu ist die Geschichte wohl da.

„Vom Hörensagen hatte ich von dir gehört, jetzt aber hat mein Auge dich gesehen. Darum verwerfe ich mein Geschwätz ..." (Hi 42,5). Welch ein Moment der

Erleichterung, des ehrfurchtsvollen Staunens. Und immer noch sitzt er auf seiner Müllhalde, dem Tode nahe, abgeschnitten von allem, was im Leben Freude macht.
Eine kleine Aufgabe für heute: Vergleiche diese Aussage Hiobs mit einer ähnlichen Erfahrung, die der Prophet Jesaja macht (Jes 6,5). Auch mit Petrus, Jakobus und Johannes auf dem Berg der Verklärung mit Jesus (Mt 17). Oder Johannes am Anfang des Buchs der Offenbarung (Offb 1,17).

11. April

DAS HAPPY END

„Und der Herr wendete das Geschick Hiob, als der für seine Freunde Fürbitte tat" (Hi 42,10)

Wir befinden uns auf der Zielgeraden unserer kleinen Studie der Geschichte Hiobs. Heiligung geschieht nicht per Knopfdruck. Wenn Gottes Ziel mit unserem Leben die Christusähnlichkeit ist, die Heiligung, ohne die wir Gott nicht sehen werden, dann machen die Achterbahnen in Hiobs Leben einen Sinn. Und Heiligung geschieht bei keinem von uns über Nacht. Nicht die Schreie der Verzweiflung mitten im dunklen Tal, nicht das Hadern mit Gott in den langen schlaflosen Nächten entscheiden unser Schicksal, sondern das Ziel, an dem wir letztlich landen. Das ist das Entscheidende. Wohin führt das Ringen? Wer hat das letzte Wort? Der leidende Prophet Habakuk bringt dies zum Ausdruck, als er schreibt: *„Denn der Feigenbaum blüht nicht, und an den Reben ist kein Ertrag. Der Ölbaum versagt seine Leistung, und die Terrassengärten bringen keine Nahrung hervor. Die Schafe sind aus der Hürde verschwunden, und kein Rind ist in den Ställen. – Ich aber, ich will in dem HERRN jubeln, will jauchzen über den Gott meines Heils"* (Hab 3,17-18).
Wie bei Hiob, der auf den Boden fiel und anbetete, als die Katastrophe einschlug – das letzte Wort ist Anbetung, die Ehre, die Gott gebührt. An einer anderen Stelle mahnt Habakuk zu Geduld und Ausharren in den mühsamen Wartezeiten des Lebens: *„Denn die Vision gilt erst für die festgesetzte Zeit,*

und sie strebt auf das Ende hin und lügt nicht. Wenn sie sich verzögert, warte darauf; denn kommen wird sie, sie wird nicht ausbleiben" (Hab 2,3).
Hiob ahnt es noch nicht, aber seine Wartezeit ist fast zu Ende. Endlich! Die Prüfung hat er bestanden, den Glauben hat er bewahrt. *Eine* Aufgabe hat er noch. Er muss sich mit seinen Freunden versöhnen (Hi 42,8). „*Und der Herr wendete das Geschick Hiobs, als der für seine Freunde Fürbitte tat*" (Hi 42,10). Eine interessante Randbemerkung: Gott scheint mit Hiobs Peinigern Nachsehen zu haben. Er tadelt sie („*ihr habt über mich nicht Wahrheit geredet*" [Hi 42,7]) und gibt Hiob recht, straft sie aber nicht. Die Freundschaft wird wiederhergestellt trotz der scharfen und harten Worte, die sich im Laufe der Geschichte gegenseitig an den Kopf geworfen wurden.
Ein Letztes: Bei Gott soll man aufpassen, wofür man bittet. Hiob hat gewünscht, die Stimme Gottes zu hören: „*Du würdest rufen und ich würde dir antworten*" (Hi 14,15). Gott antwortet – und wie! Hiob ist wie ausgewechselt, noch bevor seine Situation sich geändert hat. Die Taktik Gottes hat sich bezahlt gemacht. Aus Sehnsucht ist nicht nur Offenbarung und Glaube geworden, mit einem faszinierenden Blick in eine Zukunft, in der der Erlöser der Welt selbst über dem Tod stehen wird. Sondern Hiob hat auch handfeste Erkenntnisse über den Charakter Gottes gewonnen, er hat ihn von Angesicht zu Angesicht gesehen. „*Ich habe erkannt, dass du alles vermagst und kein Plan für dich unausführbar ist. ... jetzt aber hat mein Auge dich gesehen*" (Hi 42,2.5). Danach brechen wieder gute Zeiten in seinem Leben an. „*Der Herr segnete das Ende Hiobs mehr als seinen Anfang*" (Hi 42,12). Wir wissen aber auch: Nicht alle, die auf Gottes Hilfe gesetzt haben, erleben in diesem Leben einen guten Ausgang. Das macht die Heldenliste in Hebräer 11 klar (Verse 35-40). Gott geht mit jedem einen anderen Weg.

FROMME NARZISSTEN IN DER BIBEL UND WAS WIR AUS IHREN GESCHICHTEN LERNEN KÖNNEN

Ein Narzisst – gerade ein Modebegriff in der Psychologie – ist ein unverbesserlicher Egoist. Narzissmus ist die Endstation des Sündenfalls. Der Mensch herrscht als kleiner Gott in seiner eigenen Welt. Und die interessantesten Narzissten sind die, die das Ganze sehr christlich aufziehen. Wir wollen uns ansehen, mit welchen Tricks Narzissten arbeiten. Vor allem werden wir Wege finden, wie wir es vermeiden können, selbst einer zu werden, und wie wir uns, unsere Familien und Gemeinden vor ihnen schützen können.

12. April

EINE WELT FREI VON EIGENSUCHT

„... er sah den Geist Gottes wie eine Taube herabfahren und auf sich kommen. Und siehe, eine Stimme kommt aus den Himmeln, welche spricht: Dieser ist mein geliebter Sohn, an dem ich Wohlgefallen gefunden habe" (Mt 3,16-17)

Stellt euch eine Gemeinschaft vor, in der drei eigenständige Persönlichkeiten, die Profil und Format haben, in völliger Harmonie miteinander aber auch füreinander leben, gestalten und handeln. Ein Miteinander frei von jedem Kalkül: „Ich helfe dir – aber nur, wenn du mir hilfst", oder: „Nur wenn ich was davon habe" – auf solche Gedanken würden diese drei nie kommen. Hin und wieder gibt uns die Bibel einen kleinen Einblick in diese Dreierschaft, vor allem in den Reden Jesu.

„Glaubt mir, dass ich in dem Vater bin und der Vater in mir ist" (Joh 14,11).

„Wenn ich mich selbst ehre, so ist meine Ehre nichts; mein Vater ist es, der mich ehrt, von dem ihr sagt: Er ist unser Gott" (Joh 8,54).

„Der Sohn kann nichts von sich selbst tun, außer was er den Vater tun sieht; denn was der tut, das tut ebenso auch der Sohn" (Joh 5,19).

Die Zuneigung zwischen Vater und Sohn ist gegenseitig. Der Vater ist stolz auf den Sohn und fordert dessen Nachfolger auf, auf seine Worte zu achten: *„Dieser ist mein auserwählter Sohn, ihn hört!"* (Lk 9,35; vgl. Mt 3,17). Der Heilige Geist ist mit von der Partie. Er ist es, der Jesus in die Wüste schickt. Jesus gehorcht ohne Widerrede, nennt ihn später den anderen Beistand, der in Ewigkeit bei uns ist (Joh 14,16). Und er ergänzt: *„... der wird euch alles lehren und euch an alles erinnern, was ich euch gesagt habe"* (Joh 14,26).

Es gibt nur eine Triebkraft in dieser Gemeinschaft: das Bedürfnis des einen, aktiv dem anderen Raum zu machen. Eine freiwillige Unterordnung, die nichts mit Unterwürfigkeit zu tun hat. Eine Abscheu davor, sich selbst in Szene zu setzen. Diese gegenseitige Hingabe findet ihren stärksten Ausdruck in jener schrecklichen Nacht, in der der Sohn betet: *„Vater, wenn du willst, nimm diesen Kelch von mir weg"* (Lk 22,42). Selbst in diesem Augenblick des Horrors vor seinem bevorstehenden Tod fügt sich der Sohn dem Willen des Vaters: *„... doch nicht mein Wille, sondern der deine geschehe!"*

Kaum vorstellbar für unseren durch den Sündenfall geschädigten Verstand, oder? Was ist da bloß schiefgelaufen? Wie ist aus diesem herrlichen Anfang das Chaos geworden, das wir um uns herum sehen, auch in der eigenen Seele? Nach ein paar einführenden Gedanken wollen wir am Beispiel einzelner Charaktere aus der Bibel anschauen, was die zerstörerische Kraft der Sünde mit einem Menschen anrichten kann – aber auch, wie manche von ihnen davon frei werden und zumindest ansatzweise diese Ebenbildlichkeit Gottes wiederfinden.

13. April

DER EINDRINGLING VON ALTERS HER

„Dein Herz wollte hoch hinaus wegen deiner Schönheit …" (Hes 28,17)

Der Begriff „Narzisst" ist gerade ein Modebegriff in der Welt der Psychologie. Narzisst – das ist eigentlich nichts anderes als ein moderner, vornehmer Begriff für ein altes Wort: Egoist. Nicht irgendeiner, sondern ein unverbesserlicher, extremer Egoist. Narzissmus ist die Endstation von ungebremster Selbstsucht. Von allen bösen Menschen sind die religiösen bösen Menschen die schlimmsten – das hat C. S. Lewis einmal gesagt.

Gestern haben wir diese sich freiwillig schenkende Liebe angeschaut, die in der Dreieinheit herrscht. Sie ist von jenen Hintergedanken und geheimen Plänen, die in menschlichen Beziehungen zu endlosen Lawinen von Missverständnissen und Verletzungen führen, völlig frei. Genau für diese Qualität göttlicher Liebe, für dieses barrierefreie Miteinander wurde der erste Mensch geschaffen. In der engen Gemeinschaft mit seinem Schöpfer blühte das Geschöpf auf. Unvorstellbar: eine Welt ohne Neid, Schamgefühle, Machtkämpfe, Gewalt, Diebstahl, Beleidigungen, Verletzungen, schräge Kommentare, Rache, gebrochenes Vertrauen. Das alles kannte der Garten Eden nicht.

Einen hatte dieser paradiesische Zustand schon vor der Schöpfung der Welt zur Weißglut gebracht. Man könnte ihn als den Obernarzissten der Weltgeschichte bezeichnen. Es hatte mit ihm eigentlich ganz anders angefangen. Bei zwei alttestamentlichen Propheten finden wir eine Rückblende in die Geschichte vor dem Garten Eden.

„Du warst das vollendete Siegel, voller Weisheit und vollkommen an Schönheit, du warst in Eden, dem Garten Gottes ... Vollkommen warst du in deinen Wegen ... bis sich Unrecht an dir fand ... Dein Herz wollte hoch hinaus wegen deiner Schönheit“ (Hes 28,12.15.17).

„Du sagtest in deinem Herzen: ‚Zum Himmel will ich hinaufsteigen, hoch über den Sternen Gottes meinen Thron aufrichten und mich niedersetzen auf den Versammlungsberg im äußersten Norden. Ich will hinaufsteigen auf Wolkenhöhen, dem Höchsten mich gleichmachen‘“ (Jes 14,13-14).

Die Folge davon: *„Ich verstieß dich vom Berg Gottes und trieb dich ins Verderben“* (Hes 28,16).

Dort, wo Kreaturen frei entscheiden können (und Gottes Geschöpfe waren noch nie ferngesteuerte Marionetten) besteht zwangsläufig die Gefahr des Verrats. Der gefallene Engel gründete mitten in Gottes schönem Garten sein eigenes Reich, und der Konkurrenzkampf zwischen Gut und Böse begann. Der Leitspruch des Feindes lautet: „Ihr werdet sein wie Gott!“ Ich bestimme, wo es lang geht. Was ich sage, gilt. Verzicht? Kompromisse? Fehlanzeige! Der Feind macht sich an die Arbeit, die fremdbesetzte Schöpfung Gottes nun mit Menschen nach *seinem* Ebenbild zu bevölkern. Lauter kleine Egoisten, die selbst Götter sein wollen. Das muss schiefgehen. Und damit Bühne frei für ein Schaulaufen der Narzissten auch in der Bibel, wie auch für Gottes genialen Plan, gefangene Menschen aus diesem Teufelskreis zu befreien! Mögen wir immer mehr in dieser Freiheit leben!

14. April

DIE SUCHE NACH DEM HAUPTTÄTER

„Er wird sein Volk retten von seinen Sünden“ (Mt 1,21)

Es macht so viel Spaß, die Sünden unserer Mitmenschen aufzuspüren, findet ihr nicht auch? Wie viel leichter es mir fällt, über den Egoismus der anderen zu lästern als über meinen eigenen. Es gibt mir ein Gefühl

der Überlegenheit: Ich bin doch in Ordnung, weil die anderen viel schlimmer sind. Es ist eine schlaue Art, unsere eigene Schuld raffiniert zu umschiffen. Solange der andere noch schuldiger ist, kann ich mich meiner Tugendhaftigkeit rühmen. Deshalb übertreiben wir so gerne die Fehler der anderen und verharmlosen unsere eigenen. Jedes Kind ist ein Meister darin, ohne es jemals gelernt zu haben!
Deshalb muss jede Charakteranalyse biblischer Figuren in unserem eigenen Herzen anfangen. Dort sitzt leider der Obernarzisst, mit dem wir es am meisten zu tun haben. Wir dürfen nur in dem Maße beurteilen, wie wir uns selbst beurteilen lassen (Mt 7,2). Dieses Spiel, unsere Sündhaftigkeit auf andere zu verlagern, ging schon bei Adam und Eva los: Die Frau ist schuld, die Schlange ist schuld.
Das Gegenmittel dazu ist ein einfaches Gebet, das die Tür zurück in die Ebenbildlichkeit Gottes öffnet: *„Gott, sei mir, dem Sünder, gnädig!"* (Lk 18,13). Das Bekenntnis, dass ich es von mir aus nie schaffen kann, heilig zu sein. Dass mein Egoismus mich für nichts anderes als eine Ewigkeit ohne Gott tauglich macht. Nein, jemanden ermordet habe ich nicht, auch nichts gestohlen, auch keinen Ehebruch begangen. Aber meine Gedanken? Meine gemischten Motive? Zu viel Beschäftigung generell mit mir selbst? Meine Faulheit? Übertreibungen? Lästernde, kritische, verärgerte Gedanken über andere? Die Liste ist ehrlich gesagt endlos. Alles Negative, was unsere Seele aufwirft, ist letztlich unser Versuch, selbst Gott zu sein. Es muss laufen, wie ich es haben will. Meine Mitmenschen müssen so funktionieren, wie es meinen Belangen dient. Das Dumme dabei – wer selbst Gott spielt, dient letztlich nicht sich selbst, sondern dem Gegner Gottes, Satan. Das ist der Trugschluss, mit dem die Schlange Adam und Eva in die Falle gelockt hat. In dem Maße wie wir unserem eigenen Narzissmus ins Gesicht schauen und entsetzt sind, in dem Maße werden wir auch göttliche Gnade verstehen, tief durchatmen, unserem Heiland staunend und dankend zu Füßen fallen und diese Haltung zu einem Lebensstil machen. Von dieser Startposition aus machen wir uns auf, um zu schauen, was wir vom Aufstieg und Fall unserer geistlichen Vorfahren lernen können. Dabei haben wir die strenge Ermahnung im Bewusstsein, die Paulus seinen Freunden in Korinth schrieb: *„Daher, wer zu stehen meint, sehe zu, dass er nicht falle"* (1Kor 10,12). Ein Gebet für heute: *„Erforsche mich, Gott, und erkenne mein Herz. Prüfe mich und erkenne meine Gedanken!"* (Ps 139,23).

15. April

DIE KUNST DES IMAGEMANAGEMENTS

„Die Menschen werden selbstsüchtig sein, geldliebend, prahlerisch, hochmütig, Lästerer, den Eltern ungehorsam, undankbar, unheilig, lieblos, unversöhnlich, Verleumder, unenthaltsam, grausam, das Gute nicht liebend, Verräter, unbesonnen, aufgeblasen, mehr das Vergnügen liebend als Gott, die eine Form der Gottseligkeit haben, deren Kraft aber verleugnen" (2Tim 3,2-5)

Paulus bringt es in seinem Brief an Timotheus auf den Punkt. So sieht ein gottloser Mensch aus, der sich selbst überlassen ist und selbst Gott sein will. Je weiter sich eine Gesellschaft und auch eine Kirche von ihm entfernt, desto mehr werden wir mit solchen Menschen zu tun haben.

Über einen bekannten Mann im Alten Testament wird erzählt: *„Er hat sich ein Siegeszeichen errichtet"* (1Sam 15,12). Das muss einer der traurigsten Verse in der Bibel sein. Hier haben wir es mit dem ersten Narzissten in unserer Reihe zu tun – eine besonders schlimme Tragödie, weil sie so unnötig gewesen ist. Diesem Mann lag die Welt zu Füßen: Saul, der erste König Israels. Er hatte so einen guten Start hingelegt. Ein tapferer Krieger, ein Leiter mit Format und Statur, ein geschickter Stratege, beliebt ohne Ende, aus einer guten Familie stammend. So viel Gunst muss eine Seele verkraften. Seine Seele hat es nicht geschafft. Sein Status, sein Aufstieg sind von Gott geschenkt, er soll sie einsetzen, um sein Volk zu segnen. Stattdessen fängt er irgendwann an, sich selbst zu segnen. Der klassische Fehler der Reichen und Erfolgreichen dieser Welt, der christlichen wie auch der nicht-christlichen.

Sauls Hauptproblem ist seine Besessenheit von seinem Image. Letztlich betet er nicht Gott an, sondern sich selbst. Er will gut dastehen. Wenn irgendwas schiefläuft, kann es nicht an ihm liegen. Als Samuel ihn zur Rechenschaft zieht, weil er den feindlichen Amalekitern nach errungenem Sieg kein vollständiges Ende gemacht hat, hat Saul seine Ausrede gleich zur Hand: *„Aber das Volk verschonte die besten Schafe ... das Volk hat von der Beute genommen ..."* (1Sam 15,15.21). Ach so, die Mitarbeiter waren schuld. Saul scheint unfähig zu sein, Verantwortung für seine Fehltritte zu übernehmen. *„Gesegnet seist du von dem Herrn! Ich habe das Wort des*

Herrn erfüllt", verkündet er zuversichtlich (V. 13). Die Tiere wurden nur verschont, weil sie sie dem Herrn opfern wollten. Das Volk wollte es so, natürlich. Samuel ist von dieser wirren Auflistung von Halbwahrheiten, Ausreden und Übertreibungen nicht beeindruckt. Obwohl Saul seine Worte so geschickt in frommem Jargon verkleidet. *„Hat der Herr so viel Lust an Brandopfern und Schlachtopfern wie daran, dass man der Stimme des Herrn gehorcht?"*, lautet die berühmte Antwort des Propheten (V. 22).
Und trotzdem gibt Gott Saul immer wieder neue Chancen, aus diesen Episoden eine Lehre zu ziehen, es das nächste Mal anders zu machen, nicht länger auf menschliches Ansehen und menschliche Unterstützung zu vertrauen und voll auf den Herrn zu setzen. Keiner wird über Nacht zum Narzissten. Es ist die Summe vieler kleinen Entscheidungen, es kommt schleichend. Morgen überlegen wir, wie wir mit solchen Menschen umgehen können, und danach, wie wir diesen schleichenden Narzissmus in unserem Leben vorbeugen können. Es bleibt spannend.

16. April

DIE KUNST, DEN SPIESS UMZUDREHEN

„Nicht ich habe Israel ins Unglück gebracht, sondern du und das Haus deines Vaters" (1Kö 18,18)

Vor langer Zeit habe ich etwas machen müssen, was mir unendlich schwergefallen ist. Ich habe eine Frau zurechtgewiesen, die dabei war, durch Lüge und Betrug viel Schaden in ihrem direkten Umfeld anzurichten. Ich wusste schon im Vorfeld, dass sie mir meine Worte übelnehmen würde. Ich versuchte, so liebevoll zu reden, wie ich nur konnte. Aber es kam wie erwartet. Erschrocken über den Kummer, den sie anderen bereitet hatte, war sie nicht. Wer zu lange und zu viel nur mit sich selbst beschäftigt ist, verliert jede Wahrnehmung für das eigene Verhalten, der ist nicht mehr fähig, Empathie oder Reue zu empfinden. Über meine Ermahnung war sie dagegen hochgradig empört. Ich hätte sie tief verletzt, sie bräuchte vorerst mal Abstand, würde dann ein Klärungsgespräch mit mir

suchen, sie hätte mir schon vergeben. Nach mehr als 30 Jahren Gemeindearbeit kenne ich diesen Trick nur zu gut. Klassischer Narzisst. Er dreht den Spieß sofort um, und vermittelt dir mit souveräner Selbstsicherheit, dass *du* das Problem bist, unterstellt dir das Fehlverhalten, das sein eigenes ist! Nach dem Motto: Wenn du die Botschaft nicht schmackhaft findest, dann greife den Botschafter an.
Eine Option in so einer Situation ist, den Spieß sofort umzuwenden. In diesem Fall schrieb ich der lieben Dame zurück, dass ich mir diesen Schuh nicht anziehen würde – ich spielte ihr den Ball gleich zurück. So macht es Samuel beim Vorfall mit Saul und der Beute der Amalekiter (1Sam 15), wie wir gestern gesehen haben. „Du bist hier das Problem, Saul." Der Prophet Elia ist in einer gefährlicheren Situation noch schlagfertiger mit seiner Retourkutsche: *„Nicht ich habe Israel ins Unglück gebracht, sondern du und das Haus deines Vaters"* (1Kö 18,18). Das ist seine Antwort auf Ahabs charmante Begrüßung: *„Bist du da, der Israel ins Unglück gebracht hat?"* (V. 17).
Eine gute Kinderziehung ist nichts anderes als genau diese Taktik in täglichem Kleinformat. Kinder sind von Grund auf chronische Egoisten. Unser Job als Eltern ist, ihnen rund um die Uhr zu vermitteln, dass sie nicht die kleinen Götter sind, für die sie sich halten. „Ihr werdet sein wie Gott" – der Zuspruch des Feindes ist auf entsetzliche Weise tief in die Gene des Menschen eingedrungen.
Was machen, wenn man unter einem Dach, in einem Büro, in einem Team, mit jemandem zusammen ist, der keine Widerrede duldet? Es gibt Situationen, in denen man Narzissten nicht ausweichen kann, und sie zu konfrontieren, würde die Hölle für alle bedeuten, die in Reichweite sind. Hier gibt es in der Bibel verschiedene Optionen. David ging auf Abstand, als Saul ihm drohte. Er ergriff die Flucht. Wir müssen unsere körperliche Sicherheit und unseren Seelenfrieden nicht den Ansprüchen eines „Monsters" ausliefern. Den Raum verlassen. Die Tür schließen, bis der Sturm vorüber ist oder du dich beruhigt hast. Versuchen, deine Not in der Form eines Briefes zu beschreiben. Eine wichtige Option ist Gebet. Für die Menschen beten, die uns Mühe machen, immer wieder den Austausch suchen, immer wieder um Einsicht beten. Auch eine Strategie von David: Bei jeder Gelegenheit versucht er, Saul zur Einsicht zu bringen. Morgen geht's drum, wie man sich selbst davor schützt, ein Narzisst zu werden.

17. April

SICH SELBST ANBETEN – DER WEG ZUR MAXIMALEN UNATTRAKTIVITÄT

„Er muss wachsen, ich aber abnehmen" (Joh 3,30)

Das Wort Narzisst entstammt der griechischen Sage, die von dem jungen Kerl erzählt, der sich in sich selbst verliebt, als er sein Spiegelbild einmal im Wasser sieht. Ehrlich gesagt, denke ich oft zwangsläufig an diesen armen, betrogenen Kerl, wenn ich – wahrscheinlich öfter als mir guttut – eine kleine Tour durch die sozialen Medien starte. Da gibt es etliche Leute, die in sich selbst verliebt sind, und wie! Leider auch viele Christen. „O Mädel, weniger von dir, mehr von Jesus", denke ich oft. Nicht das Spiegelbild im Wasser zieht uns moderne Menschen in seinen Bann, sondern die Kamera, die uns so gerne und so oft und inzwischen gratis zurückspiegeln will, wie toll und wichtig wir sind, uns in Helden in unserem eigenen Drama verwandelt.

„Eines der Dinge, die die Sünde tut, ist, uns alle in Narren zu verwandeln. Die Sünde bringt einen praktischen Wahnsinn mit sich, von dem wir alle befreit werden müssen. Hier ist also die rettende Gnade nötig, die uns die Augen öffnet und das Verständnis unserer Herzen, damit wir Gott und seine Gnade erkennen und das Leben suchen und empfangen können, das nur er geben kann" (Paul David Tripp, *Jeden Morgen neue Gnade*, Voice of Hope).

Wie können wir diese Fesseln der Ichbesessenheit praktisch zerreißen? Einiges kennen wir schon: das Ich töten, kreuzigen, entsetzt sein über seine Auswüchse. Jesus und seinem Wort Raum geben. Christus in mir blühen lassen (die Frucht des Geistes). Bei einer tiefgehenden Beschäftigung mit dem Wort Gottes fallen dem durch Christus erneuerten Sinn nach und nach geniale – total einfache – Strategien ein, wie wir Desaster vermeiden können. König Saul hätte eine lange und glorreiche Regentschaft genießen können, wenn er diese Dinge beachtet hätte. Gehe in die Offensive mit deiner Schuld, wenn du etwas Dummes gemacht hast, und oute dich. Selbstregulierung nennt man das. Korrigiere dich selbst, bevor jemand anderes es machen muss. Interessiere dich für andere Menschen. Ziehe nicht jedes Gespräch auf dich und darauf, wie gut du bist. Versuche, aus deinem Reden jede Spur von Selbstdarstellung herauszuhalten. Sei dankbar für die Bauchlandungen und Blamagen in deinem Leben – sie halten dich demütig. Mach dir keine Gedanken um dein Image. Richte dich darauf, dem Herrn zu gefallen. David hat es begriffen (Ps 51). Der Prophet Jesaja auch (Jes 6). Ebenso der jüngere Sohn im Gleichnis vom verlorenen Sohn (Lk 15). Wie befreiend ist es loszulassen, Versagen ehrlich zu bekennen und Gottes Vergebung zu empfangen (1Jo 1,9)!

18. April

WENN DAS HELFERSYNDROM IN DIE SCHIEFLAGE GERÄT

„Marta, Marta! Du bist besorgt und beunruhigt um viele Dinge; eins aber ist nötig …" (Lk 10,41)

Jede Gemeinde hat sie. Diese Menschen, die sich sehr gerne engagieren für alle möglichen Projekte, ihre Dienste mit Fleiß und Hingabe verrichten … sich aber immer wieder beklagen, wie sehr sie sich allein fühlen, nicht beachtet, ohne Unterstützung. Aber wehe dir, wenn du mitleidsvoll deine Unterstützung anbietest – oft geht das von vornherein nicht, weil sie sich meist erst hinterher beklagen. Eigentlich wollen sie es lieber allein machen. Die Klagen sind vermutlich eine Taktik, mit der sie Ansehen, Zuwendung und Lob bekommen wollen, um sich wichtig und unersetzbar zu fühlen. Denn niemand macht es so gut wie sie.

O weh, solche Leute können ganz schön anstrengend sein. Ein bisschen von dieser Art lässt sich bei Marta, der Powerfrau der Familie Lazarus aus Betanien, vermuten. Jesus mochte dieses Dreiergespann wohl ganz besonders, hat immer wieder auf dem Weg nach Jerusalem bei ihnen übernachtet.

Ihr kennt sicher die Geschichte von Marta in Lukas 10,38-42. Jesus ist da zu Besuch, sie hat in großem Stil aufgetischt, ist aber wohl in Stress geraten.

Die Tischdeko ist noch nicht gemacht, die Blumengestecke stehen noch in der Küche, die Salatsoße muss noch vorbereitet werden ... So ähnlich muss es gewesen sein. Und was macht ihre Schwester Maria? Sitzt zu den Füßen Jesu und hängt an jedem Wort, das er sagt. Als ob es hier nicht Wichtigeres zu tun gäbe. Erst recht für die Frauen des Hauses! Zu den Füßen des Rabbi zu lauschen, war ja ohnehin eindeutig Männersache. Offensichtlich erwartet Marta von Jesus etwas Solidarität. Dass ihre Prioritäten falsch sind, kommt ihr nicht in den Sinn. Die Ermahnung von Jesus muss zuerst weh getan haben. Einer dieser kleinen Entscheidungsmomente im Alltag. Gekränkt reagieren? Sich gedemütigt fühlen? Die ganze Mühe nicht wertgeschätzt? Die Ermahnung haben sicher die anderen Gäste auch mitbekommen. Marta hätte jeden Grund, sauer zu sein. So ein Moment kann blitzschnell zu einem Lebensstil werden. Da fängt man an, erst recht zu fragen: Werde ich hier benachteiligt? Bevorzugt Jesus die Maria grundsätzlich? Hat er was gegen mich? Maria könnte auf einmal ihre Feindin, ihre Rivalin sein. Der Haussegen könnte im Nu ordentlich schief hängen. Wie in der Geschichte vom verlorenen Sohn in Lukas 15. Wie bei Kain und Abel. Eine kleine Zurechtweisung aus dem Mund des Herrn – und meine Antwort darauf kann über Leben und Tod entscheiden (Spr 18,21).
Über Martas unmittelbare Reaktion auf diese Zurechtweisung von Jesus erfahren wir nichts. Auch nichts über ihre Gedankengänge und Empfindungen. Aber wir wissen, wie die Geschichte weitergeht und dass sie eine andere Entscheidung getroffen hat, als den Weg des verbitterten Egoismus‘ einzuschlagen. Mehr dazu morgen!

19. April

GIBT ES EIN LEBEN NACH DER VERLETZUNG?

„Und Marta diente" (Joh 12,2)

Manchmal sind es die kleinen Halbsätze, die beiläufigen Hinweise, die den Schlüssel zu einer biblischen Geschichte enthalten. Gerade das macht die Bibel so glaubwürdig. Vieles ist so nebenher erwähnt, so unabsichtlich. *„Marta diente."* Diese liebe Frau hätte durch die Zurechtweisung Jesu richtig mega-gekränkt sein können. „Ich zerbreche mir hier den Kopf, laufe mir die Beine wund, um ein ordentliches Essen auf den Tisch zu bringen ... meine Schwester lässt mich voll im Stich, und dann werde ich auch noch öffentlich beleidigt? Wenn das meine Belohnung war, dann war's das mit Jesus. Ade, Leute, ich suche nach jemandem, der mich und meine Talente zu schätzen weiß!"

Es hätten lange Ausführungen und Belehrungen auf den Vorfall in Lukas 10 folgen können, wie man mit Verletzungen und Enttäuschungen klarkommt, aber Marta hat die Liebe in Jesus Worten erkannt. Er hat ihren Einsatz nicht kritisiert, nur ihre Prioritäten. Sie liebevoll von ihrer stresserfüllten Suche nach Perfektion, nach Anerkennung für ihre Talente und Leistungen heruntergeholt und ihr gezeigt, dass es einen besseren Weg gibt, seelische Verirrungen in Schach zu halten und Frieden zu finden. Er hat sie dorthin eingeladen, wo auch wir zur Ruhe kommen: zu den Füßen Jesu. Seine Worte waren keine Beleidigung, sondern eine Einladung.

Wir begegnen Marta wieder. Eine existentielle Not platzt in das Leben der kleinen Familie hinein: die schwere Krankheit des Bruders Lazarus. Jesus wird gerufen, er kommt allerdings zu spät. Lazarus ist tot. Marta ist es, die als Erste aus dem Haus stürzt und zu Jesus hinausrennt, sobald bekannt wird, dass er im Anmarsch ist (Joh 11). Der Rest ist Geschichte. Sechs Tage später ist Jesus auf dem Weg nach Jerusalem und macht wieder einen Besuch in Betanien. Wieder Marta und Maria, wieder ein Essen, wieder Maria zu den Füssen Jesu, dieses Mal mit einer Flasche teuersten Salböls, das sie auf die Füße Jesu ausgießt.

„Sie machten ihm nun dort ein Abendessen, und Marta diente" (Joh 12,2). Was hier *nicht* steht, ist wichtig. Es gibt kein Aufheben darum. Keine Sticheleien von Marta gegen ihre Schwester, keine Klagen, dass sie nicht beachtet wird. Diese Geschichte hätte so anders ausgehen können. Marta hätte eine richtige Haustyrannin werden können: „Es läuft, wie ich will. Ihr tut, was ich sage, oder ..." Die Ansätze waren schon da. Aber sie ließ sich zurechtweisen. Sie verzichtet, nimmt sich zurück, lässt Maria in ihrer Unterschiedlichkeit gewähren und im Mittelpunkt stehen, und ... dient einfach. Morgen werden wir sehen, wie bedeutungsvoll diese Episode auf

verschiedenen Ebenen ist. Ohne dass seine Bewohner es im geringsten ahnen können, wird das Haus in Betanien die Bühne für eine Kette von Ereignissen, die die Welt erschüttern, und auch dein und mein Leben auf den Kopf stellen.

20. April

DIE GEBROCHENE MACHT DES NARZISSMUS

„Den, der Sünde nicht kannte, hat er für uns zur Sünde gemacht" (1Kor 5,21)

Was das Dreiergespann in Betanien nicht ahnen kann, ist, dass die beiden Besuche Jesu in ihrem Haus eine Lawine von bedeutenden Entwicklungen auslösen sollte. Martas Wende hat sicher dazu beigetragen. Die Ereignisse überschlagen sich. Judas schimpft über die verschwendete Salbe, die Maria auf die Füße Jesu ausgeschüttet hat. Eine letzte Sicherung brennt in ihm durch. Seine Geldgier schlägt in seiner verbitterten Seele feste Wurzeln. Die Kasse im Team zu führen, hat ihm doch nicht die Vorteile gebracht, die er sich erhofft hatte. Die Weichen sind für den baldigen Verrat schon gestellt.

Er ist nicht der Einzige, der kocht. Die aufgebrachte jüdische Elite schmort in einer dauerhaften Weißglut. Ihnen sind die Argumente ausgegangen. Ein Messias, der Macht hat über den Tod – das könnte eine Revolte auslösen. Ihr Machtmonopol steht auf der Kippe. Sie schmieden erste konkrete Pläne, um nicht nur Jesus, sondern auch Lazarus umzubringen.

Geballter Neid und unbändiger Hass seiner Feinde entfesselt sich gegen Jesus. Menschliche Bosheit läuft auf Hochform. *„Wir haben keinen König außer dem Kaiser"* (Joh 19,15), schreien sie, während sie vor Wut schäumen. Was sie eigentlich damit meinen, ist: „Wir haben keinen König außer uns selbst." Wer die Stimme der Schlange zu oft gehört hat, der hat sich selbst nicht mehr im Griff. Alles in ihm sträubt sich gegen die Ansprüche des Einzigen, der der wahre Herr ist. Es kommt, wie es kommen muss. Bei einem berühmten Zitat des griechischen Philosophen Platon (ca. 428-348 v.Chr.) läuft es mir kalt den Rücken runter. Er stellt sich gerade vor,

was geschehen würde, wenn ein wahrhaftig gerechter Mensch auf dieser Erde wandeln würde: „Sie werden also sagen: Wenn der Gerechte so gesinnt ist, wird er gegeißelt, gefoltert, in Ketten gelegt, an beiden Augen geblendet werden, und schließlich wird man nach allen Martern ihn ans Kreuz schlagen, damit er zur Einsicht kommt, dass es nicht das Richtige ist in dieser Welt, gerecht zu sein, sondern es nur zu scheinen" (Platon, *Der Staat*, 361e und 362a). So Platon, etwa 400 Jahre vor Christus.
Gott selbst macht sich zum Opfer. Er bricht die Macht der Sünde, indem er sich widerstandslos in die Hände der Sünder ausliefert. Sich verspotten, anspucken, beleidigen, auslachen und schließlich peitschen, foltern und kreuzigen lässt. *„Der, der Sünde nicht kannte"* (2Kor 5,21), wurde zu Sünde für uns. Der, der in dieser Welt alles hätte haben können – ein Leben in Saus und Braus, jeden Genuss, jeden Luxus, den das Leben zu bieten hat, der seine Ich-Sucht ungebremst hätte ausleben können. Aber er sagt ein deutliches „Nein" und bricht dadurch die Macht der Sünde und des Egoismus' in allen, die seinen Namen anrufen, seine Vergebung empfangen und ihm nachfolgen. So können auch wir Martas werden. Das Aufbegehren in unserem Herzen durch die liebevoll ermahnende Stimme des Herrn zähmen lassen ... und ihm fortan dienen!

21. April

EIN DICKKOPF WIRD SCHLAU

„Siehe, ich hatte mir gesagt: Er wird nach draußen zu mir herauskommen und hintreten und den Namen des HERRN, seines Gottes, anrufen und wird seine Hand über die Stelle schwingen und so den Aussätzigen vom Aussatz befreien" (2Kö 5,11)

Heute soll es um den syrischen Verteidigungsminister Naaman gehen. Naaman muss im Leben recht erfolgreich gewesen sein. Er hatte Macht, Geld, offensichtlich beruflichen Erfolg – ein Volksheld wahrscheinlich: dominant, selbstbewusst, eindrucksvolles Auftreten, Charisma. Ein kleines Problem hatte er aber: Er bekam Aussatz.

In seinem Haushalt lebt ein junges israelitisches Mädchen, das auf einem Streifzug von syrischen Soldaten in Israel geraubt worden war und nun für Naamans Familie arbeiten muss. Statt in Bitterkeit über ihr Schicksal zu versinken, hat sie ehrliches Mitleid mit ihrem Chef wegen seiner Krankheit. Sie predigt ihn nicht an, stellt sich nicht über ihn, hat offensichtlich keine Gedanken wie: „Geschieht dir recht!", sondern fühlt mit und bringt ihn durch ihren schlichten Rat schließlich dazu, nach Samaria zu König Joram zu ziehen, in dessen Nähe er wohl Elisa vermutet. Schon ein ziemlicher Schritt!

Während er dann von König Joram zum Propheten weiterzieht, scheinen die Gedanken mit ihm durchzugehen. Vielleicht träumte er von einer körperlichen Durchflutung mit positiven Wellen, von einem eindrucksvollen Auftreten des Propheten. Stattdessen kommt ihm nur der Bote Elisas entgegen und gibt ihm kurz und ohne viel Aufhebens die Anweisung: *„Geh hin und bade dich siebenmal im Jordan, so wird dein Fleisch wieder werden, und du wirst rein sein"* (2Kö 5,10).

Das hatte sich Naaman offensichtlich ganz anders vorgestellt. Wutentbrannt über die stinkenden, lächerlichen Flüsse Israels, *„wandte [er sich] und zog weg im Grimm"* (V. 11). Verletzter Stolz, Tagträume zerplatzt, die Ehre gekränkt. Nichts läuft nach Plan.

Und wieder benutzt Gott die liebevolle, durchdachte und mitleidige Anrede von Knechten wie zuvor schon bei dem Dienstmädchen, um Naaman zum Umdenken zu bewegen: *„Da traten seine Knechte herzu und redeten zu ihm und sprachen: Mein Vater, hätte der Prophet etwas Großes zu dir geredet, würdest du es nicht tun?"* (V. 13). Hier entscheidet sich alles – bleibt der Narzisst ein Narzisst oder lässt er sich von der Gnade Gottes umstimmen? Den Stolz aufgeben und in die Jordan-Jauche eintauchen, oder Gesicht wahren und Abmarsch nach Hause? Es muss in diesen Minuten ein unbeschreiblicher innerer Kampf in Naaman gewütet haben.

Die Bibel lässt uns dann kurz wissen: *„Da stieg er hinab"* (V. 14). Wie viel steckt in diesem Satz! Er setzt alles auf die Karte „Heilung durch Gottes Gnade". Er ist bereit, diesem Befehl des Propheten Gottes Gehorsam zu leisten und seinen Stolz zu begraben. Er ist bereit, Würde und Ehre zu begraben, um frei vom Aussatz zu werden. „Zuerst verlor Naaman seine Geduld; dann verlor er seinen Stolz; und dann verlor er seinen Aussatz. Das ist im Allgemeinen die Reihenfolge, in der die Umwandlung von stolzen, rebellischen Sündern geschieht", so D. L. Moody, der Evangelist aus dem 19. Jahrhundert.

Jessica

22. April

DIE FRUCHT DER DEMUT

„Und er kehrte zu dem Mann Gottes zurück, er und sein ganzes Gefolge, und er kam und trat vor ihn und sprach: Sieh doch, ich erkenne, dass es auf der ganzen Erde keinen Gott gibt als nur in Israel!" (2Kö 5,15)

Gestern ging es um den General Naaman, der eine innere und äußere Kehrtwende erfährt und seinen Stolz hinter sich lässt. Wie geht es mit diesem Mann weiter? Die Fortsetzung dieser Geschichte ist mindestens genauso spannend wie Teil 1. Naaman kommt aus diesem Tal der Demütigung geheilt, gesund und vor allem gläubig an diesen rettenden Gott heraus. Wir lesen: *„Und er kehrte zu dem Mann Gottes zurück, er und sein ganzes Gefolge, und er kam und trat vor ihn und sprach: Sieh doch, ich erkenne, dass es auf der ganzen Erde keinen Gott gibt als nur in Israel!"* (2Kö 5,15).

Hier kann man wirklich von einer Neugeburt sprechen, Naaman wurde von Neuem geboren. Er hat eine ganz neue Gesinnung, ein neues Weltbild, einen neuen Gott. Er zieht nach vollendeter Aufgabe nicht auf direktem Weg wieder nach Hause, sondern geht zurück zum Propheten Elisa und will sich mit Geschenken bei ihm bedanken. Diese Szene bewegt mich beim Lesen immer wieder. Sie erinnert mich an einige Bekehrungen in meinem Umfeld, wo ein neuer Gläubiger seinen Ruf nicht scheut und Gott aus vollem Herzen bekennt – wie Naaman hier vor seinem gesamten heidnischen Gefolge. Er denkt sich nicht: „Religion ist Privatsache, das sollte ich besser für mich behalten", oder: „Ich erzähl das mal besser keinem, sonst sind die heimischen syrischen Götter ja in Verruf ..."

Hier steht ein völlig veränderter Mensch vor Elisa. Allein die Sprache macht das schon deutlich. Er nennt sich gegenüber Elisa *„dein Knecht"*. Sein Herz fließt über von Dankbarkeit, nicht mehr von Selbstherrlichkeit.

Seine größte Sorge ist nicht: „Was denken jetzt die Leute zu Hause über mich?“, sondern eine ganz andere. Ihm wird schnell bewusst, dass er den König zu Hause wieder in den Tempel des Gottes Rimmon begleiten muss und dass das für ihn ein großes Problem sein würde. Kein: „Ja, und wie viel Pornografie darf ein Christ so pro Tag denn konsumieren?“, oder: „Was darf ich jetzt alles nicht mehr essen, tun oder tragen?“ Aus der Tiefe seines Herzens möchte er sich seinen alten Götzen nicht mehr beugen und ihnen dienen.

Manchmal lässt Gott demütigende Erfahrungen in unserem Leben zu, um unseren Stolz zu brechen und uns die Chance zu geben, Demut zu lernen, die wir anders nicht gelernt hätten. Die Geschichte von Naaman zeigt, wie lohnend es ist, in solchen Situationen nicht dem eigenen Stolz nachzugehen, sondern vom hohen Ross herabzusteigen und unseren Stolz zu begraben, um erfrischt und voll von der Gnade Gottes wieder „aus dem Wasser zu tauchen“.

Jessica

23. April

WENN GRENZEN ÜBERSCHRITTEN WERDEN

„Ihr verzehntet die Minze und den Dill ... und habt die wichtigeren Dinge des Gesetzes beiseite gelassen“ (Mt 23,23)

Heute sehen wir uns eine wirklich giftige Truppe frommer Narzissten an. Diese galten als geistliche Experten, zumindest hielten sie sich selbst dafür. *„Ihr verzehntet die Minze und den Dill ... und habt die wichtigeren Dinge des Gesetzes beiseite gelassen“* (Mt 23,23). Bei den Pharisäern war nicht die Beachtung ihrer vielen Gesetze das Problem. Sondern ihre Prioritäten. Die kleinkarierte, penible Einhaltung aller möglichen Mini-Regeln war ihnen wichtiger geworden als die großen Themen – wie ihr Umgang mit Menschen, die Sorge um die Armen usw. In dieser Gefahr stehen wir alle. Es ist viel einfacher, To-do-Listen abzuhaken und sich dabei sehr tugendhaft zu fühlen, als liebevoll zu unseren Mitmenschen zu sein.

Mein Mann und ich sind sehr unterschiedlich. In keinem Bereich zeigt sich das so deutlich wie in der Art, wie wir ein Auto packen oder einen Geschirrspüler einräumen. Helmut nutzt in beiden Fällen jeden letzten Zentimeter Platz aus, arbeitet mit optimaler Effizienz. Das kostet natürlich Zeit, Strategie und Denkarbeit, in der ich für meinen Teil wenig Sinn sehe, ich habe immerhin Wichtigeres zu tun. Ich werfe alles hinein, so gut und schnell es geht, und widme mich dringenderen Aufgaben. Es ist eins dieser Dinge, bei denen man nicht sagen kann, wer mit seiner Art richtig liegt. Beide Packmethoden haben ihre Vor- und Nachteile. Helmuts hat vermutlich mehr Vorteile. Unser Kompromiss sieht meistens so aus, dass ich packe, und er geduldig und liebevoll umpackt, wenn ich fertig bin.
Ich stehe dann in der Gefahr, mich in einen ungenießbaren Narzissten zu verwandeln, wenn ich meine Art als die einzig richtige ansehe. Wenn ich meine Art auf Biegen und Brechen durchsetze und denke, alle anderen müssen es auch so machen. Wer es nicht so macht, ist dumm und rückständig und wird dementsprechend mit eisigen Blicken und sarkastischen Kommentaren bestraft. Egal um welches Thema es geht … auch geistliche Themen – übrigens sollten dann alle Alarmglocken bei mir angehen, wenn ich auf Andersdenkende und -empfindende herabschaue. Wenn wir Einfluss ausüben wollen, dann durch gute, klare Argumente, durch eine freundliche Umgangsart, durch Nächstenliebe. Und erst wenn wichtige rote Linien überschritten werden, wenn es um Leben und Tod geht und alles andere nicht greift, dann gebrauchen wir Konfrontation und Ermahnung (wie Jesus bei den Pharisäern oder Elia bei Ahab).
Ich habe Themen in meinem Leben, bei denen es keine Kompromisse gibt. Meine Position bezüglich der Bibel, des Kreuzestodes Jesu, des Evangeliums, sind absolut fest: *„Es steht geschrieben …“* Aber alles andere? Wie das Auto gepackt wird? Ob das Geld für eine neue Waschmaschine oder für einen teuren Urlaub ausgegeben werden soll? Da kann man ruhig streiten – aber freundlich! Es gibt so viele Spannungsfelder. Bleiben wir bei den allernötigsten, gewinnen wir dort unsere Kämpfe und lassen bei Randthemen lieber den anderen recht haben. Ich hoffe, das klingt für Euch so befreiend, wie ich es finde.

24. April

„ARMES ICH – WER SCHAUT NACH MIR?"

„Aber ich achte mein Leben nicht der Rede wert, damit ich meinen Lauf vollende und den Dienst, den ich von dem Herrn Jesus empfangen habe" *(Apg 20,24)*

Als die britische Königin Elizabeth am 8. September 2022 starb, war die internationale Trauer viel mehr als Trauer um eine geliebte Monarchin, die eine ganze Generation geprägt hatte. Es war Trauer auch um eine moralisch-ethische Denkweise, die – so hatten vor allem viele ältere Menschen den Eindruck – mit ihr zusammen zu Grabe getragen wurde. Eine Kultur der Pflichterfüllung, des Dienens, des Fleißes – nicht für das eigene Vorankommen, sondern für andere. „It's not about me" (es geht nicht um mich), lautete ihr Lebensmotto. Sie blieb bis zum Ende konsequent, und machte keinen Hehl daraus, dass ihr christlicher Glaube ihre Kraftquelle war.

Ihr Leben war ein klares Statement gegen einen modernen Zeitgeist, dessen Leitspruch lautet: „Schau nach dir selbst", und der eine Generation von Narzissten hervorbringt. Diese wirken allerdings in ihrer Suche nach der optimalen Selbstverwirklichung nicht allzu glücklich.

Narzissten lieben die Opferrolle. Viele der Schönen und Reichen dieser Welt machen es uns vor. Hollywood-Divas und -Helden, die in ihren millionenschweren Villen sitzen und sich selbst bemitleiden, über ihr schweres Leben klagen. Auch daran ist nichts Neues. Wir haben schon gesehen, wie König Saul die Opferrolle liebte, obwohl ihm die Welt zu Füßen lag. Kain fühlte sich von Gott diskriminiert. Ahab fühlte sich von Elia verletzt und schlecht behandelt. Wir erinnern uns an den Vorfall in 1. Könige 22,8, als der König von Juda einen aufrichtigen Propheten zu Rate ziehen will, und ein Mann namens Micha vorgeschlagen wird. Hier die Reaktion von Ahab: *„Ich hasse ihn! Denn er weissagt nichts Gutes über mich, sondern nur Böses!"*

Der ältere Sohn in Lukas 15 fühlt sich nicht beachtet. Diese häufige Klage „Armes Ich" ist nichts anderes als eine raffinierte Taktik, die Verantwortung für unser Verhalten von uns zu schieben, damit wir uns nicht ändern, nicht an uns selbst arbeiten müssen. „Meine Wahrheit" – das ist

die neue Mode. Nicht „*die* Wahrheit“, sondern „wie *ich* die Lage sehe“. Eine andere Art zu sagen: „Ich bin hier Gott in meiner Welt, und ihr habt euch zu fügen.“
Das primitivste Beispiel ist das kleine Kind, das ermahnt wird, seine Spielsachen aufzuräumen und in Tränen ausbricht. Es klagt seine Mutter an, wie gemein sie ist, so was von ihm zu verlangen, wie tief sie es verletzt hat. Steckt dieses kleine Kind noch in mir, in dir? Ich versuche, mich schnell zu ertappen, sobald der Gedanke in mir aufsteigt: „Wie kann er/sie nur ...?“, oder: „Wie ist er doch gemein!“ Dann will ich nüchtern und sachlich überlegen, ob diese Wahrnehmung nur „meine Wahrheit“ ist, oder „*die* Wahrheit“.

25. April

WENN GOTTES GEGNER IN DIE GÄNGE KOMMEN

„Glückselig seid ihr, wenn sie euch schmähen und verfolgen und alles Böse lügnerisch gegen euch reden werden um meinetwillen“ (Mt 5,11)

Die billigste Strategie, mit der ein selbstsüchtiger Mensch seine eigene Agenda durchzwängt, ist die Bedienung von Feindbildern. Die kleinsten Kinder können es, wie wir gestern gesehen haben. „Sie hatten schon immer was gegen mich!“, klagte einmal ein Schüler, als ich ihn ermahnte, weil er seine Hausaufgaben nicht gemacht hatte.
Weniger harmlos wird es, wenn Kriegsführer und Politiker das Gleiche als Einschüchterungstaktik machen und ganze Gesellschaften dadurch zum Erliegen bringen. Der Krieg, den wir in Nigeria erlebten, fing mit einer Unterstellung an, dass Mitglieder eines Stammes eine Gräueltat verübt hatten. Es war eine Lüge. Reichte aber, um die gesamte Bevölkerung gegen diesen Stamm aufzuhetzen. Ein grausamer Völkermord wurde dadurch ausgelöst, der schon lange geplant war, wie sich später herausstellte.
Als Diener Gottes sich in seinem Auftrag aufmachen, die brachliegende Stadt Jerusalem wieder aufzubauen, sind die Feinde Israels auf einmal in Aufruhr und starten eine aggressive Kampagne, um die Arbeit zum

Stillstand zu bringen. Ihre erste Zielscheibe sind die Hauptverantwortlichen der Bauarbeiten: der Schriftgelehrte Esra und der Bauleiter Nehemia. Ihre erste Angriffsstrategie ist Rufmord.

Sie schreiben an den persischen König Artahsasta, der den Wiederaufbau der jüdischen Hauptstadt genehmigt hat, einen Beschwerdebrief und beklagen sich, dass diese Stadt *„eine aufrührerische und böse Stadt"* ist. Sie *„soll nicht wieder aufgebaut werden!"* (Esr 4,15.21). *„Da machte das Volk des Landes die Hände des Volkes Juda schlaff und schreckte sie vom Bauen ab"* (Esr 4,4). Sie bleiben ganz schön hartnäckig, diese Gegner.

Esras Kollege Nehemia hat es mit einem gewissen Sanballat zu tun, der in Weißglut gerät, als er mitbekommt, dass die Mauer Jerusalems wieder aufgebaut wird. Zuerst versucht er, die Bautruppe mit Hohn und Spott einzuschüchtern (Neh 3,35). Als das nichts bewirkt, wird er immer aggressiver: *„Du und die Juden, ihr beabsichtigt, euch zu empören. Darum baust du die Mauer auf. Und du willst nach diesem Gerücht ihr König werden"* (Neh 6,6). Er versucht, die Motive von Nehemia und seinen Mitarbeitern in Frage zu stellen und den Charakter Nehemias anzuschwärzen.

Ist dir so etwas Ähnliches schon passiert? Wenn du anfängst, für Jesus zu brennen, dich für ihn einzusetzen, sei nicht überrascht, wenn die Gegenseite anfängt, Terror zu machen. Morgen fragen wir uns: „Was macht man dann?"

26. April

EINSCHÜCHTERUNGSTAKTIKEN UND EINE KLUGE REAKTION

„Ich führe gerade ein großes Werk aus. Ich kann nicht herabkommen. Warum sollte das Werk ruhen?" (Neh 6,3)

Bei Esra und Nehemia haben wir gesehen – hier geht es nicht nur um den Wiederaufbau einer Stadt, sondern um einen geistlichen Kampf. Um die Frage: Gottes Reich unter Gottes Herrschaft, oder Satans Reich? Gott gewinnt seine Nachfolger mit der Aufforderung, unter seiner Herrschaft wahre Freiheit zu finden. Satan wirbt seine Mitarbeiter mit der trügerischen Verheißung an, dass sie selbst wie Gott sein können. Er verrät ihnen aber nicht, dass sie dadurch in die schlimmste Knechtschaft geraten, die es in dieser Welt gibt. Gottes Diener sollen durch Feindbilder eingeschüchtert werden. Nehemia wird vorgeworfen, dass er mit machtsüchtigen Ambitionen sein eigenes Reich bauen und als König darüber herrschen will – ironischerweise genau das, was seine Feinde beabsichtigen. Nehemias Antwort, als seine Feinde ihn in Diskussionen hineinziehen wollen: *„Ich führe gerade ein großes Werk aus. Ich kann nicht herabkommen. Warum sollte das Werk ruhen?"* (Neh 6,3).

Er lässt sich von seinem Auftrag nicht ablenken. Diese Worte haben mich immer wieder stark ermutigt. Mit seiner demütigen Leidenschaft für das Werk des Herrn hat Nehemia schon oft bewiesen, dass er nicht auf Macht oder Königsherrschaft aus war. Auch wir sollen durch unseren Lebensstil zeigen, dass es uns um die Ehre Gottes, nicht um unsere Ehre geht. Heute werden bibelgläubige Christen in alle möglichen Schubladen gesteckt: homophob, transphob, islamophob, rassistisch, fundamentalistisch. Durch einen freundlichen Umgang mit allen, mit denen wir es zu tun haben, können wir vermitteln, dass wir alle Menschen lieben, weil Gott sie liebt – und gerade deshalb verkündigen wir ohne Wenn und Aber seine Wege und seine Worte. Und entschuldigen uns nicht dafür!

„Keep calm and carry on" („Ruhig bleiben und weitermachen") war der *modus operandi* der verstorbenen britischen Queen. „Don't explain, don't complain" („Nicht erklären, nicht beschweren"). Einfach in Ruhe weitermachen. Gott bürgt für sein Werk, er sorgt für uns, er baut sein Reich, wir stellen uns einfach zur Verfügung. Als Aaron und Miriam in ihren eigenen frustrierten Ambitionen ihrem Bruder Mose (dem demütigsten Mann der ganzen Welt[vgl. 4Mo 12,3]) Machtgier unterstellten, hat Gott sich hinter seinen Diener gestellt. Auch als die Korach-Söhne das Gleiche taten (4Mo 16). Wenn wir Gott mit aufrichtigem Herzen dienen, müssen wir mit Widerstand rechnen. Wir dürfen Gott bitten, uns Weisheit, Klugheit und ein ruhiges Herz zu schenken, damit wir aufrichtig damit umgehen. Wir wollen unseren Feinden vergeben und sie nicht behandeln, wie sie uns behandeln – sondern einfach ruhig und fröhlich weiterarbeiten.

27. April

ENTSCHEIDEND IST DIE HERZENSHALTUNG

„... wenn jemand unter euch groß werden will, wird er euer Diener sein" (Mt 20,26)

Narzissten, die rechtzeitig den Schalter umlegen: Aus ihren Geschichten können wir besonders viel lernen. Wenn ich an die Geschichte von Josef denke, sticht oft der zweite Teil seines Lebens hervor. Der arme, kleine Bruder, der von seinen neidischen älteren Geschwistern als Sklave nach Ägypten verkauft wird, dort dann aber ganz groß rauskommt. Sein Beginn ist aber weniger schön. Dort zeichnet sich das deutliche Bild eines verzogenen Teenagers mit narzisstischen Wesenszügen. Vielleicht kennt ihr auch solche Menschen mit einem großen Bedürfnis nach Aufmerksamkeit, Anerkennung und Bewunderung, immun gegen Kritik?

Wenn ich 1. Mose 37 lese, kann ich jedenfalls nachvollziehen, warum Josef von seinen Brüdern gehasst wurde. Sein Verhalten war von einem starken Selbstbewusstsein geprägt. An dieser Herzenshaltung war sein Vater Jakob bestimmt nicht ganz unschuldig. Er zog Josef seinen anderen Söhnen vor, was er z. B. dadurch zeigte, dass er ihm einen besonders schönen Mantel schenkte. Josef hat ebenfalls nichts zu einer gesunden Geschwisterbeziehung beigetragen. Um seine Brüder vor seinem Vater schlecht zu machen, verpetzte er sie, wenn sie etwas angestellt hatten. Dann ist da noch die Sache mit den Träumen. Zuerst verneigen sich die Garben seiner Brüder vor seiner Garbe. Im zweiten Traum verbeugen sich Sonne, Mond und elf Sterne vor ihm. Ganz schön überheblich! Wenn ich mir vorstelle, ich würde meinen Geschwistern mit solchen Ansagen kommen ... Wahrscheinlich würden sie mich einfach auslachen. Die Träume sind dann auch für seinen Vater zu viel des Guten und er rügt Josef. Wir erfahren nichts über Josefs Reaktion auf diese Zurechtweisung. Dass seine Brüder anschließend seine Ermordung planten, lässt aber den Schluss zu, dass er sein Verhalten wohl nicht geändert hat.

Jesus hat uns das absolute Gegenteil davon vorgelebt. Er ist das beste Vorbild, wenn es um Dienen geht. Wer der Erste sein will, soll der Knecht der anderen werden, genauso wie Jesus als der Sohn Gottes nicht

gekommen ist, um sich bedienen zu lassen, sondern um zu dienen und sogar sein Leben als Lösegeld für viele hinzugeben (Mt 20,20-28). Entscheidend ist also wieder einmal unsere Herzenshaltung. Bilde ich mir etwas auf meine Fähigkeiten ein, oder setze ich alle meine Gaben für Gottes Reich und seine Ehre ein? Bin ich kritikfähig oder immer gleich beleidigt? Gehe ich davon aus, dass alle für mich und meine Bedürfnisse da sind oder achte ich andere höher als mich selbst und trachte zuerst nach Gottes Reich?
Wie wir in den nächsten Abschnitten der Josef-Geschichte erfahren, bleibt er nicht der junge Mann mit dem großen Ego, sondern macht eine 180-Grad-Wendung hin zu einem gottgefälligen Mann. Ich freue mich, morgen ein paar weitere Gedanken mit euch darüber zu teilen und wünsche euch bis dahin einen gesegneten Tag.

Johanna

28. April

HARTE JAHRE IN DER SCHULE GOTTES

„Der Herr aber war mit Josef, und er war ein Mann, dem alles gelang" (1Mo 39,2)

Josefs Ausgangssituation ist denkbar hoffnungslos. Er sitzt zuerst im Brunnen fest und wird dann als Sklave nach Ägypten verkauft. Wenn wir ehrlich sind, kommt uns vielleicht ganz kurz der Gedanke: Das hat er doch verdient! In Anbetracht dessen, dass er wohl das erste Mal in einer solchen Lage steckt, muss er ganz schön verzweifelt gewesen sein. Da hatte er diese durchweg positiven Visionen und findet sich plötzlich auf dem Grund eines Brunnens wieder. Ich kann mir vorstellen, dass er zu diesem Zeitpunkt das erste Mal ernsthaft über sein bisheriges Leben nachgedacht hat.
Nach diesem Tiefpunkt nimmt sein Leben in Ägypten aber eine unerwartete Wendung. Er wird an Potifar, den Kämmerer des Pharaos, verkauft. Dort fristet er aber kein jämmerliches Sklavendasein. Durch Gottes Hilfe

gelingt ihm seine Arbeit so gut, dass er Gunst findet in den Augen des Potifar, in dessen Haus er arbeiten darf und der ihn allen anderen Dienern vorzieht. Wir lesen in 1. Mose 39,2: *„Der Herr aber war mit Josef, und er war ein Mann, dem alles gelang."* Wer hätte gedacht, dass es ihm nach den üblen Machenschaften seiner Brüder noch einmal so gut gehen würde?
Der ganze Erfolg und seine herausragende Stellung scheinen ihm dieses Mal aber nicht zu Kopf zu steigen. Das zeigt die Situation mit der Frau des Potifar. Sie macht Josef, einem gutaussehenden Mann, schöne Augen. Er geht aber nicht auf ihre Avancen ein, sondern zeigt Selbstbeherrschung. Ihm ist der Gehorsam gegenüber Gott und die Treue gegenüber seinem Dienstherrn wichtiger als das momentane Vergnügen, auch wenn das üble Folgen für ihn hat.
Josef kommt ins Gefängnis. Aber auch dort ist Gott mit ihm und schenkt ihm Gunst in den Augen des Aufsehers. Er kommt später frei und erhält den Platz gleich unter dem Pharao, wo Gott ihn gebraucht, um eine Hungersnot im Land abzuwenden. Gottes Weitsicht und seine Fähigkeit, aus dem Schlechten der Menschen Gutes zu schaffen, fasst Josef später gegenüber seinen Brüdern so zusammen: *„Ihr zwar, ihr hattet Böses gegen mich beabsichtigt; Gott aber hatte beabsichtigt, es zum Guten zu wenden, um zu tun, wie es an diesem Tag ist, ein großes Volk am Leben zu erhalten"* (1Mo 50,20).
Es kostet mich immer wieder ganz schön Vertrauen, wenn ich selbst keinen Ausweg aus einer schwierigen Situation sehe. Immer wieder erlebe ich dann aber, was in Römer 8,28 steht: *„Wir wissen aber, dass denen, die Gott lieben, alle Dinge zum Besten dienen, denen, die nach seinem Ratschluss berufen sind."* Das gilt auch für uns, wenn wir Jesus von ganzem Herzen nachfolgen und zuerst nach seinem Reich trachten. Dazu möchte ich euch ermutigen!

Johanna

29. April

DAS NARZISSTISCHE EXPERIMENT

„Alles, was meine Augen begehrten, entzog ich ihnen nicht" (Pred 2,10)

Früher habe ich mich immer gefragt, was ein kleines Buch mit dem Titel „Prediger" in der Bibel zu suchen hat. Ganz ehrlich gesagt, gibt es mehrere Bücher, bei denen ich mich früher fragte, was sie in der Bibel machen. „Prediger" ist eine brutale, ungeschminkte Abrechnung mit den wahren Folgen von Egoismus und Sünde: Das, was als Fußnote im Kleindruck gestanden hätte, wenn die Schlange Adam und Eva die ganze Wahrheit erzählt hätte. „Ja, ihr werdet sein wie Gott. Walten und verwalten, wie ihr wollt. Euch frei an allem bedienen, was die Welt zu bieten hat. Aber ihr werdet euch und andere zerstören. Denn wenn ihr so lebt, seid ihr in Wahrheit nicht wie Gott – sondern ein anderer, Satan selbst, ist Gott in eurem Leben. Er ist der, der eigentlich herrscht ... über diejenigen, die über sich selbst herrschen wollen."

Das Buch „Prediger" – vermutlich aus der Feder des Königs Salomo – beschreibt die Endstation eines unbegrenzten Hedonismus. Wir finden hier keine Versuche, eine Erfolgsstory zu erzählen, ein Image zu wahren, die Vorzüge eines Traumlebens zur Schau zu stellen. Die Yacht, die Designerklamotten, das von Botox gestylte ewig junge Gesicht, die prominenten Connections, die lukrativen Partnerschaften mit den Schönen und Reichen. Vorbei die neidischen Blicke der Mitmenschen, das Ansehen und der Ruhm, die Bewunderung der Massen, das Anbiedern von Presse und Prominenz. Übrig ist das Bild von einem alten, verbitterten Greis, der dem Tod ins Gesicht schaut und viel zu spät erkennt, dass er die Chance zu einem sinnvollen Leben in den Wind geschlagen hat. Dass er sein ganzes Geld aufs falsche Pferd gesetzt hat. Er will seine Leser warnen, damit sie es anders machen.

So listet er all die Vorzüge eines Luxuslebens ausführlich auf: *„Ich unternahm große Werke: Ich baute mir Häuser, ich pflanzte mir Weinberge, ich machte mir Gärten und Parks ... Ich kaufte Knechte und Mägde ... auch hatte ich größeren Besitz an Rindern und Schafen ... sammelte mir auch Silber und Gold und Schätze ... beschaffte mir Sänger und Sängerinnen und die Vergnügungen der Menschenkinder, Frau und Frauen ... und alles, was meine Augen begehrten, entzog ich ihnen nicht. Ich versagte meinem Herzen keine Freude"* (Pred 2).

Ist das nicht das Traumleben, nach dem viele sich sehnen? „Haben haben" bis zum Abwinken? Umso erschreckender das Ende: *„Und siehe, das alles war Nichtigkeit und ein Haschen nach Wind"* (Pred 2,11). Wenn es einen roten Faden gibt, der die diversen Gedankengänge des Predigers durchzieht, ist es dies: Denke, plane, entscheide ... immer vom Ende her. Was nimmst du in die Ewigkeit mit? Düstere Gedanken ... aber was für eine befreiende Botschaft! Das heißt, ich kann verzichten. Ich muss nicht im Hamsterrad der „Haben-haben-haben"-Kultur gefangen sein. Ich kann jetzt schon mein Glück in Christus, in der Ewigkeit suchen im Wissen, dass es kein besseres Glück gibt. Diese Welt muss mir meine Wünsche nicht erfüllen. Der Prediger hat es ausprobiert – und weiß, wovon er spricht!

30. April

EIN BLICK AUF DIE EWIGKEIT

„Also gibt es keinen Gewinn unter der Sonne" (Pred 2,11)

Das Fazit des Predigers nach einem Leben nach *weltlichen* Maßstäben lautet: *„Also gibt es keinen Gewinn unter der Sonne"* (Pred 2,11), oder: *„Was bleibt dem Menschen von all seinem Mühen und vom Streben seines Herzens, womit er sich abmüht unter der Sonne?"* (V. 22). Mitten in die Klagen eines verschwendeten Lebens streut der Prediger kleine, aber entscheidende Hinweise ein, wie ein Mensch der Misere weggeworfener Chancen vorbeugen kann. Diese Perlen von Weisheit zeugen von besseren Zeiten im Leben des Mannes, der als der weiseste Mensch aller Zeiten bekannt wurde. Der aber erleben musste, dass Weisheit ohne Gottesfurcht irgendwann keine Weisheit mehr ist, zu schnell wird sie von Arroganz und Selbstgefälligkeit verschüttet, und dient dann doch nur den eigenen Begierden. Das Gegenmittel? Keine Freude mehr im Leben suchen? Auf keinen Fall! Sondern Gott mit dabei sein lassen. Gott als der Geber aller guten Gaben mittendrin, in guten wie in schlechten Zeiten! *„Esst und trinkt"*, fordert er auf. Allerdings erkennt er, *„dass dies alles aus der Hand Gottes kommt"* (2,24), denn Gott selbst hat *„die Ewigkeit in ihr Herz gelegt ... und Gott hat es so gemacht,* *damit man sich vor ihm fürchtet"* (Pred 3,11.14). *„Am Tag des Glücks sei guter Dinge! Und am Tag des Unglücks bedenke: Auch diesen hat Gott ebenso wie jenen gemacht"* (Pred 7,14).

Die *„dreifache Schnur"*, die *„nicht so schnell zerrissen"* wird (Pred 4,12), wird oft bei christlichen Hochzeiten zitiert. Der Prediger ist einer von vielen Menschen durch die Geschichte hindurch, die alles hatten, aber ohne die „dritte Schnur" der Anweisungen Gottes in Verzweiflung und tiefer Depression enden. Wenn Gott jedoch Gott sein darf – ob in einer Ehe oder generell in unseren Beziehungen –, dann bleibt unser Herz davor geschützt, nur noch das eigene zu suchen und dadurch hart und zynisch zu werden. Wir sehen, wie nach und nach auch in diesem düsteren biblischen Buch ein herrliches Bild von einem Leben unter der Herrschaft Gottes durchschimmert. Sogar eine Ermutigung, das Leben in vollen Zügen zu genießen.

Der Gottesfürchtige *„denkt nicht viel an die Tage seines Lebens, weil Gott ihn mit der Freude seines Herzens beschäftigt"* (Pred 5,18).

„Geh hin, iss dein Brot mit Freude und trink deinen Wein mit frohem Herzen! ... Deine Kleider seien weiß zu jeder Zeit, und das Salböl fehle nicht auf deinem Haupt" (Pred 9,7-8). Hier schwingen sogar neutestamentliche Anspielungen mit – das Kleid der Gerechtigkeit, von Jesus geschenkt. Das Salböl, ein Bild für die Freude und Kraft des Heiligen Geistes. Mit zwei Aufforderungen endet der Prediger seine Predigt:

„Denke an deinen Schöpfer in den Tagen deiner Jugendzeit, bevor die Tage des Übels kommen" (Pred 12,1). *„Fürchte Gott und halte seine Gebote"* (V. 13).

1. Mai

DER MANN, DER ES ANDERS MACHTE

„Es steht geschrieben ..." (Lk 4,4)

Das Experiment mit der ungebremsten Ich-Sucht führt zu Hoffnungslosigkeit und letztlich zum Tod. Der Prediger will seinen Zuhörern und Lesern klar vor Augen malen und sie richtig spüren lassen, wie trügerisch die Verlockungen von Geld, Ruhm und weltlichem Erfolg sind.

„Die Weisheit hilft den Weisen mehr als zehn Machthaber“ (Pred 7,19). Immer wieder mahnt er, vom Ende her zu denken. *„Besser das Ende einer Sache als ihr Anfang, besser langmütig als hochmütig“* (Pred 7,8). Diese Art von Weisheit *„erhält ihren Besitzer am Leben“* (Pred 7,12).
Diese Sätze könnten direkt aus dem Buch der Sprüche kommen – nüchtern, knapp, vernünftig. Deshalb vermutet man, dass König Salomo, am Ende seines Lebens vor lauter Reichtum träge geworden, auch diese Verse verfasst hat. Er stellt ein Leben dar, in dem Narzissmus in der Suche nach Selbstverwirklichung in vollen Zügen ausgelebt wird. Der einzige Sinn, den er diesem weggeworfenen Leben entnehmen kann, ist ein klarer Warnschuss an andere, es anders zu machen.
Es gibt in der Bibel ein anderes „Experiment“. Ein Nachkomme Salomos hat die gleichen Möglichkeiten wie der Prediger, sich an den Annehmlichkeiten des Lebens ungebremst zu bedienen und sich jeden Wunsch zu erfüllen. Er bekommt sogar eine offene Einladung, genau das zu tun und dadurch den Weg des Leidens zu umgehen, der für ihn vorgesehen ist. So oder ähnlich läuft es:
„Du hast Hunger? Kein Problem! Verwandele doch die Steine in Brot. Bediene dich! Nur zu – du kriegst es hin.“
„Willst du beweisen, dass du der Messias bist? Wirf dich von der Tempelzinne herunter und zeig den Menschen, wie Gott auf dich aufpasst und dir nichts passiert!“
„Willst du Macht haben? Nichts einfacher als das! Wirf dich auf den Boden vor mir, und ich erfülle jedes Verlangen deines Herzens!“
Diese Geschichte finden wir in Lukas 4,1-13. All das, was der Prediger haben und erleben durfte, wurde Jesus wie auf einem Silbertablett angeboten. Aber er sagte „Nein, danke“. Sein Leben war in jeder Hinsicht das Gegenteil von Egoismus. Er verzichtete freiwillig auf jeden Genuss, jede Sicherheit, jede Garantie auf Glück auf dieser Erde. Der erste Adam riss das irdische Glück an sich (1Mo 3) und brachte dadurch Sünde in die Welt. Der letzte Adam wies das irdische Glück von sich, weil er vom Ende her sein Leben führte. Um der Freude willen, die vor ihm lag, nahm er das Leid des Kreuzes auf sich (Hebr 12,2). Welche Freude ist hier gemeint? Unfassbar, aber wahr: Die Freude, dich und mich in seiner Nähe zu haben, seine Himmelswelt mit uns zu teilen, uns von der Macht der Sünde und des Todes zu befreien. Hast du ihm heute schon dafür gedankt?

2. Mai

DER BLICK AUF DAS KREUZ

„... der unsere Sünden an seinem Leib selbst auf dem Holz auf sich geladen hat, damit wir, den Sünden abgestorben, der Gerechtigkeit leben"
(1 Petr 2,24)

Diese Serie von Impulsen über die Auswirkungen des Narzissmus im Leben von biblischen Charakteren kann nur an einer Stelle abgeschlossen werden. Mit einem Blick auf Golgatha, den einzigen Ort, an dem meinem Narzissmus, meinem Egoismus, meiner Besessenheit von meinem eigenen Wohlsein der Kampf angesagt wird. Gott besiegt unsere Ich-Sucht dadurch, dass er sich selbst zum Opfer der Ich-Sucht dieser verlorenen Welt macht.

Auf dreiste Weise verspottet, als Witzfigur verhöhnt, hört er, wie seine Hasser lachend brüllen: *„Wenn du der König der Juden bist, so rette dich selbst!"* (Lk 23,37). Sich selbst retten? Das hätte er können. Das ist das Erschütternde an Golgatha. Die Versuchungen in der Wüste waren nur die Generalprobe. Mit jedem fortschreitenden Augenblick dieser brutalen Tortur könnte er auf den roten Knopf drücken. Zehntausend Engel stehen in den Startlöchern, um ihn aus diesem teuflischen Sumpf herauszuholen, sollte er es nicht mehr aushalten. Aber er hält aus – bis zum bitteren Ende.

Wenn es einen Grund gibt, warum ich an Jesus nicht vorbeikomme, dann diesen. Nicht die Zeichen und Wunder, die er bewirkte, sondern die Liebe für mich und für dich, die ihn dazu trieb, freiwillig diese mörderischen Machenschaften auszuhalten. Der, der keine Sünde kannte, wurde Sünde für uns (2Kor 5,21), damit wir nicht mehr unter dem Zwang der Sünde leben müssen, sondern Teilhaber an seiner Gerechtigkeit werden. Gerade das ist die Freiheit, die wir in Christus haben. Nicht Freiheit von Problemen und schweren Umständen, sondern Freiheit davon, durch unsere Umstände niedergedrückt zu werden. Freiheit von einem Lebensstil, in dem wir unseren Trieben und Begierden hilflos ausgesetzt sind. In dem wir immer recht haben, immer im Mittelpunkt stehen, immer die Gunst von Menschen haben müssen, immer das bekommen müssen, was wir wollen. Sklaven der Sünde eben. Durch Glauben an Jesus Christus sind wir davon befreit – Sünde hat keine Macht mehr über uns. Wir können

uns dagegen entscheiden, denn in Christus haben wir eine Liebe gefunden, die stärker ist als jede trügerische Liebe, die diese Welt anbietet, die doch keine Liebe ist.
Ich wünsche euch, dass ihr auch heute in dieser Liebe lebt und aus dieser Liebe heraus handelt. Wir sind durch einen neuen „Zwang" getrieben – durch das Bedürfnis, Jesus zu gehorchen, ihm zu gefallen. Das ist wahre Freiheit!

MIT ÄNGSTEN LEBEN

Ich habe das neue Thema bewusst nicht „Befreiung von Ängsten" genannt, sondern „Leben mit Ängsten", weil ich glaube, dass wir in dieser Welt niemals ganz frei von Ängsten sein werden. Aber damit leben können wir sehr wohl mit Gottes Hilfe, und sogar erkennen, dass unsere Ängste uns abhängig von seiner Gnade machen können! Ich habe dazu ein paar Bekannte befragt, die auf verschiedene Weise mit Angst und Depression in ihrem Leben zu tun hatten und haben, und sie ihre Geschichten erzählen lassen. Ihre Ehrlichkeit hat mich tief bewegt.

3. Mai

MISSVERSTÄNDNISSE BEIM THEMA ANGST

„In der Welt habt ihr Angst" (Joh 16,33a LÜ)

Ratschläge, wie man Angst loswird, haben (zumindest bei mir) meist noch mehr Ängste ausgelöst. Einmal sagte mir ein Angsttherapeut, man solle sich selbst daran erinnern, dass das meiste, wovor man Angst hat, gar nicht eintrifft. Folglich sind die meisten Ängste unbegründet. „Ja", wandte ich ein, „aber die wenigen, die doch eintreffen, sind schlimm genug, um alles andere in den Schatten zu stellen." Ich hatte Angst, dass meine Mutter an Krebs stirbt, und sie starb an Krebs. Dass meine Freundin ALS hat, und sie hatte ALS. Dieses Argument hat mich nie überzeugt.

In einer Gemeinde, in der ich war, hatte man als ordentlicher Christ einfach keine Angst zu haben. Man hat sein Leben in Griff, durch Jesus haben wir den Sieg. Wir sind ja Menschen des Glaubens. Wer Angst hat, liest nicht genug in der Bibel und betet nicht genug. In einer anderen Gemeinde sollte man „keine negativen Bekenntnisse" von sich geben. Was du sprichst, schafft Realitäten. Tod und Leben sind in der Macht der Zunge. Wenn du es nicht aussprichst, dann existiert es einfach nicht oder wird ignoriert. Hiob wurde als Beispiel gerne hergeholt: *„Denn ich fürchtete einen Schrecken, und er traf mich, und wovor mir bangte, das kam über mich"* (Hi 3,25). Ach so, Hiob hat Negatives gedacht, und schwups, ist es passiert. Wenn wir keine Angst zulassen, dann bleibt uns das Schicksal Hiobs erspart. So haben wir den Anfang und das Ende des Buches zuversichtlich gelesen, alles dazwischen übersprungen. Es dauerte eine Weile, bis ich erkannte, welch grausames System von Aberglauben und Lüge diese Interpretation von Hiobs Schicksal ist. Denn genauso haben seine Freunde gedacht: „Selbst schuld, Hiob!" Der ganze Sinn der Hiobsgeschichte ist, dieses System zu entlarven. Durch das Unterdrücken von Angst, durch Erklärungen, warum dies oder jenes gerade passiert ist, erzeugen wir ein künstliches Sicherheitssystem, um uns selbst vor unseren Ängsten zu schützen, um Kontrollverlust zu vermeiden.

So eine Theologie erlaubt keine Sterbebegleitung. Wir haben mehrmals erlebt, wie Bekannte von uns sogar kurz vor dem Tod eines Angehörigen weder über das Sterben, über letzte Wünsche, noch über den Abschied reden wollten oder durften, weil „negative Bekenntnisse“ Zeichen mangelnden Glaubens sind. Wie erleichtert war ich, als ich zum ersten Mal entdeckte, dass ich Angst haben darf. Dass ich Angst haben darf in diesem Leben. *„In der Welt habt ihr Angst“*, sagt derjenige, der diese Qual mehr gekannt hat als irgendjemand sonst in der Weltgeschichte, Jesus Christus selbst. Wenn einer Angst versteht, dann er. Mit ihm wollen wir diese Serie beginnen.

4. Mai

DAS KRÄFTEMESSEN MITTEN IN ANGSTGEFÜLLTEN STUNDEN

„Seid getrost, ich habe die Welt überwunden“ (Joh 16,33b LÜ)

„Höre nicht auf deine Gefühle“, sagte meine Schwester einmal zu mir, als mein Herz sich in einem steilen Sinkflug befand und ich bezweifelte, ob es jemals wieder hochkommen würde. Ist es möglich, eine Sache zu fühlen und gleichzeitig etwas anderes zu denken bzw. zu wissen? Was ich in einem bestimmten Moment fühle, ist doch das, was ich in diesem Moment bin, oder? Oder vielleicht doch nicht? *„Seid getrost“*, sagt Jesus (Joh 16,33), nachdem er realistischerweise gesagt hat, dass Angst zu diesem Leben auf Erden dazu gehören wird. *„Ich habe die Welt überwunden“*, fährt er fort. Nicht „Ich werde eure Probleme lösen“ oder „Ich werde die Ängste beseitigen“. Mit anderen Worten: Diese Angst gehört zum Leben dazu, wird jedoch nicht das letzte Wort haben. Sie gehört zu einem Weltsystem, das ein Verfallsdatum hat. Es gibt einen Trost mitten in Angst. Eine Kraft, die stärker ist als die Angst. Das tiefe Wissen trotz der aufgewühlten Emotionen, dass es ein Jenseits gibt. Dass die Ängste, so stark sie sich auch anfühlen, vorübergehend sind. Eine pechschwarze Dunkelheit, jawohl. Aber es gibt auch einen Stab, einen Stecken, der uns entgegengestreckt wird und uns tröstet.

Wir stellen uns die Szenen, in denen Jesus selbst von Angst überwältigt war, manchmal zu harmlos vor. Als ob er den Teufel „mit links“ überwunden hat. Zum Beispiel, als er vom Feind in der Wüste angegriffen wurde (Mt 4,1-11). Es war ein Ringen auf Leben und Tod. Der Sieg, den Jesus davongetragen hat, war kein billiger Sieg. Satan wollte ihm die Option aufdrängen, ein Überwinder zu sein, ohne den Weg des Kreuzes zu gehen. In Jesu Fantasie war es eine Vorschau auf den Horror einer römischen Kreuzigung und die Einladung eines spottenden Feindes, mit seiner Hilfe den bequemen Weg zu gehen. Aber Jesus widerstand dieser Verlockung des Feindes. Der geistliche und mentale Ringkampf in der Wüste war die Generalprobe für den Garten Gethsemane. Dieses Mal ist die Tortur des Kreuzes näher gerückt, sie steht Jesus unmittelbar bevor. Wieder winkt die billigere Option, und er fragt sogar seinen Vater, ob dieser Kelch nicht an ihm vorbeigehen könnte. Die Willenskraft, die er aufbringen musste, um diesem Drängen zu widerstehen, hat ihm alles abverlangt. Vermutlich hat er vor Angst gezittert, wir wissen, dass er Schweiß groß wie Blutstropfen hatte. Ja, in der Welt haben wir Angst. Aber nie so viel, wie er sie hatte. Die Angst, die Jesus durchschüttelte, können wir uns nicht annähernd vorstellen. Aber wenn wir unsere zitternde Hand in seine legen, wissen wir, dass sie dort festgehalten wird – von einem, der weiß, wie es ist, das Grauen vor dem bevorstehenden Tag zu spüren.

„Fürchte dich nicht, denn ich bin mit dir! Habe keine Angst, denn ich bin dein Gott! Ich stärke dich, ja, ich helfe dir, ja, ich halte dich mit der Rechten meiner Gerechtigkeit“ (Jes 41,10).

„Denn Gott hat uns nicht einen Geist der Furchtsamkeit gegeben, sondern der Kraft und der Liebe und der Zucht“ (2Tim 1,7).

5. Mai

„SCHENK UNS KÜHNHEIT"

„Seid stark und mutig, fürchtet euch nicht und erschreckt nicht vor ihnen! Denn der HERR, dein Gott, er ist es, der mit dir geht …" (5Mo 31,6)

Ist euch aufgefallen, wie viele Aufforderungen es in der Bibel gibt, mutig zu sein, keine Angst zu haben? Gott weiß, wie sehr seine Kinder das brauchen! Mut geschieht selten von allein. Nicht ohne Grund heißt es auch im Volksmund „Er fasst Mut", „Er nahm seinen ganzen Mut zusammen". Feigheit muss nicht gefasst werden, ich muss nie meine ganze Ängstlichkeit zusammennehmen – sie kommt ganz von allein. Zum Beispiel wenn ich bei Nacht und Nebel auf einer vielbefahrenen Autobahn fahre, wo alle anderen Autos sich blitzschnell an mir vorbeibewegen und ich mittendrin keine Ahnung habe, auf welche Spur ich muss. Ein kleines Beispiel vielleicht, aber für mich eine große Herausforderung. Mut ist, wenn ich es trotzdem mache, Gefühle hin oder her. Natürlich im vernünftigen Rahmen. Ein Flugzeug fliegen zu wollen, wäre fahrlässig und dumm. Aber ich kann Auto fahren, habe meinen Führerschein. Also muss ich mich meinen Ängsten stellen, tief Luft holen, mich nicht von den anderen Autos einschüchtern lassen und mit Gottes Hilfe um meine Ruhe kämpfen.

„Habe ich dir nicht geboten: Sei stark und mutig? Erschrick nicht und fürchte dich nicht! Denn mit dir ist der HERR, dein Gott, wo immer du gehst" (Jos 1,9).

„Seid stark und mutig, fürchtet euch nicht und erschreckt nicht vor ihnen! Denn der HERR, dein Gott, er ist es, der mit dir geht; er wird dich nicht aufgeben und dich nicht verlassen" (5Mo 31,6).

„Euer Herz werde nicht bestürzt, sei auch nicht furchtsam" (Joh 14,27).

„So seid nun nicht besorgt um den morgigen Tag! Denn der morgige Tag wird für sich selbst sorgen" (Mt 6,34).

„Ich suchte den HERRN, und er antwortete mir; und aus allen meinen Ängsten rettete er mich" (Ps 34,5).

All diese Zusprüche werden mitten im Alltag ausgesprochen – in den Sorgen, in den durchwachten Nächten, in riskanten Spannungsfeldern. David erzählt, dass Gott ihn nicht vor seinen Problemen gerettet hat,

sondern vor seinen Ängsten. Die Hauptnot war nicht das Problem, sondern seine Angst davor. Interessant.
Mit welchen Ängsten hast du gerade zu kämpfen? Angst vor Versagen, vor Krankheit, Verlust, Trauer, Einsamkeit? Angst vor einem Unfall oder Krebsdiagnose? Vor dem Bruch einer Freundschaft, vor einer Gemeindekrise, Krieg, Werteverfall in der Gesellschaft, der Zukunft unserer Kinder? Bitte den Herrn darum, dich von diesen Ängsten zu befreien, verwandele sie in Fürbitte, und erwarte, dass Gott dich dazu gebraucht, um auch deine Mitmenschen auf den Herrn und seine Hilfe hinzuweisen!

6. Mai

ES GIBT AUCH EINEN FALSCHEN MUT

„Wehe denen, die das Böse gut nennen und das Gute böse; die Finsternis zu Licht machen und Licht zu Finsternis; die Bitteres zu Süßem machen und Süßes zu Bitterem!“ (Jes 5,20)

Gestern hatten wir es mit dem Thema Mut zu tun. Heute gibt es einen kleinen Abstecher. Es gibt auch einen Mut, der nicht richtig ist. Ein Facebook-Bekannter, den ich lange Zeit als Vorbild ansah, hat seinen Glauben gerade „dekonstruiert“ und im Zuge dessen seine Frau und zwei Schulkinder verlassen und sich mit einer hübschen neuen Liebe in vielen romantischen Posen großzügig abbilden lassen. Es ist viel von dem Mut die Rede, die ihn dieser Schritt gekostet hat. Kommentare um Kommentare feiern seine authentische Haltung und den Befreiungsschlag, den er gewagt hat. Immer wieder denke ich mit schwerem Herzen an die Frau, die verlassen wurde. Ist sie in soziale Not und Einsamkeit gestürzt, während er mit angeblichem „Mut“ alle Verpflichtungen und jede Verantwortung ihr und ihren Kindern gegenüber in den Wind geschlagen hat? War es für sie ein Befreiungsschlag? Vielleicht war die Ehe so miserabel geworden, dass sie ihn nach seinem Seitensprung erleichtert ziehen ließ. Vielleicht hat sie gläubige Freunde und Eltern, die sie auffangen, eine Gemeinde, die sich um sie kümmert, während er seine neugewonnene „Freiheit“ öffentlich feiert und

zur Schau stellt. Mutig? Nein. Hochgradig grausam, feige und gemein. Ein bisschen Angst hätte diesem Mann gutgetan. Angst vor den Konsequenzen seines Schrittes für seine Familie. Es gibt eine gesunde Angst.
In der guten alten Zeit war „mutig“ etwas anderes. Mutig war, wenn man sich selbst verleugnet und sein Leben für den anderen hingegeben hat. Wenn man Risiken eingegangen ist, um anderen Gutes zu tun oder um dem Herrn treu zu bleiben, auch wenn es einen alles kostete. Das Wort „Mut“ ist nur eins von vielen Wörtern, die in unserer Zeit ausgehöhlt und auf heimtückische Art mit neuem Inhalt „gefüllt“ werden. Die Ehe brechen, sich als „schwul“ outen, Triebe ausleben ohne Rücksicht auf die Empfindungen anderer, Regeln trotzig brechen, Abtreibung für gut und tugendhaft halten und dafür bejubelt werden, dem Glauben der Väter den Rücken zukehren und diesen Schritt als Heldentat feiern, frei nach dem Motto: „Ich muss zu mir stehen und authentisch sein, meinem Herzen folgen.“ All das gilt als mutig. Und dann werden noch Bibelverse dazu zitiert.
„Und langsam, obwohl niemand sich erinnern kann, wie es genau passiert ist, wird das Undenkbare salonfähig, dann akzeptabel, dann legal. Dann wird ihm applaudiert“ (Joni Earekson).
Gottlose Einflüsse abzuschütteln, die mich zerstören, toxische Beziehungen beenden, die mich zu sehr vereinnahmen, das kann schon Mut kosten. Ich muss nicht alles mit mir machen lassen – und es kostet auch Mut, „nein“ zu sagen. Aber ich soll sicherstellen, dass meine Handlungen im *biblischen* Sinne mutig sind, und nicht nur meinem Fleisch und meinem Egoismus dienen.

7. Mai

GUTE SOLDATEN KÄMPFEN NIE ALLEIN

„... wir sind schuldig, für die Brüder das Leben hinzugeben“ (1Jo 3,16)

Im Februar 1991 begann die sogenannte *Operation Desert Storm*, die Bodenoffensive westlicher Truppen und ihrer Verbündeten, um die Streitkräfte Iraks nach ihrer illegalen Besetzung Kuwaits in die Knie zu zwingen. Der irakische Führer Saddam Hussain hatte mit der „Mutter aller Schlachten“ gedroht, und es wurde mit einem Blutbad gerechnet. Einige von euch werden sich daran erinnern. Egal was man mittlerweile über diese Kampfhandlungen der 90er Jahre im Nahen Osten denkt, eine Szene bleibt mir in Erinnerung. Ein kleiner amerikanischer Stoßtrupp traf sich zu einem letzten Briefing vor dem Aufmarsch. Ihr Kommandeur sagte Folgendes: „Im entscheidenden Moment, wenn der Feind mit seiner Waffe auf euch zielt, ist all das, was ihr mit großer Mühe gelernt und geprobt habt, von keiner Bedeutung mehr. Für diesen entscheidenden Moment gibt es keine Generalprobe. Nur eines zählt. Und zwar deine Bereitschaft, für deinen Bruder dein Leben zu opfern. Eure Liebe füreinander ist die einzige Kraft, die euch ab jetzt hilft, zu bestehen.“

Eure Liebe füreinander. Das ist es. Die Liebe, die die Furcht austreibt (1Jo 4,18). Wie viel mehr Kapazität, Kraft, Adrenalin, Mut ich habe in herausfordernden Situationen, wenn ich mit meinen Geschwistern zusammen bin! Wenn wir Kämpfe gemeinsam durchstehen, hintereinander, nebeneinander, schützend voreinander stehen. Wenn mich jemand fragt, was der Schlüssel für eine erfolgreiche biblische Gemeinde ist, dann antworte ich: Dass die Ältesten und Leiter sich liebhaben, wie *ein* Mann stehen. Auch ihre Frauen natürlich. Ein Ehepaar, in dem die Partner zusammenstehen, kann Berge versetzen. Wo zwei oder drei in seinem Namen versammelt sind, unterwegs sind, miteinander wirken und dienen – ist er mitten unter ihnen (Mt 18,20). Und da ist Kraft, Durchhaltevermögen. Wann immer ich mutlos werde, höre ich die Worte meines Vaters im Ohr „Go for it, girl!“ („Nur zu, Mädel!“).

Gemeinsam sind wir mutig. Die Jünger wurden paarweise hinausgeschickt (Mk 6,7). Paulus reiste auch immer in Gruppen. Denn zwei sind stärker als einer (Pred 4,9). Wenn einer im Stress des Kampfes schwach wird, kann der andere noch klar denken. Und wenn ich im Moment niemanden habe, der mir Mut zuspricht? Gott hat auch dafür vorgesorgt.

Jesus war bis zum Tode betrübt, als er sich von seinen Freunden in der Stunde seiner Mutlosigkeit verlassen fühlte (Mt 26,38). Aber ein Engel kam und stärkte ihn. Ganz allein bist du nie, wenn du den Herrn kennst. Ich hoffe, das macht dir Mut für heute!

8. Mai

ANGST VOR GESICHTSVERLUST, ANGST VOR KONSEQUENZEN

„Denn Gott hat uns nicht einen Geist der Furchtsamkeit gegeben, sondern der Kraft und der Liebe und der Zucht ..." (2Tim 1,7)

„Was habe ich zu verlieren?" – „Lieber versuchen und dabei versagen, als es gar nicht versucht zu haben!" – „Wenn du es nicht mit Mut machen kannst, dann mach es halt ohne Mut!" Das sind Sprüche, die mir geholfen haben, mein Lampenfieber zu überwinden. Als Kind hasste ich jede Art von Rampenlicht. Ich zitterte am ganzen Leib und stotterte, wenn ich vor Menschen irgendetwas sagen musste. Manchmal immer noch. Das Gefühl, dass alle Augen auf mich gerichtet waren, löste in mir Panikgefühle aus. Als ich älter wurde, erkannte ich Folgendes: Wenn ich Gott wirklich dienen will, dann ist Menschenfurcht fehl am Platz. Mission hat mit Menschen zu tun. Immer. Gemeindebau ist Arbeit mit Menschen genauso wie Bücherschreiben und Frauenarbeit. Ich musste lernen, meine Scheu vor Menschen zu überwinden, die auch – ehrlich gesagt – ein ganzes Stück mit Eitelkeit zu tun hatte. Ich wollte wenigstens versuchen, keine Angst mehr vor Menschen zu haben und vor dem, was sie über mich denken. Der Prophet Hesekiel muss ein ähnliches Problem gehabt haben. Gott zeigt Verständnis dafür und macht ihm Mut: *„Und du, Menschensohn, fürchte dich nicht vor ihnen, und fürchte dich nicht vor ihren Worten, wenn auch Dornen dich umgeben und du auf Skorpionen sitzt"* (Hes 2,6). Na ja, ich war bisher weder von Dornen umgeben, noch musste ich auf Skorpionen sitzen.

Seinem Mitarbeiter Timotheus schreibt Paulus folgende ermunternde Worte: *„Denn Gott hat uns nicht einen Geist der Furchtsamkeit gegeben, sondern der Kraft und der Liebe und der Zucht. So schäme dich nun nicht des Zeugnisses unseres Herrn noch meiner, seines Gefangenen, sondern leide mit für das Evangelium nach der Kraft Gottes!"* (2Tim1,7-8).

Im Alten Testament finden wir David im Gespräch mit seinem Sohn Salomo: *„Sei stark und mutig, und handle; fürchte dich nicht und sei nicht niedergeschlagen! Denn der HERR, Gott, mein Gott, wird mit dir sein. Er wird dich nicht aufgeben und dich nicht verlassen, bis alle Arbeit für den Dienst des Hauses*

des HERRN vollendet ist" (1Chr 28,20). Interessanterweise war in all diesen Stellen die Arbeit der Kontext, der Dienst für den Herrn.
Manchmal habe ich das Gefühl, ich habe weniger Angst vor einer Blamage als davor, dass ich Gottes Willen irgendwie verpasst habe. Dass ich etwas mache, was in seinen Augen falsch oder gar gegen seinen Willen sein könnte. Auch diese Angst kann lähmend sein. Lieber nichts tun als riskieren, dass Gott auf mich sauer ist, oder? Morgen ein paar Gedanken dazu, wie ich diese Angst überwunden habe und immer wieder überwinde. Vielleicht kannst du dir im Vorfeld schon mal ein paar Gedanken dazu machen.

9. Mai

ANGST ÜBERWINDEN DURCH VERSUCH UND IRRTUM

„Vielleicht wird der HERR etwas für uns tun, denn für den HERRN gibt es kein Hindernis, durch viel oder durch wenig zu helfen ..." (1Sam 14,6)

Gestern erzählte ich von meiner Angst davor, Gottes Willen irgendwie zu verpassen oder ihm in meinen täglichen Entscheidungen zu missfallen. Eine kleine Episode im Alten Testament macht mir immer wieder Mut und nimmt mir diese Angst. Ihr kennt sie sicher. Die Israelitische Armee um König Saul herum steht unter massivem Druck. Seit langem wird sie von der überlegenen Miliz der feindlichen Philister drangsaliert und belagert. Eines Tages hält Jonathan, der Sohn Sauls, die Spannung nicht mehr aus. In der Nähe ihres Lagers ist ein Stützpunkt der Philister.
„Komm, lass uns hinübergehen zu dem Posten dieser Unbeschnittenen!", sagt Jonathan zu seinem Waffenträger. *„Vielleicht wird der HERR etwas für uns tun, denn für den HERRN gibt es kein Hindernis, durch viel oder durch wenig zu helfen. Und sein Waffenträger antwortete ihm: Tu alles, was du vorhast! Geh nur hin! Siehe, ich bin mit dir in allem, was du vorhast. Und Jonatan sagte: Siehe, wir wollen zu den Männern hinübergehen und uns ihnen zeigen. Wenn sie dann zu uns sagen: Halt, bis wir zu euch gelangt sind! – so wollen wir stehen bleiben, wo wir sind, und nicht zu ihnen hinaufgehen. Wenn sie aber so sprechen: Kommt zu*

uns herauf! – so wollen wir hinaufsteigen, denn der HERR hat sie in unsere Hand gegeben. Das soll uns zum Zeichen sein" (1Sam 14,6-10). Klingt auf den ersten Blick wie eine Mutprobe, die Schuljungs manchmal miteinander machen. Jonathan und sein Diener haben sich nicht in stundenlanger Fürbitte mit der Frage gequält: „Will Gott es oder will er nicht?" „Haben wir richtig gehört vom Herrn?" Sie haben eher das Prinzip „Versuchen und schauen, ob Gott mit uns ist" angewandt. Natürlich muss ich wissen, dass das, was ich vorhabe, keine Sünde oder offensichtlich gegen Gottes Willen ist. Es darf nicht aus Ehrgeiz oder auf Kosten der Menschen geschehen, denen ich verpflichtet bin. Es geht um kleine Entscheidungen des Alltags. Soll ich diese Einladung annehmen oder nicht? Mich auf dieses Projekt einlassen oder nicht? Da habe ich inzwischen ein tiefes Vertrauen, dass Gott es schon irgendwie richten wird. Dass ihm auch manches nicht so wichtig ist. Was auch immer meine Hand findet zu tun, tue ich einfach so gut ich kann. Wenn es funktioniert, dann wunderbar, wenn nicht, dann haben wir nichts verloren. Der Apostel Johannes sagt dazu: *„Furcht ist nicht in der Liebe, sondern die vollkommene Liebe treibt die Furcht aus, denn die Furcht hat es mit Strafe zu tun. Wer sich aber fürchtet, ist nicht vollendet in der Liebe*" (1Jo 4,18). Johannes hatte auf die Worte seines Herrn gut geachtet: *„Euer Herz werde nicht bestürzt. Ihr glaubt an Gott, glaubt auch an mich!*" (Joh 14,1).
„Seid guten Mutes! Ich bin es. Fürchtet euch nicht!" (Mk 6,50).

10. Mai

WENN DEINE ÄNGSTE FÜR DICH ARBEITEN

„Der Hunger des Arbeiters arbeitet für ihn, denn sein Mund spornt ihn an" (Spr 16,26)

Genauso wie Hunger im Magen eine Erinnerung daran ist, dass dein Leib Nahrung braucht und von dem Verzehr dieser Nahrung abhängig ist, so ist auch Angst die Erinnerung daran, dass dein Leben Sicherheit braucht und auch von dieser Sicherheit abhängig ist. Dein Hunger treibt dich an den gedeckten Tisch. Deine Angst treibt dich in die Arme eines Gottes, der die einzige Garantie für Sicherheit ist, die es auf dieser Erde gibt. Wir können unsere Ängste nicht abschütteln, genauso wenig wie wir Einsamkeit und Trauer abschütteln oder einfach ausschalten können. Aber wir können sie in den Dienst unserer Heiligung und unseres geistlichen Wachstums stellen.

Sobald ein Stich der Verzweiflung durchs Herz schießt, können wir das als Einladung in die Gegenwart Gottes sehen – wie der hungrige Magen, der zum reichgedeckten Tisch eilt, um gesättigt zu werden. So können wir unsere Ängste für uns arbeiten lassen, sodass sie in uns Heiligung bewirken, eine tiefere Abhängigkeit von Gott, ein Gefühl der Erleichterung jedes Mal, wenn wir seine Nähe suchen. Unsere Einsamkeit verwandeln wir in das Bewusstsein seiner Sehnsucht nach uns. Die Angst vor Trauer, vor Witwenschaft verwandeln wir in das Vertrauen, dass er uns in jeder Lebenslage versorgen wird. Die Angst vor Versagen und Blamagen verwandeln wir in eine Entschlossenheit, nur in ihm Erfüllung und Lebenssinn zu finden, nicht in den Dingen, die wir leisten und mit denen wir andere Menschen beeindrucken. Unsere Angst vor dem Tod wird zur Vorfreude auf eine Ewigkeit ohne Schmerz, Leid und Krankheit. Und während wir Tag für Tag dem Herrn unsere Hilflosigkeit und Lebensunfähigkeit bekennen und uns auf seine Gnade werfen, wird unser Herz weich. Wir fühlen stärker für andere mit, werden empfindsam, sensibel für die Nöte der anderen, barmherziger.

Neulich habe ich diesen Text von David Tripp gelesen. Seine Worte erweckten eine neue Zuversicht und Freude in mir in Zeiten, die uns unberechenbar wie nie zuvor erscheinen und die einen manchmal wirklich zittern lassen können. Hier seine Worte:

„Weil deine Geschichte in das Geflecht der Erlösungsgeschichte verwoben ist, gibt es Sinn, Zweck und Richtung in jedem Teil der Geschichte. Das Ziel der Erlösung sichert dein Schicksal. Die zukünftige Gnade der Ewigkeit sichert dir die ganze Gnade, die du jemals in der Zwischenzeit brauchen wirst. Nein, du wirst nicht alles verstehen, was dir widerfährt, und ja, Gottes Wille wird dich an manchen Stellen verwirren, aber deine Geschichte wurde mit Sinn und Zweck erfüllt, weil sie in Gottes Geschichte der Erlösung und Wiederherstellung enthalten ist“ (Paul David Tripp, *Jeden Morgen neue Gnade*, Voice of Hope).

11. Mai

SEINE SPRACHE WIRD UNSERE SPRACHE

„Gepriesen sei der Gott und Vater unseres Herrn Jesus Christus, ... der uns tröstet in all unserer Bedrängnis, damit wir die trösten können, die in allerlei Bedrängnis sind, durch den Trost, mit dem wir selbst von Gott getröstet werden" (2Kor 1,3-4)

Es ist immer so mit Gottes Wirken in unserem Leben: Das, womit wir gesegnet werden, dürfen, sollen wir an andere weitergeben. Das lebendige Wasser, das immerzu weiterfließt, ist das Wasser, das frisch und sprudelnd bleibt. Wir sollen andere mit dem Trost trösten, mit dem wir getröstet wurden, mahnt Paulus in 2. Korinther 1,3-4. Nur Segen, der geteilt wird, bleibt erhalten. Je mehr wir in der Zuversicht und im Trost leben, den wir vom Heiligen Geist bekommen, desto mehr werden wir Gelegenheiten finden, unsere Mitmenschen mit genau diesem Trost aufzurichten, ihnen Mut zu machen, ihnen im Auftrag Gottes die Worte zuzusprechen, die Gott selbst zu ihnen spricht. So handeln und leben wir im wahrsten Sinne wie Jesu Leib auf dieser Erde, wir tun seine Werke, wir reden in seiner Sprache: *„Der Herr, HERR, hat mir die Zunge eines Jüngers gegeben, damit ich erkenne, den Müden durch ein Wort aufzurichten. Er weckt mich, ja Morgen für Morgen weckt er mir das Ohr, damit ich höre, wie Jünger hören"* (Jes 50,4).

„Wie einen, den seine Mutter tröstet, so will ich euch trösten", spricht der Herr durch seinen Propheten in Jesaja 66,13. Wir, Gottes Diener, haben das Vorrecht, genau diesen Trost weiterzugeben. Es gibt bestimmte Menschen, da atme ich auf, wenn sie den Raum betreten. Irgendwie strahlen sie eine Ruhe und eine Gelassenheit aus, die ansteckend ist. Mein Mann ist so einer, der immer gleichmäßig fröhlich und zuversichtlich ist, auch wenn die Wellen hochschlagen und eine Situation alles andere als ruhig ist. Falls er Angst spürt, merkt man ihm gar nichts davon an. Meine Mutter war auch so eine. Ich hatte als Kind immer das Gefühl, wenn sie da ist, dann wird alles gut. Ich denke, wir können alle solche Menschen werden, wenn wir viel Zeit mit Gott verbringen, sein Wort lesen, über ihn nachdenken. Seine Gelassenheit färbt auf uns ab und befähigt uns, auch mitten in Turbulenzen eine Ruhe zu haben, die direkt aus dem Himmel kommt.

Nur so konnte Jesus tief schlafen, während das Boot, in dem er lag, fast am Kentern war. Oder Petrus im Gefängnis, mit einem Todesurteil über seinem Kopf ... auch in einem tiefen Schlaf! Vielleicht hat er es direkt von Jesus abgeschaut.
Uns kann nichts passieren, was Gott nicht zuerst durchgewunken hat. Er hat unser Leben in der Hand, wir können unser volles Vertrauen auf ihn setzen, und andere ermutigen, das Gleiche zu tun! Eigentlich ist die Bibel ein einziger, langer Ermutigungsbrief an uns, verfasst von verschiedenen Schriftstellern zu verschiedenen Zeiten der Geschichte, die uns anfeuern, uns auffordern, bloß nicht aufzugeben, sondern am Herrn dranzubleiben, so wie sie es selbst getan haben. Und wir dürfen diese Ermutigung auch heute an andere weitergeben. Bitte den Herrn um eine Gelegenheit dazu an diesem Tag!

12. Mai

DER KAMPF UM ZUVERSICHT IN EINER UNRUHIGEN WELT

„Wer aber unter euch kann mit Sorgen seiner Lebenslänge eine Elle zusetzen?" (Mt 6,27)

Krieg in der Ukraine, Wirtschaftskrise in Deutschland, Krankheiten oder persönliche Verluste – die Welt ist ein unsicherer Ort, und es gibt aktuell viele Gründe, Angst zu haben. Manchmal überwältigt es mich zu sehen, dass die Welt im Chaos versinkt und es so viel Leid gibt. Ich finde es dann frustrierend, keinen Einfluss darauf nehmen zu können, jedenfalls nicht auf das große Ganze. Allerdings hat Gott jede und jeden von uns an einen bestimmten Ort gestellt, an dem wir die guten Werke tun sollen, die Gott für uns vorbereitet hat (Eph 2,10). Wenn ich mir dessen bewusst bin, fühle ich mich weniger überwältigt und kann das tun, was in meiner Hand liegt: Eine Mutter, Ehefrau und Freundin sein, wie es Gott gefällt, Menschen im Alltag Gottes Liebe und seine Gute Nachricht weitergeben, Jesus Tag für Tag treu nachfolgen.

Ab und zu überkommt mich auch die Angst vor einem Verlust geliebter Menschen. Mit meinem Mann Stefan bin ich fast 10 Jahre verheiratet, wir kennen uns seit der Jugendzeit – das Leben ohne ihn kann ich mir nicht vorstellen. Seit ich Mama geworden bin, kommt noch unsere Malia dazu. Wir sind so dankbar, sie in unserem Leben zu haben und ich möchte sie um jeden Preis beschützen. Das liegt aber nicht in unserer Hand. Ich muss mich dann bewusst entscheiden: gegen die Angst vor einem Verlust und für die Dankbarkeit, diese wunderbaren Menschen jetzt in diesem Moment meine Familie nennen zu dürfen.
Wir lesen in Matthäus 6,27: „*Wer aber unter euch kann mit Sorgen seiner Lebenslänge eine Elle zusetzen?*" Ich verpasse den Segen, den ich heute erfahren darf, wenn ich mir über Morgen den Kopf zerbreche. Gott hat alles in der Hand und das ist gut so. Das weiß ich ganz sicher, auch wenn meine Gefühle mir manchmal etwas anderes sagen wollen. Die werden aber umso leiser, je mehr ich mich mit Gottes Wort beschäftige und mit ihm spreche.
Uns Christen können aber nicht nur die Weltgeschehnisse Angst machen. Wir sehen in vielen anderen Ländern schon seit Jahren eine schwere Christenverfolgung. Das ist laut Bibel der Normalfall. Auch in Deutschland wird der Wind für Christen, die Gottes Wort ernst nehmen, immer rauer. Manchmal macht mir das schon Angst. Allerdings können wir beobachten, dass die Gemeinde Jesu unter Druck immer besonders gewachsen ist. Das sieht man z.B. in China. Seit der Kulturrevolution ist die Zahl der Christen extrem gestiegen. Ich möchte auf Verfolgung vorbereitet sein, egal in welcher Art sie zu uns kommt. Deshalb soll meine persönliche Beziehung zu Jesus Priorität haben.
Als Familie üben wir auch, uns nicht von Dingen dieser Welt abhängig zu machen. Ich möchte nicht für Ansehen bei Menschen Gottes Wort und seine Werte verleugnen, sondern mutig und in Liebe die Wahrheit sagen. Um seine Zeugen sein zu können, hat Gott uns seinen Geist geschenkt (Apg. 1,8). Mit seiner Hilfe können wir auch in Verfolgung bestehen. In dieser Zuversicht dürfen wir mutig vorangehen und ein Licht in der Dunkelheit sein. Das wünsche ich euch für diesen Tag!

Johanna

13. Mai

ZWIEGESPRÄCHE MIT GOTT UND WAS SIE BEWIRKEN

„Ich schütte mein Anliegen vor ihm aus, meine Not erzähle ich vor ihm" (Ps 142,3)

Wenn ich meine Ängste mit Gott teile, bin ich dankbar, dass wir ganz ehrlich mit Gott sein dürfen. Ich muss nicht den tapferen Helden markieren, wenn mir eigentlich nach Weinen zumute ist. Die Psalmisten nehmen kein Blatt vor den Mund, wenn sie Gott ihr Leid klagen und sich über Ungerechtigkeit beschweren. Wenn sie zu Tode betrübt sind, dann sprechen sie das aus. David schreit in Psalm 22 zu Gott: *„Mein Gott, mein Gott, warum hast du mich verlassen, bist fern von meiner Rettung, den Worten meines Schreiens? Mein Gott, ich rufe bei Tage, und du antwortest nicht; und bei Nacht, und mir wird keine Ruhe"* (V. 2 und 3). Wenn uns selbst die Worte fehlen, sind die Psalmen ein guter Weg, um Angst und Schmerz Ausdruck zu verleihen. Die Psalmen sind auch ein guter Gebetsleitfaden, indem wir Vers für Vers lesen und dazu jeweils unsere eigenen Gedanken betend vor Gott bringen. Habe ich dann meine Ängste vor Gott gebracht, sind meine Umstände in der Regel immer noch dieselben. Gott verändert aber mein Herz und ich gewinne Zuversicht. *„Denn ich bin überzeugt, dass weder Tod noch Leben, weder Engel noch Gewalten, weder Gegenwärtiges noch Zukünftiges, noch Mächte, weder Höhe noch Tiefe, noch irgendein anderes Geschöpf uns wird scheiden können von der Liebe Gottes, die in Christus Jesus ist, unserem Herrn"* (Röm 8,38-39). Ich darf in Widrigkeiten wissen: Gottes Liebe bleibt und ich bin sein Kind. Daran wird sich nichts ändern.

Habe ich dann nach dem Beten manchmal noch Angst? Oder ist dann plötzlich alles in Ordnung? Nach meiner Erfahrung lösen sich Gefühle nicht sofort auf. Ich muss am Gebet dranbleiben und Ängste und Sorgen immer wieder bei Gott abgeben. Wenn ich Dinge vor Gott gebracht habe, will ich mich aber auch nicht weiter in diesen Gefühlen suhlen. Es gehört für mich deshalb immer die Entscheidung dazu, weiterzugehen und mein Tagewerk anzupacken im Vertrauen, dass meine Angelegenheiten bei ihm bestens aufgehoben sind. Kommen Ängste wieder hoch, ist es gut, sich an Gottes Verheißungen zu erinnern und diese wie einen Schatz im Herzen aufzubewahren.

Außerdem ist es wunderbar, dass wir als Christen nicht allein durchs Leben gehen müssen. Gebet in Gemeinschaft ist eines der besten Mittel, nicht in Sorgen zu versinken. Vor allem, wenn sich das Gebet nicht nur um eigene Probleme dreht, sondern ich den Blick weg von mir auf andere richte. Wenn wir dann in einem Gebetstreffen für die Anliegen der Gemeinde beten oder unsere verfolgten Geschwister vor Gott bringen, werden meine Ängste kleiner oder zumindest in die richtige Perspektive gerückt.
Wie gut, dass wir jederzeit vor Gott kommen dürfen mit unseren Anliegen und er uns durchträgt!

Johanna

14. Mai

SOLLEN WIR VOR GOTT ANGST HABEN?

„Die Furcht des Herrn ist der Weisheit Anfang" (Spr 9,10)

Ich habe lange Zeit „Furcht Gottes" als Ehrfurcht oder Respekt interpretiert. Wer will schon echte Angst vor Gott haben? Dass Angst aber genau die richtige Reaktion ist, wenn wir vor Gott stehen, wird deutlich, wenn wir erkennen, wer Gott ist und welchen Stand wir Menschen ihm gegenüber haben. Als Gott Mose auf dem Berg Sinai begegnet, wird eine Grenze um den Berg gezogen, damit das Volk nicht zu nahekommt (2Mo 19,21). Als Gott dann auf dem Berg erscheint, beginnt es zu donnern und zu blitzen. Der Berg ist in dichten Rauch gehüllt. Wer von uns hätte da nicht vor Angst gezittert? Jesus wird in Hebräer 7,26 beschrieben als *„(...) heilig, sündlos, unbefleckt, abgesondert von den Sündern, (...)"*. Gottes Urteil über uns Menschen ist genauso eindeutig: *„(...) denn alle haben gesündigt und ermangeln der Herrlichkeit Gottes"* (Röm 3,23). Wenn wir also dem heiligen Gott in unserer Sündhaftigkeit begegnen, gibt es allen Grund für echte Furcht. Wir können vor ihm nicht bestehen.
Ganz eindrücklich finde ich die Reaktion von Adam auf Gottes Gegenwart nach dem Sündenfall. Er sagt: *„Ich hörte deine Stimme im Garten, und*

ich fürchtete mich, weil ich nackt bin, und ich versteckte mich" (1Mo 3,10). Konfrontiert mit seiner eigenen Sünde, konnte Adam Gott nicht mehr gegenüberstehen. Auch Mose verbirgt sein Gesicht, als Gott aus einem brennenden Dornbusch zu ihm spricht (2Mo 3,6). Ich selbst empfinde diese Furcht, wenn ich in meinem eigenen Leben von Sünde überführt werde und in der Bibel darüber lese, wie sehr uns Sünde von Gott trennt und wie vollkommen und heilig er ist. Dann bin ich sehr betroffen über meine Schuld.
Aber das Wunderbare an der Furcht Gottes ist: Wir müssen keine zitternden Christen sein, die in ständiger Angst vor dem nächsten Versagen leben. Dass wir Gott fürchten, bedeutet, dass wir ihm wirklich begegnet sind. Wir haben den wahren Gott gesehen und erlebt. Das führt zu einer noch engeren Beziehung, weil nichts mehr verborgen ist. Ich erlebe deshalb ein noch größeres Staunen über seine Gnade, die wir uns mit nichts verdienen können (Röm 3,24), und bin umso dankbarer für dieses Geschenk. Was für ein Wunder, dass der heilige und mächtige Gott uns seine Kinder nennt, wenn wir seine Vergebung annehmen. Ich kann mir keinen größeren Liebesbeweis vorstellen.

Johanna

15. Mai

BERGE, DIE VERSETZT WERDEN

„HERR, in der Frühe wirst du meine Stimme hören" (Ps 5,4)

Ich persönlich hab's immer mit Angst zu tun, wenn ich zu viele Berge von Arbeit, Aufgaben vor mir habe, die mich richtig lähmen können. Es ist das Gefühl: „Ich schaffe es nicht, es ist zu viel, ich bin diesen Aufgaben nicht gewachsen, ich bin nicht lebensfähig!" Manchmal sind solche Momente selbst verschuldet (schlechte Planung, Arbeitssucht, nicht Nein sagen können), manchmal platzen unerwartete Krisen und Sorgen zusätzlich in den Alltag hinein, die nicht zu vermeiden sind, sodass man wirklich ins Rotieren kommt. Da muss man einfach durch.
„HERR, in der Frühe wirst du meine Stimme hören", schreibt David in Psalm 5,4. Das ist mein Gebet, wenn ein voller Tag vor mir liegt und mein Herz

anfängt zu zittern. Der innere Blick auf den Herrn ist so wichtig, auch wenn ich keine Zeit habe, in der Bibel zu lesen oder lang zu beten. Einen seltsam klingenden kleinen Trick lernte ich von einem hochrangigen US-General aus dem Militär. Er hielt eine Rede für die Abschlussklasse einer amerikanischen „High School" und wollte den Schulabgängern Ratschläge mit auf den Weg geben. „Was auch immer ihr tut, verlasst nicht eure Wohnung, ohne euer Bett zu machen", sagte er, während die ersten schon anfingen zu kichern. War das ein Scherz? Nein, war es nicht. „Wenn dein Kissen ausgeklopft ist, die Laken glattgestrichen, das Bett sauber gerichtet, dann erinnert es dich daran, dass dieser Tag ein Ende haben wird, dass du es irgendwie schaffen wirst, durch alle Aufgaben durchzukommen, und dass am Ende ein aufgeräumtes, einladendes Bett auf dich wartet." So oder ähnlich hat er diesen wichtigsten aller Ratschläge formuliert. Irgendwie hat er recht. Natürlich ist Bibellesen total wichtig, Beten, aber manchmal haben es diese Kleinigkeiten in sich. Wenn ich mit Gottes Hilfe das Gefühl habe, den Tagesanfang im Griff zu haben, dann schaffe ich es, nach und nach den Berg abzubauen, der auf mich wartet. Und oft bin ich überrascht, dass es besser läuft, als ich befürchtet habe.
Es gibt viel größere Ängste im Leben als die Angst vor dem Berg von Aufgaben und Arbeit, der vor einem steht.

16. Mai

DIE UNTERSCHWELLIGE ANGST, DIE ALLES DURCHDRINGT

„Als letzter Feind wird der Tod weggetan" (1Kor 15,26)

Die Angst, die jeder anderen Angst zugrunde liegt, ist die Angst vor dem Tod. Im Hinterkopf, in allen unterschwelligen Regungen der Seele lauert das Bewusstsein, dass alles einmal ein Ende haben wird. Jederzeit könnte das Licht ausgeschaltet werden. Diese Hand, die gerade so fleißig und schnell meine Gedanken in die Tasten tippt und auf den Bildschirm bringt, wird zu einem Skelett gehören und leblos in einer Kiste unter der Erde liegen. Diese Aussicht füllt mich mit Grauen. In einem Augenblick kann alles vorbei sein. Gruselige Gedanken treiben durch meine Fantasie, die manchmal sowieso zu viele Überstunden macht.

Wir haben meinen Vater mit seiner Lieblingskrawatte beerdigt. Wird die Krawatte inzwischen verwest sein? Ich schiebe den Gedanken schnell von mir, bevor noch grauenvollere Gedanken auf ihn folgen. Einmal ahnungslos in einen Unglücksflieger steigen, wie so viele, die bei einer Flugkatastrophe ums Leben gekommen sind. Dann könnte es aus sein. Eine Sekunde Unachtsamkeit beim Autofahren. Abgesehen davon lauern überall im Körper die kleinen Erinnerungen, dass diese irdische Hülle unaufhaltsam auf ihr Verfallsdatum zumarschiert: das Ziehen der zunehmenden Arthritis in den Knien, noch mehr graue Haare, die müden Falten um die Augen herum. Und mit welcher Energie verdrängen wir das Wissen, dass das Ende kommen wird! Anschaffungen, Reisen, Vergnügungen – ja so viel rausholen, wie wir können, solange wir können! Gibt es einen besseren Weg, mit Todesängsten umzugehen, als sie zu verdrängen?

Der Tod bleibt ein Feind, da ist die Bibel realistisch: *„Als letzter Feind wird der Tod weggetan"* (1Kor 15,26). Er gehörte nicht zum ursprünglichen Plan. Er ist ein Fremdkörper, eine Art göttliche Schadensbegrenzung, damit die sündhafte Seele gerettet werden kann, bevor sie durch zu viele Jahre in ihrem gebrochenen Zustand unrettbar wird. Klar, jede Faser unseres Wesens sträubt sich dagegen. Wer Angst davor hat, besitzt eine fühlende Seele. Es ist gut, sich mit diesem Thema zu beschäftigen, schreibt König David: *„So lehre uns denn zählen unsere Tage, damit wir ein weises Herz erlangen!"* (Ps 90,12).

Ich gehe gerne am Friedhof spazieren, vor allem in schweren Zeiten oder wenn ich verschiedene Sorgen mit mir herumschleppe. Dort werde ich daran erinnert, wie kurz das Leben ist, und das hilft mir, Prioritäten zu setzen, meine Hoffnung auf die eigentliche Heimat zu richten, die auf mich wartet, es mir nicht zu bequem in dieser Welt zu machen. So gesehen, sind meine Todesängste ein Weckruf zurück in die Realität der Vergänglichkeit dieses Lebens. Und sie sind eine Einladung, die Herrlichkeit meiner ewigen Zukunft jetzt schon in meine Seele hineinzuholen.

17. Mai

DIE GNADE DER LETZTEN AUGENBLICKE

„Ich habe Lust, abzuscheiden und bei Christus zu sein, denn es ist weit besser" (Phil 1,23)

Eine liebe alte Dame aus unserer Gemeinde lag im Krankenhaus im Sterben. Sie machte klar, dass sie meinen Mann bei sich haben wollte, und nicht mich. Ich war leicht sauer, da ich diejenige war, die sie immer besucht hatte. Gerne hätte ich ihre letzten Augenblicke mit ihr geteilt. Aber letzte Wünsche gehören beachtet. Während Helmut ihr aus den Psalmen vorlas, kam ich mit der Zimmernachbarin ins Gespräch, deren Leben ebenso aufs Ende zuging. Dafür, dass sie sich, wie sie mir fröhlich erzählte, im Endstadium von Lungenkrebs befand, war die Dame erstaunlich munter, auch ohne starke Medikamente, wie sie mir ebenso beteuerte. Sie sei in Mähren (dem jetzigen Tschechien) groß geworden, Kriegsflüchtling, erzählte sie. Ob ich „Stille Nacht" auf Slowakisch hören möchte, fragte sie. Natürlich wollte ich. Und so saßen wir da im Vorraum zur Ewigkeit, mitten im heißen Augustsommer. Mein Mann las Psalm 103 vor und ich sang „Stille Nacht" mit einer sterbenden Frau auf Slowakisch. Vor dem Abschied sagte die alte Frau, die ich erst seit wenigen Minuten kannte: „Wissen Sie, das mit dem Sterben ist gar nicht so schlimm", und sie listete all die Menschen auf, bei denen sie Sterbebegleitung in ihrem Leben gemacht hatte und die mit einem Strahlen im Gesicht die Ewigkeit erblickt hatten. Das glaubte ich ihr sofort. Mit ihr als Begleiterin schien das Sterben recht harmlos zu sein, eine Erlösung. Für die, die in Christus sterben auf jeden Fall, das war mehr als spürbar in jenem Raum. Wir fuhren beschwingt und fröhlich nach Hause, mit einem Duft des Himmels im Herzen. Bis zum Ende der Woche waren beide liebe Damen tot, beziehungsweise weitergereist.

„Denn das Leben ist für mich Christus und das Sterben Gewinn. Wenn aber das Leben im Fleisch mein Los ist, dann bedeutet das für mich Frucht der Arbeit, und dann weiß ich nicht, was ich wählen soll. Ich werde aber von beidem bedrängt: Ich habe Lust, abzuscheiden und bei Christus zu sein, denn es ist weit besser" (Phil 1,21-23).

18. Mai

DAS HERZ AUF PILGERSCHAFT

„Denn wir sehen jetzt mittels eines Spiegels undeutlich ..." (1Kor 13,12a)

„Wir sind Durchreisende, keiner von uns wird für immer hier sein", sagte die britische Queen – oder so ähnlich – in einer ihrer letzten Ansprachen, vermutlich ahnend, dass ihre Tage bald gezählt sein würden. Nichts Neues – das wissen wir alle theoretisch, und als Christen haben wir die feste Aussicht, dass es mit dem Tod nicht zu Ende ist und uns eine herrliche Zukunft erwartet. Und trotzdem dieses Grauen. Wir sind auf unglückliche Weise mit dieser Welt verhaftet, solange wir in einem irdischen Körper gefangen sind. Der Tod ist die eine Sache im Leben, die wir auf keinen Fall wegdelegieren können.

Als ich um meinen verstorbenen Vater trauerte, sagte ich meiner Schwester voller Frust: „Ja, ich weiß, es geht ihm jetzt gut, er ist im Himmel. Aber warum können wir nicht spüren, kurz hineinblicken, sehen, wo und mit wem er zusammen ist? Warum diese tiefe Kluft zwischen Zeit und Ewigkeit?" Meine Schwester antwortete, wie aus der Pistole geschossen: „Weil wir es hier nicht mehr aushalten würden!" Sie wies mich darauf hin, dass diese Erde nicht mehr erträgt, wer zu viel Himmel vor Augen hat. Wir würden verrückt, unbrauchbar für das Reich Gottes. „Wir haben doch Arbeit zu tun, Nicola!" Paulus hat diese Spannung immer wieder deutlich zum Ausdruck gebracht. Angekommen, aber noch unterwegs. Das Herz vorausgeeilt, aber der Körper noch gefangen in dieser Welt: *„Denn wir sehen jetzt mittels eines Spiegels undeutlich, dann aber von Angesicht zu Angesicht. Jetzt erkenne ich stückweise, dann aber werde ich erkennen, wie auch ich erkannt worden bin"* (1Kor 13,12).

Er ermutigt uns, den Blick auf die zukünftige Herrlichkeit zu richten: *„Denn das schnell vorübergehende Leichte unserer Bedrängnis bewirkt uns ein über die Maßen überreiches, ewiges Gewicht von Herrlichkeit, da wir nicht das Sichtbare anschauen, sondern das Unsichtbare; denn das Sichtbare ist zeitlich, das Unsichtbare aber ewig"* (2Kor 4,17).

EINE IRRSINNIGE KULTUR UND IHRE MUTIGEN HELDEN

In den kommenden Tagen sehen wir uns zwei Helden an, die lernen müssen, in einer dekadenten und gottlosen Kultur zu bestehen. Aber sie sind auf ihre Glaubensprobe bestens vorbereitet. Die Geschichte gibt uns unter anderem auch Hinweise, wie wir unsere Gemeinden – und vor allem unsere Jugendlichen – auf Zeiten der Gottlosigkeit und sogar der Verfolgung vorbereiten können. Vielleicht seid Ihr schon darauf gekommen: Es geht um das Buch Ester.

HINTER DEN KULISSEN

„Und ich werde Feindschaft setzen zwischen dir und der Frau, zwischen deinem Nachwuchs und ihrem Nachwuchs; er wird dir den Kopf zermalmen, und du, du wirst ihm die Ferse zermalmen" (1Mo 3,15)

Vor vielen Jahren haben wir die Geschichte von Ester als Thema für ein Kinderferienprogramm genommen. Die Jungs waren die Mordechais der Geschichte – tapfer, wachsam, schlau. Die Mädchen waren als Mini-Esters voll in ihrem Element. Jeder Kinderraum in der Gemeinde wurde zu einer Station in der Schönheitsbehandlung kleiner Fürstinnen umgebaut, und die Teilnehmerinnen der persischen Casting-Show schwelgten in Prinzessinnen-Träumen. Inzwischen bezweifele ich, ob wir den Kindern den wahren Sinn der Ester-Geschichte vermittelt haben. Denn die Geschehnisse, die in der Bibel geschildert werden, sind alles, nur nicht romantisch. Esters Geschichte findet in einer der gottlosesten Kulturen der damaligen Welt statt. Für das im Exil lebende Volk Israel ist ohnehin in jeder Hinsicht „Land unter". Das verheißene Land liegt brach, seine Bewohner sind verschleppt worden und den Launen machtgieriger und launischer ausländischer Despoten ausgeliefert. Man kann von Glück reden, wenn man ein einigermaßen ruhiges Leben führen kann und nicht ins Visier gefährlicher Irrsinniger gerät, die auch noch ein Schwert in der Hand haben. Das Glück, bloß nicht aufzufallen, wird den zwei Protagonisten der Ester-Geschichte nicht gegönnt.

Eine dramatische Rettungsaktion Gottes finden wir in dieser Geschichte nicht. Nicht einmal sein Name wird erwähnt, aber seine Fingerabdrücke sind in jeder Szene zu erkennen.

Wie jedes andere Buch in der Bibel dient auch dieses einem einzigen Ziel: dem Heilsplan Gottes für diese Welt, der seinen Anfang schon in 1. Mose gleich nach dem Sündenfall nimmt: *„Und ich werde Feindschaft setzen zwischen dir und der Frau, zwischen deinem Nachwuchs und ihrem Nachwuchs; er wird dir den Kopf zermalmen, und du, du wirst ihm die Ferse zermalmen"* (1Mo 3,15). Dieser Vers ist die Basis für alles, was danach folgt, auch für die Ester-Geschichte. Mitten im Untergang des Landes Israel, in der Zerstreuung seiner Bewohner geht seine Geschichte ungehindert weiter. Das

Narrativ bleibt das Gleiche. Die Welt steht seit dem Sündenfall unter einer grausamen Fremdherrschaft. Ein Retter soll kommen, um sie von dieser Herrschaft zu befreien. Ein Feind versucht, seine Ankunft zu verhindern. Jede der beiden Parteien in diesem Konflikt hat in allen Epochen der Weltgeschichte ihre Vertreter.
Der böse Haman ist nur einer aus einer Reihe von Bösewichten, die im Auftrag des Feindes versuchen, dem *„Nachwuchs der Frau"* nicht nur *„die Ferse"* zu zermalmen, sondern ihn gänzlich auszulöschen. Aber Gott hat seine Leute, die diesem feindlichen Feldzug die Stirn bieten. Mordechai und Ester sind zwei davon. Lasst uns sie kennenlernen und schauen, was wir von ihnen lernen können!

20. Mai

EINE VERLORENE KRONE UND EINE CASTINGSHOW

„Und es geschah in den Tagen des Ahasveros – das ist der Ahasveros, der von Indien bis nach Kusch über 127 Provinzen regierte" (Est 1,1)

„Es war einmal ..." – ich liebe Geschichten, die ein Aschenputtel-Element haben. Die Unterschätzten und Verachteten werden am Ende zu Helden. Esters Geschichte hätte so beginnen können.
Der Vorhang öffnet sich zur Zeit Esters über einer schwierigen Epoche der Geschichte Israels. Das Volk ist von Persien, der herrschenden Weltmacht, aufgesogen worden. Alle Welt sieht auf König Ahasveros, der von der Hauptstadt Susa aus über das Imperium regiert, das sich 200 Jahre lang *„von Indien bis nach Kusch über 127 Provinzen erstreckte"* (Est 1,1). Gott wird im Buch Ester kein einziges Mal namentlich erwähnt, aber der Name des Königs Ahasveros ganze 29-mal innerhalb von 167 Versen. Dieser Mann ist eine große Nummer auf der Weltbühne. Unsere Geschichte beginnt im dritten Jahr seiner Regentschaft (V. 3), mitten in der Talsohle einer verkommenen, gottlosen Kultur. Der König beschließt, seinen verschwenderischen Reichtum und seine Macht bei einer Gala zur Schau zu stellen, die ganze sechs Monate dauert. Alle sind am Ende stockbetrunken. Genau zu

diesem Zeitpunkt ruft Ahasveros nach seiner schönen Vorzeigefrau Wasti. Manche vermuten, dass sie eine Nacktshow vor den betrunkenen Gästen vorführen sollte; eine tiefe Demütigung für eine Königin. Jedenfalls weigert sie sich. Mitten im Rausch der Macht gibt es jemanden, über den der König keine Kontrolle ausüben kann: seine eigene Frau. Peinlich. Die unglückliche Kombination aus gewaltigem Besitz, übergroßem Ego, übertriebenem Hang zu Alkohol und einem cholerischen Temperament – und Wastis Karriere als First Lady von Susa ist vorbei. Für Wasti heißt es Abschied auf Nimmer-Wiedersehen.

Der König erholt sich von seinem Kater, muss ein paar militärische Niederlagen einstecken, fühlt sich einsam. Eine neue Königin, das wär's doch. Ein Miss-Persien-Wettbewerb soll Abhilfe schaffen. Die schönsten Mädchen aus allen 127 Provinzen werden zusammengetrieben und in den königlichen Harem gebracht. Der König kann sich an ihren feinen Kurven beliebig ergötzen und eine nach der anderen zu sich ins Bett holen. Laut dem jüdischen Geschichtsschreiber Josefus nehmen nicht weniger als 400 Frauen an diesem Auswahlverfahren teil.

Sollte Gott mitten in dieser Kette von kindischen, gottlosen und grausamen Ereignissen irgendwo seine Finger im Spiel haben? Denkst du das manchmal auch bezüglich der Zeiten, in denen wir leben? Wenn du die Zeitung liest? Wenn du mitbekommst, was in unseren Schulen los ist? Was in den Medien gefeiert und bejubelt wird? Ähnlich muss es gottesfürchtigen Männern wie einem gewissen Mordechai in der Stadt Susa gegangen sein ... lange bevor das Auge des Königs auf die hübsche Cousine fiel, die Mordechai anvertraut ist. Wie behalten diese zwei einen kühlen Kopf mitten in diesem Irrsinn? Das sehen wir uns an den nächsten Tagen an.

21. Mai

SEIN WIRKEN GEHT WEITER

„Jeder, der an ihn glaubt, wird nicht zuschanden werden" (Jes 28,16)

Weitab der Intrigen und dunklen Sündenpfuhle des königlichen Palastes zu Susa lebt die junge verwaiste Jüdin Ester unter der Obhut ihres Cousins Mordechai. Ihre Vorfahren stammen aus dem gedemütigten Land Israel. Vermutlich wurde die Familie (2Chr 36) nach dem Untergang des Südreiches Juda zwangsverschleppt und nach Babylon gebracht. Ein kolossales Trauma hat diese Familie erschüttert. Verlust von Heimat, Verlust von Existenz, Verlust von Leben. Mordechai, der Sohn von Esters Onkel, übernimmt nach dem Tod der Eltern die Vormundschaft für das Mädchen, vermutlich ist er um einiges älter als sie. Ester ist auffallend hübsch *„von schöner Gestalt und von schönem Aussehen"* (Est 2,7). Ihr hebräischer Name ist Hadassa, was „Myrte" bedeutet – ein immergrüner Strauch, der aus dem Mittleren Osten stammt und zarte, wunderschöne weiße Blüten und duftende Blätter hat. In Susa ist sie unter ihrem persischen Namen Ester bekannt, was „Stern" bedeutet.

Auch hier sind Namen wie kleine Erzählungen. Am pechschwarzen Himmel über dem israelischen Volk sind Sterne mehr denn je vonnöten. Vor lauter Vertrautheit mit biblischen Ereignissen lese ich manchmal über das Gericht Gottes gegen sein Volk schnell hinweg und vergesse, was für eine Katastrophe die Wegführung ins Exil zu der Zeit wirklich war. Als Hintergrund zum Buch Ester empfehle ich denen von euch, die Zeit haben, das Buch Jeremia in einem Zug zu lesen, wie auch die Klagelieder, die ebenfalls aus der Feder Jeremias stammen. In Klagelieder 1 bekommen wir einen Eindruck von der Fassungslosigkeit, die der Zusammenbruch Jerusalems bei den Juden auslöste. Niemand hatte geglaubt, dass Gott mit seiner Androhung ernst machen würde, das verdiente Gericht über seinem Volk auszuführen. Beim Lesen von Jeremia fällt allerdings sofort auf, wie Gott gerade mitten im Zerbruch um das Überleben seines Volks ringt, ihm Ausweg um Ausweg bietet (Jer 3,14; 7,3; 18,8; 21,9; 27,12; 38,2), Möglichkeiten, wenigstens mit ihrem Leben davon zu kommen, die nackte Existenz als Beute mitzunehmen, auch wenn sie ihre Heimat und alles andere verlieren. Auch wenn alles zusammenbricht, bahnt Gott

einen Weg durch die Trümmer hindurch, um das Schlimmste wenn möglich zu verhindern.
Diese Stellen zeigen das Herz Gottes auch für uns. Wenn du gerade durch harte Zeiten gehst, garantiere ich dir, dass Gott auch für dich ringt, um dir einen Weg durch Stürme und Krisen zu bahnen, um auch dir eine Hoffnung und eine Zukunft zu geben (Jer 29,11). Denn *„Jeder, der an ihn glaubt, wird nicht zuschanden werden"* (Jes 28,16, zitiert in Röm 10,11). Das dürfen Mordechai und Ester auch erleben, allerdings sind davor noch einige Hürden zu überwinden.

22. Mai

MEHR ALS NUR SCHÖNHEIT

„Und Ester erlangte Gunst in den Augen aller, die sie sahen" (Est 2,15)

Wir erfahren über Ester, dass sie eine bestechende, auffällige Schönheit war: *„von schöner Gestalt und von schönem Aussehen"* (Est 2,7). Eine ideale Kandidatin für die königliche Brautschau, die gerade in die Gänge gekommen ist. Die Ironie hierbei: Die meisten Frauen hätten sich vermutlich um eine solche Chance gerissen, in die engere Wahl zu kommen. Von Ester aber wird berichtet, dass sie „geholt" wurde (Est 2,8 LÜ). Diese Wendung steht im Hebräischen im Passiv, woraus hervorgeht, dass sie mit Gewalt abgeholt wurde. Sie hat sich diese Erwählung nicht ausgesucht, sie ist ausgesucht worden.
Und doch lesen wir nirgends, dass Ester sich über ihre Lage beklagt. Überlegt euch kurz, welches Schicksal auf sie wartet. Jede potenzielle Braut muss für *eine* Nacht zum König ins Schlafzimmer, vermutlich nicht, um sich über Politik und Wirtschaft zu unterhalten. Dort wurde sie beäugt und dann vermutlich „ausprobiert", ob ihr gutes Aussehen auch sexuelle Kompetenzen hergibt. Wenn der König nicht zufrieden ist, dann ab in den Harem, wo sie aufbewahrt wird – ein Leben lang, versteht sich –, falls der König doch wieder Lust auf sie hat. Eigentlich haben wir es hier mit Kindesmissbrauch höchsten Grades zu tun. Die Frauen im Harem hatten keine Aussicht mehr auf Familie, Ehe, Kinder oder eine Zukunft. Auf die „glückliche" Auserwählte wartete – zumindest für eine gottesfürchtige

Frau – kein besseres Los. Die neue Königin muss sich unter anderem damit abfinden, das Bett ihres Mannes mit einem Harem voller Konkubinen zu teilen. Und das alles ist um einiges traumatischer für eine junge Jüdin, die eine instinktive innere Abscheu gegen die grotesken und perversen Gepflogenheiten eines heidnischen Königs hatte.
Hegai, der königliche Eunuch, ist sofort von der jungen Frau eingenommen. Sie *„gefiel ihm und erlangte Gnade vor ihm."* Er scheint auf Anhieb den Eindruck zu haben: Sie ist es, sie passt. Er „beeilte sich", sie mit Kosmetik und Speise zu versorgen. Alle erhielten diese Dinge (Est 2,12), aber er bevorzugte Ester. Er teilte ihr die *„sieben auserlesensten Mädchen aus dem Haus des Königs"* zu, brachte sie *„an den besten Ort im Frauenhaus."* Hegai ist nicht der Einzige, der von ihr angetan ist: *„Und Ester erlangte Gunst in den Augen aller, die sie sahen"* (V. 15).
Im hebräischen Text wird Hegais Reaktion auf Ester so beschrieben: *„Sie hob Anmut vor seinem Gesicht empor."* In diesen Details wird klar, dass Esters Schönheit viel mehr ist als eine gute Figur und feine Gesichtszüge. Wir finden sie nicht in einer Ecke schmollend oder auf ihrem Bett heulend. Sie scheint gefasst zu bleiben. Hier ist eine auffällige Liebenswürdigkeit, die heraussticht. Sie verzichtet auf billige Selbstdarstellung. Es ist die Schönheit einer Frau, die Fundamente in ihrem Leben hat, ein unerschütterliches Vertrauen auf Gott, dass er auch in dieser Katastrophe seine Finger im Spiel hat.

23. Mai

UNGESUNDE UNTERWÜRFIGKEIT ODER KLUGE BELEHRBARKEIT ...?

„Und Ester befolgte Mordechais Befehl wie früher, als sie bei ihm unter seiner Vormundschaft lebte" (Est 2,20)

Zwei kleine Details, leicht zu übersehen, geben Aufschluss über den wahren Schlüssel zu Esters Gelassenheit. Als der Tag bzw. die Nacht X für eine junge Frau gekommen war und sie zum König für ihren Probelauf als zukünftige Königin hineingehen musste, *„ging das Mädchen unter folgenden Umständen ... hinein: Alles, was es nannte, wurde ihm gegeben, und durfte mit ihm aus dem Frauenhaus ins Haus des Königs mitkommen“* (Est 2,13). Vermutlich ein Maskottchen zur Beruhigung aufgebrachter Nerven, eine Lieblings-Puderdose, ein Schmuckstück? Etwas später lesen wir in Kapitel 2,15: *„Als die Reihe an Ester kam ... dass sie zum König kommen sollte, verlangte sie nichts, außer was der königliche Eunuch, Hegai, der Hüter der Frauen, ihr sagte.“* Ester ist bescheiden und ohne Ansprüche. Dass sie auf Rat hört, geht aus einem weiteren Vers hervor: *„Ester hatte ihre Abstammung und ihr Volk nicht angegeben, ganz wie Mordechai ihr befohlen hatte. Und Ester befolgte Mordechais Befehl wie früher, als sie bei ihm unter seiner Vormundschaft lebte“* (V. 20).

Der mächtige König Persiens hat trotz seines häufigen üppigen Alkoholkonsums, trotz Größenwahns, trotz übermäßiger Sexualtriebe wohl genug unbeschädigte graue Masse im Gehirn, um zu erkennen, dass dieses Mädchen besonders ist, und ihm ja nicht durchs Netz gehen sollte: *„Und der König gewann Ester lieber als alle Frauen, und sie fand Gnade und Gunst bei ihm vor allen Jungfrauen. Und er setzte die königliche Krone auf ihr Haupt und machte sie zur Königin an Wastis statt“* (V. 17). Ihre äußere Schönheit zog die Blicke auf sich, ihre innere Schönheit gewann Herzen. Ihre Demut rettete Leben.

Ihr Gehorsam Mordechai gegenüber ist aber keine blinde Unterwürfigkeit. Seht euch die Diskussion zwischen den beiden in Kapitel vier an, als es plötzlich um Leben und Tod für das jüdische Volk geht, und Mordechai Ester auffordert, ihren Einfluss beim König geltend zu machen. Es ist ein Dialog auf Augenhöhe. Mehr dazu später.

Was nehme ich aus Esters Verhalten für mich mit? Gehorsam, Demut, Belehrbarkeit können lebensrettend sein. Gehorsam, aber nicht blindlings, sondern gegenüber geistlichen Autoritäten aus einem tiefen Vertrauen heraus, das sich jahrelang bewährt hat. *„Seid meine Nachahmer, wie auch ich Christi Nachahmer bin!“* (1Kor 11,1), schreibt Paulus an die Gemeinde in Korinth. Ich schätze es zutiefst, geistliche Vorbilder zu haben, deren Rat mir hilft, nicht auf mein inneres Aufgewühltscin zu achten oder emotional/impulsiv zu reagieren. Ich schätze es vor allem, wenn ich sehe, dass sie nicht über mich herrschen oder bestimmen wollen, sondern durch ihr Vorbild und durch ihre Christusähnlichkeit leiten. Solchen folge ich gerne, wie Ester ihrem Mordechai.

24. Mai

„SUCHET DER STADT BESTES“

„Ich ermahne nun vor allen Dingen, dass Flehen, Gebete, Fürbitten, Danksagungen getan werden für alle Menschen, für Könige und alle, die in Hoheit sind, damit wir ein ruhiges und stilles Leben führen in aller Gottesfurcht und Ehrbarkeit“ (1Tim 2,1-2)

Es ist hart genug, selbst Leid zu tragen. Noch schlimmer ist es, deine Kinder leiden zu sehen, oder irgendwelche Menschen, die du lieb hast. Es ist kaum vorzustellen, wie es Mordechai gegangen sein muss an jenem Tag, als Ester, die für ihn wie eine Tochter war, in ihr ungewisses Schicksal weggeführt wurde. Die nagende Sorge Tag und Nacht, vielleicht Selbstanklage („Hätte ich besser auf sie aufpassen sollen? Hätten wir abgelegener wohnen sollen?“). Kein Wunder, dass er *„Tag für Tag vor dem Hof des Frauenhauses auf und ab, (ging) um etwas über das Wohlergehen Esters zu erfahren und was mit ihr geschähe“* (Est 2,11). Vermutlich flehte, betete, wachte und schaute er dabei, ob er irgendetwas in Erfahrung bringen könnte. So wie du und ich, wenn jemand in Gefahr ist, den wir liebhaben.

In Kapitel 2,19, finden wir ihn *„im Tor des Königs“*, was bedeutet, dass er am Königshof angestellt war. Ein kleiner „Zufall“, der am Ende dieses Kapitels beiläufig erwähnt wird, der aber später eine große Rolle in der Geschichte spielen soll. Mordechai hält immer Augen und Ohren offen und erfährt auch andere Dinge als nur Nachrichten über Ester – zum Beispiel, wie zwei Mitarbeiter des Königs einen Putsch planen und an den König Hand anlegen wollen. Mordechai setzt Königin Ester in Kenntnis, und sie leitet die Nachricht rechtzeitig an den König weiter.

Mordechai hat wohl gut aufgepasst, als Gott seinem Volk Anweisungen gab, wie sie sich auch im Exil, auch in der Heimatlosigkeit und in schweren Zeiten zu verhalten hatten:

„An alle Weggeführten, die ich von Jerusalem nach Babel gefangen weggeführt habe: Baut Häuser und wohnt darin! Pflanzt Gärten und esst ihre Früchte! Nehmt Frauen und zeugt Söhne und Töchter! Und nehmt Frauen für eure Söhne, und eure Töchter gebt Männern, damit sie Söhne und Töchter gebären, damit ihr euch dort vermehrt und nicht vermindert! Und sucht den Frieden der Stadt, in die ich euch

gefangen weggeführt habe, und betet für sie zum HERRN! Denn in ihrem Frieden werdet ihr Frieden haben" (Jer 29,4-7).
Genau das macht Mordechai. Mit ganzer Kraft hält er an seiner Gottesbeziehung fest und geht mit offenen Augen für die Nöte anderer durch den Tag – auch wenn der schlimmste Albtraum wahr wird, auch ohne die geringste Ahnung, wie Gott dieses Dilemma lösen wird. Irgendeinen Grund wird das Ganze haben. Sein Job als Torhüter hat auch eine symbolische Bedeutung. Auch geistlich „hütet" und wacht er, setzt sich für diesen König ein, obwohl er wahrhaftig keinen Grund hat, ihm wohlgesonnen zu sein. Dieses heidnische Volk hat nichts als Leid über seine Familie gebracht. Vielleicht wären der Putsch und der Tod des Königs die Befreiung für Ester? Trotzdem sucht er ihr Wohl.

25. Mai

HASS, DER NICHT VERJÄHRT

„Krieg hat der HERR mit Amalek von Generation zu Generation!"
(2Mo 17,16)

Wo immer Gott in dieser Welt ist, da ist auch der Widersacher am Werk. Das hast du sicher auch in deinem Leben erfahren. Jemand will sich taufen lassen, und alles scheint sich gegen ihn zu verschwören, um den Schritt zu verhindern. Eine junge Frau kommt zum Glauben – und prompt taucht ein hübscher Junge auf, der nicht gläubig ist und verspricht, Christ zu werden, wenn sie nur eine Freundschaft mit ihm eingeht. Wir finden das Gleiche im Großformat in der Bibel: Pharao, die Philister, die Babylonier, die Griechen und Römer, Herodes und viele andere machen sich dran, Gottes Plan zunichtezumachen.
So reiht sich auch Haman, der engste Berater von König Ahasveros, in diese unrühmliche Liste von Gottesfeinden ein. Sein Hass gegen die Juden hat eine Vorgeschichte. Er ist ein Agagiter. Agag war ein König der Amalekiter. Es ist nicht das erste Mal, dass die Amalekiter sich auf Kollisionskurs mit Gottes Volk befinden. König Saul sollte sie schon zu seiner Zeit

mit Stumpf und Stiel ausrotten. Sie waren „mit dem Bann" belegt worden wegen der hemmungslosen Ruchlosigkeit, mit der sie Israel angegriffen hatten, als es in der Wüste umherwanderte – die Nachhut, die unschuldigen Kinder und Älteren, haben sie zuerst ermordet. Doch Saul hat Gottes Befehl bis zuletzt ignoriert. Er versuchte sogar, Agag am Leben zu lassen; letztendlich schlug Samuel dann König Agag in Stücke. Haman als Nachkomme Agags trug den Hass auf die Juden und die Lust auf Rache vermutlich in seinen Genen. Durch einen der vielen „Zufälle", die wir in dieser Geschichte finden, ist Mordechai ein Nachkomme von Kisch, und somit auch von König Saul (Kisch war Sauls Vater; Est 2,5). Eine uralte Fehde wird also hier neu inszeniert.

Wie geraten die zwei aneinander?

Fünf Jahre nach der Heirat seiner Cousine mit dem König ist Mordechai inzwischen ein Mann, der am Hof Vertrauen genießt. Noch vertrauter ist Haman, der es fertiggebracht hat, sich in den innersten Kreis des Hofes hineinzumanövrieren. Der König ist von ihm so eingenommen, dass er sogar seinen Siegelring an dessen Finger steckt (Est 3,10) – damit verleiht er ihm mehr oder weniger unbegrenzte Macht und unterstützt Hamans wachsenden Größenwahn. Haman liegt die ganze Welt zu Füßen.

Eine neue Regel verlangt, dass sich alle in Ehrfurcht auf den Boden werfen, wann immer Haman vorbeikommt. Aber einer bleibt in Hamans Gegenwart stur und trotzig in auffälliger Weise aufrecht stehen, während alle anderen auf dem Boden liegen. Einer, der sich nur *einem* Herrscher unterwerfen und keine anderen Götter neben ihm haben darf. Könnte Haman egal sein, oder? Einer aus Tausenden, und auch noch ein unbedeutender Ausländer. Es ist Haman aber nicht egal. Vor lauter Hass gegen Mordechai kann er bald nicht mehr klar denken. Nicht nur die Auslöschung von Mordechai nimmt er ins Visier – sondern die des ganzen Volkes, zu dem er gehört. Woher ein so unverhältnismäßiger Hass? Mehr dazu morgen.

26. Mai

DER GEISTLICHE KRIEG, DER HINTER DEN KULISSEN TOBT

„Da gibt es ein Volk, verstreut und abgesondert unter den Völkern in allen Provinzen deines Königreiches!" (Est 3,8)

Ein geistlicher Krieg ist im Gange, der mit dem Sündenfall seinen Anfang nahm und die Jahrhunderte überspannt. Die Ester-Geschichte ist nur ein kleiner Puzzlestein darin. Er wird erst vorüber sein, wenn der Messias am Ende dieses Zeitalters wieder kommt und das Treiben des Feindes sein endgültiges „Aus" hat. Mit den Auswirkungen dieses Krieges haben auch wir in unserem kleinen Alltag immer wieder zu tun. Ein kleiner Satz aus dem Mund von Haman offenbart, um was es sich hier wirklich handelt: *„Da gibt es ein Volk, verstreut und abgesondert unter den Völkern in allen Provinzen deines Königreiches! Und ihre Gesetze sind von denen jedes anderen Volkes verschieden, und die Gesetze des Königs befolgen sie nicht; und es ist dem König nicht angemessen, sie gewähren zu lassen. Wenn es dem König gefällt, werde eine Anordnung geschrieben, sie auszurotten"* (Est 3,8-9). Da haben wir die Erklärung für die unbändige Wut Hamans dem Mann gegenüber, der demonstrativ zeigt, dass er einem anderen Gott dient. Satans Ziel war schon immer eine Vernichtungskampagne.

Jenseits aller Zweifel muss die Linie ausgelöscht werden, die irgendwo den Samen des kommenden Messias in sich trägt, der den Kopf der Schlange zermalmen wird. Deshalb reicht es auch Pharao nicht, bei den Hebräern nur hier und da eine Geburtenkontrolle einzuführen. Alle Jungs müssen sterben. Deshalb reicht es Herodes nicht, das *eine* Kind zu suchen, das an seinem Thron rütteln könnte. Alle Jungs in Bethlehem müssen sterben. Und weil Gott immer noch nicht mit diesem Volk am Ende ist, haben andere immer wieder versucht, es auszulöschen, allen voran unser eigenes Volk hier in Deutschland.

Der Fürst dieser Welt will selbst Gott sein. Er braucht Diener, denen er weismachen kann, dass auch sie Gott sein können – die dabei aber nicht merken, dass sie sich damit zu seinen Sklaven machen. Das Gegenprogramm Gottes steht in 5. Mose 6,13: *„Du sollst den HERRN, deinen Gott,* *fürchten und ihm dienen und bei seinem Namen schwören.*" Deine Existenz als Diener des wahren Gottes reicht, um den Feind und seine Lakaien in Panik zu versetzen. Daher sein Ziel: Die Beseitigung aller, die den lebendigen Gott bezeugen. Sie sind für Satan gefährlich. Entweder dienst du dem Feind, oder er setzt alles daran, dich auszulöschen. Nicht unbedingt buchstäblich. Er will dein geistliches Leben auslöschen. Deine Freude am Herrn dämpfen. Dich in Sünde locken.

Dieses Prinzip liegt auch jeder Christenverfolgung zugrunde. Ein gottloser Staat will selbst Gott sein und duldet keine Konkurrenz. Er fordert die absolute Unterwerfung seines gesamten Machtbereichs und setzt alles daran, diesen zu erweitern. Mordechai und sein Volk standen Haman im Weg. Auch heute stehen Nachfolger Jesu den jetzigen Hamans im Weg. Wo hast du Widerstand in deinem Glaubensleben, Angriffe vom Feind erlebt? Umso spannender zu sehen, wie Haman besiegt wird. Mehr dazu morgen.

27. Mai

DAVID GEGEN GOLIATH NEU INSZENIERT

„Deshalb ergreift die ganze Waffenrüstung Gottes, damit ihr an dem bösen Tag widerstehen und, wenn ihr alles ausgerichtet habt, stehen bleiben könnt!" (Eph 6,13)

Das Drama um Ester erreicht jetzt seinen Höhepunkt. Ein übermächtiger König; ein Premierminister, der nach seiner Gelegenheit greift, das Volk Gottes brutal auszulöschen; ein unwiderrufliches Gesetz, das dies ermöglichen soll – menschlich gesehen haben die Juden keine Chance gegen diese Übermacht. Hamans Taktik ist altbekannt, jedes Mobbingopfer kennt sie: Rufmord. *„Die Gesetze des Königs befolgen sie nicht, und es ist nicht angemessen, sie gewähren zu lassen"* (Est 3,8). Seit wann will der Feind irgendjemanden „gewähren lassen", der ihm widersteht?

Manchmal geht es auf die harmlose Tour: „Sie sind blöd, anders, rückständig!" „Was, Ihr glaubt an die Bibel? Sogar an den Schöpfungsbericht?

Da kann ich nur lachen!" „Was, sonntags geht ihr in die Kirche? In den Jugendkreis statt in die Disco? Habt ihr sie noch alle?" „Hä? Kein Sex vor der Ehe? Wie verrückt ist denn das!" Es kann auch gefährlicher werden: „Was, ihr sagt euren Kindern, dass man entweder Junge oder Mädchen ist? Ihr seid gegen sexuelle Vielfalt? Das ist doch pure Diskriminierung! Ihr behauptet, eine Ehe sei zwischen einem Mann und einer Frau? Ihr seid gefährliche Leute! Wir melden es dem Jugendamt, wir zeigen euch an ..."
Ihr seht, wie Haman auch heute sein Unwesen treibt! Und Gottes Gegenstrategie, damals wie auch heute? Menschen, die bereit sind, ihr Leben für ihren Gott hinzugeben. Für Mordechai ist es von vornherein klar, dass er mit seinem Trotz gegenüber Haman ein gefährliches Spiel treibt.
Kampfrunde Nummer Eins also: Ein einzelner Mann, der weiß, dass es ihm untersagt ist, sich vor irgendeinem Menschen zu verbeugen, und der sich weigert, aus Bequemlichkeit den Weg des geringsten Widerstandes zu gehen. Er riskiert sein Ansehen. Die Leute werden sagen: „Ach Mordechai, das ist doch eine Kleinigkeit. Wir machen es auch um des lieben Friedens willen. Man muss ja innerlich nicht damit einverstanden sein!" Oder sie werfen ihm vor: „Du bringst uns alle in Gefahr!" Was ja auch stimmte. Hätte er sich gebeugt, wäre die Ausrottung der Juden nicht angeordnet worden. Ein schwarzer Tag am Horizont für das Volk Gottes.
Mordechai setzt alles auf eine Karte: die Hilfe Gottes. Er hat nichts mehr zu verlieren. Ein Mensch, der steht, wenn alle anderen umfallen – da steckt Kraft drin. *„Deshalb ergreift die ganze Waffenrüstung Gottes, damit ihr an dem bösen Tag widerstehen und, wenn ihr alles ausgerichtet habt, stehen bleiben könnt!"* (Eph 6,13).
Wie sehr brauchen auch wir heute solche mutigen Diener und Dienerinnen Gottes!

28. Mai

ESTER STEHT AN EINER KREUZUNG

„Und als Mordechai alles erkannte, was geschehen war, da zerriss Mordechai seine Kleider und kleidete sich in Sack und Asche" (Est 4,1)

Es gibt Zeiten, in denen man als Diener oder Dienerin Gottes Unrecht und Verfolgung einfach schweigend hinnehmen muss. Es gibt auch Zeiten, in denen es sich zu wehren gilt. Mordechai nimmt die grausame Anordnung Hamans nicht einfach hin. Spätestens an dieser Stelle in der Geschichte muss ihm dämmern, was ihn in schlaflosen Nächten seit der Entführung Esters sicher gequält hat. Warum? Warum gerade Ester? Vielleicht hat Gott das Ganze absichtlich eingefädelt ... für diese Situation?

Kontakt haben die beiden seit Esters Heirat wohl nicht gehabt. Die junge Königin lebt abgeschieden in ihrem goldenen Käfig hinter üppigen Palastmauern. Sie hat von dem Frontalangriff auf die Juden gar nichts mitbekommen und ist ziemlich abgeschnitten von dem Alltag und den Ereignissen auf den Straßen Susas.

Mordechai ergreift die Flucht nach vorn, hält mit seinem Schmerz nicht zurück, kleidet sich in Sack und Asche und *„er ging hinaus mitten in die Stadt und erhob ein lautes und bitterliches Klagegeschrei"* (Est 4,1). Das ganze Volk der Juden in den Provinzen leistet ihm dabei Gesellschaft. Ein lauter Aufschrei steigt überall in den Stadtteilen auf, die von Juden bewohnt sind. Dass dieses Spektakel Ester berichtet wird, ist vermutlich der Plan Mordechais. Eine andere Hoffnung hat er nicht. Wenn es einen Grund für Esters Aufstieg gibt, dann diesen.

Vorbei die Zeit der Diplomatie, der Vorsicht. Ester gerät in Verlegenheit, drängt ihren Cousin, sich zusammenzureißen und lässt ordentliche Kleidung zu ihm hinausbringen. Seine Antwort ist eine kurze Schilderung des Dramas, das gerade seinen Lauf nimmt, und eine Abschrift des königlichen Ediktes, das ihr mit dem Anliegen in die Hand gedrückt wird, den König im Auftrag ihres Volkes um Gnade zu bitten. Esters spontane Antwort ist eindeutig und dramatisch: „Geht nicht, geht einfach nicht." Seit einem Monat hat der König nicht nach ihr gerufen, man kann nur vermuten, dass die Flitterwochenstimmung längst vorbei ist und er seine

Nächte inzwischen in den Armen anderer verbringt. Es mangelt nicht an Auswahl – die abgewiesenen Schönheiten sitzen alle noch im Harem.
Pech für Ester. Wie er mit einer Braut umgeht, die aus der Gunst gefallen ist, bezeugt das Schicksal ihrer Vorgängerin. Schlimmer als das: Wer sich ohne Einladung in seine Nähe wagt, kann sicher mit der Todesstrafe rechnen. Aus anderen Schriften wissen wir, dass Wachmänner mit Äxten bewaffnet um den Thron von Ahasveros standen, um mit jedem Eindringling kurzen Prozess zu machen.
Ester steht ganz allein mitten in einem furchtbaren Dilemma. Zwei Optionen liegen vor ihr, beide könnten den Tod bedeuten. Morgen erfahren wir, wie sie sich Schritt für Schritt auf gefährliches Revier wagt, und was ihr dabei hilft.

29. Mai

WIE HELDEN ENTSTEHEN

„Und wenn ich umkomme, so komme ich um" (Est 4,16)

Eine mutige Heldin ist Ester ganz gewiss nicht. Zumindest nicht sofort. Wir dürfen nicht vergessen, dass sie in den letzten Jahren ein ziemlich entspanntes Leben geführt hat, zumindest nach außen hin: Dienerinnen, Luxus, Sicherheit. Wie sie ihre Tage gefüllt hat, erfahren wir nicht. Aber jetzt: *„Da geriet die Königin sehr in Angst"* (Est 4,4). Sie lässt Mordechai ausrichten, dass ihr die Hände aus den Gründen gebunden sind, die wir gestern besprochen haben. Ihr Mann ist auf Abstand gegangen, und unaufgefordert seinen Thronsaal zu betreten, bedeutet den sicheren Tod. Bekannt für seine sonnigen Launen ist der König nicht. Mordechais Antwort ist klar: *„... wenn du zu dieser Zeit schweigen wirst, wird eine Hilfe und Errettung von einem anderen Ort her den Juden erstehen. Du aber und deines Vaters Haus, ihr werdet umkommen. Und wer weiß, ob du nicht gerade um dieser Zeit willen zur königlichen Würde gekommen bist?"* (V. 14).
Ich muss immer schlucken und kurz nachdenken, wenn ich diesen Vers lese. Die Botschaft für mich lässt keinen Raum für Kompromisse. Gott

wird mit dieser Welt zum Ziel kommen, egal was passiert. Ob ich mit von der Partie sein will, ist meine Entscheidung. Er ist nicht auf mich angewiesen. Aber ich sehr wohl auf ihn. Einen feigen Rückzieher zu machen, wenn ich weiß, dass ich handeln, sprechen, mich outen soll – das hat mich nie glücklich gemacht. Vielleicht kennst du auch das Gefühl zu wissen: „Ich hätte Flagge zeigen sollen", hast es aber nicht getan.

Esters Stunde hat geschlagen. Auch sie muss sich jetzt outen, die Flucht nach vorn antreten. Ihre Kindheit unter der Obhut von Mordechai hat sich bezahlt gemacht. Sie hat Gehorsam gelernt. Gottes Willen zu tun, ist wichtiger als jede Rücksicht auf Bequemlichkeit und Sicherheit. Für den Ausgang der Ereignisse ist Gott zuständig. Diesen Prozess nennt man „Vertrauen".

Das ist ein interessanter Aspekt für christliche Eltern. Mordechai erinnert Ester daran, dass sie hier ist, um einer größeren Macht zu dienen, und nicht um ein gutes Leben zu führen. Er scheut sich nicht, sie ins Messer laufen zu lassen. Er sagt nicht: „Pass ja auf dich auf, verrate weiterhin nicht, dass du Jüdin bist, rette deine eigene Haut", sondern gerade das Gegenteil. Mordechai hat das größere Bild vor Augen. Gottes Pläne können nicht durchkreuzt werden. Das Volk, das gesegnet ist und den Segen trägt, kann nicht untergehen.

Ester stellt sich der Herausforderung: *„Sodann will ich zum König hineingehen, obwohl es nicht nach dem Gesetz ist. Und wenn ich umkomme, so komme ich um!"* (Est 4,16).

Ich bete für diejenigen von euch, denen es auch so ähnlich geht. So oder so sieht es nicht allzu rosig aus. Ich bete für dich um die Zuversicht, die wir nur dann haben, wenn wir uns voll auf die Gnade Gottes werfen, und dass du diese Gnade ganz konkret erlebst.

30. Mai

TEAM ESTER IN AKTION

„Wo zwei oder drei versammelt sind ..." (Mt 18,20)

Ester hat ihren mutigen Entschluss gefasst, jetzt wird sie aktiv. Oft hilft es in einer Krise, konkrete Schritte zu gehen, aktiv zu werden, auch wenn man nicht genau weiß, ob es richtig ist oder irgendeinen Sinn macht. Zu lange an einer Kreuzung zu verweilen, ist zermürbend. Wenn du in Bewegung bist, kannst du leichter geführt werden, schneller merken, wenn der Weg falsch ist.

Was hat Ester zu verlieren? Aufs Schlimmste eingestellt, hofft sie das Beste. Eines ist ihr klar: Diese Hürde schafft sie nicht allein. Sollte sie Erfolg haben, dann nicht aufgrund ihres Könnens oder ihrer Klugheit. Sie macht das, was auch wir immer machen sollen wenn Krisen kommen. Sie sorgt dafür, dass ihre Schritte kein Alleingang sind. Jetzt ist Mordechai an der Reihe, ihre Anweisungen auszuführen: *„Geh hin, versammle alle Juden, die sich in Susa befinden! Und fastet um meinetwillen und esst nicht und trinkt nicht drei Tage lang, Nacht und Tag! Auch ich selbst werde mit meinen Dienerinnen ebenso fasten"*" (Est 4,16).

Obwohl es bis zum Tag des geplanten Pogroms nicht lang ist und die Zeit drängt, setzt Ester weise Prioritäten. Zuerst Gebet und Fasten. Drei Tage lang. Gebet, nicht als Wunschzettel, nicht als Mechanismus, um aus der Klemme zu kommen. Das wissen diese Juden sehr wohl. Die Verbannung ins Exil hat Gott trotz vieler Gebete nicht verhindert. Aber bitten, flehen, weinen, fasten, Gott zeigen, dass wir um den Ernst einer Sache wissen, das können wir, das sollen wir. Und ihm dann den Ausgang überlassen. Wenn wir sterben, dann sterben wir eben. *„Denn wo zwei oder drei versammelt sind in meinem Namen, da bin ich mitten unter ihnen"* (Mt 18,20) – nicht: „Da erfülle ich alle Wünsche." Gebet ist per Definition eine Kapitulation: „Hier sind meine Wünsche, meine Nöte, Herr, aber ... *dein* Wille geschehe, nicht meiner."

Was hat Ester zu verlieren? Was haben wir zu verlieren? Furchtlosigkeit entsteht, wenn wir innerlich mit unserer eigenen Agenda abschließen und unsere ganze Hoffnung auf den Herrn setzen. Wenn wir in Christus schon gestorben sind und für ihn leben, dann können auch wir es uns leisten, Risiken einzugehen. Wie Ester sterbe ich lieber im Gehorsam, als dass ich überlebe im Ungehorsam. Lieber mit zitternden Knien auf das Kampffeld als gar nicht. So macht sie sich auf eine zweifache Todesbedrohung gefasst: Entweder eine augenblickliche Hinrichtung im Thronsaal des Königs oder den Untergang zusammen mit ihrem Volk. Ihre Chancen, aus dieser Situation lebend herauszukommen, stehen nicht gut. Die erste Königin wurde bestraft, weil sie nicht erschienen ist; der zweiten Königin droht eine Strafe, weil sie unaufgefordert erscheint.

31. Mai

TAG DER ENTSCHEIDUNG IN EINER IRRSINNIGEN WELT

„... so seid nun klug wie die Schlangen und einfältig wie die Tauben“ (Mt 10,16)

Tag vier ist angebrochen. Ester verbringt mehr Zeit als sonst in ihrem begehbaren Kleiderschrank und am Schminktisch. Weil König Ahasveros nicht gerade dafür bekannt ist, aufs Herz zu schauen, sind die Äußerlichkeiten bei dieser Aktion entscheidend. Ein sauberes Erscheinungsbild vermittelt Respekt, Schönheit zieht Blicke auf sich. Mit dem königlichen Faible für schöne Frauen ist Ester mehr als vertraut. Wir sollen *„klug wie die Schlangen und einfältig wie die Tauben“* sein (Mt 10,16), das heißt: Auch uns Christen schaden keineswegs eine gute Portion gesunder Menschenverstand und ein scharfer Verstand. Ester besitzt beides. Drei kluge Entscheidungen trifft sie: Sie verzichtet auf impulsive Schnellschüsse und lässt sich Zeit; sie ruft verbündete Mitbetroffene zum Gebet; sie kleidet sich sorgfältig.
Übrigens, wenn ich gefragt werde, wie sich eine christliche Frau zu kleiden hat, sage ich einfach: „angemessen“, den Umständen entsprechend. Das Äußere soll das Innere zum Ausdruck bringen und dem Anlass dienlich

sein. Darüber hinaus muss das Thema weder uns noch unsere Männer übermäßig beschäftigen.

Ester setzt wieder auf ihre Trumpfkarte – ihre Schönheit, auch auf ihren Status (königlich) – und hofft auf eine Wiederbelebung der Leidenschaft jener ersten Nacht, als der König sich in sie verliebte. Der Plan geht auf. Volle Punktelandung bei der ersten Hürde.

„Und es geschah, als der König die Königin Ester im Hof stehen sah, erlangte sie Gunst in seinen Augen, und der König reichte Ester das goldene Zepter entgegen, das in seiner Hand war. Da näherte sich Ester und berührte die Spitze des Zepters. Und der König sagte zu ihr: Was ist dir, Königin Ester? Und was ist dein Begehren? Bis zur Hälfte des Königreiches, ja, sie soll dir gegeben werden!“ (Est 5,2-3).

Der königliche Hang zu emotionalen Übertreibungen macht sich in diesem Fall bezahlt. Er hat Haman – in einem fahrlässigen Anflug von fehlgeleiteter Großzügigkeit – seinen Siegelring gegeben. Jetzt bietet er Ester die Hälfte seines Königreichs an. Kein schlechter Auftakt. Ester bleibt gefasst. Kein „Ja, bitte!“ „Wie toll!“ „Was für eine Gebetserhörung!“ Sie weiß, wie launisch ihr Gemahl ist. Sie bittet um nichts anderes, als dass er am Abend zu einem Mahl kommt. Mit Haman zusammen.

Was können wir aus diesem Teil der Geschichte lernen? Völlige Abhängigkeit von Gott ist eindeutig die Basis für alles, was jetzt folgt. Gebet und Fasten bringen das zum Ausdruck. Aber Ester tut ihren Part. Mit Klugheit, Strategie und Geduld. Wirksames Gebet führt oft zu wirksamem Handeln. Die zwei Dinge gehen Hand in Hand. Könnte das ein hilfreicher Impuls für irgendeine Situation in deinem Leben sein?

1. Juni

DIE SPANNUNG STEIGT

„Das Herz des Menschen plant seinen Weg, aber der HERR lenkt seinen Schritt“ (Spr 16,9)

„Zufälle sind Gottes Art, anonym zu bleiben“, hat der Schriftsteller C. S. Lewis einmal gesagt.

Die erste Hürde ist genommen. „Jeder im Großreich von König Ahasveros weiß", sagt Ester richtigerweise, „dass man nicht ungebeten in die Gegenwart des Königs tritt, ohne sein Leben zu riskieren" (vgl. Est 4,11). Ihr Leben hängt an einem seidenen Faden: der Tageslaune des Königs. Aber das erste Wunder ist passiert. Sie hat ihn in sonniger Stimmung erwischt, Gunst bei ihm gefunden. Ester vertraut, riskiert, zittert, tritt hinaus aufs Wasser. Jetzt braucht sie eine ganze Reihe weiterer Wunder. Das Faszinierende und Spannende an dieser Geschichte ist: Hier laufen drei Spuren der Erzählung parallel zueinander: Esters Spur, Hamans Spur und Gottes Spur. Nur einer der Protagonisten bekommt mit, was bei den anderen beiden los ist, und das ist der Unsichtbare – Gott selbst, der die Fäden im Hintergrund zieht. Ester bekommt nur ihren Teil der Geschichte mit, und das ist der riskanteste Teil. Eine falsche Bewegung, und sie könnte tot sein. Sie kann nur hoffen, ahnen, vertrauen, dass Gott sie nicht vergessen hat.

Das Mahl, zu dem sie den König und Haman eingeladen hat, läuft ohne Zwischenfall. Liebe geht bekanntlich durch den Magen. Anders als bei ihrer Vorgängerin Wasti ist bei diesem Festabend Ester die Gastgeberin auf ihrem eigenen Terrain. Das macht die Mutprobe sicher einfacher. Der König fragt noch einmal, was mit ihr los ist und was er für sie tun kann. Offensichtlich hält seine gute Laune an. Sie bleibt ruhig und gefasst, lädt ihn und Haman zu einem zweiten Essen am nächsten Tag ein. Seht ihr wie raffiniert ihr Vorgehen ist? Die Neugierde des Königs wird erweckt, ein zweites leckeres Essen in solch charmanter Gesellschaft lässt sich gut aushalten, für so was räumt er gerne seinen Terminkalender. Gleichzeitig wächst Hamans Stolz und Größenwahn von einem Tag auf den nächsten. Es wird immer einfacher, ihm eins auszuwischen.

Gottes Vorgehen ist auch raffiniert. Zwei Dinge passieren zwischen den beiden Dinners. Der König kann in der Nacht nicht schlafen, und Haman begegnet wieder seinem Erzfeind Mordechai. Mit seiner guten Laune ist es damit dahin, wie wir morgen sehen werden.

Eine Ermutigung aus dieser Kette der Ereignisse für uns: Manchmal müssen wir, wie Ester, „aufs Wasser" hinaustreten – unsicher, ob wir richtig handeln, voller Angst, welche Konsequenzen es haben könnte, behutsam, bemüht, nervös, besorgt. Kennst du das? Aber sei gewiss: Gott ist dabei, wenn auch „anonym" – um dich vor Stolperfallen zu bewahren, um zu deinen Gunsten zu wirken, um dich zu behüten.

2. Juni

UNBÄNDIGER STOLZ, UND DER STURZ DANACH

„Vor dem Verderben kommt Stolz, und Hochmut vor dem Fall“ (Spr 16,18)

Gestern haben wir im Vorgehen Esters das faszinierende Zusammenspiel von mutigem Handeln, höflicher Rücksicht auf das Hofprotokoll und angemessener Präsentation gesehen. Es folgt nun eine ganze Kette von netten „Zufällen“.

Haman verlässt beschwingt und fröhlich das Abendessen bei der Königin, den Kopf aufgebläht mit Genugtuung und Stolz. Zu dritt mit dem Königspaar. Höher auf der Machtskala geht es nicht mehr. Er ist angekommen in dem innersten der Insider-Kreise. Er kann es kaum erwarten, davon zu erzählen, zu prahlen, sich feiern zu lassen. Seht ihr, was Macht mit einem Menschen anrichten kann? Er hat jedes Maß verloren, jede Verhältnismäßigkeit. Er stößt auf Mordechai, der stramm und kerzengerade am Hoftor steht, während alle anderen sich auf den Boden werfen. Spätestens jetzt könnte es Haman egal sein, oder? Der Zahltag für die Juden rückt sowieso immer näher, und die ganze Welt liegt ihm zu Füßen. Aber Stolz ist so eine Sache. Er ist unersättlich, satanisch. Einem dermaßen von Egoismus und Machtlust vergifteten Herzen kann gar nichts mehr egal sein. Haman gerät vor Zorn in Weißglut und beschließt, nicht bis zum Pogromtag zu warten, sondern Mordechai sofort hinrichten zu lassen. Er lädt ein paar Freunde zu sich nach Hause ein und sorgt dafür, dass auch seine Frau dabei ist. Niederträchtige Pläne verlangen nach Unterstützung und Gemeinschaft. Ist euch aufgefallen, dass es sich allgemein geschickter in Gesellschaft sündigen lässt als im Alleingang? Lästern, Schimpfen, Murren, Ausschweifungen – geschieht alles in Gruppen. Heiligkeit dagegen funktioniert ganz gut ohne die Zustimmung der Gruppe. Gemeinsam wird beschlossen, dass der Querschießer auf einem Holzpfahl aufgespießt werden soll. Gesagt, getan, der Pfahl wird aufgerichtet (Est 5,14).

Die Bibel ist eindeutig in ihren Warnungen vor den Gefahren des Stolzes. Nichts verdirbt eine Seele schneller und effektiver, nichts macht blinder, keine Droge macht süchtiger und unersättlicher. Mindestens dreißig klare Ermahnungen habe ich spontan gefunden (z. B. Spr 16,18; 3,34; Jes 2,12; 23,9; Jak 4,6.10).

Warum ist Stolz eine so gravierende Seelenkrankheit? Einmal, weil er schleichend kommt, ohne dass die Person es merkt. Sei gnadenlos mit dir selbst, wenn Gedanken in deinem Kopf hochsteigen wie: „Eigentlich bin ich ganz gut, zumindest besser als der da ...", oder: „Warum merken die anderen nicht, wie gut ich das kann, welchen Schatz sie in mir haben? Wahrscheinlich nur neidisch!", oder: „Was, der hat mich in Frage gestellt? Wie kann er nur? Ich zeig's ihm. Ihn grüß ich heute nicht. Er soll spüren, dass man zu mir nett sein muss."
Erstelle deine eigene Liste von „Haman-Viren", die du schon mal bei dir entdeckt hast oder immer noch entdeckst. Und bitte Gott um Hilfe!

3. Juni

FALLEN LEGEN UND DAS PECH DANACH

„Wer eine Grube gräbt, fällt selbst hinein; und wer einen Stein wälzt, auf den rollt er zurück" (Spr 26,27)

Pech für Haman. Mit beiden Füßen ist er aufs Glatteis gegangen, und er merkt es nicht einmal. Während Haman die Hinrichtung von Mordechai genüsslich plant, wälzt sich der König nachts in seinem Bett, kann nicht schlafen, macht sich vermutlich die typischen Gedanken eines Herrschers, der unter Größenwahn leidet: Wer ist für mich, wer ist gegen mich? Vielleicht soll ich ein paar treue Untertanen belohnen, damit sie auch treu bleiben. Er lässt Protokolle aus den Palastchroniken vorlesen (ja, er hat wohl Leute zur Unterhaltung, die extra dafür bestellt sind, ihm durch schlaflose Nächte hindurchzuhelfen) und stolpert über die Putschpläne, die Mordechai aufgedeckt hatte. Ist der schon dafür belohnt worden? „Nein", antworten die Mitarbeiter. Während der verruchte Haman einen Siegelring und die Erlaubnis zum Völkermord bekommen hat, gingen die eigentlichen Helden und Lebensretter leer aus. Na toll. Aber besser spät als nie.
Haman schwebt auf Wolke sieben. Saftige Bilder treiben durch seinen Kopf. Der einzige Stein des Anstoßes, das einzige Hindernis zu absoluter,

ungebremster Macht, soll in Todesqualen aufgespießt werden. Haman kann es kaum erwarten.
Passt bestens zum Anliegen des Königs bei der ersten Mitarbeiterbesprechung am nächsten Morgen. Wie soll ein Held belohnt werden, will er wissen? Klare Sache, meint Haman, nicht ahnend, dass nicht seine Wenigkeit, sondern Mordechai gemeint ist.
„Man soll das Gewand und das Pferd der Hand eines der Obersten des Königs, eines der Vornehmen übergeben. Und man soll dem Mann, an dessen Ehrung der König Gefallen hat, das Gewand anziehen und ihn auf dem Pferd über den Platz der Stadt reiten lassen und soll vor ihm her ausrufen: So wird dem Mann getan, an dessen Ehrung der König Gefallen hat!" (Est 6,8-9).
Der buddhistische Begriff *Karma* hat schon längst seinen Weg in den Volksmund gefunden. Das Prinzip kommt aber ursprünglich aus der Bibel: Du erntest, was du säest. Dein Umgang mit anderen wird irgendwann auf deinen Kopf zurückfallen. Hamans öffentlicher Gang durch Susa als Diener Mordechais muss einer der befriedigendsten Momente in der Weltliteratur, in der Weltgeschichte, in der Heilsgeschichte Gottes sein. Ich liebe diese Szene. Offensichtlich auch die Juden, die bis heute bei ihrem jährlichen Purimfest (in dem der Sieg in Susa über Haman ausgiebig gefeiert wird) den Untergang Hamans mit Rasseln, Geschrei und Jubel feiern.
Lasst uns den kleinen Anfängen wehren – bemüht sein, nur das zu denken, zu tun, zu sagen, was den „Saat und Ernte"-Test besteht: Behandle andere, wie du behandelt werden willst. Denn irgendwann kehrt es wie ein Boomerang auf unser eigenes Leben zurück.

4. Juni

EIN KRACH, DER BIS HEUTE ZU HÖREN IST

„Wenn Mordechai ... von den Nachkommen der Juden ist, dann wirst du nichts gegen ihn ausrichten, sondern du wirst vollends vor ihm zu Fall kommen!" (Est 6,13)

Meine Schwester Tanya ist Ärztin (inzwischen im Ruhestand – wer meine Biografie „Unter dem Flammenbaum" gelesen hat, kennt sie!) und arbeitete jahrelang in einer Arztpraxis mit einem jüdischen, einem moslemischen und einem Hindu-Arzt zusammen. Es war eine erfolgreiche multi-religiöse Arbeitsgemeinschaft, die manche kirchliche Verbreiter des interreligiösen Dialogs neidisch machen würde. Meine Schwester hielt mit ihren christlichen Überzeugungen nicht zurück. Als ihr jüdischer Kollege wegen des jährlichen Purim-Feiertags frei nehmen wollte, fragte sie ihn, ob er wüsste, was er da feiern würde. Er hatte keine Ahnung, war kein praktizierender orthodoxer Jude. Aber der Krach, den die Kinder machen dürfen – mit Rasseln, Schlagstöcken und Geschrei –, jedes Mal wenn der Name Haman fällt, das kannte er und konnte es auch vormachen. Meine Schwester war mehr als willig, ihm die ganzen Hintergründe seiner eigenen Volksgeschichte zu erklären, und dass er vermutlich seine eigene Existenz diesem Sieg über Haman verdankt.

Ester hat, so denke ich, keine Ahnung von den zwei geschickten „Zufällen", die sich zwischen ihren zwei Dinner-Abenden ereignet haben. Haman kehrt geknickt nach Hause zurück nach dem Siegeszug, den er aus Versehen nicht für sich, sondern für seinen Feind Mordechai organisiert hat und durchführen musste. Seine Frau, die wohl von vornherein von den Plänen ihres Mannes nicht so begeistert war, warnt ihn vor der Wende, die gerade passiert. Sie ahnt, dass seine Arroganz nun eine rote Linie überschritten hat: *„Wenn Mordechai, vor dem du zu fallen begonnen hast, von den Nachkommen der Juden ist, dann wirst du nichts gegen ihn ausrichten, sondern du wirst vollends vor ihm zu Fall kommen!"* (Est 6,13).

Was hat die Frau von Haman zu dieser Aussage bewegt? Vielleicht kannte sie sich in der Geschichte des Volkes Israel ein bisschen aus. Ich denke dabei an einen früheren Vorfall, bei dem ein heidnischer König ins Schwitzen geriet, als auch er das Volk Gottes unbedingt auslöschen wollte.

Erinnert ihr euch an Balak, den moabitischen König? Die Israeliten hatten ihm nichts getan, ihn nicht einmal bedroht, es war kein Angriffskrieg, der nach Vergeltung verlangte. Aber Balak war wie Haman von einem satanischen Hass besessen und wollte diese Leute loswerden. Der Seher Bileam wird eingeschaltet, um sie zu verfluchen. Aber er kann es nicht: *„Siehe, zu segnen habe ich empfangen; er hat gesegnet, und ich kann es nicht wenden. Er erblickt kein Unrecht in Jakob und sieht kein Verderben in Israel; der HERR, sein Gott, ist mit ihm, und Königsjubel ist in ihm ... Denn es gibt keine Zauberei gegen Jakob und keine Wahrsagerei gegen Israel“* (4Mo 23,20-21.23).
Was hat das mit uns zu tun? Tausende von Jahren später gehören auch wir zu diesem Volk Gottes, das nicht ausgelöscht werden kann, eingepfropft durch den Glauben an Christus (Röm 11,24). Sein Segen auf deinem Leben ist unwiderruflich. Was Gott gesegnet hat, kann nicht „ent-segnet“ werden! Haman war nicht der Erste, der es versucht hat, und dabei selbst untergegangen ist. Wenn du dich heute von Feinden bedrängt fühlst, denke an den Krach, der in Israel einmal im Jahr überall zu hören ist, wenn der Name Haman fällt!

5. Juni

DIE GROSSE RETTUNG WINKT AUS DER FERNE

„Schreib dies zur Erinnerung in ein Buch und lege in die Ohren Josuas, dass ich die Erwähnung von Amalek vollständig unter dem Himmel auslöschen werde!“ (2Mo 17,14)

Die Frau, deren Name „Stern“ bedeutet, erlebt jetzt ihre Sternstunde. Sie konfrontiert Haman in Anwesenheit des Königs mit seinem geplanten Verbrechen. Der König platzt vor Wut, er ist ab diesem Zeitpunkt ganz in das Team Ester und Mordechai gewechselt. Die Ereignisse überschlagen sich. Die Anordnung gegen die Juden kann nicht aufgehoben werden, aber eine zweite Anordnung kann erlassen werden: die Juden dürfen sich verteidigen. Mordechai wird zum Premierminister ernannt, Haman fällt in Missgunst und wird schließlich an dem Holzpfahl aufgehängt (samt seinen

Söhnen), den er schadenfreudig für Mordechai aufgestellt hatte. Am Ende des Buches lesen wir: *„Der Jude Mordechai war der Zweite nach dem König Ahasveros und groß bei den Juden und wohlgefällig bei der Menge seiner Brüder. Er suchte das Wohl seines Volkes und redete zum Wohl seines ganzen Geschlechts“* (Est 10,3). Die Anweisung Gottes für die zersprengten Juden hat sich bewährt. Mordechai hat „der Stadt Bestes“ gesucht und Segen gebracht, nicht nur für sein Volk, sondern für die heidnische Stadt Susa. Als Diener Gottes riskiert er alles – auch sein Leben, um Gott zu gehorchen, ihm mehr als Menschen zu gehorchen. Er fordert seine Adoptivtochter auf, das Gleiche zu tun.
Wie wir am Anfang dieser Serie schon gesehen haben, ist die Geschichte viel größer und wichtiger als das Drama um die Jüdin Ester. Die Bibel ist voll von Rettungsgeschichten. Aber alle führen in irgendeiner Form zur eigentlichen Rettungsgeschichte hin, die den Kern des Evangeliums bildet und die der Feind mit aller Macht von Anfang an verhindern will.
Der Widersacher Gottes, der Fürst dieser Welt, hat *einen* Gedanken, *eine* Besessenheit, *eine* einzige Strategie seit jenem Tag, an dem er Gottes herrliche Schöpfung in eine Hölle verwandelte: Der Same, der seinen Kopf zerschmettern soll, muss ausgelöscht werden. An allen Fronten der Weltgeschichte war, ist und bleibt er aktiv. Jesus wird zur Zielscheibe seiner Tricks. Einmal in der Wüste („Jesus, das musst du alles nicht mit dir machen lassen, es gibt einfachere Wege zum Ruhm ...“), dann an jenem Karfreitag, an dem die ganze Hölle jubelte in der Gewissheit, ihn endlich erwischt zu haben. Zu früh gefreut! Auch nach Jesu Tod und Auferstehung bleibt er hartnäckig am Werk, bis in die kleinen Kämpfe deines Alltags hinein, deine Zweifel, deine Lustlosigkeit, dein Schielen nach dem bequemeren Weg, auf den er dich locken will. Dieser Same des Christus soll auch in dir „zerschmettert“ werden.
Unser Gegenangriff? Deine kleinen Schritte des Glaubens, des Gehorsams, deine Absage an diese Welt, dein Glaube trotz Krebsdiagnose, trotz Trauer, obwohl dein Kind oder dein Ehepartner Gott den Rücken zugekehrt hat – all das ist Teil dieses Kampfes, Teil des großen Bildes, Teil von Gottes Absichten. Denn *„meine Tage sind wie ein gestreckter Schatten, ich verdorre wie Gras. Du aber, HERR, bleibst auf ewig, dein Lob von Generation zu Generation“* (Ps 102,12-13).

6. Juni

VERGEBLICHE MÜHE?

„Habt acht auf eure Gerechtigkeit, dass ihr sie nicht vor den Menschen übt, um von ihnen gesehen zu werden! Sonst habt ihr keinen Lohn bei eurem Vater, der in den Himmeln ist" (Mt 6,1)

Ich habe mich beim Lesen des Buches Ester auf Mordechai und sein Verhalten konzentriert und bin auf einen Aspekt gestoßen, der mir vorher gar nicht so richtig aufgefallen ist. Es hat mit diesem beiläufig erwähnten Vorfall in Kapitel 2 zu tun, als er davon erfährt, dass zwei Eunuchen einen Anschlag auf den König planen. Mordechai nutzt seine Verbindung zum Königshof und erzählt Ester davon, die wiederum den König warnt. Die Übeltäter kommen vor Gericht und werden bestraft. Der König lässt die Ereignisse dokumentieren, die Sache verläuft dann aber irgendwie im Sand. Mordechai bekommt also erstmal keinen Lohn für seine entscheidende Mithilfe bei der Vereitelung des Anschlags.

Wir lesen nicht, dass er irgendwie verärgert ist. Ja, so ähnlich habe ich es auch schon erlebt. Wenn ich etwas Gutes oder Richtiges getan habe, vielleicht viel Zeit investiert habe oder sogar ein Risiko eingegangen bin, freue ich mich über eine Bestätigung oder ein Lob. Wenn das ausbleibt und ich enttäuscht bin, muss ich die Motivation für mein Handeln hinterfragen. Für wen habe ich mich eigentlich eingesetzt? Ging es mir um Anerkennung von Menschen oder wollte ich Gott gehorsam sein? Gerade bei Gemeindediensten können Christen in eine Schafferei verfallen, bei der es darum geht, in möglichst vielen Bereichen so viel Zeit wie möglich zu investieren und gleichzeitig darüber zu stöhnen, wie voll der Gemeindeterminkalender doch sei. Dann geht es aber nicht mehr darum, Zeit, Geld und Talente zu Gottes Ehre einzusetzen mit der Kapazität, die wir in unserer aktuellen Lebensphase haben. Aus meiner Erfahrung halten wir das auch nicht unendlich lange durch: Auf Dauer laugt es körperlich und geistlich aus, sich aus eigener Kraft anzustrengen, nur damit möglichst viel geschafft wird. Menschliche Anerkennung werden wir nie genug bekommen, und irgendwann ist man ausgebrannt.

Seitdem ich Mama bin, habe ich einiges über Demut gelernt. Als Mama tut man den ganzen Tag „ungesehene Taten". Vor allem Babys und kleine Kinder bedanken sich nicht bei uns – jedenfalls nicht ausdrücklich. Und sonst ist niemand daheim, der uns für unsere Geduld mit dem Trotzanfall, die liebevoll vorbereitete Mahlzeit oder die stundenlange Vorlesezeit lobt. Ich weiß aber: Für den Lohn von Menschen zu arbeiten, kann mich nicht erfüllen. In Matthäus 6,1 warnt Jesus uns sogar ausdrücklich davor: *„Habt acht auf eure Gerechtigkeit, dass ihr sie nicht vor den Menschen übt, um von ihnen gesehen zu werden! Sonst habt ihr keinen Lohn bei eurem Vater, der in den Himmeln ist."* Ich möchte meinen Lohn im Himmel nicht gegen die flüchtige Anerkennung von Menschen eintauschen, sondern am Ende meines Lebens von Gott hören: *„Recht so, du guter und treuer Knecht!"* (Mt 25,21). Wünscht ihr euch das auch, liebe Zuhörer? Lasst uns von Mordechai lernen, das Gute und Richtige nicht für Menschen zu tun, sondern weil wir Gott gehorchen und ihm gefallen wollen.

Johanna

7. Juni

WENN WIR UNS IN DER WELT NICHT ZU HAUSE FÜHLEN

„Denn unser Bürgerrecht ist in den Himmeln, von woher wir auch den Herrn Jesus Christus als Retter erwarten" (Phil 3,20)

Als der König Ahasveros Ester zu seiner Königin macht, weiß er nicht so richtig Bescheid über seine neue Frau. Auf den Rat ihres Cousins Mordechai hat Ester nämlich nichts über ihre Abstammung als Jüdin gesagt, sondern hält am Königshof geheim, zu welchem Volk sie gehört. Warum Mordechai ihr das geraten hat, steht nicht in der Bibel. Wahrscheinlich war er um Esters Sicherheit besorgt. Für Ester muss diese Situation sehr schwer gewesen sein. Nachdem sie ihre Eltern verloren hatte, wurde sie jetzt auch noch gezwungen, ihren Cousin Mordechai zu verlassen, der seitdem für sie gesorgt hatte. Sie lebt nicht nur in einem fremden Land, sondern jetzt auch unter fremden Menschen am Königshof, einem Ort, den sie sich nicht selbst ausgesucht hat.

So ging oder geht es mir in den verschiedenen Situationen. Manchmal reicht es schon aus, dass ich mich mit Nachrichten und Ereignissen rund um den Globus beschäftige. Da merke ich, wie sehr der Zeitgeist meinen bzw. den biblischen Werten widerspricht. Wie sonderbar und fremd müssen wir den Menschen mit unseren Überzeugungen manchmal vorkommen. Eigentlich sollte ich mich darüber nicht wundern. Die Bibel zeigt immerhin einen komplett anderen Weg auf als den, den unsere Gesellschaft lehrt. Als Christ geht es nämlich nicht um mich und meine Selbstverwirklichung, sondern mein Leben steht unter Gottes Herrschaft.

Einen großen Unterschied bemerke ich oft auch im Bereich Kindererziehung. Für uns ist es das größte Anliegen, dass unsere Kinder Jesus kennen und lieben lernen. Ungläubige Eltern möchten ihren Kindern dagegen oft ein buntes und aufregendes Leben bieten, ihnen Erfolg und eine gute Karriere ermöglichen.

Die Bibel sagt dazu: *„Denn unser Bürgerrecht ist in den Himmeln (...)“* (Phil 3,20). In Jakobus 4,4 heißt es: *„Ihr Ehebrecherinnen, wisst ihr nicht, dass die Freundschaft der Welt Feindschaft gegen Gott ist? Wer nun ein Freund der Welt sein will, erweist sich als Feind Gottes.“* Es wäre also etwas faul, wenn wir uns in der Welt vollkommen daheim fühlen würden. Das heißt aber nicht, dass wir uns deshalb aus allem herausnehmen. Gerade da, wo die Dunkelheit so groß ist, kann Gott sein Licht durch uns besonders hell scheinen lassen. Da ist Ester ein großes Vorbild: Sie hat mit ihrer Stellung am Königshof den entscheidenden Unterschied für das jüdische Volk gemacht.

Lasst uns überlegen: An welchen Ort hat Gott uns gestellt, an dem wir einen Unterschied machen sollen? In welcher „feindlichen Umgebung“ können wir ein Licht sein und auf Jesus hinweisen?

Damit haben wir das Ende unserer Studie über Ester erreicht. Auch wenn ich die Geschichte schon vorher kannte und liebte, habe ich Neues gelernt. Sie gibt mir Zuversicht in den verwirrenden Tagen, in denen wir leben, dass Gott auch in jedem Detail meines Lebens aktiv ist, wenn auch anonym. Auch und gerade die schweren Sachen dienen den Zielen Gottes mit mir, mit dieser Welt, mit der heidnischen Kultur, in der wir uns zunehmend befinden. Auch ich darf Teil des großen Bildes sein.

Johanna

„WENN NUR ..." - IST ES JEMALS ZU SPÄT, GLÜCKLICH ZU SEIN

Vor einigen Jahren klagte mir eine junge Frau unter Tränen, dass sie ihren Wunsch zu heiraten und Kinder zu bekommen nun endgültig an den Nagel hängen müsse. Sie hätte zu viel Zeit mit unklugen Männerbeziehungen ohne Perspektive verschwendet, jetzt sei es zumindest für Kinder zu spät. Zu spät? Gibt es ein „Zu-Spät"? Für dieses oder jenes irdische Glück vielleicht schon. Aber nicht in Gottes Welt. Wir wollen einige dieser „Wenn-ich-nur ..." oder „Zu-spät"-Geschichten in der Bibel anschauen, die vielleicht der jungen Frau, von der ich gerade erzählte, Mut machen könnten.

8. Juni

WAS WÄRE GEWESEN, WENN …?

„Denn ich kenne ja die Gedanken, die ich über euch denke, spricht der HERR, Gedanken des Friedens und nicht zum Unheil, um euch Zukunft und Hoffnung zu gewähren" (Jer 29,11)

Meine Freundin Rachel und ich waren zu einer vornehmen Hochzeit in London eingeladen, natürlich mit einem halben Auge offen für mögliche Heiratspartien für uns selbst – wie es halt oft bei Hochzeiten der Fall ist. Ein Mitstudent, Chris, bot uns eine Mitfahrgelegenheit an, die wir dankbar in Anspruch nahmen. Mit großen Augen stiegen wir in sein Kabriolett mit offenem Dach, und Chris erzählte, dass seine Mutter ihn gebeten habe, auf der Fahrt nach London einen kurzen Abstecher nach Hause zu machen. Wir trauten unseren Augen nicht, als das Kabriolett nach einer langen, sich schlängelnden Fahrt durch eine Platanenallee vor einem herrschaftlichen Schloss anhielt. Wir sollten mit hineinkommen, meinte Chris, seine Mutter würde uns gerne kennenlernen. Na, warum nicht? Die herrschaftliche Dame musterte uns beide von Kopf bis Fuß, ich sollte mich kurz umdrehen. Schließlich kommentierte sie: „Beide hübsch genug, mein Lieber, beide würden passen." „Sind wir bei einer Casting-Show oder was", zischte Rachel, als wir zurück zum Auto gingen.

Mit Chris sollte es nichts werden. Herrschaftliches Anwesen hin oder her, man will nicht mit einer herrischen Schwiegermutter verheiratet sein, und Männer mit sehr schicken Autos haben mich damals schon leicht misstrauisch gestimmt. Aber hin und wieder – nur ganz selten – frage ich mich schmunzelnd: „Was für ein Leben wäre das gewesen?" Gartenpartys, Hausangestellte, jeden Morgen der Blick auf einen herrlichen Park, eine sorglose Existenz und auch ein bisschen Frömmigkeit dazu. Chris hatte es hinbekommen, irgendwie gläubig zu sein, obwohl er als einziger Sohn reicher Eltern völlig verwöhnt war.

Zugegeben, ein ziemlich banales Beispiel. Hätte mein Leben auch anders laufen können? War ich zu diesem einen Lebensentwurf vorbestimmt? Hätte es einen besseren Entwurf geben können? Die kleinen „Zufälle" im Leben, die weitreichende Folgen mit sich bringen, die Irrwege, die manchmal sogar zwischen Leben und Tod entscheiden, können ganz schön belastend sein. Wir wollen in dieser Themenreise manche dieser „Wenn-nur"-Geschichten anschauen – in der Bibel wie auch im Leben mancher heutiger Christen, die mit dem Bewusstsein „Es hätte ganz anders laufen können/sollen" ganz schön zu kämpfen haben. Die aber entdeckt haben, dass Gott, wie es in dem Spruch so schön heißt, auf krummen Zeilen gerade schreiben kann.

9. Juni

EIN ENTWURF FÜR DAS PERFEKTE LEBEN?

„Das Leben und den Tod habe ich dir vorgelegt, den Segen und den Fluch! So wähle das Leben, damit du lebst, du und deine Nachkommen" (5Mo 30,19)

Eine ziemlich klare Sache. Wenn du dich so benimmst, hat es diese Folgen, wenn du dich aber anders benimmst, dann jene. Eine Wahl zwischen Leben und Tod, wähle das Leben. Die Lösung wird mit dem Rätsel schon mitgeliefert. Die einfachste Multiple-Choice-Frage aller Zeiten. Warum ist das Leben denn so ein Kampf, wenn die Wahlmöglichkeiten so klar sind? Weil wir alle von der Eigenwilligkeit Adams infiziert sind – wir sind Gebrochene in einer gebrochenen Welt –, deswegen wird jedes Leben irgendwo die Schrammen und Blessuren des Sündenfalls tragen. Die Krankheit steckt in den Genen drin. Gottes Plan für uns ist kein Entwurf für ein perfekt gelungenes Leben, sondern eher ein Navi-System, das uns durch ein Minenfeld auf feindlichem Terrain führt. Fehler, Irrwege, Schwächen, Lernprozesse sind alle mit einkalkuliert. Gerade für die Abzweigungen und Bruchlandungen gibt es jede Menge Anweisungen, wie man wieder in die Spur kommt. Gott geht davon aus, dass nicht alles wie am Schnürchen laufen wird. Sonst wäre die Bibel nicht so ein dickes Buch, so ein gutes Spiegelbild vom Leben, wie es wirklich ist, und nicht, wie es sein soll.

Ein Best-Case-Szenario gibt es aber auch für das Leben in einer sündigen Welt. Gesunde gläubige Eltern zu haben, in einer fröhlichen, intakten Familie aufzuwachsen, dem Herrn Jesus früh im Leben in einer stabilen, lebendigen Gemeinde zu begegnen, eine glückliche Ehe mit einem passenden Partner zu führen, Kinder, die das gleiche Glück erleben. Und dann noch der passende, gut bezahlte Beruf, und keine großen Schicksalsschläge. Schön wäre es. Auch wenn dein Leben nur einige Elemente dieser Idylle vorweist, hast du echt ein gutes Los gezogen, und es ist dir eine Menge Kummer erspart geblieben. Wenn Mose das Volk Israel auffordert, das Leben zu wählen, meint er allerdings nicht in erster Linie den problemfreien Idealfall, den ich gerade geschildert habe. Sondern das Leben mit Gott, durch dick und dünn, durch Höhen und Tiefen. Nicht das, was uns im Leben passiert, ist entscheidend, sondern wem wir uns in dem allen anvertrauen. Nicht, ob du dich für ein Biologiestudium in Hamburg oder Sprachen am Berufskolleg in München entscheidest, ob du heiratest oder Single bleibst, sondern wem du – egal in welchen Umständen – dienen willst, und wem du die Ehre geben willst. Das entscheidet letztlich über Leben und Tod, über Glück und Unglück.
„Erwählt euch heute, wem ihr dienen wollt: entweder den Göttern, denen eure Väter gedient haben ... oder den Göttern der Amoriter, in deren Land ihr wohnt! Ich aber und mein Haus, wir wollen dem HERRN dienen!“ (Jos 24,15).

10. Juni

AUS MÄNGELN WERDEN KUNSTWERKE

„Wir wissen aber, dass denen, die Gott lieben, alle Dinge zum Guten mitwirken, denen, die nach seinem Vorsatz berufen sind“ (Röm 8,28)

Der Lebensbereich, in dem es am meisten Reue und Trauer gibt, ist beim Thema Partnerschaft. Wenn ich nur jemand anderen geheiratet hätte, oder gar nicht, oder mich nicht auf diese oder jene Beziehung eingelassen hätte ... Wenn ich nur auf Rat gehört hätte, auf die Warnstimmen im eigenen

Herzen geachtet hätte ... Solche quälenden Grübeleien kennt jeder, der mit irgendeinem Mangel in seinem Leben zu kämpfen hat. „Vielleicht hätte ich jemanden kennengelernt, oder den Job gekriegt, wenn ich auf die Reise mitgefahren wäre. Oder doch in Amerika studiert hätte, oder nicht in die Mission gegangen wäre, oder doch in die Mission gegangen wäre. Oder in eine andere Gemeinde gegangen wäre. Wenn ich nur rechtzeitig angefangen hätte, für die Prüfungen zu lernen, wenn ich nur Abitur gemacht hätte." Unsere Fantasie spielt uns manchmal ganz schön grausame Streiche. Aber auch mit unseren „Wenn-nur"-Fragen sind wir bei Gott in guten Händen. Etwas Gutes aus jeder Unebenheit in unserem Leben zu machen, ist seine Spezialität. Niemand von uns führt das Leben, das er sich erträumt hat. Wer das erwartet, wird immer mit Verletzungen und Enttäuschungen zu kämpfen haben. Aber von dem Augenblick an, in dem wir unseren brüchigen Lebenslauf – egal, in welchem Bereich – vor Gott bringen, um seine Vergebung für Fehltritte und um seine Hilfe für weitere Entscheidungen bitten, kommt eine ergreifende und kraftvolle biblische Verheißung ins Spiel:

„Wir wissen aber, dass denen, die Gott lieben, alle Dinge zum Guten mitwirken, denen, die nach seinem Vorsatz berufen sind" (Röm 8,28).

„Alles dient zum Besten" – aber es gibt eine Bedingung. Du musst das Drehbuch deines Lebens Gott übergeben, ohne Wenn und Aber. Und dann stellst du fest, dass dein Denken irgendwie neu programmiert wird, und Gott arbeitet mit deinen vergangenen Krisen, baut sie in seinen Plan für dein Leben ein. Irgendwie funktioniert das Ganze auch rückwirkend. Das ist das Großartige dabei! Ihr kennt sicher den Vergleich mit dem Stickbild. Hinten ein Durcheinander von Fäden, kunterbunten wirren Farben, Knoten und losen Enden. Und man dreht das Bild um und sieht eine herrliche Landschaft mit einem Regenbogen am klaren, blauen Himmel. Das Chaos auf der Rückseite hatte seinen Sinn. Frag mich nicht, wie Gott das hinkriegt. Aber sei gewiss: Am Ende wird ein Meisterstück herauskommen, und alle Schatten und Widrigkeiten deines Lebens werden hineingewoben, um das Bild noch schöner zu machen.

11. Juni

WIE MAN SICH KUMMER ERSPAREN KANN

„Ein Ohr, das auf heilsame Mahnung hört, wird inmitten der Weisen bleiben“ (Spr 15,31)

Schmetterlinge im Bauch, Schweben auf Wolke 7 – so fangen viele Beziehungen im Teeniealter an. Bei uns war der Start aber etwas holprig. Mein Mann Stefan und ich haben uns auf einer Jugendfreizeit kennengelernt, da war ich gerade mal 14 Jahre alt, Stefan 18. Wir haben uns danach regelmäßig im Gottesdienst und bei anderen Gemeindeveranstaltungen gesehen. Weil wir die gleiche Schule besucht haben, konnten wir uns auch auf dem Pausenhof treffen. Eine richtige Beziehung haben wir begonnen, als ich 17 war. Danach gab es ein großes Hin- und Her. Für ein paar Monate waren wir ein Paar, dann ging es auseinander. Und dann das Gleiche nochmal. Erst zweieinhalb Jahre später haben wir wieder zueinander gefunden und nochmal zwei Jahre später geheiratet.

Wir hatten genug Ratgeber, auf die wir nur hätten hören müssen. Unsere Eltern haben uns zu Recht darauf hingewiesen, dass ich noch sehr jung war. Mit unseren Jugendkreisleitern waren wir auch im Gespräch. Leider haben wir unser Ding durchgezogen. Im Nachhinein bereue ich es sehr, dass ich mich so früh auf die Beziehung eingelassen und nicht auf die Menschen gehört habe, die es sehr gut mit mir meinten. Wir haben viel Zeit mit telefonieren und E-Mails schreiben verbracht. Die restliche Zeit habe ich gegrübelt, ob ich diese Beziehung überhaupt möchte. Das hat mir während meiner Jugendzeit viel Kapazität geraubt, die ich an anderer Stelle hätte einsetzen können und sollen, vor allem für Gottes Reich. Ich hatte meinen Platz in der Welt noch nicht richtig gefunden. Ich hätte zuerst meine Beziehung zu Jesus bauen und vertiefen sollen. In Sprüche 15,31+32 lesen wir: *„Ein Ohr, das auf heilsame Mahnung hört, wird inmitten der Weisen bleiben. Wer Zucht fahren lässt, verachtet sich selbst; wer aber auf Zurechtweisung hört, erwirbt Verstand.“* Dass ich nicht auf Ratgeber gehört habe, hat im Ergebnis vor allem mir und Stefan geschadet.

Manchmal ärgere ich mich noch darüber, wie ich damals Kraft und Zeit verschwendet habe. Meistens bin ich aber einfach dankbar, dass Gott uns trotz unserer Fehler und Umwege wieder zusammengeführt hat. Außerdem kann ich meine Erfahrungen so an andere weitergeben. Ich ermutige junge Frauen, nicht alle Hoffnung und Energie in eine Beziehung zu stecken, über die sie sich nicht sicher sind oder für die die Zeit noch nicht reif ist. Es ist gerade für Mädchen und junge Frauen so wichtig, ihr Leben und ihre Identität auf Gottes Wort und die Beziehung zu IHM zu bauen, bevor sie sich auf eine Beziehung einlassen! Das wünschen wir uns auch für unsere Tochter Malia. *„Trachtet aber zuerst nach dem Reich Gottes und nach seiner Gerechtigkeit!"*, lesen wir in Matthäus 6,33. Für alle irdischen Bedürfnisse wird dann unser Vater im Himmel sorgen.

Johanna

12. Juni

SCHWEINESTÄLLE UND IHRE AUSWIRKUNGEN

„So viele Jahre diene ich dir, und niemals habe ich ein Gebot von dir übertreten; und mir hast du niemals ein Böckchen gegeben, dass ich mit meinen Freunden fröhlich gewesen wäre" (Lk 15,29)

Ein makelloser Lebenslauf, könnte man meinen. Dieser Kerl im Gleichnis von Jesus hat alles nach Buch gemacht. Aber hat trotzdem voll am Ziel vorbeigeschossen. Das Happy End dieser Geschichte fällt dem Frevler zu, der alles falsch gemacht hat, sich aber voller Reue und in der Hoffnung auf Gnade seinem Vater unterwirft. Genau dort, in den Armen dieses Vaters, und nirgendwo sonst, ist der Ausgangspunkt für jede Art von geistlichem Erfolg. Das ist die Ironie der Wege Gottes, aber so befreiend! Es ist nie zu spät, wieder von vorne anzufangen.

Oft denke ich: Der Fleiß, die Beständigkeit, die Kompetenzen des älteren Sohnes in dem Gleichnis, kombiniert mit der Demut, Reumütigkeit und Dankbarkeit des jüngeren Sohnes, das wäre es gewesen! Könnte Gott diese schmerzvollen Umwege nicht einfach vermeiden und uns zwingen, heilig zu sein? Der jüngere Sohn hätte bestimmt viel gegeben, um die Zeit zurückzudrehen und wieder von vorne anzufangen. Oft denke ich auch für

mein Leben: Wenn ich damals die Erkenntnis, die Reife gehabt hätte, die ich jetzt habe, hätte ich mir und anderen so viel Mühe erspart.
Gott selbst scheint dieses Problem nicht zu haben. Lernen braucht Zeit. Sünde abschütteln, schlechte Gewohnheiten ablegen braucht Zeit. Manchmal müssen wir am eigenen Leib erleben, dass ein Dickkopf uns nicht weit bringt. Das Virus muss von der Festplatte weg. Das weiß der Herr auch. Je mehr wir kooperieren, ohne mit Sünde herumzuexperimentieren, desto problemfreier wird unser Leben, keine Frage! „Muss ich in einem Schweinestall gewesen sein, um mich ordentlich zu bekehren", fragte einmal meine Tochter, die ihren braven Werdegang als Pastorenkind gerade etwas undramatisch fand. Nein, man muss erkennen, dass man – auch als braves Kind gläubiger Eltern – schon in einem Schweinestall sitzt, auch wenn er nicht dramatisch stinkt. *„Denn alle haben gesündigt und ermangeln der Herrlichkeit Gottes"* (Röm 3,23)! Wisst ihr eigentlich, dass König Saul, oberflächlich gesehen, nicht so viele Gebote Gottes gebrochen hat wie König David? In dem einen Fiasko mit Batseba hat David begehrt, gelogen, ermordet, Ehebruch begangen und gestohlen. Den größten König in der Geschichte Israels, Salomo, der aus diesem ehebrecherischen Verhältnis hervorging – hätte es eigentlich nie geben sollen!
Davids Delikte waren mehrfach einer Todesstrafe würdig – und blieben nicht ohne schwere Folgen und immense Schäden für David und seine Familie. Hätte alles nicht passieren müssen. Und dennoch ... wie der jüngere Sohn im Gleichnis: Sobald er sich heulend in die Arme des Vaters wirft, fängt eine andere Geschichte an. Gnade, Vergebung, die Geburt eines Salomo, der Vorausblick auf den König aller Könige, der aus dieser Linie kommen wird. Das Happy End? David – *„Ich habe David gefunden, den Sohn Isais, einen Mann nach meinem Herzen, der meinen ganzen Willen tun wird"* (Apg 13,22).

13. Juni

„HÄTTE ICH NUR DIE GROSSE KLAPPE GEHALTEN!"

„Ihr zwar, ihr hattet Böses gegen mich beabsichtigt; Gott aber …"
(1Mo 50,20)

Der alttestamentliche Held Josef hatte sicher jede Menge von „Wenn-nur"-Momenten, die ähnlich klingen könnten wie manche unserer „Wenn-nur"-Momente. Aus einer idyllischen Kindheit grausam herausgerissen, in eine fremde, gottlose Kultur verschleppt und als Sklave verkauft, wird er für sein Bemühen, mitten in hinterhältigen Versuchungen aufrichtig zu bleiben, aufs Übelste bestraft. Pharaos Strafvollzugsanstalt: tiefer geht es nicht. „Wenn ich nur die Klappe gehalten hätte … Wenn ich nur rechtzeitig auf die Warnungen meiner Eltern gehört hätte … Wenn ich nur gemerkt hätte, wie arrogant mein Verhalten war, die Wut meiner Brüder nicht so unterschätzt hätte! Wie konnte ich nicht merken, dass die Beziehung zu ihnen so belastet war! Wie habe ich mich nur blamiert! Ich hätte alles kommen sehen sollen!" Wenn man nur hastig gesprochene Worte wieder zurückholen, Fehltritte ungeschehen machen könnte! Über Josefs innere Gedanken erfahren wir wenig. Wir können nur vermuten, dass er selbst in diesem dunklen, selbstverschuldeten Schlamassel nie aufgehört hat, auf die Hilfe Gottes zu setzen. Dass er tief innen das Gefühl hatte, dass Gott seine Finger im Spiel hat. Wer die Geschichte von Josef kennt, weiß, wie sehr Gott seine Finger, und wie viele Finger er im Spiel hatte! Nichts Geringeres als die Rettung der damaligen Welt führte er im Schilde. Ein Leiter, der die Krise dieser flächendeckenden Hungersnot managen sollte, musste gründlich vorbereitet werden, brauchte viel mehr als nur Charisma und Führungskompetenzen. Sondern auch in hohem Maße Integrität und Gottesfurcht. Josef sagt es ja selbst: *„Ihr zwar, ihr hattet Böses gegen mich beabsichtigt; Gott aber hatte beabsichtigt, es zum Guten zu wenden, um zu tun, wie es an diesem Tag ist, ein großes Volk am Leben zu erhalten"* (1Mo 50,20). Die wichtigsten Wörter in diesem Vers sind *„Gott aber …"*

Übrigens: Josefs Geschichte ist eine riesige Ermutigung für christliche Eltern, die das Gefühl haben, in der Erziehung ihrer Kinder gescheitert zu sein. „Wenn wir nur mehr Bibel mit ihnen gelesen und vorbildlicher gelebt hätten. Wenn wir nur früher in eine gute Gemeinde gegangen und

konsequenter Jesus nachgefolgt wären ..." Gerade diese Woche hatten wir mit zwei Familien zu tun, in denen es jahrelang drunter und drüber ging, mit Streitereien, bis hin zu Scheidung, und Kindern, die nichts mit dem Glauben zu tun haben wollen. In beiden Familien gibt es allerdings einen „Josef". In der einen ein Enkelkind, das Feuer und Flamme für Jesus ist. In der anderen eine Tochter, die gerade Hochzeit mit einem feinen jungen Mann aus unserer Gemeinde feiert. Gott aber ...
Wo siehst du in deinem Leben ein „Gott-aber"...?

14. Juni

GOTTES GNADE – EIN FREIBRIEF?

„Auf keinen Fall! Wir, die wir der Sünde gestorben sind, wie werden wir noch in ihr leben?" (Röm 6,2)

Wir haben gesehen, wie Gottes Gnade in Krisensituationen, in Sünde und Schuld, alles zum Besten wirken lässt, im Leben von Josef und David. Als Paulus seine Freunde in Rom ins Thema göttliche Gnade einführt, sieht er einen Einwand kommen, der an Aktualität nicht verloren hat: „Wenn wir Vergebung für unsere Sünden bekommen, Gott *tabula rasa* macht und mich als schuldenfrei erklärt, als ob ich nie gesündigt hätte, dann ist es doch ziemlich egal, wie ich lebe, oder? Seine Gnade ist immer größer! Ich sündige, dann nehme ich seine Vergebung wieder in Anspruch und führe dabei ein ganz entspanntes Leben nach Lust und Laune." Paulus spricht dieses Problem direkt an.
„Was sollen wir nun sagen? Sollten wir in der Sünde verharren, damit die Gnade zunimmt?" (Röm 6,1). Seine Antwort ist klar: *„Auf keinen Fall! Wir, die wir der Sünde gestorben sind, wie werden wir noch in ihr leben?"* (Röm 6,2).
Gnade darf nicht auf die Probe gestellt werden. Gnade bedeutet nicht: „Schwamm drüber, war alles nicht so schlimm, machen wir das Beste draus!" Josefs Arroganz war schlimm. Davids Mord und Ehebruch genauso. Jakobs Betrügereien. Paulus' Verfolgung der Christen, als er noch Saulus hieß. Meine, deine Fehltritte, Launen, geistliche Trägheit. Die

Bibel beschönigt Sünde keineswegs, ganz im Gegenteil. Sie hält uns einen Spiegel vor und sagt uns klipp und klar, dass wir den Tod verdient haben. Sünde hat Konsequenzen. Hätte Josef die Furcht Gottes gelernt, wenn er nicht im Knast Pharaos gesessen hätte? Wäre ein Salomo entstanden ohne Davids Ehebruch? Wäre Jakob irgendwie auf heiligem Weg zu zwölf Söhnen gekommen? Das erfahren wir nicht. Gott geht nie auf die Frage ein: „Was wäre gewesen, wenn …?"

Genau das ist das Wunder der Gnade. Sie greift dort, wo sie gebraucht wird. Sie schenkt uns einen Neustart. Durch Gnade werden Heiligung und Christusähnlichkeit beflügelt und ermöglicht. Es ist nicht „als ob ich nie gesündigt hätte", wie man immer so sagt. Sondern als ob ich schwer gesündigt hätte (was ja die Wahrheit ist), aber jemand anderes hat die Strafe getragen. Allein auf dieser Grundlage hat Gnade sogar einen rückwirkenden Einfluss. Selbst unsere Irrwege werden in Gottes perfekte Wege hineingeflochten und zum Guten gewendet. Morgen schauen wir uns ein weiteres Beispiel dafür an. Findest du Beispiele dafür in deinem Leben? Schreib sie auf und danke dem Herrn heute für seine Gnade!

15. Juni

ORDNUNG AUS CHAOS

„Denn ich weiß, dass dies mir zum Heil ausschlagen wird …" (Phil 1,19)

Das Leben von Mose besteht in seinen Anfangsjahren aus einem Potpourri seltsamer Ereignisse, die den Anschein willkürlicher Zufälle haben, gekrönt von einer riesigen Dummheit, die ihn fast das Leben gekostet hätte. Er wird ausgerechnet in die Generation von hebräischen Säuglingen hineingeboren, in der alle Jungs ausgelöscht werden sollen. Zu viel Testosteron in einem Sklavenvolk war den Herrschern zu riskant. Eine raffinierte Idee seiner Mutter rettet ihm das Leben (2Mo 2) und er landet im Palast des Pharaos, wo er nach den Sitten der ägyptischen Royals erzogen wird – jedoch nicht, ohne immer wieder an seine hebräischen Wurzeln zu denken. Gerade das wird ihm zum Verhängnis. Sein Mord an einem ägyptischen Sklaventreiber, der auf einen der hebräischen Sklaven einschlägt, wird dem Pharao berichtet, und prompt wird ein Preis auf Moses Kopf ausgesetzt. Es folgt die Flucht in die Wüste und ein neues Leben als Hirte und Schwiegersohn des Zeltbewohners Jethro.

War das alles bis ins Detail von Gott vorbestimmt? Auch der Mord und die Flucht? Ob er Mose absichtlich zur Sünde trieb, um schließlich größere Pläne zustande zu bringen? Musste David Ehebruch begehen, damit ein Salomo zur Welt kommen konnte? Das alles werden wir nie wissen. Offensichtlich müssen wir es nicht wissen. Aber bei Mose zumindest ist eine Sache klar: Ohne all diese skurrilen Stationen seines Lebens wäre er längst nicht so optimal für seinen großen Lebensauftrag gerüstet gewesen, wie er es war. Bis er nach Ägypten zurückgesandt wird, um Pharao die Stirn zu bieten, besitzt er nicht nur von Kindheit her gründliche Kenntnisse der ägyptischen Sprache und der Sitten am Hof, sondern er hat auch einige Jahre Wüstenerfahrung auf dem Buckel, wo er viel über die Pflege und Führung einer Schafherde unter widrigen Umständen lernte. Besser kann er nicht vorbereitet sein auf ein Projekt, das ihm alles abverlangt, was er gerade in diesen Bereichen jemals gelernt hat. Wenn einer in der Lage ist, erhobenen Hauptes in den Hof Pharaos hineinzumarschieren, dann Mose. Die gleiche Empörung, mit der er in seinem jugendlichen Eifer einen Peiniger seines Volkes umgebracht hat, verwandelt sich in die Entschlossenheit, die es braucht, um dieses Volk aus dem Land seiner Peiniger herauszuführen. Aus Empörung wird Fürbitte, aus Fürbitte wird göttliches Handeln. Der Mann, der seine Wut nicht im Griff hatte, wird als der demütigste Mann auf Erden (4Mo 12,3) bezeichnet – von Gott selbst! Schon wieder hat Gott alles zum Besten dienen lassen.

16. Juni

WENN ES WIRKLICH ZU SPÄT IST?

„Und Jesus sprach zu ihm: Wahrlich, ich sage dir: Heute wirst du mit mir im Paradies sein“ (Lk 23,43)

Die meisten biblischen Helden, die Schlimmes erlebt haben, sich aber schließlich unter die Hand Gottes beugen, haben einen Vorteil: Sie leben lange genug, um aus Fehlern zu lernen, in einen mutigen Neuanfang im Auftrag Gottes zu starten, und schließlich von Gott zum Segen vieler Menschen mächtig gebraucht zu werden. Aber was ist mit denen, die dem Herrn wirklich zu spät in die Arme gelaufen sind? Keine Zeit mehr für eine Wiedergutmachung, keine Zeit mehr, um einen Plan B zu schmieden und eine zweite Runde einzuläuten. Der Dieb, der neben Jesus am Kreuz hängt, ist so einer. Vermutlich ein Mörder, ein Aufständischer, der mehrfach Menschenleben auf dem Gewissen und Blut an den Händen hat. Es gibt Dinge, die eben nicht rückgängig zu machen sind. In dem kurzen Austausch, den er mit Jesus hat, fällt mir einiges auf. Der Mann erkennt seine Schuld. Den Kontrast zwischen seiner verdienten Strafe und der Unschuld des Sohnes Gottes, der neben ihm hängt, findet er unerträglich. Er sagt zum Verbrecher, der auf der anderen Seite von Jesus hängt: *„Fürchtest du nicht einmal Gott, der du doch in gleicher Verdammnis bist? Wir sind es zwar mit Recht, denn wir empfangen, was unsre Taten verdienen; dieser aber hat nichts Unrechtes getan“* (Lk 23,40-41). Nicht nur das, er bittet um Gnade. *„Und er sprach: Jesus, gedenke an mich, wenn du in dein Reich kommst!“* (Lk 23,42). Jesu Antwort? *„Und Jesus sprach zu ihm: Wahrlich, ich sage dir: Heute wirst du mit mir im Paradies sein.“*

Unglaublich, wie viel Erkenntnis Gottes dieser Verbrecher in jener kurzen, beiläufigen Begegnung zeigt. Er glaubt nicht nur an Jesu Göttlichkeit, er versteht Buße, Umkehr, Rettung und Ewigkeit. Vielleicht war er in einer gottesfürchtigen Familie groß geworden und irgendwann auf die schiefe Bahn geraten. Noch was. Hier ist kein „Wenn-nur“ herauszuhören. Wir sehen nur den Blick auf Jesus, den Zuspruch seiner Rettung und einen Ausblick auf den Himmel. In diesen letzten, gequälten Atemzügen wird alles auf das Wesentliche reduziert. Der Mann kann sich nicht einmal hinknien oder die Hände falten zum Gebet, geschweige denn einen Kurs für

Glaubensanfänger besuchen oder sich taufen lassen. Auch Jesus reduziert alles aufs Wesentliche: Die Bitte um Gnade bedeutet die Wende. Die Vergangenheit hat keine Macht mehr über den reumütigen Sünder. Es geht himmelwärts. Kein Nachtrauern hinter einem verschwendeten Leben. Keine Vorwürfe. Kein: „Schade, dass es so weit kommen musste." Heilsgeschichte im Kleinformat. Mit anderen Worten, wir haben nicht das Gefühl, dass ihm irgendwas fehlt. Der letzte Versager dieser Welt ist ein Bürger des Himmels geworden.

17. Juni

EIN HOLZKREUZ UND EIN BLUMENSTRAUSS

„Auch wenn ich wandere im Tal des Todesschattens, fürchte ich kein Unheil, denn du bist bei mir; dein Stecken und dein Stab, sie trösten mich" (Ps 23,4)

Auf einer der Straßen, die aus Reutlingen in Richtung schwäbische Alb führen, kann der aufmerksame Beobachter links neben der Straße, fast unsichtbar im Gebüsch, ein kleines Kreuz erkennen – direkt gegenüber der Stelle, an der eine kleinere Straße von rechts in die große Straße einmündet. Auffälliger als das Kreuz ist der frische, bunte Blumenstrauß, der immer vor ihm liegt. Hier starb die Tochter einer Freundin von mir bei einem Autounfall. Knapp 19 Jahre alt. Ihre Freundin saß am Lenkrad, sie auf dem Nebensitz. Sie wollten gerade links in die Hauptstraße einbiegen und sahen nicht, wie ein Auto von rechts den Hang viel zu schnell hinunterraste. Es krachte seitlich in das Auto der jungen Frauen hinein. Die Tochter meiner Freundin war an Ort und Stelle tot, die andere junge Frau schwer verletzt.

Das sind die „Wenn-nur"-Geschichten, die am meisten weh tun. Ein Blick aus deinen Augen, lieber Gott, eine kleine göttliche Handbewegung, und die Mädchen hätten ein paar Sekunden später das Haus verlassen. Noch mal auf die Toilette. Oder eine Handynachricht schnell loswerden. Oder die vergessene Tasche schnell holen. Jeder von uns hat diese elende

Tretmühle der quälenden Grübeleien durchlitten – je näher die Situation an der eigenen Familie, desto schmerzhafter. Eine Sekunde Unachtsamkeit, und das Kind ist auf die Straße gerannt oder in den Teich gefallen. Ein Blick zur Seite, und der Roller liegt schon unter dem rasenden Auto. Wenn er nur den späteren Flug genommen hätte, und nicht in die Unglücksmaschine gestiegen wäre.

Diese willkürlichen Zufälle, Unfälle, Schicksalsschläge verlangen uns mehr Gottvertrauen ab als alles andere im Leben. Riesige Fragezeichen bleiben übrig. Herr, wenn du uns liebst, warum hast du das nicht verhindert? Manchmal frage ich mich: Warum ist so ein Unglück schlimmer als zum Beispiel eine Krebskrankheit? Ich denke, weil der Gedanke mitschwingt, man hätte es verhindern können. *Ich* hätte es vielleicht verhindern können. Das ist eine ganz andere Liga von Schmerz. Aber wie jeder andere Schmerz, muss auch dieser in die Hände Gottes gelegt werden. Aus irgendeinem Grund hat er es nicht verhindert, und das bleibt Zeit unseres Lebens sein Geheimnis. Er wird seine Gründe haben, und wir müssen mit dieser Erkenntnis Frieden schließen und dankbar bleiben für die vielen kritischen Situationen, in denen er uns sehr wohl vor Unglück bewahrt hat und wir es vielleicht nicht einmal gemerkt haben.

Aber wir können nicht durchs Leben gehen und immer auf der Hut vor einem unerwarteten Unglück sein. Wir würden uns und andere verrückt machen. Gerade in der Verarbeitung einer Tragödie dürfen wir uns daran erinnern, dass wir nur einen winzigen Teil des Bildes vor Augen haben. Eines Tages werden wir das ganze Bild sehen.

„Habe ich dir nicht geboten: Sei stark und mutig? Erschrick nicht und fürchte dich nicht! Denn mit dir ist der HERR, dein Gott, wo immer du gehst“ (Jos 1,9).

18. Juni

DER ORT, AN DEM DIE FRAGEN SCHWEIGEN

„Denn das Wort vom Kreuz ist denen, die verloren gehen, Torheit; uns aber, die wir gerettet werden, ist es Gottes Kraft" (1Kor 1,18)

In meinem Roman *Flucht nach Mattingley Hall* gehe ich der Frage nach Schicksalsschlägen nach. Meine Heldin fährt ihr Leben durch eine Reihe von naiven Dummheiten voll gegen die Wand und muss zu allem Übel dabei zuschauen, wie ihr geliebter Vater aufgrund einer tödlichen Krankheit immer schwächer wird, gerade in einer Zeit, in der sie ihn am meisten braucht.

> „Ich weiß nicht, was der liebe Gott sich dabei denkt, einen gottesfürchtigen Mann wie deinen Vater mit solchem Leid heimzusuchen, mein Kind“, sagt ihr ehemaliges Kindermädchen, inzwischen ihre Freundin, einmal zu ihr. „Seit Wochen liege ich nachts wach und hadere mit meinem Schöpfer. Warum werden die Bösen belohnt und die Gerechten bestraft?“
>
> „Und was antwortet dein Schöpfer?“
>
> „Die Frage nach dem Warum beantwortet er ja grundsätzlich nicht. Und das meine ich nicht respektlos. Aber irgendein Wozu gibt es in jeder Widrigkeit. Nur, wir erkennen es nicht gleich. Unsere einzige Aufgabe ist, ihm zu vertrauen. Irgendwann werden wir wissen, warum. Oder wir werden nicht mehr fragen, warum, weil die Frage selbst überflüssig geworden ist.“

Erklärungen gibt es vielleicht nicht. Aber einen Ort gibt es. Dieser Ort ist Golgatha. Gott selbst liefert sich aus freien Stücken der größten Tragödie aller Zeiten aus. So unnötig, oder? Er hätte alles in dieser Welt haben können. Aber lauter willkürliche, gemeine Zufälle verschwören sich, um den Sohn Gottes auszulöschen. Seine Freunde sehen die Gefahr kommen und warnen ihn. „Ist doch verrückt, gerade in dieser gespannten Lage nach Jerusalem zu marschieren.“ Mit allem Möglichen haben seine

Anhänger gerechnet – nur nicht mit seinem Tod. Hat seine Mutter Maria vielleicht auch gedacht: „Wenn er nur gehört hätte?“ „Wenn wir nur unser bürgerliches Leben in Nazareth hätten weiterführen können!“ „Wenn wir die Zeit nur zurückdrehen und einen anderen Weg einschlagen könnten!“ Ein Schwert würde ihr Herz durchdringen, hatte der alte Simeon prophetisch vorausgesagt. Vielleicht waren diese Warum-Fragen auch ein Teil von diesem Schmerz.

„Denn das Wort vom Kreuz ist denen, die verloren gehen, Torheit; uns aber, die wir gerettet werden, ist es Gottes Kraft“ (1Kor 1,18).

Die Kraft, die wir im Kreuz finden, bedeutet auch Trost in den Traumata unseres Lebens, davon bin ich überzeugt. Mehr dazu morgen.

19. Juni

DAS SENSATIONELLSTE EIGENTOR DER GESCHICHTE

„Sie gehen durch das Tränental und machen es zu einem Quellort. Ja, mit Segnungen bedeckt es der Frühregen“ (Ps 84,7)

Manchmal würde ich viel geben, um emotionalen Schmerz einfach zu betäuben, abzuschütteln. Einen Ausschaltknopf finden, um dieses dumpfe Gefühl der Verzweiflung auszuschalten, das uns manchmal wie ein Tsunami überrollt. Wohin damit, wenn ich Jesus nicht hätte? Kein Wunder, dass manche ihre offenen Fragen und ihre Verzweiflung in Alkohol, Drogen, Pornografie, Vergnügungen zu ertränken versuchen. Ich glaube, im Tod Jesu finden wir nicht unbedingt unmittelbare Erleichterung von inneren Qualen, aber wir stoßen auf ein Prinzip Gottes, das als Wegweiser dient, der uns gerade in unseren Schmerzen eine Blickrichtung öffnet. Selten in den Tragödien der Weltgeschichte gibt es so eine Häufung von verrückten „Zufällen“ wie in der Passionsgeschichte. Wie oft müssen die Freunde Jesu an jenem dunklen Karfreitag und gleich danach gedacht haben: „Wenn er nur in Galiläa geblieben wäre, nicht auf den Tempelberg gegangen wäre, nicht so provokativ gepredigt hätte, die Geldwechsler im Tempelhof in Ruhe gelassen hätte …“

Gerade in diesen pechschwarzen Stunden, in denen die ganze Hölle um die Gefangennahme und die Hinrichtung von Jesus Christus herum feiert und tobt, dürfen wir alles auf diese blutig geschlagenen Schultern legen, die am Holzbalken hängen – all jene dummen Zufälle, Kleinigkeiten, ob selbst verschuldet oder nicht, die sich verschworen haben, um in unserem Leben Krisen oder sogar Tragödien auszulösen. Der Besuch beim Arzt, der zu spät war, um die Krankheit zu verhindern. Die Beziehung, die so gut anfing und in Gewalt und Scheidung endete. Die Abbiegung, die zum fatalen Fahrradunfall führte, der Schwimmunfall im Feriendorf, die sexuelle Nötigung. Gott teilt Rückschläge und negative Erfahrungen nicht in verschiedenen Kategorien ein, wie wir es machen. Am Kreuz trug er alles, was diese sündhafte Welt in unserem Leben an Schmerz aufgeworfen hat. Tränen sind da, um abgewischt zu werden. Es wird nicht gefragt, warum sie geweint werden. Möge dieses Psalmwort Trost und Zuversicht bringen für die, die es heute brauchen:

„Sie gehen durch das Tränental und machen es zu einem Quellort. Ja, mit Segnungen bedeckt es der Frühregen. Sie gehen von Kraft zu Kraft. Sie erscheinen vor Gott in Zion. ... Denn ein Tag in deinen Vorhöfen ist besser als sonst tausend. Ich will lieber an der Schwelle stehen im Haus meines Gottes als wohnen in den Zelten des Unrechts“ (Ps 84,7.11).

20. Juni

SEHNSUCHT NACH DEM HIMMEL

„... und der Herr, HERR, wird die Tränen abwischen von jedem Gesicht“ (Jes 25,8)

Wir erleben es oft genug, haben es auch in dieser Serie so oft erkannt, oder? Schmerz kann nicht ungeschehen gemacht, die Zeit nicht zurückgedreht, Sünde nicht rückgängig gemacht, Erinnerungen können nicht gelöscht, Tränen nicht ungeweint werden. Aber das Geniale an der Sache: Gott bietet eine Kraft an, die mitten in unserem Kummer wirksam werden kann, wenn wir es so wollen, wenn wir unser Vertrauen auf Jesus setzen:

die Kraft der Auferstehung! Der Tod und all seine Begleiterscheinungen werden verschlungen, aufgesaugt, aufgefressen von einer Macht, die viel stärker ist als dieser Tod. Paulus hat es so formuliert: „*Wenn aber dieses Vergängliche Unvergänglichkeit anziehen und dieses Sterbliche Unsterblichkeit anziehen wird, dann wird das Wort erfüllt werden, das geschrieben steht: »Verschlungen ist der Tod in Sieg«* (1Kor 15,54).

Paulus zitiert hier aus dem Propheten Jesaja, der Jahrhunderte davor schreibt: „*Den Tod verschlingt er auf ewig, und der Herr, HERR, wird die Tränen abwischen von jedem Gesicht, und die Schmach seines Volkes wird er von der ganzen Erde hinwegtun. Denn der HERR hat geredet*" (Jes 25,8).

Jesus trug an seinem Leib alles, was uns Tränen kostet, und damit löschte er den Schmerz nicht aus, aber er entmachtete ihn. Aus „wenn-nur" wird „na-und-jetzt", „wohin"? „*Jedoch unsere Leiden – er hat sie getragen, und unsere Schmerzen – er hat sie auf sich geladen. Wir aber, wir hielten ihn für bestraft, von Gott geschlagen und niedergebeugt. Doch er war durchbohrt um unserer Vergehen willen, zerschlagen um unserer Sünden willen. Die Strafe lag auf ihm zu unserm Frieden, und durch seine Striemen ist uns Heilung geworden*" (Jes 53,4-5).

Die Schmerzen, von denen hier die Rede ist, sind Schmerzen, die in erster Linie die Sünde nach sich zieht. Gott sieht unseren gottfernen Zustand als die größte Krise, die in unserem Leben passieren kann, das größte „Wenn-Nur", die größte Tragödie, die alles andere in den Schatten stellt. Ab dem Augenblick, in dem wir durch Umkehr und Buße mit ihm versöhnt sind, ist dieses schlimmste Leid von allen für Zeit und Ewigkeit weggetragen und gelöscht. Dadurch ist das Fundament gelegt, um auch mit allen anderen Rückschlägen im Leben klarzukommen, uns mit Vergangenem zu versöhnen, auf Hoffnung hin zu leben.

Ein guter Freund von uns, der seinen geliebten Vater gerade verloren hat, sagte uns diese Woche: „Ich habe jetzt viel mehr Sehnsucht nach dem Himmel." Ja, genau das ist der Punkt. Mangel und Verlust in dieser Welt hilft uns, uns auf die zukünftige Welt zu freuen, erinnert uns daran, dass wir hier nicht zu Hause, sondern Pilger und Reisende sind. Schmerz hat ein Verfallsdatum. Ich wünsche dir heute ein schönes Reisen auf dem Weg zum Himmel, in der Begleitung des Herrn!

21. Juni

GOTTES GROSSES „WENN-NUR"

„Wenn auch du an diesem Tag erkannt hättest, was zum Frieden dient!"
(Lk 19,42)

Wir sind nicht die Einzigen, die die Worte „wenn nur ..." seufzen, die sich Sorgen machen, wenn eine Situation nicht mehr gerettet werden kann, Sorgen, dass es zu spät sein könnte, jemals glücklich zu werden. Während einer kurzen Reisepause auf dem Weg nach Jerusalem, beim Anblick der Stadt und angesichts des Wissens um seine letzten Tage auf dieser Erde und einen qualvollen Tod, wird Jesus kurz von Emotionen überwältigt. *„Jerusalem, Jerusalem, die da tötet die Propheten und steinigt, die zu ihr gesandt sind! Wie oft habe ich deine Kinder versammeln wollen, wie eine Henne ihre Küken versammelt unter ihre Flügel, und ihr habt nicht gewollt!"* (Mt 23,37).
„Wenn nur ..." aus dem Mund Gottes. Wie anders wäre die Geschichte verlaufen, wenn nur Gottes Volk seinen Messias mit offenen Armen empfangen und auf seine Worte geachtet hätte. Wenn nur Adam und Eva sich von Gott nicht abgewandt hätten. Wenn nur die Völker dieser Erde schon jetzt das Knie vor dem Herrn beugen und in seiner Furcht leben würden. Wenn nur unsere Politiker „So wahr mir Gott helfe" sagen und es ernst meinen würden.
Wenn unsere Trauer über verpasste Chancen, verdorbenes Glück schon so schmerzhaft ist, wie viel mehr Gottes Trauer über ein Heilsangebot, das fahrlässig in den Wind geschlagen wird, über Gnade, die mit Füßen getreten, aufopferungsvolle Liebe, die eiskalt verschmäht wird. Die Defizite, verpassten Chancen, verlorene Zeit und überhaupt die Mängel in unserem Leben verlieren ihre Kraft, wenn wir uns mit Gottes Herzschlag für eine verlorene Welt eins machen. Wenn wir seine Sehnsüchte zu unseren Sehnsüchten machen, seinen Ruf nach Umkehr und Buße zu unserem Ruf. Je mehr wir in seinem Wort lesen, uns in seine Gedanken vertiefen, seine Anweisungen ernst nehmen, desto mehr blicken wir von unserer Not weg und werden bewegt von der Not anderer, von Gottes Liebe für die Menschen um uns herum. Wenn nur unsere Mitmenschen den Herrn kennenlernen würden: Dieser Wunsch soll zur treibenden Kraft unseres Lebens werden. Jesu

Leid wird zu unserem Leid. Und genau das hilft uns, unsere Lasten mit seiner Hilfe zu tragen!
„Denn so hat Gott die Welt geliebt, dass er seinen einzigen Sohn gab ...“ (Joh 3,16).

22. Juni

WAS WIRKLICH ZÄHLT

„Und das Volk sagte zu Josua: Dem HERRN, unserem Gott, wollen wir dienen, und auf seine Stimme wollen wir hören!“ (Jos 24,24)

Ich glaube, ich habe es schon mal erzählt, wie ich immer wieder denken muss: „Wenn ich als Mutter noch mal von vorne anfangen könnte mit dem Wissen, der Gelassenheit und der Reife, die ich in den Jahren gesammelt habe, ... dann wäre ich eine viel bessere Mutter!“ Schade, dass meine Kinder mit mir auskommen mussten, als ich selbst noch so viel Erziehung brauchte. Auf der anderen Seite, wäre ich wirklich anders? Würden wir wirklich eine erfolgreichere Gemeinde haben, wenn wir mit der Reife und der Erfahrung schon angefangen hätten, die wir jetzt haben? Auch diesem Gedanken ging ich in der Geschichte von Lady Mattingley in *Flucht nach Mattingley Hall* nach. Die junge Protagonistin, Jasmin, gewinnt erst zu spät die Einsicht, dass ihr selbstsüchtiges Leben für ihre Familie einen Schaden angerichtet hat, der nicht wieder gut zu machen ist. Auch Lady Harriet Mattingley, die alte Dame, hadert wie die junge Frau mit den Sünden und Fehlern ihrer Vergangenheit.

> „Warum gestattet Gott uns nicht eine Generalprobe wie bei einem Theaterstück?“, fragt sie. „Einmal das Leben ausprobieren, sich in Irrtümer verlaufen, aus Torheiten lernen und weise werden. Und dann alles noch einmal durchlaufen. Mit einem klugen Kopf, der inzwischen gelernt hat, weise Beschlüsse zu fassen und auf Warnzeichen rechtzeitig zu achten. Denkst du das manchmal?“

„Nein, Mylady“, antwortet Jasmin. „Weil die meisten von uns nicht genug aus ihren Irrtümern lernen und in ihrem zweiten Leben nicht nur einen dummen Kopf, sondern vielleicht sogar ein böses oder verbittertes Herz haben würden. Und dann noch mehr Schaden anrichten würden. Wir wären dann gar nicht mehr zu retten. Gott hat gewusst, warum er uns nur unsere siebzig bis achtzig Jahre zugeteilt hat. Schadensbegrenzung war das.“

Gottes Geschichte mit uns – die eigentliche Geschichte unseres Lebens – beginnt an dem Punkt, an dem wir von unseren gottlosen Wegen umkehren und uns ihm als Werkzeuge zur Verfügung stellen. Nicht die äußeren Dinge, die passiert sind, entscheiden über unser Schicksal – nicht die Dinge, die andere Menschen uns angetan haben, nicht die Länge oder Kürze unseres Lebens, nicht ob unsere Lebensträume in Erfüllung gehen oder nicht. Ab dem Moment, in dem Gott sich einmischen darf, fängt die eigentliche, die ewige Geschichte an. Sie hängt von anderen Faktoren ab – zum Beispiel von der Frage, was Gott mit unserem Leben machen darf. Ob wir ihn Regie führen lassen. Ob das Kreuz unser Herz berührt hat. Diese Dinge und nichts anderes bestimmen den Inhalt und den Ausgang und das Glück unseres Lebens. Wie befreiend ist das! Morgen sehen wir uns weitere Beispiele im Wort Gottes an – Menschen, deren Leben verschwendet zu sein schien, die aber eine erstaunliche Wende erlebten.

23. Juni

DER BLICK IN DIE ZUKUNFT

„Christus in euch, die Hoffnung der Herrlichkeit“ (Kol 1,27)

Ein so dramatisch verschwendetes Leben wie das vom Dieb am Kreuz wird wohl kaum jemand von uns zu verantworten haben. Aber die Kraft der Gnade, die wir in dieser Begebenheit gesehen haben, zieht sich durch viele andere Geschichten in der Bibel. Dem aufmerksamen Bibelleser wird auffallen, wie wenig über Vergangenes diskutiert wird. Ein viel größerer

Schwerpunkt liegt auf der Frage „Wohin jetzt?". In der Geschichte von Hagar (1Mo 16) stellt der Engel der schuldbeladenen und verzweifelten Frau zwei Fragen: „Woher kommst du?" Und: „Wohin gehst du?" Die erste Frage wird schnell abgehandelt. Hagar antwortet kurz und ehrlich. Sie ist auf der Flucht vor ihrer Herrin. Der Engel verbringt viel mehr Zeit mit der zweiten Frage, schenkt Hagar eine Perspektive für ihre Zukunft, erzählt von dem Kind, das geboren werden soll, gibt ihm einen Namen, schickt Hagar schließlich zurück in die Situation, aus der sie geflüchtet war. „Was wäre gewesen, wenn …?" – diese Frage scheint Gott wenig zu interessieren. „Was wird jetzt …?" – das ist die Frage, mit der biblische Helden Geschichte schreiben und Glaubensprüfungen bestehen. Elia bekommt keine Erklärung dafür, warum die Heimsuchung Gottes auf dem Berg Karmel nicht die ersehnte Wende im Volk Gottes gebracht hat. Keine tiefgreifende Psychoanalyse, keine mühsame Verarbeitung seiner bisherigen traumatischen Erlebnisse. Auch er wird zurückgeschickt wie Hagar um neue Aufgaben zu erfüllen, neue Wagnisse einzugehen. *„Rufe mich an am Tag der Not; ich will dich retten, und du wirst mich verherrlichen!«* (Ps 50,15). Sowohl Hagar als auch Elia werfen sich auf Gottes Gnade – das ist die Bedingung für Gottes Wirken in unserem Leben. Gott drängt uns seinen Beistand nicht auf. Paulus drückt es in neutestamentlicher Sprache so aus: *„Christus in euch, die Hoffnung der Herrlichkeit. Ihn verkündigen wir, indem wir jeden Menschen ermahnen und jeden Menschen in aller Weisheit lehren, um jeden Menschen vollkommen in Christus darzustellen; worum ich mich auch bemühe und kämpfend ringe gemäß seiner Wirksamkeit, die in mir wirkt in Kraft"* (Kol 1,27-29). Mit Christus in uns, der Hoffnung der Herrlichkeit, schlägt die Ewigkeit in unseren Herzen Wurzeln. Die Widrigkeiten dieses Lebens haben nichts mehr zu melden, denn der auferstandene Christus ist jetzt die treibende Kraft, die unser Schicksal lenkt. Aus „Warum?" wird ein kräftiges „Wohin damit?"!

Wie wäre es mit dieser kleinen Hausaufgabe heute? Schau andere Charaktere in der Bibel an, ob du nicht das gleiche Muster erkennst. Zum Beispiel Naemi (Rt), die Ehebrecherin (Joh 4), Hiob, Abigail (1Sam 25), vielleicht fallen dir weitere ein. Wie geht Gott mit ihnen um? Was sagt er ihnen über ihre Vergangenheit, vermeintliche Schuld oder Fehler? Wie geht es mit ihnen weiter? Was können wir daraus für unseren Umgang mit unseren Mitmenschen lernen?

24. Juni

FÜR GOTT IST ES NIE ZU SPÄT!

„Und ich werde euch die Jahre erstatten, die die Heuschrecke, der Abfresser und die Heuschreckenlarve und der Nager gefressen haben“ (Joe 2,25)

In meiner letzten Andacht habe ich von unseren holprigen Beziehungsanfängen erzählt und auch davon, dass ich mich manchmal noch über die verschwendete Zeit ärgere. Das Volk Israel hat nicht nur Zeit verschwendet, sondern sich viele Male bewusst gegen Gottes Gebote gewandt. Der Prophet Joel beschreibt erst einmal eindrücklich das Gericht Gottes, das auf das Volk aufgrund seines Ungehorsams wartet. Er spricht von Gottes verwüstendem Heer am Tag des Herrn, das vom Land nichts mehr übriglässt. War es vorher so üppig und fruchtbar wie der Garten Eden, ist es danach eine öde Wüste, wie wir in Joel 2,3 lesen. Allerdings bleibt es nicht bei dieser Zerstörung. Gott gibt seinem Volk nochmals eine Gelegenheit zur Umkehr und ruft es zur echten Reue auf. Denn Gott ist *„gnädig und barmherzig, langmütig und von großer Gnade, und das Übel reut ihn“* (Joe 2,13). In den nächsten Versen wird der Segen beschrieben, den das Volk Israel nach seiner Umkehr zu Gott erfahren wird. Und dann setzt Gott noch einen drauf: Er wird sein Volk nicht nur für die Zukunft segnen, sondern verspricht ihnen auch Wiedergutmachung für die Jahre, in denen sie unter seinem Gericht gelitten haben. In Joel 2,25-27 lesen wir: *„Und ich werde euch die Jahre erstatten, die die Heuschrecke, der Abfresser und die Heuschreckenlarve und der Nager gefressen haben, mein großes Heer, das ich gegen euch gesandt habe. Und ihr werdet genug essen und satt werden und werdet den Namen des HERRN, eures Gottes, loben, der Wunderbares an euch getan hat. Und mein Volk soll nie mehr zuschanden werden.“*

Gottes Gnade ist erstaunlich! Was können wir daraus für unser eigenes Leben mitnehmen, wenn wir merken, dass wir durch bestimmte Entscheidungen Zeit verloren oder einen Umweg gemacht haben? Manchmal denke ich über meine Promotion nach, die sich an meine sowieso schon lange Studienzeit angeschlossen hat. Ich überlege dann, ob ich vor allem durch Ehrgeiz motiviert wurde oder ob ich wirklich offen dafür war, was Gott wollte. Gleichzeitig kann ich aber auf diese Phase zurückschauen und

erkennen, dass Gott sie so oder so gebraucht hat. Ich habe in dieser Phase z.B. eine Freundin kennengelernt, die dadurch zum ersten Mal das Evangelium gehört hat. Auch das Timing zum Start meiner ersten Arbeitsstelle nach der Promotion hat perfekt gepasst: Dort hatte ich den Eindruck, dass ich genau zur richtigen Zeit am richtigen Ort war. Vielleicht merken wir im Nachhinein, dass eine andere Entscheidung vielleicht klüger gewesen wäre. Wenn wir uns Gott aber jederzeit zur Verfügung stellen, können wir darauf vertrauen, dass er auch solche Zeiten zu seiner Ehre nutzen kann. Eine andere Sache ist es, wenn wir uns bewusst gegen Gottes Willen entscheiden, so wie es das Volk Israel getan hat. Wie uns das Buch Joel zeigt, kann Gott aber auch in diesen Fällen nach der Umkehr eines Sünders alles neu machen.
Das ist doch eine Hoffnung machende Botschaft: Für Gott ist es nie zu spät!

Johanna

25. Juni

„WERDE ICH JEMALS GLÜCKLICH IN DIESEM LEBEN?"

„Gepriesen sei der Gott und Vater unseres Herrn Jesus Christus! Er hat uns gesegnet mit jeder geistlichen Segnung in der Himmelswelt in Christus" (Eph 1,3)

Neulich habe ich in Gedanken einige Dinge aus meinem Leben Revue passieren lassen, die ich bis heute tief bereue, und nicht wieder gut machen kann. Kleinigkeiten im Vergleich zu manchen Themen, die wir gestreift haben. Ich habe in meinem Studium einen Kurs Geschichte der französischen Sprache belegt, warum, weiß ich bis heute nicht. So langweilig, so unnötig, ich hätte viel mehr Spaß und bessere Noten mit Literatur gehabt. Eine Beziehung zu einem jungen Mann, die noch unpassender war. Meine Mutter hatte mich gewarnt, und natürlich habe ich nicht gehört. Für diese Beziehung habe ich Freundschaften vernachlässigt, mein Studium schleifen lassen, wertvolle Zeit verloren. Ein paar Jahre haben wir in einer christlichen Organisation verbracht, die gut begonnen hat, aber nach und nach korrupt wurde. In unserer Naivität haben wir Warnzeichen missachtet, viel zu viel Zeit damit verbracht, ein System zu retten, das nicht mehr zu retten war, Menschen zu gefallen, die uns nur geschadet haben. So viel Mühe, so viel Ringen um Lösungen, alles umsonst.

Johanna schrieb gestern von den Jahren, die die Heuschrecke gefressen hat, die Gott auf seine Weise wiederherstellen kann. Wie bei Mose, David, Josef und anderen, haben auch unsere Entscheidungen Konsequenzen. Mose musste Zeit in der Wüste absitzen, Josef im Knast, David hat den Sohn seines Ehebruchs verloren. Mit welchem Frust müssen sie manche Irrwege tief bedauert und unter ihnen gelitten haben. Aber im großen Bild des Plans Gottes haben diese Männer die Spur Gottes wieder gefunden, und die Bruchlandungen, die sie bereut haben (siehe zum Beispiel Psalm 51) dienten dazu, dass sie Weisheit lernten und für andere ein Segen wurden.

„Gepriesen sei der Gott und Vater unseres Herrn Jesus Christus! Er hat uns gesegnet mit jeder geistlichen Segnung in der Himmelswelt in Christus, wie er uns in ihm auserwählt hat vor Grundlegung der Welt, dass wir heilig und tadellos vor ihm sind in Liebe, und uns vorherbestimmt hat zur Sohnschaft durch Jesus Christus für sich selbst nach dem Wohlgefallen seines Willens, zum Preis der Herrlichkeit seiner Gnade, mit der er uns begnadigt hat in dem Geliebten. In ihm haben wir die Erlösung durch sein Blut, die Vergebung der Vergehungen, nach dem Reichtum seiner Gnade, die er uns reichlich gegeben hat in aller Weisheit und Einsicht“ (Eph 1,3-8).

Herrliche Verse, oder? In ihm haben wir alles, was wir brauchen. In ihm ist uns nichts vorenthalten worden. In seinem Tod und seiner Auferstehung ist jeder Mangel in unserem Leben ausgefüllt, jede Sehnsucht erfüllt. Wir leben auf Hoffnung hin und dürfen uns auf einen Tag freuen, an dem auch Tränen der Reue abgewischt werden (Offb 21,4)!

26. Juni

DIE KLEINEN ZUFÄLLE

„Und die Nachbarinnen gaben ihm einen Namen, indem sie sagten: Ein Sohn ist der Noomi geboren! Und sie gaben ihm den Namen Obed. Der ist der Vater Isais, des Vaters Davids" (Rt 4,17)

Unsere Reihe zum Thema *Ist es jemals zu spät, glücklich zu sein?* oder die „*Wenn nur*"- Geschichten unseres Lebens möchte ich mit der Geschichte von Noomi und Rut abschließen. Auf den ersten Blick scheint gerade diese Geschichte aus einer Reihe von willkürlichen „Zufällen" zu bestehen. Die Tatsache, dass die Schuldfrage im Buch Rut gar nicht auf den Tisch kommt, ist bedeutend. War der Tod von Noomis Mann und ihren beiden Söhnen eine Strafe von Gott, weil sie das verheißene Land verlassen und eine Heimat bei den Heiden gesucht hatten? War sie mitschuldig an der Tragödie, die die Familie heimgesucht hat? Sie hatte auf jeden Fall das Gefühl, dass Gott etwas gegen sie hatte (Rt 1,20). Die zwei trauernden Frauen stolpern von einer existentiellen Krise in die nächste bei ihrem Versuch, Boden unter den Füßen zu gewinnen. Witwenschaft, Heimatlosigkeit, Verarmung, Ablehnung (Rt 1). Vermutlich wird sich Noomi in tränenreichen Nächten gefragt haben: „Was wäre gewesen, wenn wir in Israel geblieben wären, anstatt nach Moab zu reisen?"

Gott selbst scheint sich diese Fragen nicht zu stellen. Die einzige Frage, um die es im Buch Rut geht und die das Geschehen treibt, lautet: „Wohin jetzt damit?" Im Nachhinein stellt sich heraus, dass alle „Zufälle" an jeder traurigen Station der Geschichte Gottes Handschrift tragen. „Zufällig" arbeitet Rut nach der Ankunft in Bethlehem auf dem Feld, das Noomis Verwandten Boas gehört. „Zufällig" ist Boas der Sohn von Rahab (Mt 1,5), einer anderen Ausländerin, die wie Rut beim Volk Gottes eine Heimat gesucht hat. Rut läuft also dem einzigen Bürger Bethlehems in die Arme, der sehr wohl weiß, dass Gott auch mit Nicht-Israeliten, die ernsthaft nach ihm suchen, Geschichte schreibt. „Zufällig" will ein naher Verwandter nicht mit Rut die Schwagerehe eingehen, um ihrem verstorbenen Mann einen Nachkommen zu zeugen. So kann Boas an dessen Stelle treten.

Es sind allerdings nicht diese „Zufälle", die Rut und Noomi glücklichere Zeiten bescheren, sondern die vielen kleinen Beschlüsse, die sie mitten in ihrer Trauer treffen. Rut sticht mit ihrer Fürsorge für Noomi und ihrem selbstlosen Lebensstil heraus und sorgt für Gesprächsstoff. Sie zieht den bewundernden Blick von Boas auf ihr Leben, sodass er sie nicht nur aus einem Pflichtgefühl heiraten will. Noomi setzt sich aktiv für ihre Schwiegertochter ein und ermutigt sie, Boas gegenüber ihr Interesse zu signalisieren. Die beiden Frauen ahnen nicht, dass der Sohn, der aus dieser Ehe hervorgeht, der Großvater von König David sein wird und damit ein Vorfahre des Christus.

Es gäbe, wie immer, so viel mehr zu sagen, aber diesen Gedanken möchte ich euch noch mitgeben: Wenn du das nächste Mal denkst „Wenn nur ..." oder „Der Zug ist wohl schon gefahren", dann denke an Noomi und Rut und an alle anderen biblischen Helden, die wir erwähnt haben. Was hat Gott aus ihrem „Wenn nur ..." gemacht? Was kann er aus deinem machen?

VERGEBUNG - MUSS DAS WIRKLICH SEIN?

Ein Kind wird entführt, tot aufgefunden
oder bleibt spurlos verschwunden.
Eine junge Frau wird vergewaltigt.
Ein Krieg angezettelt, Rufmord gegen
den Kollegen betrieben, ein Kind wird
vernachlässigt oder missbraucht,
eine Lästerkampagne gegen den
Jugendleiter einer Gemeinde gestartet.
Und dann dieses eine biblische Wort
– das letzte, was ich hören möchte,
wenn mir nicht wiedergutzumachender
Schaden zugefügt wurde: Vergebung.
Ich liege schon am Boden und soll
dem Gutes tun, der mich zu Boden
gestoßen hat. Wie soll das nur gehen?

27. Juni

EINE UNZUMUTBARE FORDERUNG

„Vergib uns unsere Schulden, wie auch wir unseren Schuldnern vergeben haben" (Mt 6,12)

12. Februar 1993. Der Fall James Bulger erschütterte nicht nur Großbritannien, sondern die ganze Welt. Es war der Albtraum aller Eltern. Der zweijährige kleine James sprang kurz weg, während seine Mutter an der Kasse in der Metzgerei bezahlte, und als sie sich umdrehte, war er verschwunden. Wie in Luft aufgelöst. Er konnte nicht weit sein. Nur ein paar Sekunden hatte sie weggeschaut. Überwachungskameras zeigen verschwommene Bilder von einem kleinen Kind an der Hand eines größeren Kindes. Ein zweiter größerer Junge war auch dabei. Augenzeugen sagten später, sie hätten gedacht, der Kleine sei mit seinen großen Brüdern unterwegs. Nach und nach offenbarte sich eins der grausamsten Verbrechen in der britischen Kriminalgeschichte. Selbst die hartgesottensten Polizisten konnten anfänglich nicht glauben, was passiert war. Zwei 10-jährige Jungs hatten die Schule geschwänzt und schlenderten in das Einkaufszentrum mit der Absicht, ein kleines Kind vorsätzlich zu entführen und zu töten. James' Leiche, die zusammengeschlagen und bis zur Unkenntlichkeit verstümmelt war, wurde auf einer abgelegenen Bahnstrecke gefunden.

Jetzt sind 30 Jahre verstrichen. Neulich strahlte die Dokumentar-Sendung „60 Minutes" ein Interview mit James' Mutter aus. Wie geht es ihr jetzt? Die Ehe von Bulgers hat, wie so oft, die Tragödie nicht überlebt, erzählt die immer noch erschütterte Mutter von James. Ihr Mann hat ihr die Schuld gegeben. Sie hätte nicht richtig auf James aufgepasst. Die jungen Täter wurden in ein Heim für schwer erziehbare Kinder gesteckt, sind seit langem mit neuen Identitäten auf freiem Fuß. Einer saß zwei Jahre im Knast wegen Kinderpornografie. In einer zweiten Ehe und durch die Geburt von drei weiteren Söhnen, alle inzwischen feine junge Männer, fand die gebrochene Frau etwas Trost. Immerhin.

Ein seltenes Worst-Case-Szenario, schlimmer geht es nicht. Aber Vergebung? Wenn eine ganze Familie zerstört wurde? *„Vergib uns unsere Schulden, wie auch wir unseren Schuldnern vergeben haben"* (Mt 6,12). Wenn jemand einen Kugelschreiber stiehlt und nicht zurückgibt – ok. Aber wenn jemand ein Kind entführt und kaltblütig ermordet? Und die Täter weder bereuen noch ordentlich bestraft werden? Eine Zumutung! Das ist das Spannungsfeld, dem wir uns mit diesem neuen Thema stellen wollen. Ich habe manchmal meine liebe Mühe damit, muss ich ehrlich zugeben. Was genau ist Vergebung? Warum ist sie im Wort Gottes so zentral? Zieht euch warm an, habt eine Bibel zur Hand und seid bereit für einige Überraschungen, die lebensverändernd und auch befreiend sein könnten, vor allem für die, die viel gelitten und das Gefühl haben, sie konnten immer noch nicht vergeben.

28. Juni

BIBLISCH SEIN MIT BIBLISCHEN SCHWERPUNKTEN

„Ertragt einander und vergebt euch gegenseitig, wenn einer Klage gegen den anderen hat; wie auch der Herr euch vergeben hat, so auch ihr!" (Kol 3,13)

Als ich beschloss, das Thema *Vergebung* anzugehen, googelte ich „Vergebung-Bibelstellen", um zu prüfen, wie gut informiert Google ist. Sehr gut informiert, wie sich herausstellte. Spontan sprangen ganze 100 Bibelverse auf meinen Bildschirm. Und das waren nur die bekanntesten, die Klassiker, die wir in der Sonntagschule lernen. Querbeet aus der ganzen Bibel. Die Kernaussage der meisten von ihnen lautete: Wenn ich meinen Mitmenschen nicht vergebe, dann vergibt Gott auch mir nicht. Die zwei Dinge gehen Hand in Hand. Wer nicht vergibt, dem wird nicht vergeben.

„Denn wenn ihr den Menschen ihre Vergehungen vergebt, so wird euer himmlischer Vater auch euch vergeben; wenn ihr aber den Menschen nicht vergebt, so wird euer Vater eure Vergehungen auch nicht vergeben" (Mt 6,14-15).

„Und richtet nicht, und ihr werdet nicht gerichtet werden; und verurteilt nicht, und ihr werdet nicht verurteilt werden. Lasst los, und ihr werdet losgelassen werden" (Lk 6,37).

„Ertragt einander und vergebt euch gegenseitig, wenn einer Klage gegen den anderen hat; wie auch der Herr euch vergeben hat, so auch ihr!" (Kol 3,13).

Da gibt es nichts zu diskutieren, keine Ausnahmen für besonders schlimme Fälle, kein Kleingedrucktes für die Tage, an denen die Menschen besonders gemein zu mir sind. Vergebung muss ein Lebensstil werden. Das leuchtet mir ein. Wenn ich bei den vielen Menschen, mit denen ich zu tun habe, nicht lernen würde, blitzschnell loszulassen und zu vergeben, sobald ich von ihnen irritiert bin oder mich gekränkt fühle, würde ich mich verrückt machen. Ich würde Gottes Gnade aus meinem Leben aussperren. Das will ich auf keinen Fall.

Ich bitte Gott immer wieder um Hilfe, diese Grundeinstellung in mir wachsen zu lassen. Mein Ziel ist nicht, dass mir ein selbstgefälliges, gönnerhaftes „Ich-vergebe-dir“ bei jeder kleinsten Kränkung durch den Kopf geht – wenn jemand einen Termin mit mir vergessen oder eine Mail nicht beantwortet hat, oder wenn er mir Arbeit macht, Liebesbeweise mit Gleichgültigkeit oder Ablehnung erwidert –, sondern von vornherein nicht gekränkt zu sein. Gar nicht in der Sprache der Kränkung zu *denken*. Sondern immer vom Guten auszugehen, immer die Gnade Gottes auf dem Radarschirm zu haben, der mir so viel vergeben hat. Da schweigen meine schlechten Gedanken gegen andere ganz schnell, oder? Wie diese Grundeinstellung eingeübt werden kann, damit werden wir uns beschäftigen. Auch mit der Frage: „Und was ist mit den wirklich großen Sachen, wie dem Mord am kleinen James?“ Ja, was Vergebung *nicht* ist, damit machen wir morgen weiter!

29. Juni

WAS VERGEBUNG NICHT IST

„Jesus selbst aber vertraute sich ihnen nicht an, weil er alle kannte ... denn er selbst wusste, was in dem Menschen war“ (Joh 2,24.25)

Ein damals bekannter und einflussreicher Prediger hatte versucht, unsere Gemeinde in sein globales Netzwerk einzuverleiben, um an geldschwere deutsche Sponsoren heranzukommen und sein inzwischen üppiges Leben und seine Flotte teurer Autos zu finanzieren. Als mein Mann seine Hinterhältigkeit durchschaut hatte und ihn zur Rede stellte, bedrohte er uns: Die

Gemeinde würde diese Krise nicht überleben, wir seien beziehungsunfähig und sowieso unbrauchbar für das Reich Gottes, das hätte er immer erkannt. Auf keiner Bibelschule, auf keinem Seminar hatten wir gelernt, wie man mit korrupten geistlichen Leitern umgeht. Wir gingen davon aus, auch alle anderen würden diesen Mann durchschauen. Weit gefehlt. Er hatte anderen Mitarbeitern aus unserer Gemeinde Vorteile in Aussicht gestellt, wenn sie seine Übernahme der Gemeinde unterstützten; und die Gemeinde spaltete sind. Wir vertrauten uns in unserer Verzweiflung bekannten Gemeindeberatern an und baten sie um Hilfe. Die Sache sei klar, meinten sie. Wir sollten diesen Prediger wieder zu uns einladen, uns vor ihm niederwerfen und ihn um Gnade bitten. Wenn wir mit ihm nicht Frieden schließen würden, würde der Herr uns nicht segnen. Wie bitte? Moment mal. War es okay, was er getan hatte? Zu allem Leid kam jetzt auch noch die Unterstellung, wir seien die Täter, die Schuldigen. Es wurde gefordert, dass wir einen Feind, der uns wie auch viele andere zu seinen Zwecken missbrauchen und letztendlich zerstören wollte, in unser Leben und unsere Gemeinde zurückholen.

Es dauerte nicht lang, bis sich der Nebel in unserem Kopf löste und wir wieder klar denken konnten. Wir luden den Mann nicht wieder ein, wir trennten uns endgültig von ihm und seinem Werk. Vergebung ist nicht Dummheit. Vergebung hat nichts damit zu tun, dass ich mich zerstörerischen Kräften ausliefere, die auch denjenigen schaden, die mir anvertraut sind, dass ich alles mit mir und anderen machen lasse.

Jesus hat dieses Spannungsfeld mit großem Geschick vorgelebt. Er war äußerst selektiv in der Führung seiner Beziehungen. Wir finden bei ihm auf der einen Seite keine Spur von Bitterkeit, keinen Drang, es seinen Gegnern für irgendetwas heimzuzahlen. Aber er hatte klar bestimmt, wer an ihn herankommen darf oder nicht. *„Jesus selbst aber vertraute sich ihnen nicht an, weil er alle kannte … denn er selbst wusste, was in dem Menschen war“* (Joh 2,24.25). Er fordert uns in Lukas 6,29 auf: *„… dem, der dich auf die Backe schlägt, biete auch die andere dar; und dem, der dir den Mantel nimmt, verweigere auch das Untergewand nicht!“* An anderer Stelle ermahnt er aber auch: *„Werft auch nicht eure Perlen vor die Schweine, damit sie diese nicht etwa mit ihren Füßen zertreten und sich umwenden und euch zerreißen!“* (Mt 7,6).

Vielleicht hast du eine Beziehung, bei der du hier etwas von Jesus lernen könntest. Mehr zu diesem Spannungsfeld morgen!

30. Juni

DIE KUNST, GRENZEN ZU SETZEN

„Wenn möglich, soviel an euch ist, lebt mit allen Menschen in Frieden!" (Röm 12,18)

Wir machen uns gerade Gedanken darüber, was Vergebung *nicht* ist und haben gestern festgestellt: Vergebung heißt nicht, dass ich mich Menschen ausliefere, die mich vereinnahmen, mobben oder zerstören wollen. Neulich bat mich eine Frau um Rat, die sich in ihrer Kleingruppe in der Gemeinde ständig grundlosen Sticheleien von einer anderen Frau gefallen lassen muss. Sie hat sich selbst geprüft und die Frau auch gefragt, ob es etwas in ihrem Verhalten gibt, das dieses permanente Herumnörgeln auslöst. Die Frau hat aber nur weiter gestichelt und auch noch falsche Unterstellungen gemacht. Ich habe der leidenden Dame geraten, kurzen Prozess mit der Sache zu machen. In unseren Tagen haben wir keine Zeit für nichtige Scherereien mit Glaubensgeschwistern, die nichts Besseres zu tun haben, als Mitchristen zu drangsalieren. „Wenn die Frau etwas Konkretes hat, soll sie es klären, wenn nicht, soll sie dich in Ruhe lassen." Ansonsten: Auf Abstand gehen – mit gutem Gewissen. Die Kleingruppe wechseln, und dann möglichst nicht mehr drüber nachdenken, der anderen Frau Gutes wünschen, und alles andere dem Herrn überlassen.

Vergebung heißt nicht, dass ich die Menschen mögen muss, die mir weh tun, die Grenzen nicht beachten. Es gibt viele geschädigte Menschen in dieser Welt, auch in unseren Gemeinden. *„Wenn möglich, soviel an euch ist, lebt mit allen Menschen in Frieden!"* (Röm 12,18). Die Anspielung schwingt hier mit, dass dieser Friede nicht immer möglich sein wird. Ich muss zu einer grundsätzlich bejahenden, gütigen Haltung gegenüber allen Menschen finden, mit denen ich zu tun habe, ihnen wo immer möglich Gutes tun, egal ob ich sie nett finde oder nicht, oder ob sie mir gegenüber wohlwollend sind oder nicht. Aber es gibt für mich Grenzen, die sie nicht überschreiten dürfen. Dazu gehört auch, dass sie mein Denken nicht füllen, vereinnahmen und lenken dürfen. Markus berichtet in seinem Evangelium von einem kleinen praktischen Tipp, den Jesus dazu gegeben hat: *„Und wenn ihr steht und betet, so vergebt, wenn ihr etwas gegen jemand habt, damit auch euer Vater, der in den Himmeln ist, euch eure Übertretungen vergibt“* (Mk 11,25). Das ist so was wie ein TÜV für die Seele. Mit einem Herzen voller Säure kann Gott wenig anfangen, geschweige denn mich segnen. Nicht ohne Grund ist die Wichtigkeit von Vergebung auch im Vaterunser verankert – *„Vergib uns unsere Schuld wie auch wir unseren Schuldnern vergeben haben“* (Mt 6,12). Aber … ist euch schon aufgefallen, dass die Aufforderungen zu vergeben nicht an unsere Gefühle gerichtet sind? Sie klingen eher wie nüchterne Beschlüsse, bewusste Handlungen. Etwas, was einfach gemacht werden muss, wie das Abspülen nach dem Essen, wie das Badputzen, Medikamente einnehmen. Nicht immer angenehm. Selten habe ich dazu Lust, aber was sein muss, muss sein. Klingt vielleicht ein bisschen banal – aber so habe ich gelernt zu vergeben. Ich mache es trocken, anfänglich zumindest, als Gehorsamsschritt, weil Jesus es offensichtlich wichtig findet und ich ihm gehorchen möchte. Und weil meine Seele Besseres zu tun hat, als sauer zu sein. Wie genau das praktiziert werden kann, dazu später mehr.

1. Juli

DIE BIBLISCHE ERLAUBNIS, SICH AUFZUREGEN

„… Sie sind Feinde für mich. Erforsche mich, Gott, und erkenne mein Herz. Prüfe mich und erkenne meine Gedanken! Und sieh, ob ein Weg der Mühsal bei mir ist“ (Ps 139,22-24)

König David hat seine Feinde gehasst. Seien wir da ganz ungeschminkt ehrlich. Vergebung war genauso wenig selbstverständlich und automatisch für diesen Mann Gottes, wie sie für uns ist. Er war ein Mann der tiefen Gefühle und der hitzigen Leidenschaften. Hier ein paar Kostproben: *„Stehen sie auf, so lass sie beschämt werden und deinen Knecht sich freuen! Kleiden mögen sich meine Widersacher mit Schande und in ihre Schmach sich hüllen wie in einen Mantel“* (Ps 109,28-29).

„Sollte ich nicht hassen, HERR, die dich hassen, und sollte mir nicht ekeln vor denen, die gegen dich aufstehen? Mit äußerstem Hass hasse ich sie" (Ps 139,21-22). Starke Worte!

„Füge Schuld zu ihrer Schuld, und lass sie nicht hineinkommen in deine Gerechtigkeit! Sie sollen ausgelöscht werden aus dem Buch des Lebens und nicht eingeschrieben werden mit den Gerechten!" (Ps 69,28-29).

Zwei Sachen fallen mir bei diesen Psalmen auf: David verschafft mit großer Ehrlichkeit seinen Gefühlen Luft, nimmt die Sache aber nie in die eigene Hand. Er wirft alle zornigen Gefühle auf den Herrn. Und er bleibt bei diesen Gefühlen nicht stehen. Er ringt sich jedes Mal wieder zu Lobpreis, Dank und Vertrauen durch. Sehen wir uns den weiteren Verlauf dieser Psalmen an:

„Ich will den HERRN sehr preisen mit meinem Mund, und inmitten vieler werde ich ihn loben. Denn er steht zur Rechten des Armen, um ihn von denen zu retten, die seine Seele richteten" (Ps 109,30-31).

„... Sie sind Feinde für mich. Erforsche mich, Gott, und erkenne mein Herz. Prüfe mich und erkenne meine Gedanken! Und sieh, ob ein Weg der Mühsal bei mir ist" (Ps 139,22-24).

„Ich aber bin elend, und mir ist wehe; deine Rettung, Gott, schütze mich. Loben will ich den Namen Gottes im Lied und ihn erhöhen mit Dank" (Ps 69,30-31).

In zwei dieser Passagen trifft David die bewusste Entscheidung („ich will ..."), auf den Herrn zu setzen. Ob er sich super dabei fühlt? Eher nicht. Ist aber nicht relevant, und gerade das ist das Befreiende an der Sache. Gottes Wahrheit und sein Urteil soll über allem anderen stehen und das letzte Wort haben. In Psalm 139 bittet David den Herrn, seine Herzenshaltungen zu prüfen. Er zeigt uns, wie wir Gefühle von Wut und Hass verarbeiten, vor dem Herrn ausschütten können. Niemals legt David selbst Hand an seine Feinde – das wissen wir aus seinen Kämpfen mit Saul und seinem Sohn Absalom. David versteht es nur zu gut: Rache gehört allein dem Herrn. Und damit ist die Sache für ihn geklärt. Vielleicht fordert Gott dich auf, Gefühle der Verletzung auf ihn zu werfen und darin Vertrauen zu finden!

2. Juli

WENN MEINE MÜHE EINSEITIG IST?

„... und achtet darauf, ... dass nicht irgendeine Wurzel der Bitterkeit aufsprosse und euch zur Last werde und durch sie viele verunreinigt werden" (Hebr 12,15)

Davids Leben war von Feindschaften geplagt. Es waren nicht nur die üblichen Feinde des Volkes Israels, die ihn aus keinem anderen Grund hassten, als dass er dem Gott Israels diente. Sondern ehemalige Weggefährten und Freunde, ehemalige Mitstreiter, sogar Familienmitglieder, die sich von der Beziehung zu ihm Vorteile erhofft hatten, enttäuscht wurden und sich nun die Hände rieben und auf seinen Untergang hofften. Das waren für David die schlimmsten Traumata. Vielleicht auch für einige von euch. Und trotzdem müssen wir vergeben. In den „Hass"-Psalmen haben wir schon gesehen, wie David innere Turbulenzen durch einen bewussten Akt des Vertrauens von Gott zähmen ließ, und dann schließlich voll des Dankes und des Lobes war.

Wenn jemand sich für etwas entschuldigt, fällt es mir persönlich überhaupt nicht schwer, zu vergeben. Ich könnte so jemandem vor lauter Erleichterung und Dankbarkeit um den Hals fallen. Die Beziehung ist von meiner Seite sofort wiederhergestellt und ein Vertrauensvorschuss gewährt.

Wenn aber keine Entschuldigung kommt, muss ich trotzdem vergeben. Ob es um eine Kleinigkeit geht, bei der ich sowieso kein Recht habe, groß aufgeregt zu sein, oder um etwas Schwerwiegendes oder Regelmäßiges, das die Beziehung belastet. Eines steht fest: Bitterkeit schadet mir viel mehr als der Person, gegen die ich bitter bin. Nicht einmal eine Wurzel davon soll in meinem Herzen oder in meiner Beziehungswelt Raum finden (Hebr 12,15).

Wir haben schon gesehen, dass sogar Jesus äußerst umsichtig war, wenn es darum ging, wem er sich anvertraut hat und wem nicht. Es ist möglich, emotional den Abstand zu wahren und das eigene Herz zu schützen, aber trotzdem bejahend und wohlwollend mit Menschen umzugehen und Strafaktionen für Fehlverhalten Gott zu überlassen. Mir hilft es, bewusst Gutes über Menschen zu denken, die mir gegenüber kalt und abweisend sind. Viel lieber würde ich nach Bestätigungen für meine negativen Eindrücke über sie suchen und diese Bestätigungen lautstark verkündigen. Jesus ist da klar: Wenn Menschen sich uns gegenüber feindlich verhalten, sollen wir sie trotzdem lieben, vielleicht erst recht. Jede nachtragende Haltung bringt mich unter die Macht meiner Peiniger. Jeder aktive Schritt zu vergeben und loszulassen befreit mich von Mächten, die mich sonst zerstören werden. Dazu mehr morgen. Wo musst du heute vergeben? Wo erkennst du eine Wurzel der Bitterkeit in deinem Herzen, die du mit Gottes Hilfe entfernen musst?

3. Juli

GOTTES GEFÜHLE ZU MEINEN GEFÜHLEN MACHEN

„Aber euch, die ihr hört, sage ich: Liebt eure Feinde; tut wohl denen, die euch hassen; segnet, die euch fluchen; betet für die, die euch beleidigen!" (Lk 6,27)

Ein Mensch, der anderen weh tut, um eigene Ziele durchzusetzen: So einer will ich auf keinen Fall werden. Ich weiß nicht, ob ihr den alten Hollywoodklassiker *Ben Hur* gesehen habt, mit dem inzwischen verstorbenen Schauspieler Charlton Heston in der Hauptrolle. Er spielt den Helden, Juda Ben Hur, der verzehrt wird von Hass und Rachelust gegenüber seinem Erzfeind, dem römischen Führer Massala, der Ben Hurs Familie und Existenz zerstört hat. An einer Stelle mitten im Geschehen sagt Ben Hurs Freundin Esther ihm ins Gesicht: „Ich kenne dich nicht mehr, Juda. Du wirst mit jedem Tag Massala ähnlicher." Juda ist schockiert und fängt an, über sein Verhalten nachzudenken.
Eine Sache ist klar: Meinen Peinigern sind mein Leid und meine Versuche, es ihnen heimzuzahlen, völlig egal. Dieser Gedanke war für mich der erste Schritt zu der Haltung, die ich lernen wollte: Richtig Lust auf Vergebung zu haben und eine tiefe Abscheu gegen jede Bitterkeit in meinem Leben zu entwickeln. Wir hatten zu der Zeit viele Feinde, die auf unseren Untergang hofften, als Gemeinde, als Familie. Vergeben aus eigener Kraft, das

konnte ich nicht, soweit war alles klar. So was musste gelernt, eingeübt werden. Wenn du gut Klavier spielen willst, kommt es nicht von allein. Dazu gehören Fingerübungen, die nicht immer Spaß machen. Das Gleiche gilt für Sport und alle anderen Fertigkeiten, die man lernen will. Auch für innere Fertigkeiten und Charaktergewohnheiten.
Appetit darauf kann man entwickeln. Sich ein Ziel setzen und mit Gottes Hilfe auf das Ziel hinarbeiten. Dieses Ziel war für mich klar:
„Aber euch, die ihr hört, sage ich: Liebt eure Feinde; tut wohl denen, die euch hassen; segnet, die euch fluchen; betet für die, die euch beleidigen!“ (Lk 6,27).
„Hass erregt Zänkereien, aber Liebe deckt alle Vergehen zu“ (Spr 10,12).
Wie wird es praktisch? Hier meine Tipps:
- Jenseits meiner Verletzungen das Gute in meinen Feinden sehen. Schonend über sie denken. Dinge aus ihrer Sicht sehen, es wenigstens versuchen. Ihnen das Recht einräumen, mich nicht mögen zu müssen. Warum sollen sie? Aus der Ferne bedingungslos vergeben, ohne mich selbst in Gefahr zu bringen, wieder verletzt zu werden. Wenn Rache nötig ist, es Gott überlassen. Ich holte mir Lehren aus Davids Haltung zu Schimi, der ihn beleidigt und mit Steinen beworfen hatte, als er vor Absalom auf der Flucht war. Er rechtfertigte Schimis Verhalten nicht, aber er erlaubte seinen Dienern nicht, Hand an Schimi zu legen (2Sam 16,5-13). Da haben wir es wieder bei David – trauern, vor Schmerz heulen, Ablehnung und Feindschaft erleben, sich aber dem Herrn zuwenden, ringen um eine richtige Haltung, und den Rest Gott überlassen. Das ist in der Tat der beste Weg, Ruhe für die eigene Seele zu finden. Lästern, Schimpfen, dem Ärger Luft machen? Hilft das wirklich? Geht es mir danach wirklich besser? Vielleicht sind diese Gedanken für jemanden von euch heute eine Hilfe, eine Anregung, um Bitterkeit loszuwerden.

4. Juli

DER UNBEQUEME KLEINE TEST

„Seid aber zueinander gütig, mitleidig, und vergebt einander, so wie auch Gott in Christus euch vergeben hat!" (Eph 4,32)

Ja, es gibt auch sie, diese Verletzungen, die selbst verschuldet sind. Sich immer verletzt zu fühlen, kann eine Sucht werden, eine unterschwellige Suche nach Zuwendung und Aufmerksamkeit, die aber genau das Gegenteil bewirkt. Oder eine Manipulationstaktik, um Menschen dazu zu bringen, meinen Willen zu tun, damit ich ja nicht verletzt bin. Manipulative Ehepartner machen das immer wieder – der eine will seinen Willen durch ein schnelles Gekränktsein durchsetzen („Du hast mir so weh getan!"), der andere gibt nach, nur um seinen lieben Frieden zu haben. Verletzungen, die keine sind: Solche möchte ich diese Woche schnell aus dem Weg räumen, bevor ich über die gravierenden Dinge rede, die Menschen einander antun. Ich nenne diese Sorte „Wahrnehmungsverletzungen". Sich verletzt fühlen, auch wenn der andere es nicht so gemeint hat. Ablehnungskomplexe aus früher Kindheit. Leistungsdruck in der Familie, Vergleiche mit Geschwisterkindern. Angst, im Stich gelassen zu werden, weil ein Elternteil nicht da war, als ich ihn brauchte. Wir haben alle einen Hang dazu, gefühlte oder tatsächliche Ablehnung sehr ernst zu nehmen – eine Spätfolge der Trennung von Gott im Garten Eden.
Ich bin in Afrika aufgewachsen. Die Menschen dort sind herzlich, offen, lachen viel und oft, teilen sich mit, reagieren mit großer Wertschätzung auf Beziehungsinitiativen. Seit über 40 Jahren lebe ich in Süddeutschland. Hier befinden sich die Menschen generell am anderen Ende der Beziehungsskala – nüchtern, zurückhaltend, eher wortkarg. Ausländer aus herzlicheren Kulturen – nicht nur ich! – haben manchmal schwer daran zu knabbern. Ich zeige Interesse an jemandem, und es kommt nichts oder wenig zurück. Oft nicht einmal eine Anerkennung oder „Dankeschön aber ..." Bis heute muss ich meine anfängliche, instinktive Reaktion „Die haben was gegen mich!" oder „Was habe ich schon wieder falsch gemacht?" bewusst abschütteln. Die richtige Antwort muss ich bis heute aktiv einüben: „Ich bin hier nicht mehr in Afrika, diese Kultur ist einfach anders." Ich muss mich davor hüten, Dinge als Abfuhr wahrzunehmen, die keine

sind. Es bleibt eine Baustelle in meinem Leben, auf der ich auf die Korrektur durch meinen Mann angewiesen bin, der mich immer wieder ermahnt, Ablehnung nicht hineinzulesen, wo es keine gibt! Mich nicht persönlich abgewiesen zu fühlen, wenn jemand berechtigte Kritik geäußert oder einen Wunsch von mir nicht erfüllt hat.
Meine Aufgabe ist nur, als Lebensstil Liebe und Güte zu streuen und nicht zu schauen, ob irgendwas zurückkommt oder nicht. Mich selbst nicht zu ernst zu nehmen. Wie steht es bei dir? Machst du dir zu viele Gedanken, wenn jemand dein Interesse oder deine Liebe nicht erwidert?

5. Juli

WENN DIE KAFFEETASSEN WIEDER KLAPPERN

„Habt acht auf euch selbst: Wenn dein Bruder sündigt, so weise ihn zurecht, und wenn er es bereut, so vergib ihm! Und wenn er siebenmal am Tag an dir sündigt und siebenmal zu dir umkehrt und spricht: Ich bereue es; so sollst du ihm vergeben" (Lk 17,3-4)

Vergebung und die Wiederherstellung einer Beziehung sind zwei getrennte Sachen. Wie wir schon gesehen haben, muss Vergebung eine Grundeinstellung sein. Meine eigene seelische und geistliche Gesundheit hängt von ihr ab. Versöhnung ist das, was geschehen kann, wenn Schuld ehrlich und aufrichtig bekannt wird. Wie bei dem Sohn in Lukas 15: *„Ich habe gesündigt gegen den Himmel und vor dir; ich bin nicht mehr würdig, dein Sohn zu heißen!*" (V. 18). Keine Ausreden, keine Versuche, die eigene Schuld zu relativieren. Diese neutestamentlichen Stellen, die uns zu einer Grundhaltung der absoluten Buße bei eigenem Fehlverhalten, und der absoluten Vergebung beim Fehlverhalten anderer auffordern, sind alternativlos. *„Habt Acht auf euch selbst"*, sagt Jesus (Lk 17,3). Zuerst den Balken im eigenen Auge behandeln, erst dann habe ich das Recht, den Bruder zurechtzuweisen. Die Reihenfolge ist wichtig. Jesus macht deutlich, dass es klare Schuldanteile gibt. Ich soll nicht fremde Schuld verharmlosen oder unter den Teppich kehren, sondern liebevoll darauf hinweisen. „Du, der Kommentar war verletzend, und nicht lustig, auch wenn du es so gemeint hast." „Du hast dich vom Putzdienst abgemeldet, aber keinen Ersatz gefunden. Also, der Rest von uns hatte dadurch mehr Arbeit – findest du es nicht ein bisschen unfair?" „Deine Schilderung der Situation war nicht ganz ehrlich ... so ist es nicht passiert. Du hast versucht, dich als Opfer hinzustellen, aber eigentlich hast du das Problem verursacht." Im Idealfall entschuldigt sich der Angesprochene umgehend. „O hoppla, danke für den Hinweis, mir war nicht bewusst, dass ich nicht ganz ehrlich war. Es tut mir leid." Oder: „Ja, ich hätte einen Ersatz für den Putzdienst finden sollen und habe euch stattdessen Arbeit gemacht. Wie kann ich das wieder gut machen?" Wohl der Familie, der Firma oder Gemeinde, wo so ein Umgang untereinander gepflegt wird, wo man kurzen Prozess mit Missverständnissen oder Fehlverhalten macht. Keine gekränkten Eitelkeiten, niemand, der sich auf den Schlips getreten fühlt oder es persönlich nimmt, wenn er zurechtgewiesen wird. Wie steht es mit dir, deiner Familie, deiner Gemeinde?

„Bekennt nun einander die Sünden und betet füreinander, damit ihr geheilt werdet! Viel vermag eines Gerechten Gebet in seiner Wirkung" (Jak 5,16).

6. Juli

ANSCHAUUNGSMATERIAL AN EINEM KONKRETEN FALL

„Wer von euch ohne Sünde ist, werfe als Erster einen Stein auf sie" (Joh 8,7)

Die effektivsten Lehren von Jesus finden mitten im Alltag statt. Heute soll es um den absoluten Klassiker zum Thema Vergebung gehen. In der Geschichte über die Ehebrecherin in Johannes 8 lesen wir von einer Sünderin, die von Schriftgelehrten auf frischer Tat in einem fremden Bett ertappt wird und gesteinigt werden soll. Die Pharisäer weisen Jesus auf Moses Gesetz hin, nach dem ihr die Todesstrafe droht, und fragen ihn um Rat – wie so oft natürlich nur, um ihn in die Ecke zu drängen und einen

Grund zu finden, ihn zu verhaften. Jesus erkennt das und lässt sich Zeit bei seiner Antwort. Ich bin oft beeindruckt von seiner Reaktion auf solche Provokationen. Als sie ihn weiter zu einer Antwort drängen, antwortet er schließlich in Johannes 8,7: *„Wer von euch ohne Sünde ist, werfe als Erster einen Stein auf sie."* Zu Recht traut sich auf diese Aussage hin keiner der Schriftgelehrten, einen Stein zu werfen, und einer nach dem anderen verlässt den Ort des Geschehens. So bewahrt Jesus die Frau vor der Steinigung und schenkt ihr die Möglichkeit für einen Neuanfang.

Was hat die Geschichte über die Ehebrecherin denn mit unserem Leben im 21. Jahrhundert zu tun? Es ist das altbekannte Thema, wie wir angesichts unserer eigenen Schuld mit der Schuld anderer umgehen. Wie schnell bin ich manchmal dabei, andere zu beurteilen, ohne zu merken, dass ich genauso noch Baustellen in meinem Leben habe. Wenn ich darüber nachdenke, sind es oft genau die Sachen, mit denen ich bei mir selbst nicht zufrieden bin, die mir bei anderen auffallen. Dass Jesus eine sündlose Lebensweise fordert, damit jemand den ersten Stein werfen darf, zeigt auch, dass Gott das letzte Wort im Hinblick auf unser Versagen zusteht. Er ist der Richter, vor dem wir einmal Rechenschaft ablegen müssen. Das heißt nicht, dass wir andere nicht zurechtweisen oder auf Sünde aufmerksam machen dürfen. Wir brauchen aber auf jeden Fall eine realistische Sicht auf das eigene Herz und unsere Fehlbarkeit.

Über unsere eigenen Fehler dürfen wir uns nichts vormachen. Ich muss ganz schön schlucken, wenn ich daran denke, in welchem Tonfall ich manchmal mit Stefan spreche oder wie undankbar ich an manchen Tagen bin. Es ist ja immer auch Gott, gegenüber dem ich mich schuldig mache, wenn ich Menschen Unrecht tue. Diese Sichtweise macht mich demütig und holt mich, wenn nötig, von meinem hohen Ross herunter. Ich bin sehr dankbar, dass ich durch Jesu Opfer am Kreuz von meiner Schuld freigesprochen und nicht verurteilt werde. Diese Gnade möchte ich auch anderen gegenüber zeigen.

„Wenn wir sagen, dass wir keine Sünde haben, betrügen wir uns selbst, und die Wahrheit ist nicht in uns. Wenn wir unsere Sünden bekennen, ist er treu und gerecht, dass er uns die Sünden vergibt und uns reinigt von jeder Ungerechtigkeit" (1Jo 1,8-9).

Johanna

7. Juli

VERGEBUNG – EIN MANDAT OHNE WENN UND ABER

„Dann trat Petrus zu ihm und sprach: Herr, wie oft soll ich meinem Bruder, der gegen mich sündigt, vergeben? Bis siebenmal? Jesus spricht zu ihm: Ich sage dir: Nicht bis siebenmal, sondern bis siebzigmal siebenmal!" (Mt 18,21-22)

Wie soll *das* nur gehen? Siebzigmal siebenmal vergeben? Rein mathematisch bin ich da voll überfordert. Auf jeden Fall ist das eine sehr hohe Zahl. Ein ganz schön steiler Anspruch. Kein Raum für Diskussionen oder 50-50-Deals bei diesem Thema. Da treiben mir gruselige Bilder durch den Kopf. Jemand schlägt auf mich ein, und da muss ich noch die andere Backe hinhalten. Der Gewalttätige schlägt noch mal auf mich drauf. Nochmal muss ich vergeben. Und noch mal, und noch mal. Die Backe nochmal hinhalten, immer wieder. Da könnte jeder kommen, mit mir anstellen, was auch immer er will, mich ausplündern, zusammenschlagen – und ich muss ihn einladen, es noch mal zu machen. Siebzigmal sieben Mal? Ganz schön oft.

Natürlich ist das nicht der Sinn dessen, was Jesus hier sagt. Das Prinzip der Vergebung ist kein Freibrief für ungebremste Sünde, die gegen mich begangen wird, keine Aufforderung, mich nicht zu wehren und mich als Freiwild für Aggressoren herzugeben. Keine hilflose Co-Abhängigkeit von Narzissten, die mir nur schaden wollen. Jesus fordert uns, wie wir schon gesehen haben, auch nicht auf, fremde Schuld um des lieben Friedens willen unter den Teppich zu kehren. Er selbst klinkte sich geschickt aus einer gefährlichen Situation aus, als seine Feinde ihn töten wollten. *„Die Pharisäer aber gingen hinaus und hielten Rat gegen ihn, wie sie ihn umbringen könnten. Als aber Jesus es erkannte, ging er von dort weg"* (Mt 12,14-15). Keine Backe wurde hier hingehalten. Auch nicht von König David, als er vor Saul und später vor Absalom floh, um sein Leben zu retten.

Jesus will auf etwas anderes hinaus. Egal, was mir angetan wird, meine innere Haltung muss frei von Groll sein. Absolute Vergebung muss mein Ziel sein und bleiben. Ich muss die Strafe meines Gegners meinem himmlischen Anwalt anvertrauen. Aber mich aus seinen Fängen retten, das darf und soll ich.

Ich kann mich räumlich von meinen Feinden distanzieren, den Abstand wahren, mich und die mir Anvertrauten schützen … und trotzdem für meine Feinde beten, sie segnen, um Gnade für sie bitten, sieben Mal siebzigmal, oder wenn nötig noch öfter. *„Vater vergib ihnen, denn sie wissen nicht, was sie tun"* (Lk 23,34), betete einmal der, der das Opfer unvorstellbarer Qualen und Demütigungen durch die Hände seiner Peiniger war. Und seine Backe tatsächlich und buchstäblich, bedingungslos bis zum Tod hingehalten hat (Jes 50,6), damit ich frei von Bitterkeit leben kann.

8. Juli

DER AUSGESTRECKTE ZEIGEFINGER

„… alle haben gesündigt und ermangeln der Herrlichkeit Gottes"
(Röm 3,23)

Es ist der Klassiker unter Kindern: „Der andere war´s, ich hab nichts falsch gemacht!" Wenn ich das im Kindergottesdienst von den Dritt- und Viertklässlern höre, kann ich nur den Kopf schütteln. Natürlich sind alle unschuldig und es waren immer die anderen. Aber sind wir Erwachsene wirklich so anders? Vielleicht sprechen wir es nicht so deutlich aus, vergleichen uns aber mit anderen und kommen in unseren Augen dabei besser weg. Es mag ja sein, dass wir schon viele Jahre mit Gott unterwegs sind und ihm treu dienen. Das ändert aber nichts daran, dass jeder von uns Rettung braucht. *„… alle haben gesündigt und ermangeln der Herrlichkeit Gottes"*, lesen wir in Römer 3,23.
Meine Rettungsbedürftigkeit wird mir besonders deutlich bewusst, wenn mein alter Mensch in Alltagssituationen die Oberhand gewinnt, z. B. wenn ich wegen einer Kleinigkeit aufbrausend reagiere oder Neid in mir aufkeimt, weil jemand etwas hat, das ich mir auch wünsche. Mir wird dann wieder bewusst, dass ich auch mit meiner größten Anstrengung niemals an Gottes Heiligkeit herankommen kann, weil ich ein fehlbarer Mensch bin. In 1. Johannes 1,8-9 lesen wir: *„Wenn wir sagen, dass wir keine Sünde*

haben, betrügen wir uns selbst, und die Wahrheit ist nicht in uns. Wenn wir unsere Sünden bekennen, ist er treu und gerecht, dass er uns die Sünden vergibt und uns reinigt von jeder Ungerechtigkeit.“ Ich mache mir also selbst etwas vor, wenn ich so tue, als müsste Gott mir nichts oder zumindest nicht so schlimme Dinge vergeben wie anderen. Die Verheißung in Vers 9 wird außerdem nur dann wahr in meinem Leben, wenn ich meine Sünde vor Gott eingestehe. Nur dann kann Gott mich rein machen, so dass die ungetrübte Gemeinschaft mit ihm möglich ist.

Dieses Bewusstsein verändert meinen Umgang mit Menschen. Ich kann barmherziger mit anderen umgehen und Dinge eher nachsehen. Dass Gott mir vergeben hat und mir immer wieder vergibt, ist die Basis und Kraftquelle dafür, dass ich anderen vergeben kann. Ich habe gegen den König aller Könige, den heiligen Gott rebelliert – und das hat er mir durch das Blut von Jesus Christus vergeben. Wie kann ich da anderen Dinge nachtragen und mit Bitterkeit in meinem Herzen herumlaufen? Jesus erzählt dazu in Matthäus 18,21 ff. das Gleichnis vom unbarmherzigen Knecht. Ihm wurde eine große Schuld erlassen, trotzdem treibt er mit großer Härte die Schuld eines anderen ein, die einen Bruchteil dessen ausmacht, was ihm vergeben wurde. Das sollen wir anders machen: Weil uns so viel vergeben wurde, können auch wir anderen vergeben. Damit darf uns eine große Last von den Schultern fallen.

„Als sie aber fortfuhren, ihn zu fragen, richtete er sich auf und sprach zu ihnen: Wer von euch ohne Sünde ist, werfe als Erster einen Stein auf sie“ (Joh 8,7).

Johanna

9. Juli

DIE KUNST, SAUBER UM VERGEBUNG ZU BITTEN

„Gott, sei mir, dem Sünder, gnädig!“ (Lk 18,13)

Ich muss immer schmunzeln, wenn ich Quasi-Entschuldigungen von Menschen bekomme, die keine echten Entschuldigungen sind. Einmal kam eine E-Mail von einer jungen Frau, die eine Zeit lang zu uns in die

Gemeinde kam, dann aber gegangen war, weil ihre Familie woanders auf eine stärkere Wirkung des Heiligen Geistes hoffte. Die Worte klangen etwa so:

„Ich bitte um Vergebung für all die negativen Dinge, die ich über die Gemeinde gesagt habe, die Gemeinde hat mich aber verletzt."

Merkt ihr es? Das ist eigentlich nichts anderes als eine versteckte weitere Anklage! Ich hatte mit der jungen Frau wenig zu tun, als sie in unserer Gemeinde war. Deswegen schrieb ich ihr zurück, sie solle das Gespräch mit den Menschen suchen, die sie verletzt hätten, die Dinge klären und wo nötig ihre Vergebung zum Ausdruck bringen. Sie solle sich auch bei allen entschuldigen, bei denen sie Negatives über die Gemeinde gesagt und die sie dadurch beeinflusst hatte. Ihre Reaktion auf meine Antwort war wütend.

Echte Buße, eine echte Entschuldigung, hat mit tiefer Reue und Betroffenheit zu tun. Ich erkenne, dass ich anderen Menschen Schaden zugefügt habe, und setze alles dran, um diesen Schaden wiedergutzumachen, mein innerer Friede hängt davon ab. Lieber zu viel machen, lieber auch „unnötige" Dinge machen, die extra-Meile gehen, um Versöhnung und Frieden wiederherzustellen in meinen Beziehungen. Nicht ohne Grund hat der jüngere Sohn im Gleichnis von Jesus in Lukas 15 seine Bitte um Vergebung im Vorfeld geprobt. *„Ich will mich aufmachen und zu meinem Vater gehen und will zu ihm sagen: Vater, ich habe gesündigt gegen den Himmel und vor dir; ich bin nicht mehr würdig, dein Sohn zu heißen! Mach mich wie einen deiner Tagelöhner!"* (Lk 15,18). Keine Ausreden, keine Versuche, seine Schuld abzufedern. Er bietet auch Wiedergutmachung an. Er will seinem Vater dienen. Sicher gäbe es Splitter in den Augen seiner Eltern, auf die er hinweisen könnte. Fehler, die sie gemacht haben, Nachlässigkeiten in der Erziehung. Aber dieser Junge ist schlau genug, um seine Aufmerksamkeit lieber dem Balken zu widmen, der in seinem eigenen Auge steckt.

Die Bitte des Zöllners in Lukas 18,13 um Gnade ist energisch, emotional. *„Gott, sei mir, dem Sünder, gnädig!"* Die Reihenfolge im Vaterunser ist bezeichnend. Zuerst „Vergib uns unsere Schuld" – und in dem Maße werden wir unseren Schuldnern vergeben (Mt 6,12). Unser Augenmerk soll auf unsere eigene Schuld gerichtet sein, dann ist es auch emotional einfacher, die Schuld meiner Mitmenschen loszulassen.

10. Juli

HEILT DIE ZEIT ZERBROCHENE BEZIEHUNGEN?

„Wenn wir unsere Sünden bekennen, ist er treu und gerecht, dass er uns die Sünden vergibt und uns reinigt von jeder Ungerechtigkeit“ (1Jo 1,9)

Um Vergebung bitten, Fehltritte bereuen, unseren Mitmenschen für ihre Fehltritte vergeben – das sind, biblisch gesehen, Prozesse, die im Idealfall klar und sauber durchgeführt werden müssen. „Schwamm drüber und so tun, als ob es nicht passiert wäre“ ... das funktioniert nicht, vor allem nicht, wenn man das Opfer des Fehlverhaltens anderer ist. „Komm, ich helfe dir, die Einkaufstaschen reinzuholen!“, ist zwar nett gemeint, aber keine Wiedergutmachung seitens des Ehemanns, der seine Frau gestern angeschrien und beleidigt hat. Solche „Billig-quasi-Wiedergutmachungen“ sind in unserer christlichen Kultur gang und gäbe. Schuld verjährt leider nicht. Wenn sie nicht bereinigt wird, hinterlässt sie dauerhafte Spuren. Die Beziehung, die beschädigt ist, ist nicht wieder die gleiche, bis eine saubere Entschuldigung geliefert wurde. Nein, ich treffe mich nicht auf einen Kaffee mit einer Freundin, die gerade über mich gelästert hat, mir unendlich viel Kummer gemacht und mich in große Verlegenheit gebracht hat. Dort, wo ein Vertrauensbruch geschehen ist, muss das Vertrauen wiederhergestellt und Sicherheit vermittelt werden, bevor ungetrübte Gemeinschaft möglich ist.

„Wenn wir unsere Sünden bekennen, ist er treu und gerecht, dass er uns die Sünden vergibt und uns reinigt von jeder Ungerechtigkeit“ (1Jo 1,9).

Was für unsere Beziehung zu Gott wichtig ist, ist auch für unsere Beziehungen untereinander wichtig. Soweit wir wissen, hat Jakob an keiner Stelle für seinen Betrug gegen Esau eindeutig Buße getan; ein schlechtes Gewissen hatte er allemal. Jahre später, als eine Begegnung mit dem verfeindeten Esau unmittelbar bevorsteht, ist er von Angst geplagt. Durch üppige Geschenke hofft er, die erwartete Rache seines Bruders abzuwenden (1Mo 32,20). Die zwei Männer vertragen sich zwar wieder in der Hinsicht, dass Esau Jakob wenigstens am Leben lässt. Das ist allerdings nicht das Ende der Zwistigkeiten in der Sippe der Patriarchen. Josef lässt seine Brüder ganz schön zappeln, bevor er seine wahre Identität offenbart. Es sind viele Jahre ins Land gegangen, seitdem die roh gesitteten Jakobssöhne ihren

jüngeren Bruder an Händler verkauft hatten. Als sie des Diebstahls verdächtigt werden, ist das schlechte Gewissen sofort wieder da: *„Da sagten sie einer zum anderen: Fürwahr, wir sind schuldbeladen wegen unseres Bruders, dessen Seelenangst wir sahen, als er uns um Gnade anflehte, wir aber nicht hörten. Darum ist diese Not über uns gekommen"* (1Mo 42,21).
Weder bei Jakob noch bei seinen Söhnen hat die Zeit irgendetwas geheilt. Du erntest das, was du säst. Und das ist ein guter Grund, rigoros mit unserer Schuld umzugehen. Wenn wir unsicher sind, ob wir gegen jemanden gesündigt haben oder nicht – lieber einmal zu oft nachhaken als einmal zu wenig. „Kann es sein, dass ich dich durch meine Bemerkung verletzt habe?" „Tut mir leid, dass ich euch habe warten lassen – das war egoistisch von mir, ich sorge dafür, dass es nicht wieder vorkommt." Kleinigkeit, mag sein – aber gerade bei den Kleinigkeiten fängt es an!

11. Juli

VERGEBEN? WENN EIN LEBEN ZERSTÖRT WIRD?

„Rette mich, Gott, denn Wasser ist bis an die Seele gekommen" (Ps 69,2)

Wenn jemand einen Grund gehabt hätte, seine Feinde ein Leben lang richtig zu hassen, dann Josef, der Sohn Jakobs. Was ihm widerfährt, ist jenseits von fies. Sein pubertäres Protzen über die erhabenen Pläne, die Gott für sein Leben hat, kostet ihn fast sein Leben. Noch schlimmer als das – er wird als Sklave verkauft. Von den eigenen Brüdern. Er hatte sicher seine Momente, in denen er dachte, der Tod wäre die bessere Option gewesen. Sein Leben schien auf jeden Fall komplett zerstört zu sein. Da denke ich an die Menschen, denen unbeschreibliches Leid von anderen zugefügt wird. Der James-Bulger-Fall, den ich am Anfang dieser Serie schilderte. Ein Kind wird entführt und ermordet. Eine Tochter vergewaltigt. Oder du selbst sexuell missbraucht, für immer seelisch und vielleicht auch körperlich geschädigt. Dein Unternehmen, dein Job, deine Existenz durch Corona-Maßnahmen für immer zerstört oder schwer beeinträchtigt, und keinen kümmert es. Dein Körper zerstört durch den Unfall, der nicht deine Schuld war. Und der Täter wird nicht bestraft. Alles so endgültig. Oder Schicksalsschläge, bei denen du dir selbst nicht vergeben kannst. Wir haben schon die „Wenn-nur"-Geschichten in unserem Leben angeschaut. Wenn ich nur besser aufgepasst hätte, auf die innere Warnstimme geachtet, noch einmal angerufen, vielleicht wäre der Selbstmord nicht passiert ...

Wir wissen um das Happy End von Josefs Geschichte. Sein Aufstieg zur obersten Machtetage von Ägypten. Während er im dunklen, von Ungeziefer bevölkerten Kerker des Pharao Tag für Tag seine Zeit absitzen musste – ohne die Aussicht auf Befreiung –, wusste er nicht, wie seine Geschichte ausgeht. Aber eine Kraft in seiner Seele war stärker als die Verbitterung, die ihn geplagt haben muss: Sein Vertrauen auf Gott. Die Überzeugung, dass auch dieses unbeschreibliche Leid zu irgendetwas Gutem führen würde. Das Unrecht, das ihm geschehen war, konnte nicht ungeschehen gemacht werden. Aber morgen werden wir einen kleinen Satz aus dem Mund Josefs anschauen, der uns Aufschluss darüber gibt, wie er bei allen Traumata und Verlusten, beim krassen Missbrauch, den er in seinen jungen Jahren erlitt, trotzdem seelisch gesund bleiben konnte – und viel mehr als das, von Gott mächtig gebraucht werden konnte. Eigentlich sind es zwei Stellen. Eine Aufgabe für heute: Stöbere ein bisschen in den letzten Kapiteln von 1. Mose und schaue, ob du die Stellen finden kannst!

12. Juli

DIE KRAFT, DIE GRÖSSER IST ALS DER SCHMERZ

„Und Josef gab dem Erstgeborenen den Namen Manasse. Denn Gott hat mich vergessen lassen all meine Mühe und das ganze Haus meines Vaters" (1Mo 41,51)

Jemandem vergeben heißt, dass ich mich emotional und geistlich mit der Last identifiziere, die Jesus für meine Schuld getragen hat, und ihm die Aufgabe überlasse, auch die Schuld meiner Schuldner zu tragen. Ihm überlasse ich, welche Folgen für den Täter angemessen sind. *„Vergib* *ihnen*", hat er selbst gesagt, als sein von Schmerz gequälter Körper in den letzten Atemzügen war. Jesu Nachfolger Stephanus sprach wenige Zeit später die gleichen Worte aus, als Steine auf seinen Kopf prasselten und er die Ehre hatte, als erster Märtyrer in die Kirchengeschichte einzugehen. Wer den ultimativen Preis für die Sünde anderer bezahlen muss – sprich, umgebracht wird –, der hat, biblisch gesehen, das bessere Los gezogen. Die Afrikamissionarin Helen Roseveare, die Mitte der 60er Jahre fünf Monate Folter, Vergewaltigung und Lebensbedrohung von kriegerischen Rebellen im Kongo erlitt und wie durch ein Wunder überlebte, erzählte nach ihrer Befreiung, dass sie auf ihre Missionskollegen neidisch war, die bei dem Überfall ums Leben gekommen waren – dann wäre auch für sie die Tortur in dieser Welt zu Ende gewesen. Vielleicht hat auch sie sich ein Beispiel an Josef genommen, wie auch viele andere Diener Gottes, die unbeschreibliches Leid in diesem Leben irgendwie körperlich überlebt haben, aber mit den Erinnerungen und der grassierenden Ungerechtigkeit ein Leben lang klarkommen müssen. „*Denn Gott hat mich fruchtbar gemacht im Land meines Elends. Gott hat mich vergessen lassen*" (1Mo 41,51-52). Gott hat das Elend nicht ausgelöscht, sodass er nie mehr daran gedacht hätte. Mag gut sein, dass Josef immer noch Albträume vom Sklavenmarsch nach Ägypten hatte, von der Grausamkeit von Potiphars Frau, immer noch in Schweißausbrüchen aufgewacht ist – aber sein Leben wurde nach und nach neu gefüllt. Er stürzte sich bei jeder Station seines Lebens in neue Aufgaben hinein, diente dem Herrn treu weiter, setzte auf die Gnade Gottes, die ihn durchtragen würde.

Das ist die Kraft, die erlittenes Unrecht in den Hintergrund drängt. Schmerz bleibt Schmerz, wird aber überholt durch neuen Segen, neue Lebensinhalte. Die Leidenschaft Gottes für uns – unsere Leidenschaft für ihn, darf immer das letzte Wort haben, gerade mitten im Leid. Und wie bei Josef, wie bei Helen Roseveare – irgendwo, irgendwie, wird Segen davon ausgehen.

13. Juli

EINE PERSÖNLICHE GESCHICHTE ZU EINEM BRISANTEN THEMA

„Alle haben gesündigt" (Röm 3,23)

Über Vergebung wurden schon viele schlaue Dinge gesagt und jeder kennt es seit frühster Kindheit aus dem persönlichen Leben – „sorry" sagen und gesagt bekommen gehört zum menschlichen Leben dazu wie der Fisch zum Wasser. Bis ich 20 war, hatte „Vergebung" für mich hauptsächlich mit Spielzeug-Wegnehmen und Sich-mal-der-Mutter-gegenüber-im-Ton-Vergreifen zu tun. Ich kannte es außerdem als Dauerthema bei Frauenabenden, mit denen ich recht wenig anfangen konnte. Vergebung – so schien es mir – war hauptsächlich was für ältere Frauen, die Streitigkeiten untereinander hatten, aber von meinem Leben irgendwie fern. Bis ... ich meinen späteren Mann kennenlernen durfte. Wir kamen schnell an den Punkt in unserer Freundschaft, an dem wir bildlich unsere „Leichensäcke" aus der Vergangenheit voreinander auspacken wollten. Ich konnte die Stiche in meinem Herzen richtig spüren, als ich von seiner Jugend hörte und was er alles getrieben hatte, während ich versucht hatte, mein Leben relativ geradlinig zu leben. Konnte ich mit dieser Schuldenlast *jemals* klarkommen?! War das nicht ein klares KO-Kriterium? Zu viel, zu groß, zu schwer für mich und mein behütetes Leben?
Nach intensivem Ringen und ehrlichem Suchen nach Gottes Willen begann Gott in mir einen Prozess, der schon längst nötig gewesen war: sein Herz der Vergebung zu verstehen. Ich verstand, dass ich – selbst mit viel Dreck am Stecken durch richtende Gedanken, Überheblichkeit, das „Rumbossen" anderer, Neid und vieles, vieles mehr – vor exakt demselben Kreuz stehe wie Janis. Dass es ganz genauso meine Sünde war, die Jesus ans Kreuz gebracht hatte. Zwei Sünder mit ganz unterschiedlichen Sünden, aber *ein* Kreuz und *eine* Vergebung.
Es waren verschiedene Bibelstellen, die mich in dieser Zeit angesprochen haben. Zum Beispiel Apostelgeschichte 10,15: *„Was Gott gereinigt hat, das halte du nicht für unrein!"* Auch wenn es hier um den Kontext von Heiden und Juden in Bezug auf reine und unreine Tiere geht, mich hat dieser

Grundsatz komplett angesprochen. Wie konnte ich – selbst Sünder – einen anderen, von Gott rein gemachten Sünder als unrein ansehen? Jahre später würde ich in meinem Trauversprechen einen anderen für mich zentralen Vers zitieren, nämlich Matthäus 18,21: *„Da trat Petrus zu ihm und sprach: Herr, wie oft soll ich meinem Bruder vergeben, der gegen mich sündigt? Bis siebenmal? Jesus antwortete ihm: Ich sage dir, nicht bis siebenmal, sondern bis siebzigmalsiebenmal!“* Statt: „Kann ich seine Schuld jemals vergeben und vergessen?“, drängte sich mir immer mehr die Frage auf: „Wie konnte ich so lange gläubig sein und den zentralsten Teil des Evangeliums – die Notwendigkeit von Jesu‘ Vergebung für *alle* Menschen – nicht verstehen?!“

Jessica

14. Juli

VERGEBUNG – EIN THEMA, DAS IMMER AKTUELL BLEIBT

„Liebt eure Feinde, segnet, die euch fluchen, tut wohl denen, die euch hassen und bittet für die, welche euch beleidigen und verfolgen“ (Mt 5,44)

Manchmal finde ich mich in meinem Leben an dem Punkt wieder, dass ich eigentlich gern vergeben möchte und weiß, dass ich es dringend nötig habe, um eine Sache wirklich hinter mir zu lassen. Aber irgendwie geht es einfach nicht, oder ich hänge an derselben Stelle fest und breche nicht wirklich zu richtiger Vergebung durch.

So ging es mir im Frühjahr letzten Jahres. Anfang des Jahres sah alles ganz schön blumig aus. Ich war voller Hoffnung und Lebensfreude für das kommende Jahr. Ein Baby war in meinem Bauch, und ich ging mit einer meiner besten Freundinnen durch dieselbe Lebensphase. Dann kam bei mir eine harte Wende. Der Boden wurde mir unter den Füßen weggezogen: das Baby nicht mehr da, Fehlgeburt. Optimismus und Lebensfreude waren auf einen Schlag dahin, und es war ziemlich düster um mich. Unser Umfeld war verständlicherweise ziemlich unsicher, was uns in dieser Situation guttun würde und was nicht. Unsensible Sätze, dieses Gefühl, nicht verstanden zu werden, unangebrachte Reaktionen von anderen, sich nicht melden, wo mir ein Melden so viel bedeutet hätte – das alles hat den eigentlichen Schmerz in dieser für mich sehr empfindlichen Situation nur noch größer gemacht.

In einer persönlichen Zeit mit Gott im letzten Sommer war dann mein Knackpunkt. Beim Bibellesen war es, als würde Gott mich heftig herausfordern. Der Bibeltext hatte nichts mit Vergebung zu tun, und trotzdem wurde mir beim Lesen total klar, dass Gott mich fragt bzw. auffordert: „Bist du bereit, mir gehorsam zu sein?" Je länger ich darüber nachdachte, desto klarer wurde mir, dass es aus Gottes Sicht eine Entscheidung und damit purer Gehorsam war, denen zu vergeben, die mir in meinen Augen Unrecht getan hatten. Der Gott, der befiehlt: *„Liebt eure Feinde, segnet, die euch fluchen, tut wohl denen, die euch hassen und bittet für die, welche euch beleidigen und verfolgen"* (Mt 5,44), hatte klar zu mir gesprochen.

Aus eigener Kraft zu vergeben, ist manchmal schwierig oder auch unmöglich. Es ist Gottes Geist, der uns hilft, entgegen unserem Herzenswunsch und über unseren Verstand hinaus zu vergeben. Er hilft uns, die Schuld unseres Gegenübers auch in der hitzigsten Diskussion und in der emotionalsten Situation, nicht mehr aus dem Waffenarsenal zu holen. Es ist diese Vergebung, die Stephanus dazu befähigt hat, noch während er starb um Vergebung für seine Mörder zu bitten.

Wo wahre Vergebung stattgefunden hat, wirft Gott die Schuld nicht nur ins äußerste Meer, sondern bringt auch eine Boje mit der Aufschrift „Fischen verboten" an. Schimmern die Erinnerungen doch noch hin und wieder durch die Wasseroberfläche hindurch, so sollten wir uns daran erinnern, welch hoher Preis für unsere eigene Schuld bezahlt wurde.

Jessica

15. Juli

SCHICKSALSSCHLÄGE UND NEUE PERSPEKTIVEN

„Siehe, zum Heil wurde mir bitteres Leid" (Jes 38,17)

Zu Beginn dieser Reihe erzählte ich vom kleinen James Bulger, der von zwei 10-jährigen Schulschwänzern brutal gefoltert und ermordet wurde. Die Mutter von James ist nicht gläubig, aber mit einem Kraftakt des gesunden Menschenverstandes fand sie den Weg zurück in ein Leben jenseits der Traumata. Ähnlich meine Lieblingsschauspielerin Julie Andrews, bekannt durch ihre unsterblichen Rollen als *Mary Poppins* und als *Maria von Trapp* in *The Sound of Music*. Ihr Schicksalsschlag war längst nicht so brutal wie der von Mrs. Bulger. Aber auch schlimm. Durch einen fahrlässigen Arztfehler wurden ihre Stimmbänder geschädigt. Diese Stimme, die Klassiker wie *Ein Löffel voll Zucker* und *Edelweiß* zu zeitlosen Filmschlagern gemacht hatte, war tot. Ihre beispiellose Karriere damit zu Ende. Wie kam Julie Andrews damit zurecht? In keinem einzigen Interview mit ihr ist nur eine Spur von Bitterkeit zu spüren. Kein Prozess wurde gegen den Arzt geführt, keine Entschädigungsgelder eingefordert. Heute schreibt Frau Andrews mit ihrer Tochter Emma zusammen Kinderbücher, liebevoll illustriert. Dass Mutter-Tochter-Team hinterlässt mit dieser neuen Kreativität genauso Segensspuren wie Julie mit ihrem Singen und Schauspielern. Inwieweit die christlichen Werte, die diese Schauspielerin vertritt in einem lebendigen Glauben verankert sind, weiß ich nicht. Aber das Josef-Prinzip hat sie verstanden. Man kann ein gebrochenes Schicksal mit neuen Inhalten füllen. Wieviel mehr wir, die wir Christus persönlich kennen und ihm aktiv nachfolgen!

Unrecht kann man nicht ungeschehen machen. Bitterkeit, Rache, Vergeltung fügen nichts hinzu als nur weiteres Unrecht und dienen nicht der Heilung, das macht die Bibel klar. Nicht zu vergeben, bedeutet, dass ich mich unter die Macht meiner Peiniger stelle, mich sogar für böse Mächte öffne. Ich werde ihr Sklave. Will ich das wirklich? Dürfen sie mir wirklich noch mehr Schaden zufügen, dadurch dass sie mich in Bitterkeit und Hass gefangen halten? Diesen Gefallen darf ich ihnen nicht tun! Das Gleichnis vom Knecht, der nicht vergeben wollte (Mt 18,23 ff.), unterstreicht die Ernsthaftigkeit dieser Warnungen.

Wenn du Ermutigung brauchst in deiner Auseinandersetzung mit den wirklich schlimmen Dingen, die Menschen anderen zugefügt haben, sieh dir die Geschichten von Corrie Ten Boon, Elisabeth Elliot und der Missionar-Ärztin Helen Roseveare an, drei Frauen, die in unvorstellbarem Unrecht gelernt haben zu vergeben. Echte Vorbilder für uns! Oder lies Hebräer 11 – die Liste der geistlichen Helden, die uns an den entscheidenden Aspekt der Ewigkeit erinnern, die für Leidende im Herrn eine übernatürliche Dimension eröffnet. Ich bin in dieser Welt nicht zu Hause, ich bin auf Pilgerschaft. Herrlichkeit wartet auf mich, unfassbares Glück in der Gegenwart des Herrn. Denk heute darüber nach!

DER ACTIONMANN, DER ZUM HIRTEN WURDE – DAS LEBEN DES PETRUS

Wir wollen das Leben eines Mannes in der Bibel anschauen, dem es an Selbstsicherheit, Vision und Energie ganz und gar nicht mangelte. Der aber geistlich tief stürzte und einen bewegenden Neuanfang mit Gott erlebte. Er war einer der mutigsten Pioniere der Urgemeinde. Wir wissen nicht nur eine Menge über ihn, weil er zum engsten Freundeskreis Jesu gehörte, sondern weil er zwei Briefe schrieb, die ihren Weg in den biblischen Kanon gefunden und unzähligen Nachfolgern Jesu über Jahrhunderte hinweg Trost und Mut gespendet haben.

16. Juli

SOZIALVERHALTEN MIT GEMISCHTEN ERGEBNISSEN

„Kommt, mir nach! Und ich werde euch zu Menschenfischern machen"
(Mt 4,19)

„Zeigt sich respektvoll und höflich gegenüber allen Mitmenschen"
„Zeigt sich hilfsbereit in der Gemeinschaft"
„Befolgt Klassen- und Schulregeln"
„Ist in der Lage, Konflikte friedlich zu lösen"
„Geht mit Erfolgen und Misserfolgen angemessen um"
„Folgt den Arbeitsanweisungen eigenständig und sorgsam"
So lauten die Rubriken, unter denen ich als Fachlehrerin das Sozial- und Arbeitsverhalten eines Grundschülers am Ende eines Schuljahres in einer von 5 Spalten, zwischen „voll zutreffend" und „nicht zutreffend", beurteilen und in der passenden Spalte ein kleines Kreuz setzen muss.
Petrus, der Mann an der Spitze der Männermannschaft, die die Welt auf den Kopf stellen sollte, hätte für sein Verhalten in einem modernen Schulzeugnis nirgendwo den Vermerk „zutreffend" bekommen. Ganz im Gegenteil. Respektvoll und höflich? Nicht in dem Moment, als er versucht, Jesus am Gang zum Kreuz zu hindern. Hilfsbereit in der Gemeinschaft? Schon, aber ziemlich nach eigenem Gutdünken, halt wo es ihm passt. Ein Ohr abgehackt, um einen Gegner auszuschalten? Na ja. Befolgt Regeln? Als er mit den anderen Männern im Team unerlaubterweise Körner auf dem reifen Getreidefeld „snackte", waren die religiösen Leiter nicht gerade beeindruckt. Konflikte hat er eher angezettelt als gelöst, Erfolge überdurchschnittlich gut verkraftet, Misserfolge weniger gut.
Anweisungen folgen? Das konnte er – zwar diskutierend, aber der einen entscheidenden Anweisung folgte er ohne Wenn und Aber: *„Folge mir nach"* (vgl. Mt 4,19; Lk 5,9). Ohne einen zweiten Gedanken ließen er und seine Freunde alles zurück – ihre Fischerboote, ihre Netze und alles Zubehör, das zu ihrem Beruf gehörte und schlossen sich Jesus an.
Wir wissen, dass sich die Männer schon kannten. Die Heilung von Petrus' Schwiegermutter wird in Lukas 4, einem Kapitel vor dem Ruf in die Nachfolge, berichtet – offensichtlich gingen die Männer in ihren Häusern

gegenseitig ein und aus. Einen Vertrauensvorschuss hatte Jesus bei ihnen schon.

„Kommt, mir nach! Und ich werde euch zu Menschenfischern machen“ (Mt 4,19).
„Fürchte dich nicht! Von nun an wirst du Menschen fangen“ (Lk 5,10).
„Sie brachten die Boote ans Land und verließen alles und folgten ihm nach“ (Lk 5,11).

Schon am Anfang unserer Studie über das Leben des Petrus werden wir an etwas Entscheidendes erinnert. Das beste Betriebszeugnis, das makellose Schulzeugnis – alles schön und gut, aber letztlich zählt nur eines: Sind auch wir bereit, immer wieder alle Sicherheiten zweitrangig sein zu lassen, aufzustehen und Jesus nachzugehen?

17. Juli

THEOLOGIE IN DURCHWACHTEN NÄCHTEN

„Als sie aber die Freimütigkeit des Petrus und Johannes sahen und bemerkten, dass es ungelehrte und ungebildete Leute seien, verwunderten sie sich“ (Apg 4,13)

„Warum mein Glaube theologische Weiterbildung benötigt“ – mit diesem Schlagwort machte eine theologische Bildungsstätte Werbung für freie Plätze im nächsten Semester. Der Verantwortliche für Marketing beendete seinen Werbespot mit der Verkündigung: „Ich bin wirklich stolz und dankbar, in der Zunft der theologischen Bildung unterwegs sein zu dürfen.“ Wie ein guter Marketingexperte vermittelte er das Gefühl, dass einem eindeutig etwas fehlte, wenn man sich nicht sofort für seine Bibelschule bewerben würde. Er suggerierte: Nur Experten sollen das Wort Gottes auslegen. Jesus hatte keinen einzigen davon in seiner Mannschaft, und er machte sich nicht zu den Rabbinerschulen auf, um sein Team zusammenzustellen.

Ohne Frage: Gute, auf der Bibel gegründete Theologie gehört zum Handwerk jedes Mitarbeiters im Reich Gottes. Aber die ersten Nachfolger Jesu umwehte nicht der ehrwürdige Duft akademischer Hörsäle. Diese Kerle liefen nicht sauber rasiert und im Anzug mit wichtig aussehenden Akten unter dem Arm durch die Gegend. Ihre Welt war der Gestank einer Fischerei. Duft von Seilen, Schleim und Fischgräten, knarrende Bretter im Boot, Witterungen, Schürfwunden an den Händen vom Ziehen der Netze. Durchwachte Nächte, knochenharte Arbeit. Wenn ich spontan an Petrus denke, würde mir das Wort „Theologie" am allerwenigsten einfallen. Boot, Fels, Schlüssel zu schweren Toren, krähender Hahn – das sind die Bilder, die mir durch den Kopf treiben. Ein Leben mittendrin.

Ist das nicht auch für uns ermutigend? Jesus landet mittendrin. Es stinkt nach Fisch und nach den schwitzenden Körpern hart arbeitender Männer. Die Mütter versuchen, zu Hause über die Runden zu kommen, während die Männer auch nachts auf Fischfang sind, um es finanziell zu schaffen und Brot auf den Tisch zu bringen. Theologische Weiterbildung, um Gott recht dienen zu können? Das Bestehen in diesem harten Alltag war die beste theologische Ausbildung, die diese Männer haben konnten. Zumindest hat Jesus es so gesehen.

18. Juli

BESCHEIDENE ANFÄNGE UND EIN KLEINER STEIN

„Du bist Simon, der Sohn des Johannes; du wirst Kephas heißen – was übersetzt wird: Stein" (Joh 1,42)

Die Familie von Petrus kam ursprünglich aus Bethsaida in Galiläa (Joh 1,44), aber als Jesus auftaucht, hat sich Petrus schon in Kapernaum an der nordwestlichen Spitze des Sees Genezareth niedergelassen und leitet eine kleine Fischerei zusammen mit seinem Bruder Andreas und den Brüdern Jakobus und Johannes (Lk 5,10) als Mitarbeitern. Er ist verheiratet, und Jesus kennt wohl die ganze Familie (Lk 4,38). Petrus ist, wie wir schon gesehen haben, ein Mann der Praxis, der kräftig anpacken kann. Diese vier Männer ruft Jesus als Viererteam in seine Nachfolge (Mt 4,18, Mk 1,16-20) ganz am Anfang seines Dienstes. Lukas betont in seinem Evangelium die Rolle des Petrus bei dieser Berufung (5,1-11). Johannes weist in seinem

Evangelium darauf hin, dass Andreas, Petrus' Bruder, ein Nachfolger von Johannes dem Täufer (Joh 1,35) gewesen ist. Von diesem erfährt er, dass Jesus das Lamm Gottes ist. Daraufhin schließt sich Andreas Jesus an und macht ihn mit Petrus (auch Simon genannt) bekannt, den Jesus gleich „Kephas" nennt (Joh 1,42): *„Du bist Simon, der Sohn des Johannes; du wirst Kephas heißen – was übersetzt wird: Stein."* Einen Mann, der an impulsiver Launenhaftigkeit und Unberechenbarkeit nicht zu übertreffen ist, bezeichnet Jesus bei seiner Berufung schon als felsenfest und verlässlich. Jesus sieht Dinge, die andere nicht sehen.

Ähnlich ist es bei Gideon im Buch der Richter, als er vom Engel mit den Worten begrüßt wird: *„Der HERR ist mit dir, du tapferer Held!"* (Ri 6,12). So wird der Mann angesprochen, der vor lauter Angst vor den plündernden Feinden in einer Kelter den Weizen drischt. Versteckt in diesen ersten Begegnungen mit Petrus ist vermutlich das *eine* Element in Petrus' Verhalten, das ihn jetzt schon zu einem soliden Stein im Fundament für das Volk Gottes des neuen Bundes macht.

Als Jesus ihnen durch ein Wunder nach einer erfolglosen Nacht einen überdimensionalen Fischfang geschenkt hat, lesen wir: *„Sie (Petrus & Co.) winkten ihren Gefährten, die im andern Boot waren, sie sollten kommen und ihnen ziehen helfen. Und sie kamen und füllten beide Boote voll, sodass sie fast sanken. Da Simon Petrus das sah, fiel er Jesus zu Füßen und sprach: Herr, geh weg von mir! Ich bin ein sündiger Mensch"* (Lk 5,7-8). „Ich bin der Sünder, du bist der Heilige. Das passt nicht zusammen, ich werfe mich zu deinen Füßen nieder." Solange das unsere Grundhaltung im Leben ist, steht auch unser Leben auf festem Grund. Wir sind die Nachahmer eines Chaoten, der aber von Jesus „Fels" genannt wurde!

19. Juli

ROHMATERIAL VERWANDELT IN GOTTES WERKSTATT

„Doch wie der Herr einem jeden zugeteilt hat, wie Gott einen jeden berufen hat, so wandle er" (1Kor 7,17)

Jesus wusste, welches Kaliber von Männern er für das wichtigste Projekt der Jahrhunderte und den Höhepunkt des Heilsplans braucht – für die Gründung der Gemeinde. Die Fischer zur Zeit Jesu waren wie alle, die ihr Leben draußen verbringen, damals wie heute – ungepflegt, nicht gerade vornehm gekleidet, sie benutzten vermutlich eine derbe Sprache, waren voller Adrenalin für die harte körperliche Arbeit, die sie zu verrichten hatten, besaßen ein ungestümes Temperament. Das ist vielleicht der Grund, warum Jakobus und sein Bruder Johannes „Donnersöhne" genannt wurden (Mk 3,17). Sie brauchten auch ganz schön viel Mut, denn die Stürme, die schnell über den See Genezareth fegten, waren gefährlich und konnten die sechs bis neun Meter langen Boote, die die Fischer benutzten, leicht zum Kentern bringen.

Petrus hat von Anfang an eindeutige Führungskompetenzen. Er scheint mit seiner starken Persönlichkeit einen natürlichen Vorrang im Team Jesus zu haben, der Wortführer der Gruppe zu sein. Wann immer die Jünger im Bibeltext aufgelistet sind, wird Petrus als Erster genannt, zum Beispiel in Matthäus 10,2-4: *„Die Namen der zwölf Apostel aber sind diese: der erste Simon, der Petrus genannt wird …"* (siehe auch Mk 3,16, Lk 6,14, Apg 1,13). Wo immer du in die Bibel hinschaust, nimmt Gott die natürlichen Talente und Lebensverhältnisse seiner Diener mit allen Schwächen und Schattenseiten und heiligt sie, um sie zum Bau seines Reiches einzusetzen. Der Vergleich zu Mose fällt mir ein, wenn ich über Petrus nachdenke. Ein Fürst, vertraut mit den Gepflogenheiten des ägyptischen Hofs, ein Hirte, vertraut mit dem Alltag der Schafe und den Härten des Lebens in der Wüste. Bis er seinen Auftrag von Gott bekommt, das Volk Gottes aus Ägypten zu führen, ist der Mann Mose in jeder Hinsicht optimal vorbereitet. Alle natürlichen Begebenheiten seines bisherigen Lebens werden im Auftrag Gottes gebraucht zur Rettung eines Volkes, keine einzige bleibt irgendwo nutzlos liegen.

Mein Onkel, der Missionar und Pfarrer bei den Inuit in den 50er Jahren war, behauptete immer, seine Zeit in der Marine sei die beste Vorbereitung gewesen für das primitive Leben in Schneehäusern, die Reisen mit Hund und Schlitten Tausende von Kilometern bei Temperaturen von minus 60 Grad. Bei der Marine in Kriegszeit hatte er gelernt, Widrigkeiten auszuhalten, nicht aufzugeben, wenn Stürme tobten, auf engstem Raum ohne Schlaf oder gute Nahrung auszukommen. Bei Petrus & Co. wird es ähnlich gewesen sein. Zähigkeit war hier gefordert, Opferbereitschaft.
Jesus wusste ganz genau, was er tat, als er diese Bande von unterschiedlichen ungeschliffenen Persönlichkeiten zusammenrief. Welche natürlichen Gegebenheiten in deinem Leben hat der Herr schon zu seiner Ehre gebraucht?

20. Juli

BLAMAGEN UND FETTNÄPFCHEN

„Siehe, wir haben alles verlassen und sind dir nachgefolgt. Was wird uns nun werden?" (Mt 19,27-28)

Wenn ein Fettnäpfchen bereitstand, war Petrus immer der Erste, der mit beiden Füßen reingetreten ist. Das war irgendwie seine Spezialität. Es gab keinen Filter zwischen seinem impulsiven Herzen und seinem lautstarken Mundwerk. Was drin war, platzte raus. Manchmal bin ich auch so. Zumindest wusste man bei Petrus immer, was Sache ist, was er denkt. Das konnte auch Vorteile haben – auch wenn es manchmal peinlich war. Zum Beispiel, als er bei Jesus nachbohrt, ob es nicht irgendwann eine Belohnung für den großen Einsatz und die aufopferungsvolle Hingabe gibt, die er und seine Freunde bringen: *„Siehe, wir haben alles verlassen und sind dir nachgefolgt. Was wird uns nun werden?"* (Mt 19,27-28).
Oder auch als er wegen der bevorstehenden Kreuzigung so ahnungslos ist und anfängt, Jesus hochnäsig zu belehren: *„Von da an begann Jesus seinen Jüngern zu zeigen, dass er nach Jerusalem hingehen müsse und von den Ältesten und Hohen Priestern und Schriftgelehrten vieles leiden und getötet und am dritten Tag auferweckt werden müsse. Und Petrus nahm ihn beiseite und fing an, ihn zu*

tadeln, indem er sagte: Gott behüte dich, Herr! Dies wird dir keinesfalls widerfahren" (Mt 16,21-22).

Da hat Jesus aber scharf gekontert: „*Geh hinter mich, Satan! Du bist mir ein Anstoß, denn du sinnst nicht auf das, was Gottes, sondern auf das, was der Menschen ist*" (V. 23).

Diese Zurechtweisung hindert Petrus aber nicht daran, kurz vor Jesu Verhaftung großspurig anzugeben: „*Wenn alle an dir Anstoß nehmen werden, ich werde niemals Anstoß nehmen*" (Mt 26,33).

Wiederum muss er einen deftigen Tadel vom Herrn einstecken: „*Wahrlich, ich sage dir, dass du in dieser Nacht, ehe der Hahn kräht, mich dreimal verleugnen wirst.*" Petrus bleibt bei seiner peinlichen Selbstüberschätzung – genauso wie die anderen Jünger: „*Selbst wenn ich mit dir sterben müsste, werde ich dich nicht verleugnen. Ebenso sprachen auch alle Jünger*" (V. 34-35) O weh. Und dann als Gipfel: „*Simon Petrus nun, der ein Schwert hatte, zog es und schlug den Knecht des Hohen Priesters und hieb ihm das rechte Ohr ab*" (Joh 18,10).

Ausgerechnet dieser Mann wurde Fels genannt und später sogar als eine der Säulen der Gemeinde bezeichnet (Gal 2,9).

Findest du dich selbst manchmal unbeholfen, tollpatschig, peinlich? Sieh dir das Leben von Petrus an, lerne von seinen Bauchlandungen, und fasse Mut!

Jessica

21. Juli

DIE WIDERSPRÜCHE DES PETRUS

„Kleingläubiger, warum zweifeltest du?" (Mt 14,31)

Gestern haben wir die Blamagen von Petrus angeschaut. Vielleicht kennst du auch das Gefühl. Wenn du dich bewertet, beobachtet fühlst, dann geschehen die dümmsten Sachen, du stellst dich garantiert ungeschickt an, blamierst dich. So ging es mir immer, wenn ich meine kleinen Kinder um mich hatte und genau wusste, die Leute schauen, wie ich das hinbekomme. So gerne hätte ich ihnen eine gut geratene kleine Mannschaft gezeigt, die auf eine kompetente Mutter zurückschließen lässt. Fehlanzeige!

Wann immer meine Kinder „performen“ sollten, um zu zeigen, welch gute Eltern wir sind, haben sie ihre schlimmsten Streiche gespielt. Das ist das mildeste Beispiel aus allen. Oder wenn ich Besuch im Schulunterricht hatte und zeigen musste, wie gut ich die Klasse in Griff habe, gerade dann erlebte ich ein Blackout, Schweißausbrüche, verlor meinen Zettel oder die Technik funktionierte nicht (obwohl sie kurz zuvor perfekt funktioniert hatte), oder ich bekam einen Hustenanfall und die Schüler brachen in Lachen aus. Wie oft hätte ich im Boden versinken können. Mit Petrus und seinen Fettnäpfchen kann ich richtig mitfühlen. Aber ich kann auch was von ihm lernen.

Petrus gibt nicht auf. Die Ermahnungen von Jesus steckt er ein. Er ist nie beleidigt, schmollend, eingeschnappt. Seine Leidenschaft für Jesus greift immer ein Stück tiefer als seine Eigenwilligkeit und Selbstüberzeugtheit. Genau darin liegt die Kraft, nicht verbittert zu werden, nicht aufzugeben, sich immer wieder neu an Jesus zu hängen und geistlich zu wachsen.

Ein Vorfall im Leben von Petrus fasst für mich die Hochs und Tiefs seines Lebens und seines Charakters zusammen: *„Aber in der vierten Nachtwache kam er zu ihnen, indem er auf dem See einherging. Und als die Jünger ihn auf dem See einhergehen sahen, wurden sie bestürzt und sprachen: Es ist ein Gespenst! Und sie schrien vor Furcht. Sogleich aber redete Jesus zu ihnen und sprach: Seid guten Mutes! Ich bin es. Fürchtet euch nicht! Petrus aber antwortete ihm und sprach: Herr, wenn du es bist, so befiehl mir, auf dem Wasser zu dir zu kommen! Er aber sprach: Komm! Und Petrus stieg aus dem Boot und ging auf dem Wasser und kam auf Jesus zu. Als er aber den starken Wind sah, fürchtete er sich; und als er anfing zu sinken, schrie er und sprach: Herr, rette mich! Sogleich aber streckte Jesus die Hand aus, ergriff ihn und spricht zu ihm: Kleingläubiger, warum zweifeltest du?“* (Mt 14,22-31).

Hier haben wir Petrus mit all seinen Facetten und Widersprüchen. Die panische Angst vor dem Sturm und vor der Erscheinung Jesu, die die Jünger für ein Gespenst halten. Ein Höhenflug an Euphorie und Erleichterung als Jesus sich offenbart. Auf Jesu Wort hin der Gang auf dem tobenden See. Der Blick auf die Wellen. Wieder Panik. Und schließlich die ausgestreckte Hand des Herrn, der feste Griff, der Petrus‘ schwache Hand umfasst. Dieser feste göttliche Griff im Leben des Petrus ist das, was ihn letztlich definiert; was die Weichen für sein Leben und seine Berufung stellt. Welche Hoffnung können wir aus diesem Vorfall für uns ziehen?

22. Juli

DIE STERNSTUNDEN DES PETRUS

„Du bist Petrus, und auf diesem Felsen werde ich meine Gemeinde bauen" (Mt 16,18)

Die Geschichte von Petrus ist keine Geschichte zum Entspannen vorm Ins-Bett-Gehen. Sein Leben ist turbulent, voller Action, unberechenbar. Vieles, was er anstellt und erlebt, wühlt auf. Wir haben gestern die Bruchlandungen angeschaut, die Petrus in Verlegenheit brachten. Es gab auch andere Momente. Die launischen Hochs und Tiefs seiner Gefühlswelt mündeten letztlich in *eine* Leidenschaft hinein: Seine Hingabe und Liebe für seinen Herrn. Auf dem Berg der Verklärung verschlägt es sogar Petrus die Sprache, als er den verherrlichten Herrn sieht. Er will diese Herrlichkeit festhalten und Hütten bauen (Lk 9,28). Petrus ist es, der als Erster in Jesus den verheißenen Messias erkennt: *„Ihr aber, was sagt ihr, wer ich bin? Simon Petrus aber antwortete und sprach: Du bist der Christus, der Sohn des lebendigen Gottes"* (Mt 16,15-16).
Selbst Jesus geriet ins Staunen, als Petrus diese Erkenntnis hatte: *„Glückselig bist du, Simon, Bar Jona; denn Fleisch und Blut haben es dir nicht offenbart, sondern mein Vater, der in den Himmeln ist. Aber auch ich sage dir: Du bist Petrus, und auf diesem Felsen werde ich meine Gemeinde bauen, und des Hades Pforten werden sie nicht überwältigen. Ich werde dir die Schlüssel des Reiches der Himmel geben; und was immer du auf der Erde binden wirst, wird in den Himmeln gebunden sein, und was immer du auf der Erde lösen wirst, wird in den Himmeln gelöst sein"* (Mt 16,17-19). Was für ein geballtes Lob direkt aus dem Mund des Herrn!
Klar, dass Petrus sich dagegen wehrt, als Jesus am Tag vor Karfreitag auf die Knie geht, um seinen Jüngern die Füße zu waschen. „Kommt gar nicht in Frage", wendet Petrus ein. Aber auch für Petrus ist es typisch, wie er auf Jesu Ermahnung reagiert: *„Jesus antwortete ihm: Wenn ich dich nicht wasche, so hast du kein Teil mit mir. Simon Petrus spricht zu ihm: Herr, nicht meine Füße allein, sondern auch die Hände und das Haupt!"* (Joh 13,9).
Hier schimmert die wahre Lebensgesinnung des Petrus durch. Eine überzeugte und tiefgreifende Hingabe an Jesus, die alle anderen Regungen seiner impulsiven Seele letztlich übertrumpft. Wie wir morgen sehen werden, geht die Achterbahn seines Lebens weiter. Jesus sieht die Gefahr,

in der Petrus steht und sieht sich genötigt, inbrünstig für ihn zu beten. Petrus' tiefster Sturz kommt allerdings noch. Petrus erlebt wie wir hautnah, in was für einem heftigen geistlichen Kampf er steht – ein Kampf, der nicht mit Waffen ausgefochten wird, sondern in den innersten Gedanken und Regungen unserer Seele. Am Leben von Petrus bekommen wir einen Einblick, wie dieser Kampf aussieht – vielleicht entdecken wir Parallelen zu unseren eigenen Erfahrungen und können Lehren daraus ziehen.

23. Juli

JESU SUCHE NACH BEISTAND

„Und er kommt zu den Jüngern und findet sie schlafend; und er spricht zu Petrus: Also nicht eine Stunde konntet ihr mit mir wachen?" (Mt 26,40)

Die Jünger Jesu hatten jeden Grund, müde zu sein. Eine Kombination aus langen Stunden der Vorbereitung auf den Passaabend, die Spannung der Ungewissheit, die in der Luft hing, die für sie unklaren Worte Jesu über den Verrat, seine bevorstehende Verhaftung, die rätselhaften Worte, die an Judas gerichtet wurden. Die Stimmung war schon längst gekippt. Jene siegreiche Ankunft in Jerusalem, Jesus umgeben von jubelnden Menschenmengen, die unmittelbare Erwartung, dass der Messias seinen Thron besteigen und die Römer in die Flucht schlagen würde – das alles ist nur eine ferne Erinnerung. Übrig ist eine düstere Vorahnung , dass das mit Freude erwartete Happyend der Messiasgeschichte doch nicht zum Greifen nahe ist, wie erwartet. Jesus verhält sich nicht wie ein König kurz vor seine Krönung, sondern wie ein Lamm auf dem Weg zur Schlachtbank. Konnte es wirklich wahr sein? Meinte er es wirklich ernst mit all jenen Reden über das Kreuz, die seine Freunde so schnell verdrängt hatten, die sie so gerne vergessen wollten?

„Und er kommt zu den Jüngern und findet sie schlafend; und er spricht zu Petrus: Also nicht eine Stunde konntet ihr mit mir wachen?" (Mt 26,40).

Wir spüren förmlich das Ringen in der geistlichen Welt um die Seelen dieser Männer, das Ringen Jesu um Kraft für den Weg, den er gehen muss.

„Wiederum, zum zweiten Mal, ging er hin und betete und sprach: Mein Vater, wenn dieser Kelch nicht vorübergehen kann, ohne dass ich ihn trinke, so geschehe dein Wille! Und als er kam, fand er sie wieder schlafend, denn ihre Augen waren beschwert. Und er ließ sie, ging wieder hin, betete zum dritten Mal und sprach wieder dasselbe Wort. Dann kommt er zu den Jüngern und spricht zu ihnen: So schlaft denn fort und ruht aus! Siehe, die Stunde ist nahe gekommen, und der Sohn des Menschen wird in Sünderhände überliefert. Steht auf, lasst uns gehen! Siehe, nahe ist gekommen, der mich überliefert“ (Mt 26,41-46).
Jesus hinterlässt hier eine Botschaft auch für uns: *„Wacht und betet, damit ihr nicht in Versuchung kommt! Der Geist zwar ist willig, das Fleisch aber schwach.“* Können wir eine Stunde mit ihm wachen?

24. Juli

PETRUS‘ STUNDE DES SCHEITERNS

„Und Petrus erinnerte sich an das Wort Jesu, der gesagt hatte: Ehe der Hahn kräht, wirst du mich dreimal verleugnen. Und er ging hinaus und weinte bitterlich“ (Mt 26,75)

Wenn ich müde bin, sind meine inneren Wachposten nicht besetzt, bin ich anfälliger für depressive Gedanken, neige eher zu Niedergeschlagenheit. Alte Ängste steigen hoch, ich kann mich zu nichts aufraffen – und manchmal kann ich auch nicht schlafen, weil mein erschöpfter Körper eine wache und schwerarbeitende Seele behaust, bis er sich endlich den Schlaf nimmt, den er braucht. „Konntet ihr mir zuliebe nicht ein bisschen wach bleiben?“ Wie die Erinnerung an diese Worte Petrus geplagt haben muss, als wir ihn wenige Stunden später in Tränen und verzweifelt wiederfinden! Dreimal wird er als einer von Jesu Nachfolgern wiedererkannt. Dreimal, einmal sogar fluchend, bestreitet er, Jesus jemals gekannt zu haben – *„Ich kenne den Menschen nicht!“* (Mt 26,74). Die Bekannten und Freunde eines zur Kreuzigung verurteilten hatten guten Grund zur Angst – sie könnten die Nächsten sein. Nicht ohne Grund hatte Jesus vorher zu Petrus gesagt: *„Simon, Simon! Siehe, der Satan hat euer begehrt, euch zu sichten*

wie den Weizen. Ich aber habe für dich gebetet, dass dein Glaube nicht aufhört. Und wenn du einst zurückgekehrt bist, so stärke deine Brüder!" (Lk 22,32).
Nun bekommt Petrus zu spüren, wie sehr Satan ihn begehrt. Schonungslos wird er mit seinem eigenen Versagen konfrontiert: Seine Selbstüberschätzung, die großspurigen Worte, auf die keine Taten gefolgt waren. Auch wenn alle anderen ihn verlassen würden, er nicht, hatte er beteuert (Lk 22,33). Er würde sogar mit Jesus in den Tod gehen.

„Und Petrus erinnerte sich an das Wort Jesu, der gesagt hatte: Ehe der Hahn kräht, wirst du mich dreimal verleugnen. Und er ging hinaus und weinte bitterlich" (Mt 26,75). Mag sein, dass Petrus es selbst in diesem Augenblick nicht so empfunden hat – aber wahrscheinlich war dieser Tiefpunkt die wichtigste Wende in seinem Leben.

John Wesley schrieb 1746: *„Wenn Menschen in sich die schwere Last der Sünde verspüren, wenn sie die Verdammnis* als deren Lohn erkennen und mit ihren Augen die Schrecken der Hölle gewahren, dann zittern sie, dann beben sie und werden innerlich von Herzenskummer befallen. ... Nichts gefällt ihnen mehr, als nur zu weinen und zu klagen und mit Worten und Gebaren zu zeigen, dass sie des Lebens überdrüssig sind" (Benedikt Peters, *George Whitefield*, CLV).

Benedikt Peters schreibt über George Whitefield: „Das Wissen um seine bis auf den Grund gehende Verderbtheit einerseits und um die durch nichts verdiente und allein in Gott begründete Gnade andererseits, erzeugten in ihm eine unermessliche Dankbarkeit; und diese Dankbarkeit konnte nicht anders befriedigt werden als in hemmungsloser Hingabe an diesen großen Gott und Retter."

25. Juli

ZURÜCK IN DEN ALLTAG

„Simon Petrus spricht zu ihnen: Ich gehe hin fischen. Sie sprechen zu ihm: Auch wir gehen mit dir" (Joh 21,3)

Ein paar Gedanken noch zu Petrus' dunkelster Stunde aus dem Buch *Nachfolger – Menschen der Bibel*:
„Wünschen Sie sich nicht auch manchmal, Sie könnten Ihre Versuchungen und Anfechtungen planen? Wäre es nicht toll, wenn Sie Ihren Kalender zücken und sagen könnten: ‚Also Herr, am Mittwoch habe ich überhaupt keine Zeit, aber wie wäre es, wenn wir meine nächste Versuchung auf Donnerstagnachmittag legen könnten?' Dann könnten Sie vorher noch Ihre Stille Zeit halten, beten und sich gründlich auf die Prüfung vorbereiten. Aber leider läuft es so natürlich nicht. Versuchungen sind die ‚unangekündigten Diktate' des Lebens – wir können nicht wissen, wann sie kommen. Weil sie uns überraschen, offenbaren sie etwas darüber, wer wir wirklich sind – meist nicht der, der wir gerne wären. Petrus hatte einen Vorteil, den die meisten von uns nicht haben: Jesus kündigte ihm seine Prüfung an. Er warnte ihn, Satan werde ihn bald wie Weizen sichten. Er ermahnte Petrus zu beten, damit er der Versuchung nicht nachgebe. Doch als seine Prüfung anstand, versagte Petrus kläglich. Er reagierte aus seinem Fleisch heraus auf die Situation, statt der Aufforderung Jesu zum Gebet zu folgen. ... Weil Petrus zu viel Vertrauen in sich selbst hatte, versäumte er es, auf Jesus zu hören" (Silvia Wambululu: *Nachfolgerin*, rigatio, S. 35).
Nachdem der Traum vom großen Heldentum geplatzt ist, ist Petrus derjenige, der zurück zum alten Beruf marschiert und die anderen mitnimmt. Auferstehung hin oder her – er hatte sich gründlich disqualifiziert für jeden weiteren Dienst für seinen Meister. Prüfung nicht bestanden, kläglich gescheitert. Das ist vermutlich die Stimmung, die herrscht, als die Möchte-Gern-Befreier Israels die alten Netze herausschleppen und auf den See fahren. Die Fruchtlosigkeit ihres Unterfangens scheint die Stimmung widerzuspiegeln. Also, auch hier gescheitert: *„Simon Petrus spricht zu ihnen: Ich gehe hin fischen. Sie sprechen zu ihm:*

Auch wir gehen mit dir. Sie gingen hinaus und stiegen in das Boot; und in jener Nacht fingen sie nichts" (Joh 21,3).

Nichts Neues – schon mal hatten sie die ganze Nacht gearbeitet und keinen einzigen Fisch ins Boot gezogen. Alte Erinnerungen werden wach. Tja, die gute alte Zeit – da war Jesus dabei gewesen, sie sollten die Netze auf der anderen Seite des Bootes auswerfen ... Und plötzlich ist da die vertraute Stimme: *„Er aber sprach zu ihnen: Werft das Netz auf der rechten Seite des Bootes aus! Und ihr werdet finden. Da warfen sie es aus und konnten es vor der Menge der Fische nicht mehr ziehen*" (V. 6). Petrus *„warf sich in den See*", um zu Jesus ans Ufer zu schwimmen. Auch eine Wiederholung der „guten alten Zeiten" – es ist nicht das erste Mal, dass er sich in den See wirft oder im Wasser untergeht. Damals wurde er von einer festen Hand aus den Wellen gezogen. Vielleicht hat er doch noch eine Chance. Vielleicht findet er die Hand wieder, die ihn schon einmal gerettet hat.

26. Juli

DIE FRAGE, DIE ALLES ENTSCHEIDET

„Liebst du mich ...?" (Joh 21,15)

Bruchlandungen haben immer etwas Positives, wenn wir so wollen, denn sie geben Gott die Lufthoheit über unsere Trümmerfelder. Sie helfen uns, zurück zu den Basics des Glaubens zu kommen, Ballast abzulegen, von Gott zu erfahren, was er denn wirklich von uns will. Es gibt immer wieder solche Momente in der Bibel: *„Und was fordert der HERR von dir, als Recht zu üben und Güte zu lieben und einsichtig zu gehen mit deinem Gott?*" (Mi 6,8), sagt der Prophet in seinem Versuch, das rebellische Volk Gottes weg von ihrer Werkgerechtigkeit und ihrem Aktivismus und zurück auf die Spur Gottes zu lenken.

„Du sollst den Herrn, deinen Gott, lieben aus deinem ganzen Herzen und mit deiner ganzen Seele und mit deiner ganzen Kraft und mit deinem ganzen Verstand und deinen Nächsten wie dich selbst« (Lk 10,27), sagt Jesus zu einem suchenden Zuhörer, der Anerkennung für seine engagierte Frömmigkeit

bekommen möchte. Auch Petrus erlebt so einen Moment. Sogar im Dreierpack die Frage: „*Liebst du mich ...?*" (Joh 21,15). Kein Wort über den Verrat. Keine Liste von Vorwürfen: „Wenn du nur ... dann wäre es nicht passiert." Kein: „Ich hatte dich doch gewarnt." Als einzige Erinnerung an Vergangenes sein alter Name „Simon" und „Sohn des Johannes". Mit anderen Worten: „Das ist deine Herkunft, deine Vergangenheit, lieber Petrus, jetzt wenden wir uns der Zukunft zu." Das Kohlenfeuer, an dem sie das Frühstück essen, erinnert an das Kohlenfeuer, an dem Petrus sich wärmte, als er seinen Herrn verriet.

„Als sie nun gefrühstückt hatten, spricht Jesus zu Simon Petrus: Simon, Sohn des Johannes, liebst du mich mehr als diese? Er spricht zu ihm: Ja, Herr, du weißt, dass ich dich lieb habe. Spricht er zu ihm: Weide meine Lämmer! Wieder spricht er zum zweiten Mal zu ihm: Simon, Sohn des Johannes, liebst du mich? Er spricht zu ihm: Ja, Herr, du weißt, dass ich dich lieb habe. Spricht er zu ihm: Hüte meine Schafe! Er spricht zum dritten Mal zu ihm: Simon, Sohn des Johannes, hast du mich lieb? Petrus wurde traurig, dass er zum dritten Mal zu ihm sagte: Hast du mich lieb?, und sprach zu ihm: Herr, du weißt alles; du erkennst, dass ich dich lieb habe. Jesus spricht zu ihm: Weide meine Schafe!" (Joh 21,15-17).

Das doppelte Mandat Gottes auch für uns: Ihn zu lieben, ihn zu suchen, ihn zu verehren und – als natürliche Folge davon – diese Liebe in die Welt um uns herum zu streuen. So einfach ist das Leben als Christ. Manchmal tut es auch uns gut, zurück zu den Basics zu kommen.

27. Juli

DIE KRAFT DER MÄRTYRER

„Jesus spricht zu ihm: Wenn ich will, dass er bleibe, bis ich komme, was geht es dich an? Folge du mir nach!" (Joh 21,22)

Interessant ist, was in dem kurzen Dialog zwischen Jesus und Petrus *nicht* vorkommt. Immerhin geht es jetzt um die Anfänge für die mächtigste weltverändernde Bewegung, die es jemals gab und geben wird, von der auch wir heute ein Teil sind, die Fortsetzung sozusagen. Aber es gibt keine

Strategiegremien, keinen Betriebsplan, keine Diskussion über Personalfragen und Teambuilding, keine Finanzprognosen, keine Betrachtung der möglichen Zielgruppen, der theologischen Ausbildung der Mitarbeiter, kein Leiterschaftstraining. Nur die eine Frage: „Hast du mich lieb?"
Diese anderen Faktoren mögen ihren Platz und ihre Berechtigung haben, aber ohne die alles prägende und treibende Liebe zum Herrn und die Beziehung zu ihm, ist alles andere wirkungslos. Zweimal sagt Jesus in den letzten Versen von Johannes 21 zu Petrus: *„Folge mir nach!"* Der Kreis schließt sich. Mit denselben Worten hatte Jesus den Petrus auch einst in seinen Dienst gerufen, führt ihn zurück zu den Anfängen. Der Auftrag hat sich nicht geändert. Jetzt sollen Menschen, nicht Fische, ins Netz gezogen werden! Die Zeit der Urgemeinde bricht an.
Dieses Projekt ist einzigartig. Die Mitarbeiter werden zu keiner Vergnügungsfahrt eingeladen, sondern zu dem, was für die meisten von ihnen eine Todesfahrt sein wird. Fast alle aus dieser ersten Generation der Nachfolger Jesu enden als Märtyrer, bis auf Johannes, dessen einsamer Lebensabend im Exil auf der Insel Patmos auch nicht gerade ein bequemer Aufenthalt in einem Seniorenheim war. Davon hat Petrus noch keine Ahnung, als er zur Seite in Johannes' Richtung blickt und fragt: *„Herr, was soll aber dieser?"* (Joh 21,21). Finden wir hier Spuren einer alten Konkurrenz mit dem „Jünger, den Jesus liebt", Konkurrenz um die Zuwendung des Herrn? Wenn ja, dann macht Jesus kurzen Prozess damit: *„Wenn ich will, dass er bleibe, bis ich komme, was geht es dich an?"* (V. 22). Dieser kurze Austausch erinnert auch uns daran, dass es unsere einzige Aufgabe ist, dem Herrn treu nachzufolgen, ihm zu gehorchen, ihn lieb zu haben, ungeachtet dessen, was alle anderen machen.
Für die Aufgaben, die Petrus bevorstehen, braucht es eine starke Leidenschaft, die ihn treibt – eine Liebe, die in der Tat stärker ist als der Tod selbst und als alle Todesbedrohungen. Morgen sehen wir, wie diese Liebe sich auf seinen weiteren Weg auswirkt.

28. Juli

DER „FELS" MACHT SEINEM NAMEN ALLE EHRE

„Petrus aber stand auf mit den Elfen, erhob seine Stimme und redete zu ihnen" (Apg 2,14)

Die vierzig Tage nach Petrus' Begegnung unter vier Augen mit Jesus am Ufer des Sees Genezareth sind entscheidend. Jesus beweist die Realität seiner Auferstehung auf vielerlei Art und Weise, und während dieser Zeit lehrt er die Jünger über das Königreich Gottes. Die Apostelgeschichte ist die Fortsetzung des letzten Kapitels im Johannesevangelium. In Apostelgeschichte 1,4 gibt Jesus dem Petrus und den anderen Jüngern die Anweisung *„auf die Verheißung des Vaters zu warten"* – nämlich darauf, dass sie *„mit Heiligem Geist getauft"* würden. Dem Petrus von früher war es immer schwergefallen, auf irgendetwas zu warten! Dieses Mal ist es jedoch anders, er verbringt die nächsten zehn Tage damit, sich unablässig dem Gebet zu widmen (Apg 1,12-14). Am zehnten Tag wird die Gemeinde geboren. Petrus kommt jetzt richtig in Fahrt. Zwar ist er noch als der Petrus erkennbar, den wir schon zu gut kennen, aber ohne angezogene Handbremse. Ohne die Blamagen, die Selbstsüchteleien, die belehrende Arroganz und Selbstüberschätzung. Petrus auf dem Weg in die Heiligung! In der Nacht von Jesu Gefangennahme folgte er Jesus *„von Weitem"*, getrieben durch Menschenfurcht. Jetzt keine Spur mehr davon. Furchtlos erzählt er der Menschenmenge im Tempel vom auferstandenen Christus und wird dafür an Ort und Stelle festgenommen (Apg 4,2). Der Mann ist nicht zu stoppen. Vor den Obersten, Ältesten und Schriftgelehrten zeigt er keinerlei Zurückhaltung. Vom Heiligen Geist erfüllt (V. 8), gibt er Gott die Ehre für das Heilungswunder, das vor den Augen aller gerade an der Pforte des Tempels passiert ist: *„So sei euch allen und dem ganzen Volk Israel kund: Im Namen Jesu Christi, des Nazoräers, den ihr gekreuzigt habt, den Gott auferweckt hat aus den Toten – in diesem Namen steht dieser gesund vor euch"* (Apg 4,10). Der Mut dieser Worte ist atemberaubend!

Die Obersten geben Petrus und den Jüngern die größte Auszeichnung, die ein Gläubiger nur erhalten kann: Sie erkennen, dass er *„mit Jesus gewesen"* ist (V. 13). *„Denn es ist uns unmöglich, von dem, was wir gesehen und gehört haben, nicht zu reden"* (V. 20). Ist das unsere Haltung?

29. Juli

KONFRONTATION MIT SÜNDE

„Petrus aber sprach: Hananias, warum hat der Satan dein Herz erfüllt, dass du den Heiligen Geist belogen ... hast?" (Apg 5,3)

Vielleicht hatten Christen der ersten Stunde, die die Botschaft der Rettung durch Gnade mit Freude aufgenommen hatten, das gleiche Problem wie viele Christen heute. Weil Christus den Preis für unsere Sünde bezahlt hat und wir nicht durch Gesetzeswerke gerettet werden, scheint es uns nicht so wichtig, wie wir leben. Es ist alles durch Gnade abgedeckt. Die Zorn- und Gerichtsausbrüche Gottes gehören der Vergangenheit an, wir leben jetzt durch seine Gnade. Der Tod von Hananias und Saphira hat Schockwellen durch die Aufbruchs- und Erweckungsatmosphäre der ersten Christenheit gesandt. Auf den ersten Blick klingt es wie ein Kavaliersdelikt. Im Begeisterungsrausch der ersten Gütergemeinschaft hat Hananias ein Stück Land verkauft, einen Teil des Geldes in die Gemeinde gebracht und so getan, als ob es das ganze Geld gewesen wäre. Petrus durchschaut die Heuchelei sofort, und konfrontiert Hananias: *„Petrus aber sprach: Hananias, warum hat der Satan dein Herz erfüllt, dass du den Heiligen Geist belogen und von dem Kaufpreis des Feldes beiseite geschafft hast?"* (Apg 5,3). Hananias ist auf der Stelle tot. Als Saphira, die Frau des Hananias, kurze Zeit später den Raum betritt, verkündigt Petrus auch für sie das Gericht Gottes, und auch ihre Leiche wird bald hinausgetragen.

Wenn *wir* schon beim Lesen dieser Geschichte schockiert sind, umso schockierter war die Urgemeinde: *„Und es kam große Furcht über die ganze Gemeinde und über alle, welche dies hörten"* (Apg 5,11). Der Vorfall dient als klare und rechtzeitige Erinnerung daran, dass Gott sich nicht geändert hat, dass er heilig und furchterregend ist und dass Sünde nicht auf die leichte Schulter zu nehmen ist. Auch, dass Gott sich nicht von unseren geistlichen Höhenflügen beeindrucken lässt. Er scheut sich hier nicht, den fröhlichen Gottesdienst zu unterbrechen und die Party zu ruinieren. Der Vorfall erinnert an die Rückführung der Bundeslade nach Jerusalem im Alten Testament. Mitten in den Festlichkeiten, den Gesängen, den Freudenreigen streckt ein Mann namens Usa seine Hand aus, um zu verhindern, dass die Bundeslade vom Wagen stürzt (2Sam 6,1-17). Es war bekannt, dass die

Bundeslade auf den Schultern der Leviten getragen werden muss. Auch hier wurde alles ein bisschen locker genommen, Gottes klare Anweisungen fahrlässig ignoriert.
In Apostelgeschichte 5 beginnt die Zeit der Gnade mit einem Gerichtsakt. Gnade ist eben nicht billig. Es gibt ohne Gericht keine Gnade. Ohne Ehrfurcht vor Gott keine Gnade. Nur der, der seinen Zorn versteht, versteht und erlebt auch seine Gnade. Petrus, der selbst in seiner tiefsten Stunde diese Gnade erlebt hat, weiß, wie wichtig Sündenerkenntnis ist. Wie ist es bei uns?

30. Juli

BEI PETRUS FÄLLT EIN WEITERER GROSCHEN

„In Wahrheit begreife ich, dass Gott die Person nicht ansieht" (Apg 10,34)

Der Auftrag stand fest: Menschen fischen. Zu dieser Zeit wäre es einem guten Juden nicht im Traum eingefallen, dass die Menschen, die gefischt werden sollten, irgendwer anders sein könnten als Juden – obwohl das von Beginn der Heilsgeschichte an klar war, und auch aus dem Mund Jesu immer wieder neu bekräftigt wurde. Aber seine Jünger waren so ähnlich wie du und ich – schwer von Verstand – und mussten die gleichen Dinge immer wieder hören, bevor sie, manchmal unter Druck, endlich begriffen, dass Gott meint, was er sagt. Petrus leidet trotz der vielen Umbrüche in seinem Leben unter einer kräftigen Portion altjüdischer Hochnäsigkeit. Der Diener Gottes, der das Evangelium furchtlos verkündet, dramatische Wunder Gottes erlebt und Sünde konfrontiert, bleibt der Lernende, der Hörende, der Gehorchende. An keiner Stelle ist das so sensationell wie an dem Tag, an dem in seinen Träumen ein weißes Tuch voller unreiner Tiere vor seiner Nase auf dem Boden landet und er aufgefordert wird zu essen. Der Petrus der Anfangszeit bricht kurz hervor. Voller Ekel weigert er sich und erinnert Gott daran, dass er nie etwas Unreines gegessen hat. Der Horror vor unreinem Essen saß bei einem frommen Juden tief. Dreimal erscheint das Tuch. Schon wieder dreimal. Dreimal Jesus verraten, dreimal seine Liebe bekannt, jetzt dreimal der Ruf in die heidnische Welt.

„Was Gott gereinigt hat, mach du nicht gemein!" (Apg 10,15), ist die klare Antwort Gottes und gleichzeitig auch die Einführung in die nächste Aufgabe, die auf Petrus wartet. Ein römischer Hauptmann in der Stadt Joppe will Gott kennenlernen und braucht jemanden, der ihm den Weg zeigt. *„Ihr wisst, wie unerlaubt es für einen jüdischen Mann ist, sich einem Fremdling anzuschließen oder zu ihm zu kommen; und mir hat Gott gezeigt, keinen Menschen gemein oder unrein zu nennen"* (V. 28). So fängt Petrus seine Rede an, als er das Haus des Kornelius betritt. Es wirkt etwas herablassend, ist aber gut gemeint, und Gott kann sie gebrauchen, um den ganzen Haushalt zur Umkehr zu führen.

Theoretisch müsste Petrus schon längst gewusst haben, dass Gott keinen Menschen unrein nennt. Nichts an dieser Erkenntnis ist neu oder revolutionär. Abraham wusste es schon, als ihm gesagt wurde, dass alle Familien der Erde durch ihn gesegnet werden. Und Jesus selbst hat keinen Hehl draus gemacht, dass der Ruf in die Nachfolge allen Völkern gilt (Mk 16,15; Mt 8,11, Lk 14,23). Petrus lernt langsam, aber er lernt, ändert sich, passt sich Gottes Gedanken an. Und wir?

31. Juli

DAS UNVERMEIDLICHE TRITT EIN

„Um jene Zeit aber legte Herodes, der König, Hand an einige von der Gemeinde, sie zu misshandeln; er tötete aber Jakobus, den Bruder des Johannes, mit dem Schwert. Und als er sah, dass es den Juden gefiel, ließ er weiterhin auch Petrus festnehmen" (Apg 12,1-3)

Die Verfolgung, vor der Jesus seine Freunde gewarnt hatte (Mt 24,9), fängt mit einer brutalen Hinrichtung an. Opfer ist Jakobus, einer der Söhne des Zebedäus, Bruder des Johannes. Das trifft die sich formierende erste Gemeinde im Kern. Jakobus gehörte zum innersten Kreis von Jesus, einer aus dem Dreierteam, das immer dabei war. Herodes freut sich über die Gunst, die er für diese Hinrichtung bei den Juden gewinnt und nimmt gleich auch Petrus gefangen. Doppelte Freude ist immer besser. *„Vier Abteilungen* *von je vier Soldaten*“ bewachen ihn. Diese Trophäe will Herodes auf keinen Fall entkommen lassen. In dieser Nacht hat Petrus guten Grund zu erwarten, dass das gleiche Schwert, mit dem sein enger Freund Jakobus enthauptet wurde, auch ihm ein Ende setzen wird. Er weiß noch nichts vom Happyend, das wir so gut kennen.

„Als aber Herodes ihn vorführen wollte, schlief Petrus in jener Nacht zwischen zwei Soldaten, gebunden mit zwei Ketten, und Wächter vor der Tür verwahrten das Gefängnis“ (Apg 12,6). Ein Detail in diesem für die Bibel typischen knappen und nüchternen Bericht fasziniert mich. Petrus schlief. Gekettet an Soldaten, seine baldige Hinrichtung unmittelbar in Aussicht ... und er schläft. Ziemlich tief und fest, wie es scheint. Der rettende Engel hatte seine liebe Mühe damit, ihn wach zu kriegen trotz des Lichts, das den Kerker durchflutete – er musste ihn *„an die Seite*“ schlagen, bevor er ihm eine Reihe von hastigen Befehlen erteilte und ihn an allen vier Wächterabteilungen vorbei ins Freie *führte*. War Petrus einfach erschöpft, wie im Garten Gethsemane vor der Verhaftung von Jesus? Oder hatte er sich genau gemerkt, wie Jesus mitten im Sturm im Boot selig schlief, auf dem Wasser gelaufen war, ihn, Petrus, aus den tobenden Wellen gezogen hatte? Selbst die Aussicht auf den Tod ist offensichtlich kein Schrecken für ihn, der im Dienst des Herrn über Wetter, Wind und Sturm steht.

Die Geschichte ist nicht ohne Humor. Die wartende, flehende, fürbittende Gemeinde hätte Petrus fast nicht ins Haus gelassen, als er am Tor hämmerte, so groß ihre Angst vor den feindlichen Behörden (Apg 12,15). Dass ihre Gebetserhörung schon vor der Tür stand, damit hatten sie nicht gerechnet!

1. August

ZURÜCK ZUM ALLTAG UND STREIT UNTER DEN GESCHWISTERN

„Als aber viel Wortwechsel entstanden war, stand Petrus auf und sprach zu ihnen …" (Apg 15,7)

Engelerscheinungen, Heilungen, Massenbekehrungen, Versorgung der Armen durch eine gut organisierte Gütergemeinschaft, ein sensationelles Wirken Gottes auf allen Kanälen: diese Lektüre der Apostelgeschichte ist richtig fesselnd – außer, dass ich immer wieder vor Neid und Sehnsucht seufze: „Gott, kannst du das nicht auch bei uns machen …?"

Aber die ersten Gemeindepioniere erlebten auch einen Gemeindealltag mit allen Banalitäten und Streitereien, die leider dazugehören. Ihr wichtigstes Spannungsfeld: Die Fragen um das Einhalten der jüdischen Gesetze. Waren die neu bekehrten Heidenchristen verpflichtet, sich zum Beispiel beschneiden zu lassen und unreines Essen zu meiden, oder nicht?

„Als nun ein Zwiespalt entstand und ein nicht geringer Wortwechsel zwischen ihnen (den Juden) und Paulus und Barnabas, ordneten sie an, dass Paulus und Barnabas und einige andere von ihnen zu den Aposteln und Ältesten nach Jerusalem hinaufgehen sollten wegen dieser Streitfrage" (Apg 15,2).

Das waren heiße Themen für die Juden – sie definierten sich über diese Äußerlichkeiten, für sie gehörten sie zum Leben als Diener Gottes absolut dazu. Unvorstellbar für sie, dass irgendjemand es anders sehen könnte. Petrus ist auf die Auseinandersetzung bestens vorbereitet. Über die Weisheit, mit der er als Wortführer den Streit schlichtet, kann ich nur staunen. Der Meister der Fettnäpfchen, der Meinungsstarke, der es immer besser wusste und gerne das Wort führte – wie hat er sich geändert! Immer noch klar, immer noch überzeugt – aber nicht mehr im eigenen Auftrag, sondern im Auftrag Gottes und für die Heiden, zu denen Jesus ihn geschickt hat, der Vermittler, der Friedensstifter, der andere überzeugen kann. Das weiße Tuch in seinem Traum hat seinen Zweck erfüllt.

„Als aber viel Wortwechsel entstanden war, stand Petrus auf und sprach zu ihnen: Ihr Brüder, ihr wisst, dass Gott mich vor langer Zeit unter euch auserwählt hat, dass die Nationen durch meinen Mund das Wort des Evangeliums hören und glauben sollten. Und Gott, der Herzenskenner, gab ihnen Zeugnis, indem er ihnen den Heiligen Geist gab wie auch uns; und er machte keinen Unterschied zwischen uns und ihnen, da er durch den Glauben ihre Herzen reinigte. Nun denn, was versucht ihr Gott, ein Joch auf den Hals der Jünger zu legen, das weder unsere Väter noch wir zu tragen vermochten? Vielmehr glauben wir, durch die Gnade des Herrn Jesus in derselben Weise gerettet zu werden wie auch jene" (Apg 15,7-11).
Was können wir aus dieser Auseinandersetzung für uns lernen?

2. August

ZURECHTWEISUNG VON EINEM KOLLEGEN IM DIENST

„Als aber Kephas nach Antiochia kam, widerstand ich ihm ins Angesicht, weil er durch sein Verhalten verurteilt war" (Gal 2,11)

Wir haben in den vergangenen Tagen die dramatische Veränderung verfolgt, die Vorher-Nachher-Dynamik im Leben des Petrus. Überragende Begabungen und Kräfte, die unter der zähmenden und erziehenden Hand Gottes mit Demut gewürzt und zu kraftvollen Werkzeugen verwandelt werden. Es tröstet mich ein wenig, dass der alte Petrus in Drucksituationen immer wieder aus dieser Heldengeschichte herauslugt und mich zum Schmunzeln bringt. Aber ich glaube nicht, dass der Apostel Paulus viel geschmunzelt hat, als Folgendes passierte. Spätestens seit seinem Besuch beim Hauptmann Kornelius in Joppe kann Paulus auf Petrus als Verbündeten in der Sendung zu den Heiden zählen. Das bestätigt er in seinem Brief an die streitsüchtigen Gesetzes-Anhänger in Galatien.
„Als sie die Gnade erkannten, die mir gegeben worden ist, gaben Jakobus und Kephas und Johannes, die als Säulen angesehen werden, mir und Barnabas den Handschlag der Gemeinschaft, damit wir unter die Nationen gingen, sie aber unter die Beschnittenen" (Gal 2,9).

So weit so gut. Die Fortsetzung dieses harmonischen Anfangs des gemeinsamen Dienstes an den Nationen ist eher peinlich. Paulus nimmt kein Blatt vor den Mund, wenn er Petrus heuchlerisches Benehmen öffentlich bloßlegt, zum zweiten Mal jetzt in diesem Brief. Er ist wütend.
„Als aber Kephas nach Antiochia kam, widerstand ich ihm ins Angesicht, weil er durch sein Verhalten verurteilt war. Denn bevor einige von Jakobus kamen, hatte er mit denen aus den Nationen gegessen; als sie aber kamen, zog er sich zurück und sonderte sich ab, da er sich vor denen aus der Beschneidung fürchtete. Und mit ihm heuchelten auch die übrigen Juden, sodass selbst Barnabas durch ihre Heuchelei mit fortgerissen wurde. Als ich aber sah, dass sie nicht den geraden Weg nach der Wahrheit des Evangeliums wandelten, sprach ich zu Kephas vor allen: Wenn du, der du ein Jude bist, wie die Nationen lebst und nicht wie die Juden, wie zwingst du denn die Nationen, jüdisch zu leben?" (Gal 2,11-14).
Wir erfahren nicht, wie Petrus auf diese öffentliche Rüge von Paulus reagiert. Offensichtlich hat ihn seine alte Menschenfurcht wieder eingeholt. Sogar der radikale, konsequente Petrus hat nach wie vor seine schwachen Momente. Was hätte er anders machen sollen? Was können wir draus lernen?

3. August

GEBET IM STIL DER ERSTEN CHRISTEN

„... gib deinen Knechten, dein Wort mit aller Freimütigkeit zu reden" (Apg 4,29)

Die erste Welle von Verfolgung gegen die neu gegründete Gemeinde ging gleich nach der mutigen Pfingstpredigt von Petrus und der Heilung des gelähmten Mannes an der Pforte des Tempels los. Mit etwas Beschämung denke ich an viele meiner Gebete in Situationen, die mit dieser existentiellen Gefahr, in der sich diese Christen befanden, absolut nicht zu vergleichen sind. Mein erstes, instinktives Gebet in irgendeiner bedrohlichen Situation ist: „Herr, hilf mir bitte, löse das Problem so schnell wie möglich!" – ob es sich um eine persönliche Krise handelt oder um Angriffe um meines Glaubens willen. Aus der Reaktion der Urgemeinde auf

Widerstand und Angriffe lerne ich, biblischer zu beten. Hier der erste Teil ihres Gebets: *„Sie aber, als sie es hörten, erhoben einmütig ihre Stimme zu Gott und sprachen: Herrscher, du, der du den Himmel und die Erde und das Meer gemacht hast und alles, was in ihnen ist; der du durch den Heiligen Geist durch den Mund unseres Vaters, deines Knechtes David, gesagt hast: Warum tobten die Nationen und sannen Eitles die Völker?"* (Apg 4,24-25).

Interessant. Ihr Ansatz in diesem Gebet ist nicht ihre Notlage. Nicht: „Herr, wir bitten um Schutz für uns, unsere Familien, unsere Häuser." Nicht einmal: „Segne unsere Feinde, kehre ihre Herzen um zu dir, gib uns wieder Gunst bei den Behörden …" Gar nichts in dieser Richtung. Sie beten „einmütig", da sieht man, dass dieses Miteinander ihnen Kraft gibt – eins in der Vision, eins im Auftrag. Sie beten wortzentriert, erinnern sich an die Allmacht und Schöpfergewalt Gottes, erinnern sich an die Heilsgeschichte und daran, dass diese Krise sie gar nicht überraschen darf – König David hat das Gleiche erlebt.

Eine Fürbittezeit mit dem Wort Gottes zu beginnen, finde ich persönlich immer hilfreich – es hilft, den Blick am Anfang schon auf den Herrn zu richten. Außerdem schützt es davor, uns in persönlichen Krisen und Lasten so zu verlieren, dass die Gebetszeit bedrückend wird. Wie wäre es mit einer kleinen Hausaufgabe heute, und zwar wie folgt: Denk an eine Herausforderung, mit der du es gerade zu tun hast oder hattest, und schreib ein Gebet nach dem Muster dieses Gebets der Urgemeinde! Fang an mit der Allmacht Gottes und erinnere dich an irgendeine Stelle in seinem Wort. Morgen sehen wir uns die zweite Hälfte dieses bahnbrechenden Gebets an.

4. August

EIN GEBET MIT KONSEQUENZEN

„... und sie wurden alle mit dem Heiligen Geist erfüllt und redeten das Wort Gottes mit Freimütigkeit" (Apg 4,31)

Wir haben es gestern schon gesehen. Der gesamte Schwerpunkt dieser Fürbitte der ersten Christen unter der Anleitung von Petrus und den anderen Jüngern Jesu ist nicht: „Ändere die Umstände, ändere die Menschen“, sondern: „Ändere mich. Gib uns Freimütigkeit, nicht Rettung aus Umständen oder die Lösung auf unser Problem.“ Im Mittelpunkt ihres Denkens und Fühlens war die Dringlichkeit, mit der sie das Evangelium verkündigen wollten, koste es, was es wolle.

„Und nun, Herr, sieh an ihre Drohungen und gib deinen Knechten, dein Wort mit aller Freimütigkeit zu reden; indem du deine Hand ausstreckst zur Heilung, dass Zeichen und Wunder geschehen durch den Namen deines heiligen Knechtes Jesus. Und als sie gebetet hatten, bewegte sich die Stätte, wo sie versammelt waren; und sie wurden alle mit dem Heiligen Geist erfüllt und redeten das Wort Gottes mit Freimütigkeit“ (Apg 4,29-31).

Mich erfüllt es mit Grauen, wenn ich daran denke, was die Endstation dieses Gebets für die Jünger Jesu war. Er gab seinen Knechten tatsächlich, sein „*Wort mit aller Freimütigkeit zu reden*“. Genau dieser Aufgabe haben sie ihr Leben gewidmet und waren bereit, diese Entschlossenheit auch mit dem Leben zu bezahlen.

Folgendes ist aus historischen Aufzeichnungen und Überlieferungen bekannt: Petrus wurde kopfüber gekreuzigt. Andreas wurde gekreuzigt. Jakobus, Sohn des Zebedäus, kam durch das Schwert um. Johannes, Bruder des Jakobus, starb an Altersschwäche im Exil auf der Insel Patmos. Philippus wurde gekreuzigt, auch Bartholomäus. Thomas wurde durch einen Speer getötet, Matthäus durch das Schwert. Jakobus, Sohn des Alphäus, wurde gekreuzigt. Thaddäus durch Pfeile getötet. Simon der Zelot gekreuzigt. Niemand wurde gezwungen, sein Leben für das Evangelium zu lassen. Aber diese Männer, allen voran Petrus, hatten ein Glück in Jesus vor Augen, das ihnen viel mehr bedeutete als jedes irdische Glück. „Herr, hilf mir, hilf uns, Schritte in diese Richtung zu gehen, dieser Hingabe näher zu kommen!“

„HAT GOTT WIRKLICH GESAGT…?" ALTE TAKTIK – NEUER WORTSCHATZ!

Ein schleichender Zweifel an der Integrität der Heiligen Schrift macht sich heute sogar unter bisher bekennenden Christen breit. Der Feind war von Anfang an rund um die Uhr mit einer Sache beschäftigt: die Gemeinde Gottes zu zerstören. Seine Taktiken sind raffiniert, kreativ, wahnsinnig effektiv. Manche dieser Taktiken wollen wir anschauen und uns die Frage stellen: Wie können wir unter diesen Verhältnissen ein gesundes, fröhliches Christsein leben, und Vorbilder für unsere Gemeinden und Jugendlichen bleiben?

5. August

ES LEBE DER ZWEIFEL – DER NEUE TREND

„Hat Gott wirklich gesagt …?" (1Mo 3,1)

Es ist heute nicht mehr „in", Überzeugungen zu haben, am allerwenigsten Glaubensüberzeugungen. Wenn ich begeistert erzähle, was der Herr mir bedeutet, wie viel Halt mir sein Wort gibt, wie gerne ich ihm diene, kann ich in manchen Kreisen mit einem mitleidsvollen Kopfschütteln als Reaktion rechnen. Zweifeln ist hipp, modern, „in". Nicht wissen, ist der Trend. Ambiguitätstoleranz, Grauzonen, Differenziertheit, Vielfalt, Dekonstruktion, das sind Schlagwörter der progressiven Strömungen, die inzwischen auch Freikirchen überfluten und ehemalige Erweckungszentren in blutleere geistliche Mausoleen verwandeln. Während die Kirchenbänke sich leeren und die junge Generation ihr Glück zunehmend in den Spielhallen und auf den Ponyhöfen dieser Welt sucht, proklamieren neumodische Theologen mit militanter Überzeugung die Wichtigkeit und die Tugend des Nicht-Überzeugtseins. Die Widersprüchlichkeiten ihres Treibens scheinen ihnen zu entgehen. Sie haben es sich zur Aufgabe gemacht, so könnte man den Eindruck haben, alle so zu machen wie sich selbst. Überzeugte Menschen sind für den modernen frommen Profi-Zweifler ein rotes Tuch.

Die Autorität der Bibel steht heftig unter Beschuss – das ist nichts Neues. Neu ist, wie verheerend sich dieser Trend in Gemeinschaften auswirkt, die bis vor wenigen Jahren verlässliche Bollwerke bibeltreuer Verkündigung waren. Manchmal ist es eine Überreaktion gegen autoritäre, gesetzliche und lieblose Leiterschaft, oder gegen träg gewordene Leiter. Manchmal geht der Trend sogar von der Leiterschaft aus. Vor allem unsere Jugendlichen sind Zielscheibe neuer Strömungen innerhalb der Gemeinden, die Wahrheit belächeln, Zweifel hochleben lassen und christliche Werte, vor allem in der Sexualethik, mit Füßen treten. Uns persönlich und auch vielen anderen Geschwistern machen diese Entwicklungen Sorgen. Wir machen uns viele Gedanken darüber, wie wir damit umgehen sollen und wie wir unsere Gemeinden dagegen rüsten können. Satan, der Erfinder und Vermarkter des Zweifels, war von Anfang an rund um die Uhr damit beschäftigt, die Gemeinde Gottes zu zerstören. Seine Taktiken sind raffiniert, kreativ, wahnsinnig effektiv. Manche dieser Taktiken wollen wir in den kommenden Tagen anschauen. Über manches schmunzeln, manches entlarven, den „Zweifelmaklern" unserer Zeit ein wenig auf die Nerven gehen, lernen, wie wir Verkündiger des Wortes werden können – nicht mit dem Holzhammer, nicht mit erhobenem Zeigefinger, sondern zuversichtlich, gewinnend und überzeugend mit unserem ganzen Lebensstil. Und das geschieht hoffentlich auf den Knien im Gebet für unsere Kinder. Sie sind unser geistliches Vermächtnis, die Zukunft unserer Gemeinde.

6. August

„DAS DARF MAN ABER HEUTE NICHT MEHR SAGEN!"

„Wehe denen, die das Böse gut nennen und das Gute böse" (Jes 5,20)

Der junge Mann schlich sich an mich heran und flüsterte mir ins Ohr, er hätte seine Schwierigkeiten mit dem, was ich in meinem Vortrag gerade gesagt hatte. Wer heute Wörter wie „Sünde" in den Mund nehmen würde, würde mit Angst und Manipulation arbeiten, erklärte er. Mit militantem Eifer wetterte er gegen die Sturheit bibelgläubiger Christen, die in ihren Überzeugungen völlig rückständig seien. Mit aggressivem Nachdruck belehrte er mich, wie wichtig es ist, tolerant zu sein. Ich sei ein fundamentalistischer Frömmler.

Ich brachte es nicht fertig, schlagfertig zu kontern – nicht weil ich keine Argumente hatte, sondern weil ich mir ständig, ehrlich gesagt, ein Lachen verkneifen musste. Es war ein klassischer Fall von Projektion: Er unterstellte mir gerade all jene Verhaltenszüge, die er selbst so offensichtlich zeigte. Die Ironie der Situation schien komplett an ihm vorbeizugehen. Die neue Generation der liberal-progressiven Eiferer ist nicht gerade für ihren Sinn für Humor bekannt oder für ihre Fähigkeit wahrzunehmen, wie sie auf andere wirken. Diese Leute nehmen sich selbst furchtbar ernst. Mein Hinweis, dass ich einfach aus der Bibel zitiert hätte, trieb den jungen Mann erst recht zur Weißglut. Jesus hätte seine Meinung in manchem geändert, meinte er. Ein Beispiel hatte er auf Anhieb parat. Als die Kanaaniterin Heilung für ihre Tochter wollte, sei Jesus anfänglich richtig hart gewesen – wie kann man den Hunden das Brot geben, das für die Kinder ist (Mt 15,26)? Aber im Laufe des Gesprächs hätte er gemerkt, dass er netter werden muss, und hat die Tochter schließlich geheilt. So sei es auch in der Kirchengeschichte – der Gott, der anfänglich hart gewesen ist, hat es sich anders überlegt. Er sei inzwischen nur Liebe, alles an ihm sei nur Liebe. Bei dieser Anmaßung verschlug es mir die Sprache. Mit welchem Recht definieren wir auf eigene Faust Gott einfach um, nur weil das, was er sagt, uns nicht passt? Je mehr wir Gott in unser eigenes Ebenbild hineinpressen wollen, desto weniger können wir ihn als Gott erleben. Letztlich ist es eine subtile Art, selbst Gott sein zu wollen. Eigentlich sind alle Tricks, mit denen Menschen Gottes Wort in Frage stellen, Versuche, selbst Gott zu sein, oder? Lasst uns ihn Gott sein lassen – er kann es viel besser!

7. August

DER GLAUBE, DER UNS VON DEN VÄTERN ÜBERLIEFERT WURDE

„Lasst uns das Bekenntnis der Hoffnung unwandelbar festhalten“ (Hebr 10,23)

Der streitsüchtige junge Mann, von dem ich gestern erzählte, wollte mir offensichtlich mit seiner Aufgeklärtheit und der Aktualität seiner Ansichten imponieren. Dabei sind seine Ansichten alles andere als neu. Was mir an den neuen Strömungen der sogenannten Post-Evangelikalen, Progressiven – wie auch immer man sie nennen mag – am seltsamsten erscheint: Sie treiben genau das Spiel, vor dem in der Bibel ausdrücklich und wiederholt gewarnt wird. Es müsste ihnen peinlich sein, wie genau sie dort beschrieben werden. Kurz vor dem Sündenfall des Menschen wollte jemand schon eine Art Paradigmenwechsel, ein differenzierteres Denken. Es lautete so: *„Hat Gott wirklich gesagt?“* (1Mo 3,1). Sodom und Gomorra haben sexuelle Vielfalt mit großer Freude auf ihre Flagge geschrieben, mit katastrophalen Folgen. Zur Zeit der Richter standen Toleranz und Vielfalt hoch im Kurs (Ri 17,6). Die Könige Israels standen auf niederschwelligen Reich-Gottes-Bau – sie wollten dem Glamour der Regenten aus den umliegenden heidnischen Ländern bloß in nichts nachstehen. Der Welt zeigen, wie hipp und flott auch wir sein können – ist doch der beste Weg sie zu gewinnen, oder? So hat König Ahas (2Kö 16,12) den modernen „Look" des heidnischen Altars in Damaskus für den Jerusalemer Altar übernommen. König Jojakim, der in seinem Glauben eine vollblütige Dekonstruktion durchlaufen hatte, schnitt die Bibelrolle Stück für Stück genüsslich ab und warf sie ins Feuer (Jer 36). Er hätte in manch einer heutigen theologischen Hochschule sofort eine Topstelle bekommen. Es liegt in der Natur des gefallenen Menschen, dass er immer nach neuen Kicks und Reizen sucht. Alles, was Routine wird, langweilt ihn irgendwann. Das tägliche Manna schmeckt dem ungeheiligten Gaumen irgendwann nicht mehr. Er lechzt nach den Knoblauchzehen und Zwiebeln des alten Lebens in Ägypten. Eine bekannte Referentin in den USA hat sich in ihren alten Jahren tätowieren lassen, lese ich gerade, und verkündet mit Stolz, dass Gott ihr gesagt hat, sie sollte es tun. Wie gelangweilt, wie übersättigt muss man sein, um an so was Freude zu finden!?

Liebe Leser, lasst uns dafür sorgen, dass wir mit seinem Angesicht „gesättigt" bleiben (Ps 17,15), einen Appetit für die Nahrung entwickeln, die nur aus Gottes Wort kommt, den Glauben bewahren, den unsere Väter uns überliefert haben! Prickelnd fühlt er sich nicht immer an, zugegeben. Er kostet uns auch was. Hier haben wir es mit Nahrung zu tun, die Bestand hat für die Ewigkeit, nicht nur das kurzfristige Vergnügen dieser Welt.

8. August

DIE VERGÖTZUNG DER AUFGEKLÄRTHEIT

„Seid nüchtern, wacht!" (1Petr 5,8)

„Wir wissen es besser!" – das ist einer der gravierendsten Trugschlüsse jugendlicher Unreife. Ich schäme mich jetzt, wenn ich mich daran erinnere, wie arrogant, zuversichtlich, besserwisserisch ich in meiner Jugend oft war – meinen Eltern und älteren Glaubensgeschwistern gegenüber. Wie überzeugt wir waren, dass wir den Alten zeigen könnten, wie man eine dynamische Gemeinde baut – und zehn Jahre später lagen uns nur Scherben zu Füßen, während wir mit dem Propheten Elia stöhnten: *„... ich bin nicht besser als meine Väter"* (1Kö 19,4). Vielleicht dachte auch Jeremia an die Unreife seiner Jugend, als er schrieb: *„So spricht der HERR: Tretet auf die Wege, seht und fragt nach den Pfaden der Vorzeit, wo denn der Weg zum Guten sei, und geht ihn! So werdet ihr Ruhe finden für eure Seelen. Aber sie sagen: Wir wollen ihn nicht gehen"* (Jer 6,16). Wichtig ist: Diese Wege der geistlichen Väter sind biblische Wege. Manchmal müssen wir uns in aller Liebe und Weisheit von älteren Geschwistern absetzen, wenn diese auf ungute, unbiblische Weise kontrollierend, manipulierend, pharisäisch sind.

Jugendlicher Leichtsinn ist die eine Sache. Frisch aus der Bibelschule, voller Tatendrang, im Sturm-und-Drang-Modus: Einem jungen Christen kann man nachsehen, dass er manchmal über die Stränge schlägt und meint, klüger zu sein als seine Mentoren und Lehrer. Das Problem ist, wenn er in der Haltung mit 50, 60, 70 Jahren bleibt. Wenn er immer noch von sich und seinen Meinungen überzeugt ist, nachdem er selbst Mentor und Lehrer geworden ist. Wenn das Volk Israel immer wieder vom Glauben abfiel, waren oft ausgerechnet ihre Leiter ganz vorne dabei. Aaron machte das goldene Kalb (2Mo 32). Die Söhne Korachs führten eine große Rebellion gegen Mose an (4Mo 16). Im Buch der Richter waren die Leviten auf Wanderschaft und auf der Suche nach Selbstverwirklichung (Ri 17) statt in den Städten, die Gott ihnen zugeteilt hatte.

Was können wir daraus lernen? Heiligkeit geschieht nicht von allein. Wir müssen rechtzeitig Vorsorge gegen die schleichenden Einflüsse der Sünde treffen – aktiv, täglich, trotzig und entschlossen. Schwerkraft zieht nach unten, nicht nach oben. Deshalb entscheidet die träge gewordene

Seele immer zugunsten des Fleisches, egal in welchem Bereich. Wenn ich mich für ein konsequentes Leben als Jünger Jesu stark mache, bin ich auf die Gnade Gottes und die Hilfe des Heiligen Geistes völlig angewiesen, um der Kraft entgegenzutreten, mit der die Welt mit ihrer Gottlosigkeit mich runterziehen will. Nicht ohne Grund mahnt Petrus: *„Seid nüchtern, wacht! Euer Widersacher, der Teufel, geht umher wie ein brüllender Löwe und sucht, wen er verschlingen kann“* (1Petr 5,8). Wie gut ist es zu wissen, dass es eine Kraft gibt, die größer ist als die Schliche des Feindes – und das ist die Kraft unseres Gottes, die wir täglich, auch heute, in Anspruch nehmen können.

9. August

WO SIND DIE VORBILDER GEBLIEBEN?

„Deshalb lasst nun auch uns, da wir eine so große Wolke von Zeugen um uns haben, jede Bürde und die uns so leicht umstrickende Sünde ablegen und mit Ausdauer laufen den vor uns liegenden Wettlauf“ (Hebr 12,1)

Es gibt sie auch heute: die Mentoren, Zeugen, geistlichen Eltern, die uns anfeuern, ermutigen, uns dazu anhalten, auf den Wegen des Herrn zu bleiben und unser Glück in ihm und unsere Lebensanweisungen in seinem Wort zu suchen. Ich treffe die lebenden Vorbilder überall, wo ich hinreise. Liebe Geschwister im Herrn, die sein Wort liebhaben, Gemeinde nach seinen Prinzipien bauen, bemüht sind, Menschen für Jesus zu gewinnen und die nächste Generation auf dem Weg des Glaubens mitzuziehen. Es gibt aber auch erschütternde Enttäuschungen. Ein Prediger, der uns vor vielen Jahren durch die Bibel geführt hat und mit seinen Erkenntnissen, seinem Wissen, seiner Liebe für das Wort inspirierte, marschiert in seinem Alter jetzt in die entgegengesetzte Richtung, schreibt Blogbeiträge, in denen er uns erklärt, dass alles, was er früher behauptet hat, nicht richtig war – er hat sich „weiterentwickelt“.

Aber eine *„Wolke von Zeugen“* (Hebr 12,1) begegnet mir jedes Mal, wenn ich meine Bibel aufschlage – die Gemeinschaft dieser Vorbilder suche ich jeden Tag, und erst recht, wenn ich müde und verzweifelt bin. Ich stelle beim Lesen fest, dass es ihnen allen auch schon mal ging wie mir, dass manche von ihnen in ähnlichen Zeiten des Abfalls vom Glauben lebten wie wir. Ich finde in ihrem Ausharren und ihrem Mut Trost und Kraft. Geistliche Väter der Kirchengeschichte feuern mich auf ähnliche Weise an. Gott sei Dank, dass sie so viel von ihren Erfahrungen festgehalten haben in Schriften, die ich auf meinem Bücherregal habe. Gestern mailte mir eine gute Freundin den folgenden Text aus der Kantate *Alles, was ihr tut* von Dietrich Buxtehude (1637-1707). Wie aktuell und Mut machend sind diese Worte heute!

„Alles, was ihr tut mit Worten oder mit Werken, das tut alles im Namen Jesu,
und danket Gott und dem Vater durch ihn.
Dir, dir Höchster, dir allein, alles, Allerhöchster, dir,
Sinnen, Kräfte und Begier ich nur aufzuopfern meine,
Alles sei nach aller Pflicht nur zu deinem Preis gericht.
Helft mir spielen, jauchzen, singen, hebt die Herzen himmelan,
jubele, was jubeln kann, lasst all' Instrumenten klingen.
Alles sei nach aller Pflicht nur zu deinem Preis gericht."
„Rette, HERR! – denn der Getreue ist dahin, denn die Treuen sind verschwunden unter den Menschenkindern" (Ps 12,2).

10. August

GOTT – IN EINER KISTE?

„Nein, ich, der HERR, ich habe mich nicht geändert" (Mal 3,6)

„You can't put God in a box." Wir sollen Gott nicht einschränken, in keine „Kiste" stecken, ihn nicht begrenzen, wird mir und vielleicht auch euch immer wieder gesagt. Er ist doch viel größer als die Vorstellungen, die wir uns über ihn machen, als die Regeln und Gesetze, nach denen wir meinen, unser Leben führen zu sollen. Extremcharismatiker missbrauchen diesen Spruch als Ausrede für die Suche nach dramatischen, emotionalen oder

spirituellen Erlebnissen, mit denen sie zurecht auf Skepsis stoßen. Menschen, die sich durch die Aufforderungen der Bibel zu einem Leben des Gehorsams Gott gegenüber eingeschränkt fühlen, behaupten, Gott sei viel größer als die Buchstaben in einem Buch, wir sollen seine Gnade nicht begrenzen. Klingt so verlockend, oder?
Tatsache ist, Gott hat sich beschränkt – absichtlich, damit wir jenseits aller Zweifel in unserer menschlichen Begrenztheit begreifen können, wer er ist und was er von uns möchte. Ja, es gibt Buchstaben. Zehn einfache Sätze in 2. Mose 20, die einer gefallenen Menschheit die Chance geben, auf dieser Erde zu leben, wenn sie nur auf diese Gebote achten. Gott beschränkt sich auf zwei steinerne Tafeln. Später auf eine Kiste gefüllt mit Heu und Stroh. Er beschränkt sich 33 Jahre lang auf einen menschlichen Körper, lässt sich drei Tage lang in einem Grab einsperren vor jenem herrlichen Auferstehungstag, an dem er alle Schranken durchbricht und selbst die Banden des Todes sprengt. Natürlich kann man Gott nicht in eine Kiste stecken, natürlich ist er viel größer als alle menschlichen Vorstellungen. Aber er machte sich klein für uns, lebte uns 33 Jahre lang vor, wie Gott sich sein Geschöpf „Mensch" vorgestellt hat, und hinterließ in seinem Wort eine Gebrauchsanleitung, von der *„bis der Himmel und die Erde vergehen ... auch nicht ein Jota oder ein Strichlein von dem Gesetz vergehen (soll), bis alles geschehen ist"* (Mt 5,18). Nein, Gott entwickelt sich nicht, ändert sich nicht, handelt nicht außerhalb des Rahmens seiner Göttlichkeit, um uns zu gefallen. Denn mitten in allen sich wandelnden Moden, Trends, Irrungen und Wirrungen der Weltgeschichte gibt es zwei Elemente, die sich nie geändert haben: die Niedertracht des menschlichen Herzens und das herrliche Rettungsangebot Gottes. Solange ein Mensch in der Lage ist, einem anderen Menschen Schaden zuzufügen, solange wird sich kein Strich aus diesem Buch des Lebens ändern. Die Prinzipien Gottes sind rein gesellschaftlich gesehen unsere einzige Chance, zivilisiert und ordentlich miteinander umzugehen. Die Schwachen zu schützen, die Starken zu zähmen. Sein Heilsangebot durch Christus ist unsere einzige Chance, Nächstenliebe so zu verinnerlichen, dass es ein Bedürfnis für uns wird, anderen Gutes zu tun und ein Segen zu sein für den kleinen Teil der Welt, in den Gott uns gesetzt hat.

11. August

„HAUPTSACHE NUR JESUS"?

„Der Himmel und die Erde werden vergehen, meine Worte aber werden nicht vergehen" (Mk 13,31)

Für einen „dritten Weg" in der Spannung zwischen traditionell bibeltreuen Christen und liberalen Christen plädiert eine neue Strömung in der pluralistischen kirchlichen Szene unseres Landes. Sie klingt auf den ersten Blick vernünftig. „Nicht konservativ, nicht post-evangelikal, sondern Christus-orientiert", schlägt ein Theologe vor. Wir sollen alle unseren theologischen Horizont erweitern. Nicht hinschauen, „wo einer theologisch verortet ist, sondern welches Christus-Interesse ihn treibt." Hauptsache immer Jesus, sagte ein anderer – keine Haarspalterei über biblische Begriffe, keine Moralpredigten.

Das Problem mit dieser Theologie ist ... Jesus selbst, hat mit Nachdruck ermahnt: *„Denn wahrlich, ich sage euch: Bis der Himmel und die Erde vergehen, soll auch nicht ein Jota oder ein Strichlein von dem Gesetz vergehen, bis alles geschehen ist"* (Mt 5,18). Eine Diskussion darüber, wie viel für wahr gehalten werden kann, gibt es bei ihm nicht. Er kennt die Schriften in- und auswendig, erinnert zum Beispiel bei Auseinandersetzungen zum Thema Ehe an Aussagen aus dem ersten Buch Mose (Mt 19,4ff), zitiert Jonas Aufenthalt im Bauch des Fisches (Mt 12,40), listet neun der zehn Gebote auf, um klarzumachen, dass sie nach wie vor als verbindlich gelten – das Sabbatgebot wiederholt er nicht –, und setzt mit der Bergpredigt (Mt 5–7) sogar noch eins drauf. An vielen Stellen greift er Verse aus den Psalmen und den Propheten auf. Die Eckpfeiler seines Kampfes gegen Satan in der Wüste sind Stellen aus dem fünften Buch Mose. Deshalb ist es absurd, die Person Jesu von dem, was er sagt, abzugrenzen. Es ist nur eine Ausrede, um einen Bogen um seine unbequemeren Aussagen zu machen und das Alte Testament in seiner Gültigkeit für heute abzuwerten. Weder von seinen eigenen Worten noch von denen des Alten Testaments, die auf ihn hindeuten, kann Jesus losgelöst werden. Er wird als das fleischgewordene Wort Gottes vorgestellt (Joh 1,14), spricht Worte Gottes und besteht ohne Wenn und Aber darauf: *„Wer meine Gebote hat und sie hält, der ist es, der mich liebt; wer aber mich liebt, wird von meinem Vater geliebt werden; und ich werde ihn lieben und mich selbst ihm offenbaren"* (Joh 14,21).

An keiner Stelle sucht Jesus um der Einheit willen nach einem Mittelweg, nach einem Deal, der alle theologischen Varianten berücksichtigt und niemanden diskriminiert. Der Versuch moderner Theologen, Gott nicht zu begrenzen, ist nichts anderes als die alte feindliche Taktik, sein Wesen harmlos und seine Weisungen irrrelevant zu machen, dem Löwen die Zähne zu ziehen und ihn auf ein so kleines Format zu bringen, dass wir ihn kontrollieren können. Ich bleibe lieber bei dem großen Gott der alten Schriften. „*Wenn du in den Evangelien nur das glaubst, was dir gefällt, und alles ablehnst, was dir nicht gefällt, glaubst du nicht an das Evangelium, sondern an dich selbst*" (Augustinus). Keinen Mittelweg, keinen „dritten Weg" – sondern den biblischen Weg wollen wir suchen!

12. August

WERDET NICHT GLEICH WIE DIESE WELT

„Verstreut und abgesondert" (Est 3,8)

„*Und ich bin den Juden wie ein Jude geworden, damit ich Juden gewinne; denen, die unter Gesetz sind, wie einer unter Gesetz – obwohl ich selbst nicht unter Gesetz bin –, damit ich die, welche unter Gesetz sind, gewinne*" (1Kor 9,20), schreibt Paulus an die Korinther. Dieser Vers wird immer wieder zitiert als grünes Licht für Christen, weniger spießig und altbacken zu sein und sich modernen Moden und Trends anzupassen, um Glaubensfernen Zugang zum Glauben zu geben. Na ja, gegen Anpassungen unserer Frömmigkeitsformen, um moderne Menschen zu erreichen, ist nichts einzuwenden. Ein Choralbuch in gotischer Schrift oder ein lateinischer Gesang mag für Studenten der Kirchengeschichte interessant sein, dient aber nicht unbedingt der Verständlichkeit eines Gottesdienstes für einen kirchenfernen Besucher. Kinder zwingen, eine einstündige Predigt durchzusitzen, mag in früheren Zeiten möglich gewesen sein, als Kinder generell keiner Unterhaltungskultur und Medienreizen ausgesetzt waren und wussten, wie man stillsitzt. Kindgerechte Gottesdienste sind aber heutzutage vielleicht eher an der Tagesordnung. Über Kleidung wird auch in christlichen

Kreisen viel diskutiert. Meines Erachtens müssen wir uns als Christen weder der Welt anpassen noch müssen wir altbacken aussehen. Wie wäre es mit … normal?

Sich besaufen, rauchen, prahlen über außereheliche Sexabenteuer, unappetitliche Witze machen, nur um der Welt zu zeigen, dass auch wir es auf die coole Tour können? Das ist mit diesem Vers nicht gemeint, erst recht nicht an die lebenslustigen Korinther gerichtet, die in Sachen Heiligkeit ganz schön viel Nachhilfe brauchten.

Ein Gastprediger, den wir früher sehr schätzten, fing an, Sexwitze in seiner Predigt zu erzählen, „um die Männer abzuholen“, wie er meinte. Als wir ihn darauf ansprachen, sagte er, Jesus hätte ja viel Zeit an Stammtischen in der Kneipe verbracht, wo die Männer sicher auch Frauenwitze gemacht hätten. In der Gesellschaft von Männern, die durch so was „abgeholt“ werden, fühle ich mich nicht sonderlich wohl, und – Gott sei Dank – den lieben Brüdern in unserer Gemeinde ging es auch so.

So werden wie die Welt, um die Welt „abzuholen“? Der Druck ist stark. Vor allem für unsere Jugendlichen. Cool sein, nicht auffallen durch peinliche Andersartigkeit, bloß nicht herausstechen, in den Social Media mithalten mit flotten Portraits und Urlaubsschnappschüssen.

Die Bibel zeigt einen besseren Weg. Andersartigkeit ja, aber attraktive Andersartigkeit. Die auffällige Ausstrahlung einer brennenden Liebe für Jesus. Die leuchtenden Augen derjenigen, die sich bedingungslos geliebt wissen – von keinem Geringeren als dem Gott des Universums. Die Attraktivität einer Seele, die lebt, atmet, spricht, lacht, singt – weil sie vom Kreuz Jesu berührt wurde, befreit von der beklemmenden Macht des Egoismus. Das fällt auf.

„Da gibt es ein Volk, verstreut und abgesondert unter den Völkern in allen Provinzen deines Königreiches! Und ihre Gesetze sind von denen jedes anderen Volkes verschieden, und die Gesetze des Königs befolgen sie nicht; und es ist dem König nicht angemessen, sie gewähren zu lassen“ (Est 3,8).

13. August

„ICH HABE MEINEN HORIZONT ERWEITERT“

„Alle Schrift ist von Gott eingegeben und nützlich zur Lehre, zur Überführung, zur Zurechtweisung, zur Unterweisung in der Gerechtigkeit“ (2Tim 3,16).

Mein Problem mit vielen Modewörtern der heutigen Kirchenlandschaft ist, dass ich sie nirgendwo in der Bibel finde. Der Horizont, der erweitert werden muss, die Vielfalt, die wir alle anstreben sollen, die Bibel als lebendiger Organismus, der sich ständig weiterentwickelt, die inklusive Dynamik des Reiches Gottes … Ein Prediger will das Wort „Sünde“ entsorgen und durch das Wort „Scham“ ersetzen. Keine Spur von alledem in dem Buch selbst. Ganz im Gegenteil. Wenn ich im biblischen Sinne „engstirnig“ bin, dann bin ich es gerne. Die Bibel ist per Definition ein „diskriminierendes“, d. h. trennendes oder unterscheidendes Buch. Wo wir hinsehen, finden wir in ihr Trennungen und Absonderungen. Abraham muss sich trennen von seinem heidnischen Umfeld, um als Erwählter Gottes der Urvater des ausgewählten Volkes zu sein. Israel muss sich von seinen heidnischen Nachbaren absondern. Es wird permanent zwischen rein und unrein, heilig und unheilig im Gesetz Moses unterschieden. Jeder darf rein in die Welt Gottes – aber ganz klar zu seinen Bedingungen. Der Hochzeitsgast musste ordnungsgemäß gekleidet sein – symbolisch gesehen, in den Kleidern der Gerechtigkeit Christi. Wiedergeboren, reingewaschen, als neuer Mensch unterwegs in der Nachfolge seines Herrn und Erlösers, als Liebhaber seines Wortes und seiner Weisungen. Mit solchen sind wir automatisch eins – wir müssen die Einheit nicht suchen!

Horizonte, die sich erweitern, finden wir sehr wohl – ein Blick für das Erntefeld, das sich in alle Richtungen erstreckt und nach Arbeitern schreit. Die Vielfalt jawohl … der Nationen und Völker, die das Evangelium hören sollen. Aber Diener Gottes auf der Suche nach kleinsten gemeinsamen Nennern? Bestrebt um Einheit mit jeder Couleur der Frömmigkeit oder Nicht-Frömmigkeit? Diese Einheit als Tugend feiern, unterschiedliche Auffassungen über die Rolle der Frau, über die Definition der Ehe als erstrebenswert sehen? Das finden wir nicht. *„Du aber bleibe in dem, was du gelernt hast und wovon du überzeugt bist, da du weißt, von wem du gelernt hast“*, schreibt Paulus an seinen Nachfolger Timotheus (2Tim 3,14). Auch wir dürfen diese Worte zu Herzen nehmen in einer Zeit, in der es manchmal so eine Versuchung wäre, alles ein bisschen lockerer zu sehen, um des lieben Friedens willen.

14. August

DIE SPRACHE DER GEWISSHEIT

„Wahrlich, wahrlich, ich sage dir ..." (Joh 3,3)

So fing Jesus viele seiner Predigten an. Wir haben es diese Woche schon festgestellt: Nirgendwo in der Bibel finden wir geistliche Vorbilder dabei, neue theologische Horizonte zu suchen, alte Wahrheiten umzudefinieren, Grenzen der Erkenntnis zu erweitern, alte Erkenntnisse neu auszulegen, Gott für eine neue Generation verständlich und schmackhaft zu machen. Wir werden vielmehr ermahnt, die alten Wege nicht zu verlassen, festzuhalten an der Erkenntnis, die uns von unseren geistlichen Vätern dargereicht wurde, die Grenzen zu bewachen. Bei Unklarheiten ist und bleibt die Bibel ihr eigenes Auslegewerk. Manchmal hört man spöttisch: „Wenn du sagst, Sex außerhalb einer Ehe zwischen Mann und Frau ist Sünde ... na, opferst du auch einen Stier, wenn du mal gesündigt hast? Steht ja auch in der Bibel!" Das ist eine schlaue Masche, um uns bezüglich unserer Zuversicht in die Glaubwürdigkeit der Bibel zu verunsichern. Immer wieder höre ich, wie das Verbot gleichgeschlechtlicher Beziehungen in einen Topf mit Textilvorschriften oder Opferregeln des levitischen Gesetzes geworfen wird. Das Neue Testament erklärt selbst klar genug, was mit den zeremoniellen Ordnungen des Tempels seit dem Opfer Jesu ein und für alle Male passiert ist (Hebr 10,1-18). Dagegen wurde an keiner Stelle die Sexualethik von 1. Mose 2,24 aufgehoben: *„Darum wird ein Mann seinen Vater und seine Mutter verlassen und seiner Frau anhängen, und sie werden zu einem Fleisch werden."* Jesus bekräftigt und bestätigt dieses Gebot in Matthäus 5,28.
Der gesamte Schreibstil der Bibel ist zuversichtlich, direktiv, eindeutig. Es ist nicht die Sprache der Grauzonen, sondern der festen Gewissheit.

„Erwählt euch heute, wem ihr dienen wollt“ (Jos 24,15). *„Das Leben und den Tod habe ich dir vorgelegt, den Segen und den Fluch! So wähle das Leben, damit du lebst, du und deine Nachkommen“* (5Mo 30,19). *„Niemand kann zwei Herren dienen; denn entweder wird er den einen hassen und den anderen lieben, oder er wird einem anhängen und den anderen verachten. Ihr könnt nicht Gott dienen und dem Mammon“* (Mt 6,24).

Je mehr wir in der Bibel lesen, desto mehr werden wir von dieser Sprache innerlich geprägt. Wir denken, wie die Bibel denkt, reagieren, wie Männer und Frauen der Bibel reagieren. Geraten nicht in Panik, wenn die Zeiten schwer werden, weil wir Gottes Anweisungen schon zu Herzen genommen haben, weil wir das große Bild schon im Kopf haben, die eigentliche Geschichte schon in- und auswendig kennen. Lasst uns auch heute in dieser Geschichte leben, ihre Sprache sprechen, nach ihren Spielregeln leben, und ihre Freude und Gewissheit an andere weitergeben!

15. August

DIE GRAUZONEN UND WER SIE BEWOHNT

„Und kein Wunder, denn der Satan selbst nimmt die Gestalt eines Engels des Lichts an“ (2Kor 11,14)

„Wir sind doch intelligente, moderne Leute, wir haben gelernt, differenziert zu denken“, sagte der Pfarrer, der gerade über seinen Glauben Rede und Antwort stehen sollte. „Früher hieß es, Himmel oder Hölle, schwarz oder weiß, Gott oder Teufel, Christ oder Nichtchrist.“ Sein Gesprächspartner, ein anderer Geistlicher, erwiderte mit einem bedächtigen Kopfnicken: „Wir waren naiv, wir hatten ein polarisiertes Denken.“

Ich war gespannt, ob die Herren mit Beispielen für ihr ehemaliges „polarisiertes Denken“ aufwarten würden. Ich wurde nicht enttäuscht. „Zum Beispiel die Jungfrauengeburt“, erklärte der Erste. „Erst im Theologiestudium habe ich erfahren, dass das Wort für Jungfrau ‚junge Frau‘ bedeutet – es kann also sein, dass Maria gar keine Jungfrau war!“

Mich störte vor allem der Eifer, mit dem der Mann redete, als ob diese Entdeckung die Wende der Jahrhunderte gewesen sei. Vor allem dachte ich: Wie dumm diese Aussage war. Maria mag unter anderem auch eine junge Frau gewesen sein, aber ihr Einwand nach der Ankündigung des Engels hatte mit ihrem jungen Alter nichts zu tun. *„Wie wird dies zugehen, da ich von keinem Mann weiß?"* (Lk 1,34). Es ist klar, was das Problem war. Sie war nicht verheiratet. Das würde sogar ein Kind verstehen.

Schwarz-weiß. Wahr oder nicht wahr. Rettung oder nicht-Rettung. Verloren oder gefunden. Tot oder lebendig. Die Bibel lässt da wenig Raum für Diskussionen, für Mittelwege. Wenn das polarisiertes Denken ist, dann bleibe ich mit Freude bei meinem polarisierten Denken. Wenn differenziertes Denken das Auflösen eindeutiger biblischer Wahrheiten bedeutet, dann bleibe ich lieber „undifferenziert". Auch daran ist nichts Neues: Schon unsere Kirchenväter haben es fertiggebracht, mit ihren „differenzierten Grauzonen" die Kirchenbänke zu leeren.

Grauzonen waren schon immer der Sumpf, in dem der Teufel und seine Horden sich am wohlsten fühlen. Wir finden ihn und seine Mitarbeiter immer wieder in der Bibel auf der Suche nach faulen Kompromissen, Deals. Sogar mit Jesus hat er es versucht, bei den Versuchungen in der Wüste (Mt 4,1-11). Die Worte aus 1. Mose 3 *„Hat Gott wirklich gesagt?"* (V. 1) wurden für jede neue Generation neu erfunden, neu verkleidet. Und dieser Teufel stellt sich bekanntlich nicht mit Hörnern oder mit einem Feuer spuckenden Mund vor. Sondern grinsend, mit der Bibel unter einem Arm. Sein Stil war nie konfrontativ. Er kommt schleichend, peu à peu, verkleidet als Engel des Lichts (2Kor 11,14).

„Wir haben gelernt, alles nicht so eng zu sehen", beschlossen schließlich die zwei Herren ihr Gespräch. Ich hätte ihnen gerne so viele Fragen gestellt: Wie es in ihren Kirchen aussieht. Ob die Botschaft, dass Maria vielleicht doch keine Jungfrau war, begeisterte Nachfolger von Jesus hervorbringen würde, Kirchenfremde in ihre Kirche zieht.

Lasst uns so denken wie die Bibel, uns prägen lassen von ihr. Schwarz/Weiß, Wahrheit/Lüge, Tod/Leben, Licht/Finsternis ohne uns dafür zu entschuldigen. Und trotzdem barmherzig, demütig, einladend, ermahnend in der Art und Weise, wie wir das biblische Gedankengut an andere weitergeben!

16. August

SEX-REVOLUTION AUF FROMM

„Und der HERR sprach: Das Klagegeschrei über Sodom und Gomorra, wahrlich, es ist groß, und ihre Sünde, wahrlich, sie ist sehr schwer“ (1Mo 18,20)

Sex vor der Ehe – gar nichts Schlimmes, behauptet eine Sex-Expertin, die inzwischen als Fachfrau in der sog. „christlichen“ Szene gilt und ein Buch nach dem anderen schreibt, um uns sexuell ahnungslosen und prüden Frommen auf die Sprünge zu helfen, damit auch wir in den Genuss prickelnder Bettabenteuer kommen können. Die Anmaßung und Arroganz der Betreiber dieses Projektes verschlägt einem den Atem. Zwei „christliche“ Podcaster, die früher evangelistisch unterwegs waren, führen ein Interview mit der Tochter eines freikirchlichen Pastors. Sie hat das Vergnügen der Einmal-Sex-Begegnungen angepriesen, also mit verschiedenen Männern ins Bett springen, um ihre „frommen Hemmungen“ loszuwerden. Als Bibelstelle dazu – *„das Wort wurde Fleisch und wohnte mitten unter uns“* (Joh 1,14)! Die zwei Herren lauschen ihr mit spürbarer Faszination. Mir wird schlecht, sodass ich das Gespräch ausschalten muss. Ich denke an die junge Missionarstochter, die neun ganze Jahre lang ihr Bett mit einem jungen Mann geteilt hatte, der vorgab, Christ zu sein, nicht vorhatte, sie zu heiraten und mehrere Mädchen gegeneinander ausspielte. Mit ihren 30 Jahren war sie erschöpft, depressiv, tief verletzt, hatte keine Lust mehr auf Ehe oder Kinder.

Sex war eine von Gottes besten Ideen, das geht aus der Bibel eindeutig hervor. Beim Lesen des Hohelieds kann man schon mal rot werden. Christen zu allen Zeiten, die aus Sex eine Geschichte von Hemmungen und Freudlosigkeit gemacht haben, kennen ihre Bibel nicht. So kostbar, wertvoll und zerbrechlich ist Gottes Geschenk der Sexualität, dass es nur im Gott gegebenen Rahmen gemäß göttlicher Bestimmungen richtig gelingen kann. Es darf nicht zum Götzen werden, sexuelles Vergnügen nicht als Selbstzweck missbraucht, Menschen dürfen für die Befriedigung der eigenen Triebe nicht instrumentalisiert werden. Sex war als Diener gedacht, nie als Meister. Er dient dem Zusammenhalt einer lebenslangen Beziehung zwischen Mann und Frau. Als Meister hinterlässt er eine Schneise

der Zerstörung – er zerstört Beziehungen, Vertrauen, Seelen, Familien, und letztlich auch den, der sie rücksichtslos auslebt. Wer sexsüchtig ist, sich an Objekten der Lust ergötzt, Sex per Mausklick im Internet holt, hat alles andere, nur keine sexuelle Befriedigung.
Wer diese Schleuse der sexuellen Beliebigkeit einmal einen Spalt aufmacht und Sex aus dem geschützten Rahmen in einer lebenslangen Ehe zwischen Mann und Frau heraushebelt, bekommt diese Schleuse kaum wieder zu. Die Anatomie eines moralischen Untergangs – und wie schnell er gehen kann – können wir im Buch der Richter genau verfolgen. Geistliche Trägheit, kleine Kompromisse hier und da, die trügerische Sicherheit des Wohlstandes, sich zurücklehnen und irgendwann die Endstation Sodom und Gomorra, das Ende einer zivilisierten Gesellschaft. Klingt negativ und bedrückend. Unsere Waffe dagegen ist stark! Mit festem Grund und besten Argumenten dürfen wir Heiligkeit verkündigen – Gottes Modell, entweder fröhlich Single oder fröhlich verheiratet – und Gottes Wort fröhlich bekannt machen!

17. August

DIE LEBENSRETTENDE AUFFORDERUNG

„Ihr sollt keine anderen Götter haben neben mir“ (2Mo 20,3)

Wenn ich mein Kind ermahne, nicht auf die befahrene Straße zu rennen, bloß nicht die heiße Herdplatte anzufassen, nicht auf den Schrank zu klettern, dann klagt kein vernünftiger Mensch über Enge, Gesetzlichkeit oder prüde Kleinkariertheit. Es geht ja um die Sicherheit des Kindes. Einmal eine dieser Grenzen missachtet, und das Kind kann tot oder fürs Leben geschädigt sein. Es nicht zu warnen, wäre fahrlässige Lieblosigkeit. Wie viel mehr, wenn es um die Gebote Gottes geht!
Die Götter der Ägypter, Römer, Griechen und Babylonier – der antiken Kulturen, die in der Bibel eine Rolle spielen – mögen für uns inzwischen Witzfiguren sein, aber wir dürfen uns nicht weismachen, dass sie die Erfindungen rückständiger Fantasien waren. Sie leben und sind auch heute

wohlauf, nur unter anderen Namen. Klimahysterie ist nichts anderes als der Glaube an die alten Naturgötter. Berechtigter Umweltschutz verwandelt sich in Anbetung der natürlichen Welt. Eros, der Sexgott – vor dem gibt es heute kein Entkommen. Er grinst uns aus jeder Werbung, von jeder Internetseite an. Vorbei die Tage, an denen in einer zivilisierten Gesellschaft Bildung, Forschung und technische Fortschritte im Mittelpunkt der Kultur standen. Jetzt steht die Besessenheit von menschlichen Genitalien im Mittelpunkt. Dragqueens drängen in Kindergärten hinein und zeigen kleinsten Kindern, wie Sex funktioniert. Wenn es nach den Genderideologen geht, werden sich Schulkinder bald besser mit dem Innenleben von einem Bordell auskennen als mit der Multiplikation zweistelliger Zahlen. Da ist der Gott Eros am Werk. Er will angebetet werden. Die alten Kriegsgötter finden wir jedes Mal, wenn wir die Tageszeitung aufschlagen. Götter des Geldes, Besitzes, Wassers – für jeden Lebensbereich gab es eine Gottheit. Götter, die ihre Verehrer fressen und zerstören.

Und es gibt nur einen, der über allen steht und der wahre Gott ist: der Gott Israels, der Gott der Bibel. Der, der den mächtigen Pharao und seine vielen Götter – über Wind, Wetter, Wasser, Tiere – in die Knie gezwungen und gezeigt hat, wer der wahre Gott ist, bevor er sein Volk mit mächtiger Hand aus Ägypten herausführte.

Vor einigen Jahren schlenderten wir durch die Ruinen der antiken Stadt Megiddo in Nordisrael. Was wie ein Steinhaufen aussieht, ist der Überrest von einem Altar des Gottes Moloch, ein Favorit bei den Ammonitern und Moabitern in alttestamentlicher Zeit. Es war den Israeliten ausdrücklich verboten, ihre Kinder *„durchs Feuer gehen“* zu lassen (3Mo 18,21; 5Mo 18,10). Kinder bei lebendigem Leib zu verbrennen, war Molochs Lieblingspraxis. Das galt vermutlich als fortschrittlich. Kinder als Verbrauchsmaterial geopfert auf dem Altar einer Kultur, die von der Sucht nach Vergnügen besessen ist und alles entsorgt, was dem im Weg steht. Die Parallele zu modernen Abtreibungspraktiken ist nicht zu übersehen. Lasst uns diese Schliche des Feindes durchschauen, erkennen, wer dahintersteht – *„die alte Schlange“* (Offb 12,9) – und in der Kraft des Herrn seine Kultur des Lebens in unserer Mitte aufbauen!

18. August

DIE SCHLANGE IM GARTEN UND DAS NEUE GEFLÜSTER

„Jeder tat, was recht war in seinen Augen" (Ri 17,6)

„Ich bin überzeugt, dass Gott dabei ist, das Spielfeld ganz neu zu gestalten und wir dürfen da freudig ins Neuland mitlaufen" – Originalton eines bekannten Jugendpredigers im deutschen Raum. „Wir sollen nicht mehr über Sünde reden, reden wir lieber über Scham!" Klingt sehr schlau, oder? Spannend, neu, abenteuerlich. Aber inzwischen gehen bei mir sämtliche rote Lichter an, wenn ich so was höre. Das Spielfeld neugestalten? Stimmte etwas mit dem „alten Spielfeld" nicht? Wenn ja, was denn? Ins Neuland? Welches? Wer bestimmt, welche Regel auf diesem neuen Spielfeld gilt? Wer ist da der Chef? Wer schreibt Gott vor, wie die Neugestaltung aussehen soll? Ich glaube, ich bleibe lieber auf dem alten Spielfeld.

„Klar ist die Bibel wahr. Sie enthält vieles, was wahr ist. Aber sie ist nicht die Wahrheit, sie enthält nur Wahrheit" – ein Satz, den ich immer wieder aus dem Mund moderner Prediger zu hören bekomme. Ja, aber wer entscheidet, was in der Bibel als verbindlich gelten soll, und was nicht?

Seht ihr, wie dieser Feind an Raffinesse nicht zu überbieten ist? Das sind nur zwei aus vielen bedenklichen Sprüchen, auf die ich in den letzten Tagen zufällig gestoßen bin. Alles blumige und zynische Taktiken des Feindes, der am Anfang der Zeit schon zu Adam und Eva flüsterte: „Sagt mal, wer ist dieser Gott, der es wagt, euch vorzuschreiben, was du glauben sollst, wie du leben sollst … mach doch selbst, entscheide doch selbst, werde dein eigener Gott, das kriegst du hin!" So oder ähnlich.

Das Buch der Richter zeigt uns, was geschieht, wenn der Mensch sich zum Maß aller Dinge macht. Jeder tat, was in seinen Augen richtig war (Ri 17,6; 21,25). Am Ende bleibt nur die Macht des Stärkeren über die Schwächeren. Alles so unnötig! Wenn das Volk Gottes nur wachsam auf sein Wort geachtet hätte … es wäre ihnen so gut gegangen. Diese Dinge stehen in der Bibel als Warnung (1Kor 10,11). Wir können, dürfen, sollen es anders machen. Aufmerksam in Gottes Wort lesen, seine Weisungen zu Herzen nehmen, in ihnen leben. Dann wird uns nichts mehr empören, überraschen, aus der Bahn werfen. Denn auch unsere Kultur, unsere Gesellschaft, die Entwicklungen unserer Zeit finden wir in der Bibel dargestellt. Auch Anweisungen, wie wir mutig bleiben, feststehen, bestehen können und auch in den dunkelsten Zeiten Salz und Licht sein können.

19. August

DER „FORTSCHRITT" LÄSST GRÜSSEN

„Und seid nicht gleichförmig dieser Welt, sondern werdet verwandelt durch die Erneuerung des Sinnes, dass ihr prüft, was der Wille Gottes ist: das Gute und Wohlgefällige und Vollkommene" (Röm 12,2)

Wir lesen immer wieder von massenhaften Kirchenaustritten. Dann heißt es: „Die Kirche muss sich neu erfinden!", oder: „Wir müssen unseren Glauben für die jungen Leute attraktiver machen!" Das sollen die Lösungsansätze für die leergefegten Kirchenräume sein. Im Bereich der Freikirchen will man sich ebenfalls weiterentwickeln: Bibeltexte hinsichtlich Sexualethik, Familie und Gemeinde werden dem Zeitgeist entsprechend neu ausgelegt, die seit der Zeit der Urgemeinde bis vor kurzem noch anders verstanden wurden. Diesen Teil der evangelikalen Christen kann man als „progressiv" bezeichnen, sie sind also „fortschrittlich".

Fortschritt ist an sich nichts Schlechtes. Er ist gut, gerade wenn es um unser Verständnis von Gottes Wort und Wachstum im Glauben geht. Ich möchte kein Baby-Christ bleiben, sondern feste Speise vertragen, so wie es Paulus im 1. Korintherbrief 3,2 beschreibt. *Progressiv* meint allerdings nicht nur unseren Fortschritt im Glauben. Es geht den Vertretern des progressiven Christentums mehr um eine fortschrittliche Auslegung der Bibel, um neue Offenbarungen, die über die Grundlagen des historischen Christentums hinausgehen. Alisa Childers, eine amerikanische Musikerin und Bloggerin, hat das in ihrem Buch *Ankern* gut erklärt. Sie unterscheidet zwischen zwei Arten des Fortschritts: Einerseits gibt es die fortschreitende Offenbarung innerhalb der Bibel, wie sie das historische Christentum versteht. Danach hat Gott den Menschen im Lauf der Zeit

mehr und mehr Informationen über sich offenbart. Ihren Höhepunkt findet diese Offenbarung in Jesus Christus. Progressive Christen vertreten auf der anderen Seite die Ansicht, dass die ersten Christen in der Bibel Glaubenssätze vertreten, die heute überholt sind, zeitbedingt waren. Wir gehen heute über das historische biblische Verständnis hinaus.
Was sagt uns denn die Bibel dazu? In Römer 12,2 lesen wir: *„Und seid nicht gleichförmig dieser Welt, sondern werdet verwandelt durch die Erneuerung des Sinnes, dass ihr prüft, was der Wille Gottes ist: das Gute und Wohlgefällige und Vollkommene."* Danach ist eins sicher: Eine dynamische Entwicklung des Glaubens, die sich an den Veränderungen in der Gesellschaft orientiert und offensichtlich nicht dem Willen Gottes entspricht, kann nicht richtig sein. Lasst uns zuletzt noch einen Blick auf Jesus werfen. Als seine Nachfolger sollen wir ihm nacheifern, ihm ähnlich sein. Und sein Evangelium war von Anfang an ein Stein des Anstoßes. Warum also sollten wir die gute Botschaft verwässern oder sogar verfälschen? Lasst uns Gott um Weisheit bitten, dass wir sein Wort so verstehen, wie er es meint, und um Mut, uns nicht dem Geist dieser Welt anzupassen.

Johanna

20. August

„MEINE WAHRHEIT"

„Ich bin der Weg und die Wahrheit und das Leben. Niemand kommt zum Vater als nur durch mich" (Joh 14,6)

In unserer Gesellschaft ist alles relativ geworden. Wer einen Absolutheitsanspruch geltend macht, wird mindestens schräg angeschaut, wahrscheinlich sogar eher als intolerant angeklagt. Ich erinnere mich an ein Gespräch mit einer Schulfreundin über das Thema Abtreibung. Als ich ihr sagte, dass ich glaube, dass jeder Mensch von Anfang an einen Wert hat, weil er in Gottes Ebenbild geschaffen wurde, meinte sie: „Ja, das ist dann eben *dein* Glaube." Als ich meine Position entsprechend bekräftigt habe, kam das überhaupt

nicht gut an. Das ist typisch für unsere Zeit: Alles geht, es gibt weder richtig noch falsch, jeder soll nach seiner Façon selig werden.
Laut der Bibel gibt es aber eine absolute, allgemein gültige Wahrheit. Jesus sagt in Johannes 14,6: *„Ich bin der Weg und die Wahrheit und das Leben. Niemand kommt zum Vater als nur durch mich."* Das ist ein krasses Gegenprogramm zu der postmodernen Annahme, dass es keine objektive Wahrheit gibt und Moral nicht klar definiert werden kann. Diesen Geist spüre ich in vielen Gesprächen sehr deutlich, auch bei anderen Christen. Manchmal ertappe ich mich selbst dabei, wie ich Aussagen ein bisschen relativiere, um nicht zu bestimmt aufzutreten oder meinem Gegenüber nicht auf den Schlips zu treten. Dabei gibt es sehr wohl richtig und falsch, auch wenn das vielen Menschen nicht gefällt. Eine der größten Lügen unserer Zeit ist das Mantra „Lebe deine Wahrheit" – wir sollen selbst bestimmen, was für uns gut und richtig ist.
Das ist besonders verheerend für Kinder, und das macht mir große Sorge. Kinder sind darauf angewiesen, dass sie sich an bestimmten Strukturen orientieren oder Dinge in Kategorien einordnen können. Das merken wir schon bei Malia. Sie wird 2 Jahre alt und seit einer ganzen Weile schon teilt sie jeden Erwachsenen, dem sie begegnet, in die Kategorien „Mama" und „Papa" oder „Mann" und „Frau" ein. Das gibt ihr Sicherheit. Genauso wenig tun wir den Menschen einen Gefallen, wenn wir biblische Wahrheiten weichkochen und jedem selbst die Entscheidung überlassen, wer Gott ist, was zur Rettung notwendig ist und wie wir ein Leben führen, das Gott gefällt. Wir dürfen nicht vergessen, dass es eine gute Botschaft ist, die wir zu verkünden haben. Der König der Welt ist an einer Beziehung zu uns interessiert und hat das größte Opfer aller Zeiten nicht gescheut, um eine Lösung für unsere Sünde zu finden. Gottes Wort als Wahrheit anzuerkennen, schafft ein festes Fundament für mein Leben. Dafür bin ich sehr dankbar.

Johanna

21. August

KÖNNEN KINDER FEURIGER IM GLAUBEN SEIN ALS IHRE ELTERN?

„... ihm und seinen Nachkommen nach ihm wird ein Bund ewigen Priestertums zuteilwerden, weil er für seinen Gott geeifert und für die Söhne Israel Sühnung erwirkt hat" (4Mo 25,12-13)

Der Freundeskreis meiner Eltern bestand hauptsächlich aus Missionaren. Wir lebten in Afrika, mein Vater war Geschäftsmann, aber gläubig, und so ergab es sich, dass die Menschen, mit denen wir am meisten gemeinsam hatten, weniger die Aufsteiger der Geschäftswelt waren, sondern eher die hartgesottenen Diener Gottes auf dem Missionsfeld. Heilige der alten Schule, Nachfolger Jesu, die wirklich alles hingelegt und geopfert hatten, um ihm ein Leben lang unter zum Teil widrigsten Umständen zu dienen und ein Lebenswerk daraus zu machen. Ihr Vorbild war wiederum die Vorgängergeneration in der Mission gewesen. Das sind die Missionare, die ihre Habseligkeiten in einen Sarg packten, als sie in die Mission zogen, weil sie mit ziemlicher Sicherheit davon ausgehen konnten, dass sie den Auftrag nicht überleben würden. Mit diesen Geschichten sind wir groß geworden. Charles Studd, Hudson Taylor, Amy Carmichael und viele weitere, die *„dem Lamm folgen, wohin es auch geht"* (Offb 14,4) – auch wenn es den Tod bedeutet.

Immer wieder frage ich mich verzweifelt: Wo bleibt das Feuer, die Opferbereitschaft dieser ersten Generationen von geistlichen Pionieren? Oder wo ist in unserem Land die klare Verkündigung unserer geistlichen Vorbilder – von Paul Gerhard, Wilhelm Busch, von mächtigen Predigern aus dem Altpietismus bei uns in Süddeutschland, die eine ganze Kultur geprägt haben? Ist es unvermeidlich, dass geistliches Feuer mit jeder Generation abnimmt, dass die erste Liebe durch Wohlstand und Bequemlichkeit erstickt wird? Dass aus einstigen Pionierfamilien weiche Diplomaten werden? Einige der Vorantreiber der sog „progressiven" Theologie heute hatten Eltern und Großeltern, die zu ihrer Zeit Vorantreiber der Erweckung und der Rückkehr zum Wort Gottes waren. Wie tragisch ist denn das!

Ein Beispiel haben wir in der Bibel von dem Enkelsohn eines Pioniers, der genauso kompromisslos war wie sein Großvater – vielleicht sogar noch

mehr. Er hieß Pinhas und war der Enkelsohn des Priesters Aaron. Sein Eifer für den Herrn lässt sich durch einschneidende Ereignisse aus der Familienchronik erklären. Einmal das Desaster, das sein Großvater auslöste, als er tatenlos zuschaute, wie das Volk Gottes um ein goldenes Kalb tanzte. Dann der plötzliche Tod seiner beiden Onkel, als sie den Geboten Gottes trotzten und fremdes Feuer ins Heiligtum brachten (3Mo 10,1-2). Offensichtlich hat Pinhas die richtigen Schlüsse gezogen: „So nicht. Nicht mit mir." So war er es, der den Israeliten und seine midianitische Gespielin Kosbi beim Liebesakt tötete, um Gottes Zorn über den Götzendienst Israels zu besänftigen (4Mo 25,1-9). Seine Belohnung ist ein Versprechen Gottes für ihn und seine Familie: *„Siehe, ich gebe ihm meinen Bund des Friedens. Und ihm und seinen Nachkommen nach ihm wird ein Bund ewigen Priestertums zuteilwerden, weil er für seinen Gott geeifert und für die Söhne Israel Sühnung erwirkt hat"* (4Mo 25,12-13).
Wollen wir es wagen, uns einzusetzen, zu glauben, zuversichtlich zu hoffen, dass eine zweite Generation in unserer Mitte aufwächst, die aus der Sünde der Eltern Lehren zieht, und wie Pinhas entschieden ist, Gott mehr zu fürchten als Menschen, Ruf, Ansehen, Sicherheit!

22. August

IN DIE OFFENSIVE

„Und als der Priester Pinhas und ... die bei ihm waren, die Worte hörten, die die Söhne Ruben und die Söhne Gad und die Söhne Manasse redeten, war es gut in ihren Augen" (Jos 22,30)

Gestern haben wir die Geschichte von Pinhas angeschaut, der sich mit einer beeindruckenden Kühnheit gegen die Dekadenz seiner Mitbürger im Volk Gottes stellte, um ihrem sündigen Treiben ein Ende zu setzen. Die Furcht vor der Heiligkeit Gottes war ihm wichtiger als sein eigenes Leben. Natürlich bedeutet das für uns nicht, dass wir mit einem Schwert auf unsere Mitmenschen losgehen, wenn sie sündigen. In einem späteren Vorfall geht er in einem internen Konflikt mit einer beeindruckenden Weisheit und Vorsicht vor, die zeigen, wie wenig er es auf Gewalt abgesehen hat. Diese Begebenheit findet sich in Josua 22.

Die innere Haltung von Pinhas können wir uns genau anschauen und uns ein Beispiel daran nehmen. Er weiß, was mit einem Volk geschieht, wenn es sich von Gott abwendet. Anders als die meisten anderen im Volk hat er ein gutes Gedächtnis. Die Katastrophen mit dem goldenen Kalb und der Rebellion der Leviten der Familie Korach gegen Mose haben ihn tief geprägt. Er gehört zu der Generation, die die Sünden der Väter mit 40 Jahren Überstunden in der Wüste büßen musste. Ein klares „nie wieder" ist in sein Herz eingebrannt. Sein Schwert spricht für eine offensive Haltung. Keine vorsichtige Diplomatie hier. Keine Um-den-heißen-Brei-reden-Taktik, um Beziehungen zu schonen, um keinen Anstoß zu erregen oder Harmonie und Einheit zu bewahren. Sünde ist pures Gift. Das, was in jahrelanger mühsamer Kleinarbeit aufgebaut wurde, kann über Nacht in Schutt und Asche zu unseren Füßen liegen, das weiß dieser Priester aus eigener schmerzhafter Erfahrung.

In neutestamentlicher Sprache heißt es, wir sollen unser Licht nicht unter einem Scheffel verbergen, sondern leuchten lassen, wir sollen Salz und Licht sein in einer faden, trägegewordenen Kultur. Nicht mit dem ermahnenden Zeigefinger, nicht in der Verteidigungspose, nicht mit der Absicht, hauptsächlich uns und die uns Anvertrauten vor der Bosheit der Welt zu schützen, sondern wie Pinhas – in der Offensive, in Fürbitte, in der Verkündigung, in unserer aktiven Liebe für und Sorge um unsere Mitmenschen. Unser Lebensmodell ist dem der Welt doch weit überlegen!

Eine glückliche und stabile christliche Ehe ist Paradies im Vergleich zu der Unsicherheit einer Partnerschaft auf Zeit, nach Lust und Laune. Kinder, die in einer intakten, glücklichen Familie aufwachsen, stechen immer mehr heraus in unserer Zeit. Gesunde, lebenstüchtige junge Menschen sind bald die Ausnahme, nicht mehr die Regel. Was für eine Chance für uns Christen, der Welt zu zeigen, dass es anders geht. Nicht damit zurückzuhalten. Sie in unsere Gemeinden, Familien, Jugendkreise einzuladen, damit sie selbst sehen, wie es ist, wenn Menschen in der Nachfolge Jesu leben. Was für eine Chance, Gemeinden zu bauen, in denen wir mit einladender Zuversicht sagen können: *„Schmecket und sehet, wie freundlich der HERR ist!"* (Ps 34,9).

23. August

DIE KLUGHEIT DER EINFACHEN LEUTE

„... nicht viele Weise nach dem Fleisch" (1Kor 1,26)

„Jesus sprach: Ich preise dich, Vater, Herr des Himmels und der Erde, dass du dies vor Weisen und Verständigen verborgen und es Unmündigen offenbart hast" (Mt 11,25).
„Denn seht, eure Berufung, Brüder, dass es nicht viele Weise nach dem Fleisch, nicht viele Mächtige, nicht viele Edle sind; sondern das Törichte der Welt hat Gott auserwählt, damit er die Weisen zuschanden macht" (1Kor 1,26-27).
Manchmal muss man ein Kind sein, um die Wege Gottes zu verstehen. Einfach, vertrauend, mit offenen, neugierigen Augen durch die Gegend laufen. Die offensichtlichen, eigentlich wichtigen Fragen stellen und für offensichtliche Antworten dankbar sein. Wer hat diese herrliche Welt gemacht? Hat er sich zu erkennen gegeben? Kann ich ihn kennenlernen, mehr über ihn herausfinden? Warum läuft so viel schief in dieser herrlichen Welt? Gibt es eine Erklärung? Eine Lösung?
Wir erleben in unserer Zeit eine große Krise der gebildeten Schicht, auch im Leib Christi. Akademiker sind für Irrwege besonders anfällig, vermutlich weil sie sich selbst für klug halten und übermäßig von sich selbst überzeugt sind. Schlau zu sein heißt nicht, dass man recht hat, sondern dass man eher in Gefahr ist, nicht zu erkennen, wenn man unrecht hat.
Gott hat es den Klugen verborgen ... Kindern offenbart. Kein Wunder, dass Gott es „Unmündigen" lieber offenbart. Sie sind wenigstens lernbereit. „Es gibt besonders viele gläubige Leute unter Bauern und Landwirten", kommentierte neulich jemand. Wir plauderten eine Weile, warum das der Fall ist, und stellten fest, dass die Bibel stark auf Landwirtschaft und Handwerk setzt – klar, die Menschen lebten damals in einer Agrargesellschaft. Aber die enge Verbindung zum Land, die Arbeit mit den Händen, die Verbindung zwischen harter Arbeit und Brotgewinnung, irgendwie ist es gesund, hält demütig, bodenständig, abhängig von Gott. Ich habe nichts gegen Akademiker, es ist auch zum Teil meine eigene Welt. Ich stehe auf Bildung – unsere jungen Leute sollten auch als Christen ihr Bestes geben, um auch in der Welt voranzukommen, in allen Sparten des Lebens ein Segen zu sein. Große Intelligenz gepaart mit tiefer Demut ist

ein Powerpaket im Dienst des Herrn. Paulus ist da ein großes Vorbild. Gebildet, zur akademischen Elite zugehörig, sehr talentiert, und dennoch: *„Und ich, als ich zu euch kam, Brüder, kam nicht, um euch mit Vortrefflichkeit der Rede oder Weisheit das Geheimnis Gottes zu verkündigen. Denn ich nahm mir vor, nichts anderes unter euch zu wissen als nur Jesus Christus, und ihn als gekreuzigt. Und ich war bei euch in Schwachheit und mit Furcht und in vielem Zittern; und meine Rede und meine Predigt bestand nicht in überredenden Worten der Weisheit, sondern in Erweisung des Geistes und der Kraft, damit euer Glaube nicht auf Menschenweisheit, sondern auf Gottes Kraft beruhe“* (1Kor 2,1-5).

24. August

KIRCHENGESCHICHTE, DIE SICH WIEDERHOLT

„Nein, ich, der HERR, ich habe mich nicht geändert“ (Mal 3,6)

Wie wir schon gesehen haben, ist an vielen neuen Trends, mit denen wir in unseren Kirchen zu tun haben, nichts Neues. Dass es auf dem Meer stürmisch sein kann, ist zu erwarten. Dass ein gut gebautes Schiff dem Sturm standhalten kann, ist auch zu erwarten. Solange das tobende Wasser im Meer bleibt und das Schiff davon frei ist, wird es nicht untergehen. Kritisch wird es, wenn das Wasser anfängt, in das Schiff hineinzuschwappen. Noch kritischer, wenn es der Schiffsbesatzung gar nicht auffällt, dass Wasser hineinkommt. Am schlimmsten ist, wenn die Seeleute selbst Löcher in das Schiff schlagen und das Wasser absichtlich hineinlassen. Ein treffendes Bild für die Zeitgeist-Trends, mit denen der Feind das Schiff, das Kirche heißt, zum Kentern bringen will.
Unsere Aufgabe ist es, das Wasser aus dem Schiff rauszuhalten. Die Stimme zu erheben, wenn Sprüche fallen wie:
„Jesus war auch ein Kind seiner Zeit. Nicht alles ist ernst zu nehmen, was er sagte.“
„Mein theologisches Bild hat sich erweitert.“
„Homosexualität in der heutigen Form gab es nicht zur biblischen Zeit.“
„Hauptsache, zwei Menschen lieben sich – was kann da falsch dran sein?“

Oder – und spätestens dieser neue Trend soll uns wachrütteln, falls nichts anderes uns bisher wachgerüttelt hat: „Man darf heute nicht mehr von Sünde reden, sondern nur von Scham."
Als Kommentar unter einem Facebook-Beitrag zu diesem Thema von Dr. Markus Till steht folgende Beobachtung: *„Die sogenannte progressive bzw. postevangelikale Theologie ist nichts anderes als ein* Aufguss der liberalen Theologie des letzten Jahrhunderts. Durchseucht von den Ansätzen des historisch-kritischen Denkens wird sie die Gemeinden, die sich darauf einlassen, dahin führen, wohin auch die liberale Theologie geführt hat: zum Sterben von Gemeinden!"
Besonders anfällig für einen Rutsch in den Liberalismus hinein scheinen Gemeinden zu sein, die unter extremer Gesetzlichkeit gelitten haben, sodass ihre durch den erhobenen Zeigefinger gebeutelte Gemeindeglieder auf alles springen, was Gott als nett und umgänglich präsentiert. Oder extrem charismatische Gemeinden, die sich vor lauter Suche nach neuen Sensationen und emotionalen Highlights für esoterische Kräfte öffnen, und genauso wie die Liberalen einen Gott mögen, der ihnen nichts abverlangt, sie so lässt wie sie sind, und ihnen Wohlfühlerlebnisse liefert. Lasst uns Menschen des Wortes bleiben, unsere Freude an seinen Weisungen haben, und auf die vermeintlichen Abkürzungen verzichten, die nur ins Verderben führen!

DIE UNTERWEISUNGEN DES PETRUS

Petrus' bewegtes Leben haben wir schon angeschaut. Der Fischer aus bescheidenen Verhältnissen ist einer, der auch 2000 Jahre später immer noch das Evangelium von Jesus Christus weiterpredigt: durch das Markusevangelium (das von Petrus erzählt und von Markus aufgeschrieben wurde), durch die Apostelgeschichte und durch zwei Briefe. In den kommenden Tagen wollen wir seine Schriften anschauen. Da steckt so viel Spannendes und Wichtiges drin. Man liest sie ganz anders, nachdem man sich mit Petrus als Person beschäftigt hat.

25. August

JESU FREUNDE GREIFEN ZUR FEDER

„Es hat auch mir gut geschienen, der ich allem von Anfang an genau gefolgt bin, es dir, hochedler Theophilus, der Reihe nach zu schreiben“ (Lk 1,3)

Das Bedürfnis der Freunde Jesu, ihre Erfahrungen nach Jesu Himmelfahrt schriftlich festzuhalten, war dringlich und stark. Besonders aktiv waren Petrus, Jakobus und Johannes, die drei, die am intensivsten mit Jesus zusammen waren und zu seinem innersten Kreis gehörten. Diese drei ahnen, dass Mächte aufstehen werden, die alles daransetzen, die Worte und Taten Jesu in Zweifel zu ziehen. Es hatte ja gleich nach Verschwinden des Leichnams Jesu angefangen. Erste Gerüchte kursierten, dass alles Fake war und keine Auferstehung stattgefunden hatte. Die Freunde Jesu werden nicht müde, die Glaubwürdigkeit ihrer Augenzeugenberichte zu betonen:

„Das ist der Jünger, der von diesen Dingen zeugt und der dies geschrieben hat; und wir wissen, dass sein Zeugnis wahr ist“ (Joh 21,24).

„Es hat auch mir gut geschienen, der ich allem von Anfang an genau gefolgt bin, es dir, hochedler Theophilus, der Reihe nach zu schreiben, damit du die Zuverlässigkeit der Dinge erkennst, in denen du unterrichtet worden bist“ (Lk 1,3-4).

„Denn wir haben euch die Macht und Ankunft unseres Herrn Jesus Christus kundgetan, nicht indem wir ausgeklügelten Fabeln folgten, sondern *weil wir Augenzeugen seiner herrlichen Größe gewesen sind“* (2Petr 1,16).

Unsere Beschäftigung mit dem Leben des Petrus hat mich neugierig gemacht, seine Schriften noch mal gründlich zu untersuchen. Einzigartig an diesen Texten ist die Unmittelbarkeit der damaligen Geschehnisse, die man in ihnen spürt. Die Anmaßung, mit der moderne Intellektuelle über diese Texte herfallen und sie in Frage stellen, wird mir irgendwie immer peinlicher. Diese Freunde Jesu haben ihr Leben geopfert für die Dringlichkeit der Botschaft, die sie verkündet haben. Viel lieber höre ich auf ihre lebensverändernden Worte als auf selbsternannte Fachleute 2000 Jahre später, die die Kraft und Herausforderung des Evangeliums relativieren wollen. Ich lade euch ein, mit mir zusammen einen Blick in die Schriften des Petrus zu werfen. Lasst uns seine Erkenntnisse und Beobachtungen auf unser eigenes Leben wirken lassen und von einem

Mann lernen, dessen ungeschliffene und raue Persönlichkeit in der Nähe des Herrn völlig umgekrempelt wurde!

26. August

LETZTE ANWEISUNGEN AN DEN „FELS"

„Und wenn du einst zurückgekehrt bist, so stärke deine Brüder!"
(Lk 22,32)

Das sagte Jesus zu Petrus vor seiner Kreuzigung. Er wusste, was Petrus noch nicht wusste – dass der Übermut und die Selbstüberschätzung dieses Mannes („Wenn nötig, sterbe ich mit dir!", vgl. V. 33) mit einer peinlichen Bruchlandung enden würde. Von Paulus wissen wir, dass der auferstandene Jesus mindestens eine Begegnung unter vier Augen mit Petrus hatte (1Kor 15,5), bevor er sich den anderen Jüngern zeigte. Lukas bestätigt das in seinem Bericht: *„Der Herr ist wirklich auferweckt worden und dem Simon erschienen"* (Lk 24,34).

In den 40 Tagen zwischen Auferstehung und Himmelfahrt hat Jesus viel Zeit mit seiner Gemeindegründungsmannschaft verbracht. So gerne würde ich wissen, worüber Petrus und Jesus sich unter vier Augen unterhalten haben. Aber vielleicht wissen wir es doch. Denn Petrus hat die Aufgabe ernst genommen, seine Brüder zu stärken – durch seine Lehre, seine Ermahnungen, seine furchtlose Verkündigung des Evangeliums. Auch wir gehören zu diesen Brüdern, die er stärken sollte. Wenn einer aus erster Hand und aus nächster Nähe die Pläne und Absichten des Herrn mitbekommen hat, dann Petrus. Auch 2000 Jahre später spricht er immer noch zu uns – durch das Markusevangelium, durch die Apostelgeschichte und durch die zwei Petrusbriefe. Von keinem anderen biblischen Charakter erfahren wir so viel. An einer Stelle im zweiten Petrusbrief nennt er einen der Gründe, warum er die Briefe geschrieben hat: *„damit ihr … wisst, dass in den letzten Tagen Spötter mit Spötterei kommen werden, die nach ihren eigenen Begierden wandeln"* (2Petr 3,3). Mich tröstet der Gedanke, dass seine Worte direkt an uns gerichtet sind. Zu keiner Zeit in der Geschichte wurde vermutlich so viel über Gott und sein Wort gespottet wie heute. Die Verfolgung von Christen nimmt weltweit rasant zu, auch in unserem Land wird es ungemütlich, biblische Positionen klar zu vertreten. Petrus denkt tatsächlich an uns, während er schreibt. Wie ein Vater, der um das Wohl seiner Kinder besorgt ist, schüttet er sein Herz aus in diesen Briefen und gibt Anweisungen, wie wir schwere Zeiten durchstehen und an unserem Zeugnis für Jesus festhalten können. In dieser kurzen Studie können wir seine Lehre nicht Vers für Vers durchkämmen, obwohl ich das sehr empfehlen würde! Aber vier Hauptthemen können wir aus diesen Briefen aufgreifen, jedes Einzelne hoch relevant für unsere Zeit. Hausaufgabe für heute: In welchen Lebensbereichen spürst du Widerstand gegen deinen Glauben? Familie, Arbeit, vielleicht sogar in der Gemeinde? Notiere dir diese Punkte und schaue, ob Petrus nicht auch dazu etwas zu sagen hat!

27. August

PETRUS BEFESTIGT DIE GRUNDLAGEN

„Ihnen (den Propheten) wurde es offenbart, dass sie nicht sich selbst, sondern euch dienten im Blick auf das, was euch jetzt verkündet worden ist" (1Petr 1,12)

Vier Hauptthemen möchte ich in den kommenden Tagen aus den Petrusbriefen aufgreifen. Vier dringende Botschaften, mit denen Petrus uns, seine „Brüder" (natürlich sind auch Schwestern gemeint), stärken möchte. Das erste ist die Glaubwürdigkeit der Schriften. Passt mal auf, was Paulus an Timotheus geschrieben hat: *„Dies aber wisse, dass in den letzten Tagen schwere Zeiten eintreten werden; denn die Menschen werden selbstsüchtig sein, geldliebend, prahlerisch, hochmütig, Lästerer, den Eltern ungehorsam, undankbar, unheilig, lieblos, unversöhnlich, Verleumder, unenthaltsam, grausam, das Gute nicht liebend, Verräter, unbesonnen, aufgeblasen, mehr das Vergnügen liebend als Gott, die eine Form der Gottesfurcht haben, deren Kraft aber verleugnen. Und von diesen wende dich weg!"* (2Tim 3,1-5).

Kann es sein, dass diese Worte direkt an uns gerichtet sind? Und später, seine Ermutigung: *„Alle Schrift ist von Gott eingegeben und nützlich zur Lehre, zur Überführung, zur Zurechtweisung, zur Unterweisung in der Gerechtigkeit, damit der Mensch Gottes richtig ist, für jedes gute Werk ausgerüstet“* (2Tim 3,16). Alle Verfasser in der Bibel sind sich in einer Sache einig: Die Bibel ist kein Bastelbuch mit Seiten, die nach Belieben ausgerissen werden können. Das ganze Neue Testament ist eine einzige, dringliche, fortlaufende Warnung, genau das *nicht* zu machen, was in vielen Gemeinden inzwischen gang und gäbe ist: die Wahrheit des biblischen Vermächtnisses umzudeuten, sie dem Zeitgeist anzupassen. Dass die Ironie dieser Tatsachen vielen dieser hochintelligenten Akademiker nicht auffällt, könnte man belächeln, wäre es nicht so verheerend für den Leib Christi. Petrus betont, dass die Schriften zeitübergreifend für uns geschrieben sind: *„Ihnen (den Propheten) wurde es offenbart, dass sie nicht sich selbst, sondern euch dienten im Blick auf das, was euch jetzt verkündet worden ist“* (1Petr 1,12).
„Ja, natürlich glaube ich, dass die Bibel inspiriert ist“, behauptete einmal ein Bekannter: „Ein wichtiges Buch, es enthält viele interessante Gedanken.“ Er verstand „inspiriert“ im gleichen Sinne, wie Shakespeares Werke oder die Gedichte von Heine oder Schiller inspiriert sind. Wie steht es mit uns? Sind wir Menschen des Wortes, lassen wir uns von ihm prägen und lenken, oder ist es nur eine inspirierende Lektüre, nichts Weiteres?

28. August

DIE SCHÄTZE DER TORAH

„Er nahm aber die Zwölf zu sich und sprach zu ihnen: Siehe, wir gehen hinauf nach Jerusalem, und es wird alles vollendet werden, was durch die Propheten auf den Sohn des Menschen hin geschrieben ist“ (Lk 18,31)

Den Zweifel an der Glaubwürdigkeit alttestamentlicher Texte, der heute so modern geworden ist, finden wir nirgendwo in den Schriften selbst. Jesus und seine Freunde waren Männer der Torah, sie standen voll und ganz unter der Autorität der Bücher Mose und der Propheten, sie lebten in der Geschichte ihres Volkes. So auch Petrus in seinen Briefen. In 1. Petrus 3,20, wie auch in 2. Petrus 2,5, erwähnt er Noah und die Sintflut. In 2. Petrus 2,7 kommen Lot und die Zerstörung von Sodom und Gomorra zur Sprache. Petrus zieht klare Parallelen zu seiner Zeit und damit auch zu unserer Zeit. Sein Fazit: *„Der Herr weiß die Gottesfürchtigen aus der Versuchung zu retten"* (2Petr 2,9).

In 1. Petrus 2,6 zitiert er direkt aus dem Propheten Jesaja (28,16) und erinnert uns daran, dass die Propheten früherer Zeiten ganz klar den Christus erkannt haben: *„Denn es ist in der Schrift enthalten: ‚Siehe, ich lege in Zion einen auserwählten, kostbaren Eckstein; und wer an ihn glaubt, wird nicht zuschanden werden' ... ‚Der Stein, den die Bauleute verworfen haben, dieser ist zum Eckstein geworden', und: ‚ein Stein des Anstoßes und ein Fels des Anstoßes zur Sünde'. Da sie nicht gehorsam sind, stoßen sie sich an dem Wort, wozu sie auch bestimmt worden sind"* (1Petr 2,6.7-8).

Gleich danach zitiert er die Offenbarungen des Propheten Hosea und wendet sie direkt auf das Volk des neuen Bundes an: *„... die ihr einst ‚nicht ein Volk' wart, jetzt aber ein Volk Gottes seid; die ihr ‚nicht Barmherzigkeit empfangen hattet', jetzt aber Barmherzigkeit empfangen habt"* (1Petr 2,10). Und: *„Und ich will zu Lo-Ammi sagen: Du bist mein Volk! Und er wird sagen: Mein Gott!"* (Hos 2,25).

Aber die unbestrittene Qualifikation, die für die Glaubwürdigkeit von Petrus bürgt, ist, dass er selbst in der ersten Reihe saß und die Herrlichkeit Gottes „live" erlebt hat. Hier liegt die Autorität, die allem anderen, was er sagt, Gewicht verleiht. Ohne zu zögern, reiht er sich in die Linie der Männer Gottes ein, die die Schriften verfasst haben: *„Denn wir haben euch die Macht und Ankunft unseres Herrn Jesus Christus kundgetan, nicht indem wir ausgeklügelten Fabeln folgten, sondern weil wir Augenzeugen seiner herrlichen Größe gewesen sind. Denn er empfing von Gott, dem Vater, Ehre und Herrlichkeit, als von der erhabenen Herrlichkeit eine solche Stimme an ihn erging: »Dies ist mein geliebter Sohn, an dem ich Wohlgefallen gefunden habe.« Und diese Stimme hörten wir vom Himmel her ergehen, als wir mit ihm auf dem heiligen Berg waren. Und so besitzen wir das prophetische Wort umso fester, und ihr tut gut, darauf zu achten als auf eine Lampe, die an einem dunklen Ort leuchtet, bis der Tag anbricht und der Morgenstern in euren Herzen aufgeht, indem ihr dies zuerst wisst, dass keine Weissagung der Schrift aus eigener Deutung geschieht. Denn niemals wurde eine Weissagung durch den Willen eines Menschen*

hervorgebracht, sondern von Gott her redeten Menschen, getrieben von Heiligem Geist" (2Petr 1,16-21).
Morgen sehen wir uns an, welche Folgen das hat in dieser Zeit der sogenannten Vielfalt und Toleranz in der christlichen Welt.

29. August

DIE BERECHTIGTE SORGE DER ERSTEN APOSTEL

„Und aus eurer eigenen Mitte werden Männer aufstehen, die verkehrte Dinge reden, um die Jünger abzuziehen hinter sich her" (Apg 20,30)

Wir haben schon gesehen, wie es die oberste und dringlichste Priorität für Petrus und die anderen Apostel war, die Lehren, die Jesus ihnen anvertraut hatte, treu weiterzugeben. Schlagen wir 2. Petrus 2 auf und überlegen uns, ob manche dieser Schilderungen uns nicht bekannt vorkommen:
„Es waren aber auch falsche Propheten unter dem Volk, wie auch unter euch falsche Lehrer sein werden, die Verderben bringende Parteiungen heimlich einführen werden" (2Petr 2,1).
„Und aus Habsucht werden sie euch mit betrügerischen Worten kaufen" (2Petr 2,3).
„... lästern über das, was sie nicht kennen" (2Petr 2,12).
„... indem sie ungefestigte Seelen anlocken; sie haben ein in der Habsucht geübtes Herz ... sie sind abgeirrt, da sie den geraden Weg verlassen haben" (2Petr 2,14-15).
„Denn sie führen geschwollene, nichtige Reden und locken mit fleischlichen Begierden ... sie versprechen Freiheit, während sie selbst Sklaven des Verderbens sind (2Petr 2,18-19).
Sind all diese Dinge nicht eine haargenaue Beschreibung der Abwendung vom Wort Gottes, die so viele Gemeinden in unserer Zeit in die Knie zwingt? Gemeinden, die früher fröhlich mit der Bibel unterwegs waren? Von „Verderben bringenden Parteiungen" hört man überall, von der Verführung „unbefestigter Seelen" durch „betrügerische Worte", von „geschwollenen, nichtigen Reden", von Hirten, die um ihre eigene Macht mehr besorgt sind als um das Wohlergehen ihrer Schafe. Petrus' Warnung ist eindeutig: *„Da ihr, Geliebte, es nun vorher wisst, so hütet euch, dass ihr nicht*

durch den Irrtum der Ruchlosen mit fortgerissen werdet und aus eurer eigenen Festigkeit fallt!" (2Petr 3,17).
Sollen wir uns in Angst und Panik hinter die Mauern unserer Gemeinden zurückziehen, misstrauisch gegen alle sein, die von unserer Meinung abweichen, uns als die einzig Richtigen sehen, und dadurch auf der anderen Seite vom Pferd fallen – in verurteilender Gesetzlichkeit, in Stolz und pharisäischem Snobismus? Das ist ein schwieriges Spannungsfeld, in dem wir zu navigieren versuchen wollen. Sehen wir morgen weiter.

30. August

TODBRINGENDE TOLERANZ

„Ich ermahne euch aber, Brüder, dass ihr achthabt auf die, welche entgegen der Lehre, die ihr gelernt habt, Zwistigkeiten und Anstöße zur Sünde anrichten, und wendet euch von ihnen ab!" (Röm 16,17)

Mir fällt beim Studieren der Petrusbriefe und ähnlicher Passagen im Neuen Testament mit Entsetzen auf, wie hartnäckig und wiederholt die Apostel vor Irrlehren warnen. Auf jeden Fall hat dieses Thema viel mehr Gewicht in der Bibel als in unserem modernen Leib Christi, in dem es selten auf den Tisch kommt. Eigentlich wollte ich das Thema in einem kurzen Beitrag abhandeln, mir fällt aber auf, wie wichtig es diesen Männern der Bibel war. Sie wissen nichts von der Toleranz und der sogenannten Vielfalt, die oft in unseren Reihen heraufbeschwört werden. Hier ein paar weitere Kostproben: Paulus an die Römer:
„Ich ermahne euch aber, Brüder, dass ihr achthabt auf die, welche entgegen der Lehre, die ihr gelernt habt, Zwistigkeiten und Anstöße zur Sünde anrichten, und wendet euch von ihnen ab!" (Röm 16,17).
„Dies bringe in Erinnerung, indem du eindringlich vor Gott bezeugst, man solle nicht Wortstreit führen, was zu nichts nütze, sondern zum Verderben der Zuhörer ist" (2Tim 2,14).

„Denn es werden falsche Christusse und falsche Propheten aufstehen und werden große Zeichen und Wunder tun, um, wenn möglich, auch die Auserwählten zu verführen“ (Mt 24,24).

In seinem Brief an Titus nimmt Paulus kein Blatt vor den Mund und bezeichnet Irrlehrer als *„Aufsässige, hohle Schwätzer und Betrüger ... denen man den Mund stopfen muss, die ganze Häuser umkehren, indem sie um schändlichen Gewinnes willen lehren, was sich nicht gehört ... Aus diesem Grund weise sie streng zurecht, damit sie im Glauben gesund sind und nicht auf jüdische Fabeln und Gebote von Menschen achten, die sich von der Wahrheit abwenden!“* (Tit 1,10.11.13-14). Heftige Worte. Das kleine Buch Judas enthält eine ähnliche Botschaft.

Alles schön und gut. Wie sieht es praktisch für meinen Alltag aus? Wenn ich mit Aussagen von vermeintlichen Mitchristen konfrontiert werde, bei denen ich schwer schlucken muss, dann hole ich meine innere Checkliste vor: Zuerst prüfe ich immer, ob es sich wirklich um eine Irrlehre handelt oder um eine Frage des Geschmacks, um Unreife oder Unwissenheit. Zum Beispiel zucke ich zusammen, wenn ich sehe, wie manche v. a. junge christliche Influencer auf Instagram auftreten. Oder auch bei manchem, was in meiner Gemeinde läuft! Es muss in unseren Gemeinden Raum geben für Fehler, für Bruchlandungen, auch für Unreife, Konflikte und Peinlichkeiten. Es darf menscheln. Wir wollen die Freiheit in Christus spürbar werden lassen und uns nicht gegenseitig belauern und nach den Fehlern anderer suchen. Vor allem für unsere Kinder und Jugendlichen ist es fatal, wenn wir sie in einem christlichen Ghetto festhalten, aus Angst, dass die von der Welt beeinflusst werden. Mehr zum Thema Irrlehre gibt es morgen.

31. August

WAS IST EINE IRRLEHRE?

„Denn es wird eine Zeit sein, da sie die gesunde Lehre nicht ertragen, sondern nach ihren eigenen Begierden sich selbst Lehrer aufhäufen werden, weil es ihnen in den Ohren kitzelt; und sie werden die Ohren von der Wahrheit abkehren und sich zu den Fabeln hinwenden" (2Tim 4,3-4)

Packen wir das Thema Irrlehre mal ganz praktisch und von der positiven Seite an. In meinem Kursbuch „Von Frau zu Frau" habe ich einige Merkmale aufgelistet, die ich in einer christlichen Gemeinschaft erwarten würde, die gegen Irrlehre ziemlich resilient wäre. Vielleicht fallen dir weitere ein. Es ist eine lange Liste, aber es wird euch hoffentlich auffallen, wie einfach und selbstverständlich diese Punkte sind oder sein könnten. Sie kosten kein Geld, keine A-Teams von hochbegabten Mitarbeitern, keine Top-Rhetoriker:

- Diese Gemeinden haben einen tiefen Respekt vor der Autorität der Bibel als Richtschnur für das gemeinsame Leben, keine Sonder-Schwerpunkte, keine Tabuthemen, die umschifft werden, weil sie zu peinlich oder unbequem sind.
- Gemeindeglieder kommen gerne zusammen und verweilen gerne nach dem Gottesdienst.
- Gottesdienste sind relevant für das heutige Leben, greifen Themen aus dem Alltag auf
- Kinder- und Jugendarbeit werden großgeschrieben und die Jugendlichen werden aufgefordert, auch sexuell in Reinheit zu leben. Es wird offen über Sex geredet, die biblische Sexualethik wird ernst genommen.
- Es gibt Gemeindeglieder, die seit Jahrzehnten immer noch fröhlich dabei sind.
- Keine Einzelpersönlichkeit wird auf ein Podest gehoben und als Superstar verehrt, es wird im Team geleitet. Begabte, reiche, gebildete Menschen werden nicht bevorzugt behandelt.
- Inhalte und Lebensstil sind wichtiger als Abläufe und Äußerlichkeiten. Über Stilfragen (Liedgut, Instrumente, Anschaffungen) wird nicht gestritten.
- Die Predigten dürfen unbequem und herausfordernd sein, sind aber mit Gnade gewürzt.

- Sünde wird beim Namen genannt und ernst genommen, Gemeindezucht wird praktiziert, wenn nötig.
- Das Kreuz steht im Mittelpunkt von Lehre und Theologie.
- Singles, Jugendliche, Frauen, sind aktiv beteiligt.
- Die Gemeinde ist missionarisch ausgerichtet.

1. September

DIE IRRLEHREN IN UNSEREN REIHEN

„Wenn jemand zu euch kommt und diese Lehre nicht bringt, so nehmt ihn nicht ins Haus auf und grüßt ihn nicht! Denn wer ihn grüßt, nimmt teil an seinen bösen Werken“ (2Jo 10)

Wir stellen uns gerade die Frage, wie wir mit Irrlehren umgehen. Gestern haben wir gesehen, dass wir zuerst fragen müssen, ob es sich wirklich um eine Irrlehre oder normale menschliche Dummheit handelt.
Als Nächstes frage ich mich immer: Geht mich die Sache wirklich etwas an? Kann ich hier etwas Konstruktives bewirken? Falls nicht, dann bleibe ich persönlich generell dem Streit fern, so weit wie möglich, oder ich überlasse die Auseinandersetzung anderen, die bessere Nerven haben und sich berufen und befähigt fühlen, sich der Konfrontation zu stellen. Wenn ich zur Rede gestellt werde für die Positionen, die ich vertrete, dann antworte ich bestimmt, ruhig und klar. Sowohl Jesus als auch Paulus hatten keine Scheu, sich hitzige Debatten mit den Pharisäern zu liefern, sie ließen sich aber nicht einschüchtern. Solche Diskussionen können lehrreich sein, wenn sie sich ergeben. Deshalb lasse ich mich auch in Gemeinden einladen, die dabei sind, liberal zu werden und sich von früherer Bibeltreue abzuwenden. Es könnten noch Wackelkandidaten in ihren Reihen sitzen, die ich ermutigen kann, einen Schlenker zurück in die richtige Richtung zu machen.
Wenn ein unbiblischer Einfluss uns als Gemeinde direkt tangiert und anfängt, die Runde zu machen, dann nehmen unsere Ältesten öffentlich Stellung, nennen wenn nötig auch Namen. Paulus scheute sich nicht

davor, solche Einflüsse wie auch ihre Vertreter öffentlich bloßzustellen. *„Brüder, wenn auch ein Mensch von einem Fehltritt übereilt wird, so bringt ihr, die Geistlichen, einen solchen im Geist der Sanftmut wieder zurecht. Und dabei gib auf dich selbst acht, dass nicht auch du versucht wirst!“* (Gal 6,1).

Aber es gibt auch Grenzen, die nicht zu überschreiten sind: *„Wenn jemand zu euch kommt und diese Lehre nicht bringt, so nehmt ihn nicht ins Haus auf und grüßt ihn nicht! Denn wer ihn grüßt, nimmt teil an seinen bösen Werken“* (2Jo 10).

Das Ziel jeder Zurechtweisung muss sein, den Gegner für die Wahrheit zu gewinnen. Wenn er sich nicht gewinnen lässt, dann einfach loslassen. Endlose Dialoge, Versuche ihn umzustimmen machen nur müde und lenken uns von unserer eigentlichen Aufgabe ab, verlorene Menschen für Jesus zu gewinnen. Wenn es Familienmitglieder sind, die ich nicht einfach „loslassen“ kann oder will, dann halte ich die Beziehung warm, ohne mich aber von ihr vereinnahmen zu lassen.

Ich bin manchmal richtig bedrückt, wenn ich erfahre, dass schon wieder ein Bekannter, der unkompliziert und fröhlich mit Jesus unterwegs war, sich inzwischen von der Bibel abgewandt hat und sich über diejenigen lustig macht, die glauben. Mein bester Schutz ist, das zu tun, was Jesus gesagt hat: Staub abschütteln, und mich auf die Suche machen nach den Nächsten, die die gute Nachricht hören wollen und sie mit Freude aufnehmen. Und von diesen gibt es auch jede Menge.

2. September

GNADE UNTER DRUCK

„Seid aber jederzeit bereit zur Verantwortung jedem gegenüber, der Rechenschaft von euch über die Hoffnung in euch fordert“ (1Petr 3,15)

Für die Christen der ersten Gemeinde gehörte Verfolgung zum Alltag. Etwas anderes haben sie nicht erwartet. Damit sind wir bei dem zweiten Schwerpunkt von Petrus angelangt. Unsere vielen Jahre des Wohlstands, der religiösen Freiheit und der politischen Sicherheit hätte bei den ersten

Christen nur ein verwirrtes Kopfschütteln ausgelöst. Die meisten Anweisungen im Neuen Testament sind an Christen gerichtet, die stark unter Leidensdruck leben. Verfolgung kommt in verschiedenen Formen auch in unserem Leben vor. Konsequent mit Jesus zu leben, ist kein Rezept, um sich in dieser Welt beliebt zu machen, so viel ist klar. Die Welt hat unseren Herrn gehasst, sie wird auch uns hassen – Jesus kündigte das an. Auch in einem Land, in dem religiöse Freiheit zumindest noch offiziell herrscht, werden wir mit unserem Glauben Anstoß erregen, verleumdet, ausgelacht, verachtet, benachteiligt werden, Freunde verlieren.

Wie würden *wir* einen Brief an leidende Menschen beginnen? Mit Mitleidsbekundungen vermutlich: „Es tut mir so leid, dass ihr gerade solche Schwierigkeiten habt ..." Petrus fängt anders an. Er ist weder überrascht noch empört. Stattdessen bekräftigt er ihre Identität als Auserwählte in Christus und erinnert sie daran, dass sie in dieser Welt nicht zu Hause sind. Er war selbst erfahren im Umgang mit Leid wie kaum ein anderer: *„Aber wenn ihr auch leiden solltet um der Gerechtigkeit willen, glückselig seid ihr! Fürchtet aber nicht ihren Schrecken, seid auch nicht bestürzt, sondern haltet den Herrn, den Christus, in euren Herzen heilig!"* (1Petr 3,14-15).

Verfolgung darf uns nicht überraschen, sondern ist sogar ein Qualitätssiegel für die Echtheit unseres Glaubens. Wir sollen aber sichergehen, dass dieses Leid *„um der Gerechtigkeit willen"*, *„für Gutestun"* ist, und nicht um unserer Unreife oder Dummheit willen. Wir sollen uns jederzeit Christus innerlich vor Augen halten. Im nächsten Vers erklärt Petrus, wie ein Christ sich in Bedrängnis verhält: *„Seid aber jederzeit bereit zur Verantwortung jedem gegenüber, der Rechenschaft von euch über die Hoffnung in euch fordert, aber mit Sanftmut und Ehrerbietung! Und habt ein gutes Gewissen, damit die, welche euren guten Wandel in Christus verleumden, darin zuschanden werden, worin euch Übles nachgeredet wird. Denn es ist besser, wenn der Wille Gottes es will, für Gutestun zu leiden als für Bösestun"* (1Petr 3,15-17).

Die Kombination von Sanftmut, Ehrerbietung, ruhiger Klarheit und einem „guten Wandel" scheint das Erfolgsrezept zu sein. Nicht belehrend kommen, nicht mit erhobenem Zeigefinger, nicht in der Defensive, sondern unseren Gegnern durch unsere ruhige Gelassenheit und unsere Kompromisslosigkeit den Wind aus den Segeln nehmen.

Leidest du heute *„für Gutestun"*? Lass deinen guten Wandel für sich selbst sprechen! Manchmal braucht es seine Zeit, manchmal sieht man keine

Frucht davon – aber auf jeden Fall befindest du dich mit diesem Verhalten auf der Gewinnerseite.

3. September

DIE BESTE GEGENWAFFE

„... freut euch, insoweit ihr der Leiden des Christus teilhaftig seid“ (1Petr 4,13)

Keiner von uns mag es, abgelehnt zu werden. Noch weniger mögen wir es, gehasst und verleumdet zu werden. Ich bin manchmal naiv in der Führung meiner Beziehungen, gehe von Wohlwollen aus, wenn es keins gibt. Das kann manchmal richtig peinlich sein, ein schmerzhafter Weckruf. Ich vergesse sehr leicht, dass ich biblische Positionen vertrete, die mich nicht beliebt machen. Noch werden wir nicht in Handschellen abgeführt, wenn wir öffentlich zu unserem Glauben stehen. Aber unsere Beziehungswelt müssen wir locker halten, dürfen uns nicht krampfhaft an Beziehungen klammern. Wenn ein Freund oder ein Bekannter sich von seiner ersten Liebe für Jesus abwendet, wird er meist zu uns, die wir Jesus treu folgen wollen, auch auf Abstand gehen. Es hat mit uns persönlich in erster Linie nichts zu tun. Auch innerhalb der Gemeinschaft der Gläubigen müssen wir mit dieser Art von Leid rechnen. Lustlosigkeit bei Gebet und Bibellesen führt oft dazu, dass gerade gegen diejenigen geschossen wird, die feurig mit Jesus unterwegs sind. Nichts ist ärgerlicher und provozierender für einen lauwarmen Christen als einer, der Feuer und Flamme für Jesus ist. Es ist viel einfacher, verbittert zu werden, als sich davon herausfordern zu lassen, oder? In 1. Petrus 4 wiederholt und vertieft Petrus seine Gedanken über die Anfeindung, mit der wir als Jesusnachfolger rechnen müssen: *„Geliebte, lasst euch durch das Feuer der Verfolgung unter euch, das euch zur Prüfung geschieht, nicht befremden, als begegne euch etwas Fremdes; sondern freut euch, insoweit ihr der Leiden des Christus teilhaftig seid, damit ihr euch auch in der Offenbarung seiner Herrlichkeit jubelnd freut! Wenn ihr im Namen Christi geschmäht werdet, glückselig seid ihr! Denn der Geist der Herrlichkeit und Gottes ruht auf euch“* (1Petr 4,12-14).

Es ist nicht überraschend, dass Jakobus diese Gedanken in seinem Brief unterstreicht: *„Haltet es für lauter Freude, meine Brüder, wenn ihr in mancherlei Versuchungen geratet, indem ihr erkennt, dass die Bewährung eures Glaubens Ausharren bewirkt“* (Jak 1,2-3).
Petrus erinnert uns daran, dass auch hier Jesus unser Vorbild ist. Wir sollen es für eine Ehre halten, für den Namen Christi geschmäht zu werden, *„der, geschmäht, nicht wieder schmähte, leidend, nicht drohte, sondern sich dem übergab, der gerecht richtet“* (1Petr 2,23).

4. September

RESERVIERT FÜR GOTT

„Der verborgene Mensch des Herzens im unvergänglichen Schmuck des sanften und stillen Geistes, der vor Gott sehr kostbar ist“ (1Petr 3,4)

Letzte Woche saß ich am Flughafen in Birmingham, aufgewühlt und richtig frustriert. Der Flug nach England eine Woche davor war schon ein Alptraum gewesen. Mit Verspätung in Stuttgart gestartet, dann ein gehetztes Rennen durch den ganzen Frankfurter Flughafen, um den Anschlussflug nach Birmingham nicht zu verpassen, atemlos gerade noch durch die Tür stürzen ... und jetzt das gleiche Spiel auf dem Weg wieder nach Hause. Der Flug verspätet, den Anschlussflug würde ich wahrscheinlich verpassen. Das Gedankenkarussell ging schon wieder los. „Warum immer ich? Kann nicht einmal so was Einfaches wie ein Flug nach England und zurück problemlos laufen?“
Mittendrin beschloss ich, es dieses Mal anders zu machen: „Sich aufregen bringt nichts, du kannst sowieso nichts machen, jetzt nutz die Zeit, anstatt dir Szenarien auszumalen, was sonst noch schieflaufen könnte. Wenn ich erst morgen ankomme, dann komme ich halt erst morgen an. Das ist Leiden auf einem hohen Niveau.“ Ich hockte auf meinem Koffer und zwang mich mit einem Seufzer, die ersten Kapitel von Sinclair Fergusons (schottischer Prediger) Buch „Devoted to God – Blueprints for Sanctification“ („Gott geweiht – Strategien zur Heiligung“) zu lesen, das

meine Schwester mir beim Abschied in die Hand gedrückt hatte. Ich hatte in dem Moment auf alles Lust, nur nicht auf Strategien zur Heiligung. Fergusons Buch begann ausgerechnet mit Gedanken aus den Petrusbriefen. Auch in dieser ermüdenden Situation war es meine erste Aufgabe, mich in Gottes Sinne zu verhalten, und nicht über die Lästigkeit der Umstände zu schimpfen. Heiligung. Mein Leben gehört nicht mir, es ist Gottes Eigentum. Ferguson vergleicht es mit einem Tisch in einem Restaurant, auf dem das Schild „Reserviert" steht. Mein Leben, reserviert für ihn. Auch auf dem Koffer sitzend in einer Warteschlange am Flughafen.

„Der verborgene Mensch des Herzens im unvergänglichen Schmuck des sanften und stillen Geistes, der vor Gott sehr kostbar ist" (1Petr 3,4). Autsch. Mein Geist fühlte sich alles andere als sanft und still an. Aber anderen erzähle ich immer, dass es nicht auf die Gefühle ankommt. Endlich kam die erlösende Ansage, dass die Maschine bereit sei und man einsteigen könne.

Nach einem gehetzten Rennen durch den Münchener Flughafen erreichte ich sogar meinen Anschlussflug zurück nach Stuttgart. Auf dem Flug hatte ich ein tolles Gespräch mit meiner Sitznachbarin, wie auch mit einer 8-köpfigen amerikanischen Familie – offensichtlich Christen –, die auf Europatour war. Außerdem bin ich einer freundlichen älteren Dame begegnet, die Hilfe brauchte, die Treppe in den Flieger hochzusteigen. Ich war müde, beschenkt und zuversichtlich, dass Gott die ganze Zeit dabei gewesen war – Heiligung mitten im nervigen Alltag. Der dritte Schwerpunkt der Petrusbriefe.

5. September

DAS WORT MIT DEM NEGATIVEN BEIGESCHMACK

„Ebenso ihr Frauen, ordnet euch den eigenen Männern unter ..."
(1Petr 3,1)

Petrus scheut sich wie andere Verfasser der neutestamentlichen Schriften nicht, geistliche Wahrheiten direkt in die Spannungsfelder des Alltags hineinzubringen. Am Anfang der zwei Briefe hat er uns schon an unseren Stand und unsere Identität als Auserwählte in Christus erinnert. Die praktischen Folgen lassen nicht lange auf sich warten. Reserviert für Gott. Nicht mehr mein Leben, sondern das Leben des Christus in mir. Sein Eigentum. Die Grundhaltung von dienender Demut ist die wichtigste und vielleicht einzige Voraussetzung eines Lebens in der Heiligung in enger Gemeinschaft mit Jesus. Ein Übungsfeld dafür finden wir mitten in der Kernfamilie: *„Ebenso ihr Frauen, ordnet euch den eigenen Männern unter, damit sie, wenn auch einige dem Wort nicht gehorchen, ohne Wort durch den Wandel der Frauen gewonnen werden“* (1Petr 3,1).

Dieser Vers ist natürlich kein Freibrief für Familienväter und Ehemänner, herrisch und autoritär über ihre Familien zu verfügen. Ganz im Gegenteil. In Vers 7 folgt die andere Hälfte des Gebotes: *„Ihr Männer ebenso, wohnt verständnisvoll mit ihnen zusammen als dem schwächeren, dem weiblichen Gefäß, und gebt ihnen Ehre als solchen, die auch Miterben der Gnade des Lebens sind, damit eure Gebete nicht verhindert werden!“*

Geistlicher Einfluss ist dienender Einfluss. Geistliche Leiterschaft ist Autorität von unten, nicht von oben, und sie ist der Schlüssel für jede Effektivität in unserer Arbeit im Reich Gottes. *„Ordnet euch einander unter in der Furcht Christi“* (Eph 5,21). Vertrauensvolle Unterordnung ist nicht etwas, was ein Leiter einfordern kann; er verdient sie, gewinnt sie durch sein eigenes Vorbild.

Im 5. Vers wendet sich Petrus an die Jugend: *„Ebenso ihr Jüngeren, ordnet euch den Ältesten unter!“* (1Petr 5,5). Das ist ein wichtiger Hinweis in einer Zeit, in der die junge Generation mit allen möglichen Kompetenzen und Ressourcen ausgestattet ist, die ihre Eltern nicht hatten. Aber sie hat nicht unbedingt die Demut, weise damit umzugehen. Auch in Gemeinden schlittern wir – manchmal, ohne es zu merken – in ein weltliches Denken hinein, das Bildung, Geld, Einfluss, Begabungen, sozialen Status höher achtet als einen Wandel in Demut und Heiligkeit. In der Bibel finden wir wiederholt Warnungen vor dieser falschen Ordnung der Prioritäten. Es ist kein Zufall, dass Jesus keine Akademiker in seiner ersten Mannschaft hatte, sondern Männer, die es leichter als Akademiker lernen konnten, dass es um ganz andere Dinge in der Welt Gottes geht.

6. September

DER UNFEHLBARE GARANT FÜR ERFOLG IM LEBEN

„Alle aber umkleidet euch mit Demut im Umgang miteinander!“ (1Petr 5,5)

Vor einigen Jahren beklagte sich eine verzweifelte Mutter über die arrogante und undankbare Haltung ihres Teenager-Sohnes ihr gegenüber. Sie bekam keine Unterstützung von ihrem Ehemann, der arbeitslos war, und sie kratzte etwas Unterhalt durch Putzjobs zusammen. Ihr Sohn war ein Überflieger in der Schule und wollte Professor werden. Er verachtete seine Mutter, half nicht mit im Haushalt, ließ sich bedienen. Diese Geschichte höre ich in verschiedenen Varianten immer häufiger. Mein Herz blutete für diese Mutter, die ihre besten Jahre damit verbracht hatte, es ihren Kindern trotz der ungünstigen Familienverhältnisse an nichts fehlen zu lassen. Seine guten Noten in der Schule verdankte der Sohn genau dieser Hingabe und Opferbereitschaft der Mutter. Vielleicht gehören solche Hinweise in unseren Jugendkreisen lauter und nachdrücklicher gesagt. Nicht in erster Linie, um leidende Eltern zu trösten, sondern um die Zukunft dieser Jugendlichen zu sichern. Ganze 44 Verse gibt es in der Bibel über Demut. Andere Begriffe, die zum Leib Christi dazugehören, sind Folgen dieser einen Eigenschaft: Berufung, Einfluss, Wachstum, Kraft, eine gute Ehe, ein erfülltes Singlesein, mein Zeugnis in der Welt – alles nicht möglich ohne diese demütige Abhängigkeit von Gott. Mit den Worten von Petrus: *„Alle aber umkleidet euch mit Demut im Umgang miteinander! Denn ‚Gott widersteht den Hochmütigen, den Demütigen aber gibt er Gnade‘. Demütigt euch nun unter die mächtige Hand Gottes, damit er euch erhöht zur rechten Zeit“* (1Petr 5,5-7).

Das wichtigste Kennzeichen eines Jüngers Jesu ist seine Demut. Wer sich überhebt, sich für etwas Besseres hält, andere verurteilt, ohne sich selbst beurteilen zu lassen, kann damit rechnen, Gott selbst als aktiven Gegner zu haben. Das ist das Schlimmste, was einem passieren kann. Demut ist eine unverzichtbare Voraussetzung für Gemeinschaft mit Jesus, für jede Wirksamkeit im geistlichen Dienst. Die meisten Streitereien in Gemeinden haben nicht in erster Linie mit theologischen Unterschiedlichkeiten zu tun, sondern mit stolzen Haltungen. Übrigens: Je mehr wir am Herz

Gottes leben und sein Wort über allem anderen schätzen und achten, desto beziehungs- und einheitsfähiger sind wir, vereint um die Wahrheit, demütig und rücksichtsvoll in der Art und Weise, wie wir miteinander leben und wirken.

7. September

PETRUS, DER LIFESTYLE-COACH

„Wie der, welcher euch berufen hat, heilig ist, seid auch ihr im ganzen Wandel heilig!" (1Petr 1,15)

Es ist bemerkenswert und für mich so ermutigend, dass ausgerechnet der Jünger Jesu, der in seinen Jugendjahren von allen am schlimmsten versagt hatte, der mutigste Spitzenreiter bei der Gründung der Urgemeinde und der Verbreitung des Evangeliums war. Er schreibt so viel über die Eigenschaft, die ihm in seinen Anfangsjahren gefehlt hat: Demut.

Prediger Alistair Begg sagt in seiner Predigt über die Petrusbriefe: „Die fundamentale Priorität im christlichen Erlebnis, der Schlüssel zu unserer Wirksamkeit, ist unsere Demut. Gott verspricht, bei den Demütigen zu leben, seine Zeit dort zu verbringen (Jes 57,15). Demut ist der Schlüssel zur bleibenden Nähe Gottes, zu Erweckung und dem Wirken des Heiligen Geistes. Jesus war hier unser Vorbild, der seinen Freunden die Füße gewaschen hat. Er wusste, seine Kraft kommt von Gott. Er hätte das Recht gehabt, sich dienen zu lassen, hat aber gedient" (Blog *Truth for Life, Sermons from Peter*).

„Reserviert für Gott" ist das Schild, das über unserem Leben hängen soll. Aus dieser dienenden Demut entspringt Heiligkeit, nicht als äußere Anpassung an Formalitäten, sondern als ein inneres Leuchten, bewirkt durch den Heiligen Geist Gottes: *„Wie der, welcher euch berufen hat, heilig ist, seid auch ihr im ganzen Wandel heilig! Denn es steht geschrieben: Seid heilig, denn ich bin heilig"* (1Petr 1,15-16).

Diese Anweisung, wie alle Gebote in der Bibel, ist darum eher ein Bedürfnis als ein Druckmittel von außen. Sünde gehört nicht mehr zur neuen

Natur, die wir in Christus haben. Sie ist ein Fremdkörper und hat keine Chance zu bestehen, wenn wir Jesus wirklich die Herrschaft unseres Lebens übergeben: *„Legt nun ab alle Bosheit und allen Trug und Heuchelei und Neid und alles üble Nachreden"* (1Petr 2,1). Und: *„Geliebte, ich ermahne euch als Beisassen und Fremdlinge, dass ihr euch der fleischlichen Begierden, die gegen die Seele streiten, enthaltet"* (V. 11).

8. September

BEREIT FÜR DEN DIENST

„Deshalb umgürtet die Lenden eurer Gesinnung, seid nüchtern und hofft völlig auf die Gnade, die euch gebracht wird in der Offenbarung Jesu Christi! Als Kinder des Gehorsams passt euch nicht den Begierden an, die früher in eurer Unwissenheit herrschten, sondern wie der, welcher euch berufen hat, heilig ist, seid auch ihr im ganzen Wandel heilig! Denn es steht geschrieben: Seid heilig, denn ich bin heilig" (1Petr 1,13-16)

Als ich diese Verse in Vorbereitung auf unsere aktuelle Reihe durchlas, blieb ich bei der Formulierung *„umgürtet die Lenden"* kurz stecken. Es ist ein Arbeitsbegriff. Zu biblischer Zeit trugen Menschen lange Gewänder oder Tuniken, die in einen Gürtel gesteckt wurden, wenn man körperliche Aktivität verrichten musste oder auf Reisen gehen wollte. Somit konnte man sich frei bewegen. Die Israeliten werden angewiesen, mit Lenden gegürtet für den Auszug aus Ägypten bereit zu sein (2Mo 12,11).

Grundsätzlich steht „seine Lenden gürten" für Stärke und Mut (Spr 31,17 und Hi 38,3) oder Kampfbereitschaft (2Kö 3,21). Aber wir finden auch eine symbolische Bedeutung als Umgürtung mit Gerechtigkeit und Treue (Jes 11,5) oder mit Wahrheit (Eph 6,14). Hier, bei Petrus, steht es für Wachsamkeit, ein ungeteiltes Herz für das Evangelium.

Petrus erinnert seine Leser wieder an ihre Identität als Kinder Gottes: *„Ihr aber seid ein auserwähltes Geschlecht, ein königliches Priestertum, eine heilige Nation, ein Volk zum Besitztum, damit ihr die Tugenden dessen verkündigt, der euch aus der Finsternis zu seinem wunderbaren Licht berufen hat"* (1Petr 2,9).

Ohne dieses felsenfeste Wissen um unseren festen Stand in Christus wird der christliche Wandel zu einem mühsamen Gang durch Gesetze und Regeln, bei dem ich immer das Gefühl habe: Es reicht nicht, Gott und Menschen sind nicht glücklich mit mir.

9. September

LEBEN IN DER EWIGKEITSPERSPEKTIVE

„Darin jubelt ihr, die ihr jetzt eine kleine Zeit, wenn es nötig ist, in mancherlei Versuchungen betrübt worden seid" (1Petr 1,6)

Wir kommen heute zu unserem letzten Thema aus den Petrusbriefen. Die Glaubwürdigkeit der Bibel hatten wir schon, der Umgang mit Leid und Verfolgung, die Heiligung, ohne die wir Gott nicht sehen werden. In diesem letzten Teil runden wir alles ab mit einem Blick auf den wichtigsten Schwerpunkt in den Petrusbriefen, der alle anderen auch mitprägt, und zwar: „Leben als Fremdlinge hier auf Erden" / „Leben in der Ewigkeitsperspektive". Petrus schreibt seinen ersten Brief an die Fremdlinge in der Zerstreuung (Kap 1,1). Und dieser Gedanke zieht sich durch die ganzen Briefe. Viele unter euch haben es mit dem Verlust von nahestehenden Menschen zu tun gehabt, oder gehen jetzt gerade durch eine Zeit der Trauer. Da seid ihr bei Petrus an der richtigen Adresse.

In den Versen 6-9 von 1. Petrus 1 entdecken wir eine erste Auswirkung, wenn wir in der Perspektive leben, dass das Eigentliche noch kommt: *„Wenn das Heil geoffenbart worden ist [d.h. wenn wir bei IHM sind oder ER wiederkommt], werdet ihr euch jubelnd freuen, die ihr jetzt eine kurze Zeit, wenn es sein muss, traurig seid in mancherlei Anfechtungen/Prüfung/Trübsal, damit die Bewährung eures Glaubens Lob, Ehre und Herrlichkeit zur Folge habe bei der Offenbarung Jesu Christi. ... über ihn werdet ihr euch jubelnd freuen mit unaussprechlicher und herrlicher Freude, wenn ihr das Endziel eures Glaubens davontragt, die Errettung der Seelen!"*

Mit Blick auf diese große und herrliche Freude, wenn wir *Ihn* sehen dürfen, wenn unsere Seele endgültig gerettet ist, wenn wir diesen Leib, der uns

manchmal so viel Mühe macht, ablegen dürfen, können wir den täglichen Anfechtungen ganz anders ins Gesicht schauen. Wenn wir erkennen, dass diese Prüfungen dazu dienen, dass unser Glaube gestärkt wird und das in der Ewigkeit zum Lob, zur Herrlichkeit und zur Ehre ausschlagen wird, können wir diese Prüfungen in einem anderen Licht sehen.
Als Christen haben wir die Aussicht, diejenigen wieder zu sehen, die vorangegangen sind. Das, was wir hier erleben, ist nicht das Ende, sondern nur vorübergehend. „Herr, ich bete für die, die trauern, die unter Verlusten leiden – dass sie jetzt schon diese ‚unaussprechliche und herrliche Freude' vor Augen haben, die auf uns wartet, wenn auch wir das Ziel erreichen! Amen."

10. September

DENKEN VOM HIMMEL HER

„... führt euren Wandel in Furcht, solange ihr euch hier als Fremdlinge aufhaltet" (1Petr 1,17)

Gestern beschäftigten wir uns mit der Aussicht auf die Herrlichkeit, die uns erwartet. Eine zweite Auswirkung eines Lebens in der Ewigkeitsperspektive lesen wir in 1. Petrus 1,17: *„Und wenn ihr den als Vater anruft, der ohne Ansehen der Person richtet nach dem Werk jedes Einzelnen, so führt euren Wandel in Furcht, solange ihr euch hier als Fremdlinge aufhaltet."*
Petrus erinnert uns wieder daran, dass wir hier Fremdlinge sind. Menschen, die zu Jesus gehören, die *Ihm* nachfolgen, sind nicht in dieser Welt zu Hause. Wir leben in einem fremden Land, haben hier kein Bürgerrecht und sind auf dem Weg in die ewige Heimat. Wir sollten uns hier also nicht so niederlassen, als ob dies unser ständiger Aufenthaltsort wäre, sondern uns immer an unsere himmlische Bestimmung erinnern. Das erleben wir immer wieder, oder? Wenn wir zu sehr auf diese Erde fixiert sind, dann kommen wir in Probleme! Deshalb sollen wir unsere Zeit hier in Furcht leben, d.h. in Ehrfurcht vor Gott, in einer immer tieferen Ehrerbietung Gott gegenüber. Diese bekommen wir, indem wir ihn immer mehr

erkennen, wer Er ist. Je mehr wir Ihn erkennen – in erster Linie durch das Lesen und Studieren der Bibel –, desto mehr werden wir Ihn fürchten.
Und Petrus fährt fort und beschreibt die herrliche Rettung, die erst die Grundlage und Voraussetzung dafür geschaffen hat, dass wir überhaupt so leben können: *„Denn ihr wisst ja, dass ihr nicht mit vergänglichen Dingen, mit Silber oder Gold, losgekauft worden seid aus eurem nichtigen, von den Vätern überlieferten Wandel, sondern mit dem kostbaren Blut des Christus als eines makellosen und unbefleckten Lammes"* (V. 18-19).
Diese Verse erinnern uns daran, wie wertvoll wir in Gottes Augen sind, dass Er uns selbst losgekauft hat mit dem kostbaren Blut von Jesus Christus. Er hat uns freigekauft von dem Lebensstil dieser Welt. Damals erkannten wir nicht, wie vergeblich und sinnlos unser Leben war, weil wir am eigentlichen Ziel vorbeilebten. Wir gehören nun zu einer anderen Welt. Weil Er den Höchstpreis bezahlte als Lösegeld für uns, sollen wir nicht mehr in den Wegen dieser Welt gehen, sondern in den Wegen unseres eigentlichen himmlischen Heimatlandes. In der Praxis ist dieses Bewusstsein der Schlüssel für unsere Heiligung. Egal, wo wir zu kämpfen haben im Alltag – mit Zornausbrüchen, mit Kontrollsucht, mit Sorgen und Ängsten, mit Einsamkeit, mit Pornografie und Internetsucht ... Je mehr wir in der Ehrfurcht vor Gott wachsen und in der Erkenntnis, wie viel Jesus unsere Errettung gekostet hat, desto freier sind wir und desto leichter fällt es uns, rein und heilig zu leben – morgen mehr dazu!

11. September

BESUCHER AUS DER WELT GOTTES UND DER LEBENSSTIL DAZU

„... führt euren Wandel unter den Nationen gut" (1Petr 2,11)

Gestern haben wir die Auswirkungen unserer Himmelsbürgerschaft auf unseren Lebenswandel angeschaut. Die Ewigkeitsperspektive und das Leben im Alltag hier auf Erden gehen, wie wir bei Petrus sehen, Hand in

Hand. In 1. Petrus 2,11 lesen wir: *„Geliebte, ich ermahne euch als Beisassen und Fremdlinge, dass ihr euch der fleischlichen Begierden, die gegen die Seele streiten, enthaltet, und führt euren Wandel unter den Nationen gut.“*
Wir sind Fremdlinge, weil wir wiedergeboren, neu gezeugt sind, und das nicht mit vergänglichem Samen, sondern durch das ewige Wort Gottes (Kap. 1,23). Wir haben eine neue Natur bekommen, wurden in Gottes Familie hineingeboren, freigekauft von den weltlichen Begierden und gehören seither nicht mehr zu dieser Welt. Und deshalb *möchten* wirkliche Nachfolger Jesu einen guten Wandel führen, der aus dem neuen Inneren kommt. Das hatte Petrus direkt von Jesus selbst gelernt.
Jesus sagt in Matthäus 7,18: *„Jeder gute Baum bringt gute Frucht, der schlechte Baum bringt schlechte Frucht.“* Das Entscheidende ist also, was für eine Art Baum wir sind. In 1. Petrus 4,3-4 lesen wir: *„Denn die vergangene Zeit ist uns genug, den Willen der Nationen vollbracht zu haben, als ihr wandeltet in Ausschweifungen, Begierden, Trunkenheit, Festgelagen, Trinkgelagen und unerlaubten Götzendiensten. Hierbei befremdet es sie, dass ihr nicht mehr mitlauft in demselben Strom der Heillosigkeit, und sie lästern.“*
Wie wir schon gesehen haben: Die Himmelsperspektive bringt ganz schön Kosten mit sich. Menschen, die zum Glauben an Jesus kommen, die von Ihm neu gezeugt sind, sind per Definition Fremdkörper in dieser Welt, sie werden anecken und sind in einer immer dunkler werdenden Zeit eine Provokation für ihre Umgebung. Früher haben wir bei allem mitgemacht, aber aus einem neu gezeugten Herzen heraus leben Jünger Jesu nun anders. Wir vertreten andere Werte, leben enthaltsam bis zur Ehe, machen nicht mehr mit bei anzüglichen Witzen, setzen uns ein für Gottes Reich und seine Sache. Statt habgierig zu sein, werden wir großzügig. Statt mitzulästern gegen den Chef, den Lehrer, die Gemeindeleitung reden wir gut über sie. Wir sind Fremdlinge in dieser Welt und sollen immer mehr einen Gegenentwurf zu dieser Welt leben – und das befremdet unsere Umgebung und bringt sie gegen uns auf.
Die Frau eines unserer Ältesten in unserer Gemeinde heißt Daniela. Sie hat sich als Teenager bekehrt. Ihr Vater war sehr dagegen und versuchte, sie davon abzubringen, als die Glaubenstaufe anstand. Aber er merkte mit der Zeit, wie sich Danielas Glaube nach und nach auf ihr Leben auswirkte. Es hat noch über 25 Jahre gedauert, bis auch er – kurz vor seinem Tod – sein Herz für Jesus öffnete. Natürlich geht nicht jede Geschichte so gut

aus, aber ein Leben als Fremdling in dieser Welt wird hell leuchten, wir werden auf irgendeine Art und Weise Salz und Licht sein.

12. September

DIESE SCHWIERIGEN BEZIEHUNGSKISTEN

„… segnet, weil ihr wisst, dass ihr dazu berufen seid, Segen zu erben“ (1Petr 3,9)

Alles, was mit unserer Ewigkeitsperspektive zu tun hat, hat auch für unsere Beziehungen unmittelbare Folgen. Da wird es ungemütlich, denn es hat auch direkte Auswirkungen, wie wir miteinander und sogar mit unseren Feinden umgehen. Dazu lesen wir in 1. Petrus 3,9: *„Vergeltet nicht Böses mit Bösem oder Schmähung mit Schmähung [Scheltwort mit Scheltwort], sondern im Gegenteil segnet, weil ihr wisst, dass ihr dazu berufen seid, Segen zu erben.“*

Wir als Nachfolger Jesu sind dazu berufen, hier in diesem Leben, aber v.a. in der Ewigkeit Segen zu erben. Und deshalb können und müssen Christen nicht Böses mit Bösem vergelten oder zum Gegenangriff ausholen, wenn sie angegriffen werden. Wer weiß, dass der eigentliche Segen vom Herrn kommt, dass wir in Christus gesegnet sind mit jedem geistlichen Segen in der Himmelswelt (Eph 1,3) und dass ein unverwelkliches Erbe im Himmel auf uns wartet (1Petr 1,4), der muss sich hier und jetzt nicht immer durchsetzen. Der kann großzügig sein mit seinem Besitz, um damit andere zu segnen. Oder wie der Schriftsteller und Blogger Randy Alcorn sagte: Wer großzügig gibt, zeigt damit, dass Christus sein Herr ist. Darauf liegt ein Segen, der Freude hervorbringt.

Im Licht der Ewigkeit sind so manche Ehe-Streitigkeiten, Konflikte in der Gemeinde, am Arbeitsplatz oder im Bekanntenkreis, nicht mehr ganz so wichtig. Und wenn ich mich schnell ärgere oder gar bitter werde, nehme ich das als liebevollen Hinweis des Vaters im Himmel, dass mir die Welt, mein Ansehen, meine Träume noch zu wichtig sind und ich noch zu sehr mit dieser Welt verhaftet bin.

Jim Elliot war Missionar in Südamerika und wurde mit nicht einmal 30 Jahren von den Menschen getötet, denen er das Evangelium bringen wollte. Einige Zeit nach seinem Tod und dem seiner Gefährten kamen dennoch – durch das Zeugnis anderer – viele aus diesem Stamm zum Glauben. Von ihm stammt folgendes Zitat/Gebet: „Herr zeige mir, dass ich ein Fremdling sein muss, unbekümmert um irdische Dinge und ohne Bindung an sie."
Das ist auch mein Gebet, dass Gott uns immer mehr zeigt, dass wir Fremdlinge hier in dieser Welt sind und Er uns hilft, dass dies immer mehr Auswirkungen auf unsere Leben und unseren Umgang mit anderen hat.

13. September

KONTRASTPROGRAMM ZU WELT

„… freut euch, insoweit ihr der Leiden des Christus teilhaftig seid"
(1Petr 4,13)

Petrus – die Bibel überhaupt – scheut sich nicht, uns darauf vorzubereiten, dass die Ewigkeitsperspektive auch ganz schön gefährlich sein kann. Wir beten in unserer Gemeinde regelmäßig in verschiedenen Gebetstreffen für verfolgte Christen. Die Gebets-Nachrichten erschüttern uns immer wieder und fordern uns selbst heraus, wenn wir sehen, welchen Preis unsere Geschwister bezahlen, nur weil sie an Jesus glauben und ihm nachfolgen.
Es ist kein Geheimnis, dass Christen in Nordkorea ins Arbeitslager kommen, wenn sie dabei entdeckt werden, dass sie sich mit anderen treffen oder dass sie eine Bibel besitzen. Die meisten müssen bis zum Tod im Lager bleiben. Menschlich gesehen dürfte es in Nordkorea keine Christen geben, denn jeder weiß: Jesus nachzufolgen kann schwerwiegende bis tödliche Folgen haben. Und trotzdem wächst die Gemeinde Jesu in Nordkorea. Das ist natürlich das souveräne Wirken Gottes. Aber es zeigt auch, dass Menschen Jesus wirklich kennengelernt haben und dass für sie diese

Beziehung und die Hoffnung auf das ewige Leben alle Nachteile überwiegt, die es in diesem Leben für sie hat.
Petrus schreibt: *„Geliebte, lasst euch durch das Feuer der Verfolgung unter euch, das euch zur Prüfung geschieht, nicht befremden, als begegne euch etwas Fremdes; sondern freut euch, insoweit ihr der Leiden des Christus teilhaftig seid, damit ihr euch auch in der Offenbarung seiner Herrlichkeit jubelnd freut!"* (1Petr 4,12f).
Petrus tröstet die verfolgten Geschwister, die aufgrund ihres Glaubens leiden, indem er sie auf die überragende Hoffnung der Ewigkeit hinweist. Er redet die Leiden nicht klein – er hat sie ja am eigenen Leib erfahren –, sondern schaut ihnen realistisch ins Gesicht, aber er bleibt dabei nicht stehen. Er richtet den Blick auf die verheißene Herrlichkeit bei der Wiederkunft Jesu.
Unsere Geschwister in den Arbeitslagern, Gefängnissen, im Untergrund, in der Verfolgung durch Staat und Familie brauchen – genauso wie wir – diesen Zuspruch. Oft sind sie bedrückt, zweifelnd oder verzweifelt, sehen keinen Ausweg. Deshalb ist es so kostbar, im Gebet für sie einzustehen. Ich möchte uns alle ermutigen, immer wieder im Gebet an unsere verfolgten Geschwister zu denken, dass Gott sie an die herrliche Hoffnung der ewigen Heimat erinnert, dass sie Kraft haben auszuharren und dass ihr Glaube gestärkt wird.
Schließen möchte ich mit einem für mich immer wieder herausfordernden Zitat von Jim Elliot:
„Der ist kein Narr, der hingibt, was er nicht behalten kann, damit er gewinnt, was er nicht verlieren kann."

14. September

IN JESU NÄHE VERÄNDERT

„Wachset aber in der Gnade und Erkenntnis unseres Herrn und Retters Jesus Christus!" (2Petr 3,18)

Ich glaube, ich übertreibe nicht, wenn ich nach dieser Reihe über die Petrus-Briefe zum Ergebnis komme, dass kaum ein Mensch so nahe am

Herzen Jesu gelebt hat wie dieser Mann. Bei den erschütterndsten Ereignissen der Weltgeschichte saß er in der ersten Reihe. Er sah, wie sich die Herrlichkeit Gottes offenbarte, erlebte die Zeichen und Wunder, die Jesus gewirkt hat, war Zeuge seines Todes und seiner Auferstehung. Und, vielleicht am allerwichtigsten, er erfuhr aus erster Hand, wie Gott ein Leben verwandeln kann. Es ist erstaunlich, was Gott aus diesem Mann gemacht hat. Niemand fiel so tief wie Petrus. Niemand erlebte die vergebende und wiederherstellende Gnade Gottes wie Petrus. Er wurde angewiesen, „seine Brüder zu stärken" (vgl. Lk 22,32). Nach zweitausend Jahren stärkt er sie immer noch, erinnert uns an unsere Identität in Christus, macht uns Mut, in schweren Zeiten wachsam zu bleiben und dem Herrn und seinem Wort treu zu sein.

Aus einem impulsiven, ehrgeizigen, tollpatschigen jungen Aufsteiger ist ein väterlicher Hirte geworden, der nicht nur die Lehre des Herrn Jesus treu weitergibt, sondern in seiner Person ein Beispiel dafür ist, wie diese Lehre auch uns 2000 Jahre später verwandeln kann. Er führt uns, seine Leser, zur gleichen Quelle, an der er selbst lebendiges Wasser gefunden hat, und zeigt uns, wie wir leben sollen. Seine Worte sind aber kein trockenes, beklemmendes Regelwerk. In allem, womit er ermutigt, ermahnt, was er uns aufs Herz legt, ist der Herzschlag eines liebenden Heilands zu spüren, der nicht nur etwas von uns fordert, sondern uns auch die Kraft schenkt für ein Leben in dieser Welt. Und der uns immer wieder daran erinnert, woher wir kommen, wozu Gott uns bestimmt hat und wo die Reise letztlich hinführt. Damit fängt er an: „*Gepriesen sei der Gott und Vater unseres Herrn Jesus Christus, der nach seiner großen Barmherzigkeit uns wiedergeboren hat zu einer lebendigen Hoffnung durch die Auferstehung Jesu Christi aus den Toten zu einem unvergänglichen und unbefleckten und unverwelklichen Erbteil, das in den Himmeln aufbewahrt ist für euch, die ihr in der Kraft Gottes durch Glauben bewahrt werdet zur Rettung, die bereitsteht, in der letzten Zeit offenbart zu werden*" (1Petr 1,3-5).

Damit schließt er seine Briefe auch: „*Da ihr, Geliebte, es nun vorher wisst, so hütet euch, dass ihr nicht durch den Irrtum der Ruchlosen mit fortgerissen werdet und aus eurer eigenen Festigkeit fallt! Wachset aber in der Gnade und Erkenntnis unseres Herrn und Retters Jesus Christus! Ihm sei die Herrlichkeit, sowohl jetzt als auch bis zum Tag der Ewigkeit! Amen*" (2Petr 3,17-18).

15. September

DER KREIS SCHLIESST SICH

„Gedenkt eurer Führer, die das Wort Gottes zu euch geredet haben! Schaut den Ausgang ihres Wandels an, und ahmt ihren Glauben nach!“ (Hebr 13,7)

In den Tagen vor dem Tod des Petrus waren fast alle Apostel hingerichtet worden. Vor seiner Himmelfahrt hatte Jesus Petrus gewarnt: *„Wenn du alt bist, wirst du deine Hände ausstrecken, und ein anderer wird dich anziehen und dich dorthin bringen, wohin du nicht gehen willst“* (Joh 21,18-19). Die Kirchenhistoriker Tertullian, Origenes und Eusebius geben an, dass Petrus die Hände ausgestreckt wurden, dass er Gefangenenkleidung trug, dass er tatsächlich dorthin gebracht wurde, wo niemand hingehen wollte: zu einer Kreuzigung. Die Überlieferung sagt, dass er kopfüber gekreuzigt wurde, weil er sich unwürdig fühlte, so gekreuzigt zu werden, wie der Herr Jesus Christus gekreuzigt worden war. Von einem eingebildeten jungen Aufsteiger wurde er zu einem gehorsamen Nachfolger Jesu, sogar bis zum Tod. Er lebte das, was er verkündigte.

In der Reihe über Petrus musste ich neu darüber staunen, wie Jesus seine Gemeinde des neuen Bundes einer Mannschaft von Männern anvertraut, die in dieser Welt „Niemande“ waren. Ungebildet, unbekannt, unbelesen. Als Petrus und Johannes vor dem Hohen Rat standen und Zeugnis von Jesus ablegten, merkten die anwesenden Hohen Herren, *„dass es ungelehrte und ungebildete Leute“* waren (Apg 4,13), die da vor ihnen standen. Jesus marschierte an den Torhütern, den Adligen, den Meinungsmachern, den Bürokraten vorbei, hatte kein Bedürfnis, irgendwelche Mainstreamvertreter der kulturellen Trends einzuspannen. Aber diese Männer waren es, die letztlich den Auftrag verstanden, den Glauben bewahrt und die Ernte eingeholt haben. Das Evangelium braucht keine weltlichen Sponsoren, um sein Werk auszurichten. Keine Ämter, Titel, kluge Strategien, weder Status noch Salonfähigkeit. Das Evangelium ist die Kraft Gottes zum Heil aller, die glauben (Röm 1,16).

Wir können von Petrus und diesen Männern der ersten Zeit der Gemeinde so viel über Nachfolge lernen! Deswegen fordert uns der Schreiber des Hebräerbriefes auch auf: *„Gedenkt eurer Führer, die das Wort Gottes zu euch geredet haben! Schaut den Ausgang ihres Wandels an, und ahmt ihren Glauben nach!“* (Hebr 13,7).

DIE KRAFT, ANDERS ZU SEIN

Wir wollen einige Charaktere in der Bibel ansehen, die inmitten einer dekadenten Gesellschaft von Gott bewegt und zugerüstet wurden, aufzustehen und gegen den Strom zu marschieren. Manche von ihnen sind nicht so bekannt. Sie lebten in den unterschiedlichsten Kulturen, Situationen und Zeiten der Geschichte. Sie hatten aber eins gemeinsam: Sie beschäftigten sich mit den Absichten und Worten Gottes, ließen sich nicht vom Zeitgeist treiben, sondern hatten eine Kraftquelle außerhalb dieser Welt. Was können wir für unsere Zeit von ihnen lernen?

16. September

DIE KRAFT, GEGEN DEN STROM ZU SCHWIMMEN

„Seid nicht gleichförmig dieser Welt" (Röm 12,2)

Haben wir unser Christsein auf eine gelegentliche Session beim Livestream irgendeiner YouTube-Predigt reduziert? Auf Klischees, auf stimmungsvolle Lobpreislieder? Oder darf unser Glaube uns etwas kosten? Beschäftigen wir uns mit diesem Glauben, suchen wir innerlich nach der Nähe Gottes, oder ist er nur so was wie eine Hobbybeschäftigung in der Hoffnung, dass er mir hilft, wenn es in meinem Leben klemmt? Wie viel Raum darf Gott in meinem Leben einnehmen? Alles? Oder nur ausgewählte Ausschnitte – dort, wo es nicht arg wehtun darf?

Ein bekannter amerikanischer Prediger, Paul Washer, hat 2007 vor einer Halle christlicher Jugendlicher eine aufrüttelnde Predigt gehalten. Er hatte mit Sorge beobachtet, dass diese Jugendlichen mehr von einer modernen Spaß-und-Musik-Kultur geprägt waren als von einer ernsthaften Nachfolge Jesu.

„Was haben wir vergessen zu lehren?", fragte er verzweifelt. „Wann hast du zum letzten Mal gehört, wie jemand gesagt hat, dass nicht nur die Pforte zum Himmel eng, sondern auch der Weg schmal ist? Jesus weist darauf hin, dass eines der grundsätzlichen Kennzeichen eines echten Christen ist, dass er auf dem schmalen Weg wandelt" (Paul Washer, *A schocking Message, Warnung vor einem tödlichen Irrtum*, CLV).

Wir wollen in dieser Reihe einige Geheimnisse aufdecken, die Aufschluss darüber geben, warum Diener Gottes bereit sind, ohne mit einer Wimper zu zucken sogar ihr Leben aufs Spiel zu setzen für den Herrn, den sie über alles lieben und dem sie kompromisslos dienen wollen. Wir wollen uns ansehen, warum sie angesichts von Tod und Leid furchtlos bleiben. Denn solche Menschen können wir in der Zeit, in der wir leben, gut gebrauchen. Zieht euch warm an!

17. September

EIN JUNGER MANN RISKIERT ALLES

„Aus der Fülle des Herzens redet der Mund“ (Mt 12,34)

Ein junger Mann mit großem Potential, außerordentlich begabt, gehört zur Spitzenleiterschaft einer bahnbrechenden Bewegung, die die Weltgeschichte in zwei Teile spalten soll. Tag für Tag arbeitet und dient er mit Menschen zusammen, die eine sensationelle Todesauferstehung hautnah erlebt haben. Sie haben drei Jahre lang ihr Leben mit keinem geringeren als Gott selbst verbracht und sind damit beauftragt, diese lebensrettende Botschaft in die Welt zu tragen. Stephanus lernen wir in Apostelgeschichte 6 kennen. Er wird als einer der ersten Diakone der Urgemeinde gewählt und als ein Mann voll Glauben und Heiligen Geistes beschrieben (Apg 6,5). Es dauert nicht lang, bis er ins Kreuzfeuer der geistlichen Elite gerät und für seinen Glauben an Christus Rechenschaft ablegen muss. Seine Worte werden ihm im Mund umgedreht, er wird als gefährlicher Aufständischer abgestempelt. Das ganze Kapitel 7 in der Apostelgeschichte besteht aus der Rede, die er vor dem Hohen Rat der Ältesten und Schriftgelehrten hält. Lies es doch heute, wenn du Zeit hast, und staune darüber, wie gut dieser Mann seine Bibel kennt. In verkürzter Form erzählt er die ganze Geschichte Israels – ohne Notizen, ohne PowerPoint-Präsentation, nicht einmal eine Bibel hat er dabei. So weit so gut. Seine Zuhörer kennen diese Geschichte in und auswendig. Nur das Ende nicht, den Bezug, den sie zu ihrem eigenen Leben hat: *„Welchen der Propheten haben eure Väter nicht verfolgt? Und sie haben die getötet, welche die Ankunft des Gerechten vorher verkündigten, dessen Verräter und Mörder ihr jetzt geworden seid, die ihr das Gesetz durch Anordnung von Engeln empfangen und nicht befolgt habt“* (Apg 7,52-53). Starke Worte, eine Nummer zu viel für seine Gegner. Wenige Minuten später prasseln die Steine auf Stephanus‘ Kopf, und er ist tot. Der erste Märtyrer der Urgemeinde. Es sollten viele weitere folgen. Die Geschichte ist tragisch, aber irgendwie doch nicht. Schon am Anfang seiner Predigt sah der Hohe Rat *„... sein Angesicht wie eines Engels Angesicht“* (6,15). Am Ende, als seine Feinde mit Schaum vor dem Mund ihre Steine holen, sieht er *„die Himmel geöffnet und den Sohn des Menschen zur Rechten Gottes stehen!“* (7,56). Aber am auffälligsten: Dieser Mann ist voll mit dem Wort Gottes. Er

lebt und atmet Wort Gottes, er kennt sich aus, er sieht die Zusammenhänge, das große Bild. Jesus sagt in Matthäus 12,34: *„Aus der Fülle des Herzens redet der Mund."* Was drin ist, das kommt raus, erst recht in Krisenzeiten: *„In meinem Herzen habe ich dein Wort verwahrt, damit ich nicht gegen dich sündige"* (Ps 119,119).
Diese Liebe zum Wort Gottes – nicht als Machtkeule, nicht als steifer Regelkatalog, sondern als lebensverändernde Offenbarung Gottes – scheint der gemeinsame Faktor in allen Geschichten von Glaubenshelden zu sein. In den nächsten Tagen werden wir sehen, wie das Wort Gottes – im Herzen verwahrt – sich auf ihr Verhalten auswirkt. Welche Risiken bist du schon einmal aufgrund einer Erkenntnis eingegangen, die du aus dem Wort Gottes erhalten hast?

18. September

BOTSCHAFTEN AUS EINER ANDEREN WELT

„Er sandte sein Wort und heilte sie ..." (Ps 107,20)

Jede Geschichte einer lebensverändernden Begegnung mit Gott fängt an der gleichen Stelle an. Ein suchender Mensch hört etwas über Gott. Das Gehörte macht etwas mit ihm, findet Resonanz in seinem Herzen, und er handelt darauf hin. Ein Hauptmann in der Stadt Kapernaum gehörte nicht zur ersten Zielgruppe des Wirkens Jesu – wie auch viele andere, deren Leben er berührte. Er gehörte zu einer römischen Elite-Einheit, die nicht gerade für ihre Milde und Nächstenliebe bekannt war. Die Geschichte finden wir in Matthäus 8,5-13. Dieser Mann stach aber irgendwie heraus. Erstens: Weil er den Juden, sozusagen seinen Untertanen, wohlgesonnen war, er hatte ihnen sogar geholfen, ihre Synagoge zu bauen. Zweitens: Weil er ein tiefes Verständnis von der Autorität des Wortes Gottes hatte: *„Sprich nur ein Wort, und mein Diener wird gesund werden. Denn auch ich bin ein Mensch unter Befehlsgewalt und habe Soldaten unter mir; und ich sage zu diesem: Geh hin!, und er geht; und zu einem anderen: Komm!, und er kommt; und zu meinem Knecht: Tu dies!, und er tut es"* (Mt 8,8-9). Bezeichnend ist auch seine fürsorgliche Wertschätzung für seine Mitarbeiter. Er nimmt ganz schön viel Stress auf sich, um Jesus aufzusuchen und für das Leben seines Dieners zu kämpfen. Dieser Mann hat Empathie, kümmert sich um das Wohl anderer. Einiges über die Wege Gottes hat er schon vor der Begegnung mit Jesus begriffen. Er ist alles andere als ein typischer Römer.

Es gibt immer eine Vorgeschichte. Dieser Nicht-Jude kennt sich gewiss nicht so gut mit dem Wort Gottes aus wie Stephanus. Aber er hat sich auf andere Art und Weise diesem Wort ausgesetzt. Hat über die Heilungen, Zeichen und Wunder gehört, die Jesus getan hat, hat vielleicht begierig gelauscht, als Ausschnitte aus Jesu‘ Predigten weitererzählt wurden. Vielleicht war er sogar selbst dabei und hat sein eigenes Verhalten hinterfragt, zum Beispiel im Licht der Aufforderung: *„Seid barmherzig, wie euer Vater barmherzig ist“* (Lk 6,36), oder: *„Wenn jemand dich zwingen wird, eine Meile zu gehen, mit dem geh zwei!“* (Mt 5,41). Aus seinem Verhalten bei der Begegnung mit Jesus muss man schließen, dass er sich im Vorfeld eingehend mit ihm und seiner Botschaft beschäftigt hat. *„Also ist der Glaube aus der Verkündigung, die Verkündigung aber durch das Wort Christi“* (Röm 10,17). Jesu Reaktion spricht Bände: *„Selbst nicht in Israel habe ich so großen Glauben gefunden“* (Lk 7,9). Als der Hauptmann zu Hause ankommt, ist der Diener geheilt.

Verbinden auch wir das, was wir über Gott hören und lesen, mit dem Glauben an seinen Charakter, an seine Verheißungen? Kennen und lieben wir sein Wort, so wie dieser Hauptmann es getan hat?

19. September

GOTT KENNEN UND RISKANTES WAGEN

„Sie war eine Frau von klarem Verstand …“ (1Sam 25,3)

Was hat eine frustrierte Ehefrau aus wohlhabenden Verhältnissen im Alten Testament mit dem Hauptmann von Kapernaum gemeinsam? Genau das, was wie ein roter Faden durch all diese Episoden läuft: Sie hatte gewisse Dinge gehört, Informationen hier und da aufgegriffen. Zunächst

mal Gerüchte in Flüstertönen, die sie beunruhigten und ins Nachdenken brachten. Über einen Mann namens David wird zu dieser Zeit noch gespottet und gelacht. Das ist doch der Herumtreiber, der Möchte-gern-König, auf den man in Palastkreisen gar nicht gut zu sprechen ist, der ständig auf der Flucht vor König Saul ist und auf dessen Kopf man einen Preis ausgesetzt hat. Nicht gerade High-Society. Abigajil – so heißt die Frau – gehört zum Landadel in der Karmelgegend in Nordisrael. *„Sie war eine Frau von klarem Verstand und von schöner Gestalt"*, lesen wir in 1. Samuel 25,3. Aber irgendwie ist sie in eine nicht so gute Ehe hineingerutscht mit Nabal, der *„roh und boshaft in seinem Tun"* (V. 3) ist. David ist mit seinen Truppen auf dem Durchzug durch die Gegend. Er tut Nabal einen Gefallen, als er dessen Schafscherern Schutz bietet, und bittet als Gegenleistung um Nahrung für seine Männer. Nabal weigert sich, und David will mit seiner Kampfgarde ausrücken und sich rächen. Abigajil ist entsetzt, organisiert im Eilverfahren eine Notfall-Grillparty für etwa 400 hungrige Männer und zieht los, um die Lage zu retten. Erst als sie sich zu den Füßen Davids niederwirft und ihr Herz ausschüttet wird klar, was diese Frau innerlich bewegt und wie gründlich sie sich mit dem Plan Gottes für Israel beschäftigt hat. Sie weiß, dass David in der Gefahr steht, *„in Blutschuld zu geraten und dir mit eigener Hand zu helfen"* (V. 26). Sie kommt in Ehrfurcht und Demut, behandelt ihn schon jetzt als König: *„Vergib doch deiner Magd die Anmaßung! Denn sicher wird der HERR meinem Herrn ein beständiges Haus bauen, weil mein Herr die Kämpfe des HERRN kämpft. Und möge dein Leben lang nichts Böses an dir gefunden werden!"* (V. 28). Wer sich mit dem Leben Davids beschäftigt hat, weiß, dass das Thema „Blut an den Händen" später eine Rolle spielt (er darf deshalb den Tempel nicht bauen), wie auch das „beständige Haus", das Gott durch ihn bauen will. Abigajil weiß auch jenseits aller Zweifel, dass David der Auserwählte Gottes für die Königsherrschaft ist: *„Und es wird geschehen, wenn der HERR meinem Herrn all das Gute tun wird, das er dir zugesagt hat, und dich zum Fürsten über Israel bestellt, so wird dir, meinem Herrn, das kein Anstoß und kein Vorwurf des Herzens sein, dass du ohne Ursache Blut vergossen habest und dass mein Herr sich mit eigener Hand geholfen habe"* (V. 30-31).
Wenn man bedenkt, dass all diese Prognosen über das Leben Davids zu dieser Zeit nur Wunschdenken waren und Saul immer noch fest im Sattel saß, dann kann man über die prophetische Weisheit und Einsicht dieser Frau nur staunen. Sie ahnt, was Gott vorhat, läuft mit gespitzten Ohren

durch die Gegend, stellt die richtigen Fragen. Als der Moment der Entscheidung kommt, wagt sie es, gegen den Strom zu glauben und zu handeln – gegen ihren gottlosen Ehemann, gegen ihre eigenen Interessen. Wie so oft in diesen Geschichten wird sie selbst Teil der Geschichte. *„Und wenn der HERR meinem Herrn wohltun wird, so denke an deine Magd!“* (V. 31), schließt sie ihre Rede ab. Genau das macht David. Nach dem Tod Nabals nimmt er sich Abigajil zur Frau. Die Frage für heute: Sind auch wir bereit, gegen den Strom zu denken und zu handeln, weil das Wort Gottes in uns mehr Einfluss hat als gängige Meinungen und Sichtweisen?

20. September

GRABTÜCHER, DIE EINE GESCHICHTE ERZÄHLEN

„... und als er sich vornüberbeugt, sieht er die Leinentücher daliegen“ (Joh 20,5)

Je mehr wir Gottes Wort lieben und lesen, desto mehr erkennen wir Spuren von Gottes Wirken und Reden in der Welt um uns herum. Beim Lesen der Bibel finden wir überall versteckte Hinweise, Indizien, dass dieses Buch völlig stimmig ist und auf allen Kanälen die Wahrheit über Gott und seinen Rettungsplan für die Menschheit erzählt. Meine Gedanken blieben einmal im Bericht des Johannes über die Auferstehung Jesu hängen. An drei Stellen weist Johannes auf ein seltsames Detail hin, das ihm beim Blick in das leere Grab auffiel. *Leinentücher* (Joh 20,5) lagen in der Gruft, und *„das Schweißtuch ... nicht zwischen den Leinentüchern ..., sondern für sich zusammengewickelt an einem besonderen Ort“* (V. 7). Neben diesem Vers schrieb ich im Spaß in meine Bibel: „Tüchtige Mutter, gut erzogener Sohn, räumt sogar seine Grabtücher sauber auf.“
Warum werden die Leinentücher ganze drei Mal innerhalb von drei Versen erwähnt? Wenn wir den Text näher anschauen, stellen wir fest, dass nichts dem Zufall überlassen ist. Die Jünger Jesu werden diese Details mit großen Augen zur Kenntnis genommen haben – nicht weil sie Jesu Sinn für Ordnung darin erkannten. Johannes, der vermutlich aus einer priesterlichen

Familie stammte, kannte sich bestens in den Schriften der Torah aus. Mitten in einer Passage des Alten Testaments, die ich früher immer überlesen habe, heißt es: *„Er (der Priester) soll einen heiligen Leibrock aus Leinen anziehen, und leinene Beinkleider ... mit einem leinenen Gürtel soll er sich umgürten und einen Kopfbund aus Leinen sich umbinden; das sind heilige Kleider“* (3Mo 16,4). Leinentücher. Klar. Leinentücher blieben immer liegen, nachdem der Hohe Priester das Opferblut am Versöhnungsfest für das Volk in das Allheiligste gebracht hatte. Wer die Torah kannte, hatte vor sich die unbestreitbaren Beweise für das Versöhnungswerk des Messias am Kreuz. „Der Teufel steckt im Detail“, lautet der gängige Spruch. In vielen Details in der Bibel steckt nicht der Teufel, sondern das Evangelium: faszinierende „Zufälle“, die die Glaubwürdigkeit und lebensverändernde Kraft biblischer Geschehnisse untermauern. Das Alte Testament lebt plötzlich auf. Auch wir schauen mit großen Augen, wenn uns diese Zusammenhänge plötzlich ins Auge springen und uns bildhaft zeigen, was der Herr für uns getan hat und wie sehr er an uns dachte, als er diese Texte niederschreiben ließ.

21. September

GENERALPROBE FÜR DIE EIGENTLICHE VERSÖHNUNG

Christus ist „mit seinem eigenen Blut ein für alle Mal in das Heiligtum hineingegangen und hat <uns> eine ewige Erlösung erworben“ (Hebr 9,12)

Gestern sahen wir, wie Jesus eindeutige Spuren im Grab hinließ, um seinen torahkundigen Freunden sofort zu signalisieren, was hier passiert war. Die Leinenkleider des Hohen Priesters liegen hier nach vollbrachtem Dienst zusammengefaltet und sauber geordnet. Sofort werden die alten Bilder in ihren Köpfen wach: Der jährliche Versöhnungstag im hebräischen Kalender. In ehrfürchtiger und feierlicher Stimmung wird ein Ziegenbock in die Wüste geschickt, mit Sünde symbolisch beladen, damit er *„all ihre* (der Menschen) *Schuld auf sich trägt in ein ödes Land“* (3Mo 16,22). *„Und Aaron soll in das Zelt der Begegnung hineingehen und die Kleider aus Leinen* *ausziehen, die er anzog, als er in das Heiligtum hineinging, und soll sie dort niederlegen*" (3Mo 16,23). Der Hohe Priester, der stellvertretend für das Volk die Schuld auf den Kopf eines Ziegenbocks in die Wüste verbannt und das Opferblut weiterer Schlachttiere ins Allerheiligste getragen hat, legt seinen Leinenleibrock und seinen Kopfbund ab und lässt sie im Heiligtum zurück.

Aber jetzt war es nicht irgendein Opfertier, sondern der Hohe Priester selbst, Jesus Christus, wird in die Verbannung geschickt, auf einen Hügel vor den Stadtmauern Jerusalems. Er trägt auf seinen blutigen Schultern die Sünde der Welt und legt nach Vollendung des Opfers seine priesterlichen Leinengewänder sorgfältig nieder. Spätestens in diesem Moment, bei diesem eindeutigen Anblick, wird der Groschen bei den Jüngern langsam ins Fallen geraten sein. Endlich beginnen sie zu begreifen, dass das Kreuz kein tragischer Betriebsunfall war, sondern geplant seit Anfang der Zeit.

Er ist „*mit seinem eigenen Blut ein für alle Mal in das Heiligtum hineingegangen und hat uns eine ewige Erlösung erworben. Denn wenn das Blut von Böcken und Stieren ... zur Reinheit des Fleisches heiligt, wie viel mehr wird das Blut des Christus, der sich selbst ... als Opfer ohne Fehler Gott dargebracht hat euer Gewissen reinigen von toten Werken, damit ihr dem lebendigen Gott dient!*" (Hebr 9,12-14).

So leicht vergessen wir, welche gewaltigen Folgen unser Glauben an dieses Versöhnungswerk Christi für unser Leben hat. Das beklemmende Gefühl der Verdammnis, die dumpfe Angst, schuldbeladen vor Gott zu treten, das Grauen vor dem Tod und vor dem, was danach kommen könnte: Das alles löst sich auf in dem Triumphruf: „*Es ist vollbracht!*" (Joh 19,30). Meine Schuld ist für alle Zeit verbannt in die Wüste. Meine Sündhaftigkeit aufgelöst in seiner Vollkommenheit. Der Zutritt in das Allerheiligste Gottes ungehindert. Ich darf zu *dem* „Abba Vater" sagen, der das Universum geschaffen hat. Und sollte ich daran zweifeln, dann darf ich über die Schulter von Johannes in das offene Grab hineinblicken und die gefalteten Leinentücher sehen, die mich daran erinnern, dass der Hohe Priester sein Versöhnungswerk auch für mich vollendet hat.

22. September

EIN GEBEUTELTER DIENER GOTTES ZIEHT BILANZ

„Mein Gott, auf dich vertraue ich" (Ps 25,2)

Gestern haben wir festgestellt: Wenn wir das Wort Gottes kennen, sehen wir Dinge, die uns sonst entgehen würden. Uns fallen scheinbar unwichtige Details auf. Wir hören Gottes Signale, erkennen seine Anspielungen – sowohl beim Lesen seines Wortes als auch in unserem eigenen Alltag. Ein junger Mann im Alten Testament hat genau das erlebt. Beim Lesen seiner Geschichte staunt man darüber, was für traumatische Krisen er durchleben muss und mit welcher Hartnäckigkeit er nach jedem Sturz wieder aufsteht und seinem Gott und anderen Menschen weiter dient, als ob nichts gewesen wäre.

Ich rede von Josef, Jakobs Sohn. Seine Brüder hassen ihn und verkaufen ihn in die Sklaverei. Stehaufmännchen wie er ist, genießt er einen rasanten Aufstieg an seinem neuen Arbeitsplatz, stürzt aber wieder, als ihm von Potiphars Frau – enttäuscht, dass ihre sexuellen Reize ihn kalt lassen – in verleumderischer Absicht sexuelle Nötigung unterstellt wird. Er landet im Knast. Und siehe da. Dort finden wir ihn schon wieder fröhlich dienend, wie er sich um das Wohl seiner Mitgefangenen kümmert. Wie schafft er das bloß, ohne zu verzweifeln? Er hat eine Sex-Affäre ausgeschlagen, die ihm Vorteile hätte bringen können; er bleibt mental fit und gesund, nachdem er wiederholt gedemütigt und ungerecht behandelt worden ist. Bibelkenner wissen, wie die Geschichte ausgeht. Er wird aufgefordert, seine Gabe der Traumdeutung für den Pharao einzusetzen, der von Albträumen geplagt wird, und schließlich wird er ins höchste Amt unter dem Pharao befördert. Welche Informationen hatte Josef, die ihm halfen, diesen Hürdenlauf zu durchstehen? Das erfahren wir erst gegen Ende der Geschichte. Zunächst einmal finden wir eine Botschaft in den Namen seiner Söhne: *„Und Josef gab dem Erstgeborenen den Namen Manasse. Denn Gott hat mich vergessen lassen all meine Mühe und das ganze Haus meines Vaters. Und dem zweiten gab er den Namen Ephraim. Denn Gott hat mich fruchtbar gemacht im Land meines Elends"* (1Mo 41,51-52).

Diese Sätze zeugen von einem tiefen Gottvertrauen, das sein Verhalten durch die Krisen hindurch erklärt. Glaubst du, dass Gott dich fruchtbar in dem Land deines Leidens machen kann? Morgen mehr dazu ...

23. September

IN DEN FUSSSTAPFEN JESU

„... der, geschmäht, nicht wieder schmähte, leidend, nicht drohte, sondern sich dem übergab, der gerecht richtet" (1Petr 2,23)

Gestern haben wir die schier überirdische Tapferkeit angeschaut, mit der Josef, der Sohn Jakobs, die Serie von Katastrophen durchsteht, die ihn in seinem jungen Leben überrollen. Am erstaunlichsten ist der Trost, den er, das Opfer eines schrecklichen Verbrechens, seinen Brüdern spendet, den Tätern, nachdem er seine wahre Identität verraten hat. Sehen wir uns seine Worte an: *„Seid nicht bekümmert, und werdet nicht zornig auf euch selbst, dass ihr mich hierher verkauft habt! Denn zur Erhaltung des Lebens hat Gott mich vor euch hergesandt. Denn schon zwei Jahre ist die Hungersnot im Land, und es dauert noch fünf Jahre, dass es kein Pflügen und Ernten gibt. Doch Gott hat mich vor euch hergesandt, um euch einen Rest zu setzen auf Erden und euch am Leben zu erhalten für eine große Rettung. Und nun, nicht ihr habt mich hierher gesandt, sondern Gott"* (1Mo 45,5-8).

Das sind erstaunliche Worte aus dem Mund eines Mannes, der so viel Leid durchgemacht hat. Wer lernen möchte, wie es aussieht, wenn jemand seine Feinde liebt, braucht nicht weiter zu schauen als in diese Geschichte. Meine Frage ist immer: Woher hat Josef gelernt, sich so aufrichtig und tugendhaft in so vielen Grenzsituationen zu verhalten? Woher bekommt ein schwer misshandelter junger Mann, weit weg von seinem frommen Elternhaus, ohne Rechte, ohne Perspektive – die Kraft, einem verlockenden sexuellen Abenteuer zu widerstehen? An das Wohl anderer zu denken, wenn es ihm selbst so schlecht geht und er jedes Recht hätte, sich zu bemitleiden? Konsequent auf die Hilfe Gottes zu setzen, über so viele Jahre hinweg? Ich kann nur vermuten, dass er als Lieblingssohn seines Vaters zwar einen heftigen Preis für diese Bevorzugung bezahlen musste, er aber auch eine tiefe Verbundenheit mit dem Patriarchen hatte. In jungen Jahren hat er sicher vieles über Gott gelernt. Vielleicht auch von seiner Ersatzmutter, Lea, die in ihrer Zeit der Krise die Hilfe Gottes besonders stark erlebt hatte. Der jugendliche Übermut, mit dem er sich vor seinen neidischen Brüdern zur Schau stellt, entwickelt sich im Schmelztiegel des Leides zu einem tiefen Vertrauen Gott gegenüber, der ihm nun zeigt, was es bedeutet, ein wirklicher Held Gottes zu sein. Ein Held, der nicht mehr den Segen an sich reißt, sondern Segen an andere weitergibt.

Wie in vielen biblischen Episoden kommt erst nach und nach raus, womit das Herz dieses Mannes erfüllt ist und wie es sich auf sein Handeln auswirkt. Josef macht es seinen Brüdern anfänglich nicht leicht, als sie auf der Suche nach Brot in Ägypten auftauchen. Er nimmt sich sehr wohl Zeit, um zu prüfen, ob sie ihre damalige Untat bereuen, bevor er sich ihnen offenbart – aber sein Herz ist voller Gnade und Vergebung für sie. Jahrhunderte vor der Ankunft Jesu hat er das beherzigt, was nur wahre Diener Gottes hinbekommen: *„Liebt Eure Feinde und betet für die, die Euch verfolgen“* (Mt 5,44). Ist dein Gottvertrauen, mein Gottvertrauen, so stark, so ernährt vom Wort Gottes, dass auch wir unseren Feinden vergeben und ihnen Gutes tun wollen?

24. September

EINE BRODELNDE GERÜCHTEKÜCHE UND EINE FRAU, DIE WICHTIGE SCHLÜSSE ZIEHT

„Denn der HERR, euer Gott, ist Gott oben im Himmel und unten auf der Erde“ (Jos 2,11)

Wir sehen uns biblische Helden und Heldinnen an, die von irgendwo her die Kraft holten, gegen den Strom zu schwimmen, anders zu denken und zu handeln als ihre Umgebung – und die manchmal ganz schön viele Gefahren auf sich nehmen, um dies zu tun. Eine Frau passt sehr gut in diese

Serie hinein. Ihr Name ist Rahab. Alle Nerven liegen blank in der befestigten und nun von den Israeliten bedrohten Stadt Jericho, in der sie als Prostituierte lebt und arbeitet. Durch einige jener netten Zufälle, die nur Gott führen kann, landen israelitische Kundschafter in ihrem Haus. Diese hält sie versteckt, als örtliche Stadtbeamte an ihre Tür klopfen und wissen wollen, wer die Männer sind.

Das Zeitfenster für ein Gespräch mit den Kundschaftern ist klein, sie müssen fliehen. Rahab nutzt jede Sekunde. Auch bei dieser Frau kommt der Glaube durchs Hören, aber durch eine bestimmte Art von Hören. Mit ihren „normalen" Ohren sozusagen hört sie genau das, was alle anderen hören: „Die Israeliten sind angriffslustig und böse, und wollen die Stadt zerstören." Die Tatsache wird gerne übersehen, dass Gott seine Finger im Spiel hat. Mit ihren „inneren Ohren" hört Rahab aber etwas anderes.

„Ich habe erkannt, dass der HERR euch das Land gegeben hat und dass der Schrecken vor euch auf uns gefallen ist, sodass alle Bewohner des Landes vor euch mutlos geworden sind. Denn wir haben gehört, dass der HERR das Wasser des Schilfmeeres vor euch ausgetrocknet hat, als ihr aus Ägypten zogt, und was ihr den beiden Königen der Amoriter getan habt ... dem Sihon und dem Og. Als wir es hörten, da zerschmolz unser Herz ... Denn der HERR, euer Gott, ist Gott oben im Himmel und unten auf der Erde. So schwört mir nun beim HERRN, weil ich Gnade an euch erwiesen habe, dass auch ihr an meines Vaters Haus Gnade erweisen werdet!" (Jos 2,8-13).

Sie hört, sie erkennt den Ernst der Lage, begreift aber, welche eigentliche Geschichte hier läuft, und wer dahintersteckt – der Herr, der *„oben im Himmel und unten auf der Erde"* ist. Dem emotionalen Ausbruch dieser Erkenntnis nach zu urteilen, hat sie sich, wie so viele vor und nach ihr, gründlich Gedanken über Gott und seine Absichten gemacht, auch ihren Fluchtplan und den für ihre Familie durchdacht. Von Rahab können wir lernen: Wer sich intensiv und dauerhaft mit dem Wort Gottes beschäftigt, rätselt, glaubt, der ist auch bereit zu handeln, wenn der richtige Moment kommt. Rahabs Vorgehen könnte sie und ihre Familie Kopf und Kragen kosten. Aber sie weiß: nicht zu handeln, wird sie sowieso alles kosten. Wie ist es mit unserer Haltung? Hat Gottes Wort mehr Gewicht in unserem Denken als unsere eigene Bequemlichkeit oder Menschenfurcht?

25. September

DAS WORT VERBORGEN IM HERZEN

„Nicht von Brot allein soll der Mensch leben, sondern von jedem Wort, das durch den Mund Gottes ausgeht" (Mt 4,4)

Die biblischen Charaktere, die wir in dieser Serie bisher angeschaut haben, sind sich darin gleich, dass sie irgendeine andere Informationsquelle haben, die jenseits ihrer unmittelbaren Umgebung und der gängigen Sichtweisen liegt. Sie greifen Fetzen von Informationen auf, die ihnen Sorgen bereiten, sie beschäftigen, aufwühlen. Oder sie haben ein Vorwissen – stückweise – über die Absichten Gottes, das sie zum Handeln bewegt. Jesus selbst zeigt uns auf vorbildliche Weise, wie sich das Nachdenken über das Wort Gottes auf plötzliche Krisen und Versuchungen lebensrettend auswirkt. Dreimal greift der Feind an und versucht, Jesus auf die gleiche Weise zu Fall zu bringen, wie er es erfolgreich mit Adam und Eva im Garten Eden gemacht hatte: „Jesus, es gibt einen einfacheren Weg. Das Kreuz muss nicht sein, das musst du dir nicht antun. Gott ist nur gemein zu dir. Hilf dir doch selbst. Du hast Hunger, verwandele die Steine in Brot. Kriegst du doch hin. Du brauchst Öffentlichkeit. Wirf dich von der Tempelzinne und beweise den Massen, dass Gott dich auffängt. Du brauchst Siege, Erfolge, die du vorzeigen kannst. Kann ich dir geben, wenn du mich anbetest. Komm, es steht dir zu, gönn es dir" (vgl. Mt 4,1-11). Offensichtlich hat Jesus sich gerade über das fünfte Buch Mose Gedanken gemacht. Dreimal wird er versucht. Dreimal schießt er zurück mit den Worten *„Es steht geschrieben"*, und jeweils einem Zitat aus 5. Mose.

„Nicht von Brot allein soll der Mensch leben, sondern von jedem Wort, das durch den Mund Gottes ausgeht ... Wiederum steht geschrieben: »Du sollst den Herrn, deinen Gott, nicht versuchen« ... Denn es steht geschrieben: »Du sollst den Herrn, deinen Gott, anbeten und ihm allein dienen«" (4,4.7.10).

Im Hebräerbrief lesen wir: *„Denn das Wort Gottes ist lebendig und wirksam und schärfer als jedes zweischneidige Schwert und durchdringend bis zur Scheidung von Seele und Geist, sowohl der Gelenke als auch des Markes, und ein Richter der Gedanken und Gesinnungen des Herzens"* (Hebr 4,12). Bei Jesu Zusammenstoß mit dem Teufel in der Wüste sehen wir, was gemeint ist. In einer Zeit der existentiellen Not haben die Anweisungen Gottes in der Torah das letzte

Wort in der gequälten Seele. Jesus setzt es als Waffe gegen die raffinierten Schliche des Feindes ein, der auch unserem Herzen zuflüstern will, dass Gott gemein ist, dass er uns übersehen hat, dass wir ihm nicht wichtig sind, unser Leben bei ihm nicht in guten Händen ist. Wann hast du schon mal innerlich *„Es steht geschrieben"* geantwortet, als du in Versuchung gekommen bist, Kompromisse zu machen oder den bequemen Weg zu gehen?

26. September

ENTSPANNT MITTEN IN DER KRISE

„Fürchte dich nicht, denn derer sind mehr, die bei uns sind, als derer, die bei ihnen sind!" (2Kö 6,16)

Die Propheten in der Bibel waren die Experten, wenn es darum ging, die Welt Gottes zu verstehen, das Denken Gottes zu durchschauen, Dinge mit den inneren Augen zu sehen, die die Menschen um sie herum nicht sehen konnten. Je klarer diese Diener Gottes in die Pläne Gottes eingeweiht waren, desto furchtloser haben sie gelebt und gehandelt. *„Aber das Volk, das seinen Gott kennt, wird sich stark erweisen und entsprechend handeln"*, lesen wir beim Propheten Daniel (Dan 11,32). Die Propheten hatten es auch nötig! Dafür gibt es eine Menge Beispiele in der Bibel. Menschen, die komplett gegen ihre Instinkte, ihre Bequemlichkeit, ihre körperlichen Bedürfnisse gehandelt haben, um ein höheres Ziel Gottes zu erfüllen. Jesus in der Wüste ist der neutestamentliche Klassiker dazu. Was mich herausfordert ist die Selbstverständlichkeit, mit der Männer und Frauen Gottes mit der Hilfe Gottes rechnen. Der Prophet Elisa ist die Ruhe in Person, als er erfährt, dass die Stadt vom Feind umzingelt ist, in der er und sein Diener sich aufhalten. Diese Geschichte steht im 2. Buch der Könige, Kapitel 6. Der Diener Elisas fällt aus allen Wolken, als er sieht, in welcher Gefahr sie sich befinden, und bricht in eine Panik aus: *„O weh, mein Herr! Was sollen wir nun tun?"* (2Kön 6,15)
Wie oft ist genau das auch mein Gebet. Was soll ich jetzt bloß tun? Ich wünschte, ich hätte die Standfestigkeit dieser Männer Gottes, die sofort

und ohne Zögern wissen, was sie zu tun haben. In diesem Fall ist es einfach: sich entspannen und vertrauen. Elisa sieht nämlich etwas, was sein Diener nicht sehen kann: *„Er (Elisa) sprach: Fürchte dich nicht, denn derer sind mehr, die bei uns sind, als derer, die bei ihnen sind! Und Elisa betete und sprach: HERR, öffne ihm die Augen, dass er sehe! Da öffnete der HERR dem Diener die Augen, und er sah, und siehe, da war der Berg voll feuriger Rosse und Wagen um Elisa her“* (2Kö 6,16-17).
Ich bete für mich, für euch, dass unsere inneren Augen „erleuchtet“ sind (Eph 1,18), sodass wir die Wirklichkeit Gottes erkennen, gerade mitten in Krisen und Widrigkeiten und die gleiche Ruhe im Herzen haben, die Elisa hatte, mitten in der Belagerung! Und – genauso wichtig – dass wir anderen diese Ruhe vermitteln können und auch ihnen die Augen öffnen!

27. September

WENN DER GLAUBE ERNST WIRD

„Sie folgen dem Lamm nach, wohin es geht …“ (Offb 14,4)

Die Todesstunde einer Gruppe tapferer Christen wurde 2015 auf den Bildschirmen dieser Welt schonungslos präsentiert. Sie waren mit orangefarbenen Overalls bekleidet und knieten in einer langen Reihe auf einem Strand irgendwo im Nahen Osten, die Hände hinter dem Rücken festgebunden. Ihre Henker standen mit gezogenem Schwert vor ihnen, die Gesichter in schwarzen Sturmhauben verhüllt, bereit, den Gefangenen mit einem Hieb den Kopf vom Körper zu trennen. Aber die Gefangenen sangen. Und sangen. Schienen die grausige Situation, in der sie sich befanden, gar nicht richtig wahrzunehmen. Melodien aus der ägyptisch-koptischen Tradition, einer der ältesten christlichen Kirchen, sind zu hören.
Sie waren von der IS-Terrorgruppe entführt worden, die mit ihnen ein Exempel statuieren wollte: So enden alle, die sich nicht unter die totalitäre IS-Herrschaft beugen. Sie hätten ihren Hals vom Strick befreien können

– Jesus verleugnen –, nichts einfacher als das. Aber sie gingen lieber in den Tod. Wer macht schon so was? Welcher Glaube ist so stark?
Diese Bilder bleiben nachhaltig in mein Gedächtnis eingeprägt. Die Empfindungen, die ich bei ihrem Anblick hatte, begleiten mich immer noch. Die Frauen und die Kinder dieser Männer? Was würde aus ihnen werden? Wie steht es mit den kleinen Kindern, die ungefragt mit ihren Eltern den Preis der Nachfolge bezahlen müssen? Hat die Hinrichtung wehgetan? Welche Gedanken gingen den Märtyrern in diesen Augenblicken durch den Kopf? Allen anderen Grübeleien voran beschäftigte mich der unbequeme Gedanke: Wie würde es um meinen Glauben stehen, wenn es hier um mich ginge? Falls diese Männer von solchen Gedanken belastet waren, hat man es ihnen nicht angesehen. Ihre Gesichter sah man nicht, ihre Köpfe waren gebeugt. Aber der Gesang hallt immer noch in meinen Ohren nach. Leidenschaftlich, intensiv. Die Henker taten mir mehr leid als die zum Tode Verurteilten. Unsere westliche Frömmigkeit kam mir auf einmal so kraftlos und fad vor. Besuche in Sonntagsgottesdiensten seit frühester Kindheit. Auswendig gelernte Bibelabschnitte. Die banalen Irritationen und Streitereien in Gemeinden, die sich den Luxus von Nichtigkeiten leisten können, weil sie nie Widerstand erlebt haben. Was bringt das alles, wenn ich nicht bereit bin, wie diese Männer den Höchstpreis für das zu bezahlen, was ich glaube? Wie ernst ist mir dieses Evangelium wirklich? Meine eigenen Kämpfe kamen mir so unbedeutend und kleinlich vor. „Sie folgen dem Lamm nach, wohin es geht …“ (Offb 14,4), auch zur Schlachtbank, wenn es sein muss. Herr, wir beten heute für alle Geschwister, die verfolgt werden, wir wollen von der Ernsthaftigkeit ihres Glaubens lernen.

28. September

EINE QUALVOLLE HINRICHTUNG

„Es sei dir jedenfalls kund, König, dass wir deinen Göttern nicht dienen" (Dan 3,18)

Wie aus der Pistole geschossen. So kam die Antwort der drei Diener Gottes, die sich vor dem Standbild des heidnischen Königs niederwerfen sollten, der unter einem für ihn typischen Anfall von Größenwahn litt. *„Wenn ihr euch aber nicht niederwerft, dann werdet ihr sofort in den brennenden Feuerofen geworfen. Und wer ist der Gott, der euch aus meiner Hand retten könnte?"* (Dan 3,15), droht König Nebukadnezar. Kein angenehmer Tod. Sie hätten einen Deal machen können, einen Kompromiss mit dem König aushandeln. Sich ein bisschen beugen. Sich äußerlich anpassen, aber nicht innerlich, um ja nicht aus der Reihe zu tanzen. Aber so voll sind diese Männer mit der Furcht des Herrn, dass ein Kompromiss überhaupt nicht in Frage kommt. Zu dritt und unisono antworten sie: *„Nebukadnezar, wir haben es nicht nötig, dir ein Wort darauf zu erwidern. Ob unser Gott, dem wir dienen, uns retten kann – sowohl aus dem brennenden Feuerofen als auch aus deiner Hand, König, wird er uns retten – oder ob nicht: Es sei dir jedenfalls kund, König, dass wir deinen Göttern nicht dienen und uns vor dem goldenen Bild, das du aufgestellt hast, nicht niederwerfen werden"* (V. 16-18). Ein Diener des Gottes Israels kniet vor keinem anderen Gott nieder. Punkt. Egal, welche Konsequenzen ihre Standhaftigkeit mit sich bringt.

Wie die ägyptischen Christen auf dem Strand, über deren Köpfe das Schwert des IS schwebt, haben sie klare Vorfahrtsregeln in ihrem Leben. Schon im Vorfeld. Ihr höchstes Glück im Leben ist: Jahwe dem Gott Israels in Treue dienen. Ihr schlimmster Albtraum: ihn verraten und mit fremden Göttern anbändeln. Dabei machen sie klar, dass sie Jahwe nicht mit der Erwartung treu sind, in letzter Minute aus der Patsche geholfen zu bekommen. Ob er hilft oder nicht, ist für sie nicht relevant. Was für eine erstaunliche Glaubenstiefe!

In diesem Fall hilft er – sofort, dramatisch. Er taucht selbst auf: *„Ich sehe vier Männer frei umhergehen mitten im Feuer, und keine Verletzung ist an ihnen; und das Aussehen des Vierten gleicht dem eines Göttersohnes"* (V.25), ruft der empörte König.

Herr, wenn ich nur ein bisschen von der Hingabe dieser Männer hätte, wäre ich so froh! Der Gedanke, in so einer Lage zu sein und nicht so konsequent zu reagieren, macht mir Angst. Aber dein Wort sagt, wir sollen uns keine Sorgen machen, was wir sagen, wenn auch wir vor den Fürsten dieser Welt für unseren Glauben Rechenschaft ablegen müssen. Dein Heiliger Geist wird uns die richtigen Worte geben. Füll uns jetzt schon mit diesem Heiligen Geist.

29. September

MÄRTYRER OHNE HAPPY END

„Andere aber wurden gefoltert, da sie die Befreiung nicht annahmen, um eine bessere Auferstehung zu erlangen" (Hebr 11,35)

Der bekannte amerikanische Theologe und YouTube-Blogger Mike Winger schrieb neulich: „Es ist ein Irrtum, Gott wie einen Mach-mich-glücklich-Automaten zu behandeln, die Wahrheit der Dinge von unseren subjektiven Empfindungen von Glück oder Erfüllung abhängig zu machen. Das führt zu religiösem Narzissmus. Dass Gott in uns wohnt, wird auf eine gefühlsmäßige Wahrnehmung reduziert, statt eine felsenfeste Wirklichkeit zu sein, die einen stabilisierenden Einfluss auf unsere launischen Emotionen ausübt" (Mike Winger).

Diesen „stabilisierenden Einfluss" hatte eine ganze Reihe von namenlosen Helden und Heldinnen, die in einer schauerlichen Passage im Hebräerbrief aufgelistet sind. Davor gibt es ein Schaulaufen der Männer und Frauen, die übernatürliche Befreiungen, Rettungen und Wunder erlebt haben. Das ist der coole Teil des Kapitels. Die meisten dieser Persönlichkeiten kennen wir ja aus dem Alten Testament. Dann kommt die Liste, bei der es mir kalt den Rücken runterläuft: *„Andere aber wurden gefoltert, da sie die Befreiung nicht annahmen, um eine bessere Auferstehung zu erlangen. Andere aber wurden durch Verhöhnung und Geißelung versucht, dazu durch Fesseln und Gefängnis. Sie wurden gesteinigt, zersägt, starben den Tod durch das Schwert,* *gingen umher in Schafpelzen, in Ziegenfellen, Mangel leidend, bedrängt, geplagt"* (Hebr 11,35ff).

Szenen wie aus einem Horrorfilm. Aber der Schreiber des Hebräerbriefs sieht es nicht so. Er beschreibt diese tapferen Diener Gottes als die, *„deren die Welt nicht wert war"* (V. 38). Sie haben zwar *„die Verheißung nicht erlangt"* (V. 39), aber sind deswegen nicht zu bemitleiden. Ganz im Gegenteil – *„da Gott für uns etwas Besseres vorgesehen hat, damit sie nicht ohne uns vollendet werden"* (V. 40).

Wie der Prophet Elisa, wie die Männer im Feuerofen, wie Josef im Knast des Pharaos, wie Jesus in der Wüste sehen diese Menschen eine Wirklichkeit jenseits des gegenwärtigen Schmerzes. Für uns heißt es, dass wir *„hinschauen auf Jesus, den Anfänger und Vollender des Glaubens, der um der vor ihm liegenden Freude willen die Schande nicht achtete und das Kreuz erduldete und sich gesetzt hat zur Rechten des Thrones Gottes. Denn betrachtet den, der so großen Widerspruch von den Sündern gegen sich erduldet hat, damit ihr nicht ermüdet und in euren Seelen ermattet!* (Hebr 12,2-3).

Der, den sogar der Tod nicht halten konnte, bleibt unser Vorbild in allen Härten des Lebens!

30. September

EINE IDENTITÄTSKRISE UND GOTTES ANTWORT DARAUF

„Ich bin, der ich bin" (2Mo 3,14)

Mose hatte seine Heldentage schon längst hinter sich. So dachte er zumindest. Auch von der Sorte gibt es einige in der Bibel. Die müde geworden sind. Die meinen, ihre besten Tage schon hinter sich zu haben, träge im Hören auf Gott und sein Wort. Wie ein Starthilfekabel eine tote Autobatterie wieder in die Gänge bringt, so braucht es manchmal ein klares Eingreifen Gottes, ein frisches Wort aus seinem Mund, um eine müde Seele wieder zu beleben. Mose hatte versucht, sich für Gott einzusetzen, war aber auf peinliche Weise auf die Nase gefallen; die Blamage hatte ihn fast sein Leben gekostet. In der Abgeschiedenheit der Sinai-Wüste brachte er es zu einer bescheidenen bürgerlichen Existenz. Beim Viehbesitzer Jitro fand er einen Job, heiratete dessen Tochter und stellte sich auf ein bürgerliches Familienleben in der Zeltstadt seiner Schwiegerfamilie ein. Heldentum ist passé, Gott und sein Volk auf dem Abstellgleis geparkt. Irgendwie durchs Leben kommen, bloß nicht auffallen, das müsste jetzt reichen, oder?

Eine Verabredung mit Gott zu einem Neustart im Glaubensleben ist vermutlich das Letzte, was Mose in seinem Exil erwartet. Vermutlich auch das Letzte, was er will. Kein Wunder, dass eine Stimme aus dem brennenden Busch ihn in Furcht und Zittern versetzt: *„Da verhüllte Mose sein Gesicht, denn er fürchtete sich, Gott anzuschauen"* (2Mo 3,6). Hier ist einer, der – neutestamentlich gesprochen – alles will, nur nicht das, wozu andere Helden ermutigt wurden: *„... hinschauen auf Jesus, den Anfänger und Vollender unseres Glaubens"* (Hebr 12,2).

Mose schaut nur noch mit großen Augen, als er erfährt, welchen Auftrag er ausführen soll. *„Wer bin ich"*, protestiert er, *„dass ich zum Pharao gehen und die Söhne Israel aus Ägypten herausführen sollte?"* (2Mo 3,11). Wenig später kommt die Antwort von Gott, die zunächst einmal alle Einwände von Mose in den Wind schlägt. Moses *„Wer bin ich?"* wird mit Gottes *„Ich bin, der ich bin"* beantwortet (2Mo 3,14). Mit anderen Worten: Nicht „wer du meinst zu sein oder nicht zu sein, Mose" ist die treibende Kraft in diesem Narrativ, sondern wer Gott ist. Moses von Angst getriebene Identitätskrise wird mit einer klaren Ansage der Identität Gottes gekontert. Es ist ein Wendepunkt, der sein Leben auf den Kopf stellt und ihn zum großen Befreier des Volkes Gottes macht. Morgen sehen wir, wie diese einfache Offenbarung des Wesens Gottes ihn völlig verwandelt!

1. Oktober

EIN PERSPEKTIVENWECHSEL, DER KRAFT HAT

„Seid stille und erkennet, dass ich Gott bin!" (Ps 46,11 LÜ).

Gestern haben wir uns mit Moses Begegnung mit Gott am brennenden Dornbusch beschäftigt. Wie oft höre ich in meinem Herzen die gleiche Stimme, die Mose gehört hat. „Wer bin ich … dieses Problem zu lösen, diesem Menschen zu helfen, diese Krise zu überwinden, diese Aufgabe zu erfüllen?" Auch ich darf mich vom Wort Gottes erinnern lassen, dass nicht mein Schicksal, meine Lebensverhältnisse, meine Fehler oder meine vergangenen Traumata die Person ausmachen, die ich bin, sondern Gott selbst: *„Ich bin, der ich bin."* Meine Identität ist so willkürlich und unberechenbar wie meine Launen. Seine nicht, denn er ist *„derselbe gestern und heute und in Ewigkeit"* (Hebr 13,8).

In dem Maße, wie Mose auf Gott und sein Wirken setzt und nicht auf seine eigene Schwäche, in dem Maße ist er in der Lage, seinen von Gott gegebenen Auftrag zuversichtlich auszuführen. König David fasst diese Erkenntnis in einem kurzen Satz zusammen: *„Seid stille und erkennet, dass ich Gott bin!"* (Ps 46,11 LÜ).

Es ist die Kunst des eigenen Nicht-Tuns, um Gott tun zu lassen. Eine Absage an den Kontrollfreak in mir und an den Drang, selbst Gott sein zu wollen. Stattdessen brauche ich die Bereitschaft, Gott Gott sein zu lassen, ihm die Regie meines Lebens zu überlassen, meine Identität in seiner Identität zu verankern, mich prägen zu lassen von seinen Worten und seinen Gedanken.

Bald nach seinem Gespräch mit Gott hat Mose reihenweise Gelegenheiten, diese kleine Lehre über die Identität Gottes in die Tat umzusetzen. Nicht nur im Hürdenlauf der Plagen, die den hartnäckigen Pharao schließlich in die Knie zwingen. Gleich nach dem sensationellen Auszug aus Ägypten ist das Volk mal wieder in Aufruhr, während Pharao mit seinen Streitkräften hinter ihm her in hoher Geschwindigkeit anrückt. Wer sind schon die hebräischen Sklaven, um gegen so ein mächtiges Heer anzukommen? Mose erinnert seine Leute daran, auf wen sie ohne Wenn und Aber ihre Hoffnung setzen können: *„Fürchtet euch nicht! Steht und seht die Rettung des HERRN, die er euch heute bringen wird!"* (2Mo 14,13). Nicht die Frage, wer die

Feinde sind, entscheidet den Kampf, sondern wer Gott ist: *„Wer ist dieser König der Herrlichkeit? Der HERR, stark und mächtig! Der HERR, mächtig im Kampf!“* (Ps 24,8).

2. Oktober

EINE GUTE NACHTRUHE IN DER LÖWENGRUBE

„Mein Gott hat seinen Engel gesandt, und er hat den Rachen der Löwen verschlossen“ (Dan 6,23)

Ob Daniel sich am Anfang seines Löwen-Abenteuers so entspannt gefühlt hat, wie er am Ende wirkt, wage ich zu bezweifeln. Der König, der die ganze Krise durch seine Eitelkeit und Naivität ausgelöst hat, rast zur Löwengrube, um nachzusehen, ob Daniels Gott sich wirklich eingeschaltet und Daniel vor der Gier der wilden Tiere geschützt hat. Daniel scheint eine bessere Nacht gehabt zu haben als sein Chef, der *„übernachtete fastend und ließ keine Speise zu sich hereinbringen; und sein Schlaf floh von ihm“* (Dan 6,19). Früh morgens eilte er, erschöpft und deprimiert, zur Löwengrube und *„rief mit trauriger Stimme nach Daniel. ... Daniel, Knecht des lebendigen Gottes, hat dein Gott, dem du ohne Unterlass dienst, dich von den Löwen retten können?“* (V. 20-21). Vermutlich ist er vor Schreck, Erleichterung und Freude auf dem Boden zusammengesunken, als er nicht vom Knurren zufriedener, satter Löwen begrüßt wurde, sondern von einer fröhlichen Stimme: *„König, lebe ewig!“* (Dan 6,22). Es ist nicht ein Ich-bin-gerade-noch-am-Leben-aber-schwer-traumatisiert-Gruß. Es ist ein Segensgruß. Ob ich einem König ewiges Leben wünschen würde, der bereit war, mich als Löwenfutter aufzutischen, sei dahingestellt. Daniel und die Löwen scheinen sich miteinander recht gut verstanden zu haben: *„Mein Gott hat seinen Engel gesandt, und er hat den Rachen der Löwen verschlossen, sodass sie mich nicht verletzt haben, weil vor ihm Unschuld an mir gefunden wurde“*, erklärt Daniel. *„Und auch vor dir, König, habe ich kein Verbrechen begangen“* (V. 23).
Auch Daniel hätte, wie seine drei Freunde, seinen Hals leicht aus der Schlinge ziehen können. Einfach mal schweigen, in Deckung gehen. Sein

Verbrechen war, dass er zu Jahwe gebetet hat. Bei offenem Fenster. Und nicht aufgehört hat, als das Gebet zu Jahwe plötzlich als Verbrechen deklariert wurde.
Vielleicht kommen auch auf uns Zeiten zu, in denen Gebet zum Gott der Bibel als „Hassdelikt" (*hate crime*) eingestuft wird. Sind wir schon jetzt dabei, im eigenen Herzen wie auch in unseren Gemeinden eine Resilienz aufzubauen, die uns mutig und kompromisslos macht, sollte so eine Stunde schlagen? Lieber an die Löwen verfüttert werden, lieber im Feuerofen brennen, als billige Deals mit unseren Angreifern zu machen? Diesen Mut fühle ich noch nicht in mir, aber immer wieder bitte ich den Herrn darum, dass er schon jetzt hilft, bevor echte Verfolgung einsetzt, dass meine Liebe zu ihm vertieft und meine Hingabe an sein Wort bekräftigt wird. Ich möchte bereit sein, für meinen Glauben ohne zu zögern Rechenschaft abzulegen, sollte das von mir gefordert werden.

3. Oktober

DAS BIBLISCHE GEGENMITTEL GEGEN SORGE UND ANGST

„Denn er denkt nicht viel an die Tage seines Lebens, weil Gott ihn mit der Freude seines Herzens beschäftigt" (Pred 5,19)

Wäre ich bereit, den ultimativen Preis für meinen Glauben zu bezahlen, wenn es darauf ankäme? Diese Frage haben wir in Zusammenhang mit Heldengeschichten aus der Bibel in den letzten Tagen bewegt. Schon als Kind hatte ich schlaflose Nächte beim Nachgrübeln darüber, ob ich ein Daniel sein könnte, einer seiner tapferen Freunde, ein Elia, einer der Jünger Jesu – allesamt bereit, ohne zu zögern ihr Leben für gering zu halten und lieber in den Tod zu gehen, als Gott zu verleugnen. So gerne hätte ich diese tiefe Hingabe an Jesus. Einmal als mich diese Gedanken richtig niedergedrückt hatten, stieß ich auf den Vers „*... die Freude am Herrn ist unsere Kraft*" oder in der Elberfelder Übersetzung noch kräftiger:

„die Freude am HERRN, sie ist eure Bergfestung!“ (Neh 8,10). Das spricht von Schutz und Zuversicht. *„Denn er denkt nicht viel an die Tage seines Lebens, weil Gott ihn mit der Freude seines Herzens beschäftigt“* (Pred 5,19), schreibt der Prediger über denjenigen, der den Herrn fürchtet. In ihrem Kursbuch „Nachfolgerin“ schreibt Silvia Wambululu dazu: „Obwohl immer wieder bewusste Entscheidungen von mir gefordert sind, geht es nicht um meine eigene Willensstärke, sondern um Gott. Das beruhigt und ermutigt mich auf meinem Weg. Denn ich weiß: Wenn das Kreuz und das Opfer zu groß werden, muss ich nicht noch ein bisschen besser werden und mich noch etwas mehr anstrengen, sondern ich darf näher zu Gott.“
Mike Winger, amerikanischer Apologet und Youtuber, schrieb auf Facebook neulich Folgendes: „Aber die Freude im Herrn IST meine Kraft. Seine Wahrheit und Gegenwart bringen Fülle in mein Leben und Frieden in mein Herz. Es ist für mich nicht vorstellbar, diese Fülle irgendwo anders zu finden. Wir sind verbunden mit Gott, wenn wir unser Vertrauen auf Christus setzen durch den Heiligen Geist, der in uns wohnt. Und sein Geist bezeugt mit unserem Geist, dass wir wahrhaftig Kinder Gottes sind. Ich habe meine Herausforderungen, Zeiten der Trauer, schwere Phasen in meinem Leben, tiefen Schmerz in meinem Herzen, meine eigenen flüchtigen Unzufriedenheiten. Aber ich habe auch einen Anker der Hoffnung, bleibende Freude, und den dauerhaften Trost, der dieses Loch in meinem Herzen füllt, das nur Gott füllen kann!“

4. Oktober

GEHÖRT HELDENTUM DER VERGANGENHEIT AN?

„Wenn die Welt euch hasst, so wisst, dass sie mich vor euch gehasst hat“ (Joh 15,18).

„Ach, das war damals“, höre ich mich manchmal seufzen, während ich von den Heldentaten meiner geistlichen Vorfahren lese. Unweigerlich tauchen Erinnerungen auf an die Flanelltafeln und die Figuren dazu, mit denen unsere Kindertanten in unserer Kindheit Bibelgeschichten erzählt

haben. Schon damals war es einfach zu weit weg – andere Zeit, andere Kultur, andere Sitten. Wir sind heute doch aufgeklärte Menschen. Löwengruben, Feueröfen, grausame und unberechenbare Herrscher, das war alles damals. Ich habe schon längst aufgehört, so zu denken. Nirgendwo in der Bibel wird uns in Aussicht gestellt, dass die Zeiten im Laufe der Jahrhunderte besser werden, dass der Mensch in dem Maße tugendhaft wird, wie technische Fortschritte seine Lebensqualität aufpolstern. Wie konnte man jemals auf die Idee kommen, dass die Abschaffung von Armut einen besseren Menschen hervorbringen würde? Im Gegenteil, der wohlhabende und einflussreiche Mensch hat viel größere Möglichkeiten, Schaden anzurichten als der Arme. Er läuft viel mehr Gefahr zu meinen, dass er ohne Gott auskommt; lieber will er selbst Gott sein. Gerade das ist die Plage unserer modernen Zeit. Jesus stellt der Welt seiner Zeit keine Verbesserung der Lage in Aussicht, erst recht nicht seinen Nachfolgern.
„Wenn die Welt euch hasst, so wisst, dass sie mich vor euch gehasst hat" (Joh 15,18). *„Dann werden sie euch in Bedrängnis überliefern und euch töten; und ihr werdet von allen Nationen gehasst werden um meines Namens willen"* (Mt 24,9).
Die Gelassenheit, mit der er redet, finde ich wohltuend. Keine Panikmache hier, keine makabren Szenarien. Er redet so nüchtern und sachlich wie ein Lehrer, der seiner Klasse Hausaufgaben gibt. Er traut seinen Nachfolgern zu, dass sie den Herausforderungen gewachsen sind. Drückt ihnen sogar sowas wie eine Gebrauchsanleitung in die Hand, mit der sie bestehen können in dieser Welt, mit Ideen, die aus seiner Welt kommen. Diese Gebrauchsanleitung sehen wir uns morgen an.

5. Oktober

SPIELREGEL AUS EINER ANDEREN WELT

„... eng ist die Pforte und schmal der Weg, der zum Leben führt" (Mt 7,14)

Im Matthäusevangelium finden wir die Bergpredigt. Jesus sagt dort Dinge, die herausfordern: Feinde lieben, sich über Beleidigungen und Verfolgung freuen, bei einem Schlag auf die Backe auch die andere hinhalten. Hat Jesus das wirklich so gemeint? Dazu müssen wir uns bewusst machen, dass die gesamte Bergpredigt (Mt 5–7) für Jesu Nachfolger gedacht ist: *„Seine Jünger traten zu ihm und er lehrte sie“* (Mt 5,1f). Der Herr redet zu neugewordenen, gläubigen Menschen. Diese haben den Heiligen Geist und damit die göttliche Kraft und Weisheit, anders zu leben als die (ungläubige) Welt. Gerade hier werden sie von Jesus aufgerufen und berufen, in dieser neuen Lebensrealität der Kinder Gottes zu leben. Man könnte sagen, *all* die von Jesus wie selbstverständlich geforderten Verhaltensweisen sind menschlich unmöglich zu erfüllen. Gerade ihre „Spitzen“ – Feindesliebe oder Freude in Verfolgung – zeigen, dass es sich nicht um „allgemeine Lebensprinzipien für ein gelingendes Leben für jedermann“ handelt, sondern vielmehr um die Verfassung oder das Grundgesetz für das Leben im Reich Gottes.

In der Bergpredigt sagt Jesus: „So leben meine Leute im Reich Gottes.“ Dann versteht man auch, dass es nicht nur um die Ordnung menschlichen Miteinanders geht, sondern zuerst um die Beziehung zu Gott. Nur wer mit Gott durch Jesus Christus versöhnt ist, kann in versöhnten Beziehungen mit Menschen leben. Dann geht es in der Bergpredigt auch sehr viel um Gebet, Fasten, Schätze im Himmel sammeln statt auf Erden, um die Sorge für das Reich Gottes statt für sich selbst. Wir werden angehalten, beim Vater im Himmel zu bitten, zu suchen und anzuklopfen. Wir werden herausgefordert, den Willen des Vaters im Himmel zu tun und nicht nach unseren eigenen Vorstellungen zu leben, auch wenn sie gut gemeint sind. Und schließlich lautet die Herausforderung, auf Gottes Wort zu hören und es im Leben in guten Werken umzusetzen.

Jesus sagt nicht, dass es ein Leichtes ist, im Reich Gottes bzw. als Nachfolger Jesu zu leben – sogar in der Bergpredigt selbst weist er darauf hin (Mt 7,13f). Wir sollen durch die enge Pforte eintreten und den schmalen Weg bis zum Ende gehen. Das bedeutet: durch Glauben an den Herrn Jesus und durch Umkehr zu Gott kommen, den Weg der Jüngerschaft in Ausdauer gehen, sich Schritt für Schritt in sein Bild verwandeln lassen und immer mehr den Willen des Vaters tun. Dafür brauchen wir als Erlöste die ganze Kraft und Weisheit des Herrn, die er uns durch seinen Heiligen Geist gern und reichlich zur Verfügung stellt. Bitten wir ihn darum und suchen wir, so in enger Beziehung mit ihm zu bleiben.

Helmut

6. Oktober

IN DIESER WELT, ABER NICHT VON DIESER WELT

„Sinnt auf das, was droben ist, nicht auf das, was auf der Erde ist! Denn ihr seid gestorben, und euer Leben ist verborgen mit dem Christus in Gott" (Kol 3,2-3)

Um in dieser gebrochenen, gottlosen Welt bestehen zu können, müssen wir als Nachfolger Jesu von einer anderen Welt her leben, von dort unsere Anweisungen bekommen – andere als die dieser Welt. Wir leben vom Himmel her, sind nicht mehr auf die Erfolgsprogramme dieser Welt angewiesen. Wer einen Fuß schon im Himmel hat, kann mit leichtem Gepäck durchs Leben gehen, kann es sich leisten, etwas zu riskieren, Verluste einzustecken, Leid zu tragen. Wir könnten reihenweise Beispiele von Menschen in der Bibel anschauen, die so gelebt haben. Eigentlich alle, die irgendwelche Spuren hinterlassen haben. Vielleicht möchtest du selbst ein paar weitere anschauen und dich fragen: „Welche Informationen hatten sie, die nicht von dieser Welt waren, und die sie befähigt haben, mutige und riskante Schritte zu gehen?" Fang bei Noah an, danach Abraham? Mose? Josua, der stundenlang Zeit mit dem Herrn im Zelt der Begegnung verbrachte – eine bessere Vorbereitung auf die Landeinnahme hätte es nicht geben können. Bei den Richtern gibt es auch einige. Debora, Gideon, ein Mann namens Jeftah, der sich so gut in der Geschichte Israels auskannte, dass er sich von den feindlichen Ammonitern und ihrer überlegenen Rhetorik nicht einschüchtern ließ, sondern überzeugend Kontra geben konnte (Ri 11,12ff). Bei den Königen sticht David heraus, der Mann nach dem Herzen Gottes, in dessen Gedichten und Liedern wir einen richtigen Einblick in die Himmelswelt bekommen, von wo er seine Kraft und seinen Trost bezog. Aber auch Korrektur und Buße in Zeiten, in denen er geistlich träge wurde und seine Schärfe verloren hatte. Hier ein bewegendes Zitat:

„Nichts von dem, was hier auf der Erde ist, soll unsere Erfüllung und Hoffnung sein. Die guten Dinge in unserem Leben sind Geschenke Gottes, an denen wir uns erfreuen sollen. Familie, Freunde, Beruf, Freizeit und

materielle Güter sind oft ein Segen von Gott, doch sie können uns nicht erfüllen. Die Sehnsucht nach echter Erfüllung, die Gott in uns hineingelegt hat, kann nur von ihm gestillt werden. Dazu müssen wir zu ihm hinlaufen., d.h. weg von unserem alten Ich. Jesus fordert uns auf: ‚Wer mir nachfolgen will, der verleugne sich selbst' – der soll Gottes Willen über seinen eigenen stellen – und nehme sein Kreuz auf sich!" (Silvia Wambululu, *Nachfolgerin*, rigatio).
Wenn wir uns Gott ganz ausliefern, gibt er uns die Kraft für unsere Pilgerschaft auf dieser Erde! Morgen fragen wir uns: Was machen wir, wenn wir die Verbindung zu dieser himmlischen Kraftquelle verlieren? Wie docken wir wieder an, wenn wir versagt haben oder aus lauter Entmutigung in die Versuchung kommen, aufzugeben?

7. Oktober

FUNKSTÖRUNGEN UND WIE MAN SIE AUFHEBT

„Brannte nicht unser Herz in uns …?" (Lk 24,32)

Im Staub und im Wirrwarr des Alltags können wir so leicht von den Reizen dieser Welt überrumpelt und niedergedrückt werden. Unsere geistlichen Augen werden trüb, wir sehen und fühlen nur das, was die Welt unseren Sinnen aufdrückt, kommen schnell in Gefahr, unser Glück wieder in der Welt zu suchen, uns an Anschaffungen, Vergnügungen, der Gunst von Menschen zu sättigen, in schlechte alte Gewohnheiten zu rutschen. Uns Sorgen zu machen, von Angst überrollt zu werden.
So oder ähnlich geht es zwei Männern, die viel Zeit mit Jesus verbracht haben, sich geistlich eigentlich gut auskennen, aber völlig geknickt und deprimiert mit schleppenden Füßen auf dem Weg nach Hause sind. Sie haben, wie die anderen Nachfolger Jesu, auf eine sensationelle Erfolgsgeschichte gesetzt: Jesus auf dem Thron in Jerusalem, ein goldenes Zeitalter, Sieg über die grausamen Römer, Gerechtigkeit und Wohlstand für alle. Das Paradies auf Erden. So die Hoffnungen, die viele hatten, wann immer das Wort „Messias" fiel. *„Wir hatten gehofft, dass er der ist …"* (Lk

24,21) klagen sie, als Jesus sich ihnen – noch incognito – anschließt und sie fragt, worüber sie sich unterhalten. Jesus lässt sie ausreden, danach nimmt er den Gesprächsfaden auf. Am Ende der Begegnung erkennen die Männer, mit wem sie es gerade zu tun hatten, und sind wie ausgewechselt. *„Brannte nicht unser Herz in uns …?“* (Lk 24,32). Was hat diese Änderung bewirkt? Mitleid hat Jesus nicht gezeigt, kein Bisschen davon. Ratschläge gab es auch keine, auch keine Überlebenstipps, wie man besser mit der römischen Besatzung umgehen kann. „Anfangend mit Mose …“
Er hat sie an die Informationen aus dem Himmel erinnert. An die eigentliche Geschichte, die hier läuft. Heilsgeschichte. Die Verbindung zu Gottes Narrativ wieder hergestellt. Das geschieht, wenn auch wir das Wort Gottes aufschlagen, *„von Mose und von allen Propheten anfangend“* (V. 27), und uns an die Heilsgeschichte erinnern, von der auch wir ein Teil sind. Irgendwann fängt unser Herz wieder an zu schlagen, zu brennen, wir können wieder mutig gegen den Strom schwimmen, auch und gerade wenn die Umstände um uns herum sich kein bisschen verändert haben, wie bei den Emmausjüngern. Aus den Niedergedrückten werden im Nu Verkündiger!
Hat Gott auch dich schon einmal aus einem Tief geholt und dich an sein Wort erinnert? Bei welchen anderen Dienern in der Bibel hat er so was Ähnliches gemacht? Gibt es welche, die sich nicht bewegen ließen, nicht reagiert haben, als Gott sie in ein Leben der Nachfolge einlud?

8. Oktober

DER ULTIMATIVE TEST

„Vater, vergib ihnen …“ (Lk 24,23)

Ein Mensch wird fälschlicherweise angeklagt, verhaftet, mit grotesker Hinterhältigkeit zum Tod verurteilt und dann mit unvorstellbarer Grausamkeit gefoltert und hingerichtet – unter dem Beifall eines johlenden und schadenfrohen Mobs. Seinen engsten Freunden und seiner Familie wird der Zutritt verwehrt … Ich glaube, ein schlimmeres Leid gibt es nicht. Was Jesu Feinde ihm angetan haben, ist in der Geschichte dieser Welt

beispiellos. Grausame Verfolgung unschuldiger Menschen gab es schon immer, gibt es heute wie zu jeder Zeit der Geschichte. Aber *eine* Komponente macht das Leid unseres Herrn besonders schlimm: Die Trennung von Gott, die mit der Kreuzigung einherging. „*Mein Gott, mein Gott, warum hast du mich verlassen?*" Er zitiert aus einem alten Lied, Psalm 22,2, den er wahrscheinlich auswendig konnte.
Das muss eine Tortur für den Sohn gewesen sein, der mit diesem Gott als seinem Vater eins war und nur tat, was der Vater ihm vorher gezeigt hatte. Aber das ist nicht der Gipfel der erstaunlichen Ereignisse auf dem Hügel Golgatha. Jesus, der um jeden Atemzug qualvoll ringt, blickt hinab auf seine grinsenden Peiniger und sagt: „*Vater, vergib ihnen, denn sie wissen nicht, was sie tun.*" Leid zu erdulden, ist die eine Sache. Seine Henker und Folterer zu bemitleiden und für sie zu beten – das übersteigt meine Vorstellungskraft. Wie hat Jesus das hinbekommen? Das muss der endgültige Sieg eines Herzens sein, das dem Willen Gottes total hingegeben ist. Dem nichts mehr in dieser Welt von Bedeutung ist, das seinen Blick schon fest auf die andere Welt gerichtet hat. Nichts kann diese Seele zerstören, nicht einmal der qualvollste Tod. Wenn keine Spur von Schadenfreude, von Rachelust, von Hass gegen deine Feinde und Gegner, gegen die Menschen, die dich verletzt haben, in deiner Seele Raum findet, dann bist du ein wahrer Nachfolger Jesu. Wenn du auf diesem Weg bist und ihn um Hilfe bittest, frei von Bitterkeit zu leben, dann bist auch du ein wahrer Nachfolger Jesu. Wenn du den Wunsch hast, so zu werden, bist auch du ein Nachfolger Jesu.
Am Ende dieser Reihe möchte ich dich ermutigen: Lies viel in Gottes Wort, singe Lieder, lerne Bibelabschnitte auswendig, speichere himmlisches Gedankengut in deiner Seele, lies Biografien von Helden der Kirchengeschichte! All diese Dinge helfen uns, himmelwärts zu denken und zu fühlen, uns von dieser Welt nicht niederdrücken zu lassen, sondern von Gottes Welt her zu leben und zu handeln.

MITTEN IM LEBEN - DER GANZ NORMALE ALLTAG GEISTLICHER HELDEN

Ungebildet, unbekannt, unbelesen: Die ersten Nachfolger Jesu gehörten nicht zur geistlichen Elite ihrer Zeit. Aber diese einfachen Männer waren es, die letztlich den Auftrag verstanden, den Glauben bewahrt und die Ernte eingeholt haben. Ich staune oft, wie „normal" und zum Teil auch wie „ungeeignet" sie aus menschlicher Sicht für die Aufgaben waren, für die sie vorgesehen waren. Manchmal heben wir sie auf Podeste und denken, sie seien in einer anderen Liga gewesen – Super-Geistliche, wie wir es nie sein können.

9. Oktober

WEGGEFÄHRTEN, DIE UNS MUT MACHEN

„Er war ein Mensch von gleichen Gemütsbewegungen wie wir ..." (Jak 5,17)

Wenn ich mich mit Personen der Bibel beschäftige, bewegt es mich immer wieder neu, wie ähnlich das Leben dieser Menschen unserem Leben ist. In meinem Kopf hatte ich sie mir oft als irgendwelche supergeistliche, verklärte Helden vorgestellt, unerreichbar, in einer ganz anderen Liga, mit einem Glauben und einer Geistlichkeit ausgestattet, die für ganz besonders disziplinierte und heilige Menschen unter uns vorbehalten ist. Ich wollte ihnen nicht zu nahe kommen, weil ich mich neben diesen Riesen minderwertig und klein fühlte und wusste: Ihr Level von Gottesfurcht kann ich nie erreichen.

Je mehr ich mich jedoch mit ihnen beschäftige, desto mehr werde ich in ihre Geschichten mit Gott hineingezogen. Denn ihre Ausgangsposition ist keinen Deut anders als meine. Gott begegnet ihnen nicht im Abseits, auf einem Gebetsberg, in einem Kloster, auf einer Gemeindefreizeit, einem Kongress, inmitten einer intensiven Zeit der Fürbitte oder des Lobpreises, so gut all diese Dinge auch sind. Sondern genau dort, wo geschwitzt, gearbeitet, gegähnt, gestritten, geheult wird. Mitten im Kindergeschrei, in der Müdigkeit eines schweren Arbeitsalltags taucht er auf. Offenbart sich ihnen, redet mit ihnen, zieht sie hinein in spannende Abenteuer, die die Welt – zumindest den Teil ihrer Welt – auf den Kopf stellen und den Lauf der Weltgeschichte verändern wird. Über den mächtigen Propheten Elia wird sogar extra gesagt: *„Er war ein Mensch von gleichen Gemütsbewegungen wie wir; und er betete inständig, dass es nicht regnen möge, und es regnete nicht auf der Erde drei Jahre und sechs Monate"* (Jak 5,17). Sogar Jesus selbst wird vom Schreiber des Hebräerbriefes als Hoher Priester vorgestellt, der Mitleid hat mit unseren Schwachheiten, *„der in allem in gleicher Weise wie wir versucht worden ist, doch ohne Sünde"* (Hebr 4,15). Ich hoffe, dass wir in dieser Serie neu entdecken, in welch guter Gesellschaft wir uns befinden – lasst euch überraschen und ermutigen! Vielleicht fallen dir heute schon ein paar biblische Helden ein, deren Alltag Ähnlichkeiten mit deinem Alltag hatte.

10. Oktober

DER ZELTBEWOHNER, DER ZUM FÜRSTEN WURDE

„Geh aus deinem Land und aus deiner Verwandtschaft und aus dem Haus deines Vaters in das Land, das ich dir zeigen werde!" (1Mo 12,1)

Wenn wir die Bibel lesen, dann stellen wir oft fest, dass vieles knapp erzählt ist und man Puzzlestücke aus verschiedenen Stellen zusammenlegen und hier und da zwischen den Zeilen lesen muss, um die Lücken zu füllen und das große Bild zu sehen. Der Ruf Gottes an Abram in 1. Mose 12 als eine der dramatischsten Heimsuchungen Gottes in der ganzen Bibel ist ein Beispiel dafür.

„Geh aus deinem Land und aus deiner Verwandtschaft und aus dem Haus deines Vaters in das Land, das ich dir zeigen werde!" (1Mo 12,1). Noch dramatischer ist Abrams Reaktion: *„Und Abram ging hin"* (V. 4). Er packt seine Habseligkeiten und sammelt seine Angehörigen und Mitarbeiter um sich für eine Reise ins Ungewisse. Scheinbar hat niemand ein Problem mit dem waghalsigen Unterfangen. Abrams Neffe Lot geht sogar freiwillig mit. Der Aufbruch hat seinen Reiz. Eine beiläufige Information im Kapitel davor gibt Ausschluss drüber, dass es hier eine Vorgeschichte gibt und die Aufforderung Gottes vielleicht nicht aus heiterem Himmel kam: *„Und Terach nahm seinen Sohn Abram und Lot, den Sohn Harans, seines Sohnes Sohn, und Sarai, seine Schwiegertochter, die Frau seines Sohnes Abram; und sie zogen miteinander aus Ur, der Stadt der Chaldäer, um in das Land Kanaan zu gehen; und sie kamen nach Haran und wohnten dort"* (1Mo 11,31).

Abrams Ruf ins Land Kanaan ist also Teil zwei einer längeren Geschichte. Die Familie ist schon einmal aufgebrochen Richtung Kanaan, es war aber ein Fehlstart. Sie ist auf halber Strecke steckengeblieben. Warum schaffte er es nicht bis nach Kanaan? Müde geworden? Das Nomadendasein als zu unstet und mühsam empfunden? Gab es bei Abram ein inneres Ziehen, das Gefühl: „Gott hat es damals ernst gemeint, wir sollten uns doch wieder auf den Weg machen, wir sind hier nicht dort, wo er uns haben will."

Offensichtlich ist Abram bereit, als der Ruf kommt. Er muss nicht überredet werden. Ein paar Verse später sehen wir, warum. Egal wo er seine Zelte aufschlägt, er baut als Erstes einen Altar (1Mo 12,7-8). Gott steht an erster Stelle in seinem Leben. Das soll bei jeder neuen Station seiner Reise zum Ausdruck kommen. Vermutlich hat er im Vorfeld auch schon so gelebt und deshalb den Ruf Gottes sofort erkannt, als er kam. Vielleicht hat er zu diesem frühen Zeitpunkt schon angefangen, von der Stadt zu träumen, *„die Fundamente hat, deren Baumeister und Schöpfer Gott ist“* (Hebr 11,10). Sind auch wir innerlich so auf Gott gerichtet, dass er auch uns mitten im Alltag begegnen und zu uns reden kann, auch wenn es wahrscheinlich nicht so dramatisch sein wird wie bei Abram?

11. Oktober

GENERALPROBE FÜR DEN ERNSTFALL

„... aber auf dein Wort“ (Lk 5,5)

Ich glaube, es ist kein Zufall, dass Jesus hartgesottene Fischer an die Spitze seiner Gründungsmannschaft für die wichtigste Bewegung aller Zeiten aussuchte: die Gemeinde des neuen Bundes. Zweimal lesen wir davon, dass sie ihre Netze stundenlang (Lk 5,5; Joh 21,3) auf dem See durch das Wasser ziehen, und nichts fangen.

Mühsame, gefährliche körperliche Arbeit, stundenlang und ohne sichtbare Ergebnisse. Das Leben dieser Männer hängt von ihrem Fischfang ab. Selbst diese abgehärteten Arbeiter aus Leidenschaft haben nur begrenzte Muskelkraft, nur 24 Stunden pro Tag, um für ihre Familien Brot auf den Tisch zu bringen. Parallelen zur Arbeit im Reich Gottes liegen auf der Hand. Auf Gottes Erntefeld, wie in jeder seriösen Missionsarbeit und in jedem Gemeindebau, helfen theologische Kenntnisse, so wichtig sie sind, nur begrenzt, wenn es darauf ankommt. Letztlich zählen Ausdauer, harte Arbeit, durchwachte Nächte, und die innere Kraft, nicht aufzugeben, wenn der Fischfang ausbleibt, wenn die Widerstände kommen.

„Meister, wir haben uns die ganze Nacht hindurch bemüht und nichts gefangen, aber auf dein Wort will ich die Netze hinablassen. Und als sie dies getan hatten, umschlossen sie eine große Menge Fische, und ihre Netze rissen“ (Lk 5,5-6).

„Er aber sprach zu ihnen: Werft das Netz auf der rechten Seite des Bootes aus! Und ihr werdet finden. Da warfen sie es aus und konnten es vor der Menge der Fische nicht mehr ziehen“ (Joh 21,6).
Das mutmachende an diesen Geschichten: Irgendwo in der Nähe ist der Herr. Er nimmt ihnen die Arbeit nicht ab, spart ihnen die Mühe nicht. Ein Leben in der Nachfolge ist kein Picknick! Aber er spricht sein Wort in die Turbulenzen hinein, er lenkt sie schließlich dorthin, wo ihre Arbeit Frucht bringt und ein großer Fang auf sie wartet – und noch mehr Arbeit, weil die Netze auch noch eingezogen werden müssen.
Auch wir sind dazu berufen, Frucht zu bringen. Mühe, Arbeit, Ausdauer, mal hier versuchen, mal dort probieren, scheinbare Erfolglosigkeit – das gehört alles dazu. Aber auch wir können gewiss sein, dass der Meister am Ufer steht, auch mitten in unserem Arbeitsalltag, und uns mit seiner Stimme führt, seine Kraft schenkt und uns hilft durchzuhalten, bis der große Fang kommt. Ich möchte dich ermutigen, nicht aufzugeben, auch wenn deine Arbeit im Moment umsonst zu sein scheint.

12. Oktober

EINE BETÄUBTE SEELE

„Wer aber von dem Wasser trinken wird, das ich ihm geben werde, den wird nicht dürsten in Ewigkeit“ (Joh 4,14)

Der Alltag dieser Frau ist eine Routine der dumpfen Resignation; ihr Leben ist auf mehreren Ebenen als gescheitert abgestempelt. Von ihren Mitmenschen auf jeden Fall, vermutlich am allermeisten von ihr selbst. Während ihre Freundinnen mit ihren fröhlichen Kinderscharen durch die Stadt tigern, am Stadtbrunnen über die neuesten Schwangerschaften, Verlobungen und Errungenschaften des Nachwuchses plaudern, stolpert sie von einer flüchtigen Männerbeziehung zur nächsten, fällt irgendwie immer auf die falschen Typen herein. Mit dem aktuellen Partner lebt sie ohne Trauschein, es wird sowieso wieder schiefgehen. Schon längst hat sie sich daran gewöhnt, dass die Dorfbewohner demonstrativ in die andere

Richtung schauen, wenn sie vorbeiläuft, und die Frauen anfangen, hinter vorgehaltener Hand zu tuscheln. Wegziehen und einen Neuanfang irgendwo versuchen? Kam damals nicht in Frage, würde Geld kosten, und Connections brauchte man. Die hatten die Samariter sowieso nicht, waren sie doch als ganze Sippe im Rest Israels verpönt und nicht gerne gesehen. Das Beste, was die gebeutelte Frau machen kann, ist ihren Alltag so zu regeln, dass Begegnungen mit anderen Menschen auf ein Minimum reduziert sind. Wasser holen zu einer Zeit, in der alle anderen Siesta machen. Den Schmerz der schrägen und spöttischen Blicke minimieren, immerhin etwas. Eine Quelle ihrer Tränen – von den vielen – ist dadurch wenigstens eliminiert.
Bis zu dem Tag, an dem alles anders wird. Eine einsame Figur sitzt am Rand des Brunnens, als sie angelaufen kommt, um Wasser zu holen. Ich nehme an, sie senkt ihren Blick und versucht, seinen zu vermeiden. Ist ja immerhin ein Mann, dem Aussehen nach ein Jude, und ein Rabbiner noch dazu. Drei Gründe gleich, nichts mit ihm zu tun zu haben. Drei Gründe, warum sie fast umfällt vor Schreck, als er sie anspricht und um einen Becher Wasser bittet. Sie kann sich nicht an das letzte Mal erinnern, dass irgendein Mensch sie auf Augenhöhe angeredet hat. Das Gespräch wandert von Brunnenwasser zu lebendigem Wasser, zu Anbetung, zu Männergeschichten, zur Identität des Christus. Eine verdurstete Seele fängt an zu trinken. Ihr Herz erwärmt sich, fängt nach langer Zeit wieder an zu schlagen, zu hoffen, Freude zu empfinden. Hier ist jemand, der sie liebt, sie ernst nimmt, ihr bisheriges Leben voll auf seinem Radarschirm hat, auch ihr zukünftiges Leben. Sie soll ihren Mann holen, sagt Jesus. Sie lässt alles fallen und holt nicht nur ihren Lebenspartner (Jesus wusste schon, dass er nicht ihr Mann war, klar), sondern die ganze Dorfbevölkerung. *„Kommt, seht einen Menschen, der mir alles gesagt hat, was ich getan habe! Dieser ist doch nicht etwa der Christus?“* (Joh 4,29).
Wie gerne wüsste ich, wie die Geschichte weiterging. Dass Gott mit Samaria noch nicht fertig war, wissen wir aus der Apostelgeschichte. Philippus, der Evangelist, predigt dort das Evangelium (Apg 8), und eine Erweckung bricht aus. Vielleicht hat die Frau am Brunnen durch ihre Verkündigung den Grundstein schon dafür gelegt? Deinen Alltag, deine Enttäuschungen, deinen Schmerz hat Gott genauso auf seinem Radarschirm – ich bete

dafür, dass auch dein Herz mit dieser Erkenntnis heute warm wird und es wagt, auf ihn zu setzen und wieder Hoffnung zu haben.

13. Oktober

EIN GIERIGER FINANZMAKLER KÜNDIGT SEINEN JOB

„Er sah einen Menschen mit Namen Matthäus am Zollhaus sitzen, und er spricht zu ihm: Folge mir nach! Und er stand auf und folgte ihm nach" (Mt 9,9)

Matthäus hat Karriere im Finanzsektor des von den Römern besetzten Israels gemacht. Wer aus der örtlichen Bevölkerung bereit ist, mit den römischen Stadtverwaltungen gemeinsame Sache zu machen, kann ordentliche Umsätze einfahren, auch wenn er auf ganzer Linie Freundschaften und Beliebtheit dafür einbüßen muss. Matthäus hat vermutlich schon immer eine Vorliebe für das feine Leben gehabt, mit neidischem Blick auf die Villen im vornehmen Vorort Kapernaums geschielt. Vielleicht ist er ein klassischer Einzelgänger – das würde zu dem Typ Mensch passen, der anfällig ist, zum Handlanger der Römer zu werden. Eines brauchte diese militärische Diktatur mehr als alles andere: Geld, um die ungebrochene Ausbreitung des römischen Reiches zu finanzieren. Das Steuersystem bietet sich für so schräge, korrupte Typen wie Matthäus perfekt an. Es gibt Fix-Summen, die die Behörden kassieren, und die Mittelmänner dürfen drüber hinaus fette Zusatzbeträge einfahren, um sich selbst zu bereichern. Genau damit ist Matthäus beschäftigt, als Jesus eines Tages an seinem Zollhaus in Kapernaum vorbeiläuft: *„Er sah einen Menschen mit Namen Matthäus am Zollhaus sitzen, und er spricht zu ihm: Folge mir nach! Und er stand auf und folgte ihm nach. Und es geschah, als er in dem Haus zu Tisch lag, siehe, da kamen viele Zöllner und Sünder und lagen zu Tisch mit Jesus und seinen Jüngern"* (Mt 9,9-10).

Auch hier gibt es vermutlich eine Vorgeschichte. Kapernaum ist ein kleiner Ort, man kennt sich. Matthäus (auch Levi genannt) wird schon vieles über Jesus gehört haben, beobachtet ihn vielleicht sogar aus der Entfernung, hat etwas in ihm gesehen, das an seiner einsamen und verkrümmten Seele mehr zerrt als Lust nach Geld. Die Begegnung mit Jesus ist ein lang ersehnter Befreiungsschlag, wie das Sprengen von Handschellen und Ketten. Matthäus ist nach der Begegnung dermaßen euphorisch, dass er am gleichen Abend eine Party steigen lässt, zu der er alle seine korrupten Kollegen einlädt.

Menschlich gesehen ist diese Geschichte ein Skandal. Wenn der Herr bei den Juden Gunst finden will, dann ist das eine katastrophale Personalentscheidung, die ein genervtes Kopfschütteln auslöst. Aber Jesus weiß, was er tut. Matthäus ist für die bevorstehenden Aufgaben durch die Bank qualifiziert. Durch seinen scharfen Blick, dem auch die kleinsten Details nicht entgehen. Er hat gelernt, mit Genauigkeit Protokoll zu führen, strukturiert zu denken. Das Evangelium, das er verfasst, ist ein Augenzeugenbericht, dem man nur schwer widersprechen kann. Was können wir aus dieser Geschichte für uns mitnehmen? Was ermutigt dich? Will Gott dir in einer Alltagsroutine begegnen, die dir lästig geworden ist, in der vielleicht auch Sünde und Ungerechtigkeit einen faden Beigeschmack hinterlassen? Dich aus dieser Routine herausnehmen – das macht er nicht unbedingt. Aber dein Herz, deine Einstellung so ändern, wie er es bei Matthäus getan hat? Auf jeden Fall.

14. Oktober

ALLTAG IN DER STADT NAHORS

„Und sie eilte und goss ihren Krug aus in die Tränkrinne, lief noch einmal zum Brunnen, um zu schöpfen, und schöpfte so für alle seine Kamele“ (1Mo 24,20)

In den verstreuten Siedlungen der ersten Patriarchenfamilien ist eine Sache Mangelware: geeignete Heiratspartien. Gottes Auftrag an Abraham ist es, eine neue Dynastie unter seinem Segen zu gründen, abgesondert von den heidnischen Völkern um ihn herum, ein Schaufenster für einen heiligen Lebensstil zu sein, das in der Dunkelheit einer von Gott getrennten Menschheit heraussticht und zur Versöhnung mit Gott einladen soll. Für den Fortbestand dieser göttlichen Kultur ist die Partnerwahl

entscheidend. Auf Isaak, den Sohn der Verheißung, ruhen nun alle Hoffnungen der Heilslinie Gottes, die schließlich den Christus hervorbringen soll. Abraham will auf Nummer sicher gehen – eine gottesfürchtige Frau muss es sein: *„Du sollst in mein Land und zu meiner Verwandtschaft gehen und dort eine Frau für meinen Sohn, für Isaak, nehmen!"* (1Mo 24,4). Das Ziel der Reise: *„Aram-Naharajim, zu der Stadt Nahors."* Dort, am mittleren Euphrat, lebt noch die Verwandtschaft Abrahams – Nahor ist sein Bruder.
Mit bahnbrechenden Gedanken über das Schicksal der menschlichen Rasse ist die hübsche junge Rebekka, Abrahams Großnichte, bestimmt nicht beschäftigt, als sie wie jeden Tag zum Stadtbrunnen marschiert, um ihren Krug mit dem üblichen Abendvorrat an Wasser zu füllen, bevor es dunkel wird. Sie erledigt einfach ihr Tageswerk, macht sich Gedanken über das Abendessen und freut sich auf die Nachtruhe nach einem arbeitsreichen Tag. Abrahams Knecht wirft den Köder aus, den er sich ausgedacht hat, und bittet sie um einen Becher Wasser. Ihre Reaktion überzeugt ihn auf Anhieb, dass diese Frau die nächste First Lady des Patriarchenstammes ist: *„Trinke, mein Herr! Und eilends ließ sie ihren Krug auf ihre Hand herunter und gab ihm zu trinken. Und als sie ihm genug zu trinken gegeben hatte, sagte sie: Auch für deine Kamele will ich schöpfen, bis sie genug getrunken haben. Und sie eilte und goss ihren Krug aus in die Tränkrinne, lief noch einmal zum Brunnen, um zu schöpfen, und schöpfte so für alle seine Kamele"* (1Mo 24,18-20). Das Mädchen ist gut erzogen, so viel ist klar. Ein schönes Aussehen gepaart mit einer schönen Seele – das passt. Läuft durch den Alltag mit einem Blick für ihre Mitmenschen und deren Nöte, lässt es sich über das nötige Maß hinaus etwas kosten – und wie! Kamele zu tränken ist schweißtreibende Arbeit –, um einem wildfremden Menschen zu helfen, ohne zu ahnen, dass sie dabei den Test in einer fürstlichen Brautschau gewonnen hat.
Wir wissen nie, wer uns beobachtet! Aber beobachtet zu werden, ist nicht Rebekkas Ziel. Suchen auch wir mitten im Alltag Gelegenheiten, ein Segen zu sein, ungeachtet, ob es uns was bringt oder nicht? Nur, um Gott zu gefallen? Morgen sehen wir eine weitere Frau an, die keine Ahnung hat, dass sie mitten in einer sehr mühsamen und bedrückenden Tagesroutine beobachtet wird.

15. Oktober

ARMUT, TRAUER UND EINSAMKEIT UND EINE BEGEGNUNG MIT GOTT

„Der HERR vergelte dir dein Tun, und dein Lohn möge ein voller sein von dem HERRN, dem Gott Israels, zu dem du gekommen bist, um unter seinen Flügeln Zuflucht zu suchen!" (Rt 2,12)

Das Richtige zu tun aus keinem anderen Grund, als um Gott zu gefallen, ohne dabei zur Seite zu schielen, ob irgendjemand mir dafür Beifall klatscht: Das hat Charme und Ausstrahlung, wie wir am Beispiel von Rebekka gesehen haben. Einige Jahrhunderte später folgt eine junge Heidin, die sich aber durch die Heirat in eine jüdische Familie mit den Wegen des Gottes Israels vertraut gemacht hatte, in den Fußstapfen von Rebekka. Ihr Alltag ist um einiges schwerer und mühsamer als der ihrer Vorgängerin im Dienst. Witwenschaft in jungen Jahren, und dann der Umzug aus ihrem Heimatland Moab zurück nach Israel, mit ihrer verwitweten Schwiegermutter Noomi zusammen: Diese Schicksalsschläge haben ihr alle Sicherheiten und Lebensperspektiven – falls sie noch irgendwelche hatte – unter den Füßen weggezogen. Ade alle Aussichten auf eine zweite Heirat und Kinder! Kein Israelit will mit einer Frau aus der verpönten Moabitersippe liiert sein. Aber Rut hat Wichtigeres im Sinn als ihr eigenes Liebesglück und bequemes Leben. Sie will diesen Gott Israels kennenlernen – *„dein Gott ist mein Gott"* (Rt 1,16) – und dafür sorgen, dass die am Boden zerstörte Noomi, die Rut liebt und Noomi *„mehr wert ist als sieben Söhne"* (Rt 4,15), versorgt ist. Das ist eine kräftige Ermutigung für alle, die treu und liebevoll für alte Verwandte sorgen und dafür auf eigene Ziele und Wünsche verzichten!

Für die zwei aus der Ferne gereisten Frauen wird in Noomis Heimatstadt Bethlehem kein roter Teppich ausgelegt, keine Einliegerwohnung zur Verfügung gestellt, keine Arbeitsoption angeboten, damit sie sich eine Existenz aufbauen können. Rut zieht ihren Arbeitskittel über und macht sich mit einem großen Korb zu den Feldern auf. Hier haben die Ärmsten der Armen eine Chance, wenigstens zu überleben – sie dürfen hinter den Schnittern her liegengebliebene Körner aufsammeln, um wenigstens Brot auf den Tisch zu bringen, falls sie überhaupt einen Tisch besitzen. Rut ist

sich nicht zu schade, diese Demütigungen auf sich zu nehmen, um den Gott Israels zu suchen und *„unter seinen Flügeln Zuflucht zu suchen“* (Rt 2,12). Ist das auch unsere Haltung?
Rut weiß nicht, dass sie wie einst Rebekka beobachtet wird. Dass auch in Bethlehem ein gottesfürchtiger Mann auf Brautschau ist und eine gottesfürchtige Frau sucht, die nicht auf das eigene Glück aus ist, sondern nach dem Willen des Herrn und dem Glück ihrer Mitmenschen fragt. Auch Rut wird durch ihre Heirat mit Boas Teil der Linie, die schließlich den Christus hervorbringen wird. Ist in dieser Geschichte irgendwo eine Ermutigung für dich heute?

16. Oktober

EIN KRIEGSGEFANGENER WAGT ES, WIEDER ZU TRÄUMEN

„Die Freude am Herrn ist eure Stärke“ (Neh 8,10 LÜ)

Manchmal kann der Alltag in der Bibel recht mühsam und kräftezehrend sein. Traumberufe finden wir hier kaum. Jobzufriedenheit? Damals kein Thema – man war froh, überleben zu können. Eine Auswahl an Berufsmöglichkeiten gab es nicht. Auch nicht die Option, dem gewöhnlichen Berufsalltag zu entkommen und hauptamtlicher Geistlicher zu werden oder eine Bibelschule zu besuchen oder ein Sabbatjahr oder eine Auszeit für eine Weltreise zu nehmen. Diesen Luxus hatten – außer den Jüngern Jesu – diese Männer und Frauen nicht. Ein Mann namens Nehemia schon gar nicht. Ein ganzes alttestamentliches Buch ist seiner Geschichte gewidmet.
Wie auch andere junge Juden im Exil stach Nehemia durch seine Integrität und Intelligenz heraus und war am persischen Hof bis zum Amt des Mundschenks des Königs Artahsasta I. aufgestiegen, einem Amt, welches das volle Vertrauen des Königs voraussetzte und einen in die Nähe der Machtzentrale des medo-persischen Reiches brachte. Wenn Lebensplan

A durch Umstände und Schicksalsschläge schon gescheitert ist, dann können sich Gottes B-Pläne auch sehen lassen, wie die Geschichten von Daniel und seinen Freunden und von Ester beweisen. Nehemias königlicher Vorgesetzte ist einmal bestürzt, als er mitbekommt, wie sein Mundschenk mit den Tränen kämpft. Offensichtlich besteht hier schon ein enges Verhältnis zwischen dem König und Nehemia. Seine Gunst beim König führt dazu, dass die Jerusalemer Stadtmauer wieder aufgebaut wird – eine steile Aufgabe, für die König Artahsasta Nehemia mit einem Empfehlungsschreiben für die Provinzgouverneure und militärischem Begleitschutz ausstattet. Wie so oft im Reich Gottes, sind Gottes Pläne größer als alle Träume, mit denen wir uns ein schönes Leben machen wollen.
Nehemias Auftrag, die Mauer Jerusalems wieder aufzubauen, verlangt ihm alles ab: Führungskompetenzen (Neh 12), handwerkliches Geschick (Neh 3), Krisenmanagement, Umgang mit Konflikten, Verrat und Enttäuschungen (Neh 5), mit Sünde im Volk (Neh 13), Konfrontation mit Gegnern, die ihn umbringen wollen (Neh 4 und 6), ein regelrechtes Wechselbad der Emotionen begleitet ihn in dieser mächtigen Arbeit, die er zu verrichten hat.
Vergessen wir dabei nicht die wichtige Kraftquelle, die ihn und alle diese mutigen Männer und Frauen angetrieben hat: *„Die Freude am Herrn ist eure Stärke“* (Neh 8,10 LÜ).

17. Oktober

EIN GEISTLICHER LERNT DEMUT

„Sogleich aber wurde sein Mund geöffnet und seine Zunge gelöst, und er redete und lobte Gott“ (Lk 1,64)

Alltag im Tempel in Jerusalem. Auch Priester, deren Job es war, Tag für Tag in die Gegenwart Gottes zu treten, haben ihre Routine. Auch Zacharias, der als *„gerecht vor Gott“* und *„untadelig in allen Geboten und Satzungen des Herrn“* bezeichnet wird (Lk 1,6). *„In der Ordnung seiner Abteilung“* verrichtet er seine Dienste (V. 8), und es trifft ihn *„nach der Gewohnheit des Priestertums*

das Los, in den Tempel des Herrn zu gehen, um zu räuchern" (V. 9). Nichts Ungewöhnliches hier – Frühstück, Kaffee zur Stärkung für den Tag, und dann Gebetsstunde, so ähnlich wird es gewesen sein (V. 10). Aber an diesem geschichtsträchtigen Tag taucht Gott tatsächlich auf, sogar in der Gebetsstunde! Ich meine, eigentlich ist er immer da. Aber heute mit einer Sensation. Die Gottesdienstbesucher wundern sich, dass der Priester vom Räucheraltar nicht wieder zurückkommt, bzw. verspätet, und nicht fähig ist zu reden.
Diese Begegnungen mit Engeln haben es in sich. Die Nachricht, oder vielmehr die Nachrichten, die der Engel Gabriel gebracht hat, als er neben dem Altar auf Zacharias wartet, versetzen den armen Diener Gottes in einen Schockzustand. Der langersehnte Sohn wird geboren trotz des vorgerückten Alters des Ehepaares (V. 13). Er wird so ähnlich wie der Prophet Elia sein und das Volk zurüsten für das Kommen des Messias (V. 17), von Mutterleibe an wird der Heilige Geist ihn erfüllen (V. 15). Man kann mit Zacharias richtig mitfühlen, wenn er stammelt: *„Woran soll ich dies erkennen? Denn ich bin ein alter Mann, und meine Frau ist weit vorgerückt in ihren Tagen"* (V. 18). Als Strafe für seinen fehlenden Glauben soll er *„stumm sein und nicht sprechen können bis zu dem Tag, da dies geschehen wird"* (V. 20). Gottes Gesandte stehen Gott selbst offensichtlich in nichts nach in ihrer Strenge und Konsequenz. Als Mann des Dienstes und des Wortes hätte Zacharias vermutlich freudiger und glaubensvoller auf die Nachricht reagieren sollen.
Erschüttert und noch bleich vor Schock entlässt Zacharias mit Handgesten die wartenden und überraschten Gottesdienstbesucher und beugt sich der Strafe Gottes. Zur Überraschung der Angehörigen wird dem Kind auf den Befehl des Vaters hin der Name gegeben, der vom Engel angeordnet wurde, und nicht der übliche Familienname.
Der erlösende Moment lässt nicht lange auf sich warten, Zacharias hat bewiesen, dass er Gott mehr glaubt als Menschen. *„Sogleich aber wurde sein Mund geöffnet und seine Zunge gelöst, und er redete und lobte Gott"* (Lk 1,64). Er hört gar nicht auf, den Herrn zu loben. Er *„wurde mit Heiligem Geist erfüllt und weissagte"* (V. 68 ff). Die bewegenden Worte, die seine nun gelöste Zunge von sich gibt, zeigen, dass er den Plan Gottes mit diesem Kind in vollen Zügen begreift. Wenn du heute Zeit hast, lies den Lobgesang des Zacharias laut und lass diese Worte für deine Seele Nahrung sein. Ja, auch ein Priester hört nie auf, Demut und Gehorsam zu lernen.

18. Oktober

RISIKOBERUF WIDER WILLEN

„... der Herr holte mich hinter dem Kleinvieh weg, und der Herr sprach zu mir: Geh hin, weissage meinem Volk Israel!" (Am 7,15)

Kaum ein Prophet in der Bibel hat einen Luftsprung gemacht, als der Ruf Gottes ihn erreichte. Es gab schon immer Berufe, bei denen es eine Gefahrenpauschale für besonders anspruchsvolle Aufträge gibt. Für Diplomaten zum Beispiel, die in Kriegsländer geschickt werden. Mein Vater, der im Auftrag der britischen Regierung in Afrika arbeitete, hatte als Ausgleich für die damit verbundenen Strapazen einige Bonusse. Beim gefährlichsten Beruf, den es jemals gegeben hat, gab es so etwas nicht. Der Job als Prophet bestand darin, entweder mitten im Alltagsleben Gottes Wort zu verkündigen oder auf alle irdischen Sicherheiten im Auftrag Gottes zu verzichten, Warnschüsse im Namen Gottes an dekadente Herrscher abzufeuern und dafür gesteinigt zu werden. Elia konnte ein Lied davon singen, Jeremia wird oftmals als weinend beschrieben, der Prophet Jona versuchte (allerdings vergeblich), Gott zu entkommen, als sein bequemer Beruf als Profi-Theologe am Hof des Königs einmal durch ein echtes Wort vom Herrn ins Wanken geriet. Den Feinden Israels die rettende Botschaft von Buße und Umkehr predigen? Auf keinen Fall! Das könnte ihn die Gunst seines Arbeitgebers kosten.

Ab und zu gibt es Andeutungen, wie normal, tiefführend und menschlich diese Leute waren, keine abgehobenen Super-Geistlichen. Ein weniger bekannter Prophet namens Amos kann einem richtig leidtun. Ihm werden besonders deftige Nachrichten vom Herrn an die Adresse der Führungselite im damaligen Israel in den Mund gelegt. Hier eine Kostprobe: *„Ich hasse, ich verwerfe eure Feste, und eure Festversammlungen kann ich nicht mehr riechen ... Halte den Lärm deiner Lieder von mir fern! Und das Spiel deiner Harfen will ich nicht hören. Aber Recht ergieße sich wie Wasser und Gerechtigkeit wie ein immer fließender Bach! ... Wehe den Sorglosen in Zion und den Sicheren auf dem Berg von Samaria!"* (Am 5,21.23-24; 6,1).

Worte, die auch in unsere Zeit passen, oder? Die Worte kommen erwartungsgemäß nicht gut an, Amos wird gebeten, zu verschwinden: *„Seher, geh, flieh schnell in das Land Juda! Iss dort dein Brot, und dort magst zu weissagen!*

Aber in Bethel sollst du künftig nicht mehr weissagen, denn das Heiligtum des Königs ist hier …" (Am 7,12-13). Ach ja, inzwischen ist es das Heiligtum des Königs, nicht mehr des Herrn. Genau das ist das Problem.
Amos weist in seiner Verteidigungsrede darauf hin, dass er kein ausgebildeter geistlicher Fachmann ist, sondern von Gott selbst beauftragt wurde: *„Ich bin kein Prophet und bin kein Prophetensohn, sondern ein Viehhirte bin ich und ein Maulbeerfeigenzüchter. Aber der Herr holte mich hinter dem Kleinvieh weg, und der Herr sprach zu mir: Geh hin, weissage meinem Volk Israel!*" (Am 7,14-15). Wir haben schon gesehen, wie Fromme ihre liebe Mühe damit haben, wenn Gott selbst „live" auftaucht – siehe Zacharias, Jona, die Pharisäer. Ist das etwa der Grund, warum Gott scheinbar bevorzugt auf den Obstwiesen und Bauernhöfen nach seinen Leuten sucht? Wo hat er dich gesucht und gerufen? In der Küche, im Büro, im Klassenzimmer? Eines steht fest: Auch dich will er gebrauchen, sein Wort weiterzugeben!

19. Oktober

DER GANG IN DEN GOTTESDIENST

„… indem wir unser Zusammenkommen nicht versäumen, wie es bei einigen Sitte ist, sondern einander ermuntern" (Hebr 10,25)

Jede Routine kann mühsam sein. Die gleichen Abläufe jeden Tag. Ob im Berufsleben, im Familienalltag, im Gemeindeleben. Essen richten, aufräumen, einkaufen, Kinder für den Tag fertigmachen, das Auto zur Reparatur bringen, den Arzttermin ausmachen. Auch die geistliche Routine ist nicht immer gerade prickelnd. Die Kinder für den Gottesdienst richten, wenn es so viel einfacher wäre, im Bett zu bleiben. Sich zum Gebetstreffen oder zum Hauskreis aufmachen, wenn man nach einem langen Tag müde ist.
Ich bin so froh über die biblischen Charaktere, die ihrer geistlichen Routine treu waren, ohne zu fragen, ob sie Lust dazu hatten oder nicht. Die Prophetin Anna *„wich nicht von dem Tempel und diente Gott Nacht und Tag mit Fasten und Flehen*" (Lk 2,37). Der alte Simeon, der ebenso Zeit im Tempel verbrachte und auf das Erscheinen des Messias wartete. Jesus *„lehrte an*

den Sabbaten" (Lk 4,31) in der Synagoge zu Kapernaum, bevor er einen dämonisierten Mann heilte. Petrus und Johannes, die „*um die Stunde des Gebets ... hinauf in den Tempel*" gingen (Apg 3,1) und auf dem Weg einen gelähmten Mann heilten.

Wenn wir von dramatischen, von Gott gewirkten Ereignissen lesen, vergessen wir oft, wie einmalig diese Ereignisse waren und dass zwischendrin zum Teil Jahre voller „Trockenübungen" liegen, in denen scheinbar nichts passiert. Manchmal besteht das ganze Leben aus Routinen oder Trockenübungen – Jahrhunderte liegen zum Teil zwischen den Heimsuchungen Gottes! Wir gehen nicht unbedingt in das Gebetstreffen oder in den Gottesdienst mit der Erwartung, dass Gott einen Gelähmten heilt oder dass ein Engel erscheint, klar. Auch die Routine ziehen wir durch, weil sie richtig und von Gott angeordnet ist – und auf jeden Fall gesegnet, mit oder ohne dramatisches Wirken Gottes.

Wir sollen „*unser Zusammenkommen nicht versäumen, wie es bei einigen Sitte ist, sondern einander ermuntern, und das umso mehr, je mehr ihr den Tag herannahen seht!*", schreibt der Verfasser des Hebräerbriefes (Hebr 10,25). Dazu ist die Routine gegeben: damit wir uns gegenseitig ermutigen, aufbauen, anspornen zu Liebe und guten Werken. Damit wir auf die Herrlichkeit vorbereitet werden, die auf uns wartet. Und wenn Gott im Hier und Jetzt dramatisch wirken will, dann bin ich die Erste, die Luftsprünge macht und sich freut, jederzeit dafür offen! Du auch?

20. Oktober

BEFREIT VON DER SUCHT NACH ERFOLG

„... sondern dass in der Demut einer den anderen höher achtet als sich selbst" (Phil 2,3)

„Normale Alltagsarbeit, zu der die meisten von uns die meiste Zeit berufen sind, ist genauso von Gott verordnet, wie die außerordentlichen Aufgaben, zu denen manche von uns manchmal berufen sind" (Elisabeth Elliot).

„Ein Hoch auf Uncoolness. Mit dem Druck, durch unsere Gemeindearbeit Gott und Menschen beeindrucken zu wollen, habe ich seit langem Schluss gemacht. Das ist nicht unsere Aufgabe. Gott sei Dank. Geistlicher Dienst ist nicht da, um toll gefunden und bewundert zu werden. Gemeinde muss nicht unterhalten, muss nicht besser, anerkannter, professioneller sein als alle anderen. Gemeinde besteht aus gebrochenen Menschen, die anderen gebrochenen Menschen helfen, auf die Beine zu kommen und Hoffnung für ihr Leben zu finden. Das ist alles. So einfach ist es. Unterhalten und Erlebnisse bieten, das können andere besser, das kann vor allem die Welt besser. Unsere Aufgabe ist nicht, die Frommen mit Frömmigkeit zu unterhalten. Immer mehr wächst in mir das Bedürfnis, einfach da zu sein. Dort zu helfen, wo es Not gibt, herumzulaufen nach dem Gottesdienst, Menschen einfach zu begrüßen, Smalltalk machen, einen Blick hier und da in einen Kinderwagen zu werfen, um zu schauen, wie der Säugling seit letzter Woche gewachsen ist, Kaffee zu trinken, über Alltagsdinge zu plaudern, Sorgen zu teilen. Präsent sein und mich freuen, dass andere präsent sind. Ja, ich will für den Herrn was ausrichten, ich will arbeiten, einen Unterschied machen, Pläne schmieden, Menschen anfeuern, das Gleiche zu machen. Aber ist das einfache Mitleben in einer Gemeinschaft nicht der wichtigste Dienst, den es geben kann? Versuchen, mir Namen zu merken, den Geschichten der Menschen zu lauschen, meine Geschichte zu erzählen, zusammen essen und trinken, die Hand geben, neue Leute begrüßen, anlächeln, vermitteln, so wie ich nur kann, nicht nur, dass ich sie mag und froh bin, Teil dieser Lebensgemeinschaft zu sein" (aus meinem Tagebuch, März 2022).

An diese Gedanken muss ich mich selbst immer wieder erinnern. Johannes erinnert uns daran in seinem ersten Brief, in dem er schreibt: *„Denn alles, was in der Welt ist, die Begierde des Fleisches und die Begierde der Augen und der Hochmut des Lebens, ist nicht vom Vater, sondern ist von der Welt"* (1Jo 2,16). Paulus ermahnt seine Freunde in Philippi, dass sie *„nichts aus Eigennutz oder eitler Ruhmsucht"* tun sollen, *„sondern dass in der Demut einer den anderen höher achtet als sich selbst; ein jeder sehe nicht nur auf das Seine, sondern ein jeder auch auf das der anderen!"* (Phil 2,3-4).

21. Oktober

JESUS LÄSST SICH UNTERBRECHEN

„Und sie brachten Kinder zu ihm, damit er sie anrührte. Die Jünger aber fuhren sie an" (Mk 10,13)

Kennst du das? Du hast etwas Wichtiges zu erledigen, bist mitten in einem großen Projekt, das du durchziehen willst, voll im Arbeitsmodus und im Fluss, und dann unterbricht dich irgendetwas Triviales oder Lästiges. Als Mutter – ja, oft die Kinder! Oder das Telefon klingelt und du schaust erst, wer es ist – ob die Person dir wichtig genug ist –, bevor du zum Hörer greifst oder die Chatmeldung auf deinem Bildschirm anklickst, die plötzlich aufgepoppt ist.

Jesus ließ sich immer wieder unterbrechen. Anders als seine Freunde. Auch in dem Moment, als eine Gruppe Mütter ihren Haushalt, ihre Essensvorbereitungen und Wäscheberge liegen ließen, um ihn mit ihren Kindern zusammen aufzusuchen, damit er die Kinder segnet. Jesus war ihnen wichtiger als ihre Alltagsbeschäftigungen. Die Jünger sahen das etwas anders. Sie waren in einem wichtigen Auftrag unterwegs, hatten etwas vor, und sowieso, was hatten Kinder hier zu suchen? Sollten sie doch auf dem Spielplatz ihren Spaß suchen. Jesus sah das anders: *„Als aber Jesus es sah, wurde er unwillig und sprach zu ihnen: Lasst die Kinder zu mir kommen! Wehrt ihnen nicht! Denn solchen gehört das Reich Gottes. Wahrlich, ich sage euch: Wer das Reich Gottes nicht annimmt wie ein Kind, wird dort nicht hineinkommen. Und er nahm sie in seine Arme, legte die Hände auf sie und segnete sie"* (Mk 10,14-16).

Gott scheut sich nicht, mitten in der Alltagsroutine Umwege auf sich zu nehmen, Pausen einzulegen, um Heilsgeschichte zu schreiben. Er hält an für den blinden Bartimäus (Mk 10,49), dessen Geschrei bei Jesu selbsternannten „Projektmanagern" auch für Ärger sorgt. Auch für den verhassten Zachäus (Lk 19,1-10), in dessen Haus er sich in Gegenwart seiner empörten Fangemeinde selbst einlädt, um Heil in diese Stadt zu bringen.

Einmal wurde ich über eine bestimmte mir wichtige Episode in der Bibel belehrt, dass sie „nicht heilsrelevant sei" – sozusagen auf einem Nebengleis spiele. Die Bibel wäre auch ohne ausgekommen. „Wirklich?", dachte ich nachher. Die Nebengleise *sind* doch Heilsgeschichte. Gott im Abseits.

Golgatha außerhalb der Mauer. Bethlehem in der abgelegenen Provinz. Hagar, Mose, das Volk Israel, Elia – in der Wüste.
Vielleicht ermutigt dich dieser Gedanke, falls du dich irgendwo im Abseits fühlst. Deine Chancen stehen gut, gerade dort Gott zu begegnen!

22. Oktober

GOTTES PRIORITÄTEN

„Man hat dir mitgeteilt, Mensch, was gut ist" (Mi 6,8)

„Nimm dich vor den Dingen in Acht, bei denen du sagst: ‚Ach, das ist nicht so wichtig.' Die Tatsache, dass dir etwas nicht so wichtig ist, kann bedeuten, dass es Gott sehr wohl wichtig ist. Nichts ist für ein Kind Gottes eine unbedeutende Angelegenheit. Wie lange wollen manche von uns Gott noch weiter damit beschäftigen, uns eine bestimmte Sache beizubringen? Er verliert nie die Geduld" (C. H. Spurgeon).
„Der Kern des christlichen Lebens ist unsere Bereitschaft, Gottes Sohn in uns leben, handeln und sein zu lassen" (C. H. Spurgeon).
Was ist Gott wichtig? Wirklich wichtig? Sind die Dinge, die uns nachts wachhalten, die uns Sorgen machen und belasten, auch die Dinge, die ihn belasten? Gebet und Bibellesen sind deswegen so wichtig, weil sie uns an das erinnern, was Gott von uns möchte.
Mir ist oft zu wichtig, was ich besitze, kaufen möchte, wie viel es kostet. Ihm ist wichtig, dass ich dem „Geringsten von diesen" einen Becher Wasser in seinem Namen gebe (Mt 10,42). Mir ist wichtig, die Diskussion zu gewinnen, zu beweisen, dass ich recht habe, die anderen auf meiner Seite sind. Ihm ist wichtig, dass ich Barmherzigkeit zeige, Gerechtigkeit liebe und demütig mit meinem Gott wandle (Mi 6,6-8). Mir ist manchmal zu wichtig, einen guten Ruf zu haben, gut anzukommen, in der Welt und bei meinen Mitmenschen gut dazustehen. Ihm ist wichtig, dass ich nach seinem Reich trachte und ihm treu nachfolge, mein Kreuz auf mich nehme und in seinen Fußstapfen gehe. Ihn von ganzem Herzen liebe (Mt 22,37). Sein Wort in mir und meinem Umfeld reichlich wohnen lasse (Kol

3,16). Dass es weniger um mich geht, und mehr um ihn (Joh 3,30). Sein Wille ist nicht mein Erfolg, sondern meine Heiligung (1Thes 4,3ff).
Merkt ihr, was hier *nicht* steht? Keine Bühnen, keine gefüllten Bankkonten, tollen Urlaube oder Anschaffungen, keine Presse-Vertreter oder Marketing-Experten, kein Fundraising, keine Werbung, Mikrofone oder Geldeinnahmen, kein Ansehen ... Einfach die Freude, zu sagen: *„Ja, Herr, ich liebe dich!“* (Joh 21,15-17), und damit glücklich zu sein. Lasst uns auch heute dafür sorgen, dass das, was Gott wichtig ist, auch uns wichtig ist – ob wir dafür Beifall ernten oder nicht. Ob andere es sehen, oder nicht. Einfach unsere Freude darin finden, dass wir seinen Willen getan haben.

23. Oktober

HAMMER, NÄGEL, HOLZBRETTER

„Und er stand auf und nahm das Kind und seine Mutter zu sich, und er kam in das Land Israel ... kam und wohnte in einer Stadt, genannt Nazareth“ (Mt 2,21.23)

Seine Welt war die Welt der Sägespäne, der Holzbretter, der Tür- und Fensterrahmen, der Dachreparaturen und der Kundenbetreuung. Bodenständiger geht es kaum. Diese Zimmermänner wussten, wie man ein Haus baut, sturmsicher macht und es mit einer funktionsfähigen Innenausstattung füllt. Und wie man hart arbeitet. Josefs Leben folgte der bürgerlichen Spur, die für fromme Familien vom Land in der nördlichsten Provinz Israels typisch war. Eine Existenz gründen, vermutlich vom Vater geerbt, Heirat und Kinder. Hoffentlich ist ein fleißiger Sohn mit von der Partie, der in den Familienbetrieb als Nachfolger einsteigen kann.
Wenn alles in den vorgegebenen Bahnen gelaufen wäre, hätten wir niemals etwas von Josef gehört. Wenn Gott nicht aufgetaucht wäre. Buchstäblich. Einen aufrichtigeren Mann hätte er für den wichtigen Auftrag, den Anfang vom Leben des Messias zu überwachen und zu schützen, nicht aussuchen können. Josef hat sich mit der Torah, den Verheißungen Gottes, den Gedankengängen Gottes, offensichtlich viel beschäftigt. Genug zumindest,

um der Zusicherung des Engels Gabriel in einem Traum sofort Glauben zu schenken, dass seine Verlobte Maria vom Heiligen Geist schwanger ist und er und sie die Auserwählten Gottes sind, um dem lang verheißenen Christus einen Weg in diese Welt hineinzubahnen. Vorbei das bürgerliche Leben in der Holzwerkstatt Nazareths. Dumme Zufälle verschwören sich, um die Umstände der Geburt Jesu so aufwändig wie möglich zu machen. Volkszählung in Bethlehem, ausgerechnet um den Geburtstermin herum. Eine lange, anspruchsvolle Reise zu Fuß und Esel, eine fremde Stadt, ein Rummel um Übernachtungsmöglichkeiten. Das ist erst der Anfang. Ein Wutausbruch des Königs in Jerusalem und ein vorbeugender Massenmord an den kleinen Jungs von Bethlehem, um den Aufstieg eines potenziellen Konkurrenten im Keim zu ersticken. Flucht nach Ägypten, Leben im Asyl. Vielleicht fielen auch Josef, und nicht nur dem späteren Verfasser seiner Geschichte, Verse aus dem Alten Testament ein, wie *„aus Ägypten habe ich meinen Sohn gerufen"* (Hos 11,1), oder: *„Du, Bethlehem Efrata, die du klein bist unter den Tausenden in Juda, aus dir soll mir der kommen, der in Israel Herr sei, dessen Ausgang von Anfang und von Ewigkeit her gewesen ist"* (Mi 5,1). Auf jeden Fall ließ er sich vom Engel des Herrn an jeder Station dieser turbulenten Reise führen, und lebte in höchster Alarmbereitschaft, um dieses kostbare Leben zu schützen, das ihm anvertraut worden war.

Ohne Josef hätte Maria mit dem Kind keine Chance gehabt, nur eine Station dieses Hürdenlaufs zu durchstehen. Irgendwann ist die Krise vorerst mal vorbei, und die kleine Familie kehrt zu ihren Wurzeln in Nazareth zurück, zum Alltag in der Werkstatt. Dreißig lange Jahre lang bleibt ihr Leben frei von Zwischenfällen – so scheint es. Vielleicht fragt sich das Paar hin und wieder, ob sie alles geträumt haben, wie es wohl werden wird mit ihrem Jesus, ob der Engel irgendwann wieder erscheinen wird. Vielleicht haben sie insgeheim gehofft, dass alles doch „normal" bleiben würde. Es sollte anders kommen!

24. Oktober

EIN MUTTERHERZ MUSS LOSLASSEN

„Mir geschehe es nach deinem Wort" (Lk 1,38)

Auch Maria, die Mutter Jesu, hat fast 30 Jahre Schonzeit, bevor das Abenteuer „Messias" richtig in Fahrt kommt. Wie erleichtert muss sie sein, als nach den anfänglichen Abenteuern in Bethlehem und Ägypten die Normalität sich wieder einspielt. Frau des Zimmermanns im Dorf, weitere Kinder, Alltag in der Küche, im Haushalt, in der Nachbarschaft, wo sich die Gerüchteküche um die Umstände der ersten Geburt inzwischen gelegt hat. Das Kind, dessen Geburt diese Fragen aufgeworfen hat, sticht durch sein sonniges Wesen und seinen aufrichtigen Charakter auf jeden Fall heraus und ist beliebt: *„Und Jesus nahm zu an Weisheit und Alter und Gunst bei Gott und Menschen"* (Lk 2,52). Maria liebt ihn heiß und innig, soviel ist klar. Hängt an ihm. Von Josef lesen wir nichts mehr. Die Vermutung liegt nahe, dass er früh gestorben ist und dass Jesus erst mal als ältester Sohn verantwortungsbewusst in die Rolle des Brotverdieners schlüpft, der sein Handwerk gut meistert. Nett, beliebt, ein geschickter Handwerker, aber ansonsten einfach Josefs Junge, der Erstgeborene. Dass er die Verantwortung für den Betrieb vermutlich an einen seiner Halbbrüder abgibt, nach Kapernaum zieht (Mt 4,13) und in der Synagoge lehrt (Lk 4,16; Joh 6,59), ist zunächst mal nichts Ungewöhnliches. Auch nicht, dass er eine Laufbahn als wandernder Rabbiner antritt – davon gab es damals viele. Es sind die Inhalte seiner Predigten, die irgendwann für Gesprächsstoff sorgen und seine Zuhörer auf Anhieb in zwei Lager teilen: die einen sind begeistert von ihm, die anderen ballen mit Wut im Bauch die Fäuste.

Jetzt wird es auch seiner Familie zu viel. Maria fühlt zum ersten Mal den Stich, der durch ihr Herz geht, die Vorahnung, dass die Erfüllung einer alten Prophezeiung ihren Schatten schon vorauswirft. Sie will ihn wieder zu Hause haben. Die guten, bequemen Jahre zurück haben …

„Als er aber noch zu den Volksmengen redete, siehe, da standen seine Mutter und seine Brüder draußen und suchten ihn zu sprechen. ‚Siehe, deine Mutter und deine Brüder stehen draußen und suchen dich zu sprechen'. Er aber antwortete und sprach zu dem, der es ihm sagte: Wer ist meine Mutter, und wer sind meine Brüder?" (Mt 12,46-48).

Eine harte Antwort für die Mutter, die sich nun damit abfinden muss, dass der Weg, der vor ihr liegt, alles andere als bürgerlich und friedlich sein wird. Sie beugt sich und fügt sich. *„Mir geschehe es nach deinem Wort“* (Lk 1,38), hat sie schon als junge Frau gesagt. Auch jetzt lässt sie es geschehen nach seinem Wort.

25. Oktober

JESUS MITTEN IM DORFLEBEN

„Ist dieser nicht der Zimmermann, der Sohn der Maria …“ (Mk 6,3)

Manchmal frage ich mich, ab welchem Alter Jesus bewusst war, wer er war und welches Schicksal auf ihn wartete. Geschah es durch eine plötzliche Offenbarung, eine Erscheinung Gottes? Wusste er es von Anfang an? Oder war es ein tiefes Bewusstsein der Nähe Gottes, genährt durch stundenlanges Gebet und Studieren der Torah? Ein Wiedererkennen seiner eigenen Geschichte in ihren Seiten, in den Worten der Propheten. Oder war es beides? Allem Anschein nach war seine Kindheit nichts Außergewöhnliches. Er wuchs wie jeder andere bürgerliche Junge in Nazareth auf. Lernte das Handwerk seines Vaters, las in der Torah, spielte Ball auf den Straßen, tobte mit den anderen Jungs. Er galt als besonders intelligent und fromm, mit einem Interesse an geistlichen Themen, das untypisch für seine jungen Jahre war. Das wissen wir aus der Episode am Ende von Lukas 2, in der seine Eltern ihn mit seinen 12 Jahren im Tempel fanden, wie er den Schriftgelehrten zuhörte, ihnen Fragen stellte und Antworten gab, und wie sie über sein Wissen nicht schlecht staunten.
„Ist dieser nicht der Zimmermann, der Sohn der Maria und ein Bruder des Jakobus und Joses und Judas und Simon? Und sind nicht seine Schwestern hier bei uns?“ (Mk 6,3), fragen seine Bekannten verwundert und leicht irritiert, als seine Wunderwerke und fesselnden Predigten anfangen, Aufsehen zu erregen. Potenziellen Neidern und Missgünstigen ist nicht entgangen, wie viele Anhänger der junge Rabbiner schon hat. *„Viele, die zuhörten, erstaunten und sagten: Woher hat der das? Und was ist das für eine Weisheit, die dem gegeben ist, und solche Wunderwerke geschehen durch seine Hände?“* (Mk 6,2).

Jesus lebte uns vor: mittendrin, aber doch anders. Hände, die von harter Arbeit staubig und wund, aber trotzdem heilig sind. Auf Augenhöhe mit den Mitmenschen, aber doch irgendwie auffällig. Geliebt von den Hungernden, Dürstenden und Bedürftigen, aber verhasst von den Stolzen und Machtgierigen. Durch das Angebot eines bequemen Lebens von Erfolg und Ruhm gelockt. Aber er nimmt sein Kreuz auf sich und entscheidet sich für den Weg nach Golgatha.
Finden wir Ansätze von diesem „Jesus-Effekt" in unserem Leben? Die Bibel fordert uns heraus: *„Denn wie er ist, sind auch wir in dieser Welt"* (1Jo 4,17). Gott mitten im Alltag. Mitten in unserem Alltag.

DANKBARKEIT

Wie können wir so leben, dass wir auch in herausfordernden Zeiten nie aufhören, dem Herrn „Danke!" zu sagen? Müssen wir das machen, wenn es scheinbar gar nichts zum Danken gibt? Was macht es mit unserem Leben, unserem Alltag, wenn wir Dankbarkeit lernen? Wir schauen uns Vorbilder in der Bibel und der Kirchengeschichte an, von denen wir etwas lernen können. Dietrich Bonhoeffer schrieb: „Das ist ja gerade das Wesen der Gnade, dass die Rechnung im Voraus für alle Zeit beglichen ist. Auf die gezahlte Rechnung hin ist alles umsonst zu haben. Unendlich groß sind die aufgebrachten Kosten."

26. Oktober

ENDSTATION DANK

„Warum bist du so aufgelöst, O meine Seele?" (Ps 42,6)

Die Welt ist ganz schön wackelig geworden. Kriege, Krisen, politische Erdbeben, die früher so weit weg zu sein schienen, sind plötzlich nähergekommen, sorgen für Schlagzeilen, die einem Angst machen können, bis sie plötzlich wieder von den Titelseiten verschwinden, weil eine neue Sensation, eine neue Bedrohung unserer vermeintlichen Sicherheit nach unserer Aufmerksamkeit schreit. In unserem persönlichen Leben kann es ähnlich zugehen. Ich hatte einige Situationen in den letzten Monaten, in denen es schwer war, zu verstehen, was Gott damit beabsichtigt. So viele Fragen waren offen, so viele Dinge, die nach Antworten schrien.

„Was betrübst du dich, meine Seele, und bist so unruhig in mir? Harre auf Gott; denn ich werde ihm noch danken, dass er mir hilft mit seinem Angesicht" (Ps 42,6 LÜ).

„Was bist du so aufgelöst?" (Elberfelder) – *„so durcheinander, aufgewühlt?"*

David ist ehrlich, realistisch, spricht zu seiner aufgewühlten Seele und unterweist sie – nach Dank und Freude ist ihm nicht zumute. Vielleicht ist dir gerade auch nicht nach Dank zumute. Vielleicht sollst du deine Seele heute auch ein bisschen belehren. Aber David bleibt bei der Betrübnis in seiner Seele nicht stehen. *„Ich werde ihm noch danken!"*, verkündet er. Ich werde hier nicht stehen bleiben, ich werde mich an seine Güte erinnern, Gründe finden, um meine Seele wieder auf die Spur zu bringen. Dankbarkeit ist ein innerer Muskel, der trainiert werden muss, das geschieht nicht von allein. Gerade dieser Aufgabe, diesem Training, wollen wir uns in den nächsten Tagen widmen!

27. Oktober

DIE DURCHHALTEPAROLEN DES APOSTELS

„Seht zu, dass niemand einem anderen Böses mit Bösem vergilt, sondern strebt allezeit dem Guten nach gegeneinander und gegen alle! Freut euch allezeit! Betet unablässig! Sagt in allem Dank! Denn dies ist der Wille Gottes in Christus Jesus für euch. Den Geist löscht nicht aus. Weissagungen verachtet nicht, prüft aber alles, das Gute haltet fest! Von aller Art des Bösen haltet euch fern!" (1Thes 5,15-22)

Der Apostel Paulus schreibt an die Christen in Thessaloniki, die in extremer Bedrängnis leben, von innen wie von außen. Die christliche Szene ist kurz nach der Himmelfahrt Jesu schon überflutet mit exotischen Irrlehren, und die Verfolgung der Nachfolger Jesu nimmt rasant zu. Paulus schreibt seinen Brief im Stil eines militärischen Generals, der kurz vor einer gefährlichen Bodenoffensive atemlos letzte Direktive an die Streitkräfte richtet. Die Anweisungen sind knappe Last-minute-Befehle, Durchhalteparolen, wie aus einem Maschinengewehr mit apokalyptischer Dringlichkeit herausgeschossen. Sie sind keine höflichen Empfehlungen für Superfromme, sondern Anweisungen zum Überleben. Oder, mehr als das: Siegesrufe. Es geht Paulus nicht darum, dass seine Freunde eben so überleben, gerade noch den Kopf über Wasser halten, sondern, dass sie überwinden. Dass sie auch den Gefahren und sogar dem Tod erhobenen Hauptes ins Gesicht schauen und dabei nicht zusammenbrechen. Die drei Befehle in der Liste, die am meisten herausstechen, sind diese: *„Freut euch allezeit! Betet unablässig! Sagt in allem Dank! Denn dies ist der Wille Gottes in Christus Jesus für euch"* (1Thes 5,16-18).

Sie hängen zusammen, aber in den kommen Tagen wollen wir den dritten näher anschauen: *„Sagt in allem Dank!"* Was meint Paulus damit? Ist es überhaupt möglich, immer dankbar zu sein? Hat er es nicht ein wenig übertrieben? Eine steile erste Aufgabe: „in allem Dank sagen" – was könnte das für dich heute bedeuten?

28. Oktober

HALBVOLL ODER HALBLEER?

„Und alles, was ihr tut, im Wort oder im Werk, alles tut im Namen des Herrn Jesus, und sagt Gott, dem Vater, Dank durch ihn!" (Kol 3,17)

Ich werde zu meiner Überraschung immer wieder gebeten, etwas über Kindererziehung zu sagen. Wenn Eltern unter den Kapriolen ihrer kleinen Kinder leiden, zitiere ich die Worte, die ich einmal aufgeschrieben habe, als es bei uns im Haus drunter und drüber ging und meine Kinder mich schwer in Verlegenheit gebracht haben: „Es ist kein Blut geflossen, kein Arzt musste geholt werden, auch die Polizei nicht – also, sei dankbar!" Es gibt fast immer Schlimmeres, was passieren könnte. Fast immer. Dieser Spruch hilft nicht ausnahmslos. Manchmal wird es tatsächlich noch schlimmer, das brauche ich Eltern nicht zu sagen. Und dennoch: Die Anweisungen von Paulus, immer dankbar zu sein, uns immer zu freuen, gelten auch uns. Natürlich meint er damit nicht, dass wir Gott konkret „danke" sagen müssen für den Unfall, der passiert ist, für die schlechte Nachricht beim Arztbesuch, für die verlorene Arbeitsstelle oder die schlechte Note. Das würde eine unerträgliche emotionale Kälte zeigen und wäre glatt Heuchelei. Die biblischen Aufforderungen zu Dankbarkeit sind ein Appel an eine Grundhaltung, mit der wir durchs Leben gehen wollen. Das ist viel mehr als: „Na ja, versuchen wir mit zusammengebissenen Zähnen, das Beste aus der Situation zu machen. *Ein* Kind macht mir gerade Mühe, aber die anderen sind noch auf Spur. Ich fokussiere mich lieber auf sie ..."

Der Versuch, mit eigener Willenskraft das Beste daraus zu machen ist besser, als undankbar zu sein, klar – aber es gibt einen noch besseren Weg, auf den Paulus immer wieder hinweist: *„Deshalb lasst uns, da wir ein unerschütterliches Reich empfangen, dankbar sein, wodurch wir Gott wohlgefällig dienen mit Scheu und Furcht"* (Hebr 12,28).

Ein Gebet für heute: „Herr, befreie uns von dem Versuch, aus eigener Kraft Dankbarkeit zu erzwingen – und hilf uns, ein dankbares Herz zu haben, das auch in schweren Zeiten ein Loblied über die Lippen bringt." Morgen fragen wir uns, wie das denn geht.

29. Oktober

EINE GROSSE ENTTÄUSCHUNG UND EIN GROSSES „DANKESCHÖN"

„Wer bin ich, Herr, HERR, und was ist mein Haus, dass du mich bis hierher gebracht hast?" (2Sam 7,18)

Auf den ersten Blick hatte König David in dieser Episode wenig Grund, dankbar zu sein. Die Erfüllung seines größten Traumes war in greifbarer Nähe. Es war kein selbstsüchtiger Traum. Er wollte ein Haus für den Herrn bauen. Einen sichtbaren Standort für die Herrlichkeit Gottes, eine göttliche Adresse auf Erden. Er wendet sich an Nathan, den Propheten, mit seiner Absicht: *„Siehe doch, ich wohne in einem Haus aus Zedern, während die Lade Gottes in dem Zelt wohnt"* (2Sam 7,2). Nathan ist auf Anhieb begeistert und gibt dem König grünes Licht: *„Und Nathan sagte zum König: Geh hin, tu alles, was du im Herzen hast, denn der HERR ist mit dir!"* (2Sam 7,3).
Der Prophet hat sich, wie sich herausstellt, zu früh gefreut. Gott erscheint ihm in der Nacht in einem Traum und storniert den Plan. Nicht David, sondern sein Sohn nach ihm soll den Tempel bauen. Nathan eilt zum Palast, um David zurückzupfeifen und ihm die Worte des Herrn zu überbringen: *„Wenn deine Tage erfüllt sind und du dich zu deinen Vätern gelegt hast, dann werde ich deinen Nachwuchs, der aus deinem Leib kommt, nach dir aufstehen lassen und werde sein Königtum festigen. Der wird meinem Namen ein Haus bauen. Und ich werde den Thron seines Königtums festigen für ewig"* (2Sam 7,12-13).
Ich empfehle euch, das ganze Kapitel zu lesen! Gottes Stoppschild ist eingebettet in einen bewegenden Streifzug durch das Leben Davids, in dem Gott den König an seinen raketenartigen Aufstieg vom Hirtenjungen zum König erinnert und an die Absichten, die er mit Davids Familie hat. Er weiß, er kann David diese Enttäuschung zumuten. Davids Reaktion ist erstaunlich. Er könnte in ein Loch fallen, klagen, dass ihm etwas vorenthalten wird, was ihm zusteht, mit Gott hadern. Er wollte es doch für Gott machen, oder? Nicht für sich selbst? Und jetzt dieser Abfuhr? *„Da ging der König David hinein und setzte sich vor dem HERRN nieder und sagte: Wer bin ich, Herr, HERR, und was ist mein Haus, dass du mich bis hierher gebracht hast?"* (2Sam 7,18).

Dankbarkeit. Die größte Enttäuschung wird mit tiefer Dankbarkeit begrüßt. Wie bekommt David das nur hin? Mehr dazu morgen!

30. Oktober

WENN DIE ANSPRÜCHE SCHWEIGEN

„Nackt bin ich aus meiner Mutter Leib gekommen, und nackt kehre ich dahin zurück. Der HERR hat gegeben, und der HERR hat genommen, der Name des HERRN sei gepriesen!" (Hi 1,21)

„Wer bin ich, Herr, dass du mich bis hierher gebracht hast?" (2Sam 7,18), hat David gebetet. Ich glaube, in diesem kurzen Satz finden wir den Schlüssel zu wahrer Dankbarkeit. Wer bin ich? Wie komme ich bloß auf den Gedanken, dass mir in diesem Leben irgendwas zusteht, dass irgendetwas mein gutes Recht ist? Das ist das, was Sünde mit uns macht. Es fällt uns gar nicht ein zu fragen, ob wir überhaupt irgendwelche Rechte geltend machen können. David hat es verstanden. Alles, was ich bin und habe, ist geschenkt, ausgeliehen auf Zeit. Niemals mein Besitz oder mein Verdienst. Das zu erkennen, in Fleisch, Blut, Gefühl und Lebensstil übergehen zu lassen, ist der Anfang von Dankbarkeit. Ich kann nicht für etwas dankbar sein, das mein Recht ist. Ich sage mir selbst nicht „danke", wenn ich etwas mit meinem eigenen Geld gekauft habe. Dankbarkeit setzt einen Akt der Gnade, der Großzügigkeit, der unverdienten Güte voraus. Dankbarkeit setzt ein Geschenk voraus. Vielleicht greift David auf das Gedankengut eines Dieners Gottes zurück, der Hunderte von Jahren vor ihm gelernt hat, was wahre Dankbarkeit heißt. Nach einer Reihe von unvorstellbaren Desastern und Verlusten fällt Hiob auf die Knie und sagt die unvergesslichen Worte: *„Nackt bin ich aus meiner Mutter Leib gekommen, und nackt kehre ich dahin zurück. Der HERR hat gegeben, und der HERR hat genommen, der Name des HERRN sei gepriesen!"* (Hi 1,21).

Bemerkenswert ist die Spontanität dieser Reaktion. Hiob ringt sich nicht durch zu diesen Erkenntnissen, sie sind schon im Vorfeld in seinem Denken verankert, schon in den guten Zeiten. Das ist die Art von

Dankbarkeit, die ich lernen möchte. Wenn ich mir meiner Vergänglichkeit bewusst bin, dass ich nur eine Pilgerin auf dieser Erde bin, mein Leben eine Leihgabe vom Herrn ist – dann ist alles im Leben eigentlich ein Geschenk! Ich gehe als Beschenkte durch jeden Tag, dankbar für die kleinen Gnaden, angenehm überrascht, wenn mir etwas Gutes passiert, und über das Schlechte nicht am Boden zerstört. Oder wieder in den Worten Davids am Ende seiner Dankesrede nach dem Besuch von Nathan: *„Darum bist du groß, Herr, HERR! Ja, niemand ist dir gleich, und es gibt keinen Gott außer dir, nach allem, was wir mit unseren Ohren gehört haben“* (2Sam 7,22).
Machen wir diese Worte doch zu unserem Gebet heute!

31. Oktober

DANKBARKEIT ALS TAGESSTIMMUNG

„Dies ist der Tag, den der HERR gemacht hat! Seien wir fröhlich und freuen wir uns in ihm!“ (Ps 118,24)

Dankbarkeit wird uns als von Gott getrennten Menschen nicht in die Wiege gelegt, das ist klar. Nicht, dass das unbedingt verwerflich ist. Ein Säugling ist auf Überleben, Wachsen und Gedeihen aus, das ist sein gutes Recht. Wenn er etwas braucht, schreit er, und das darf er auch. Dankbarkeit, wie alle biblischen Tugenden, wird trainiert, kommt nicht von allein. Unser Fleisch ist programmiert, nach Selbstverwirklichung zu schreien. „Gib mir, was mir zusteht!“, forderte der Sohn im Gleichnis Jesu (vgl. Lk 15,12).
Ab dem Moment, in dem wir uns entscheiden, Jesus ernsthaft nachzufolgen, fängt ein neues Denken an. Die „Gib-mir“-Haltung passt nicht zu einem Jünger Jesu. Nicht weil er ein weltfremder Asket geworden wäre, der ab jetzt ohne die Annehmlichkeiten des Lebens auskommen will – sondern weil er sich versorgt weiß, weil er sein Leben guten Händen anvertraut hat, weil er nicht mehr fieberhaft nach seinem eigenen Wohlergehen schauen muss. Er ist versorgt. Aus diesem tiefen Gottvertrauen heraus können wir Dankbarkeit lernen. Jesus fiel auf die Schliche des

Feindes („verwandele diese Steine in Brot!“ vgl. Lukas 4) nicht rein, weil er ein unerschütterliches Vertrauen in die Versorgung Gottes in seinem Leben hatte. Wenn wir dieses Vertrauen haben, kann auch uns Satan nicht vorgaukeln, was er uns sowieso nicht geben kann. Auf dieser Grundlage werden wir in den Psalmen, Gottes Handbuch für Dankbarkeit, aufgefordert: *„Dies ist der Tag, den der HERR gemacht hat! Seien wir fröhlich und freuen wir uns in ihm!“* (Ps 118,24).
Ist euch etwas aufgefallen? Wir freuen uns in *ihm*, nicht in Umständen, nicht gemäß den Aufs und Abs in diesem Leben. Deshalb konnte Paulus uns auch auffordern: *„Wie ihr nun den Christus Jesus, den Herrn, empfangen habt, so wandelt in ihm, gewurzelt und auferbaut in ihm und gefestigt im Glauben, wie ihr gelehrt worden seid, indem ihr überreich seid in Danksagung!“* (Kol 2,6-7).

1. November

MEHR ALS GUTE MANIEREN

„Deshalb höre auch ich … nicht auf, für euch zu danken“ (Eph 5,15.16)

In dem Teil Deutschlands, wo ich zu Hause sein darf, gibt es einen Spruch: „Nix g‘sagt ist g‘nug g‘lobt.“ Ich muss zugeben, ich habe meine großen Probleme mit diesem Spruch. Nicht, dass ich Lob und Anerkennung bräuchte für irgendetwas, was ich mache. Aber ein eisernes Schweigen auf allen Seiten in einem Mitarbeiterteam ist für mich richtig beängstigend. Ich gehe automatisch davon aus, dass irgendetwas nicht auf Gefallen stößt. Bin ich froh, dass die Bibel andere Vorstellungen hat! Unsere Dankbarkeit Gott gegenüber muss sich auch in unseren Beziehungen zueinander zeigen. Paulus schreibt immer wieder wertschätzend an die Gemeinden, die er betreut, zum Beispiel an die Christen in Ephesus: *„Deshalb höre auch ich, nachdem ich von eurem Glauben an den Herrn Jesus und von eurer Liebe zu allen Heiligen gehört habe, nicht auf, für euch zu danken, und ich gedenke euer in meinen Gebeten“* (Eph 1,15-16). An einer anderen Stelle fordert er uns auf: *„Gebt … die Ehre, dem die Ehre gebührt!“* (Röm 13,7).

Jede Art von geistlichem Dienst kostet eine Menge Mut und Durchhaltevermögen. Gegenseitige Ermutigung und Wertschätzung im täglichen Kampf ist lebenswichtig. Auch wenn ich darauf achte, nichts um der Anerkennung willen zu machen, bin ich so gerne mit Menschen zusammen, die einander „danke“ sagen. Ich versuche selbst, meinen Mitmenschen „danke“ zu sagen, wenn sie etwas für mich machen, das Mühe und Zeit kostet.
Vielleicht geht es dir auch so. Warum ist Danken so wichtig? Wir drücken damit aus: „Ich bejahe dich und deinen Einsatz.“ Wir vermitteln Wertschätzung und sorgen nebenbei dafür, dass die Person diesen Einsatz vielleicht noch einmal bringen wird, weil sie sich danach geschätzt und gewollt fühlt. Basismanieren eigentlich. Aber so wichtig. Und es fängt zu Hause an. Da leben die Menschen, die wir am ehesten übersehen oder für selbstverständlich nehmen. Wem könntest du heute ein herzliches Dankeschön sagen? Ich werde meinem lieben Mann noch einmal dafür danken, dass er vor einem Jahr genau das richtige Auto für mich ausgesucht hat, mit dem ich sehr gerne unterwegs bin …

2. November

DIE SPRACHE DER PILGER

„Einer aber von ihnen kehrte zurück, als er sah, dass er geheilt war, und verherrlichte Gott mit lauter Stimme“ (Lk 17,15)

Dankbarkeit ist das, was geschieht, wenn ich mein Leben als Leihgabe Gottes sehe, nicht als mein Eigentum. Ich bin die Verwalterin, nicht die Besitzerin meines Lebens. Ich war der Besitz eines anderen, auf dem Weg in eine Ewigkeit ohne Gott. Aber ich bin gekauft, gerettet, aus der Finsternis ins Licht gebracht worden.
Menschen, die die ganze Zeit Ansprüche geltend machen müssen, sind extrem unglückliche Menschen. Wenn du dagegen im Bewusstsein lebst, dass du nur ein Reisender in dieser Welt bist, unterwegs zum Himmel und ohne Rechte, dann ist in der Tat alles ein unverdientes Geschenk. Du hast

eine riesige Kapazität für Freude. Jeden Gefallen, den dir jemand tut, jedes nette Wort, jede Aufmerksamkeit, jeden Segen im Leben, empfindest du als Geschenk, du gehst als Beschenkte durch den Alltag. Jesus beschenkte einmal zehn schwerkranke Männer. Er heilte sie von ihrem Aussatz (s. Lk 17,11 ff.). Einer von ihnen stach aus der Menge heraus – der Einzige, der zurückkehrte, um sich zu bedanken. Es ist eine emotionale Szene, und Jesus macht eine Lehre daraus: *„Einer aber von ihnen kehrte zurück, als er sah, dass er geheilt war, und verherrlichte Gott mit lauter Stimme; und er fiel aufs Angesicht zu seinen Füßen und dankte ihm; und das war ein Samaritaner. Jesus aber antwortete und sprach: Sind nicht die Zehn gereinigt worden? Wo sind die Neun? Haben sich sonst keine gefunden, die zurückkehrten, um Gott Ehre zu geben, außer diesem Fremdling? Und er sprach zu ihm: Steh auf und geh hin! Dein Glaube hat dich gerettet“* (Lk 17,11-19).
Lukas betont in seiner Erzählung, dass der dankbare Mann ein Samariter war. Manchmal schätzen die Außenseiter das, was sie in Jesus haben, mehr als die, die in einer christlichen Kultur groß geworden sind. Klar ist, dass Jesus Dankbarkeit mit Glauben und mit einer Rettung verbunden hat, die gefühlt mehr ist als nur eine körperliche Heilung: *„Dein Glaube hat dich gerettet.“* Sind wir Glaubende, vertrauende Gerettete, die in Dankbarkeit vor dem Herrn leben?

3. November

DIE KUNST DES NICHT-VERGESSENS

„Und der Friede des Christus regiere in euren Herzen, zu dem ihr auch berufen worden seid in einem Leib! Und seid dankbar!“ (Kol 3,15)

Dankbarkeit wird in den Kleinigkeiten des Alltags gelernt. Wir wurden als Kinder dazu angehalten, uns von klein auf für jedes Geschenk, für jeden Brief, für jeden Besuch zu bedanken. Von allein lernt man es nicht – von allein sind wir chronische Egoisten, die die ganze Welt besitzen und über sie verfügen wollen. Eine gute Erziehung ist der Prozess, in dem wir meist mit überraschter Empörung lernen, dass dem nicht so ist.

Wir lernten, nichts an uns vorbeigehen zu lassen, was ein anderer Mensch für uns tut, sei es noch so klein, ohne dies mit einem herzlichen „Dankeschön“ zu besolden. Nicht in erster Linie, um der Person eine Freude zu machen, sondern uns selbst permanent dran zu erinnern, dass wir keine Rechte haben. Dankeskarten zu schreiben, war ein Muss. So lernten wir, in der Sprache der Dankbarkeit zu denken. „Es ist nicht selbstverständlich, dass sich die Freundin für mich Zeit genommen hat, nach mir gefragt hat, mir eine Mail geschrieben hat ... ich bin so gesegnet“ – und das zum Ausdruck zu bringen. Es darf natürlich nicht übertrieben sein, sodass es inflationär und nervig wirkt.
Mein Vater hatte die Gewohnheit, nach jedem Gottesdienst auf den Prediger zuzugehen, ihm die Hand zu geben, und ihm für die Predigt herzlich zu danken. Gerade in einer Gemeinde ist wichtig, dass auch ehrenamtliche Mitarbeiter zu spüren bekommen, dass ihre Mühe geschätzt wird – die, die im Kinderdienst mitarbeiten, bei der Jugend, in der Begleitung und Betreuung von Gemeindegliedern, in der Hausverwaltung...
Einmal blieb ich hinter dem Müllwagen stecken und ärgerte mich, weil ich es eilig hatte. Sofort kam mir der skurrile Gedanke, wie diese Straße aussehen würde, wenn die Müllmänner nicht kommen würden. Anstatt demonstrativ zu seufzen und die Augen zu verdrehen, während ich wartete, winkte ich den Müllmännern ein freundliches Dankeschön zu, als ich wenige Minuten später vorbeifuhr.

4. November

TROCKENÜBUNGEN EINES GEZÄHMTEN HERZENS

„Preise den HERRN, meine Seele, und vergiss nicht alle seine Wohltaten!“ (Ps 103,2)

Die Welt ist so voll mit niederdrückenden Nachrichten, bedrückten Gesichtern, Menschen, die nicht über den Tellerrand ihrer Lasten blicken können. Dagegen sind fröhliche, dankbare Menschen wirklich Mangelware geworden. Welche Freude hat das Leben zu bieten, frage ich mich, wenn

man den Herrn nicht kennt? Schöne Dinge im Leben sind dann Zufall – man ist der Willkür einer sinnlosen Existenz völlig ausgeliefert und der quälenden Frage, was danach kommt.
König David fordert uns Gläubige in Psalm 103 auf, nicht zu vergessen, was der Herr Gutes an uns getan hat. Seine gesamte Lebenssprache ist durchzogen mit Dank: für die Güte des Herrn, für jeden neuen Tag, für die Segnungen des Herrn. Dank ist die Sprache, mit der wir überhaupt in die Gegenwart Gottes hineintreten (Ps 28,7; 50,23; 100,1-5; 107,1).
Ein bekannter englischer Choral fordert uns auf: „Count your many blessings, name them one by one, and it will surprise you what the Lord has done" („Zähle deine vielen Segnungen eine nach der anderen, und es wird dich überraschen, was der Herr getan hat"). „Wofür können wir dem Herrn heute danken?", frage ich Schüler immer wieder, wenn ich eine Morgenandacht mit ihnen mache. Es kommen immer die gleichen Antworten natürlich: für die Eins in Mathe, für die Geschenke zum Geburtstag, dass die Sonne beim Sportfest geschienen hat … Gerne frage ich sie danach: „Und wenn uns nichts Konkretes einfällt? Wenn stattdessen lauter blöde Sachen passiert sind? Es am Sportfest regnet? Eine Vier in Mathe statt einer Eins kommt? Sagen wir immer noch ‚Danke'?" Dazu kommen wir morgen.

05. November

UND WENN DER HERR NICHT „GUT" IST?

„Denn so hoch der Himmel über der Erde ist, so hoch ist seine Huld über denen, die ihn fürchten" (Ps 103,11)

Corrie Ten Boom hat einmal geschrieben: „Oft habe ich Leute sagen hören: ‚Schaut doch, wie gut Gott ist: Wir haben um schönes Wetter für unseren Gemeindeausflug gebetet, und nun seht, welch wundervollen Sonnenschein er uns geschenkt hat!' Ja, Gott ist gut, wenn er uns schönes Wetter schickt. Aber Gott war auch gut, als er zuließ, dass meine Schwester Betsie vor meinen Augen in einem deutschen Konzentrationslager verhungerte. Ich erinnere mich an eine Situation dort, in der ich sehr entmutigt war.

Alles um uns herum schien in Finsternis getaucht zu sein. Und dunkel war es auch in meinem Herzen. Ich erwähnte Betsie gegenüber, es schiene mir, als ob Gott uns vergessen hätte. ‚Nein, Corrie', sagte Betsie, ‚das hat er ganz bestimmt nicht! Denk an sein Wort: ‚Denn so hoch der Himmel über der Erde ist, so hoch ist seine Huld über denen, die ihn fürchten' (Psalm 103,11)."

Wie macht man das bloß? Leidend, verfolgt, ohne Perspektive, von seelischem und körperlichem Schmerz überwältigt – und dann noch danken? Ich weiß es auch nicht, und ich weiß auch nicht, wie ich mich in so einer existenziellen Situation verhalten würde. Wie oberflächlich kommen mir meine billigen Dankgebete vor, wenn ich Berichte höre wie die von Corrie Ten Boom, von Pastor Richard Wurmbrand, der zu kommunistischer Zeit in Rumänien lange Jahre inhaftiert war und gefoltert wurde, Berichte von Christen, die unvorstellbares Leid ertragen müssen in Ländern, in denen sie verfolgt werden? „Danke, dass ich so schnell einen Parkplatz gefunden habe!" „Danke, dass sich der Stau endlich aufgelöst hat!" „Danke, dass mein Kopfweh verschwunden ist!" Natürlich darf ich dem Herrn gerade für die „kleinen" Segnungen danken. Aber im Hinterkopf stelle ich mir selbst trotzdem die Frage: „Und wenn meine Wünsche nicht erfüllt werden? Bin ich dann immer noch dankbar?"

6. November

DAS BERÜHMTE HALBVOLLE GLAS

„Jede gute Gabe und jedes vollkommene Geschenk kommt von oben herab, von dem Vater der Lichter, bei dem keine Veränderung ist, noch eines Wechsels Schatten" (Jak 1,17)

„Manche Leute könnten ein ganzes Feld voller Rosen als Geschenk bekommen, und nur die Dornen sehen. Jemand anderes könnte ein kleines Unkraut als Geschenk bekommen, und dankbar auf die eine kleine Blüte blicken, die zu sehen ist. Dankbarkeit hat viel mit Wahrnehmung zu tun. Und Dankbarkeit ist ein wichtiger Schlüssel für Freude überhaupt" (Amy Weatherley).

Ja, genauso ist es. Ich kann fixiert sein auf das, was ich nicht habe, oder dankbar an alles denken, was ich habe. Verbittert sein, dass mir ein geliebter Mensch durch Krankheit und Tod genommen wurde, oder dankbar sein, dass ich diesen Menschen in meinem Leben hatte. Sauer sein über die Vier in Deutsch, oder dankbar für die Zwei in Mathe. Am Boden zerstört, weil ein Kind mir Mühe macht, oder dankbar für das andere Kind, das gerade eine Freude ist. Verärgert über das Geld, das fehlt, oder dankbar für das Geld, das da ist.
Als wir wochenlang an einem Brutkasten beteten und wachten, in dem unser erstes Kind lag, war der Ausgang für diese Frühgeburt noch ungewiss. Alle möglichen Szenarien trieben mir in jeder wachen Minute durch den Kopf. Was machen, wenn uns das Kind tatsächlich genommen würde? Für den Rest meines Lebens in Verbitterung gegen Gott hadern und versuchen, mich ihm gegenüber durch Liebesentzug zu rächen? Wie lächerlich! Oder ihm danken für die paar Wochen, die ich mit diesem Kind erleben durfte, und jedes Kind als Geschenk sehen – ob ich es für ein paar Tage haben darf oder ein Leben lang? Das ist wieder eine Sache, bei der meine Gefühle lernen müssen, dass sie nicht immer hinterherkommen müssen. Ich kann und darf heulen, leiden, trauern und trotzdem dankbar sein. Seine unerschütterliche Treue ist mein Fundament, nicht die Aufs und Abs meiner Empfindungen und Erlebnisse. Jakobus bringt es auf den Punkt in seinem Brief.

7. November

DER HÖHERE DANK

„Deshalb lasst uns, da wir ein unerschütterliches Reich empfangen, dankbar sein, wodurch wir Gott wohlgefällig dienen mit Scheu und Furcht!" (Hebr 12,28)

Als meine Mutter vor 38 Jahren heimgerufen wurde und mein Vater ihr vor vier Jahren folgte, schrie mein Herz mit aller Macht: „Das ist doch gemein!" Aber gleichzeitig meldete sich ein Chor von Stimmen der Vernunft in

meinem Verstand und Geist, der mich zu unendlicher Dankbarkeit aufforderte. Dankbar, dass ich solche Eltern haben durfte. Dankbar für alles, was sie in mein Leben investiert haben. Dankbar für die Jahre, die wir gemeinsam hatten. Und vor allem dankbar, dass ich einen Vater im Himmel habe, der mir als Einziger die Liebe und Stabilität geben kann, nach der meine Seele schreit. Die Liebe meiner Eltern war nur ein schwacher Abglanz der einzigen Liebe, die meine Seele sättigen kann: die Liebe Gottes. Selbst die erfüllendste und schönste menschliche Liebe darf nie ein Selbstzweck sein, darf nie ein Ersatz sein für die einzige Liebe, die unser Herz völlig erobern darf, und das ist die Liebe von Gott selbst. Je tiefer wir in dieser Liebe gegründet sind, desto stärker werden wir uns in Zeiten der Krisen und des Verlustes von ihr getragen wissen und auch fühlen.
Zwei Männer in der Bibel bringen dieses Prinzip auf besondere Weise zum Ausdruck. Erstens Abraham, der sich auf die letzte Strecke eines harten Weges aufmacht mit den Worten: „Wir gehen hin, um anzubeten“ (vgl. 1Mo 22,5). Das Ziel dieses Fußmarsches ist ein Altar, auf dem er seinen kostbaren Sohn opfern soll. Auch Hiob fällt mitten in der tiefsten Krise seines Lebens auf seine Knie und betet den Herrn an (s. Hi 1,21). Anbetung ist hier als tiefste Form der Dankbarkeit zu verstehen. Damit wird ausgedrückt: „Mein Herz bricht gerade in tausend Stücke, aber das Fundament bleibt unerschütterlich!“

8. November

ZURÜSTUNG FÜR DEN ERNSTFALL

„Seid um nichts besorgt, sondern in allem sollen durch Gebet und Flehen mit Danksagung eure Anliegen vor Gott kundwerden; und der Friede Gottes, der allen Verstand übersteigt, wird eure Herzen und eure Gedanken bewahren in Christus Jesus“ (Phil 4,6-7)

Während ich mir über das Thema „Dankbarkeit“ Gedanken für diese Reihe mache, beten wir in unserer Gemeinde für die verfolgte Kirche. Dieses Jahr mit dem Schwerpunkt – von *Open Doors* vorgeschlagen – China, Eritrea

und Indien. Was müssen diese Christen alles aushalten! Gräueltaten, Verhaftungen, Diskriminierung. Auch die Geschichten von meinen lieben Geschwistern mit russland-deutschem Hintergrund fallen mir ein: Gemeinden, die in den Untergrund gehen mussten, Pastoren, die verhaftet wurden, Kinder, die in der Schule gehänselt wurden und viel Schlimmeres. Dankbar sein, in diesen Grenzsituationen? Dankbar, wenn meinen Kindern oder Enkelkindern etwas passieren könnte? Bilder vom Oktober-Massaker in Israel wollen auch nicht aus meinem Kopf verschwinden. Wenn unschuldige Kinder in irgendein Leid involviert sind, dann gehen mir alle Argumente aus. Das ist die Stelle, an der ich zweifeln könnte: „Gott, wie kannst du dasitzen und nichts tun? Was für ein Gott ist denn das?"
Keine Antworten, aber einen kleinen Trost gibt mir die Geschichte von der Hinrichtung des Stephanus. Während die Steine auf seinen Kopf prasseln, ist Stephanus selbst in diesem Augenblick des extremen Leids mit anderen Gedanken beschäftigt. Wir lesen, dass er *„betete und sprach: Herr Jesus, nimm meinen Geist auf! Und niederkniend rief er mit lauter Stimme: Herr, rechne ihnen diese Sünde nicht zu! Und als er dies gesagt hatte, entschlief er"* (Apg 7,59-60). Gibt es eine Art „Gnade für die letzte Stunde", von der wir, die wir leben und solch extremes Leid nie erleben mussten, noch nichts wissen? Der Tod von Stephanus ist ein Sieg, kein Trauma. Ich traue es Gott zu, dass er auch in den grausamsten Momenten dieses Lebens seine Hilfe schenkt, Leid zu tragen und einen dankbaren Blick Richtung Himmel zu werfen, auch mitten im Schmerz.

9. November

DER DUFT, DER DEN RAUM FÜLLT

„Denn wir sind ein Wohlgeruch Christi für Gott" (2Kor 2,15)

Dankbarkeit kann im Nu eine Atmosphäre ändern. Mitten in der Covidzeit musste ich zum Bürgeramt gehen, um einen neuen Ausweis zu holen. Ich war aus mehreren Gründen richtig niedergeschlagen. Die Covid-Einschränkungen drückten nach so langer Zeit schwer auf der Seele.

Die beklemmende Stimmung in der Stadt, die leeren Straßen waren unheimlich und gespenstisch. Die Ungewissheit, nichts planen zu können, nicht zu wissen, wie lang das alles noch so geht. Ein Gang ins Bürgeramt mit seinen kühlen Bürokraten war wirklich das Letzte, wozu ich Lust hatte – auch in normalen Zeiten. Umso größer war meine Überraschung, als ich an der Tür mit einem freundlichem „Guten Tag" begrüßt wurde und: „Es tut uns leid, aber das Computersystem ist zusammengebrochen. Sie werden nicht mit einer Nummer ausgerufen, sondern mit Ihrem Namen, kommen Sie bitte mit mir." Ich wurde liebevoll zu einem Platz im Wartebereich geführt. Ich dachte, ich träume. Es wurde mir richtig warm ums Herz. Als ich wenige Minuten später das Bürgeramt verlassen wollte, stand der höfliche Angestellte wieder an der Eingangstür. „Ich muss Ihnen was sagen", sprach ich ihn an. „Seit Jahren komme ich so ungerne in dieses Gebäude. Noch nie bin ich so freundlich empfangen worden. Wahrscheinlich ist Ihnen nicht bewusst, welchen Unterschied so eine Kleinigkeit machen kann. Ich möchte einfach danke sagen." Bevor ich den Satz zu Ende gesprochen hatte, standen drei weitere Angestellte mit großen Augen um mich herum. Ob ich ihrem Chef, dem Bürgermeister, schreiben und ein gutes Wort für sie einlegen könnte, fragten sie. Bald lachten wir und plauderten zusammen, ich weiß nicht mehr worüber. Ein freundlicher Mitarbeiter, ein Dankeschön, weitere freundliche Mitarbeiter – die Stimmung griff um sich.

Weder davor noch danach hatte ich jemals einen so angenehmen Besuch bei einer städtischen Behörde. Selbstverständlich setzte ich mich an meinen Laptop und schrieb umgehend an den Bürgermeister, dass solche kompetenten und angenehmen Angestellten eine Gehaltserhöhung verdienen. Leider kam keine Antwort, aber macht nichts, ich habe wieder mal erlebt, wie ein kleines bisschen gegenseitige Wertschätzung, Dankbarkeit und Anerkennung den Tag ganz anders machen können.

„Denn jedes Geschöpf Gottes ist gut und nichts verwerflich, wenn es mit Danksagung genommen wird" (1Tim 4,4).

10. November

IM ALTER – ERST RECHT DANKBAR!

„Singen will ich dem HERRN mein Leben lang, ich will meinem Gott spielen, solange ich bin" (Ps 104,33)

Viele meinen, dass wir eher Grund zum Jammern haben als zum Danken, wenn wir älter werden. Und zum Jammern brauchen wir ja auch keine Aufforderung! Das kommt von allein. Aber es lohnt sich, über das Danken nachzudenken, über alles, was mich – oder uns – zum Danken bringt.
Ich finde es interessant, dass sich die beiden Wörter „danken und denken" nur durch einen Buchstaben unterscheiden, als würden sie zusammengehören. Wer danken will, muss denken – und wer denkt kann danken. Tiere können nicht denken, darum danken sie auch nicht. Das nimmt ihnen auch keiner übel. Aber weil wir Menschen denken können, gehört auch das Danken zu uns. Ich kann z. B. über mein Alter nachdenken. Auch wenn das Alter selbst manchmal unbequem sein kann, möchte ich für alles, was Gott mir in meinem Leben geschenkt hat, dankbar sein. Dabei hilft es mir, wenn ich anderen davon erzähle. Oder wenn wir miteinander über Erlebnisse oder über Urlaube oder Erfahrungen reden. Wir haben auch den Kindern – und jetzt den Enkeln – gern von früher erzählt. Das ist meistens eine Freude für uns alle.
Natürlich bin ich auch manchmal traurig. Ich bin traurig darüber, was ich verpasst habe – über Verluste, über Sünde und Versagen, über schuldig gebliebene Liebe. Ich bin auch traurig über die dunklen Seiten meines Lebens – über das, was man lieber verborgen halten möchte. Aber wenn wir das alles „unter den Teppich kehren" ist das vielleicht eine der Ursachen für manche Altersdepression.
Ich denke, dass die Aufforderungen in der Bibel, dass wir nicht vergessen sollen, was Gott uns Gutes getan hat: z.B. in Psalm 103: *„Vergiss nicht, was er dir Gutes getan hat"*, wichtig sind. Manche werden sich noch an das sog. „Danke-Lied" erinnern. Da werden in jeder Strophe Sachen aufgezählt, für die wir dankbar sein können für jeden neuen Tag; für Freunde; für die Musik; für meine Arbeitsstelle und nicht zuletzt für Gottes grenzenloses Erbarmen.

Ehepaar Schnitter

DANKBARKEIT, DIE EINE MELODIE BEKOMMT

„Nun ist mein Herz fröhlich, und ich will ihm danken mit meinem Lied"
(Ps 28,7 LÜ)

Beim Thema Dankbarkeit merken wir, dass Danken und Freude miteinander zusammenhängen. Freude ist oft eine Folge von Danken. Wir durften und dürfen immer noch viel Musik machen und singen. Beim Singen von Lob- und Dankliedern werden Menschen fröhlich. Singen ist wie ein Rezept gegen Traurigkeit. „Jeder, der dankt, bekommt ein frohes Herz", heißt es in einem alten Kanon. Oder im Lied „Vergiss nicht zu danken dem ewigen Herrn" kommt die Strophe: „Im Danken kommt Neues ins Leben hinein". Auch das klingt wie ein Rezept aus der Hausapotheke: Wer Danklieder singt, kann vielleicht auf Psychopharmaka verzichten. Wir haben das auch oft bei Chorproben erlebt, dass Sänger manchmal nach einer Probe fröhlicher nach Hause gegangen sind, als sie gekommen waren. Das Singen hat sie froh gemacht.

Wir haben damals für jedes unserer Kinder zur Geburt einen Kanon oder einen Chorus geschrieben und in die Geburtsanzeige eingefügt. Bei unserer ersten Tochter Katharina war es ein Kanon zu Psalm 28,7: „Mein Herz ist fröhlich, und ich will dem Herrn danken mit meinem Lied." Leider wurde die Geburtsanzeige dann doch nicht gedruckt, weil Katharina zwei Tage nach ihrer Geburt die Folgen einer OP nicht überlebt hat. Aus der Geburtsanzeige wurde eine Traueranzeige. Wir haben das Lied dann trotzdem gesungen. Manchmal auch unter Tränen. Dabei haben wir gelernt, dass Freude nicht von Geschenken oder Verlusten abhängig ist, die Gott uns gibt oder zumutet, sondern von ihm selbst. Der Vers 7 in Psalm 28 beginnt nämlich so: „Der HERR ist meine Stärke und mein Schild; auf ihn hofft mein Herz und mir ist geholfen. Nun ist mein Herz fröhlich, und ich will ihm danken mit meinem Lied." Also: Der eigentliche Grund zum Danken ist Gott selbst, nicht nur das, was er uns schenkt.

Kurze Zeit nach dem Tod von Katharina haben wir das Lied „Aber der Herr ist immer noch größer" geschrieben. Das hat uns in unserem Schmerz und beim Trauern getröstet: Auch wenn die Wellen des Leides oder der Schuld uns überrollen, ist der Herr immer noch größer – so steht es auch in Psalm 93,4. Wie auf kein anderes unserer Lieder haben wir auf dieses Lied im Laufe der Jahre Reaktionen von Menschen bekommen, die davon getröstet oder ermutigt wurden. Besonders noch einmal während der Coronazeit und jetzt mit den Kriegen. Die Freude über solche Echos ist für uns wie ein nachträglicher Trost von Gott über die Trauer, die wir damals hatten. Dafür sind wir Ihm sehr dankbar.

Ehepaar Schnitter

12. November

DIE SCHULE DER DANKBARKEIT

„Danket dem Herrn, denn er ist freundlich und seine Güte währet ewig" (Ps 118,1 LÜ)

Wir wurden mal gefragt, ob man Dankbarkeit lernen kann oder ob wir von Natur aus optimistische Menschen sind. Ich denke, wenn das Danken eine normale Lebensäußerung wäre, würde die Bibel nicht so oft dazu auffordern, dankbar zu sein. „Vergiss nicht, was er dir Gutes getan hat" aus Psalm 103 klingt für mich wie die Aufforderung eines Pädagogen. Es erinnert auch an Eltern, die ihre Kinder daran erinnern, sich zu bedanken: „Hast du auch danke gesagt?", oder: „Na, wie sagt man?" Ich glaube, dass man das Danken auch üben muss. Das ist dann mehr als eine optimistische Lebenseinstellung. Das können auch zurückhaltende oder ängstliche Menschen lernen und üben.

Ein praktischer Tipp von mir, um nicht zu vergessen, was Jesus uns Gutes getan hat: Ich notiere mir in einem kleinen Büchlein Gebetsanliegen, die gerade aktuell sind – auf der linken Seite mit Datum. Wenn es zu einer Gebetserhörung kommt, notiere ich das auf der gegenüberliegenden Seite auch mit Datum. Das schaut dann ganz unterschiedlich aus. Es bleiben Lücken. Aber viele Zeilen sind gefüllt. Eine gute Übung zum Danken ist es auch, wenn ich mir morgens mit Stichworten notiere, für welche Ereignisse und Erlebnisse vom Vortag ich dankbar sein kann.

Ich versuche auch, das Danken mit Psalmen zu üben. Die Psalmen verwenden ja ein großartiges und reichhaltiges Vokabular. Sie helfen uns, Worte zu finden, um unseren persönlichen Dank an Gott zu formulieren und nicht immer die gleichen Sätze zu wiederholen. Psalm 107 ist z.B. so ein „Lehrpsalm". Er erklärt, wie Menschen durch das Erzählen von Gottes Taten zum Danken geführt werden können. Auch Psalm 118 ist wie ein Dankunterricht. Er zählt Anlässe auf, an die wir denken sollen, um dafür zu danken. Die Eingangszeile des Psalms wird oft als Tischgebet benutzt: „Danket dem Herrn, denn er ist freundlich und seine Güte währet ewig" (V. 1). Danken für unser Essen – auch in einer fremden Umgebung.
Vor Jahren habe ich mal in einem großen Unternehmen einen Lehrlingschor geleitet. Bei der ersten Probe wurde ich von einem Ausbilder begleitet und anschließend auch zum Essen in die Werkskantine geführt. Das war schön. Aber sollte ich in dieser Umgebung auch beten und für das Essen danken? Ich tat es doch, und als ich mit meinem Kopf wieder hochkam, hob auch der Ausbilder seinen Kopf hoch. So stellten wir fest, dass wir beide Christen waren. Das Gespräch beim Essen war dann eine große Freude.

Ehepaar Schnitter

13. November

LERNEN VON UNSEREN VORBILDERN

„Gedenkt eurer Lehrer, die euch das Wort Gottes gesagt haben; ihr Ende schaut an und folgt dem Beispiel ihres Glaubens" (Hebr 13,7 LÜ)

Meine Erfahrung ist, dass wir in den meisten Bereichen unseres Lebens von Vorbildern geprägt werden. Auch beim Danken ist das so. Mein erstes Vorbild war mein Großvater. Unser Vater verstarb nach dem 2. Weltkrieg in Russland. Darum spielte der Opa für mich eine wichtige Rolle, obwohl die Großeltern woanders wohnten als wir. Er hatte seinen Enkeln gern aus seinem Leben erzählt – für heutige Erzieher sicher viel zu ausführlich. Aber er wollte uns weitergeben, dass er für Gottes Führungen in seinem

Leben dankbar ist. Wenn er ein Tischgebet sprach, dankte er nicht nur für das Essen, sondern vertiefte sich in das große Wirken Gottes und in die Liebe von Jesus. Für uns hungrigen Kinder war das meistens viel zu lang. Aber heute merke ich, wie es mich geprägt hat. Diese Großeltern wurden beide über 90 Jahre alt. Wer sie im Alter traf, begegnete ausgeglichenen und dankbaren Menschen.

Äußerlich gesehen hatten sie kein so leichtes Leben. Sie hatten viel Arbeit und Dienst im Reich Gottes als Diakone in Einrichtungen für Suchtkranke und Obdachlose. Da erlebten sie natürlich viele Enttäuschungen. Und besonders hart traf es sie im Ruhestand. Sie hatten sich als Alterssitz ein nettes Haus im Sudetenland gekauft. Doch durch die Nachkriegsereignisse verloren sie das Haus und ihren gesamten Besitz. Als Vertriebene und Flüchtlinge kamen sie zunächst bei Verwandten unter. Aber über ihre Verluste habe ich sie nie klagen hören. Ihr Lebensinhalt war Jesus. Den hatten sie bei allem, was ihnen genommen wurde, nicht verloren. Bis ins Alter blieben sie dankbar dafür. Die Freude über die Vergebung und über ein fröhliches Herz war ihnen wertvoller als ein schönes Haus oder materielle Sicherheit.

Die Gewohnheit besonders des Großvaters immer wieder dankbar vom Wirken Gottes zu erzählen, hat den Großeltern auch körperlich erkennbar gutgetan. Ich glaube, dass man bei dankbaren Menschen beobachten kann, wie sich das Danken positiv aufs Leben auswirkt – auf die Gesundheit und natürlich auf die Psyche. Besonders bei älteren Menschen ist das so. Dankbare Senioren sind angenehme Senioren.

Wenn wir danken, lenkt das unseren Blick zu Gott. Wenn ich dankbar über Gott nachdenke, lerne ich zu staunen. Und wenn ich staune, werde ich dankbar. Warum sollte das im Alter aufhören?

Ehepaar Schnitter

14. November

DANKBARKEIT AUS DEM HERZEN

„Gott sei Dank für seine unaussprechliche Gabe!" (2Kor 9,15)

Wofür kann man dankbar sein, wenn schlimme Dinge im Leben passieren? Vielleicht dazu eine Begebenheit, die Freunde von uns vor vielen Jahrzehnten mit der holländischen Evangelistin Corrie ten Boom erlebt haben. Sie war bei ihnen zu Gast und hatte um einen Kaffee gebeten. Als ihr die Tasse gebracht wurde, sagte sie: „Danke" – und dann auf einmal: „Es wäre ja dumm von mir, wenn ich jetzt sagen würde: Bitte gib mir doch den Kaffee." Sie wollte damit sagen, dass wir oft um etwas bitten, was uns eigentlich schon längst geschenkt wurde.
Dann möchte ich noch von Yukio Imanaka erzählen. Das ist ein japanischer Sänger, der als ehemaliger Buddhist schon in Japan zu Jesus gefunden hatte. Er studierte dann in Deutschland Musik – war sehr erfolgreich –, und ich habe mit ihm viele Aufnahmen für den ERF gemacht. Wie immer vor Aufnahmen haben wir auch mit ihm im Studio gebetet. Und immer begann er sein Gebet mit dem gleichen Satz: „Herr Jesus Christus, hab Dank für deine Gnade." Das hat er auch dann noch gebetet, als seine kleine Tochter nach einem Unfall eine schwere Behinderung davontrug. So wie Yukio möchte ich vor allem und immer wieder für Gottes Gnade danken; dass ich sein Kind sein darf und Jesus mich aus der Sünde und Trennung von Gott herausgeholt hat. Er hat mir neues Leben gegeben. Er ist mein Vater, mein guter Hirte. Er hat mir vergeben. Er tröstet mich. Er ist meine Hoffnung …
Wenn ich danke, gehört mir z.B. das, was im Psalm 23 gebetet wird: „Danke, Herr, dass du mein Hirte bist. Danke, dass mir nichts mangeln wird. Danke, dass du mich auf einer grünen Aue weidest. Danke, dass du mich zum frischen Wasser führst und meine Seele erquickst …" Gott brauche ich nur für seine Verheißungen zu danken. Dann gehören sie mir. Ich denke dabei an Verse wie: *„Wer an den Sohn glaubt, hat das ewige Leben"* (Joh 3,36), oder: *„Fürchte ich nicht, ich habe dich erlöst; ich habe dich bei deinem Namen gerufen. Du bist mein"* (Jes 43,1).
Wer so dankt, möchte seine Freude auch gern anderen weitersagen, damit sie sich mitfreuen oder sogar selbst Gottes Kinder werden.

Ehepaar Schnitter

15. November

DANKBARKEIT: DIE SPRACHE DES HIMMELS

„Sagt allezeit für alles dem Gott und Vater Dank im Namen unseres Herrn Jesus Christus!" (Eph 5,20)

Eine Kultur der Dankbarkeit ist das, was entsteht, wenn wir einen Lebensstil der Dankbarkeit führen. Paulus deutet auf so etwas hin, wenn er seine Freunde in der Gemeinde in Ephesus ermutigt, dass *„ihr zueinander in Psalmen und Lobliedern und geistlichen Liedern redet und dem Herrn mit eurem Herzen singt und spielt! Sagt allezeit für alles dem Gott und Vater Dank im Namen unseres Herrn Jesus Christus!"* (Eph 5,19-20). Dankbarkeit ist die Sprache des Himmels.

Unsere Aufgabe als Christen ist es, die Sprache des Himmels mitten in einer gefallenen Schöpfung zu sprechen und zu verbreiten. Nicht nur selbst den Blick zu erheben, ihm Ehre entgegenzubringen, ihn dankbar als Herrn unseres Lebens anzuerkennen, ungeachtet der Umstände und Lebensverhältnisse – sondern unsere Mitmenschen zu ermutigen, das Gleiche zu tun.

Immer wieder hatte ich das Vorrecht, mit Freundinnen Zeit zu verbringen, die unheilbar krank waren und schließlich gestorben sind. Bei einer Freundin, die einen Gehirntumor hatte und im Endstadium war, haben eine andere Freundin und ich vor dem letzten Abschied mit der Kranken zusammen das Lied „Mir ist wohl in dem Herrn" gesungen. Wir spürten intensiv die tröstende Nähe Gottes beim Singen und Loben. Eine Putzfrau, die in einem anderen Raum arbeitete, kommentierte nachher, es hätte so geklungen, als würden Engel singen. Das Gefühl hatten wir auch. Wir zogen unsere Blicke gegenseitig auf den Herrn, auf den Himmel, der wartete, die liebe Schwester zu empfangen in der Wirklichkeit der geistlichen Welt, die in dem Moment so spürbar war.

16. November

ZURÜCK ZUR GRUNDLAGE

„Ich habe zum HERRN gesagt: ‚Du bist mein Herr; es gibt kein Glück für mich außer dir'" (Ps 16,2)

Gibt es in eurem Leben auch Tage, an denen alles verrückt spielt? Gerade während ich diese Worte schreibe, habe ich das Gefühl, dass alle um mich herum spinnen, aber echt! Hier Streit über Kleinigkeiten, dort psychische Probleme, unehrliches und unhöfliches Verhalten, Geldbetrug, so viele unweise Entscheidungen, die Menschen in meinem Umfeld getroffen und die dumme Auswirkungen haben ... die ganze Welt steht gerade Kopf. Als ob der Alltag nicht schon schwer genug wäre! Und helfen kann ich niemandem wirklich, auch die Probleme nicht lösen. Ich wünschte, Gott würde mehr eingreifen, sichtbarer, fühlbarer sein. Geht es dir auch manchmal so?

Mir fielen gerade Worte von Georg Müller (bekannt als Waisenvater von Bristol, 1805-1898) ins Auge, sie trösten mich: „Als ich mich dem Herrn völlig hingegeben hatte, war meine Liebe zu Geld auf einmal weg, wie auch die Liebe für ein Haus, das Festhängen an Besitz, die Liebe für weltliche Dinge. Gott wurde für mich alles, ich wollte nichts anderes als ihn. Und ich blieb bei ihm, ein glücklicher Mensch, ein sehr glücklicher Mensch, der nur danach suchte, im Auftrag Gottes unterwegs zu sein und seinen Willen zu tun."

Ich glaube, das ist der Schlüssel zu Dankbarkeit. Gott Gott sein lassen. Ihn im Mittelpunkt halten. Nichts anderes zu wollen als ihn, weil nichts anderes im Leben wirklich sättigt. Weil ich ständig an Grenzen stoße, egal, was ich mache und wie ich versuche, Menschen zu helfen. Gebetserhörungen sind heute keine zu vermelden, eher ungeklärte Fragen und viel Frust. Aber vielleicht ist es gut so. Es ist eine dieser Einladungen Gottes, ihn um seinetwillen zu suchen und einfach dankbar zu sein, dass ich ihn kennen und ihm dienen darf, auch wenn das Ganze mir gerade so wenig effektiv vorkommt. Auch ich will „bei ihm bleiben, ein glücklicher Mensch" sein und das tun, wozu Paulus uns auffordert: *„Seid um nichts besorgt, sondern* *in allem sollen durch Gebet und Flehen mit Danksagung eure Anliegen vor Gott kundwerden und der Friede Gottes, der allen Verstand übersteigt, wird eure Herzen und eure Gedanken bewahren in Christus Jesus"* (Phil 4,6-7).

17. November

DANK ALS SIEGESRUF

„Und zu der Zeit, da sie mit Jubel und Lobgesang anfingen, legte der HERR einen Hinterhalt gegen die ..., die gegen Juda gekommen waren" (2Chr 20,22)

Mit einem faszinierenden Vorfall im Alten Testament möchte ich diese Reihe abschließen. König Joschafat ist in extremer Bedrängnis, umgeben von Feinden. Die Begebenheit finden wir in 2. Chronik 20,19 ff.:

„Und die Leviten, von den Söhnen der Kehatiter und von den Söhnen der Korachiter, standen auf, um den HERRN, den Gott Israels, zu loben mit überaus lauter Stimme. Und sie machten sich des Morgens früh auf und zogen aus zur Wüste Tekoa. Und bei ihrem Auszug trat Joschafat hin und sagte: Hört mir zu, Juda und ihr Bewohner von Jerusalem! Glaubt an den HERRN, euren Gott, dann werdet ihr bestehen! Glaubt seinen Propheten, dann wird es euch gelingen! Und er beriet sich mit dem Volk und stellte Sänger für den HERRN auf, die Loblieder sangen in heiligem Schmuck, indem sie vor den zum Kampf Gerüsteten auszogen und sprachen: Preist den HERRN, denn seine Gnade währt ewig! Und zu der Zeit, da sie mit Jubel und Lobgesang anfingen, legte der HERR einen Hinterhalt gegen die Söhne Ammon, Moab und die vom Gebirge Seïr, die gegen Juda gekommen waren; und sie wurden geschlagen."

Ja tatsächlich: Ein Chor führt die Kampfgarde gegen einen gefährlichen Feind! Joschafat wusste: Nichts versetzt den Feind mehr in Rage als die gelassene Fröhlichkeit der Kinder Gottes. Ich möchte dich ermutigen, heute ein paar Gedanken darüber aufzuschreiben, was du aus diesem Vorfall für deine jetzige Lebenssituation lernen kannst. Welche Feinde hast du gerade? Warum haben Loblieder in dieser Geschichte den Sieg gebracht?

Welche Loblieder könntest du als Waffe gegen Gefühle der Bedrückung einsetzen?

„Gott aber sei Dank, der uns allezeit im Triumphzug umherführt in Christus und den Geruch seiner Erkenntnis an jedem Ort durch uns offenbart! Denn wir sind ein Wohlgeruch Christi für Gott unter denen, die gerettet werden, und unter denen, die verloren gehen" (2Kor 2,14-15).

LEBEN VON DER EWIGKEIT HER - DIE GESCHICHTE VON DANIEL

Kein Prophet hat tiefer in die Heilspläne Gottes geschaut als Daniel. Keiner ist mehr erschaudert, als er in die Abgründe einer verlorenen Welt blickte, keiner hat so eine zärtliche Stimme Gottes gehört wie er. Seine Erfahrung mit Gott im Alltag ist so aktuell, spannend und mutmachend für die Zeit, in der wir heute leben, dass wir ihn in den nächsten Tagen anschauen wollen.

MIT ZUVERSICHTLICHER FREUDE GEGEN DEN ZEITGEIST

„Sie sind nicht von der Welt, wie ich nicht von der Welt bin" (Joh 17,16)

Daniel ist einer der wenigen Charaktere in der Bibel, die völlig skandalfrei gelebt haben. Als seine Feinde seine Vergangenheit durchkämmen, um etwas zu finden, das ihn zu Fall bringen könnte, finden sie nichts (Dan 6,5). Besonders an ihm ist auch die Tatsache, dass wir seine Geschichte über viele Jahre hinweg verfolgen dürfen. In seiner mehr als siebzigjährigen Amtszeit am Königshof in Babylon dient Daniel unter mindestens sechs verschiedenen Herrschern. Daniels Wirken als Prophet ist für uns besonders ansprechend, weil die Zeit, in der er lebte und wirkte, der unseren sehr ähnlich war. Je mehr wir unser Christsein ernst nehmen, desto mehr geht es auch uns so ähnlich wie Daniel und seinen Freunden. Wir sind Ausländer in einer fremden Welt. Aber mehr als das – auch wir sind Botschafter, Verkündiger, im Auftrag unseres Herrn unterwegs.

„Sie sind nicht von der Welt, wie ich nicht von der Welt bin", sagte Jesus (Joh 17,16), als er für seine Jünger betete, und weiter: *„Wie du mich in die Welt gesandt hast, habe auch ich sie in die Welt gesandt"* (V 18).

Babylon war nicht Daniels Wahlheimat. Eigentlich war Babylon die Strafe für ein Volk, welches das verdiente Gericht Gottes auf sich gezogen hatte. Es war Exil, Gefangenschaft. Aber Gott hat seine Leute auch dort gebraucht, um heidnischen Königen seinen Ratschluss mitzuteilen und sie zur Umkehr zu rufen. Während der ganzen Zeit blieb Daniel seinem Gott trotz des Alltags in einem fremden Land, in einem heidnischen Umfeld absolut treu. Wie schaffte er das? Inmitten aller schwierigen Umstände wusste er, dass sein Leben nicht von der Herrschaft Jerusalems oder Babylons abhing. Ungeachtet menschlicher Machtverhältnisse ist es das himmlische Regiment, das zählt, und deshalb vertraute Daniel auf den Gott des Himmels. Das Vorbild seines Handelns zeigt uns, was es bedeutet, dem Herrn zu vertrauen und ihm voller Zuversicht in dem festen Wissen zu folgen, dass er im Regiment sitzt – unabhängig von den äußeren Umständen. Fühlst du dich in deinem Leben manchmal wie in

Gefangenschaft oder im Exil, ein Fremder in einem Land, in Umständen, die dir Mühe machen? Gerade dort will Gott dich führen, dir helfen, dich auch gebrauchen!

19. November

DER VERSUCH, KINDER GOTTES ZURÜCK IN DIE WELT ZU ZIEHEN

„Fürchtet euch nicht vor denen, die den Leib töten, die Seele aber nicht zu töten vermögen; fürchtet aber vielmehr den, der sowohl Seele als auch Leib zu verderben vermag in der Hölle!" (Mt 10,28)

Daniel gehörte zu der Gruppe Juden, die im Zuge der ersten babylonischen Invasion im Jahre 605 vor Christus in die Gefangenschaft geführt worden waren. Er war vermutlich 13 oder 14 Jahre alt, als er sich auf den vier bis fünfmonatigen Fußmarsch nach Babylon begeben musste. Daniels Kindheit war vermutlich von Unsicherheit und Gefahr gezeichnet, an Zukunftsträume war für diese Jugendlichen nicht zu denken. Es kann sein, dass sie in dem Gemetzel dieser Kriege auch ihre Eltern verloren hatten. Sie hatten aber einander. Das Vierergespann Daniel, Hananja, Mischael und Asarja stach irgendwie aus der Menge heraus. Sie machten als scharfdenkende, hochintelligente junge Männer von sich reden. So sehr, dass der König sie für die dreijährige Ausbildung am königlichen Hof aussonderte. Danach wurden sie in den Dienst des Königs Nebukadnezar gestellt (Dan 1,19-20). Es ist wichtig zu wissen, dass diese Ausbildung eine Elite-Hochschule war, also nur die Besten dorthin kamen. Da wurden Ober-Babylonier ausgebildet, zukünftige Führungskräfte, Diplomaten, Meinungsmacher in der mächtigsten und auch dekadentesten Metropole der damaligen Welt. Aus Gründen der kulturellen Integration und Neuorientierung bekamen die vier jungen Hebräer neue Namen, Namen babylonischer Götter. Daniel, dessen Name „Gott ist mein Richter" bedeutet, wurde umbenannt in Beltschazar, was „Baal schütze den König" heißt. Hananja („Gott ist gnädig") wurde zu Schadrach („Das

Gebot Akus"), wobei damit ein sumerischer Mondgott gemeint war. Mischael („Wer ist wie Gott?") wurde umbenannt in Meschach („Wer ist wie Aku?"), und aus Asarja („Jahwe ist mein Helfer") wurde Abednego („Knecht Negos"), womit der babylonische Gott Nego gemeint war. Diese Namensänderungen erzählen eine bedrückende Geschichte. Da sehen wir, wie gründlich, durchdacht und militant das Bemühen der Führer Babylons war, aus diesen Jungen flotte Heiden zu machen. Sie sollten umprogrammiert werden. Die neuen Namen sind ein einziger Spott gegenüber dem Gott Israels. „Diese Jungs gehören uns, nicht dir", wollen die Götter Babylons damit sagen. Wir werden in den kommenden Tagen sehen, welcher Gott der stärkere ist.
Jesus sagte einmal, das, was Menschen uns äußerlich antun, ist nicht relevant. Unsere Geschichte wird in unserem Herzen geschrieben, nicht in den Umständen oder den Aktionen unserer Mitmenschen. *„Fürchtet euch nicht vor denen, die den Leib töten, die Seele aber nicht zu töten vermögen; fürchtet aber vielmehr den, der sowohl Seele als auch Leib zu verderben vermag in der Hölle!"* (Mt 10,28). Daniel und seine Freunde zeigen uns, wie das funktioniert!

20. November

DAS ERBE TREUER GOTTESDIENER

„Du aber bleibe in dem, was du gelernt hast und wovon du überzeugt bist, da du weißt, von wem du gelernt hast, und weil du von Kind auf die heiligen Schriften kennst, die Kraft haben, dich weise zu machen zur Rettung durch den Glauben, der in Christus Jesus ist" (2Tim 3-14-15)

Unvergesslich bleiben Daniels spannendes Abenteuer in der Löwengrube (Dan 6) und auch der spektakuläre Mut seiner Freunde im Feuerofen (Dan 3), wie sie zu unserer Kindheit mit den damals üblichen Flanellfiguren in der Kinderstunde dargestellt wurden. Das sind vermutlich die zwei Ereignisse, für die diese Männer am bekanntesten sind. Treue und mutige Männer und Frauen Gottes ergeben sich nicht einfach von allein. Wir haben gestern gesehen, wie militant das Bemühen der babylonischen

Führungsschicht war, diese jungen Männer völlig umzuprogrammieren, um sie in den Dienst eines heidnischen Weltreichs zu stellen. Wie konnten sie diesem Angriff auf ihre Seele widerstehen und unter dem Beschuss gottloser Ideologien stark bleiben?

Ein kurzer Blick auf ihre Vorgeschichte gibt vielleicht Aufschluss. Daniel und seine drei Freunde wurden um 619 vor Christus während der Herrschaft des gottesfürchtigen Königs Josia in Juda geboren. Ihre Eltern und Verwandten waren allesamt Zeugen des Segens, den die Regierungszeit Josias über das Land gebracht hatte: *„Vor Josia gab es keinen König wie ihn, der zu dem HERRN umgekehrt wäre mit seinem ganzen Herzen und mit seiner ganzen Seele und mit seiner ganzen Kraft nach dem ganzen Gesetz des Mose. Und auch nach ihm ist seinesgleichen nicht aufgestanden"* (2Kö 23,25).

Wie ein Leiter, so auch das Volk! Nach einer Zeit des Abfalls vom Glauben hat Josia den Mut gehabt, Götzendienst aus Juda auszurotten und eine bemerkenswerte Erweckung einzuleiten, weil er den Herrn von ganzem Herzen suchte und danach trachtete, das ganze mosaische Gesetz zu erfüllen. Daniel wird seine Kindheit in eben dieser Atmosphäre verbracht haben. Darüber hinaus waren Jeremia und Habakuk die amtierenden Propheten dieser Zeit und werden zweifelsohne auch Einfluss auf Daniels Familie und Freunde gehabt haben. Aber so flächendeckend der geistliche Aufbruch unter Josia war, so schnell und desaströs war der darauffolgende Untergang des Volkes unter der Herrschaft seines Sohnes König Jojakim. Am Anfang des Buches Daniel überwiegt ein Bild von Kampf, Hoffnungslosigkeit und Niederlage. Die Stadt Jerusalem war besetzt worden und unterstand fremder militärischer Herrschaft. Kapitulation, Gefangennahme und Sklaverei folgten. Der König, der Tempel, die Stadt und die Einwohner waren besiegt. Viele mussten einen vier- bis fünfmonatigen Marsch in die Gefangenschaft auf sich nehmen, unter ihnen Daniel und seine Freunde. Dort angekommen, fanden sie sich mit einer Kultur, Religion und einem Bildungssystem konfrontiert, die ihnen komplett fremd waren. Alles hatte sich verändert – mit Ausnahme von Gott und den geistlichen Wurzeln, die ein gottesfürchtiger König hinterlassen hatte. Diese Zusammenhänge zwischen Daniel und dem König seiner Kindheitszeit sollen uns Mut machen. Unsere Vorbildfunktion als Christen ist meist viel wichtiger, als wir denken – mehr dazu morgen!

21. November

DIE KRAFT DER VORBILDER

„Ich erinnere mich des ungeheuchelten Glaubens in dir, der zuerst in deiner Großmutter Lois und deiner Mutter Eunike wohnte" (2Tim 1,5)

Es gibt eine Sache, die ich mehr als alles andere in meinem Leben bereue. Und das ist, dass Menschen, die mich vor allem in meinem frühen Leben geprägt haben, nie von mir erfahren haben, wie wichtig ihr Einfluss war – weil ich es selbst erst später im Leben erkannt habe und es zu schätzen lernte. Gestern haben wir den prägenden Einfluss der frühen Jahre unter der Regentschaft eines gottesfürchtigen Königs in Daniels Leben angeschaut. Nicht nur bei Daniel, sondern auch bei anderen Männern und Frauen Gottes wundert man sich, mit welch außerordentlicher Reife und Erkenntnis sie im frühen Leben Gott gedient haben. Samuel, der als Kind schon Gottes Reden gehört und auch mutig weitergegeben hat. Mose, der, wie Daniel in eine fremde Umgebung eintauchen musste ... der aber in den ersten Jahren seines Lebens von einer gottesfürchtigen hebräischen Mutter gestillt und ans Herz gedrückt wurde. Es gibt weitere – Ester, die entführte hebräische Sklavin des syrischen Generals Naaman, Josef, Johannes der Täufer, König Josia. Fallen dir weitere ein?

Über die Mechanismen von Kindererziehung hat die Bibel wenig zu sagen, aber über die Menschen, die diese jungen Leute erzogen haben, erfahren wir eine Menge. Das soll gerade uns Eltern Mut machen, dass die Unterweisung im Wort und in den Wegen Gottes im Leben unserer Kinder entscheidend ist. Auch uns, die wir im Leib Christi Verantwortung tragen, in der Küche, auf dem Podium, in der Kinder- oder Jugendarbeit, in der Leitung einer Kleingruppe. Wir säen unser Saatgut im Glauben aus, ohne zu wissen, wie, was und ob überhaupt etwas bewirkt wird. Aber aussäen müssen wir, denn *„so wird mein Wort sein, das aus meinem Mund hervorgeht. Es wird nicht leer zu mir zurückkehren, sondern es bewirkt, was mir gefällt, und führt aus, wozu ich es gesandt habe"* (Jes 55,11).

Wenn ich im Himmel ankomme, werde ich nach den Menschen Ausschau halten, die mir in meinen jungen Jahren die Wege und das Wesen Gottes vorgelebt haben. Allen voran meine Eltern, aber auch Lehrerinnen in der Missionsschule, in der ich war, Helden und Heldinnen Gottes, deren

Biografien einen tiefen Eindruck bei mir hinterlassen haben. Schreib heute eine Liste von den Menschen, denen du dankbar bist, weil sie dich näher zu Gott gebracht haben!

22. November

DIE FURCHT GOTTES UND WAS SIE BEWIRKT

„In der Furcht des HERRN liegt ein starkes Vertrauen, auch seine Kinder haben eine Zuflucht" (Spr 9,10)

Gestern haben wir die prägenden Einflüsse im Leben von Daniel und seinen Freunden angeschaut, die ganz gewiss dazu beigetragen haben, sie zu den Männern zu machen, die sie waren.

„Das bemerkenswerte an der Furcht Gottes ist, dass wenn du Gott fürchtest, du nichts anderes fürchtest, wenn du aber Gott nicht fürchtest, fürchtest du alles andere" (Oswald Chambers).

Um im Babylon der damaligen Zeit zu bestehen, brauchten diese Jungs die Furcht Gottes und die Furchtlosigkeit in diesem Leben, die daraus folgt. Diese Gesellschaften hatten Götter wie Sand am Meer, einer ekliger als der andere. Und falls der König gelangweilt war, machte er sich selbst zu einem Gott. Es ist das, was immer geschieht, wenn Menschen zu viel Power bekommen. Es macht etwas mit ihnen, heute wie damals. Macht korrumpiert. Immer. Sie füttert den Ur-Instinkt eines jeden Menschen, Gott sein zu wollen, über andere Menschen Kontrolle zu haben, sie macht süchtig.

Ob es in unserem kleinen Umfeld der rechthaberische und herrische Bruder in der Gemeindeleitung ist, der keinen Widerspruch duldet, oder die herumkommandierende Schwester im Cateringteam, die immer gekränkt ist, wenn man ihre Idee in Frage stellt und alle andere einschüchtert und manipuliert. Oder hier, die Endstation von dieser Ich-Sucht – Könige, die keine Grenzen mehr kennen, keine Vernunft, keine Selbstwahrnehmung, keine Furcht Gottes. Gemeinden, Städte, Firmen, ganze Nationen, die durch Willkür und Macht regiert werden – das kennen wir bestimmt alle in irgendeiner Form.

Morgen sehen wir uns die Grundhaltung von Daniel in dieser gottlosen und auch gefährlichen Umgebung an – eine Kombination aus feinster Diplomatie, Geschick und doch Kompromisslosigkeit in seinem geistlichen Wandel. Kein geringerer als der Prophet Jeremia hatte dem belagerten Volk Gottes Anweisungen gegeben, wie sie sich als Fremdlinge in einem gottlosen Exil verhalten sollten. Schlagt mal Jeremia 29,7 nach und findet heraus, was da steht, vielleicht weißt du es schon. Welche Ermutigung ist auch für uns in diesem Vers enthalten?

23. November

ÜBERLEBEN IN EINER GOTTLOSEN GESELLSCHAFT

„Ich ermahne nun vor allen Dingen, dass Flehen, Gebete, Fürbitten, Danksagungen getan werden für alle Menschen, für Könige und alle, die in Hoheit sind, damit wir ein ruhiges und stilles Leben führen mögen in aller Gottseligkeit und Ehrbarkeit" (1Tim 2,1-2)

Der Prophet Jeremia – aus gutem Grund der „weinende Prophet" genannt – diente in der Zeit der ersten Wegführung im Jahr 605 vor Christus. Menschen, die auf die Worte Gottes achteten, werden seinen Aussprüchen, Warnungen und Anweisungen aufmerksam gelauscht haben.
„Sucht den Frieden der Stadt, in die ich euch gefangen weggeführt habe, und betet für sie zum HERRN! Denn in ihrem Frieden werdet ihr Frieden haben" (Jer 29,7) – leicht gesagt. Aber die Typen, die Länder wie Babylon beherrschten, waren zum Teil zwar gewiefte Politiker – dumm waren sie nicht –, aber auch Psychopathen höchsten Grades. Und wahnsinnig von sich selbst überzeugt und eitel und deshalb so anfällig für korrupte Mittelmänner. Wer ihr Ego am besten streicheln konnte, hatte gute Aussichten, es bis zum Gipfel der Macht zu schaffen. Wie Haman im Buch Ester. Es war lebensgefährlich, so einem König zu widerstehen. Einmal sein Ei nicht richtig gekocht, die Blumenvase an den falschen Platz gestellt oder die Handtücher falsch aufgehängt zu haben – das konnte dich dein Leben kosten. Siehe Pharao und

die minimalen Delikte, für die sein Mundschenk und sein Bäcker in Haft verbannt wurden.
Das erste Spannungsfeld für Daniel & Co entsteht in einer Diskussion über Diätfragen. Gleich im ersten Kapitel. „Wegen Essensvorgaben wird der König doch nichts machen“, würde man heute denken. Nur, es ging um viel mehr als das Menü am königlichen Tisch. Die unreinen Speisen und Getränke waren sehr wahrscheinlich zuvor den babylonischen Göttern geopfert worden, für einen Juden waren sie komplett tabu. Das Erste, was mir immer auffällt, wenn ich diese Geschichte lese, ist die Höflichkeit und Rücksicht, mit der Daniel mit dem Hofbeamten umgeht, der für die Speise zuständig ist und der in Sorge gerät, als Daniel und seine Freunde ihre Sonderwünsche anmelden. Er schlägt dem Hofbeamten vor, eine Testdiät zu machen und nach zehn Tagen das Ergebnis zu begutachten und *„mit deinen Knechten je nachdem, was du sehen wirst“* zu verfahren (Dan 1,13). Und nach zehn Tagen? *„Und am Ende der zehn Tage zeigte sich ihr Aussehen schöner und wohlgenährter als das aller jungen Männer, die die Tafelkost des Königs aßen“* (V. 15). Daraufhin erlaubte der Aufseher Daniel und seinen Freunden, sich von Wasser und Gemüse zu ernähren.
Gott belohnt die Entschlossenheit, die Gottesfurcht und den Mut dieser vier Freunde. Üben wir das in kleinen Dingen des Alltags ein! Dann sind wir vorbereitet, wenn Gott uns vielleicht einmal eine größere Prüfung schickt, die es zu bestehen gilt.

24. November

EINE KRAFT, DIE NICHT ZU UNTERSCHÄTZEN IST

„... und dreimal am Tag kniete er auf seine Knie nieder, betete und pries vor seinem Gott, wie er es auch vorher getan hatte“ (Dan 6,11)

Daniel hatte die Gewohnheit, dreimal am Tag bei offenem Fenster Richtung Jerusalem zu beten. Dabei kamen Lobpreis und Fürbitte aus seinem Mund: *„Er betet und pries vor seinem Gott“* (6,11). Diese Gewohnheit war in seinem Alltag so fest verankert, dass er nicht mal auf den Gedanken kam, seine Gebetszeiten etwas weniger provokant zu gestalten, als es illegal geworden war, zum Gott Israels zu beten. Gebet ist für ihn ein Lebensstil. Wenn Gebet so effektiv ist, will man doch wissen, was in Daniels Gebetszeiten so alles passiert ist. Was hat er mit Gott besprochen? Wie hat er die Zeit gestaltet?

In Daniel 9 schreibt er eins seiner Gebete auf. Es ist eins der erschütterndsten Gebete in der Bibel. Es folgt keine Liste von Anliegen zum Abhaken, keine langatmigen Klagen über persönliche Umstände, die ihm Mühe machen. Was wir jetzt miterleben dürfen, ist ein tiefes Trauma über die Sünde seines Volkes und seinen Zustand. Verschiedenes fällt einem gleich ins Auge. Sein Gebet beginnt mit einem Blick in Gottes Wort: *„Im ersten Jahr seiner Königsherrschaft achtete ich, Daniel, in den Bücherrollen auf die Zahl der Jahre, über die das Wort des HERRN zum Propheten Jeremia geschehen war, dass nämlich siebzig Jahre über den Trümmern Jerusalems dahingehen sollten*“ (Dan 9,2).

Daniel erinnert sich an die Verheißungen Gottes mit konkreten Zahlen und Zeitangaben. Das Exil sollte doch nach siebzig Jahren ein Ende haben. Was muss noch geschehen, damit Gott wieder handelt, und seinem Volk wieder den Segen gibt und sich über es erbarmt? Das ist vermutlich der Gedanke, der den Rest des Gebets prägt: *„Ich richtete mein Gesicht zu Gott, dem Herrn, hin, um ihn mit Gebet und Flehen zu suchen, mit Fasten und Sack und Asche*“ (V. 3).

In Daniel 7 lesen wir davon, wie Gott Daniel Visionen gibt und er so immer wieder im Austausch mit Gott ist: „Ich schaute ... ich schaute bis ... ich schaute wegen der Stimme ... ich schaute in der Nacht“ (acht Mal lesen wir das [Verse 2.4.6.7.9.11(2x).13]). Hier sehen wir, dass die Suche nach Gott etwas mit Daniel macht. Das, was ich mir mehr wünschen würde. Es wühlt ihn auf, es ist ihm nicht egal, wie die Geschichte weitergeht. Gott zu suchen und seine Wege zu erkunden, hat für ihn absolute Priorität. Bevor er seine Anliegen vor dem Herrn ausbreitet, stellt er sich mit beiden Füßen fest auf den Charakter und die Zusprüche Gottes: „Ich betete zum HERRN, meinem Gott, und ich bekannte und sprach: Ach, Herr, du großer und furchtbarer Gott, der Bund und Güte denen bewahrt, die ihn lieben und seine Gebote halten!“ (Dan 9,4-5).

25. November

BIN ICH VERZWEIFELT GENUG?

„Komm, Herr Jesus!“ (Offb 22,20)

Während ich schreibe, flimmern die schrecklichen Bilder aus Israel über meinen Bildschirm. Der Schock vom 7. Oktober 2023 sitzt tief, wenn ich an die Frauen, Kinder, Säuglinge denke, die kaltblütig ermordet wurden. Wir haben Freunde dort, wir lieben das Land und das Volk. Die eiskalte Reaktion von vielen Medien und Prominenten, die diesen grauenvollen Überfall nicht bedingungslos verurteilen, der Anblick von Menschen auch auf unseren Straßen, die „Tod den Juden“ rufen – da läuft es mir kalt den Rücken runter. Da fühle ich richtig die Verzweiflung, die mich auf die Knie treibt. Daniel gibt mir Worte für das, was in mir vorgeht.

„Wir haben gesündigt, wir haben gottlos gehandelt. Herr, nach all den Taten deiner Gerechtigkeit mögen doch dein Zorn und deine Erregung sich wenden von deiner Stadt Jerusalem, dem Berg deines Heiligtums ... Gott, höre auf das Gebet deines Knechtes und auf sein Flehen! Und lass dein Angesicht leuchten über dein verwüstetes Heiligtum um des Herrn willen! Neige, mein Gott, dein Ohr und höre! Tu deine Augen auf und sieh unsere Verwüstungen und die Stadt, über der dein Name ausgerufen ist ... Herr, höre! Herr, vergib! Herr, merke auf und handle! Zögere nicht, um deiner selbst willen, mein Gott!“ (Dan 9,15-19).

Ich bete diese Worte auf verschiedenen Ebenen. Ja, ganz direkt für die Situation in Israel und den gewaltigen geistlichen Kampf, der seit Jahrzehnten um diesen Flecken Erde tobt. Aber im erweiterten Sinne auch für unser Land, dessen wachsende Gottlosigkeit immer mehr giftige Blüten treibt. Für unsere Kirchen und Gemeinden – so beschäftigt mit Trivialitäten, Streitereien, Selbstgefälligkeiten –, blind für die Gefahren, die an unseren Türen lauern, für unsere Kinder, unsere Meinungsfreiheit, die Werte, auf denen unsere Kultur gebaut wurde. Manchmal sind die Worte „Maranatha, komm Herr Jesus“ die einzigen, die ich über die Lippen bringe. Mir helfen die Schlagzeilen, die Nachrichten, die Meldungen von *Open Doors* – sie wühlen auf, versetzen unserer eiskalten Empathielosigkeit einen kräftigen Stoß. Wenn du das Gefühl hast, dass deine Gebete zu trocken, lustlos, emotionslos sind, denke heute über das 9. Kapitel von Daniel mit einer Tageszeitung daneben nach und bitte den Herrn um die Haltung eines Daniel!

26. November

DER BLICK IN DAS HEILIGTUM

„Da dachte ich nach, um dies zu begreifen. Eine Mühe war es in meinen Augen, bis ich hineinging in das Heiligtum Gottes" (Ps 73,16-17)

Wir haben die mutigen Heldentaten von Daniel und seinen Freunden angeschaut, und erlauben uns jetzt gerade einen Blick hinter die Kulissen. Daniel gehört mit Hiob, David und Jeremia zu den Männern Gottes, die ausführlich Tagebuch schreiben. Mutige Taten fangen mit mutigen Gedanken an, mit Augen offen für das, was in der Welt passiert, aber auch für das, was das Wort Gottes dazu sagt. Ein Prophet ist ein „Seher", ein „Sehender". Ein „Sehen-Wollender" könnte man auch sagen. Zum Beispiel in den Kapiteln 7–9. Sieh dir mal die Haltung an, mit der Daniel seine Gebetszeiten gestaltet: *„Ich bat um genaue Auskunft"* (Dan 7,16), *„Ich wollte genaueres wissen"* (V. 19), *„ich suchte Verständnis"* (V. 15), *„ich bewahrte die Sache in meinem Herzen"* (V. 28), *„ich richtete mein Gesicht zu Gott ... ich betete und bekannte"* (Dan 9,3).

Auf diese energische Suche kommt eine Antwort Gottes: *„Lass diesen die Erscheinung verstehen"* (Dan 8,16). Daniel, du hast selbst dafür gebetet! *„Ich will dich erkennen lassen, was am Ende der Verfluchung geschehen wird"* (V. 19), sagt der Engel weiter. Was genau lässt er ihn erkennen? Es ist ein Szenario, das für mich früher aus einer anderen Welt zu sein schien. Apokalyptische Visionen für irgendeine ferne Endzeit. Inzwischen ist es aber sehr nahegekommen. Wie sie vereinzelt, eins-zu-eins zu interpretieren sind, der Widder mit den zwei Hörnern, die Könige von Medien und Persien, der Ziegenbock ... das überlasse ich klügeren Köpfen als meinem, und da sind natürlich die Endzeit-Auslegungen sehr unterschiedlich. Aber die allgemeine Richtung ist klar. Es geht um „entsetzliches Verderben" und die Vernichtung der Heiligen (V. 24). In Daniel 11 wird das Bild erweitert. Es geht um Kriege, „eine Menge großer Heere", Könige, deren Herzen „auf Bosheit bedacht sind", ein Heiligtum, das entweiht wird, einen „verwüstenden Gräuel", der an der Stelle des Heiligtums aufgestellt wird, um diejenigen, die das Volk *„durch glatte Worte zum Abfall verleiten"* (Dan 11,32). *„Gegen den Gott der Götter wird er unerhörte Reden führen"* (V. 36). Ansätze von all diesen Entwicklungen sind in unserer Zeit nicht zu übersehen. Uns vor ihnen zu verstecken, sie zu verdrängen oder zu verharmlosen, ist müßig. Vor ihnen in panische Angst zu verfallen, dagegen warnt das Wort Gottes eindrücklich, wie wir morgen sehen werden. Schockiert zu sein und auf die Knie zu fallen, ist die richtige Reaktion. Was Daniel auf den Knien auch noch „sieht", macht Mut und gibt Kraft. Mehr dazu morgen!

27. November

GEBET MIT GESUNDHEITSSCHÄDEN

„Wenn aber diese Dinge anfangen zu geschehen, so blickt auf und hebt eure Häupter empor, weil eure Erlösung naht" (Lk 21,28)

Es ist am Beginn der Adventszeit, und wir beschäftigen uns gerade mit einigen der schauerlichsten Passagen und Bildern in der Bibel! Gott hat Daniel diese Bilder vom Ende dieser Weltzeit nicht aufgedrängt. Er wollte es wissen, er schaute, fragte nach, streckte sich nach Verständnis und Erkenntnis aus. Das erinnert mich an die suchenden Juden in der Synagoge eines Ortes namens Beröa in der Apostelgeschichte: *„... sie nahmen mit aller Bereitwilligkeit das Wort auf und untersuchten täglich die Schriften, ob dies sich so verhielte"* (Apg 17,11). Das soll doch auch unsere Haltung sein, oder?
Wie wir gestern gesehen haben, blickt Daniel direkt in den Abgrund einer Welt, die auf das Ende zurast. Das, was er sieht, macht was mit ihm. Er ist *„vor Entsetzen wie betäubt"*, *„tief in meinem Innern bekümmert"* (Dan 7,15), *„meine Visionen meines Hauptes erschreckten mich"*, *„meine Gesichtsfarbe veränderte sich an mir"* (V. 28), *„und ich ... war erschöpft und einige Tage krank ... entsetzt über die Erscheinung"* (Dan 8,27). *„In jenen Tagen trauerte ich drei volle Wochen"* (Dan 10,2), *„es blieb keine Kraft in mir"* (V. 8).
Eine trockene PowerPoint-Präsentation für ein Seminar über effektives Beten erübrigt sich hier. Daniels Begegnungen mit Gott wühlen ihn auf, lösen Weinkrämpfe aus, treiben ihn zur Verzweiflung. Stellvertretend für sein Volk wirft er sich auf die Gnade Gottes und fleht um Gnade, wie wir in Daniel 9 schon gesehen haben. Genau das ist wahre Fürbitte. Aber mitten in apokalyptische Bilder hinein gestreut, lauter Perlen. Daniels Worte sind

erhört worden (Dan 10,12). Was will man mehr? *„Die Heiligen des Höchsten werden das Reich empfangen, und sie werden das Reich besitzen bis in Ewigkeit“* (Dan 7,18). *„Sein Reich ist ein ewiges Reich, und alle Mächte werden ihm dienen und gehorchen“* (V. 27). Wie so oft in der Bibel, werden wir an das Ende der Geschichte erinnert, die im Buch der Offenbarung ausführlicher beschrieben wird. Gott wird das letzte Wort haben, Leid und Schmerz werden nicht mehr sein. Ein tiefer Trost auch für uns in einer Zeit, in der die Mächte dieser Welt uns so überwältigend erscheinen, so selbstsicher und niederträchtig in ihrer Bosheit, so unbesiegbar. Das Wort Gottes belehrt uns eines Besseren. Aber das ist nicht alles. Morgen sehen wir uns die Passage an, die der Höhepunkt von Daniels Visionen ist. Vielleicht kannst du schon raten, welche es ist!

28. November

DANIEL AM ZIEL SEINER FÜRBITTE

„Ich schaute, bis Throne aufgestellt wurden und einer, der alt war an Tagen, sich setzte“ (Dan 7,9)

Mitten in der Achterbahn der geistlichen Landschaften, die sich vor seinen inneren Augen entfalten, sieht der betende Prophet plötzlich etwas, was ihn völlig fesselt. Auf einem Thron sitzt *„einer, der alt war an Tagen ... Sein Gewand war weiß wie Schnee und das Haar seines Hauptes wie reine Wolle, sein Thron Feuerflammen, dessen Räder ein loderndes Feuer“* (Dan 7,9).
Wir lesen weiter. Offensichtlich ringt Daniel um Worte: *„Ein Feuerstrom floss und ging von ihm aus. Tausend mal Tausende dienten ihm, und zehntausend mal Zehntausende standen vor ihm. Das Gericht setzte sich, und Bücher wurden geöffnet. Dann schaute ich wegen der Stimme der großen Worte, die das Horn redete; ich schaute, bis das Tier getötet und sein Leib zerstört und dem Brand des Feuers übergeben wurde“* (V. 10-11). Ein Bild dafür, dass das lang erwartete Gericht den Feind dieser Welt endlich einholt und an ihm vollstreckt wird. *„Ich schaute in Visionen der Nacht: Und siehe, mit den Wolken des Himmels kam einer wie der Sohn eines Menschen. Und er kam zu dem Alten an Tagen, und man*

brachte ihn vor ihn. Und ihm wurde Herrschaft und Ehre und Königtum gegeben, und alle Völker, Nationen und Sprachen dienten ihm. Seine Herrschaft ist eine ewige Herrschaft, die nicht vergeht, und sein Königtum so, dass es nicht zerstört wird" (Dan 7,13-14).

Da gibt es nicht viel zu kommentieren. Johannes sieht viele Jahre später eine ähnliche Vision – schlage sie in Offenbarung 1,12-20 nach. Auch die Sprache ist ähnlich, als ob Johannes viel über die Schriften Daniels nachgedacht und die Fortsetzung der Endzeit-Geschichte aufgeschrieben hat.

In der Adventszeit denken wir an die Ankunft und das Leben von diesem mächtigen König auf der Erde, der in dem Kampf zwischen Licht und Dunkelheit letztlich den Sieg davontragen wird.

Daniel wollte sehen – und er hat gesehen! Vermutlich mehr, als er sich eigentlich gewünscht hätte. Alles Schauen in die geistliche Welt hinein führt letztlich direkt in die Nähe seiner Person, des verherrlichten Christus selbst. Aber die Geschichte endet hier nicht. Nach allen Strapazen und Horrorszenarien erlebt Daniel eine Zweisamkeit mit Gott, die alles Leid in den Schatten stellt. Er bekommt auch Anweisungen, wie er in den bevorstehenden schweren Zeiten bestehen kann. Das ist unser Thema morgen.

29. November

ZÄRTLICHE WORTE IM HEILIGTUM

„... du bist ein Vielgeliebter" (Dan 9,23)

Kein Diener Gottes blickt so tief in die geistliche Welt wie Daniel, keiner ist so traumatisiert durch das, was er dort sieht. Aber kein anderer Diener hört dreimal die Worte im Ohr „Du bist ein Vielgeliebter" (Dan 9,23; 10,11; 10,19). Das direkt aus dem Mund Gottes! Die belastenden Bilder von Königreichen, Weltmächten und Despoten, die kommen und gehen, die vier Tiere, der Gräuel, der in den letzten Tagen mitten im Haus Gottes sitzt – ich kann mir vorstellen, dass all das in den Hintergrund rückt, sobald diese Worte fallen. Das dramatische Geschehen wird auf das reduziert, was letztlich zählt, die eine Kraft, die durch alles Schwere durchträgt: die Liebe Gottes.

Der Alltag geht irgendwann weiter, auch für Daniel. Aber er wird gestärkt und zugerüstet, auch von Gott persönlich: „Siehe, einer, der einem Menschen gleich war, rührte meine Lippen an. Da tat ich meinen Mund auf und redete und sprach zu dem, der vor mir stand: Mein Herr, meine Glieder bebten, als ich das Gesicht hatte, und es war keine Kraft mehr in mir." Berührte Lippen (Dan 10,16) – ein anderer Prophet hat etwas Ähnliches erlebt: „Und er berührte damit meinen Mund und sprach: Siehe, dies hat deine Lippen berührt; so ist deine Schuld gewichen und deine Sünde gesühnt" (Jes 6,7).

Es folgen starke, zuversichtliche Aussprüche aus dem Mund Daniels, Anweisungen für den Alltag. Erstens, das Volk Gottes soll in die Offensive gehen, dem Herrn aktiv und hingegeben dienen: „Das Volk, das seinen Gott kennt, wird sich stark erweisen und entsprechend handeln" (Dan 11,32). Was es bedeutet, entsprechend zu handeln, hat Daniel uns schon in seinem Lebenswandel gezeigt.

Zweitens, wir sollen einfach ausharren. Hartnäckig vertrauen, dranbleiben an unserem Leben mit dem Herrn: „Glücklich, wer ausharrt ... du wirst ruhen und wirst auferstehen" (12,12-13). Hast du manchmal Situationen, in denen du dich ratlos fragst: „Was kann ich noch tun? Ich habe alles schon probiert. Was ich auch mache, es scheint keine Erleichterung zu bringen!" Hier ist die Antwort – einfach ausharren. Paulus schreibt an die Epheser in Kapitel 6,13: „Deshalb ergreift die ganze Waffenrüstung Gottes, damit ihr an dem bösen Tag widerstehen und, wenn ihr alles ausgerichtet habt, stehen bleiben könnt!"

Einfach stehen bleiben, auf Jesus schauen, Minute für Minute, denn die, die auf den Herrn warten, werden neue Kraft bekommen!

30. November

GEMEINSAM IST MAN MUTIGER

„Endlich aber seid alle gleichgesinnt, mitleidig, voll brüderlicher Liebe, barmherzig, demütig" (1Petr 3,8)

Daniel und seine Freunde müssen enge Beziehungen zueinander gehabt haben. Um so einen Widerstand zu leisten, einer übermächtigen Kraft die Stirn zu bieten, und das ohne Zögern und ohne Diskussion, muss man mit anderen zusammen wie ein Mann stehen. Der Vorfall mit dem Feuerofen zeigt, wie entschlossen und wie einig sich diese Männer waren. Da schäme ich mich gründlich, wenn ich daran denke, wie viele Streitereien über Nichtigkeiten Kraft und wertvolle Energie Gemeinden und Gemeinschaften kosten, die für wichtigere Dinge eingesetzt werden müssen. Christen, die verfolgt werden, kennen die Wichtigkeit von Einheit. Zwei oder drei, die zusammen in seinem Namen beten. Durch unsere Liebe zueinander sieht die Welt die Ernsthaftigkeit unseres Glaubens.

Wie finden wir diese Einheit? Wahrscheinlich so wie das Volk Israel nach den schrecklichen Ereignissen im Oktober 2023. Das zerstrittene und gespaltene Land fand sich auf Anhieb wieder zusammen. Politiker, die sich Hiebe ausgeteilt hatten, waren mit ungeteiltem Herzen auf ein Ziel gerichtet: den Feind zu besiegen, der sie vernichten wollte. Wir Christen haben in der geistlichen Welt auch einen Feind, der alles daransetzt, uns außer Kraft zu setzen, und wenn möglich zu zerstören. So gefährlich ist dieser geistliche Kampf. Solange wir ihn verharmlosen, uns auf Nebenschauplätzen aufhalten und mit den Dingen dieser Welt beschäftigt sind, solange werden auch wir keine Einheit finden. Das christliche Leben ist ein Mannschaftssport. Das haben Daniel und seine Freunde gewusst. Sie hatten sich vermutlich im Vorfeld schon als Freunde zusammengefunden und gemeinsam die Strapazen der Verschleppung und des Exils überstanden, waren füreinander Vorbild und Ermutigung. Daher die gemeinsame Schlagkraft ihres Handelns, als die Krisen kamen. Und daher auch das starke Wirken Gottes in ihrem Leben. So eine Ermutigung! Es braucht nur wenige von solchen, um Gottes Hand zu bewegen! Bist du auch so einer?

1. Dezember

EIN ZEUGNIS, DAS BLEIBT

„... die durch Glauben Königreiche bezwangen, Gerechtigkeit wirkten, Verheißungen erlangten, der Löwen Rachen verstopften, des Feuers Kraft auslöschten" (Hebr 11,33-34)

Der Einfluss von einem treuen Diener Gottes ist mit dessen Tod nicht vorbei, das wissen wir. Das Blut Abels schreit bis heute aus dem Boden. Immerhin beschäftigen auch wir uns ca. 2500 Jahre später mit Daniel und seiner Geschichte und lassen uns von ihm herausfordern und inspirieren. Sein Glaube wird auch an anderen Stellen in der Bibel lobend erwähnt. Es ist möglich, dass der Prophet Hesekiel, der einige Jahre später unter den im Exil lebenden Juden gewirkt und verkündigt hat, Daniel persönlich gekannt hat. Auf jeden Fall muss er viel von Daniel gehalten haben. Daniels Heldentaten machten damals schon von sich reden. Kurz vor der zweiten Wegführung aus Juda im Jahr 597 vor Christus warnt Hesekiel, dass selbst Noah, Daniel und Hiob das bevorstehende Gericht an Jerusalem nicht verhindern (Hes 14,20). In seiner Mahnrede gegen den „Fürst von Tyrus" (symbolisch für alle Feinde des Volkes Gottes zu verstehen): *„... du bist weiser als Daniel, nichts Verborgenes ist dunkel für dich; durch deine Weisheit und durch deinen Verstand hast du dir Reichtum erworben"* (Hes 28,3-34). Daniel war für seine Weisheit bekannt. An den Feinden Israels hat es an Weisheit im Sinne von Intelligenz nicht gemangelt – aber die Furcht Gottes eines Daniels hatten sie nicht, und deshalb hat ihnen ihre Weisheit nichts gebracht. In der Galerie der berühmten Helden Gottes in Hebräer 11 finden wir einen eindeutigen Hinweis auf Daniel und seine Freunde, *„... die durch Glauben Königreiche bezwangen, Gerechtigkeit wirkten, Verheißungen erlangten, der Löwen Rachen verstopften, des Feuers Kraft auslöschten, des Schwertes Schärfe entgingen, aus der Schwachheit Kraft gewannen, im Kampf stark wurden, der Fremden Heere zurücktrieben"* (Hebr 11,33-34).

Daniels Einfluss ging weit über seine eigene Glaubensgemeinschaft hinaus. Wir kamen nicht dazu, über seinen Einfluss auf die Könige zu reden, denen er gedient hat. Darius befiehlt nach dem Vorfall mit der Löwengrube, dass alle dem Gott Daniels dienen sollen! Nebukadnezar besaß eine erstaunliche Gotteskenntnis und hatte auf seine Art auch eine Beziehung zum Gott Israels. Haben wir so viel Glauben, dass auch wir Menschen in Führung und in Verantwortung, in Kirche und Gesellschaft so gewinnend, ermahnend, segnend begegnen können, wie Daniel es getan hat? Das wäre doch ein großartiges Ziel, oder?

WER SIND DIE WIRKLICH GLÜCKLICHEN IM LEBEN?

Wir möchten die sogenannten Seligpreisungen im Evangelium von Matthäus anschauen – Gottes „Grundgesetz" für sein Volk auf Erden, die Spielregel für die Parallelkultur, in der wir als Christen leben. Die Verlierer im Leben sind die eigentlichen Gewinner, scheint Jesus zu behaupten. Wir werden staunen, wie skandalös diese Verse sind, untersuchen, was eigentlich mit ihnen gemeint ist und was sie für unseren Alltag als moderne Christen bedeuten.

2. Dezember

SEGEN UND LEBENSERFOLG – EINE NEUTESTAMENTLICHE AUSLEGUNG

„... das Törichte der Welt hat Gott auserwählt, damit er die Weisen zuschanden mache; und das Schwache der Welt hat Gott auserwählt, damit er das Starke zuschanden mache" (1Kor 1,27)

In einer seiner bekanntesten Predigten führt Jesus aus, wie eine biblische Segenskultur genau aussieht und wie wir sie zu *unserer* Lebenskultur machen können! Auch wir können eine Oase der Gottesfrucht mitten in einer gottlosen Zeit bauen und unser Licht leuchten lassen mitten in der Dunkelheit. Dazu sehen wir uns die sogenannten Seligpreisungen im Evangelium von Matthäus an. Sie sind die Spielregeln für die Parallelkultur, in der wir als Christen leben. Das Skandalöse an dieser Predigt: Jesus stellt alle gängigen Definitionen von Erfolg und Glück komplett auf den Kopf. Die Verlierer im Leben sind die eigentlichen Gewinner, behauptet er. Arm im Geist, hungrig, durstig, verfolgt, geschmäht, trauernd, verrufen ... echt jetzt? Wer will *so* einem Vorbild folgen? Wer will in so eine Gemeinde gehen? Als normaler Mensch will ich doch genau das Gegenteil: reich, satt, angesehen, fröhlich, beliebt. Auf die Gewinner-Tour zieht man Menschen an, doch nicht auf die Loser-Tour. Kirche modern, am Puls der Zeit, voll mit gutaussehenden, flotten jungen Menschen, die der Welt zeigen: Wir Christen können auch cool sein. Wir stehen der Welt in nichts nach. Wir können auch Party feiern, tolle Musik machen, teure Autos fahren, lustige Witze reißen, ein Bier zu viel kippen, mit den Mädels oder Jungs anbändeln. Klingt so plausibel, oder?

Nicht nur Jesus, sondern auch Paulus, hätte es anders gesehen: *„Denn seht, eure Berufung, Brüder, dass es nicht viele Weise nach dem Fleisch, nicht viele Mächtige, nicht viele Edle sind; sondern das Törichte der Welt hat Gott auserwählt, damit er die Weisen zuschanden macht; und das Schwache der Welt hat Gott auserwählt, damit er das Starke zuschanden macht. Und das Unedle der Welt und das Verachtete hat Gott auserwählt, das, was nicht ist, damit er das, was ist, zunichtemache, dass sich vor Gott kein Fleisch rühmen kann"* (1Kor 1,26-29).

Ist es möglich, das Coole in dieser Welt mitzuerleben, und es völlig uncool zu finden? Nicht, weil wir gesetzlich, prüde, selbstgefällige Spaßbremser sind. Sondern weil wir eine andere, tiefere Freude gefunden haben? Wir werden staunen, wie sensationell und provokant die Aussagen von Jesus und Paulus sind, und uns fragen, was eigentlich mit ihnen gemeint ist und was sie für unseren Alltag als moderne Christen bedeuten!

3. Dezember

WENN CHRISTEN UNGENIESSBAR SIND

„Wenn ihr aber einander beißt und fresst, so seht zu, dass ihr nicht voneinander verzehrt werdet!" (Gal 5,15)

Ernüchternd, aber wahr: Es ist möglich, das Wort Gottes in- und auswendig zu kennen, und trotzdem ungenießbar und eiskalt zu sein. Der Schriftsteller C. S. Lewis behauptete, dass von allen bösen Menschen die frommen bösen die schlimmsten sind. Die Seligpreisungen sind ein Verhaltenskodex, eine Benimm-dich-Checkliste für die Hygiene der christlichen Seele. Sie wiederholen sich – mit anderen Formulierungen – in Paulus' Liste der Frucht des Geistes in Galater 5,22 und in seiner Spielregel der Liebe in 1. Korinther 13.

Vorne in meiner Bibel steht der Spruch: „Verkündet das Evangelium, und wenn es sein muss, auch mit Worten!" Franz von Assisi soll uns diesen Rat gegeben haben. Er hat wohl auch erkannt: Die Spielregeln, nach denen wir leben, zeigen, was wir eigentlich glauben. Unser Verhalten in Grenzsituationen zeigt, wem wir wirklich dienen – nicht die Talente, Erkenntnisse oder eine äußere Show. Nicht unsere guten Werke, auch nicht unsere Bibelkenntnis. Jedes Mal bin ich tief erschüttert, wenn schon wieder rauskommt, dass ein für vollmächtig geglaubter Prediger jahrelang ein Doppelleben geführt hat. Und keiner hat ihn durchschaut. Neulich erfuhr ich das über einen bekannten amerikanischen Prediger, der das Konzept der 24-Stunden Fürbitte und Anbetung ins Leben gerufen und damit eine weltweite Bewegung ausgelöst hat. Wie kann Gebet rund um die Uhr einen Menschen *nicht* vor gravierenden Fehltritten und Betrug schützen? Ich blicke dann in mein eigenes Herz hinein. Zu welcher Imagepflege nach

außen hin bin auch ich fähig, um geistlicher zu erscheinen, als ich wirklich bin? Jesu Worte in Matthäus 5 sind eine Einladung, immer wieder einen inneren Seelencheck zu machen. Wie sieht es mit meinen Motiven aus? Welche Beweggründe lenken mein Denken und Handeln? Der Drang, vor Menschen gut dazustehen, oder eine tiefe Abhängigkeit vom Herrn und von dem, was er denkt?
In diesem Licht betrachtet ist die erste Behauptung Jesu logisch: *„Glückselig die Armen im Geist, denn ihrer ist das Reich der Himmel"* (Mt 5,3). Morgen fragen wir uns, warum wir erst arm sein müssen, um in ihm reich zu sein!

4. Dezember

„NUR ZU, DU SCHAFFST ES!" ... ODER DOCH NICHT?

„Sehr gerne will ich mich nun vielmehr meiner Schwachheiten rühmen, damit die Kraft Christi bei mir wohnt" (2Kor 12,9)

Es gibt viele Situationen, in denen es völlig angebracht ist, mit Überzeugung die Worte „Du schaffst es!" auszurufen. Wenn ein Kind diesen letzten Schubs braucht, um etwas Mutiges zu tun, was ihm schwerfällt. Wenn eine Freundin oder ein Freund gerade einen Durchhänger hat und an seinem Glauben und seinem Leben gründlich zweifelt und ein Wort der Ermutigung braucht. Wenn wir selbst müde und geknickt sind und uns mit einem Akt des Willens einen „Kickstart" in den Tag geben müssen. Wenn Jesus uns auffordert, „arm im Geist" zu sein, meint er nicht damit, dass wir uns mit hängendem Kopf und bedrückter Seele durch die Gegend schleppen, uns allen Widrigkeiten, die das Leben mit sich bringt, hilflos ausliefern.
Wahre Demut hat nichts damit zu tun, dass ich gering von mir denke und rede. Sondern sie ist eine ehrliche Bestandsaufnahme, dass ich in mir selbst nicht die nötigen Ressourcen habe, um mit diesem Leben klarzukommen. Aber in ihm habe ich alles, was ich brauche, *„da seine göttliche Kraft uns alles zum Leben und zur Gottesfurcht geschenkt hat durch die Erkenntnis dessen, der uns berufen hat durch seine eigene Herrlichkeit und Tugend"* (2Petr 1,3).

„Arm im Geist" bin ich nicht, wenn ich mich selbst klein mache, sondern wenn ich *ihn* groß mache, mich auf seine Gnade werfe, immer wieder bekenne: *„Ich weiß, dass in mir, das ist in meinem Fleisch, nichts Gutes wohnt"* (Röm 7,18), aber da nicht stehen bleibe, sondern die Fortsetzung dieser Gedankengänge noch energischer bekenne: *„Und er hat zu mir gesagt: Meine Gnade genügt dir, denn meine Kraft kommt in Schwachheit zur Vollendung. Sehr gerne will ich mich nun vielmehr meiner Schwachheiten rühmen, damit die Kraft Christi bei mir wohnt"* (2Kor 12,9).
Vielleicht hast du eine Situation in deinem Leben, in der die Kräfte einfach nicht mehr reichen. Bekenne deine Armut und Schwäche und denke dran: Gerade die „Armen im Geist" werden das Reich Gottes erleben, weil es ein Reich ist, in dem Gottes Gnade in Überfluss geschenkt wird.

5. Dezember

SEINE ODER MEINE KRAFT?

„Glückselig die Armen im Geist, denn ihrer ist das Reich der Himmel"
(Mt 5,3)

„Ich bin gerade schwer herausgefordert, Herr. Ein beißender Kommentar will über meine Lippen rutschen, ein energisches ‚Ja-Aber', mit dem ich mich mal wieder rechtfertigen will, ein gehässiges ‚Wie bitte? du hast gut reden!' Das kann nicht gut gehen! Gib mir deine Kraft, zu schweigen, die Klappe zu halten, etwas Nettes zu sagen, anstatt zu klagen. Nichts herauszulassen, wofür ich mich nachher wieder entschuldigen muss."
So könnte das Notgebet von jemandem sein, der lernen will, „arm im Geist" zu sein. Oder so: „Herr ich bin entmutigt, geknickt, ich hätte gerade Lust, mich in mein Schneckenhaus zurückzuziehen und gar nichts mehr zu sagen oder zu machen. Ich habe so oft immer wieder das Gleiche gesagt, und mein Mann (meine Eltern, meine Geschwister) verstehen es einfach nicht. Hilf mir jetzt, mich mit deinen Ressourcen richtig zu verhalten."
Die Auswirkung von solchen Gebeten ist nicht immer, dass Gott uns einen himmlischen Fahrplan oder ein Drehbuch in die Hand drückt, was genau

wir wann sagen sollen. Die Folge ist oft, dass es mir einfach nicht mehr so wichtig ist, was ich fühle, was ich denke, wie die anderen sich mir gegenüber verhalten. Die selbstzentrierte Nabelschau erübrigt sich, wenn ich auf den Herrn schaue. Klug geführte Dialoge oder Kompetenzen in der Gesprächsführung sind nicht das, was erfolgreiche Beziehung ausmacht, sondern Atmosphäre, Grundhaltungen, eine vom Heiligen Geist inspirierte Fröhlichkeit und Natürlichkeit, eine gute Portion Humor. Die Fähigkeit, auch auf den Tisch zu hauen, wenn es sein muss. Diese Eigenschaften entstehen und wachsen, wenn uns – gemäß den Worten von Paulus an die Korinther – Gottes Gnade genügt und wir es uns leisten können, uns unserer Schwachheiten „zu rühmen" – sprich, ehrlich zu sein, dass wir nichts aus uns selbst hervorbringen können, was gut ist – damit seine Kraft in uns wirksam werden kann (2Kor 12,9).

6. Dezember

DU BIST NICHT GENUG – UND ES IST OK SO!

„Ich habe gelernt, mich darin zu begnügen, worin ich bin" (Phil 4,11)

„You are not enough – and it's ok" (dt. Du bist nicht genug, und es ist ok so") lautet der Titel eines Buchs der US-Podcasterin Allie Beth Stuckey. Der Untertitel: „Escaping the toxic culture of self-love" (dt. „Flucht aus der giftigen Kultur der Selbstliebe"). Die Gedanken in diesem Buch (noch nicht ins Deutsche übersetzt) sprechen mir aus dem Herzen. Ich möchte vorwegnehmen, es gibt v. a. christliche Frauen, denen man klar sagen muss: Steh zu dir, äußere dich, sag, wie du die Sache siehst, was zu fühlst. Es gibt christliche Kulturen, in denen aus biblischer Unterordnung eine lähmende Unterwerfung gemacht wird – zum Schaden einer ganzen Gemeinde und vor allem der Jugend einer Gemeinde.
Aber wir dürfen auch nicht auf der anderen Seite vom Pferd fallen in die „Du bist genug, du bist super, du bist in Ordnung, liebe dich doch selbst"-Ideologie. Ich bin nicht genug, auch nicht super, auch nicht in Ordnung, und ich liebe mich selbst manchmal ganz und gar nicht. Ich bin so sehr

„nicht-genug“, dass ich ohne Gott nicht auskomme, und das ist gut so. Dass er mich liebt, ist das, was meinem Leben Sinn gibt, gerade in den Augenblicken, in denen ich denke: „Was ich auch tue, es ist falsch!“ In denen ich zerknirscht, überfordert, übermüdet, enttäuscht bin – das alles erinnert mich daran, wie abhängig ich von Gottes Gnade bin. In ihm finde ich meinen Frieden, auch mit meinem ach so unvollkommenen Leben. Durch seine Kraft lerne ich, zufrieden zu sein, wie auch immer die Umstände sind (wie Paulus), in ihm kann ich von mir wegschauen und mein Leben in seinen Dienst stellen. Wer sein Leben verliert, der findet es wieder – in Christus, in seiner Gerechtigkeit. Das Buch, das mir wirklich hilft, mit mir selbst zu leben, ist die Bibel! Verliere dich und du findest dich, ist ihre ganz einfache Botschaft. Je mehr ich versuche, glücklich und zufrieden zu sein, desto unglücklicher werde ich.

„Ich habe gelernt, mich darin zu begnügen, worin ich bin. Sowohl erniedrigt zu sein, weiß ich, als auch Überfluss zu haben, weiß ich; in jedes und in alles bin ich eingeweiht, sowohl satt zu sein als auch zu hungern, sowohl Überfluss zu haben als auch Mangel zu leiden. Alles vermag ich in dem, der mich kräftigt“ (Phil 4,11-13).

Das bedeutet es, „arm im Geist“ zu sein. Es ist eine Tür zu wirklichem Reichtum, dem Reichtum, der aus dem Himmel kommt und nichts mit Geldkonten, Aktien, Besitz zu tun hat. Diese Armut im Geist ist auch die Grundlage für alle weiteren Seligpreisungen, die wir ab morgen anschauen werden.

7. Dezember

TROST IN DER TRAUER

„Glückselig die Trauernden, denn sie werden getröstet werden“ (Mt 5,4)

In keiner Situation fühlt man sich innerlich so arm, wie wenn ein Riss durch deine Beziehungswelt geht. Ich bin überzeugt, der Verlust eines geliebten Menschen ist der schlimmste Schmerz, den man erleben kann. Ob es der Verlust einer Freundschaft oder einer Ehe ist – durch Streit,

Auseinanderleben, Scheidung – oder der Verlust durch Tod. Manche Leute scheinen besser damit klarzukommen als andere oder kommen leichter darüber hinweg – die Persönlichkeit spielt sicher auch eine Rolle. Mein Mann ist ein ziemlich autarker Mensch, er steckt jede Sorte von Beziehungsverlust leichter weg als ich. Ich dagegen musste immer wieder mit Verlegenheit feststellen, dass ich fester an engeren Freunden hänge als sie an mir. Vielleicht ist das bedingt durch meine unstete Kindheit im Ausland, durch Trennungen von der Familie, durch das Leben im Internat. Vielleicht setzt Jesus extra für mich und andere, die so ähnlich gestrickt sind, diese Verheißung für die Trauernden an die zweite Stelle in seiner Liste der Glückspilze im Reich Gottes – sie werden getröstet werden.

Wir *fühlen* diesen Trost nicht immer – dafür ist das verwaiste Herz manchmal zu aufgewühlt. Das gähnende Vakuum, das entstanden ist, zu endgültig, die Wunde zu frisch. Man ist plötzlich in einer anderen Welt gelandet, in der die geliebte Stimme schmerzlich fehlt, obwohl alles noch an sie erinnert. Die neue Welt fühlt sich so unendlich falsch und fremd an. Gerade in dieser Einsamkeit der Trauer dürfen wir gewiss sein, dass Gott denen nahe ist, die ein gebrochenes Herz haben. Auch die innigste menschliche Liebe wird irgendwann auf dieser Erde ein Ende haben. Seine Liebe nicht.

Hier sind nur drei Stellen aus sehr vielen, die den Trauernden diesen göttlichen Trost zusprechen:

„Nahe ist der HERR denen, die zerbrochenen Herzens sind, und die zerschlagenen Geistes sind, rettet er“ (Ps 34,19).

„Er heilt, die zerbrochenen Herzens sind, er verbindet ihre Wunden“ (Ps 147,3).

„In der Höhe und im Heiligen wohne ich und bei dem, der zerschlagenen und gebeugten Geistes ist, um zu beleben den Geist der Gebeugten und zu beleben das Herz der Zerschlagenen“ (Jes 57,15).

8. Dezember

KRAFT UNTER KONTROLLE

„Glücklich die Sanftmütigen, sie werden das Land erben“ (Mt 5,5)

Das ist eine mutmachende Verheißung für diejenigen, die den Eindruck haben, dass sie den bösen Kräften dieser Welt hilflos ausgesetzt sind. Die dort Verrat erleben, wo sie Solidarität erwartet haben. Hass und Ablehnung, wenn sie Gutes erwartet haben. Eine unfreundliche Abfuhr, wo ein herzliches „Dankeschön“ angemessen gewesen wäre. Diese Seligpreisung ist das Wort für dich, wenn du denkst, du hast nur Nachteile, weil du Christ bist und das Richtige tun willst. Du wirst übervorteilt, andere nutzen deine Großzügigkeit nur aus, denken, sie können mit dir machen, was sie wollen, nur weil du nett und christlich bist. Kennst du das?
Ein Mann namens Mose wird als *„sehr demütig, mehr als alle Menschen auf Erden“* bezeichnet (4Mo 12,3). Das ursprüngliche hebräische Wort ist „gebeugt“. Auf den ersten Blick könnten einem eine ganze Reihe von Adjektiven in den Sinn kommen, die den Charakter Moses beschreiben. „Sanftmütig“, „demütig“ oder „gebeugt“ wären vielleicht nicht dabei. Einmal schleudert er die Steintafeln mit den Zehn Geboten auf den Boden (2Mo 32,19), einmal – mit weit ernsteren Folgen – schlägt er mit seinem Stab auf den Felsen, anstatt, wie von Gott klar angewiesen, zu dem Felsen zu sprechen (4Mo 20,10-13). Mitten in den Strapazen wird Mose von Gott geformt, geschliffen, verändert. In seiner Auseinandersetzung mit dem unbeugsamen Pharao lernt er Ausdauer und Gottvertrauen. In den Reibereien mit seinen eigenen Landsleuten entwickelt er hohe Führungskompetenzen, erweist sich als inspirierender Visionär und erstklassiges Organisationstalent. Aber die Sanftmut, die er lernen muss, ist der eigentliche Schlüssel zu seinem Erfolg.
An einer Stelle bietet Gott ihm an, das aufständische Volk auszulöschen und mit Mose neu anzufangen (2Mo 32,9ff). Das wär‘s doch, oder? Tabula rasa, eine Zukunft voller Glanz und Gloria für seine Kinder, Ruhe vor diesem rebellischen Mob, der ihm das Leben so schwer macht. Mose sagt: „Nein, danke.“ Auch nach vielen Enttäuschungen und Rückschlägen schlägt sein Herz mit unvermindertem Eifer für das Wohl des Volkes, dessen Zukunft untrennbar mit der seinen verflochten ist. Das Überleben

seiner Landsleute ist ihm wichtiger als jedes Verlangen, sie zu strafen, sich an ihnen zu rächen. Das ist Sanftmut. Kraft, über die in Gottes Sinne gut gehaushaltet wird. Die Kraft der Selbstverleugnung. Ein demütiges Herz, „arm im Geist" eben, aber stark im Herrn.

9. Dezember

AUF SEGEN VERZICHTEN – UND SEGEN BEKOMMEN

„Ein Knecht des Herrn aber soll nicht streiten, sondern gegen alle milde sein, lehrfähig, duldsam" (2Tim 2,24)

Sanftmut ist der Verzicht auf Selbstverwirklichung. Letztlich werden nicht diejenigen das große Los ziehen, die für ihre eigene Lebensagenda gekämpft haben, sondern diejenigen, die sich vor Gott gedemütigt haben, sich seiner Führung unterstellt und sich für seine Pläne starkgemacht haben. Der Apostel Paulus greift in seinem Brief an Timotheus genau die Erkenntnisse auf, die Mose in seiner Charakterschule mit Gott umgesetzt hat. Vielleicht denkt Paulus sogar an Mose, wenn er schreibt: *„Ein Knecht des Herrn aber soll nicht streiten, sondern gegen alle milde sein, lehrfähig, duldsam"* (2Tim 2,24).

In seiner vollkommenen Form kommt der Segen der Sanftmut im Ostergeschehen zum Ausdruck: im unschuldigen Opferlamm, das jene Sühnung von Schuld vollbringt, die Mose in seiner energischen Fürbitte für sein Volk symbolisch vorweggenommen hat. Schon im Alten Testament sehen die Propheten in ihrem Geist Bilder von der Kreuzigung und ahnen, zu welchen drastischen Maßnahmen Gott bereit sein wird, um seine verlorene Welt nicht mit Gewalt, sondern mit sich aufopfernder Liebe zurückzugewinnen: *„Ich bot meinen Rücken den Schlagenden und meine Wangen den Raufenden, mein Angesicht verbarg ich nicht vor Schmähungen und Speichel. Aber der Herr, Herr, hilft mir. Darum bin ich nicht zuschanden geworden, darum habe ich mein Gesicht hart wie Kieselstein gemacht. Ich habe erkannt, dass ich nicht beschämt werde. Nahe ist, der mir Recht schafft: Wer will mit mir einen Rechtsstreit führen? Lasst uns zusammen hintreten! Wer ist mein Rechtsgegner? Er trete her zu mir!"* (Jes 50,6-8).

Als sein eigenes Leben zunehmend in Gefahr gerät, seine Peiniger ihn schließlich einkreisen und die Worte „Kreuzige ihn!" im Chorus schreien, wehrt er sich nicht. *„Als er gemartert ward, litt er doch willig und tat seinen Mund nicht auf wie ein Lamm, das zur Schlachtbank geführt wird; und wie ein Schaf, das verstummt vor seinem Scherer, tat er seinen Mund nicht auf"* (Jes 53,7 LÜ). So sieht Kraft unter Kontrolle aus. Sanftmut wird nahe am Thron Gottes gelernt, zu seinen Füßen, in unseren täglichen Bemühungen, den Blickkontakt zu ihm zu halten und in seinem Sinne zu handeln.
„Im Herrn soll sich rühmen meine Seele, hören werden es die Sanftmütigen und sich freuen" (Ps 34,3).
„Nehmt auf euch mein Joch und lernt von mir; denn ich bin sanftmütig und von Herzen demütig; so werdet ihr Ruhe finden für eure Seelen. Denn mein Joch ist sanft, und meine Last ist leicht" (Mt 11,29-30).

10. Dezember

DIE WICHTIGKEIT DES HABEN-WOLLENS

„Glücklich die, die nach Gerechtigkeit hungern und dürsten, sie werden gesättigt" (Mt 5,6)

Jede Begegnung mit Gott fängt mit einer tiefen Sehnsucht an. In dem Maße, wie wir erleben, wie bankrott und leer die Angebote dieser Welt sind, in dem Maße wächst unsere Sehnsucht nach Gottes Welt. In dem Maße, wie wir von Menschen und Beziehungen in dieser Welt enttäuscht werden, in dem Maße haben wir gute Chancen, eine tiefe Freude und Dankbarkeit in unserer Beziehung zu Gott zu finden. „Das einzige Gefühl, das ich haben will, ist dieses: Das Gefühl, dass ich ein Sünder bin und dass Christus mein Retter ist. Das einzige Verlangen, das ich habe, ist nach einer tiefen Buße und einem demütigen Glauben. Und wenn, armer Sünder, auch du dieses Verlangen hast, dann bist du gerettet" (C. H. Spurgeon).
Was genau ist diese Gerechtigkeit, nach der wir hungern und dürsten sollen? Da denke ich automatisch an die „Kleider der Gerechtigkeit", zugedeckt durch seine Gnade – da werden Erinnerungen an Rut und Boas

wieder wach. Angewiesen auf seine Vergebung. Wir denken an den abtrünnigen Sohn in Jesus Gleichnis in Lukas 15. „Bringt ein Kleid ..." (vgl. V. 22). Unsere Gerechtigkeit ist wie dreckige Lumpen, seine Gerechtigkeit wird denen gratis geschenkt, die ihre Sünde bekennen und in seiner Gnade leben.
„*... all unsere Gerechtigkeiten* (sind) *wie ein beflecktes Kleid*" (Jes 64,5).
„*Er hat mich bekleidet mit Kleidern des Heils*" (Jes 61,10).
„*Und ihr wurde gegeben, dass sie sich kleidete in feine Leinwand, glänzend, rein; denn die feine Leinwand sind die gerechten Taten der Heiligen*" (Offb 19,8).
„*Als aber der König hereinkam, die Gäste zu besehen, sah er dort einen Menschen, der nicht mit einem Hochzeitskleid bekleidet war*" (Mt 22,11).
„*... den neuen Menschen angezogen habt, der nach Gott geschaffen ist in wahrhaftiger Gerechtigkeit und Heiligkeit*" (Eph 4,24).

11. Dezember

DIE GOLDENE REGEL

„Glückselig die Barmherzigen, denn ihnen wird Barmherzigkeit widerfahren" (Mt 5,7)

„Das sei ja gerade das Wesen der Gnade, dass die Rechnung im Voraus für alle Zeit beglichen ist. Auf die gezahlte Rechnung hin ist alles umsonst zu haben. Unendlich groß sind die aufgebrachten Kosten, unendlich groß daher auch die Möglichkeiten des Gebrauchs und der Verschwendung" (Dietrich Bonhoeffer).
Bist du nicht gerne mit Menschen zusammen, die wohlwollend und gütig sind? Neulich besuchte uns ein total liebes Ehepaar aus der Gemeinde, wir tauschten uns aus und tranken Kaffee zusammen. Am Sonntag drauf fragte mich die Frau besorgt: „Waren wir zu aufdringlich und neugierig, als wir deinen Mann fragten, was ihn zurzeit so bewegt und womit er seine Zeit verbringt?" Ich musste laut lachen und versicherte ihr, ganz im Gegenteil, dass es meinem Mann so was von gutgetan hätte, dass jemand sich für ihn interessiert und ihn nach seinem Alltag fragt. Genau das ist

nämlich Barmherzigkeit. Sich in den anderen hineindenken, sich für ihn interessieren, wissen wollen, wie er denkt und tickt. Dieses Interesse hatte uns an dem Nachmittag so gutgetan! Eine Kleinigkeit aus unserem Alltag. Jesus war über viel wichtigere Dinge bewegt: *„Als er aber die Volksmengen sah, wurde er innerlich bewegt über sie, weil sie erschöpft und verschmachtet waren wie Schafe, die keinen Hirten haben"* (Mt 9,36).
Kann man Barmherzigkeit lernen? Oder ist sie eine Persönlichkeitssache? Ich glaube, Barmherzigkeit ist etwas, was automatisch in uns wächst, wenn wir Zeit mit Jesus verbringen, viel in seinem Wort lesen, uns immer weniger mit uns selbst beschäftigen, mehr um andere besorgt sind. Es kann nicht ausbleiben, dass wir dann fühlen, wie andere fühlen, dass es uns nicht mehr so egal ist – ganz gleich, ob wir von der Persönlichkeit her eher fürsorgliche Menschen sind oder nicht.
Der „Stand" unserer Barmherzigkeit zeigt sich am meisten, wenn andere Menschen uns verletzen oder enttäuschen. Barmherzigkeit hat nichts damit zu tun, dass wir Unrecht ignorieren oder unter den Teppich kehren. Sie hat vielmehr mit der Art zu tun, wie wir Missverständnisse klären oder Mitmenschen wenn nötig zurechtweisen. Die Wahrheit in Liebe sagen, ist Barmherzigkeit. Andere so behandeln, wie ich in der Situation behandelt werden möchte. Zuerst nach dem Balken in meinem eigenen Auge schauen, bevor ich mich auf Splittersuche mache (Mt 7,3-5).
„Eben deshalb wendet aber auch allen Fleiß auf und reicht in eurem Glauben die Tugend dar, in der Tugend aber die Erkenntnis, in der Erkenntnis aber die Enthaltsamkeit, in der Enthaltsamkeit aber das Ausharren, in dem Ausharren aber die Gottesfurcht, in der Gottesfurcht aber die Bruderliebe, in der Bruderliebe aber die Liebe!" (2Petr 1,5-7).

12. Dezember

BLICKKONTAKT MIT GOTT GESICHERT

„Glückselig, die reinen Herzens sind, denn sie werden Gott schauen“ (Mt 5,8)

Die ein reines Herz haben, werden Gott sehen (vgl. Mt 5,8) – was für eine großartige Verheißung! Das griechische Wort für „rein“ an dieser Stelle ist *katharos*. Es bedeutet „sauber, unbefleckt von Schuld“. Interessanterweise wird das Wort spezifisch für eine Reinigung/Läuterung durch Feuer oder durch Zurückschneiden verwendet. Da werde ich an Johannes den Täufer erinnert, der ankündigte, dass Jesus mit dem Heiligen Geist und Feuer taufen würde (Mt 3,11). Oder an den Propheten Maleachi, der das Kommen des Messias als *„das Feuer eines Schmelzers und wie das Laugensalz von Wäschern“* ankündigt (Mal 3,2). Jesus redet von sich als dem Weinstock, seinen Nachfolgern als den Reben (Joh 15,1-17). Um Frucht hervorzubringen, muss der Weinstock beschnitten werden. Ein Bild für die Heiligung, die Jesus in uns bewirkt, wenn wir sein Wort ernst nehmen, sein Sühungswerk am Kreuz für unsere Schuld in Anspruch nehmen. David bekommt eine innere Vorschau auf dieses Werk Jesu, wenn er schuldbeladen vom Ehebruch mit Batseba betet: *„Entsündige mich mit Ysop, und ich werde rein sein; wasche mich, und ich werde weißer sein als Schnee. Verbirg dein Angesicht vor meinen Sünden, und tilge alle meine Schuld! ... Erschaffe mir, Gott, ein reines Herz, und erneuere in mir einen festen Geist!“* (Ps 51,9.12).

Johannes versichert uns in seinem Brief, dass diese Reinigung und Vergebung in Christus vollständig ist für die, die ihm ihre Sünde bekennen und an ihn glauben: *„Wenn wir unsere Sünden bekennen, ist er treu und gerecht, dass er uns die Sünden vergibt und uns reinigt von jeder Ungerechtigkeit.“* (1Jo 1,9).

Aber es bleibt nicht bei der Vergebung und der Reinigung eines reuevollen Herzens. So ein Herz wird auch verwandelt – lernt, anders zu fühlen, zu denken, zu handeln! Mehr dazu morgen!

13. Dezember

WENN DIE AUGEN WIEDER STRAHLEN

„Wodurch hält ein Jüngling seinen Pfad rein? Indem er sich bewahrt nach deinem Wort“ (Ps 119,9)

Während ich diese Gedanken über die Reinen aufschreibe, die Gott sehen werden, ist mein Herz gerade so voll, nachdem neun junge Leute sich heute in unserer Gemeinde taufen ließen, und auch erzählten, warum. Ein junger Mann berichtete ehrlich und mutig davon, wie er als Teenager seine Zeit damit verbrachte, stundenlang am Computer zu zocken, wie er sein ganzes Geld für Computerspiele ausgab und in völliger Isolation lebte. Eine Pornografiesucht ließ natürlich nicht lange auf sich warten. Er war in diesem narzisstischen Leben voll gefangen und todunglücklich. Er erzählte, wie er anfing, den Herrn um Hilfe zu bitten, Christen aufzusuchen, die ihm geholfen haben, aus diesem Teufelskreis von Ich-Besessenheit auszubrechen und zu einem gesunden Leben zurückzufinden.

Ich, wie viele andere, musste eine Tränen wegwischen ... es war richtig spürbar in diesem Zeugnis, wie unglücklich und einsam Sünde uns macht. Wie befreiend ist das Evangelium für die, die sich darauf einlassen – in der Tat eine gute Nachricht. Der junge Mann hat jetzt Freunde, ist integriert in eine gesunde Familie von Christen, die ihn liebevoll auf seinem Weg begleiten – und wenn er konsequent so weitermacht, hat er gute Chancen auf ein gelingendes Leben, ein Studium oder eine Ausbildung erfolgreich abzuschließen, eine gesunde Ehe einzugehen. Denen, die nach dem Reich Gottes trachten, fällt vieles im Leben einfach zu, weil sie lebensfähig werden! Das bete ich für diesen jungen Mann, auch für viele andere, bei denen ich mir so sehr wünsche, dass sie das Gleiche erleben: die Freude eines reinen Herzens.

14. Dezember

DER EIGENTLICHER HÄRTETEST

„Glückselig die um Gerechtigkeit willen Verfolgten, denn ihrer ist das Reich der Himmel" (Mt 5,10)

Die letzte sogenannte „Seligpreisung“ auf Jesu Liste ist für mich die schwierigste. Da stockt mir jedes Mal der Atem beim Lesen. Die verfolgt sind um der Gerechtigkeit willen, sollen glücklich sein. Es ist auch die längste und ausführlichste der „Glücklich-sind“-Liste.

„Glückselig die um Gerechtigkeit willen Verfolgten, denn ihrer ist das Reich der Himmel. Glückselig seid ihr, wenn sie euch schmähen und verfolgen und alles Böse lügnerisch gegen euch reden werden um meinetwillen. Freut euch und jubelt, denn euer Lohn ist groß in den Himmeln; denn ebenso haben sie die Propheten verfolgt, die vor euch waren“ (Mt 5,10-12).

Jesus macht gleich am Anfang klar: Er meinte die um der Gerechtigkeit willen Verfolgten, also um seinetwillen. Nicht verfolgt, weil sie sich dumm angestellt oder unklug gehandelt und ihre Mitmenschen dadurch vergrault haben. Da müssen wir ehrlich sein mit uns selbst, mit den anderen. Wenn du kritisiert wirst, weil du dein Projekt nicht rechtzeitig fertig gemacht hast, ist das keine Verfolgung um Christi willen.

Die Bibel macht klar, dass ein gottesfürchtiges Leben reicht, um aufzufallen und Unmut zu erregen. Siehe das Beispiel vom biblischen Daniel. Der Pastor und Autor John Piper hat geschrieben:

„Wenn du sexuell rein lebst, dann wird das als Angriff auf den Lebensstil der sexuellen Beliebigkeit gesehen werden. Wenn du bescheiden und fröhlich lebst, stellst du die bloß, die an ihren Anschaffungen und Geld hängen. Wenn du pünktlich und fleißig bist, bist du ein Ärgernis für die, die es sich im Leben bequem machen. Wenn du geistlich und biblisch denkst, bist du ein Ärgernis für die, die es nicht machen.“

In diesem Sinne, laut Paulus ...

„Alle aber auch, die gottesfürchtig leben wollen in Christus Jesus, werden verfolgt werden“ (2Tim 3,12).

Oder in den Worten Jesu:

„Wenn die Welt euch hasst, so wisst, dass sie mich vor euch gehasst hat“ (Joh 15,18).

Sind wir bereit dazu?

15. Dezember

EINE GALERIE DER HELDEN

„Sie, deren die Welt nicht wert war, irrten umher in Wüsten und Gebirgen und Höhlen und den Klüften der Erde ..." (Hebr 11,38)

Schon wieder ein Massaker in Nigeria. Kinder, Frauen, unschuldige Zivilisten werden in ihren Häusern gefoltert, hingerichtet, lebendig verbrannt – in der Gegend, in der ich meine Kindheit verbrachte. Das tut besonders weh. Schon wieder wird davon in den weltweiten Medien kaum Notiz genommen. *„Freut euch und jubelt, denn euer Lohn ist groß in den Himmeln; denn ebenso haben sie die Propheten verfolgt, die vor euch waren"* (Mt 5,12). Wirklich jetzt, Herr? Ganz so buchstäblich kann er es nicht gemeint haben, so tröste ich mich – in seiner Stunde der Folter hat auch er geweint und gezittert. Er meint vielmehr diese tiefe, felsenfeste Überzeugung, *„dass die Leiden der jetzigen Zeit nicht ins Gewicht fallen gegenüber der zukünftigen Herrlichkeit, die an uns offenbart werden soll"* (Röm 8,18). Oder es ist eine besondere Durchhalteparole an die Helden in Paulus' Liste in Hebräer 11:
„Sie, deren die Welt nicht wert war, irrten umher in Wüsten und Gebirgen und Höhlen und den Klüften der Erde. Und diese alle, die durch den Glauben ein Zeugnis erhielten, haben die Verheißung nicht erlangt, da Gott für uns etwas Besseres vorgesehen hat, damit sie nicht ohne uns vollendet werden" (Hebr 11,38-40).
Weltweit und historisch betrachtet ist die religiöse Freiheit, die wir in unserem Land genießen, eher die Ausnahme. Wir sollten zutiefst dankbar sein und sie nicht für selbstverständlich nehmen. Aber wir sollten auch nicht überrascht sein, wenn sie irgendwann vorbei ist oder wenn wir auch in unserer Kultur Ansätze von einer Verfolgung erleben, die jederzeit in eine flächendeckende Anti-Christen-Kampagne ausarten könnte. Kein gottloser Staat duldet für immer Menschen, die sich seinen Ideologien nicht voll unterwerfen.
Je mehr mich meine Gebete für meine verfolgten Geschwister aufwühlen und zum Heulen bringen, desto mehr verschwindet mein Geschmack an jeder Art von Frömmigkeit, die Beliebtheit, Erfolg und weltliches Ansehen feiert und hochjubeln lässt. Wie mein Mann es einmal in einer Predigt

sagte: „Wenn es nicht für den gefangenen Pastor in Nordkorea funktioniert und Trost bringt, dann ist es kein Evangelium.“
Lasst uns bereit sein, für ihn zu leiden, dankbar sein, wenn wir das nicht tun müssen, beten für die, die sich ihr Christsein alles kosten lassen!

DAS GROSSE EXPERIMENT - DAS BUCH PREDIGER

Experimentieren, herausfinden, wie etwas *nicht* funktioniert, es wieder machen, lernen, wie es richtig geht – so entwickelt sich eine gesunde Persönlichkeit. Anders geht es auch nicht! Ein Mann in der Bibel war extrem experimentierfreudig, aber seine Experimente hatten nichts mit einem gesunden Erkunden der Welt zu tun. Das Experiment ging so: „Ich will es, ich bediene mich. Und schaue, wie es mir dabei geht." Wir lernen hier einen Mann kennen, der nicht am Leid oder an Schicksalsschlägen gescheitert ist, sondern an Vergnügen und Erfolg.

16. Dezember

EIN KÖNIG LÜFTET SEINEN FRUST – UND STARTET EIN FATALES EXPERIMENT

„Alles, was meine Augen begehrten, entzog ich ihnen nicht" (Pred 2,10)

Eins unserer Enkelkinder ist gerade dabei, die Welt zu erforschen. Vom ersten Moment des Aufwachens morgens und in jeder wachen Stunde während des Tages macht es sich voller Energie auf, seine kleine Welt in jedem Winkel und jeder Ecke auszukundschaften. Mal auf allen Vieren, mal dabei, sich an irgendeinem Stuhl- oder Tischbein hochzuziehen, mal kletternd, mal rollend, mal mit einer erstaunlichen Geschwindigkeit robbend ... Hauptsache, in Bewegung. Mir fällt vor allem die Experimentierfreude dieses Kindes auf. Es stürzt sich in jede mögliche riskante Situation und erwartet fröhlich, dass irgendjemand es auffängt, wenn es gefährlich wird. Es hat das Glück, eine ganze Reihe von Aufpassern zu haben, die verhindern, dass es rückwärts vom Sessel runter poltert und dass es aus der Duplokiste wieder heil rauskommt, wenn es kopfüber hineingestürzt ist. Experimentieren, herausfinden, wie etwas *nicht* funktioniert, es wieder machen, lernen, wie es richtig geht – so entwickelt sich eine Persönlichkeit. Um ganz ehrlich zu sein – es geht nicht anders!

Ein sehr bekannter Mann im Alten Testament war extrem experimentierfreudig, aber seine Experimente hatten nichts mit einem gesunden Erkunden der Welt zu tun. *„Alles, was meine Augen begehrten, entzog ich ihnen nicht“* (Pred 2,10), hat er verkündet. Das Experiment lief nach dem Motto: „Ich will es, ich bekomme es, und will mal sehen, wie es mir dabei geht.“ Das klingt traumhaft, oder? „Wer sich das leisten kann, hat das große Los gezogen“, würde jeder normale Mensch erwarten! Dieser Mann, ihr ahnt es vielleicht, war König Salomo. Zumindest sind die meisten Kenner der Bibel sich sicher, dass er es war, der das Buch der Prediger geschrieben hat. Und dieses Buch wollen wir uns anschauen! Vielleicht hast du heute Zeit, einen Blick hineinzuwerfen und zu überlegen: „Was weiß ich von diesem Buch? Habe ich mich jemals damit beschäftigt? Kann man etwas da rausholen?“ Lass dich überraschen!

17. Dezember

EIN FACHMANN UNTER DEN ZYNIKERN

„Welchen Gewinn hat der Mensch von all seinem Mühen, mit dem er sich abmüht unter der Sonne?" (Pred 1,3)

Das Buch der Prediger ist eine Studie in Zynismus, Verbitterung und träger Resignation. Die Kernaussage des Buches lautet: *„Nichtigkeit der Nichtigkeiten!"* (1,2). Mehr als dreißig Mal erinnert der Verfasser seine Leser an die Sinnlosigkeit des Lebens. Wie gefangen in einer finsteren, gottlosen Existenz – oder vielmehr einer Existenz, in der Gott in besseren Zeiten im Chefsessel saß, aber jetzt nicht mehr –, sucht der frustrierte „Prediger" fieberhaft nach irgendwelchen Lichtstrahlen auf den gewundenen Pfaden seines Lebens.

„Welchen Gewinn hat der Mensch von all seinem Mühen, mit dem er sich abmüht unter der Sonne? Eine Generation kommt, und eine Generation geht; aber die Erde besteht in Ewigkeit. Und die Sonne geht auf, und die Sonne geht unter, und sie strebt ihrem Ort zu, wo sie wieder aufgeht. Der Wind geht nach Süden und wendet sich nach Norden. Immer wieder sich wendend geht er dahin, und zu seinem Ausgangspunkt kehrt der Wind zurück. Alle Flüsse gehen ins Meer, und das Meer wird nicht voll. An den Ort, wohin die Flüsse gehen, dorthin gehen sie immer wieder" (Pred 1,3-7).

Auf den ersten Blick haben wir hier das perfekte Handbuch für Atheisten – oder für Menschen, die genervt das Handtuch geworfen haben, weil Gott ihnen die Bonusse nicht brachte, die sie erwartet haben. Weil genau das passiert, wovor Gott selbst in seinem Wort eindringlich warnt. Sei dein eigener Gott, wenn du es willst, schreib selbst das Drehbuch deines Lebens – aber es wird dich nicht glücklich machen. Hier probiert einer genau das. Er kann es sich leisten. Er besitzt Macht, Geld, Einfluss im Überfluss. Er hat keine Hindernisse auf seinem Weg der Selbstverwirklichung. Für ihn ist die Welt ein einziger Selbstbedienungsladen. Morgen fragen wir uns, warum ausgerechnet dieser Glückspilz, der alles hat, so todunglücklich ist. Der Gedanke sollte uns eigentlich ein bisschen ermutigen. Hier ist einer, der sagt: „Schau mal, ich hatte alles, wovon Menschen träumen, die Welt lag mir zu Füßen – und seht ihr, wie dreckig es mir dabei geht? Vielleicht gibt es irgendwo eine Quelle wahrer Freude in dieser Welt. Aber glaubt es mir: Sie ist nicht da, wo ich sie gesucht habe!" Aber wo denn? Auch das Geheimnis wird in diesem spannenden Buch gelüftet!

18. Dezember

LANGEWEILE MIT FOLGEN

„Ich versagte meinem Herzen keine Freude, denn mein Herz hatte Freude von all meiner Mühe" (Pred 2,10)

Wow, denkt man beim Lesen. Er sieht ein tolles Auto und kann es sich leisten. Eine Traumvilla mit seinem eigenen Strand, er kann sie sich sofort kaufen, gleich mit einer traumhaften Inneneinrichtung. Er bekommt Einladungen zu den besten Adressen überall, wo er hingeht. Kameras folgen ihm, er wird bewundert, beneidet. Und die Dinge, die seine „Augen begehrten", sind nicht nur verwerflich. Zu seinen Hobbys gehörten große Immobilienprojekte, Weinberge, Gartenanlagen, Wasserteiche, Tierzucht, Reisen, Musik und Tanz. Ok, auch Sklaven und Sklavinnen, und als Frauengenießer ist er ja schon bekannt. *„Ich wurde größer und reicher als alle, dir vor mir in Jerusalem waren"* (Pred 2,9). Wie berühmt und auch beneidet er weit und breit war, wissen wir direkt aus dem Mund einer prominenten Besucherin, die mit eigenen Augen sehen wollte, was dieser König alles geleistet hatte. Ihr Fazit am Ende ihres Besuches:

„Ich habe den Worten nicht geglaubt, bis ich gekommen bin und meine Augen es gesehen haben. Doch siehe, nicht die Hälfte ist mir berichtet worden! Du hast an Weisheit und Gütern die Kunde übertroffen, die ich gehört habe" (1Kö 10,7).

Salomos eigenes Fazit fällt anders aus:

„Also gibt es keinen Gewinn unter der Sonne" (Pred 2,11).

Bringt alles nichts. Um wahres Glück zu finden, müssen wir woanders suchen als unter der Sonne dieses Weltsystems. *„Denn was bleibt dem Menschen von all seinem Mühen und vom Streben seines Herzens, womit er sich abmüht unter der Sonne?"* (V. 22). Du steigst Sprosse für Sprosse auf der

Leiter hoch und entdeckst am Ende viel zu spät, dass es an der Spitze nichts gibt. Oder du hast deine Leiter an die falsche Mauer gestützt. „Pass auf, welche Wünsche du hast“, das könnte die Lehre dieses Buches sein. Der müde König malt uns die Endstation alles menschlichen Verlangens vor Augen. Pass auf, bevor du denkst: „Wenn ich das nur hätte, oder das nur machen könnte.“ Wenn es ein hilfreiches Stoppschild gibt für giftige Fantasien und Sehnsüchte, dann hier. Wenn all das Begehren Salomos falsch ist, was ist denn die Alternative? Eine ganze Reihe von Weisheitsperlen werden wir mitten in diesen dunklen Grübeleien entdecken. Die erste finden wir im dritten Kapitel, falls du schon heute nach ihr suchen möchtest!

19. Dezember

SINN INMITTEN DER SINNLOSIGKEIT

„Dem Menschen, der vor ihm wohlgefällig ist, gibt er Weisheit und Erkenntnis und Freude“ (Pred 2,26)

„Ach, schon wieder einer dieser stinkreichen Glückspilze, der mir weis machen will, wie schlecht er es im Leben hat“, denke ich, wenn ich „Prediger“ lese – oder wenn ich schon wieder von einem unserer modernen Celebrities erfahre, der über sein schweres Los im Leben klagt, während er an seinem teuren Champagner nippt und den Blick aus seinem exklusiven Haus über das Meer schweifen lässt. So ist die Stimmung der ersten beiden Kapitel von Prediger. Ein Mensch schafft es ganz nach oben und lebt in einem Luxus, der seine Mitmenschen gelb vor Neid werden lässt. Und dann ruft er runter: „Vergesst es, Leute, ist alles nichts, bleibt lieber, wo ihr seid, und begnügt euch damit!“ Das könnte die Botschaft im dritten Kapitel des Buches sein. Hier wird Gott selbst zum ersten Mal auf den Plan gerufen, mit der nüchternen Erinnerung daran, dass das Leben begrenzt und vergänglich ist, eine Leihgabe Gottes, mit der wir in der Furcht vor ihm und in seinem Auftrag haushalten sollen. Am Ende des zweiten Kapitels wird Gott plötzlich auf den Plan gerufen: *„Dem Menschen, der vor ihm* *wohlgefällig ist, gibt er Weisheit und Erkenntnis und Freude"* (Pred 2,26). Weisheit und Erkenntnis über die Sinnlosigkeit des Lebens gab es schon zu Genüge, aber jetzt ist plötzlich Freude dabei? Ist alles doch nicht so sinnlos, wie du uns weismachen wolltest, lieber Prediger? In der Tat kommt auf einmal Struktur und Form in das ganze Chaos. Dieses Muster werden wir immer wieder in diesem Buch entdecken.

„Für alles gibt es eine bestimmte Stunde" (Pred 3,1) – so geht es gleich los. Das Leben hat einen Rhythmus, die harten Zeiten gehören dazu. *„Zeit fürs Gebären und Zeit fürs Sterben, Zeit fürs Pflanzen und Zeit fürs Ausreißen des Gepflanzten, Zeit fürs Töten und Zeit fürs Heilen ... fürs Abbrechen und fürs Bauen ... Fürs Weinen und fürs Lachen ... Fürs Klagen und fürs Tanzen"* (Pred 2,3-4). Die Liste geht weiter. Für mich steckt so viel Trost in diesen Worten! Wie schnell gewöhnen wir uns an die Sonnenseite des Lebens. Wir erleben Erfolg, Freude, den Segen Gottes – und denken, das alles ist unser gutes Recht, ist der Normalzustand, und schon wieder bauen wir unseren kleinen Himmel auf Erden und vergessen, dass wir Reisende und Pilger in dieser Welt sind, und zu einer anderen gehören: zu Gottes Welt. Das wird uns bewusst, wenn wieder schwere Zeiten kommen. Sie gehören dazu: Zeit fürs Sterben, Ausreißen, Klagen, Weinen, Abbrechen ... Diese Passage hat mir oft in Zeiten der Trauer und des Abschieds geholfen. Wenn eine Freundschaft zerbrach, die mir wichtig war, ein Projekt scheiterte, auf das ich große Hoffnung gesetzt hatte, eine Aufgabe zu Ende war, in die ich viel Herzblut investiert hatte, jemand stirbt, den ich liebe. Für alles gibt es eine von Gott verordnete Zeit. Die Reise geht weiter. Bessere Zeiten werden wieder kommen.

WEISHEITSTROPFEN MITTEN IM CHAOS

*„Alles hat er schön gemacht zu seiner Zeit,
auch hat er die Ewigkeit in ihr Herz gelegt" (Pred 13,11)*

Sinnlosigkeit gibt es nur dann, wenn wir unseren Sinn in den Gütern, Vergnügen und Anschaffungen dieser Welt suchen, ist die Botschaft des Predigers. Sinn gibt es, wenn wir in Demut und Gottesfurcht erkennen, dass nichts in dieser Welt bleibend ist. Wenn es einen Sinn gibt im Leben, wenn irgendwelche Freude zu finden ist, dann in der Erkenntnis, dass der einzige Sinn dieses Lebens außerhalb dieses Lebens zu finden sein muss. Wenn wir erkennen, wie vergänglich alles ist, dass alles nur geschenkt, geliehen ist, dann lernen wir die Furcht des Herrn. Wir lernen, uns wie Verwalter, und nicht mehr wie Besitzer zu verhalten, und in dieser Haltung finden wir Zufriedenheit und sogar Freude. Nach der Aufzählung der Sonnen- und Schattenzeiten des Lebens lenkt der Prediger unseren Blick nach oben:

„Alles hat er (Gott) schön gemacht zu seiner Zeit" (Pred 3,11) Gott ist der Ursprung des Lebens, der Anfang, das Ende – er schreibt hier das Drehbuch, nicht ich. Er entscheidet über Glück und Unglück, er teilt die Portionen aus und entscheidet, was er mir zumuten kann.

„Auch hat er die Ewigkeit in ihr Herz gelegt" (V. 11). Jede Unzufriedenheit, jede Trauer, jede Enttäuschung, hat lediglich die Aufgabe, mich daran zu erinnern, dass ich nicht für diese Welt gemacht bin, und folglich kann diese Welt mich nicht glücklich machen. Fazit: In schlichter Dankbarkeit leben und dafür sorgen, dass mein Leben anderen Menschen etwas bringt, und nicht nur mir:

„Ich erkannte, dass es nichts Besseres bei ihnen (den Menschen) gibt, als sich zu freuen und sich in seinem Leben gütlich zu tun" (V. 12).

Eine gewisse Ruhe kehrt mitten in diesen fieberhaften, rastlosen Grübeleien ein.

„Und Gott hat es so gemacht, damit man sich vor ihm fürchtet" (V. 14).

Gott sitzt doch im Regiment. Der Chefsessel ist besetzt, der Fahrer am Lenkrad weiß, was er tut.

Das Gesamtbild ähnelt irgendwie meinem Leben. Ein fieberhaftes Streben nach Ordnung und Struktur mitten in diversen Herausforderungen, die mühsame Frage: „Was bringt das alles?" Das sich Abmühen mit unerwarteten Krisen und den Ansprüchen, die mir tagtäglich gestellt werden, und mittendrin Tropfen der Weisheit aus Gottes Wort, das mich ständig an das große Bild erinnert und mich auf heilsame Weise spüren lässt, wie kurz das Leben ist, wie unwichtig die vielen Dinge, über die ich mir Sorgen mache. *„So lehre uns denn zählen unsere Tage, damit wir ein weises Herz erlangen!"* (Ps 90,12).

21. Dezember

DIE PFLEGE DER UNVERGÄNGLICHKEIT

„... alles geht an einen Ort. Alles ist aus dem Staub geworden, und alles kehrt zum Staub zurück" (Pred 3,20)

Salomo lehrt uns, dass eine Sache gefährlicher für unser geistliches Leben ist als Not und Verfolgung: Wohlstand und Erfolg. In der Geschichte des Volkes Gottes, wie auch in der Kirchengeschichte, waren es immer die friedlichen und wohlhabenden Zeiten, die den Abfall vom Glauben brachten, nicht die Zeiten der Not. Wenn schwierige Umstände uns nicht zwingen, schlicht und bescheiden zu leben, dann müssen wir durch kluge Beschlüsse schlicht und bescheiden bleiben, auch mitten im Sog des Reichtums und des weltlichen Erfolgs. Das ist die Lehre, die wir aus diesen Kapiteln ziehen können. Wie wir gestern gesehen haben, müssen wir uns mit dem Prediger immer wieder bewusst machen: *„... alles geht an einen Ort. Alles ist aus dem Staub geworden, und alles kehrt zum Staub zurück"* (3,20). Gottes Wort am Anfang wird in Erinnerung gerufen: *„Staub bist du, und zum Staub wirst du zurückkehren!"* (1Mo 3,19).

Mit anderen Worten: Wir sollen jetzt schon unser Innenleben so gestalten, dass es den Untergang des Außenlebens sozusagen „überlebt". Die Ewigkeit in unserem Herzen soll das letzte Wort haben, und wir sollen für das leben, was Ewigkeitswert hat. Jesus sagte es so: *„Sammelt euch aber Schätze im Himmel, wo weder Motte noch Fraß zerstören und wo Diebe nicht durchgraben noch stehlen! Denn wo dein Schatz ist, da wird auch dein Herz sein"* (Mt 6,19).

Ich bewundere die Diener Gottes, die es zu Reichtum hätten bringen können, die aber bewusst darauf verzichtet haben. John Wesley war so einer, der es später im Leben zu einem bescheidenen Wohlstand gebracht hat, seinen einfachen Lebensstandard dem aber nie angepasst hat. Der Schriftsteller C. S. Lewis war so ähnlich. Durch seine Bücher hätte er schon zu seiner Zeit Millionär sein können, aber stattdessen spendete er den Großteil seines Reichtums an andere.

Mit dieser Erkenntnis kommt auch der zynische Prediger zur Ruhe. So schwierig ist es doch nicht, Freude zu finden. Hin und wieder reduziert er seine tiefgründigen und verzweifelten Grübeleien auf ganz einfache Sprüche.

„Und ich sah, dass es nichts Besseres gibt, als dass der Mensch sich freut an seinen Werken; denn das ist sein Teil. Denn wer wird ihn dahin bringen, hineinzusehen in das, was nach ihm sein wird?“ (Pred 3,22).

Freue du dich auch an deinem Tageswerk, an dem Teil, den der Herr dir anvertraut hat. Lass die Sorgen für heute genug sein, denn auch wir können nicht „hineinsehen in das, was nach uns sein wird“ – weise Worte!

22. Dezember

ENTGIFTUNGSKUR FÜR DIE SEELE – WAS WIRKLICH ZÄHLT IM LEBEN

„Zwei sind besser daran als ein Einzelner, weil sie einen guten Lohn für ihre Mühe haben“ (Pred 4,9)

Die Rückkehr des Predigers zur „Freude an seinen Werken“ (vgl. Pred 3,22) führt ihn im vierten Kapitel seines Buches endlich mal weg von seinem Wein-Weib-und-Gesang-Leben des Hedonisten, Sünders und Genießers vom Fach. Er blickt um sich und sieht *„all die Unterdrückungen, die unter der Sonne geschehen“* (Pred 4,1) wie auch *„die Tränen der Unterdrückten“*. Das ist das Erste, was geschieht, wenn wir unseren Blick von dieser Welt abwenden und kurz in den Himmel schauen. Wir fangen an, die Welt so zu sehen, wie Gott sie sieht. *„Der Tor legt seine Hände ineinander und verzehrt sein eigenes Fleisch“* (V. 5). Das ist die typische, bildhafte Deftigkeit, die wir vom Buch der Sprüche so gut kennen. Klar, der gleiche Autor hat beides geschrieben. Das Bild vom Tor, der nur für sich selbst lebt und in seiner Isolation eingeht, *„sein eigenes Fleisch“* verzehrt, wird ein paar Verse später einem der schönsten Bilder von Gemeinschaft entgegengesetzt, das die Bibel zu bieten hat. Es erscheint oft auf Verlobungs- oder Hochzeitsanzeigen: *„Zwei sind besser daran als ein Einzelner, weil sie einen guten Lohn für ihre Mühe haben“* (V. 9). Also ist alles Mühen doch nicht sinnlose Nichtigkeit, lieber Prediger? *„Denn wenn sie fallen, so richtet der eine seinen Gefährten auf. Weh aber dem Einzelnen, der fällt, ohne dass ein zweiter da ist, ihn aufzurichten! Auch wenn zwei beieinander liegen, so wird ihnen warm“* (V. 9-10). Der kurze Blick auf Gott, die Ewigkeit im Herzen, und jetzt folgt der Blick auf die anderen. So die göttliche Therapie für den Vergnügungssüchtigen Narzissten, den wir am Anfang des Buches kennengelernt haben. *„Wenn jemand sagt: Ich liebe Gott, und hasst seinen Bruder, ist er ein Lügner. Denn wer seinen Bruder nicht liebt, den er gesehen hat, kann nicht Gott lieben, den er nicht gesehen hat“* (1Jo 4,20). Die Klagen über Nichtigkeit und Haschen nach Wind, wie ein immer wiederkehrender Refrain, der ehrlich gesagt richtig nervt, holen den Leser zwischendrin zurück in die Wirklichkeit einer verkrüppelten Gefühlskultur. Aber die Perlen der wahren Gotteserkenntnis, die nacheinander aufgereiht werden, ergeben langsam einen Sinn wie Lichter auf einem dunklen Weg. Vielleicht hat die eine oder andere Perle dich diese Woche schon angesprochen und dir Hoffnung gegeben oder dich herausgefordert.

23. Dezember

DIE DRITTE SCHNUR – ERINNERUNGEN AN BESSERE ZEITEN

„... eine dreifache Schnur wird nicht so schnell zerrissen" (Pred 4,12)

Nach und nach ergibt sich ein Muster im Buch der Prediger. Mitten im Dickicht der Irrwege, Ablenkungen und Verlockungen dieser Welt, die ihn in späteren Jahren überrollt haben, erkennt der Prediger doch die Dinge, die wirklich zählen. Gestern stießen wir auf ein unerwartetes Plädoyer für Gemeinschaft und ein geteiltes Leben: *„Zwei sind besser daran als ein Einzelner, weil sie einen guten Lohn für ihre Mühe haben"* (Pred 4,9), wurden wir belehrt. Der letzte Satz dieses Diskurses über Gemeinschaft lautet: *„Und wenn einer den Einzelnen überwältigt, so werden doch die zwei ihm widerstehen; und eine dreifache Schnur wird nicht so schnell zerrissen"* (V. 12).
Man geht generell davon aus, dass der dritte Strang in der *„dreifachen Schnur"* Gott selbst ist. Der Vers wird oft bei Hochzeiten zitiert. Gott ist der Garant, die Unterstützung, das Fundament, das Beziehungen zusammenhalten kann. Das gilt nicht nur für Ehen, sondern für alle Beziehungen. Gesunde, treue Beziehungen und Freundschaften sind eine der wichtigsten Waffen gegen die Nichtigkeiten dieses Lebens, die der Prediger so gerne beklagt. Und wenn Gott als Teil der dreifachen Schnur mit dabei ist, dann hilft er uns, beziehungsfähig zu sein. Wir beteiligen uns an seinem Trainingsprogramm, um die dumpfe Sinnlosigkeit, die in unserer Umgebung herrscht, zu durchbrechen, den Nichtigkeiten zu trotzen, und Leben und Freude zu verbreiten. Einen kleinen Tipp, wie das funktioniert, fügt der Prediger am Ende des Kapitels hinzu: *„Bewahre deinen Fuß, wenn du zum Haus Gottes gehst! Und: Herantreten, um zu hören, ist besser, als wenn die Toren Schlachtopfer geben"* (Pred 4,17). Das hörende Ohr, der regelmäßige Gang ins Haus des Herrn – für den jungen Salomo in seinen gottesfürchtigen Jahren die Leitplanken seiner ganzen Existenz, bevor die Sucht des „Haben-wollens" seine Seele vergiftete. Wie ist es mit uns? Haben wir ein hörendes Ohr, wenn wir das Wort Gottes aufschlagen? Sind wir bereit, dass Gott der Stabilitätsfaktor in unserem Leben und unseren Beziehungen ist? Suchen wir seine Weisungen und die Gemeinschaft seiner Leute im Haus des Herrn?

24. Dezember

DER BETRUG DES REICHTUMS

„Denn ihr kennt die Gnade unseres Herrn Jesus Christus, dass er, da er reich war, um euretwillen arm wurde, damit ihr durch seine Armut reich würdet" (2Kor 8,9)

Wir lernen im Buch Prediger einen Mann kennen, der alles erreicht hat, was ein Mensch nur erreichen kann. Der oben an der Spitze angekommen ist, nur um festzustellen, dass da nichts ist als Einsamkeit. Alles, wofür er sich abgemüht hat, endet in einer beklemmenden Leere. Es darf nicht wundern, dass ein Mann, der sich als einer der reichsten Könige aller Zeiten einen Namen gemacht hat, sich viel mit dem Thema Geld beschäftigt. Seine legendäre Weisheit als junger Mann hat ihn reich gemacht, sein Reichtum macht ihn wieder unweise und bringt ihn zu Fall – das scheint der gängige Kreislauf zu sein.

„Wer Geld liebt, wird des Geldes nicht satt, und wer den Reichtum liebt, nicht des Ertrages ... Wenn das Gut sich mehrt, so mehren sich die, die davon zehren ... Süß ist der Schlaf des Arbeiters, ob er wenig oder viel isst; aber der Überfluss des Reichen lässt ihn nicht schlafen" (Pred 5,9-11).

So die Kernaussagen von Salomo zum Thema Reichtum, die vieles aufgreifen, was er in seinen Sprüchen schon zu dem Thema gesagt hat. Wahrscheinlich hat Paulus so was gemeint, als er seinen Freund Timotheus später warnte: *„Denn eine Wurzel alles Bösen ist die Geldliebe, nach der einige getrachtet haben und von dem Glauben abgeirrt sind und sich selbst mit vielen Schmerzen durchbohrt haben. Du aber, Mensch Gottes, fliehe diese Dinge; strebe aber nach Gerechtigkeit, Gottesfurcht, Glauben, Liebe, Ausharren, Sanftmut!"* (1Tim 6,10-11).

Den größten Kontrast sehen wir zu dem, der in der Ewigkeit alles hatte, der aber aus Liebe zu verlorenen Sündern alles aufgegeben hat und um unseretwillen arm wurde. In diesen Tagen denken wir an die Geburt unseres Herrn Jesus Christus. Wir denken an die unvorstellbare Herrlichkeit, die er bei seinem Vater hatte. Und wir erinnern uns an die armen Verhältnisse, in die er geboren wurde, an das einfache Leben, das er führte. Von ihm heißt es, dass er nicht hatte, *„wo er das Haupt hinlege"* (Mt 8,20). Er wurde in seinem Leben von einem anderen Ziel getrieben als dem, es sich gutgehen zu lassen. Auch er hat Einsamkeit erlebt – um unseretwillen, damit wir Sündenvergebung und einmal ewige Gemeinschaft haben können. Denken wir heute besonders an den, der uns durch seine Armut reich gemacht hat.

25. Dezember

LEIDENSCHAFT FÜR GOTT

„Besser das Ende einer Sache als ihr Anfang, besser langmütig als hochmütig“ (Pred 7,8)

Manchmal frage ich mich, ob wir moderne Christen es einfach zu gut haben. Wir haben Langeweile, weil wir nie gezwungen wurden, für unseren Glauben zu kämpfen. Oder wir werden einfach müde im Laufe der Jahre, stopfen unser Leben lieber mit den Banalitäten des Reichtums voll und werden dabei rastlos und frustriert. Ist es möglich, auch in guten Zeiten des Wohlstands, des Friedens und der Sicherheit ein scharfes, leidenschaftliches Leben im Dienst des Herrn zu führen? Das Buch Prediger ist zugleich eine Warnung gegen schleichende Trägheit im geistlichen Leben, wie auch eine Gebrauchsanleitung, wie man diese Trägheit verhindert. Die reiferen Jahre des Christseins bergen besondere Gefahren. Vieles ist routiniert, ein gottesfürchtiges Leben voll mit Fleiß und frei von Süchten hat Segen mit sich gebracht. Wir müssen aber aufpassen, dass dieser Segen uns nicht zum Fallstrick wird oder wir ihn nicht für gegeben halten, für unser gutes Recht.

„Besser das Ende einer Sache als ihr Anfang, besser langmütig als hochmütig“ (Pred 7,8), sagt der Mann, der mehr als alle weiß, wie leer Reichtum und Ehre sind, wie wenig sie die hungrige Seele langfristig ernähren können.

„Denn Ausharren habt ihr nötig, damit ihr, nachdem ihr den Willen Gottes getan habt, die Verheißung davontragt“, warnt der Verfasser des Hebräerbriefs (Hebr 10,36).

Jesus selbst sagt: *„Wer aber ausharrt bis ans Ende, der wird gerettet werden“* (Mt 24,13).

Wie bleiben wir frisch, dankbar, demütig, bis zum Ende? Ich glaube, der beste Weg ist, uns einfach täglich bewusst zu machen, dass Jesus uns mit einem Auftrag auf dieser Erde gelassen hat. Er selbst konnte von sich sagen: „*Meine Speise ist, dass ich den Willen dessen tue, der mich gesandt hat, und sein Werk vollbringe*" (Joh 4,34). Das hat ihn angetrieben, darin fand er seine Zufriedenheit; das sättigte ihn. Paulus sagt: „*Aber ich achte mein Leben nicht der Rede wert, damit ich meinen Lauf vollende und den Dienst, den ich von dem Herrn Jesus empfangen habe: das Evangelium der Gnade Gottes zu bezeugen*" (Apg 20,24). Er hatte einen Dienst vom Herrn empfangen, den er erfüllen wollte. Haben wir nicht auch alle den Dienst, „*das Evangelium der Gnade Gottes zu bezeugen*"?
Machen wir uns das neu bewusst, und lassen wir das auch unser Anliegen sein, das uns bis zum Ende antreibt, wenn wir zum Herrn heimgehen. Nutzen wir an diesen Weihnachtstagen die Gelegenheiten, die sich bieten, fröhlich Zeugnis zu geben.

26. Dezember

TIPPS FÜR DEN ALLTAG

„Wenn ihr dies wisst, glückselig seid ihr, wenn ihr es tut!" (Joh 13,17)

Das siebte Kapitel des Predigers ist eine kurze Rückkehr zu den fröhlicheren Zeiten im Leben von König Salomo. Es könnte direkt aus dem Buch der Sprüche kommen. Ganz im Stil der Ratschläge meiner Mutter früher: „Tu dies, aber pass auf, dass ... Tu jenes, aber vergiss nicht, dass ..."
„*Gut ist Weisheit zusammen mit Erbbesitz und ein Vorteil für die, die die Sonne sehen. Denn im Schatten der Weisheit ist es wie im Schatten des Geldes; aber der Gewinn der Erkenntnis ist der: Die Weisheit erhält ihren Besitzer am Leben*" (Pred 7,11-12). Reichtum ist nicht falsch, wenn wir weise mit ihm umgehen.
„*Sieh das Werk Gottes an! Ja, wer kann gerade machen, was er gekrümmt hat? Am Tag des Glücks sei guter Dinge! Und am Tag des Unglücks bedenke: Auch diesen hat Gott ebenso wie jenen gemacht; gerade deshalb, weil der Mensch gar nichts herausfinden kann von dem, was nach ihm ist*" (V. 13-14). Also, Kopf

nicht hängen lassen, wenn schwere Zeiten kommen. Das erinnert mich an Hiob – *„Der HERR hat gegeben, und der HERR hat genommen, der Name des HERRN sei gepriesen!“* (Hi 1,21). Oder Paulus, der gelernt hatte, in allen Umständen zufrieden zu sein (s. Phil 4,11).
„Das alles habe ich gesehen in den Tagen meiner Nichtigkeit! Da ist ein Gerechter, der bei seiner Gerechtigkeit umkommt, und da ist ein Ungerechter, der bei seiner Bosheit seine Tage verlängert“ (Pred 7,15). Das denke ich auch oft – warum geht es den Gottlosen oft so gut? Und den Gottesfürchtigen nicht? Asaph gibt Aufschluss in Psalm 73: *„Da dachte ich nach, um dies zu begreifen. Eine Mühe war es in meinen Augen, bis ich hineinging in das Heiligtum Gottes. Bedenken will ich dort ihr (der Gottlosen) Ende“* (Ps 73,16-17).
Daher auch das Fazit von Salomo: *„Die Weisheit hilft den Weisen mehr als zehn Machthaber, die in der Stadt sind“* (Pred 7,19). Eine kleine Perle der Weisheit in diesem Kapitel bedeutet mir besonders viel: *„Sage nicht: Wie kommt es, dass die früheren Tage besser waren als diese? Denn nicht aus Weisheit fragst du danach“* (V. 10). Das ist ein guter Tipp für Menschen wie mich, die dazu neigen, in Nostalgie zu schwelgen und zu vergessen, dass auch die früheren Zeiten ihre Lasten und Schwierigkeiten hatten. Lebe in der Gegenwart, lebe für den Herrn!

27. Dezember

VERSCHWENDERISCHE HINGABE

*„Wirf dein Brot hin auf die Wasserfläche! –
denn du wirst es nach vielen Tagen wieder finden!“ (Pred 11,1)*

Wir haben es an verschiedenen Stellen schon beobachtet. Mitten in die energischen Ergüsse über die bedrückende Sinnlosigkeit des Daseins wirft der Prediger lauter handfeste Beweise dafür, dass das Leben eigentlich alles andere als *„nichtig“* und ein *„Haschen nach Wind“* ist. Er feiert geradezu seinen Zynismus, er beklagt die Ungerechtigkeit und Willkür des Lebens, aber immer wieder denkt man: „Moment mal ... das ist aber ganz schön widersprüchlich!“ Ich liebe die Verse am Anfang des elften

Kapitels. Wie viele knallharte Herausforderungen kann man in nur drei Verse packen. Wir wollen sie auf uns einwirken lassen:
„Wirf dein Brot hin auf die Wasserfläche! – denn du wirst es nach vielen Tagen wieder finden! – Gib Anteil sieben anderen, ja, sogar acht, denn du weißt nicht, was für Unglück sich auf der Erde ereignen wird! – Wenn die Wolken voll werden, gießen sie Regen aus auf die Erde. Und wenn ein Baum nach Süden oder nach Norden fällt: an der Stelle, wo der Baum fällt, da liegt er. Wer auf den Wind achtet, wird nie säen, und wer auf die Wolken sieht, wird nie ernten" (Pred 11,1-4).
Diese Verse widersprechen jeder zynischen Aussage im ganzen Buch des Predigers. Hier ist der biblische Sinn des Lebens in einem bündigen, knapp beschriebenen, aber eindrücklichen Bild zusammengefasst: Ich soll mein Leben verschenken. So einfach ist es. Mein *„Brot auf die Wasserfläche"* werfen. Brot steht für Leben, Nahrung, Substanz, Ressourcen. Falls das übliche Ja-Aber in mir hochsteigt mit den üblichen Ausreden – „Ich bin zu gestresst, zu ungeeignet, zu arm, zu unbegabt, zu jung, zu alt, zu ungebildet, ich warte bis ..." – wird mir dieser Boden gleich unter den Füßen weggezogen. Wer auf den Wind achtet, wird nie säen, wer auf die Wolken sieht, wird nie ernten. Warte nicht, bis es dir danach ist, für den Herrn, für andere Menschen, etwas zu machen. Warte nicht auf die perfekten Verhältnisse, sie werden nie kommen! Was immer deine Hand findet zu tun, tue es mit ganzer Kraft (vgl. Pred 9,10). Kein grünes Licht für impulsive Dummheiten! Natürlich handeln wir mit Weisheit, natürlich mit dem Rat weiser Mitmenschen. Aber meine Vermutung ist, dass die meisten Christen sich eher zu viel einschüchtern lassen, als dass sie zu mutig sind! Wo schaust du zu sehr auf Wind und Wetter, wenn der Herr dir schon lange etwas aufs Herz gelegt hat, was du tun sollst?

28. Dezember

DER UNVERBESSERLICHE FRAUENHELD EMPFIEHLT EHELICHE TREUE

„Erfreue dich an der Frau deiner Jugend!" (Spr 5,18)

Manchmal beim Lesen des Buchs Prediger fühlt man sich etwas veräppelt und über den Tisch gezogen. Vor allem wenn wir uns daran erinnern, wie Salomos eigenes Leben aussah. Er bringt es fertig, uns immer wieder daran zu erinnern, wie nichtig und sinnlos alles ist, aber langsam glauben wir ihm nicht mehr. Mitten in diesem ewigen „Haschen nach Wind" gibt es eine ganze Reihe extrem sinnvoller Aktionen, wie wir schon gesehen haben. Heute schauen wir noch eine an. Der Frauenschwarm, der sein Bett mit mindestens 1000 Frauen geteilt hat, schwört auf die Schönheit von ehelicher Treue. Vielleicht weil gerade dieses Glück ihm vor lauter Sexsucht vorenthalten geblieben ist. Glück in einer sinnerfüllten treuen Partnerschaft ist etwas, wovon er nur träumen kann. Sexuelle Sünde kostet ihren Preis. Wir haben nur eine Chance, vor der Ehe auf Sex zu verzichten, um Sex in einer treuen, lebenslangen Ehe als den schönsten Segen zu genießen, den Gott schenkt!

„Geh hin, iss dein Brot mit Freude und trink deinen Wein mit frohem Herzen! Denn längst hat Gott Wohlgefallen an deinem Tun. Deine Kleider seien weiß zu jeder Zeit, und das Salböl fehle nicht auf deinem Haupt. Genieße das Leben mit der Frau, die du liebst, alle Tage deines nichtigen Lebens, das er dir unter der Sonne gegeben hat, all deine nichtigen Tage hindurch! Denn das ist dein Anteil am Leben und an deinem Mühen, womit du dich abmühst unter der Sonne" (Pred 9,7-9).

Ich werde nicht müde beim Versuch, gerade junge Menschen zu ermutigen, in ihrer Sexualität nach den Prinzipien Gottes zu leben. Auch in ehemals Bibel liebenden Gemeinden und Gemeinschaften wird Sex außerhalb der Ehe zunehmend geduldet, Sex beschränkt auf die Ehe als unnötiger Zwang gesehen. Sünde und Ungehorsam in diesem Bereich kosten einen horrenden Preis, verschlingen wertvolle Jugendjahre, die dann für immer weg sind, hinterlassen tiefe Wunden, die einen Mann, eine Frau, alt machen vor ihrer Zeit und einem die Lust auf verbindliche Beziehungen nehmen können. Wenn du heiratest, dann bitte jemanden, der dem

Herrn dienen und eine Familie auf seinen Wegen erziehen möchte, der/die sich für dein Wohlsein einsetzen will, dich als Menschen schätzt und nicht das, was er/sie von dir bekommen kann. Und nicht vergessen – auch Single bleiben ist eine biblische Option, gleichgestellt mit dem Glück einer guten Ehe! Egal in welchem Stand du dich befindest, *„iss dein Brot mit Freude"*! Nimm es aus der Hand Gottes an, und sei dankbar!

29. Dezember

„WAS MACHT EIN CHRISTENLEBEN LANGFRISTIG FRUCHTBAR?"

„Seid aber Täter des Wortes und nicht allein Hörer, die sich selbst betrügen!" (Jak 1,22)

Ein wenig bekannter US-Pastor schrieb folgende Worte in dem Beitrag: „Was bringt nachhaltigen Erfolg?" aus der Serie *What it's really all about* (Die Dinge, die wirklich zählen):

„Wie oft vergessen wir, dass der biblische Schlüssel zum langfristigen geistlichen Erfolg in der täglichen Praxis zu finden ist, unserem Eigenleben zu sterben und bereit zu sein, um des Wohls der ganzen Gemeinschaft willen, wenn nötig, auch Verzicht und Selbstverleugnung in Kauf zu nehmen. ... In der Hygiene unseres Innenlebens, nicht auf der Bühne unserer Programme und Aktivitäten, wird Charakter geformt. Und Charakter ist das, was Marathonläufer ausmacht, nicht Fähigkeiten. Vielleicht tun wir gut daran, dieses Prinzip neu zu erforschen, anstatt mit der toten Methodik eiskalter Funktionalität und auf Kosten anderer unsere eigenen Dienste und Visionen fördern zu wollen. Wie gerne greifen wir einzelne geistliche Wahrheiten auf (je nach persönlichen Bedürfnissen und Biografien), hängen unsere Identität an sie und missbrauchen sie, um genau das zu tun, was das Wort Gottes uns eindeutig verbietet: Ein eigenes Selbstverwirklichungsprogramm durchzuführen ... und letztlich verletzt und enttäuscht im Abseits des modernen Individualismus' zu landen

– alles auf fromm, versteht sich. Es ist erstaunlich, mit welcher Hartnäckigkeit intelligente, bibelkennende Christen lieber an ihrer Fleischlichkeit festhalten und in den Abgrund schauen, als unter die Herrschaft des Herrn zu kommen. Die Tragödie dabei ist, dass sie andere Menschen oft mitnehmen."

Je älter ich werde, desto mehr schätze ich das Zeugnis von Missionaren der alten Schule, wie Hudson Taylor, Gladys Aylward, Charles Studd, den Wesley-Brüdern und vielen mehr, die durch ihren Lebensstil gezeigt haben, wie ernst sie es mit dem Herrn meinen. Ihr Leben war ihre Predigt: *„Seid aber Täter des Wortes und nicht allein Hörer, die sich selbst betrügen!* (Jak 1,22). Glaube ohne den daraus folgenden Lebensstil ist wertlos. Wir werden nicht aus Werken gerettet, das ist klar. Aber unsere Werke zeigen sehr wohl, wem wir wirklich dienen. Wirf dein Leben in die Arena, erzähl, was der Herr für dich getan hat, tue Gutes wo immer du kannst, und warte nicht, bis du dich zuversichtlich und mutig dabei fühlst – tue es einfach!

30. Dezember

DAS GROSSE GEGENEXPERIMENT

„Aber er entäußerte sich und nahm Knechtsgestalt an, indem er den Menschen gleich geworden ist, und der Gestalt nach wie ein Mensch befunden ..." (Phil 2,7)

Zu jedem Charakter in der Bibel, der uns zeigt, wie man etwas *nicht* machen soll, gibt es *ein* Gegenstück, das zeigt, wie man es machen *soll*. Nur eines: den vollkommenen Menschen, Jesus Christus. Der Prediger hamstert und hamstert, sahnt alles ab, was das Leben zu bieten hat, ohne Rücksicht auf Folgen für ihn oder für andere. Von Jesus lesen wir: *„Aber er entäußerte sich und nahm Knechtsgestalt an, indem er den Menschen gleich geworden ist, und der Gestalt nach wie ein Mensch befunden ..."* (Phil 2,7).

Das eindrücklichste Gegenstück zum Leben des Predigers ist das unvergessliche Szenario am Anfang von Jesu öffentlichem Dienst, wo der Feind versucht, ihm mit verlockenden Angeboten eins auszuwischen. Er greift

ihn am schwächsten Punkt an, wie er es immer macht. Jesus ist erschöpft, bis zum Umfallen hungrig, weil er 40 Tage lang gefastet hat, allein und schutzlos. Jetzt wäre die Zeit, aus dem heiligen Rabbiner einen zügellosen Hedonisten zu machen. Versuchen wir es zunächst mal mit den notdürftigsten Kleinigkeiten. „Jesus, du hast Hunger. Verwandele doch die Steine in Brot – niemand wird es dir verdenken. Setze deine übernatürlichen Fähigkeiten einmal für dich selbst ein, es ist dein gutes Recht." Der Prediger in seinen späten zynischen Jahren hätte sofort „Jawohl, machen wir!" gesagt. Jesus sagt „Nein". „Gewinne für dich Ansehen, Jesus, dadurch, dass du dich herunterstürzt von der Tempelmauer, die Engel werden dich auffangen, keine Sorge." Karfreitag fällt aus. Der Prediger? „Ja bitte – her mit dem Ruhm!" Jesus sagt: „Nein, danke!" „Beuge dich vor mir, Jesus, ich gebe dir die Reiche der Welt!" Der Prediger hätte geschmatzt: „Die Welt gehört mir – yes please!" Jesus sagt „Nein".
Aus dem „Her damit" der nichterretteten Seele wird im Leben Jesu ein „Weg damit!" Aus dem „Gib mir" wird ein „Ich verschenke mich".
Jesus macht das, was dem Prediger nur teilweise gelingt. Er denkt langfristig, er denkt vom Ende her, er ist sich bewusst *„das schnell vorübergehende Leichte unserer Bedrängnis bewirkt uns ein über die Maßen überreiches, ewiges Gewicht von Herrlichkeit, da wir nicht das Sichtbare anschauen, sondern das Unsichtbare; denn das Sichtbare ist zeitlich, das Unsichtbare aber ewig"* (2Kor 4,17). Der Prediger denkt nur für den Moment – sofortige Befriedigung seiner fleischlichen Süchte. Aber er kennt Gott genug, um zu wissen, dass das letztlich in den Abgrund führt. Genau das ist die Seelenqual, unter der er leidet. Er hat genug von Gottes Einfluss, um von der Welt nicht so richtig befriedigt zu sein. Gleichzeitig hat er zu viel Welt, um wirklich in Gott glücklich zu sein. Ein schmerzvoller Spagat. Wie ist es mit uns?

31. Dezember

SELBSTBEHERRSCHUNG UND IHRE FRÜCHTE

„Die Frucht des Geistes aber ist Liebe, Freude, Friede, Langmut, Freundlichkeit, Güte, Treue, Sanftmut, Selbstbeherrschung"
(Gal 5,23-24 SCH200)

Selbstbeherrschung: Der krönende Abschluss von Paulus' Liste sieht auf den ersten Blick nicht gerade erstrebenswert aus. Aber in dieser Frucht des Geistes sind alle anderen irgendwie mitenthalten. Wer Enthaltsamkeit gelernt hat, hat die Gebrauchsanleitung in der Hand und vermeidet unnötige Fallen und Gefahren, ist frei, um Gott und Menschen ungebremst und freudig zu dienen und darin sein wahres Glück zu finden. Selbstbeherrschung bedeutet: Ich beschränke mich bewusst auf die Vorlieben, die Schwerpunkte, die Anliegen, die Gottes Wort mir vorgibt. Ich mache seine Wünsche zu meinen Wünschen. Ich wende mich vom Kreisen um das eigene Ich ab, hin zur Freiheit in Christus. Selbstbeherrschung ist mein „Ja" zu Gottes Programm, mein „Nein" zu einer ichzentrierten Selbstverwirklichung. In einem kurzen Satz lässt sich dieses Prinzip festhalten. Gib dein Leben weg, und du bekommst es wieder. Je weniger du über deine eigene Lebensqualität nachdenkst, desto mehr bekommst du davon. Gib und dir wird gegeben. Nichts macht glücklicher und erfüllter, als sich im Sinne Gottes an andere zu verschenken. König Salomo hat es in besseren Zeiten selbst gesagt: *„Besser ein Langmütiger als ein Held, und besser, wer seinen Geist beherrscht, als wer eine Stadt erobert"* (Spr 16,32). Jesus hat vorgelebt, wie es geht, und er fordert uns auf, in seinen Fußstapfen zu gehen. Der Prediger hat vorgelebt, wie es nicht geht. Die Trübsal einer Seele, die fieberhaft im Dunkeln stochert, ist beklemmend. Aber die Lichtblicke zwischendrin weisen auf denjenigen hin, der es anders machen wird, dem wir gehorchen und nachfolgen dürfen! Nicht aus zwanghafter, von Angst getriebener Unterwürfigkeit, sondern in der Freiheit eines Menschen, der im Dunkeln gelebt hat und jetzt endlich das Licht sieht. Der hungrig war, aber jetzt gesättigt ist, durstig, aber mit lebendigem Wasser getränkt!
Heute werden viele gute Vorsätze fürs neue Jahr überlegt und gefasst. Sehen wir nochmals den Tagesvers von heute an, und bitten wir Gott, dass diese Frucht in der Kraft seines Heiligen Geistes im nächsten Jahr kräftig und schön wächst!

DAS PODCAST-TEAM

Nicola Vollkommer ist gebürtige Engländerin, in Afrika aufgewachsen. Die studierte Lehrerin unterrichtet an einer freien christlichen Schule und ist eine gefragte Referentin bei Frauentagen.

Helmut Vollkommer ist mit Nicola verheiratet und Vater von vier erwachsenen Kindern. Er hat Biologie und Chemie auf Lehramt studiert und ist in der Leitung der Christlichen Gemeinde Reutlingen.

Johanna ist mit Stefan Vollkommer verheiratet, die beiden haben eine kleine Tochter, Malia. Johanna ist promovierte Richterin in Elternzeit.

Jessica Uttenweilter ist Gymnasiallehrerin in Elternzeit und die Tochter von Helmut und Nicola. Sie ist mit Janis verheiratet; die beiden sind die Eltern von Joah und Leeya.

Als Gäste das Ehepaar Schnitter. Gerhard ist ein christlicher Komponist, Chorleiter und Musikproduzent. Er hat viele bekannte Lieder komponiert und das Buch „Wie möchte ich alt werden?" (SCM) geschrieben. Mit seiner Frau Elisabeth organisiert er musikalische Projekte.